GUIDE

DES SOURCES DE L'HISTOIRE
DE L'AMÉRIQUE LATINE
ET DES ANTILLES
DANS LES ARCHIVES FRANÇAISES

Diffusé par :

LA DOCUMENTATION FRANÇAISE
29-31, quai Voltaire, 75340 Paris Cedex 07

© Archives nationales

390 F

GUIDE

DES SOURCES DE L'HISTOIRE
DE L'AMÉRIQUE LATINE
ET DES ANTILLES
DANS LES ARCHIVES FRANÇAISES

PARIS
ARCHIVES NATIONALES
1984

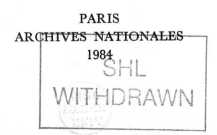

ISBN 2-86000-104-2

AVANT-PROPOS

Éclairer en un seul volume les voies de la recherche historique à travers un monde aussi vaste que celui-ci peut sembler une gageure. De la mer des Caraïbes à l'extrême terre qui domine le terrible passage entre Atlantique et Pacifique, au long des cinq siècles que reflètent nos archives, l'homme a mené les entreprises les plus diverses et hérité tous les modes d'organisation, d'exploitation et de civilisation. C'est dire combien les complexités de l'histoire s'offrent aux chercheurs à toutes les pages d'un guide comme celui que propose aujourd'hui une Commission française déjà riche de réalisations.

L'histoire des découvertes, c'est celle des dynamismes et de leurs orientations dans l'espace et dans le temps. Par delà cette appréhension — toujours difficile et parfois douloureuse — des civilisations du Nouveau Monde par les hommes venus de l'Ancien Monde et par ceux qui ne bougeaient pas, les cheminements de la colonisation et ceux de l'indépendance sont aussi le transfert par dessus les mers de toutes les rivalités et de tous les affrontements propres à la vieille Europe. D'entrée de jeu, les mondes nouveaux s'inscrivaient dans le système économique et dans les rapports de force politique que les millénaires passés avaient étendus de la mer de Chine à la mer d'Iroise. Les sources de l'histoire reflètent bien cette double ouverture du Nouveau Monde sur l'univers et de celui-ci sur les réalités profondes et mouvantes d'un monde bouleversé aussitôt que découvert.

Les chercheurs trouveront donc dans ce guide les moyens d'une nouvelle quête des sources fondamentales pour la connaissance de la géographie physique et humaine, de cette « histoire naturelle » aussi, qui fut depuis le temps des Lumières le premier inventaire général du monde et de la vie.

Cet instrument de recherche très large ne se substitue nullement aux inventaires plus détaillés qui sont déjà nombreux et qui se multiplieront. Il s'agit ici de donner une vue globale des ressources virtuelles, non pour mener au sein des services d'archives une première recherche, mais pour aider à l'organisation de la recherche par tous les organismes et par tous les chercheurs désireux d'une approche assurée. Ainsi ce guide s'inscrit-il à la fois dans les vues d'une politique générale de l'Unesco qui tend à développer la prise de responsabilités scientifiques par les pays intéressés eux-mêmes, et dans les continuités d'une attitude fondamentale des services d'archives, qui doivent aider à faire et non tout faire eux-mêmes. Ainsi sera respecté le droit de chaque pays et de chaque chercheur à formuler lui-même sa recherche et à concevoir lui-même ses programmes.

Ces archives ont, il faut bien le répéter, un intérêt universel. C'est donc aux savants de tous les pays que s'adresse ce guide. Concevoir la recherche, organiser les programmes de documentation complémentaire, préparer à long terme les recherches qui seront un jour menées sur place et jouer avec réalisme de toutes les possibilités qu'offre le monde contemporain à ceux qui souhaitent travailler sur un matériau lointain et préparer à l'occasion leurs futurs voyages de recherche, tel est le propos du livre que voici.

Que tous ceux dont la compétence et le travail ont permis la réalisation de ce nouveau guide trouvent dans les recherches qui en naîtront l'expression de la reconnaissance des hommes qui savent que l'histoire de tous appartient à tous.

Jean FAVIER,
Directeur général des Archives de France,
Professeur à l'Université de Paris-Sorbonne.

INTRODUCTION

C'est en 1958 que le Conseil international des Archives jetait les bases d'une œuvre collective à laquelle l'Unesco, lors de sa dixième session, tenue à Paris, la même année, décidait d'apporter son appui moral et son soutien matériel.

Il s'agissait de publier, par séries regroupant sur le sujet les collaborations d'un certain nombre d'États européens et des États-Unis, des *Guides des sources de l'histoire des nations* destinés à faire connaître, aux chercheurs de toute origine, les richesses archivistiques relatives à l'histoire des autres continents, conservées en Europe et aux États-Unis.

La première de ces séries serait consacrée aux sources de l'histoire de l'Amérique latine.

Un comité provisoire réuni à l'Unesco du 7 au 9 décembre 1959 adoptait le plan général de ce premier Guide et les règles méthodologiques à suivre par les pays participants tandis que la direction des travaux, sur le plan international, était confiée à un comité technique international composé des représentants des Archives de Belgique, d'Espagne, de France, d'Italie, du Portugal, de la République fédérale d'Allemagne, du Royaume-Uni et du Vatican. Ultérieurement, d'autres nations, notamment l'Autriche, les États-Unis, les Pays-Bas et la République démocratique allemande, adhérèrent au projet général.

Paradoxalement, alors que la contribution française à l'ensemble du programme s'est imposée par le nombre des volumes publiés et par leur qualité — qu'il s'agisse des sources de l'histoire de l'Afrique au sud du Sahara dans les archives et bibliothèques françaises (3 volumes parus), des sources de l'histoire de l'Asie et de l'Océanie (2 volumes parus, un troisième en préparation), de celles de l'Afrique du Nord et du Proche-Orient (1 volume paru) — le *Guide des sources de l'histoire de l'Amérique latine et des Antilles,* qui aurait dû les précéder, restait à l'état d'ébauche, interrompu par le départ en retraite puis la mort du conservateur aux Archives nationales, chargé de sa rédaction.

Un nouveau projet de l'Unesco allait lui rendre vie. Cet organisme ayant demandé la rédaction d'un *Guide des sources de l'histoire d'Haïti,* une large part y fut intentionnellement donnée par l'auteur au domaine antillais. Restait à élargir ce Guide, non publié, à l'ensemble du continent latino-américain, à unifier la présentation des résultats, à établir les annexes indispensables.

M. Jean Favier, directeur général des Archives de France, ayant accepté de l'inclure dans les publications des Archives nationales, ce guide peut aujourd'hui être présenté au public. Le *Guide des sources de l'histoire de l'Amérique latine et des Antilles dans les archives françaises* met donc le point final à la série projetée en 1958.

Les normes de ce guide avaient été définies, nous l'avons dit, par le Comité provisoire du Guide des sources de l'histoire de l'Amérique latine, en décembre 1959. Du fait des circonstances rappelées plus haut, elles ont été légèrement modifiées en vue d'aligner le plan de ce volume sur celui des autres guides français déjà parus.

Structure.

Le *Guide des sources de l'histoire de l'Amérique latine et des Antilles* comprend un seul volume consacré aux sources archivistiques *stricto sensu* et aux archives imprimées. Toutefois, d'autres projets sont actuellement en cours à la Bibliothèque nationale pour la recension des manuscrits et des imprimés concernant les États d'Amérique latine.

Limitation géographique.

En rédigeant ce guide, les auteurs se sont fixé pour but la recension des fonds présentant un intérêt pour l'histoire des pays latino-américains avant et depuis leur indépendance et pour celle des îles et territoires situés dans la zone des Antilles et ayant appartenu à des nations européennes, y compris ceux qui, depuis lors, ont accédé à l'indépendance. Cependant, les sources de l'histoire des provinces espagnoles, françaises ou mexicaines devenues États ou partie d'États des États-Unis d'Amérique, ne sont ici touchées qu'épisodiquement puisqu'elles ont été décrites dans le *Guide des sources de l'histoire des États-Unis dans les Archives françaises*. Les Philippines, de par leur situation géographique, n'ont pas été incluses dans ce Guide, comme il était initialement prévu, mais dans celui de l'Asie et de l'Océanie.

Limitation chronologique.

D'une façon générale, il est rare de trouver dans les archives *stricto sensu* (archéologie et épigraphie étant écartées) des documents sur le sujet antérieurs au XVIIe siècle et même à la fin de celui-ci. C'est parmi les manuscrits des bibliothèques que les témoignages les plus anciens devront être recherchés.

Quant au *terminus ad quem*, on ne trouvera pas, dans les pages qui suivent, de sources postérieures à 1952 sauf, éventuellement, en ce qui concerne les archives privées, dans la mesure où les détails de communication fixés par la loi sur les archives du 3 janvier 1979 ne leur sont pas automatiquement applicables.

Le chercheur trouvera d'ailleurs dans les *Nouveaux textes relatifs aux archives* (1), la transcription de cette loi et des décrets relatifs, entre autres, aux archives du ministère des Relations extérieures et à celles de la Défense, qui l'aideront à cerner avec précision les limites chronologiques de sa recherche à travers les archives.

Limitation thématique.

Ont été signalées, dans la mesure où elles sont communicables et où elles sont liées au sujet, les archives publiques, telles que définies dans la loi sur les archives, conservées dans les divers dépôts relevant de la direction des Archives de France (Archives nationales (2), départementales, communales le cas échéant), dans les Archives des ministères des Relations extérieures, de l'Économie et des Finances, de la Défense (services historiques de la Marine, de l'Armée de Terre et de certains services y rattachés), dans les services d'archives des assemblées parlementaires. Un chapitre a été consacré aux archives imprimées émanées des administrations métropolitaines ou locales, avec référence aux deux bibliothèques où les collections sont le mieux représentées (généralement la Bibliothèque nationale et la bibliothèque de la section outre-mer des Archives nationales); un autre chapitre concerne les archives des Chambres de Commerce et d'Industrie.

Dans le chapitre consacré aux archives privées, ont été regroupés les résultats d'enquêtes attentives menées en vue de localiser les archives missionnaires et familiales. Ces enquêtes ont permis de détecter un certain nombre de fonds intéressants, moins nombreux pourtant qu'on ne l'espérait, concernant l'action des diverses missions religieuses en Amérique latine, l'émigration pyrénéenne et alpine vers ce continent, les papiers privés concernant la Côte française de l'île de Saint-Domingue.

Deux annexes complètent l'ouvrage. L'une donne la liste des ministres et secrétaires d'État ayant eu la responsabilité de l'Administration coloniale, celle des directeurs de cette même administration, des gouverneurs des colonies françaises des Antilles et de nos représentants dans les territoires d'Amérique latine; l'autre offre une orientation bibliographique parmi les périodiques français et étrangers traitant du sujet, conservés par les Bibliothèques municipales de Bordeaux et Marseille et par la bibliothèque de la section outre-mer. Imparfaite sans doute, utile, nous l'espérons.

Il n'a pas paru nécessaire d'établir un index, l'usage de celui-ci s'avérant fallacieux en ce sens qu'il attire l'attention sur le document isolé cité en exemple et laisse dans l'ombre des fonds importants de par leur contenu plus général. Une table des matières très détaillée, rendant compte du plan de l'ouvrage, facilitera la lecture de celui-ci.

---

(1) Deuxième édition, Paris, Archives nationales, 1982.
(2) Rappelons ici que la Cité des archives contemporaines et le dépôt des archives d'outre-mer sont partie intégrante des Archives nationales.

Utilisation du Guide.

L'éventuel utilisateur de cet instrument de recherche doit avoir présent à l'esprit qu'il s'agit d'un guide d'orientation à travers les dépôts et les fonds pertinents au sujet et non d'un répertoire ou d'une liste plus ou moins analytique de dossiers ou de documents isolés. La méthode suivie vise à donner, par une succession de notices précises sur les dépôts, les fonds et les séries, un véritable fil d'Ariane à travers les méandres de l'histoire administrative et le labyrinthe des dépôts d'archives. Elle signale, chaque fois que faire se peut, les guides détaillés ou autres instruments de recherche permettant une consultation des fonds relatifs à l'Amérique latine et aux Antilles, les inventaires imprimés et manuscrits des fonds décrits. Elle offre, le cas échéant, des exemples types de documents qui complètent, en l'illustrant, la description des fonds et des séries.

Le principe du respect des fonds rend difficile une présentation des sources, État par État concerné (1). Une lecture attentive de l'ensemble du Guide s'impose donc au chercheur. Il pourra compléter celle-ci par la lecture de l'*État général des fonds des Archives nationales*, et notamment de son tome III, *Marine et Outre-Mer*, qui lui indiquera, parfois avec plus de détails, la structure des fonds.

Les détails pratiques concernant chaque dépôt sont donnés en tête de la notice qui lui est consacrée (adresse, numéro de téléphone, heures d'ouverture au public, facilités éventuelles de reproduction). Le plan de chacun des chapitres figure à la table des matières.

*   *
*

Ce guide n'aurait pu être réalisé sans le concours chaleureux et érudit des conservateurs des Archives nationales, départementales et communales, trop nombreux pour être nommément cités. Qu'ils se partagent nos remerciements. En ce qui regarde les bibliothèques, notre reconnaissance va aux conservateurs en chef et conservateurs des principaux départements de la Bibliothèque nationale pour les patients relevés d'archives, de cartes et d'estampes conservés par leurs soins. Nous leur adjoindrons, en ce qui concerne les périodiques conservés dans leurs bibliothèques, les conservateurs en chef des bibliothèques municipales de Bordeaux et de Marseille, sans oublier M. Reynaud, alors conservateur en chef de la bibliothèque de la Chambre de Commerce et d'Industrie de Marseille. Nos remerciements s'adressent aussi aux détenteurs d'archives privées au nombre desquels nous n'aurons garde d'omettre les instituts missionnaires.

---

(1) Voir à ce sujet la préface de Gabrielle Vilar, p. 15.

La mise en œuvre du Guide doit tout au concours de Catherine Méhaud. Cette collaboratrice technique, prématurément disparue, avait été mise par le Centre national de la recherche scientifique — nous ne saurions assez l'en remercier — à la disposition de la secrétaire générale de la commission française du Guide des sources de l'histoire des Nations. Partant du Guide des sources de l'histoire d'Haïti rédigé par cette dernière, et resté manuscrit, Catherine Méhaud lança les enquêtes, approfondit les textes existants, effectua de nombreux dépouillements complémentaires, rédigea des notices. Son nom méritait de figurer dans les toutes premières places parmi ceux des collaborateurs de ce volume.

Le directeur général des Archives de France, M. Jean Favier, professeur à la Sorbonne, M. Georges Le Rider, alors administrateur général de la Bibliothèque nationale, M. Martial de La Fournière, ministre plénipotentiaire alors directeur des Archives et de la Documentation du ministère des Relations extérieures, le général Porret et le contre-amiral Duval, alors directeurs des Services historiques de l'Armée de Terre et de la Marine, le général Christienne, directeur du Service historique de l'Armée de l'Air et, le cas échéant, leurs successeurs, qui, avec une grande générosité, ont accordé à ce projet la collaboration de leurs services respectifs, trouveront ici l'expression de notre infinie reconnaissance.

Qu'il en soit de même pour M. Charles Kecskemeti, secrétaire exécutif du Conseil international des Archives, qui nous a vivement encouragée à reprendre ce projet et pour M. Jean Baillou, ministre plénipotentiaire, président de la Commission française du Guide des sources de l'histoire des nations, en qui nous avons trouvé un soutien sans défaillance.

Enfin, Mme Houriez, conservateur en chef chargé du Service des publications des Archives nationales, qui a préparé ce *Guide* pour l'impression, a su lui donner élégance typographique et précision dans les détails. Sa parfaite connaissance des archives a comblé bien des omissions. A elle aussi vont nos remerciements.

Nés dans le sang, la violence et la gloire, les États d'Amérique latine issus de l'Amérique, de l'Europe et de la vieille Afrique, sont encore dans l'enfance de leur histoire. Ce sont quelques clefs de leur mémoire ancestrale que les auteurs du *Guide des sources de l'histoire de l'Amérique latine et des Antilles* leur tendent aujourd'hui.

Marie-Antoinette MENIER,

*Secrétaire générale de la Commission française
du Guide des sources de l'histoire des Nations,
Conservateur en chef aux Archives nationales.*

PRÉFACE

Guider les historiens des jeunes nations parmi les sources qui éclairent l'origine et le passé de chacune d'elles, telle était la tâche que le Conseil international des Archives de l'Unesco proposait en 1959 à ceux qui ont la garde des trésors historiques de la vieille Europe.

Dans cette perspective, la Direction des Archives de France mettait en œuvre, sans autres moyens que les siens propres, un « Guide des sources de l'histoire de l'Amérique latine existant en France » qui devait être le premier de la série. Elle en confia le soin à Gabrielle Vilar, conservateur aux Archives nationales. La mort ne permit pas à celle-ci de conduire son œuvre au-delà des prémisses; elle en avait toutefois rédigé la préface dont nous publions ci-dessous de larges extraits, la présentation du guide, légèrement différente de celle initialement prévue, ayant rendu nécessaires quelques suppressions :

« En acceptant la responsabilité de cette réalisation », écrivait-elle, « je n'ai caché à personne, et surtout pas à moi-même, les difficultés qui m'attendaient...

« Non que la masse des renseignements que les historiens de l'Amérique latine peuvent espérer découvrir en France soit exceptionnellement abondante ou de nature fondamentale. Pour qui connaît les grands dépôts ibériques, et particulièrement l'admirable Archivo de Indias de Séville, les ressources des archives et bibliothèques de France en matière américaine peuvent sembler, à première vue, assez dérisoires.

« A peine essaie-t-on, pourtant, de les recenser, qu'on s'aperçoit sinon de leur importance, du moins de leur multiplicité et de leur variété. Il n'est pas en France, comme en Espagne ou au Portugal, de fonds spécialisé où tout concerne le Nouveau Monde, mais il n'est guère de fonds français — politique, économique, maritime, colonial, religieux — où le Nouveau Monde ne soit présent.

« Et cela, déjà, est révélateur. La confection d'un guide des sources européennes de l'histoire de l'Amérique latine semble impliquer, *a priori*, que l'Amérique est œuvre de l'Europe. Elle persuade assez vite que l'Europe occidentale — hors même de l'Espagne et du Portugal — ne fut pas moins, dans sa période moderne, œuvre de l'Amérique, en ce sens qu'elle dépendit sans cesse, matériellement et spirituellement, des territoires découverts, des ressources exploitées, des nouveautés révélées. Elle en eut le souci continuel. Les archives l'attestent. Et ne serait-ce que pour mesurer cette forte incidence du fait américain sur l'histoire européenne, la revue des sources européennes de l'histoire américaine aurait quelque justification.

« Mais qui dit multiplicité des références sans existence de fonds massif dit aussi recensement difficile.

« L'utilisation des inventaires imprimés déjà existants permet d'emblée d'affirmer le très grand nombre de données, malheureusement dispersées et hétérogènes, que la plupart de nos fonds d'archives et de nos collections de manuscrits permettent de glaner sur l'Amérique coloniale, et même sur l'Amérique indépendante. S'en tenir, cependant, à ces inventaires imprimés serait se contenter de fournir sèchement des cotes que l'éventuel historien des nations de l'Amérique latine n'aurait pas trop de peine à découvrir par lui-même. Il n'empêche qu'il faut lui signaler tout d'abord ces instruments de travail et lui suggérer, aussi précisément que possible, le type des documents historiques recouvert par chacun des fonds inventoriés.

« Plus important sera l'apport du guide dans la mesure où il signale des sources d'après les inventaires manuscrits de nos grands dépôts qui peuvent révéler des séries particulièrement riches ou des fragments particulièrement significatifs pour l'histoire américaine et dont le chercheur lointain a donc intérêt à connaître l'existence avant même de décider ou d'orienter sa recherche.

« Reste l'immense masse des fonds non encore inventoriés. Il est bien évident qu'aucun guide ne peut donner idée de leur contenu, quant aux faits américains, que par probabilités et sondages. Il reste nécessairement des domaines mal explorés. Pour nos archives départementales et locales surtout, il était impossible de demander à nos confrères une recherche, même superficielle, hors des inventaires existants. Il faut donc se résigner à la fois à trouver dans le guide un nombre considérable d'indications de détail, dont la portée apparaîtra limitée, et à renoncer à toute garantie d'exhaustivité, des sources très importantes ayant pu échapper à notre approche.

« Un fait, surtout, nous gêne quelque peu dans la présentation de ce guide. Il s'annonce comme un « guide des sources historiques de l'Amérique latine ». Après en avoir longuement discuté, le Comité international a inclu dans cette notion les îles longtemps colonies françaises, la Guyane [...]. Il en résulte que les régions de colonisation française — en tout premier lieu les Antilles [...], préoccupation constante, pendant des siècles, des autorités maritimes et des milieux commerciaux français — occupent dans les références retenues par notre guide une place historiquement toute naturelle mais qui risque de le faire apparaître comme une sorte de « guide de l'histoire coloniale française en Amérique du Centre et du Sud ». Or il est évident que ce n'était pas là notre intention et que l'espoir d'éclairer, par des sources secondaires, l'histoire la plus générale de l'Amérique la plus étendue n'a pas cessé de nous inspirer.

« Nous demandons donc au lecteur de ne pas juger ce guide comme un travail isolé. C'est dans le cadre de la collection internationale qu'il prend son sens, donnant alors aux ex-colonies françaises leur importance relative juste dans l'histoire de l'Amérique et dans l'histoire de l'Europe, importance que nous ne jugeons pas négligeable mais que nous n'entendions pas privilégier.

« Au surplus, cette perspective particulière que donnera chaque guide national des sources de l'histoire de l'Amérique latine aura un intérêt propre. On s'apercevra, en confrontant le guide espagnol, le guide britannique, le guide français, des fondamentales différences de point de vue suggérées par les archives des trois pays sur l'évolution et le rôle des régions, des ressources, des colonisations, des indépendances. C'est toute une histoire générale qui pourra être évoquée.

« Cette leçon dans l'espace sera, au sein de chaque guide, complétée par des leçons dans le temps. Il est clair, par exemple, que dans le cadre de nos archives et bibliothèques françaises on distingue, quant aux renseignements fournis sur l'Amérique latine, quatre périodes qui ne se ressemblent ni par la masse ni par la nature des principaux documents recensés.

« Le XVIᵉ siècle est encore celui d'une découverte et d'une conquête auxquelles les Français participent mais à un rang très modeste, leur principal effort se portant d'ailleurs dès lors vers l'Amérique du Nord, vers Terre-Neuve et le Canada, hors des limites de la présente enquête.

« Toutefois, la rivalité entre Français et Portugais a commencé autour du Brésil dès les premières années du siècle, et l'expédition de Nicolas Durand de Villegaignon, en 1555, tenta d'installer un établissement permanent aux abords de l'actuel Rio de Janeiro. Cela oblige à supposer que l'intérêt de la France pour l'Amérique était déjà suffisamment éveillé, aussi bien chez les particuliers avides d'aventures que dans certaines sphères politiques et religieuses (par exemple chez les protestants), pour que des traces en soient restées, celles mêmes que doit signaler le guide.

« On est cependant frappé du caractère fragmentaire, et le plus souvent très indirect, des sources invoquées pour préciser ces épisodes coloniaux précoces. On s'étonne que les actions de la course française contre les Antilles espagnoles, au milieu du XVIᵉ siècle, [...] ne soient guère connues que par les sources diplomatiques espagnoles. Il n'est pas interdit de penser qu'une meilleure recherche dans les fonds français réserverait de bonnes surprises. En 1955, l'exposition consacrée par les Archives de France aux rapports historiques franco-brésiliens ne réunissait pas moins de quarante-huit pièces intéressant ces rapports au XVIᵉ siècle (1). Il est vrai qu'il s'agissait surtout de manuscrits et d'imprimés rares, parfois très postérieurs aux événements qu'ils commentaient, et qu'il avait fallu les chercher aussi bien dans les bibliothèques peu fréquentées de province qu'à la Bibliothèque nationale ou à l'Arsenal. Mais, de la même façon, les quelques documents originaux étaient empruntés aussi bien aux Archives départementales d'Ille-et-Vilaine ou aux Archives municipales de Rouen qu'aux Archives nationales d'où provenaient deux mandements de François Iᵉʳ aux Trésoriers de l'Épargne pour rem-

---

(1) *France et Brésil* exposition organisée par les Archives nationales (24 mai-27 juin 1955), Paris, 1955, 128 p. in 8º.

boursement des frais d'une expédition revenue du Brésil avec des bois de teinture. C'est dire qu'il faut explorer un peu partout, plutôt que de répéter sans cesse les mêmes textes usés.

« Il n'empêche que l'impression que laissera notre guide, pour l'histoire américaine du XVIe siècle, sera une impression de pauvreté. Ce qui est le plus connu dans les dépôts français, pour la période, c'est surtout le célèbre trésor cartographique de la Bibliothèque nationale, plus important d'ailleurs, peut-être, pour la prédécouverte que pour la découverte. C'est ensuite les collections tardives — dont la fameuse collection Goupil — qui ont permis à la France de conserver des manuscrits intéressant l'Amérique ancienne, y compris l'Amérique précolombienne. Ce sont, enfin, les documents littéraires qui rendent compte de l'image, très déformée, que les Français du XVIe siècle pouvaient se faire de l'Amérique. A vrai dire, ce siècle fut celui de l'Espagne qui ne laissa qu'exceptionnellement fouler son terrain et fut la seule à constituer alors un dossier solide sur les réalités américaines.

« Il n'en est plus de même au XVIIe et au XVIIIe siècle, lorsque faiblit le contrôle espagnol et portugais sur le Nouveau Monde, lorsque la France parvient à se glisser çà et là dans le domaine colonial de l'Amérique centrale, à créer plus au Nord une colonisation propre et à pratiquer, directement ou indirectement, un important commerce avec l'Amérique dont dépend largement la prospérité d'industries exportatrices. Avec Richelieu, avec Colbert, de véritables politiques coloniales se dessinent et la rivalité même avec l'Espagne en déclin a pour conséquence une préoccupation constante du pouvoir qui se préoccupe systématiquement des renseignements, des documents, des copies intéressant les possessions et les forces de l'adversaire dans sa métropole et dans son empire. La documentation officielle française sur l'Amérique, autant sur les possessions ibériques que sur les territoires directement occupés ou convoités par la France, commence à devenir très touffue.

« Ce matériel, cependant, présente deux inconvénients. S'il s'agit de copies ou de mémoires envoyés d'Espagne, il fait souvent double emploi avec les sources espagnoles. C'est une commodité pour les chercheurs français; pour les historiens américains, ce n'est qu'un complément éventuel d'information. D'autre part, à mesure qu'avance le temps, c'est sur l'Amérique française que se fixe de plus en plus l'attention officielle, ou sur la politique maritime et coloniale qu'il conviendrait au gouvernement français de pratiquer en face du fait américain. C'est à peine de l'histoire d'Amérique.

« Le nœud de cette période se situe, précisément, aux confins du XVIIe siècle et du XVIIIe, au moment où la succession d'Espagne, revenant à un prince français, laisse croire un instant au monde marchand comme à certains politiques autour de Louis XIV que l'héritage du monopole américain, et donc les sources directes du métal précieux, sont pour bientôt promises à la France. Là-dessus, la documentation est considérable. Elle a été partiellement utilisée et l'on y revient. C'est un des moments, sans doute, où les archives françaises renseignent au mieux sur le mécanisme économique des rapports entre l'Europe et le Nouveau Monde.

« Mais si le XVIIIe siècle apporte aux Français, relativement à de tels espoirs, une déception, il n'en est pas moins, pour la France, un siècle « américain », peut-être le plus « américain » de son histoire. C'est le temps de la Compagnie des Indes occidentales, du commerce des Iles et de la traite des noirs, de la grande rivalité avec l'Angleterre et d'une collaboration hésitante, mais souvent heureuse, avec l'Espagne. C'est aussi le temps où les « Lumières » pénètrent, inégalement et timidement, mais quelquefois efficacement, le monde ibéro-américain et les possessions françaises. Certes, les archives espagnoles et américaines éclairent mieux ces faits pour l'historien français que ne le font les sources françaises pour l'historien américain. Il arrive pourtant, dès lors, que les correspondances diplomatiques ou consulaires françaises, ou des sources moins officielles (celles, par exemple, dont s'inspira Raynal), confirment ou complètent utilement les séries souvent fragmentaires de la documentation américaine gardée en Espagne.

« Mais surtout, ce sont les archives privées et les archives notariales, dont l'exploitation commence à peine aujourd'hui, qui (dans tous les pays, d'ailleurs) réservent d'utiles trouvailles pour cette époque. Nous n'en voudrions pour preuve que la publication par Louis Dermigny, sous le titre *Cargaisons indiennes*, des registres de la maison Solier, de Marseille, qui se complète de documents conservés en Suisse, à Genève, dans les Archives vaudoises et chez des particuliers, mais dont l'essentiel se trouvait aux Archives de l'Aveyron, les Solier étant originaires de la Montagne Noire (1). L'économie commerciale américaine du XVIIIe siècle ne sera définitivement éclairée que lorsque la France, autant que l'Espagne, aura procédé au recensement exact de ses archives économiques anciennes. Pour l'instant, sans illusion sur leur exhaustivité, nous donnerons une série d'indications dans ce sens.

« Les confins du XVIIIe et du XIXe siècles sont un autre moment de crise et de changement, où le type des sources françaises de l'histoire de l'Amérique latine se modifie profondément dans ses caractères. Dans la mesure où l'épisode napoléonien isole les territoires américains de leurs métropoles, les livre à la fois à eux-mêmes et à l'influence conjuguée de l'Angleterre et des États-Unis de l'Amérique du Nord, c'est bien en France qu'est parti, involontairement, le signal de l'indépendance des pays de l'Amérique latine. En fait, c'est tout l'épisode révolutionnaire de la fin du XVIIIe siècle — de la Guerre d'Indépendance des États-Unis à 1810 — qu'il faut relier à l'histoire de cette indépendance et les archives de France sont nécessairement riches à ce point de vue. Dès que certains pays ont voulu constituer une somme des sources autour de la figure historique d'un « libérateur » (comme le Venezuela pour Miranda), les archives françaises se sont trouvées à l'honneur. Ont-elles offert à de telles entreprises des guides commodes et ont-elles été bien utilisées? Cela semble peu probable.

---

(1) L. Dermigny, *Cargaisons indiennes : Solier et Cie (1781-1793)*, Paris : SEVPEN (coll. « École Pratique des Hautes Études, VIe Section, Centre de Recherches historiques, Affaires et gens d'affaires », 15), 1959-1960, 2 vol., 310 p., 456 p.

« Mais un épisode, au moins, est abondamment éclairé par les archives françaises et a déjà donné lieu à d'importantes études. C'est celui de la révolte de Saint-Domingue, aux origines de l'actuelle République de Haïti. L'histoire de toutes les Antilles, d'ailleurs, a subi les répercussions de cette révolte.

« Le développement des mouvements d'indépendance latino-américains se situant cependant, pour l'essentiel, après 1814-1815, c'est de nouveau dans les séries classiques des Affaires étrangères que des compléments à leur histoire (ou des points de vue) pourront être recherchés. La dominante du fait économique, si éclatante au XVIIIe siècle, subit au contraire alors une relative éclipse.

« Une fois les indépendances obtenues et stabilisées (sauf, pourtant, dans la plupart des Antilles), les sources françaises de l'histoire de l'Amérique latine peuvent encore être importantes dans deux domaines : celui des influences idéologiques, dont on peut suivre quelques itinéraires (positivisme et saint-simonisme en particulier), et celui des interventions financières, parfois associées, comme dans le fameux épisode mexicain sous Napoléon III, de visées politiques mal méditées. Nous montrerons que la constitution en cours d'archives françaises de types économique et privé — sans parler des fonds maritimes et notariaux — donne sur ce point d'assez bons espoirs.

« Mais, d'un point de vue plus largement humain, c'est aussi de France que sont partis d'assez nombreux émigrants, d'assez importantes familles pionnières, des groupes régionaux assez compacts pour que l'histoire du peuplement et l'histoire biographique, dans des pays comme le Mexique, le Chili, l'Argentine, puissent s'alimenter aux sources régionales et locales de nos Alpes méridionales ou de nos Pyrénées basques.

« Ainsi, suivant les siècles évoqués, les types de sources à rechercher en France sont très divers, ce qui conseille de ne point s'en tenir, comme on a fait trop souvent, à quelques collections connues, à quelques fonds classiques, comme les sources diplomatiques. Ce guide leur conservera, bien évidemment, leur place toujours dominante, mais il n'aurait aucun intérêt de nouveauté s'il s'en tenait là... »

*
* *

Dans sa préface, Gabrielle Vilar, donnait quelques indications bibliographiques qu'il nous a paru utile de publier ici en en resserrant la présentation :

INSTITUT DES HAUTES ÉTUDES DE L'AMÉRIQUE LATINE (Paris) :

OZANAM (Didier), *Les sources de l'histoire de l'Amérique latine : guide du chercheur dans les archives françaises, I, Les Affaires étrangères*, 1963, 111 p.

INSTITUTO PANAMERICO DE GEOGRAFÍA E HISTORIA. Comisión de historia (Mexico) :

Misiones americanas en los archivos europeos :

CARRERA STAMPA (Manuel), *Misiones mexicanas en archivos europeos*, 1949, x-125 p.

HILL (Roscoe R.), *American Missions in European Archives*, 1951, 138 p.

MORENO FRAGINALS (Manuel), *Misiones cubanas en los archivos europeos*, 1951, 124 p.

CORRÊA FILHO (Virgilio), *Missoẽs brasileiras nos archivos*, 1952, 60 p.

ORTEGA RICAÚRTE (Enrique), *Misiones colombianas en los archivos europeos*, 1951, 159 p.

SOTO CÁRDENAS (Alejandro), *Misiones chilenas en los archivos europeos*, 1953, 297 p.

MOLINA (Raúl A.), *Misiones argentinas en los archivos europeos*, 1955, 747 p.

GABALDÓN MARQUEZ (Joaquín) *et al.*, *Misiones venezolanas en los archivos europeos*, 1954, 232 p.

VARGAS (Fray José María), *Misiones ecuatorianas en archivos europeos*, 1956, 193 p.

MOLINA ARGUËLLO (Carlos), *Misiones nicaraguenses en los archivos europeos*, 1957, 165 p.

Fuentes documentales para la historia de la independencia de América :

DONOSO (Ricardo), *Misión de investigación en los archivos europeos*, 1960, XII-303 p.

VALCÁRCEL (Carlos Daniel), *Mision de investigación en los archivos europeos*, 1974, 457 p.

RUBIÓ MAÑÉ (Jorge Ignacio), *Estudio preliminar y panorama europeo*, 1976, 591 p.

On trouvera d'autres références bibliographiques dans les chapitres du guide.

ARCHIVES DE FRANCE

ARCHIVES NATIONALES

ARCHIVES DÉPARTEMENTALES

ARCHIVES COMMUNALES

ARCHIVES NATIONALES

60, rue des Francs-Bourgeois, 75003 Paris.
Adresse postale : 75141 Paris Cedex 03.
Tél. : (1) 277.11.30.
Heures d'ouverture : du lundi au samedi, de 9 h. à 18 h.
Fermeture annuelle : deux semaines à compter du 15 juillet ou du lundi suivant cette date et généralement le samedi en août.
Possibilité de photographie et reproduction des documents.

Les Archives nationales (1) sont ouvertes, sur présentation de leurs papiers d'identité, à tous les citoyens français qui se proposent de mener aux Archives des recherches d'intérêt historique.

Elles sont également ouvertes aux ressortissants étrangers, qui se seront munis au préalable d'une lettre de recommandation émanant de la représentation diplomatique de leur pays en France, ou de la France en leur pays, ou bien d'une personnalité française suffisamment autorisée. Cependant, les lecteurs étrangers pouvant justifier de leur appartenance à une institution officielle, universitaire, scientifique ou diplomatique, sont considérés comme suffisamment recommandés pour accéder aux salles de travail des Archives nationales. Dans tous les cas, les lecteurs étrangers, à leur première venue aux Archives nationales, voudront bien présenter leur passeport.

Tout lecteur nouveau est tenu de se faire inscrire. Cette inscription est reçue au Bureau des Renseignements tous les jours ouvrables de 9 h 30 à 12 h et de 14 h à 17 h. Elle donne lieu à la délivrance d'une carte. La carte permanente de lecteur a une validité nationale. Elle permet au lecteur l'accès non seulement à toutes les salles de consultation aux *Archives nationales* tant au dépôt central qu'à la *Section Outre-mer*, à Paris, et aux *Archives d'Outre-mer*, à Aix-en-Provence, mais aussi aux salles du public de tous les *dépôts d'archives départementales*.

---

(1) Sur la création des Archives nationales et l'origine des fonds qui y sont conservés, voir le rapport au Président de la République introduisant le décret du 21 juillet 1936 sur les versements dans les dépôts d'archives d'État des papiers des ministères et des administrations qui en dépendent.

Deux photographies d'identité sont demandées pour l'établissement de la carte; celle-ci doit être, chaque année, vérifiée et le millésime de l'année en cours est apposé dans la case disposée à cet effet dans la grille figurant au bas de la carte.

Selon les dispositions de la loi n° 79-18 du 3 janvier 1979 sur les archives, les documents des archives publiques sont librement consultables à l'expiration d'un délai de trente ans.

Néanmoins, ce délai est porté à *cent cinquante ans,* à compter de la date de naissance, pour les documents de caractère médical; à *cent vingt ans,* à compter de la date de naissance, pour les dossiers de personnel; à *cent ans,* à compter de la date de l'acte ou de la clôture du dossier pour les minutes de notaires, les documents d'état civil, d'enregistrement et les dossiers d'affaires portées devant les juridictions; à *cent ans,* à compter de la date du recensement ou de l'enquête, pour les documents portant renseignements individuels ayant trait à la vie personnelle et familiale; à *soixante ans,* à compter de la date de l'acte, pour les documents mettant en cause la vie privée ou intéressant la sûreté de l'État.

En dehors de ces dispositions générales, divers décrets pris en application de la loi, notamment le décret n° 79-1038 du 3 décembre 1979, précisent un certain nombre d'autres restrictions apportées aux délais de communication.

Le chercheur en trouvera le texte dans la publication intitulée *Nouveaux textes relatifs aux archives,* 2e édition, Paris, 1982, qui reproduit, en particulier, la loi sur les archives ainsi que les décrets d'application, et fournit les éléments les plus récents de la réglementation archivistique française.

Le chercheur trouvera à sa disposition des instruments de recherche soit généraux, soit particuliers (1).

Nous signalerons ici le nouvel *État général des fonds* conservés aux Archives nationales, tome I, *L'Ancien Régime,* Paris, 1978; tome II, *1789-1940,* Paris, 1978; tome III, *Marine et Outre-Mer,* Paris, 1980; tome IV, *Fonds divers* (minutier central des notaires de Paris, archives personnelles et familiales, d'entreprises, de presse, d'associations, cartes et plans, archives imprimées, sceaux, microfilms), Paris, 1980.

A chacun des tomes de l'*État général des fonds* correspondra un tome du nouvel État des inventaires des Archives nationales : les tomes I (L'Ancien Régime) et IV (Fonds divers), sous presse, seront suivis des tomes III (Marine et Outre-Mer) et II (1789-1940).

---

(1) Voir le *Guide du lecteur* (3e éd.), Paris, 1982, p. 9-13.

SECTION ANCIENNE

La section ancienne des Archives nationales assure en principe la conservation des documents antérieurs à 1789. Elle assume également celle des fonds ministériels (Marine, Affaires étrangères, Colonies) dont il sera traité p. 140 à 318.

Elle offre peu de ressources pour l'histoire de l'Amérique latine et des Antilles. Nous signalerons cependant brièvement les séries susceptibles de contenir, généralement à l'état dispersé, quelques documents.

SÉRIE E. CONSEIL DU ROI

Le chercheur trouvera dans l'ouvrage de M. Antoine, *Le fonds du Conseil d'État du Roi aux Archives nationales. Guide des recherches*, Paris, 1955, l'ensemble des renseignements sur les archives provenant des conseils, quelles que soient les séries où ils sont conservés.

Il existe dans la série E quelques arrêts concernant le sujet :

E 1981.   Minutes d'arrêts se rapportant à la Marine, aux Colonies, etc., 1699-1715.

E 2010, 2011, 2014, 2015, 2025-2031, 2034, 2035, 2045. Minutes d'arrêts se rapportant à la Marine, 1719-1723.

E 2311, 2339.   Minutes d'arrêts se rapportant à la Marine, 1753-1754.

Exemples de documents :

E 1995, f° 119. Arrêt du 24 octobre 1718 autorisant la Compagnie de Saint-Domingue et tous Français de quelque qualité et conditions qu'ils soient, à envoyer à Saint-Domingue des vaisseaux chargés de vivres et de marchandises pour la subsistance, entretien et commerce de ladite colonie, et cela entre le 15 novembre 1718 et le 15 mai 1719.

E 2010, f°s 30-31. Arrêt portant confirmation des possessions du comte de Gennes à Cayenne, 10 janvier 1719.

Instruments de recherche :

- VALOIS (N.) et BABELON (J.-P.), *Conseil du Roi. Série E. Répertoire numérique*, Paris, 1983.

- VALOIS (N.), *Inventaire des arrêts du Conseil d'État (Règne de Henri IV)*, Paris, 1886-1893, 2 vol.

- LE PESANT (M.), *Arrêts du Conseil du Roi. Règne de Louis XIV. Inventaire analytique des arrêts en commandement*, t. I, *20 mai 1643-8 mars 1661*, Paris, 1976.

- ANTOINE (M.), *Inventaire des arrêts du Conseil du Roi. Règne de Louis XV (Arrêts en commandement). Inventaire analytique... (1715-1723)*, Paris, 1968-1974, 2 vol.

- *Idem*, 1723-1736 (dactylographié).

- GALLET-GUERNE (D.), *Arrêts du Conseil du Roi. Règne de Louis XVI. Inventaire analytique des arrêts en commandement*, t. I, *10 mai 1774-12 mai 1776 : ministère Turgot*, Paris, 1978.

SÉRIE G. ADMINISTRATIONS FINANCIÈRES ET SPÉCIALES

Cette série se divise elle-même en neuf sous-séries dont deux contiennent des pièces intéressant l'Amérique latine et les Antilles.

Sous-série G⁵. Amirauté de France. Conseil des Prises

Cette sous-série comprend non les archives de l'Amirauté de France et du Conseil des Prises, mais les papiers conservés par Louis-Jean-Marie de Bourbon, duc de Penthièvre, dernier amiral de France. Elle est formée, pour l'essentiel, par les papiers du trésorier de l'Amiral.

Le chercheur consultera la notice consacrée par H.-F. Buffet à l'Amirauté de France dans le *Guide des recherches dans les fonds judiciaires de l'Ancien Régime*, Paris, 1958, p. 266-269.

G⁵ 5¹.	La Rochelle.
G⁵ 5².	Officiers d'amirauté de Cayenne et des Antilles : la Grenade, Guadeloupe, Martinique, Saint-Domingue, Sainte-Lucie, Tabago.
G⁵ 11¹-11⁴.	Bordeaux.
G⁵ 22.	Nantes.
G⁵ 24, 25.	La Rochelle.
G⁵ 34.	Amirauté du Cap Français.
G⁵ 35.	Cayenne, la Grenade, Guadeloupe.
G⁵ 36.	Martinique.
G⁵ 38.	Sainte-Lucie.

G⁵ 39.   Congés pour le cabotage de la Grenade et des Iles du Vent, 1781-1783. Congés délivrés à Marseille pour la Martinique, 1781.

G⁵ 211-265.   Conseil des prises : papiers du greffe, délibérations du Conseil, jugements, enregistrement des procédures reçues au Greffe du Conseil, 1613-1793.

Exemples de documents :

G⁵ 5². Acadie, Cayenne, Grenade, Guadeloupe, Martinique, Saint-Domingue, etc.
Saint-Domingue : demandes de place; demandes diverses et pétitions; correspondance sur divers objets; succession Aubry; règlement sur les fonctions des huissiers audienciers, 1786-1789. Vente des effets maritimes par les huissiers audienciers, 1786-1789. Correspondance sur les travaux extraordinaires demandés au greffier du Cap et les actes dressés dans les amirautés, 1789... Protestations des officiers de l'amirauté contre les modifications apportées dans les amirautés de la colonie, 1790... Séquestre des greffes de l'amirauté du Cap, 1789-1791, etc. Dispense des déclarations à l'amirauté pour les navires espagnols, 1790, etc.
G⁵ 213. Prises, ventes, contestations. Canada, Saint-Domingue, xviiie s.

Instrument de recherche :

• Répertoire numérique manuscrit.

Sous-série G⁷. Contrôle général des Finances

Seule une partie des archives du Contrôle général des Finances est conservée dans cette sous-série. Le contrôleur avait dans ses attributions les compagnies de commerce.

On consultera en particulier :

G⁷ 1312-1316.   Ferme du domaine d'Occident, Compagnie du Canada, Compagnie des Indes occidentales, etc., 1673-1714.

G⁷ 1684-1709.   Mémoires et comptes relatifs à l'industrie, au commerce, aux manufactures, à la Compagnie des Indes, conseils de commerce, traités de commerce, etc., 1678-1725.

Exemples de documents :

G⁷ 1685 (5-14). Mémoires et requêtes concernant le commerce de Saint-Malo, particulièrement avec les îles d'Amérique, 1685.
G⁷ 1686 (157-158). Lettres de Michel Amelot sur les importations demandées par les négociants de Saint-Malo, de plomb et d'étain d'Angleterre et d'argent du Mexique, 13 janvier-19 mai 1703.
G⁷ 1687 (223). Nouvelles de la Vera Cruz, du Portugal et de Cadix apportées par une tartane française, juillet 1707.

Instruments de recherche :

. Répertoire numérique manuscrit.

. Inventaire analytique dactylographié des articles G⁷ 1630-1720.

. BOISLISLE (A. M. de), *Correspondance des contrôleurs généraux des Finances avec les intendants des provinces (1683-1715)*, Paris, 1874-1897, 3 vol.

SÉRIE H. ADMINISTRATIONS LOCALES ET COMPTABILITÉS DIVERSES

La série H se compose de cinq fonds dont deux peuvent intéresser le sujet.

Sous-série H¹. Pays d'États, pays d'élections, intendances

On notera :

H¹ 378.   États de Bretagne, 1770. Compagnie des Indes.

H¹ 1642.   Mélanges. Entre autres : mémoire sur l'état civil, 1776.

H¹ 1686.   Mélanges. Entre autres : Compagnie des Indes, 1775.

H¹* 1688-*1713. Correspondance adressée par le contrôleur général à d'Aguesseau, intendant des généralités de Limoges puis de Bordeaux et du Languedoc, 1666-1685.

Instrument de recherche :

• Répertoire numérique manuscrit.

Sous-série H². Bureau de la ville de Paris, intendance et généralité

A signaler :

H² 2102.   Privilèges de la ville de Paris, consulat, six corps de marchands, Compagnie des Indes, commerce, 1563-1783.

Instrument de recherche :

• Répertoire numérique manuscrit.

SÉRIES K ET KK. MONUMENTS HISTORIQUES

Cette série, qui relève en fait de la collection, réunit des documents de nature très diverse.

On y relèvera :

K 1231. Voyage aux îles de l'Amérique par le père Labat, 1693-1727. Précis des opérations, journal de la campagne du comte d'Estaing en Amérique, 1778-1779. Voyage de la Grenade à l'île espagnole de la Trinité, 1783.

K 1232. Documents concernant Cayenne, la Guadeloupe, la Jamaïque, la Martinique, etc., XVIIIe s.

K 1340. Documents relatifs aux possessions espagnoles d'Amérique du Nord, 1790.

K 1368. Pièces relatives aux Antilles françaises, XVIIIe s.

KK 1306. Papiers du comte de Genlis, inspecteur général des troupes des colonies. Mémoire sur la défense de Saint-Domingue, 1765.

KK 1307. Correspondance aux affaires de la Guadeloupe, 1773-1774.

Instruments de recherche :

. Inventaires sommaires manuscrits.

. Répertoire numérique dactylographié de la série KK.

SÉRIES M ET MM. MÉLANGES
(ORDRES MILITAIRES ET HOSPITALIERS,
UNIVERSITÉS ET COLLÈGES, TITRES NOBILIAIRES)

Comme la précédente, cette série est hétérogène. On mentionnera :

M 203-205. Missions étrangères. Règlements, fondations, bourses, correspondance, pièces relatives aux missions au Canada, au Siam, au Tonkin et en Cochinchine, XVIIe-XVIIIe s.

M 209-214. Prêtres de la Mission ou Lazaristes. Mémoires et correspondance sur les missions en Inde, en Cochinchine, à l'île de France, à l'île Bourbon et aux îles d'Amérique, XVIIe-XVIIIe s.

M 240-250. Jésuites, [XVe], XVIIe-XVIIIe s.

M 240, 241. Affaire de Jean Châtel, de la Compagnie des Indes.

M 245-249. États des biens, administration, plans, mémoires concernant les divers collèges.

M 662.   Documents relatifs à la Marine. Routes maritimes dans la mer des Antilles, pêche et commerce, XVIIᵉ-XVIIIᵉ s.

M 785.   Papiers du marquis de Mirabeau. Documents relatifs au commerce colonial, 1750.

M 806.   Papiers concernant Law et la Compagnie des Indes, 1722-1724.

M 1021-1031.   Marine et Colonies, XVIIᵉ-XVIIIᵉ s.

> M 1021. Mémoires sur l'Inde, Saint-Domingue, les îles de France et de Bourbon, 1750-1782.
>
> M 1023. Plans et cartes de ports et de côtes de France, d'Afrique, du Brésil, mémoires sur la pêche et le droit maritime, 1636-1784.
>
> M 1024. Mémoires sur le commerce en Afrique, Amérique du Nord, Chine et Indes, XVIIIᵉ s.
>
> M 1025-1027. Correspondance, mémoires, documents divers sur les îles de France et de Bourbon, l'Inde et la Compagnie des Indes, 1718-1781.
>
> M 1030, 1031. Mémoires sur la marine, la pêche. Documents divers sur Saint-Domingue, la Martinique, Madagascar, le Canada, XVIIᵉ s.-1792.

M 1036.   Guerre d'Indépendance. Relations entre la France et les États-Unis d'Amérique, 1793-1812.

MM 534-543.   Congrégation des Prêtres de la Mission ou Lazaristes, XVIIᵉ-XVIIIᵉ s.

MM 654.   Règlement des créances des Jésuites par l'administrateur de leurs séquestres, 1765-1767.

MM 1003, 1004. Copies de traités et mémoires sur le commerce avec l'étranger, la guerre de course, la Compagnie des Indes, XVIIIᵉ s.

MM 1018.   Atlas de l'établissement de la Compagnie des Indes à Lorient, 1752.

MM 1198.   Compagnie des Indes, copies de correspondances diverses, 1756-1759.

Exemples de documents :

M 205, n° 30. Bref d'Innocent X contre la Société de Jésus au Mexique, 1653 (imprimé).

M 242, n° 1. Convention entre le Père de Saint-Gilles et la Compagnie des Indes occidentales pour l'établissement de missions à Cayenne, 4 août 1674.

M 662, n° 11. « Routes que les vaisseaux tiennent pour aller de la Martinique à Carthagène et de Carthagène à la Havane », observation sur le golfe du Mexique..., XVIIIᵉ s.

Instruments de recherche :

. **Inventaires sommaires manuscrits.**

SOUS-SÉRIE O¹. MAISON DU ROI

Fort peu de documents concernent l'Amérique du Sud et les Antilles. A signaler toutefois :

O¹ 597.   Mémoires, relations et observations présentés par des particuliers concernant la Marine et les Colonies, fin XVIIe-XVIIIe s.

O¹ *735.   Registre de dépenses : le chapitre V concerne la Marine, 1771.

O¹ 1292.   Missions scientifiques, mémoires et correspondances, 1766-1789.

Exemples de documents :

O¹ 597⁴. Instructions pour aller à Cayenne, par Dutet, capitaine.

O¹ 597²ᴮ. Relation du voyage de Bougainville au Paraguay, 1766-1767.

O¹ 1292³⁵⁻¹⁹⁵. Mission de Dombey, médecin du roi, au Pérou, 1777-1786.

Instruments de recherche :

- CURZON (H. de), *Répertoire numérique des archives de la Maison du Roi (série O¹)*, Bordeaux, 1903.
- Inventaire analytique des cartons de O¹, par H. de Curzon, t. VII.

SÉRIE S. BIENS DES ÉTABLISSEMENTS RELIGIEUX SUPPRIMÉS

Cette série rassemble les archives de l'archevêché de Paris et des paroisses et établissements religieux situés dans l'ancien département de la Seine, saisis conformément au décret du 2 novembre 1789. Les papiers plus spécifiquement religieux, politiques ou juridiques se trouvent dans les séries K, L, M, V⁶ et Z².

Cette série n'est intéressante que dans la mesure où elle montre l'origine des revenus des ordres missionnaires.

On notera :

S 6590-6748.   Congrégation de Saint-Lazare, rue du Faubourg-Saint-Denis, 1124-1793.

S 6847-6848.   Séminaire du Saint-Esprit, rue des Postes, et mission de la Guyane, 1648-1792.

Instruments de recherche :

- Inventaires sommaires manuscrits.

SÉRIE T. PAPIERS TOMBÉS DANS LE DOMAINE PUBLIC

Ces papiers, selon l'origine de leur entrée, peuvent être répartis en trois groupes. Il s'agit, en effet, soit de documents provenant de particuliers, émigrés ou condamnés, et qui ont été séquestrés pendant la Révolution, soit de papiers trouvés dans les voitures publiques et versés aux Archives par les Messageries au début du xixe siècle, soit enfin de papiers provenant de successions en déshérence.

Les documents concernant l'Amérique latine et les Antilles y sont nombreux. Nous signalerons :

Amérique latine et Antilles :

T 68.	Papiers Maillebois. Correspondance relative à des concessions de terres aux Antilles et aux relations financières avec l'Espagne, 1780-1789.
T 228.	Papiers du capitaine de vaisseau Capellis. Correspondances, ordres, mémoires et plans relatifs à la guerre d'Amérique, aux Antilles et à Saint-Domingue, xviiie s.
T 404³.	Papiers Daulceur. Correspondances concernant le commerce avec les Antilles et l'Amérique espagnole, 1750-1755.
T 998.	Papiers Canachaud. Correspondances donnant des nouvelles des Antilles, 1783-1792.

Guadeloupe :

T 268.	Michel Bocquenet. Propriétés situées à la Guadeloupe, 1777-1793.
T 982.	Papiers des Le Tessier de Montarsy, de Laurent Valluet : acte d'achat par Laurent Valluet d'une habitation à la Guadeloupe, quartier de la Petite Plaine, 1644-1705.
T 1050.	Mémoires, jugements, lettres concernant Heurtault, habitant de la Guadeloupe, 1771-1782.
T 1068.	Papiers divers dont papiers de Preault. État des biens de Preault à la Guadeloupe.

Martinique :

T 103.	Papiers de Louis François, marquis de Chambray et de Miromesnil.
	T 103⁴. Documents sur la Martinique, xviiie s.
T 281.	Papiers du comte Arthur Dillon.
	T 281². Pièces relatives aux campagnes d'Arthur Dillon de 1789 à 1792.
	T 281³. Mémoires et lettres provenant d'Arthur Dillon et concernant la Martinique, 1789-1793.

T 355.   Papiers de Marie Anne Claude de Rochechouart, veuve de Jean Antoine, marquis Du Chaylar.

> T 355[1]. Estimation des biens de la marquise Du Chaylar en Franche-Comté et aux Antilles, xviiie s.

T 1616.   Procès-verbaux d'inventaires intéressant Charles César, comte de Damas, et Claude Charles de Damas, anciens gouverneurs de la Martinique, xviiie s.

Saint-Domingue :

T 25.   Papiers de Pierre de Buisson, comte de Beauteville.

> T 25[6]. Pièces relatives à Saint-Domingue et à la Rivière de l'Artibonite, 1732-1784.

T. 210.   Papiers de Louis et Étienne Feron de La Ferronays.

> T 210[3]. Lettres, copies de lettres, mémoires relatifs aux fonctions de commandant du Cap Français exercées par le marquis de La Ferronays. Mêmes pièces relatives à la colonie française de Saint-Domingue. Tableaux de situation et états de comptes présentés au marquis de La Ferronays par son agent à Saint-Domingue.

T 292.   Papiers de Joachim Louis de Montagu, marquis de Bouzols, et Marie Anne Charlotte d'Argout.

> T 292[1]. Copie du testament du comte d'Argout et de lettres diverses. Comptes des produits de l'habitation du comte d'Argout au Cap. Lettres d'État concernant l'administration d'une habitation, au Port-au-Prince, appartenant au marquis de Bouzols.
>
> T *292[2] et 292[3]. Correspondance de M. de Montagu avec Saint-Domingue.

T 412.   Papiers du comte d'Argout.

> Correspondance, comptes, notes diverses concernant une propriété appartenant au comte d'Argout à Saint-Domingue.
>
> Correspondance et papiers divers concernant le régiment du Port-au-Prince, xviiie s.

T 548.   Papiers du marquis de Causans.

> T 548[2]. Correspondance et états concernant deux habitations possédées à Saint-Domingue par M. de Causans, xviiie s.

T 606.   Papiers Martinet. Documents sur les plantations à Saint-Domingue, xviiie s.

T 650.   Papiers d'Edmond Saint-Léger, commissaire national pour la colonie de Saint-Domingue.

> T 650[1]. Lettres en français et en anglais à lui adressées. Commission d'interprète juré de Tabago. Commission de commissaire national à Saint-Domingue. Mémoires sur les îles de l'Amérique.
>
> T 650[4]. Mémoires, lettres et rapports relatifs à l'île de Tabago.
>
> T 650[5]. Lettres en français et en anglais relatives à ses fonctions de commissaire à Saint-Domingue, 1790-1793.
>
> T 650*. Correspondance administrative de Saint-Léger.

T 689.   Papiers du comité révolutionnaire du Théâtre français. Titres de propriété de deux habitations à Saint-Domingue, Plaine du Cap.

T 988.   Papiers de Boisson, député de Saint-Domingue au Conseil des Cinq-Cents, 1795-an IX.

T 1008.   Papiers de la famille Deparis, etc.
Procuration, contrat de mariage, acte de tutelle, lettres provenant de la famille Deparis, originaire de Saint-Domingue, 1790-an X.

T 1053.   Papiers divers, dont les papiers Gault.
Papiers de service, états et lettres relatifs à Gault et à l'hôpital militaire de l'armée de Saint-Domingue établi à la Vallée, 1804.

T 1087.   Papiers divers concernant Bretton Des Chapelles, Lagarrigue, Joseph Lacaze, ancien gouverneur de Saint-Domingue, etc., XVIIIe s.

T 1113[8], 1113[9], 1113[11]. Lettres d'affaires et comptes concernant les affaires du marquis de Bayers et les biens possédés à Saint-Domingue par la marquise de Bayers et la maréchale de Conflans, sa sœur.

T 1541.   Papiers des princes de Salm et du régiment de Salm-Salm.
Participation aux campagnes de la guerre d'Amérique.
Correspondances en espagnol concernant la Havane, Saint-Domingue, le Mexique et la Louisiane, 1789.
Historique du régiment, 1667-1789.

Tabago :

T 281.   Papiers du comte Arthur Dillon.
T 281[1]. Plantations à Tabago.
T 281[4]. Lettres et mémoires relatifs à l'administration de l'île de Tabago, XVIII[s] s.-1792.

T 650.   Papiers d'Edmond Saint-Léger.
T 650[1]. Commission d'interprète juré de Tabago.
Mémoires sur les îles d'Amérique.
T 650[4]. Mémoires, lettres et rapports relatifs à l'île de Tabago.

T 782.   Notes de Magon.
Recensement de l'île de Tabago en 1788.
Mémoire sur l'administration, le commerce et l'agriculture dans l'île en 1787-1790.

Instruments de recherche :

. Inventaire sommaire manuscrit.

. Index manuscrit des noms géographiques, de personnes et de matières.

SÉRIE V. INSTITUTIONS ET PERSONNELS ADMINISTRATIFS ET JUDICIAIRES

Sous-série V⁷. Commissions extraordinaires du Conseil

Cette sous-série conserve les archives de plus d'un millier de commissions extraordinaires du Conseil.

Parmi les affaires jugées, on relève :

V⁷ 483.   Compagnie de Saint-Domingue, xviiie s.

Instruments de recherche :

. Articles V⁷ 1-520 : *État sommaire par séries des documents conservés aux Archives nationales,* Paris, 1891, col. 527-536 et index manuscrit des noms géographiques, de personnes et de matières.

. Articles V⁷ 521-526 : répertoire numérique manuscrit.

. Voir ANTOINE (M.), *Le Fonds du Conseil d'État du Roi aux Archives nationales. Guide des recherches,* Paris, 1955, p. 63-76.

SÉRIE X. PARLEMENT DE PARIS

L'état actuel des inventaires ne permet pas une recherche systématique dans ces 26 786 articles. Cependant, il est possible d'y retrouver des procédures concernant la Compagnie de Saint-Domingue ou des personnes ayant vécu en Haïti et aux Antilles si l'on connaît la date de ceux-ci.

Exemples de documents :

X¹B 9695-9697. Procès des Jésuites : maisons des Jésuites à Saint-Domingue, etc., 1762.
X²B 1338-1436. Procès divers, classés alphabétiquement, xviiie s. Affaire de l'île de la Grenade, 1780-1786.

Instruments de recherche :

. *Répertoire numérique des archives du Parlement de Paris,* Paris, 1889.

. Voir également la notice consacrée par M. Langlois, au Parlement de Paris dans le *Guide des recherches dans les fonds judiciaires de l'Ancien Régime,* Paris, 1958, p. 65-160.

SÉRIE Y. CHÂTELET DE PARIS
ET PRÉVÔTÉ D'ILE-DE-FRANCE

La remarque précédente s'applique à la série Y.

Exemples de documents :

Y 11813. Comptes de l'exécution du testament de dame Agnès Cattu, veuve de Pierre-Nicolas Marye, habitant du Cap-Français, 16 juillet 1743.

Y 11878. Partage des biens de la succession de dame Agnès Cattu, veuve de Pierre-Nicolas Marye, habitant du Cap-Français, directeur de la compagnie des Indes à Saint-Domingue, 19 avril 1764.

Instruments de recherche :

. STEIN (H.), *Répertoire numérique des archives du Châtelet de Paris. Série Y*, Paris, 1898.

. Voir également : la notice consacrée par Y. Lanhers au Châtelet dans le *Guide des recherches dans les fonds judiciaires de l'Ancien Régime*, Paris, 1958, p. 161-220; G. Vilar-Berrogain, *Guide des recherches dans les fonds d'enregistrement sous l'Ancien Régime*, Paris, 1958, p. 93-108.

SÉRIE Z. JURIDICTIONS SPÉCIALES ET ORDINAIRES

Sous-série Z^{1D}. Amirauté de France

Le chercheur se reportera à la notice consacrée par H.-F. Buffet, à l'Amirauté de France dans le *Guide des recherches dans les fonds judiciaires de l'Ancien Régime*, Paris, 1958, p. 257-282.

Exemple de document :

Z^{1}D 75-80. Chambre des Assurances de la ville de Paris : polices d'assurances de navires pour Saint-Domingue, etc., 1668-1680.

Instrument de recherche :

. Répertoire numérique manuscrit.

SECTION MODERNE

La Section moderne conserve les documents postérieurs à 1789 : certains fonds contiennent toutefois des pièces antérieures à cette date.

En dehors de la série F formée par les versements des ministères et des administrations qui en dépendent, particulièrement riche pour le sujet, les autres séries n'offrent que peu d'intérêt.

SÉRIE A. COLLECTIONS ORIGINALES DE LOIS ET DE DÉCRETS

Cette série comprend deux collections dont les fonds ont fait l'objet de nombreuses publications, notamment :
— la *Collection générale des décrets rendus par l'Assemblée nationale, puis par l'Assemblée législative et par la Convention nationale* suivie des *Actes du Corps législatif et du Directoire exécutif* ou « Collection Baudouin »;
— la *Collection générale des lois...* dite « Collection du Louvre »;
— le *Bulletin des lois,* collection munie de tables.

Lois et décrets déposés auprès des assemblées nationales de 1789 à l'an IX

Assemblée constituante.

A 1-69.   Lois rendues sur les décrets de l'Assemblée promulgués et sanctionnés par le Roi, 3 novembre 1789-septembre 1791.

A 70-102.   Décrets expédiés sur l'original avec la sanction du Roi [1789], novembre 1790-28 septembre 1791.

Assemblée législative.

A 103-106.   Lois rendues sur les décrets de l'Assemblée promulgués et sanctionnés par le Roi, octobre 1791-mai 1792.

A 107.   Lois non sujettes à la sanction du Roi, octobre 1791-mai 1792.

A 108.   Lois rendues du 10 août au 21 septembre 1792.

A 109-121.   Décrets expédiés sur l'original avec la sanction du Roi, octobre 1791-20 septembre 1792.

A 122.   Décrets non sujets à la sanction du Roi.

Convention nationale.

A 123-184.   Décrets expédiés sur l'original, septembre 1792-4 brumaire
                    an IV.

Directoire et Consulat.

A 185.   Copies authentiques de lois émanant du ministère de l'Inté-
                    rieur, vendémiaire an V-frimaire an VI.

A* 217-236^B.   Expéditions authentiques de lois et décrets, 15 brumaire
                    an IV-10 germinal an IX.

A* 296-331.   Enregistrement et tables.

Collection originale des lois provenant de la Chancellerie
1789-1940

On y trouvera, jusqu'à la fin de nivôse an VIII, d'une part la collection des
lois du Bureau de Sanction, d'autre part celle du Bureau du Dépôt des Lois;
après cette date, il n'existe plus qu'une seule expédition en provenance du
ministère de la Justice.

SÉRIE B. ÉLECTIONS ET VOTES

Sur les Antilles françaises, on consultera les élections aux États généraux
de 1789, dont les minutes se trouvent dans la sous-série B^A et les copies sur
registres dans la sous-série B III.

Sous-série B^A. Élections aux États généraux

B^A 38.   Saint-Domingue.

Instrument de recherche :

• Inventaire manuscrit.

Sous-série B III. Élections aux États généraux

B III 135.   Saint-Domingue.

B III 159.   Guadeloupe.

• Inventaire manuscrit.

SÉRIE C. ASSEMBLÉES NATIONALES

Cette série contient les archives des assemblées nationales qui se succédèrent en France à partir de la convocation des États généraux : Assemblées des Notables et Assemblées provinciales de 1787 et 1788, assemblées révolutionnaires, du Consulat et de l'Empire. On y trouve également des papiers de caractère non législatif (Haute Cour d'Orléans en 1792, papiers de l'Armoire de fer des Tuileries, Tribunal criminel extraordinaire de 1792, papiers de Montmorin, Arnaud de Laporte, Lafayette et Dumouriez, papiers des différentes commissions). Au noyau initial de la série C, classé dans l'ordre chronologique des assemblées, se sont ajoutés les documents versés au XXᵉ siècle, qui sont classés par tranches chronologiques : 1790-1870, 1871-1885, 1885-1902, 1902-1919, 1919-1958.

Pour l'ensemble de la série, on consultera *Les archives des Assemblées nationales. Répertoire numérique de la série C. 1787-1958*, par J. Charon-Bordas, à paraître en 1985.

Documents classés dans l'ordre chronologique des Assemblées
1787-1814 (1)

ASSEMBLÉES DES NOTABLES ET ASSEMBLÉES PROVINCIALES.

C 1-13.   Assemblées des Notables et Assemblées provinciales, 1787-1788.

CONSTITUANTE, LÉGISLATIVE ET CONVENTION.

C 14-386.   Actes relatifs à la formation des assemblées.
Procès-verbaux des assemblées électorales des départements.

---

(1) Sur la période 1790-1814 on consultera également, dans les documents classés méthodiquement par tranches chronologiques les groupes d'articles suivants (résidus versés en 1920) :

C 654-662.   Assemblée constituante.
C 663-687.   Conseil des Cinq-Cents et Conseil des Anciens.
C 688-716.   Corps législatif et Tribunat.
C 2025.   Pétitions.

Assemblées du Directoire.

C 387-479.   Conseil des Cinq-Cents. Duplicata des procès-verbaux
               d'élection des députés des deux assemblées. Notes et minutes
               pour servir à la rédaction des procès-verbaux des séances,
               documents reçus par le Conseil des Cinq-Cents et messages
               adressés par le Directoire exécutif, an IV-an VIII.

C 480-598.   Conseil des Anciens. Procès-verbaux des élections des dépu-
               tés des deux assemblées. Notes et minutes pour servir à la
               rédaction des procès-verbaux. Documents reçus, messages
               du Directoire exécutif à cette assemblée, résolutions adressées
               par le Conseil des Cinq-Cents et pièces annexes, an IV-an VIII.

Assemblées du Consulat et de l'Empire.

C 599-634.   Tribunat. Notes et minutes pour servir à la rédaction des
               procès-verbaux, projets de lois avec messages divers, péti-
               tions d'ordre général et particulier, an VIII-1807.

C 635-653.   Corps législatif. Même genre de documents, an VIII-an XII.

Exemples de documents :

C 30 (247). Procès-verbaux de l'Assemblée coloniale de la Guadeloupe,
élection des députés, délibérations des habitants, février-décembre 1789.

C 36 (308-309). Procès-verbaux des délibérations du Conseil supérieur
et de l'Assemblée provinciale concernant les troubles de Saint-Domingue,
décembre 1789 et janvier 1790.

C 417 (7). Messages adressés par le Directoire exécutif au Conseil des
Cinq-Cents concernant les secours aux colons de Saint-Domingue, 21-30
prairial an V.

C 463 (39). Compte rendu, par Goyrand, de sa mission aux Iles du Vent...'
messidor-thermidor an VII.

C 591 (212). Lettres adressées au Conseil des Anciens par le citoyen
Granier, ex-secrétaire des premières municipalités du Cap-Français et
ex-maire de la partie française de l'île Saint-Martin, portant accusation contre
Sonthonax, Victor Hugues et Lebas, ex-agents du Directoire à Saint-
Domingue et à la Guadeloupe..., an VII-an VIII.

Instruments de recherche :

- Tuetey (A.), *Les papiers des assemblées de la Révolution aux Archives nationales. Inventaire de la série C (Constituante, Législative, Convention),* Paris, 1908.

- Anchel (R.), Patry (H.) et Chaumié (J.), *Les papiers des assemblées du Directoire aux Archives nationales. Inventaire de la série C (Conseil des Cinq-Cents et Conseil des Anciens),* Paris, 1976.

- Inventaire manuscrit des articles C 599 à 653.

- On consultera également les *Procès-verbaux de la Convention nationale imprimés par ordre de cette assemblée* et les *Procès-verbaux des séances de la Convention nationale. Table analytique* préparée par l'Institut d'Histoire de la Révolution sous la direction de G. Lefebvre, M. Reinhard et M. Bouloiseau, Paris, 1959-1963, 3 vol.

Documents classés méthodiquement par tranches chronologiques

Pour chacune des tranches chronologiques — 1790-1870, 1871-1885, 1885-1902, 1902-1919, 1919-1958 (1) — les documents sont répartis en trois grands groupes : élections, législation (2) et enquêtes parlementaires, pétitions.

Élections.

Dès 1848, à la suite des votes aux élections législatives des départements métropolitains, figurent les votes des colonies. Sous le Second Empire, ces votes disparaissent mais réapparaissent, définitivement, en 1871. Dans les groupes d'archives dits « Élections » de la série C sont conservés les votes de la Guyane, de la Martinique et de la Guadeloupe depuis 1848 jusqu'en 1958, à l'exception de la période du Second Empire et de quelques lacunes dues soit à la perte des documents, soit au fait que les colonies n'ont peut-être pas toujours voté avec la même régularité que la métropole. Les résultats des élections législatives sont scindés en deux groupes distincts : procès-verbaux de recensement ou synthèse des résultats, résultats par cantons et communes.

---

(1) Pour la tranche chronologique 1919-1958, voir l'*État des fonds,* tome IV, *Fonds divers* (additions et corrections au tome II, p. 407).
(2) Le groupe « législation » est appelé « sessions » dans la terminologie des Archives nationales.

Exemples de documents :

C 1329. Assemblée constituante de 1848, procès-verbaux de recensement des élections générales : Martinique, 9 août 1848; Guadeloupe, 22 août 1848; Guyane, 4 mars 1849.

C 1335. Assemblée législative de 1849. Martinique : procès-verbal de recensement général et actes de naissance de Bissette et Pécoul; Guadeloupe : procès-verbal de recensement général et protestations; Guyane : procès-verbal de recensement général et état numérique des électeurs.

C 1465. Procès-verbaux des élections par cantons et communes et votes militaires : Martinique, 9 août 1848; Guadeloupe, 22 août 1848; Guyane, 4 mars 1849.

C 1583. *Idem :* Martinique, élections générales du 3 juin 1849; Guadeloupe, élections générales du 24 juin 1849.

C 1584. *Idem :* Guadeloupe, élection partielle du 13 janvier 1850; Guyane, élections générales du 15 juillet 1849.

Instruments de recherche :

. Inventaires manuscrits.

LÉGISLATION.

La série C conserve dans les groupes d'archives dits « Sessions » les papiers relatifs à l'élaboration de la législation française de 1815 à 1920. Elle doit donc être consultée pour tous les textes législatifs concernant la Guadeloupe, la Martinique et la Guyane, comme pour la question de l'indemnisation des colons de Saint-Domingue, etc. Les papiers des « Sessions » sont classés chronologiquement et, à l'intérieur de ce cadre chronologique, par matières. Avec le projet de loi ou la résolution discutée par la Chambre se trouvent les amendements proposés et, quelquefois, les papiers de la commission chargée d'examiner le texte de loi.

Instruments de recherche :

. Inventaires manuscrits.

Dans le groupe des papiers relatifs à l'élaboration de la législation, on consultera aussi les papiers des *enquêtes parlementaires*, ouvertes pour éclairer une question ou dénoncer un désordre grave, qui constituent une source historique intéressante. A côté des rapports et pièces annexes imprimés, on y trouve des documents non imprimés.

Exemples de documents :

C 942, dossier 3. Enquête sur les journées des 15 mai et 23 juin 1848. Club des Amis des Noirs : liste des membres, proclamation imprimée, correspondance.

C 5474-5485. Affaire de Panama. 1889-1893 (cinquième législature).

C 5579-5593. *Idem.* 1893-1898 (sixième législature).

Instruments de recherche :

• Inventaires manuscrits des groupes « Sessions », sous la rubrique matière « Enquêtes » (sauf pour la période 1848-1851 où les enquêtes sont placées à la fin du groupe des « Sessions ».

PÉTITIONS.

Dans ces autres groupes d'archives de la série C se trouvent des documents ayant trait aux mêmes affaires que les enquêtes.

Exemples de documents :

C 5675^A-5677, 5740, 5756-5767. Pétitions relatives à l'affaire de Panama. (classement départemental).

Instruments de recherche :

• Inventaires manuscrits.

SÉRIE CC. SÉNAT. CHAMBRE ET COUR DES PAIRS
(an VIII-1848)

Dans les archives de la Chambre des pairs (1815-1848), on trouvera des documents sur la Guadeloupe, la Guyane, la Martinique et surtout Saint-Domingue. Pour les pétitions adressées à la Chambre des pairs (CC 422-476), on consultera l'index de l'inventaire manuscrit, notamment aux rubriques Amérique du Sud, Antilles françaises, Guadeloupe, Guyane, Haïti, Martinique, Saint-Domingue, traite des noirs. Enfin, la Chambre des pairs a été maintes fois constituée en Cour des pairs; à l'occasion des procès jugés par celle-ci, des pièces ont été saisies : parmi les pièces ainsi réunies pendant le procès des ex-ministres de Charles X se trouvent, sous la cote CC 547, dossier 1, les pétitions de Fabien et Bissette, hommes de couleur de la Martinique et des pièces de la procédure pour une demande d'annulation d'un arrêt rendu contre eux par la cour royale de la Martinique (1).

_____

(1) Sur ce sujet, voir p. 82, l'article coté BB^20 1^6.

Instruments de recherche :

. Inventaire manuscrit du fonds de la Chambre des pairs (avec index), par J. Charon-Bordas.

. Inventaire analytique manuscrit des pétitions adressées à la Chambre des pairs (3 volumes dont un d'index), par J. Mady.

. Charon-Bordas (J.). *Cour des pairs. Procès politiques. Inventaire. Tome II* (*CC 546 à 670*), Paris, 1983.

SÉRIE D. MISSIONS DES REPRÉSENTANTS DU PEUPLE ET COMITÉS DES ASSEMBLÉES

La série D comprend deux grandes divisions. La première concerne les représentants en mission (D § 1-3), la seconde les Comités des Assemblées (D I-XLV). La majorité des documents intéressant les Antilles, Saint-Domingue et la Guyane se trouvent dans les archives de deux comités, celui de la Marine (D XVI) et celui des Colonies (D XXV). Cependant, les archives des comités de Salut public, de Sûreté générale, d'Agriculture et de Commerce sont conservées dans AF I, AF II, F^7, F^{10} et F^{12}.

Sous-série D XV. Comité militaire

Deux dossiers concernent Saint-Domingue :

D XV 4, d. 37 et 38. Mémoires divers soumis au Comité militaire. Dossiers sur Saint-Domingue, mai 1791.

Instrument de recherche :

. CARON (P.), *Les papiers des comités militaires de la Constituante, de la Législative et de la Convention (1789-an IV)*, Paris, 1912.

Sous-série D XVI. Comité de la Marine

Pour les Antilles et la Guyane, on consultera :

D XVI 1-3.   Procès-verbaux des séances du Comité de la Marine, 27 octobre 1791-25 juillet 1792.
               Correspondance du Comité comprenant, entre autres, la correspondance du ministre de la Marine avec le Comité au sujet des colonies, 1789-1792.

D XVI 4-13. Feuilles de travail de la Commission de la Marine et des Colonies présentées au Comité de la Marine, 7 fructidor an II-messidor an III.

D XVI 14. Papiers relatifs au comte d'Estaing (1778-1793) trouvés chez Rouyer, député membre du Comité.

D XVI 15. Recueil des lois décrétées par les Assemblées nationales concernant la marine de guerre et de commerce et les colonies (4 vol. factices).

Tomes II, III IV. Marines et Colonies, 10 mars 1792-4 octobre 1793.

D* XVI 3, 4. Procès-verbaux du Comité de la Marine [et des Colonies, à partir de fructidor an II].

D* XVI 5. Journal des travaux et délibérations du Comité colonial, 27 octobre 1792-3 septembre 1793.

D* XVI 7. Enregistrement des pièces relatives à la législation de la Marine et des Colonies, 1er vendémiaire an II-1er complémentaire an III.

D* XVI 8, 9. Correspondance du Comité avec le ministre de la Marine, 9 décembre 1791-20 août 1792; avec les commissaires de la Marine et des Colonies, les comités, les représentants en mission, 19 fructidor an II-2e complémentaire an IV.

D* XVI 10. Analyse de la correspondance reçue par le Comité (même provenance que ci-dessus), 24 fructidor an II-4 vendémiaire an IV.

D* XVI 12. Analyse des pièces renvoyées au Comité colonial depuis juillet 1792 jusqu'en septembre 1793.

D* XVI 16. Analyse des pièces relatives à la surveillance de l'exécution des lois concernant la marine et les colonies, an III.

Exemples de documents :

D XVI 1, d. 3. Audience à l'Assemblée nationale des commissaires des colons de Saint-Domingue, 1791.

D XVI 3, d. 25. Pétitions des colons de la Martinique, rapport du chef de bataillon Guadet sur les événements de Saint-Domingue, ans II et III.

D XVI 3, d. 31. Correspondance de La Luzerne, Thévenard, d'Albarède avec le Comité concernant les événements des colonies, 1788-1793 : secours aux incendiés de Saint-Domingue, déportation de prêtres insermentés à Cayenne et en Guyane...

D XVI 14, d. 45. Adresse des députés de la Martinique sur l'état de la colonie, décembre 1789.

Instrument de recherche :

. Inventaire sommaire manuscrit.

Sous-série D XXV. Comité des Colonies

Créé le 2 mars 1790 à la nouvelle des troubles de Saint-Domingue et de la Martinique, il fonctionne sous la Législative et la Convention et est réuni le 7 fructidor an II au Comité de la Marine.

Ce fonds extrêmement riche contient le travail du Comité, les archives de missions de Mirbeck, Roume et Saint-Léger, commissaires délégués aux Iles sous le Vent en exécution de la loi du 11 février 1791, de Polvérel, Ailhaud et Sonthonax, commissaires délégués aux Iles sous le Vent en exécution de la loi du 4 avril 1792, celles de Sonthonax, Leblanc, Giraud, Roume et Raimond, délégués aux Iles sous le Vent en l'an IV.

On y trouve également la correspondance du ministre de la Marine au sujet de ces colonies, les papiers des gouverneurs, des assemblées coloniales, des municipalités, des commandants des forces de terre et de mer, les travaux du Club Massiac, l'affaire des colonies à la Convention en l'an III.

Les articles suivants seront à dépouiller :

D XXV 1-3.   Mission de Mirbeck, Roume et Saint-Léger, commissaires délégués aux Iles sous le Vent, novembre 1791-1793.

D XXV 4-44.   Mission de Polvérel, Ailhaud et Sonthonax, commissaires délégués aux Iles sous le Vent, 1792-1794.

            Proclamations, ordres, décisions et arrêtés des commissaires.

            Dossiers d'interrogatoires, déclarations, certificats réunis par les commissaires pour leur enquête sur les auteurs des troubles.

            Correspondance des commissaires entre eux, avec les ordonnateurs civils préposés à l'administration, les municipalités, les commandants militaires, les commandants de navires.

            Dossiers relatifs à l'affranchissement des noirs.

            26 registres des proclamations, ordres, décisions des commissaires et leur correspondance enregistrée méthodiquement.

D XXV 45.   Mission de Sonthonax Le Blanc, Giraud, Roume et Raimond, commissaires délégués aux Iles sous le Vent, pluviôse an IV-vendémiaire an V.

D XXV 46-55.   Correspondance et pièces relatives aux opérations des commandants des forces de terre et de mer. Correspondance du gouverneur général de Saint-Domingue Penier de Blanchelande, lieutenant général, et son procès; des gouverneurs généraux Galbaud (ainsi que ses papiers personnels), Rochambeau, La Salle, Laveaux; d'André Rigaud, commandant général de la force armée du département du Sud; du contre-amiral Cambis, commandant la station de Saint-Domingue (journaux de correspondance avec le ministre de la Marine et des Colonies, les commissaires civils, le gouverneur, les officiers, commandant, etc.), et dossiers de bâtiments de la station de Saint-Domingue entre 1790 et 1793; états de situation, de mouvements, journaux de bord.

Correspondance du ministre de la Marine avec les assemblées relative aux événements de Saint-Domingue, 1790-1793.

D XXV 56-58. Projet de constitution pour les colonies françaises, dossiers de gens traduits devant le tribunal révolutionnaire, lettres et pétitions diverses.

Arrêtés et procès-verbaux de la Commission des Colonies, vendémiaire an III-vendémiaire an IV, et correspondance à elle adressée, an II-an IV.

Inventaires divers.

D XXV 59. Finances de Saint-Domingue. Comptes et états divers, bordereaux de recettes et de dépenses, 1790-an V.

Correspondance des gouverneurs et ordonnateurs de Saint-Domingue avec Genest, ministre plénipotentiaire aux États-Unis, correspondance de celui-ci avec les réfugiés de Saint-Domingue, autres correspondances diplomatiques, 1793-an II.

Archives des assemblées coloniales de Saint-Domingue : extraits des registres de l'assemblée générale, avril-juillet 1790.

D XXV 60-64. Archives des assemblées coloniales de Saint-Domingue.

Extraits des registres de l'assemblée générale, août-septembre 1792.

Correspondance entre l'Assemblée coloniale de Saint-Domingue et les commissaires à Paris, 1791-septembre 1792.

Commission de l'Assemblée nationale de Saint-Domingue près l'Assemblée nationale : correspondance, 1791-1792.

Arrêtés, adresses, lettres des assemblées provinciales Nord, Ouest et Sud de Saint-Domingue, 1790-1793.

Extraits des registres de la commission intermédiaire créée par les commissaires civils en remplacement de l'Assemblée coloniale, novembre 1792-mai 1794, et correspondance, 1792-1793.

Répertoire des arrêtés de l'Assemblée coloniale, 3 août 1791-30 octobre 1793.

D XXV 65. Archives des municipalités.

Extraits des minutes et pièces diverses déposées aux greffes des municipalités de Port-au-Prince, du Cap, des Cayes, du Dondon, du Petit Goave et autres, 1790-1792 et an V.

Papiers des commissaires des assemblées coloniales.

D XXV 66-76. Papiers des commissaires des assemblées coloniales, 1790-an III.

> Papiers de Bruley, Duruy, Page, Verneuil, Larchevesque-Thibaut, Tanguy, Clausson et Millet (ces derniers, commissaires des colons réfugiés aux États-Unis) : papiers divers paraphés par eux, lettres reçues, lettres et mémoires adressés par eux à la Convention et à la Commission des Colonies. Papiers personnels des commissaires Legrand, Duny. Papiers de Millet, Cougnacq-Mion, Chesneau de La Mesguière, Lebugnet, Lagourque, Saint-James, commissaires de l'assemblée générale à Paris (copies de lettres), octobre 1791-avril 1792.
> Registres des délibérations du Bureau de la Commission de l'Assemblée coloniale (6 registres), 11 juin 1792-14 ventôse an II.

D XXV 77-84. Pétitions et réclamations de colons détenus dans les prisons à diverses époques, an II-an III.

Renseignements sur les troubles de Saint-Domingue : relations, lettres, mémoires, pétitions, plaintes, 1789-an III.

Lettres interceptées, provenant la plupart des États-Unis, envoyées à la Commission des Colonies, 1793-1794.

D XXV 85-90. Archives de la Société des colons réunis à l'hôtel Massiac. Procès-verbaux des séances, recettes, dépenses, correspondance, août 1789-an III.

D XXV 91-109. Affaires des colonies à la Convention. Procès-verbaux des séances, pluviôse an III-fructidor an III.

D XXV 110, 111. Dossiers relatifs aux citoyens de couleur.

> Papiers d'Ouvières, commissaire, député des hommes de couleur à l'Assemblée nationale, 1789-1792.
> Papiers de Brisson, habitant du Limbé, 1788-1792.

D XXV 112-115. Imprimés et placards : extraits des registres de délibérations des assemblées provinciales, coloniale, etc., de Saint-Domingue, extraits de délibérations des paroisses, 1790-1793.

D XXV 116-119. Martinique.

> Correspondance des commissaires civils La Coste, Mondenoix, Magnytot, Linguer, des gouverneurs MM. de Damas et de Behague avec le ministre de la Marine, journal des troubles, procès-verbaux de l'Assemblée coloniale, 1790-1792.
> Correspondance entre les consuls de la légation française aux États-Unis et les autorités de la colonie, 1794-an II.

D XXV 120-129. Guadeloupe.

> Troubles de la Guadeloupe. Correspondance du gouverneur général Collot et du commandant Lafolie : instructions, ordres, réquisitions, états de troupes, adresses des municipalités, 1793-an II.
> Extraits de délibérations et actes divers de la municipalité de Basse-Terre sur les troubles de la Guadeloupe, 1791-1794.
> Archives de l'Assemblée coloniale, 1790-an III.

D XXV 129 (dossiers 1011-1013). Sainte-Lucie.

> Travaux de l'Assemblée coloniale, affaires particulières, pétitions, 1789-an III.

D XXV 130.   Marie-Galante, la Jamaïque, la Désirade, Guyane, île de France, île Bourbon.

Correspondance, pétitions, délibérations, 1790-an IV.

D XXV 131.   Tabago.

Procès-verbaux de l'Assemblée coloniale, 1788-1790.
Troubles de Tabago, 1789-1793.

Exemples de documents :

D XXV 6, d. 60. Mémoire et copies de pièces relatives aux conspirations des déportés de Saint-Domingue, à leurs rapports avec les États-Unis..., 1793.

D XXV 15, d. 146. Dossiers relatifs aux troubles de Jacmel : interrogatoires, procès-verbaux, arrêtés, etc., octobre 1792-avril 1793.

D XXV 58, d. 575. « État des finances de Saint-Domingue » par Barbé de Marbois (1785-1790) et pièces relatives à l'administration de Barbé de Marbois, intendant de la colonie, 1784-1790.

D XXV 117, d. 912. Journal de Rochambeau et pièces relatives au siège de la Martinique, 1793-1794.

D XXV 122, d. 967. Pièces relatives aux fortifications et autres travaux militaires exécutés à la Guadeloupe sous les ordres de Collot, Lafolie et autres officiers, 1793.

D XXV 130, d. 1014. Affaires de la Guyane française, 1790-an II.

D XXV 130, d. 1022. Lettres du gouverneur de la Jamaïque, mémoire sur l'administration de l'île par Rolland, 1790.

D XXV 131, d. 1025 et 1026. Troubles de Tabago, 1789-an II.

Instrument de recherche :

• Inventaire sommaire manuscrit.

SÉRIE F. VERSEMENTS DES MINISTÈRES ET DES ADMINISTRATIONS QUI EN DÉPENDENT

Pour l'ensemble de la série, on consultera l'*État sommaire des versements faits aux Archives nationales par les ministères et les administrations qui en dépendent (séries F, BB justice et AD XIX)*, Paris, 1924-1972, 8 vol.

Sous-série F. Enregistrement de la correspondance

Cette sous-série, formée des registres d'enregistrement de la correspondance reçue ou expédiée par le ministère de l'Intérieur et les autres ministères, n'offre que peu de renseignements.

On notera pour les Antilles :

F 6565.   Ministère de l'Intérieur. Enregistrement de la correspondance du Secrétariat général, bureau central : Secours aux colons de Saint-Domingue..., 1852.

F 6596.   Direction du Commerce extérieur, 1er bureau. Feuilles de travail : colons de Saint-Domingue..., 1857-1861.

Sous-série F1. Ministère de l'Intérieur
Administration générale

Cette sous-série se subdivise en plusieurs groupes : F1a, Objets généraux; F1b, Personnel administratif; F1c, Esprit public, élections, conseils généraux, conseils d'arrondissement; F1d, Candidatures, affaires particulières, récompenses honorifiques; F1e, Pays annexés ou dépendants. Elle contient peu de documents sur le sujet.

On retiendra néanmoins :

F1a 343-3524.   Relations du ministère de l'Intérieur avec le ministère de la Marine et des Colonies, 1791-1854.

F1a 63520.   Dossiers divers provenant du Secrétariat du ministère : catastrophe de la Martinique, 1902.

F1b I 260.   Organisation administrative de l'île Bourbon, de la Martinique et du Sénégal, 1835-1839.

F1c I 198.   Souscription à l'emprunt mexicain, 1865.

Sous-série F4. Ministère de l'Intérieur
Comptabilité générale

Dans cette sous-série, consacrée essentiellement à la comptabilité générale du ministère de l'Intérieur, on relèvera :

F4 1008.   États de dépenses, mémoires, correspondances et pièces diverses se rapportant à la comptabilité de la Marine et des Colonies, 1756-1782.

Sous-série F7. Police générale

La sous-série F7 est extrêmement riche (13 200 articles approximativement). Le chercheur s'intéressant à l'histoire de Saint-Domingue et des Antilles pourra trouver des éléments en abordant ce fonds sous diverses entrées : émigration, demandes et octrois de secours, passeports, certificats de résidence, mouvements des ports, lettres saisies et interceptées. Sur l'Amérique latine les renseignements sont très isolés.

Saint-Domingue et Antilles.

Émigration.

F^{7}* 104-167^3. Bureau des émigrés : listes diverses, amnisties, an II-1810.

F^{7}* 2533-2549. Émigrés : listes radiations et éliminations, an IV-an X.

F^{7} 3052^1, 3052^2. Demandes de radiations de la liste des émigrés, an IX-an X...

F^{7} 3328-3436. Émigration, 1791-1830.

F^{7} 4825^A-6138^{10}. Émigration, an II-1817.

Demandes et octrois de secours.

F^{7} 3264^{13}. Secours aux colons réfugiés, an XIII-1814.

F^{7} 3644^1-3644^{30}. Secours aux colons réfugiés et aux Maltais, an IV-1815.

> F^{7} 3644^1-3644^4. Objets généraux.
> F^{7} 3644^5-3644^{30}. Classement départemental (Allier à Vienne).

F^{7} 12306-12309. Secours aux colons réfugiés, 1812-1828.

Passeports, certificats de résidence.

F^{7}* 1-103. Comité de Sûreté générale. Enregistrement de la correspondance, dénonciations, détenus, passeports, 1791-an IV.

F^{7}* 612-645. Demandes de résidence et passeports, enregistrement et répertoires, an V-an X.

F^{7}* 684. Comité de Sûreté générale. Résidence à Paris, an IV.

F^{7}* 693-697. Répertoires par noms de personnes, de localités et d'affaires, an VIII-1814.

F^{7}* 699-704^A. Répertoires alphabétiques concernant certains individus, an II-1808.

F^{7}* 812-865^1. Passeports. Enregistrement, an XI-1814. Répertoire alphabétique, an XIV-1808.

F^{7}* 2550-2573^B. Passeports, 1814-1846.

F^{7} 3045-3048. Mouvements de voyageurs, 1807-1820.

F^{7} 3314-3327. Demandes de résidence à Paris. Classement alphabétique, an IV-an XI.

F^{7} 3494-3580. Passeports, 1793-1821.

F^{7} 10761-10867. Demandes de résidence, an IV-an XI.

F^{7} 10868-11980. Passeports, an XI-1843.

F^{7} 12186-12234. Passeports, 1828-1852.

F^{7} 12330-12356. Passeports, 1832-1852.

Mouvement des ports.

F⁷ 3643¹-3643²¹. Mouvement des ports et surveillance des côtes, an VIII-1814.

> F⁷ 3643¹. Objets généraux.
> F⁷ 3643²-3643²¹. Classement départemental.

Lettres saisies, interceptées, dénonciations.

F⁷ 1-103. Comité de Sûreté générale. Enregistrement de la correspondance, dénonciations, détenus, passeports, 1791-an IV.

F⁷ 3437-3444. Lettres saisies ou interceptées, 1792-1815.

F⁷ 4413ᴬ-4419. Lettres interceptées, papiers saisis, 1793-an II.

F⁷ 8044-8057². Mouvement des ports, séquestre des cargaisons, lettres saisies à bord, rapports des commissaires des différentes villes maritimes, an XII-1814.

Amérique latine :

Affaires politiques.

F⁷ 6731-6737. Police politique (série « P.P. »), objets généraux : Brésiliens et Portugais, 1822-1830.

Direction de la Sûreté générale.

F⁷ 12905. Attentats anarchistes à l'étranger, 1892-1914 : Brésil.

F⁷ 12927. Affaire de Panama, 1893.

Direction des renseignements généraux.

F⁷ 13435. Documents sur l'Amérique latine, 1914-1933.

Instruments de recherche :

- CARON (P.), *Le fonds du Comité de Sûreté générale (AF II*, F⁷, D XLIII)*, Paris, 1954.
- CHAUMIÉ (J.), *Police générale. Objets généraux des affaires politiques. F⁷ 6678-6784 (1815-1838)*, Paris, 1954.
- Inventaires manuscrits et dactylographiés des articles :

> F⁷* (registres) et F⁷ (liasses). Passeports.
> F⁷ 3001-4215. Documents généraux sur la police.
> F⁷ 4216-4385². Archives.
> F⁷ 6139-12350. Affaires politiques.
> F⁷ 8345-9908. Objets généraux.
> F⁷ 12428-12944. Documents provenant de la Direction de la Sûreté nationale.
> F⁷ 12948-13965. Documents provenant de la Direction des Renseignements généraux du ministère de l'Intérieur.
> F⁷ 13966-13987. Documents provenant de la Direction de la Sûreté nationale.
> F⁷ 13988-14591. Expulsés et interdits de séjour.

- Répertoire numérique sur fiches des articles F⁷ 3001-7094.

- Fichiers concernant les archives, les affaires diverses, l'émigration, les détenus des périodes révolutionnaire et impériale.

Sous-série F¹⁰. Agriculture

Les documents anciens de cette sous-série proviennent de versements du ministère de l'Intérieur, les plus récents du ministère de l'Agriculture.

A signaler :

F¹⁰ 337-342. Instruments aratoires, an II-1819.

> F¹⁰ 342. Charrues, correspondance administrative : Guadeloupe, an IX...

F¹⁰ 427. Cultures industrielles : envoi de mûriers à la Martinique..., 1751-1754.

F¹⁰ 497, 498. Agriculture et plantes coloniales, projets et demandes diverses pour Saint-Dominique et la Louisiane, 1792-1816.

F¹⁰ 1436-1446. Vétérinaires, 1792-1833.

> F¹⁰ 1439. Vétérinaires employés par la Guerre et la Marine : Guadeloupe, Guyane..., 1817-1824.

F¹⁰ 2018-2039. Réglementation du commerce des produits agricoles des colonies françaises, 1904-1943.

> F¹⁰ 2032. Guadeloupe, 1925-1940.
> F¹⁰ 2033. Martinique, 1935-1940.

F¹⁰ 2040-2163. Relations commerciales agricoles de la France avec les pays étrangers, 1902-1940.

> F¹⁰ 2085. Brésil, 1931-1940.
> F¹⁰ 2088-2090. Chili, 1931-1940.
> F¹⁰ 2091. Costa Rica, 1934-1939; Cuba, 1933-1934.
> F¹⁰ 2094. Équateur, 1933-1939.
> F¹⁰ 2114. Guatemala, 1926-1932; Haïti, 1901-1931; Honduras, 1937.
> F¹⁰ 2124. Mexique, 1933-1940.
> F¹⁰ 2115. Nicaragua, 1936-1939.
> F¹⁰ 2140. Salvador, 1935-1939; Saint-Domingue, 1936-1940.
> F¹⁰ 2162. Uruguay, 1931-1939; Venezuela, 1935-1939.

Instruments de recherche :

- BOURGIN (G.), *Les papiers des assemblées de la Révolution aux Archives nationales. Inventaire de la sous-série F¹⁰...*, Paris, 1918.

- Inventaire dactylographié des articles F¹⁰ 1482 et suivants et table manuscrite sur fiches.

Sous-série F¹¹. Subsistances

Cette sous-série, affectée aux problèmes de ravitaillement du pays, contient peu d'éléments intéressant le sujet.

A noter :

F¹¹ 256. Exportations de grains à destination des colonies françaises d'Amérique, 1817-1818.

Instrument de recherche :

. Inventaire manuscrit.

Sous-série F¹². Commerce et industrie

Bien que gérée par la Section moderne, cette sous-série contient de très nombreux documents antérieurs à 1789.

On y trouvera de nombreux éléments intéressant la législation et l'administration du commerce, le commerce extérieur, les transports, les sociétés, les expositions, la guerre de 1914-1918 et aussi les secours aux colons de Saint-Domingue.

Législation et administration du commerce.

F¹²* 1-9.   Arrêts du Conseil relatifs au commerce, aux manufactures et aux subsistances, 1702-1792.

F¹²* 10-13, 30-39. Intendance du Commerce, 1740-1791.

F¹²* 14-29, 41-108, F¹² 681-691. Conseil et Bureau du Commerce : enregistrement d'arrêts, plumitifs, procès-verbaux, journaux, délibérations, 1700-1792.

F¹²* 40, 109-113¹, 141-152, 177-187. Bureau du Commerce, 1724-an XI.

F¹²* 113², 113³, F¹² 692-724. Députés du commerce : délibérations, avis, nominations, 1702-1791.

F¹²* 126-138, 153-170. Intendants du commerce : correspondance, états des affaires, 1757-1796.

F¹² 641-648.   Mémoires sur le commerce et l'industrie, 1700-1811.

F¹² 652.   Pétitions adressées aux Comités d'agriculture et de commerce, 1789-an II.

F¹² 662-672ᴮ.   Conseil de Commerce : analyse des délibérations, papiers divers, 1691-1750.

F¹² 880-918.   Chambres de commerce, 1701-1824.

Commerce extérieur, navigation, douanes.

F^{12}* 241-253. Balance du commerce, 1775-1821.

F^{12}* 255, 256. Exportations aux colonies, 1784-1787.

F^{12} 549, 550. Commerce extérieur et colonial, 1741-1813.

F^{12} 596-605^B. Commerce maritime, an IV-1813.

F^{12} 611^A, 611^B. Situation commerciale, 1804-1823.

F^{12} 1646-1650. Franchise des ports, 1699-an XI.

F^{12} 1651, 1652. Cours d'amirauté, assurances, 1715-1793.

F^{12} 1653-1655. Traite des noirs, 1790-1793.

F^{12} 1656^A-1658^I. Déclarations des capitaines de navires, 1808-1813.

F^{12} 1659, 1660. Armements et aventuriers, commerce avec les colonies, 1808-1811.

F^{12} 1661, 1665-1817^C. Mouvement des ports, 1787-1825.

F^{12} 2588-2593^C. Missions commerciales, 1831-1863.

F^{12} 2618-2622^D. Commerce avec les colonies, 1722-1870.

F^{12} 2637^A-2710. Commerce extérieur, 1692-1884.

> F^{12} 2695. Mexique, 1827-1862.
> F^{12} 2696. Antilles, Haïti, Saint-Domingue, Guyane, Chili, 1820-1839.
> F^{12} 2697. Chili, Équateur, 1832-1851.
> F^{12} 2698-2700. Brésil, 1832-1873.

F^{12} 6199-6342. Accords commerciaux et législations douanières étrangères, XIXe s.

> F^{12} 6324. Mexique.
> F^{12} 6325. Cuba.
> F^{12} 6326. Amérique centrale.
> F^{12} 6327, 6328. Haïti.
> F^{12} 6330. Porto Rico.
> F^{12} 6331. Bolivie.
> F^{12} 6332, 6333. Brésil.
> F^{12} 6334, 6335. Chili.
> F^{12} 6336, 6337. Pérou.

F^{12} 6368. Rapports consulaires, 1890-1892.

F^{12} 6415-6419. Commerce extérieur : négociations commerciales, 1860-1864; traités de commerce, 1883 et 1890; douanes, 1862-1888.

F^{12} 6420-6423. Droits perçus dans les ports étrangers, 1883-1897.

F^{12} 6430, 6431. Documentation sur les traités de commerce et les relations commerciales avec l'étranger, 1872-1894.

F^{12} 6432-6630. Relations commerciales avec les pays étrangers et législations douanières étrangères, 1801-1905.

> F^{12} 6465-6470. Argentine, 1857-1899.
> F^{12} 6486. Bolivie, 1866-1899.
> F^{12} 6487-6490. Brésil, 1858-1899.
> F^{12} 6495-6497. Chili, 1848-1905.
> F^{12} 6500, 6501. Colombie, 1858-1893.
> F^{12} 6502. Costa Rica, 1860-1891.
> F^{12} 6503, 6504. Cuba, 1849-1900.
> F^{12} 6508, 6509. République dominicaine, 1855-1896.
> F^{12} 6510, 6511. Équateur, 1862-1905.
> F^{12} 6543. Guatemala, 1850-1890.
> F^{12} 6544. Haïti, 1857-1899; Honduras, 1850-1900.
> F^{12} 6566-6571. Mexique, 1856-1899.
> F^{12} 6572. Nicaragua, 1850; Paraguay, 1854-1893.
> F^{12} 6578, 6579. Pérou, 1838-1899.
> F^{12} 6581. Porto Rico, 1868-1888.
> F^{12} 6621, 6622. Uruguay, 1836-1894.
> F^{12} 6623. Venezuela, 1867-1890.

F^{12} 7021. Négociations commerciales avec le Venezuela, 1843-1919.

F^{12} 7030-7207. Rapports commerciaux des consuls de France à l'étranger, 1809-1906.

> F^{12} 7041, 7042. Argentine, 1868-1906.
> F^{12} 7051, 7052. Bolivie, 1839-1905; Brésil, 1880-1906.
> F^{12} 7053-7055. Centre-Amérique (Costa Rica, Guatemala, Honduras, Nicaragua, San Salvador), 1825-1906; Chili, 1869-1906.
> F^{12} 7059. Colombie, 1822-1905.
> F^{12} 7063. République dominicaine, 1849-1903; Équateur, 1853-1904.
> F^{12} 7072-7078. Possessions espagnoles d'Amérique, 1849-1906.
> F^{12} 7129, 7130. Haïti, 1850-1903.
> F^{12} 7150, 7151. Mexique, 1864-1906.
> F^{12} 7152. Paraguay, 1841-1905.
> F^{12} 7160, 7161. Pérou, 1825-1905.
> F^{12} 7203, 7204. Uruguay, 1836-1906.
> F^{12} 7205-7207. Venezuela, 1841-1904.

F^{12} 7208-7215. Rapports après missions et correspondance commerciale de consuls établis dans les pays devenus colonies françaises, 1837-1906.

> F^{12} 7214. Guadeloupe, Martinique, Guyane, 1864-1893.

F^{12} 7216-7284. Rapports commerciaux des consuls de France à l'étranger, 1906-1920.

> F^{12} 7222. Bolivie, 1908-1920; Centre-Amérique (Costa Rica, Guatemala), Chili, 1907-1920.
> F^{12} 7226. Colombie, 1908-1919; Cuba, 1907-1920.
> F^{12} 7229. République dominicaine, 1908-1919; Équateur, 1907-1919.
> F^{12} 7237. Porto Rico, 1907-1914.
> F^{12} 7266. Panama, 1907-1913; Paraguay, 1907-1912.
> F^{12} 7270. Pérou, 1907-1920.
> F^{12} 7284. Venezuela, 1907-1919.

F^{12} 7308-7390. Renseignements sur les tarifs douaniers et le régime commercial à l'étranger, 1832-1920.

F¹² 7321, 7322. Argentine, 1900-1908.
F¹² 7330-7336. Brésil, 1893-1920.
F¹² 7338. Chili, 1896-1914.
F¹² 7339, 7340. Colombie, 1899-1914.
F¹² 7341, 7342. Cuba, 1900-1915.
F¹² 7381, 7382. Mexique, 1900-1906.

F¹² 7409-7413. Missions à l'étranger accordées par le ministère, 1850-1895.

F¹² 7414. Renseignements commerciaux : maisons françaises à l'étranger, législations étrangères sur l'émigration, 1847-1898.

F¹² 7422, 7423. Chambres de commerce françaises à l'étranger, 1883-1897.

F¹² 7439-7442. Renseignements commerciaux fournis par les consuls, 1907-1915.

F¹² 7441. Antilles anglaises, 1909-1915.

F¹² 8851-9046. Négociations économiques avec les pays étrangers, 1817-1934.

F¹² 8884. Bolivie, 1834-1913.
F¹² 8887. Chili, 1849-1922.
F¹² 8890. Colombie, 1858 et 1914; Costa Rica, 1901-1915; Cuba, 1911-1917.
F¹² 8894. Équateur, 1898-1919.
F¹² 8944. Guatemala, 1832-1919.
F¹² 8945. Haïti, 1900-1927.
F¹² 8973. Mexique, 1826-1922.
F¹² 8974. Nicaragua, 1902-1903.
F¹² 8975. Panama, 1912; Paraguay, 1853-1892.
F¹² 8981. Pérou, 1845-1893.
F¹² 9014. Saint-Domingue, 1896-1922.

F¹² 9107. Rapports consulaires sur les travaux publics à Sao Paulo, 1896-1897.

F¹² 9123-9134. Musées commerciaux en France et à l'étranger, 1883-1924.

F¹² 9131. Argentine, 1899-1901.
F¹² 9132. Brésil, 1883-1921.
F¹² 9134. Mexique, 1885-1914.

F¹² 9199-9202. Mission Wiener en Amérique du Sud et aux Antilles, 1907-1910.

F¹² 9203-9284. Renseignements économiques fournis par les attachés commerciaux, 1910-1938.

F¹² 9214². Argentine, 1920-1921.
F¹² 9218-9220. Brésil, 1920-1935.
F¹² 9224. Chili, 1918-1936.
F¹² 9228. Colombie, 1935-1936; Costa Rica, 1933; Cuba, 1930-1931; Équateur, 1933-1936.
F¹² 9243. Guatemala, 1922-1936; Haïti, 1922-1936.
F¹² 9257. Mexique, 1924-1936.
F¹² 9259. Panama, 1936; Paraguay, 1926-1936.
F¹² 9264. Pérou, 1923-1936.
F¹² 9272. San Salvador, 1935.
F¹² 9283. Uruguay, 1931-1936; Venezuela, 1935-1936.

F^{12} 9287-9302.   Office national du commerce extérieur : enquêtes effectuées
auprès des agents diplomatiques, 1914-1922.

F^{12} 9648-9916.   Office national du commerce extérieur, 1911-1922 et 1937.

> F^{12} 9648-9800. Documents classés par pays, 1911-1922 et 1937.
> F^{12} 9801-9892. Documents classés par produits, 1911-1922.
> F^{12} 9893-9916. Documents classés par noms de personnes, associations
> ou sociétés, 1911-1922.

Transports.

F^{12} 8768-8774.   Transports ferroviaires, 1918-1923.

> F^{12} 8772. Argentine, 1920-1922.

F^{12} 8775-8785.   Transports maritimes et fluviaux, 1872-1924.

> F^{12} 8779. Canal de Panama, 1912-1915.

F^{12} 9420, 9421.   Transports maritimes et terrestres, 1920-1922.

> F^{12} 9420. Antilles.

Sociétés.

F^{12} 6768-6807.   Ordonnances et décrets relatifs aux sociétés anonymes,
1808-1910.

> F^{12} 6731. Sucreries, moulins, constructions mécaniques : Compagnie des
> Antilles (société pour la fabrication du sucre, fondée à Paris sur l'initiative
> de Lebaudy), 1844.

F^{12} 6808-6832.   Projets de sociétés, 1808-1880.

> F^{12} 6810. Sucreries : Sociétés des usines centrales de la Guadeloupe,
> 1852-1854.
> F^{12} 6819. Navigation, bateaux à vapeur : Paquebots transatlantiques entre
> Nantes, l'Espagne et le Brésil, 1832; Compagnie des paquebots trans-
> atlantiques, 1853; Paquebots à voiles du Havre au Chili et au Pérou,
> 1853; Compagnie de clippers transatlantiques, 1853.
> F^{12} 6827. Sociétés financières : Compagnie franco-mexicaine des mines
> du Mexique, 1863.

F^{12} 6833^{1}-6834^{3}.   Législation des sociétés anonymes, 1865-1895.

> F^{12} 6834^{3}. Mexique, 1867-1895.

Expositions.

F^{12} 4977-5068.   Expositions en France et à l'étranger : correspondance,
1845-1906.

> F^{12} 5068. Congrès panaméricain de Mexico, 1902.

F^{12} 8811-8833.   Expositions internationales, 1900-1910.

> F^{12} 8822. Buenos Aires, 1910.

Guerre de 1914-1918.

F^{12} 7721-7752.   Archives des services techniques, 9e section : transports
commerciaux, 1914-1919.

> F^{12} 7735. Laine : chargements de navires à Montevideo, Buenos Aires...,
> 1918.

F¹² 7781-7792. Comité exécutif des importations : transports maritimes, 1917-1920.

> F¹² 7782. Accord brésilien..., 1917-1919.

Secours aux anciens colons de Saint-Domingue.

F¹² 2716 Lois, décisions, circulaires, an III-1877.

F¹² 2717. Comité des colons notables de Saint-Domingue, an II-1852.

F¹² 2718-2723. États de distribution de secours, 1865-1881.

F¹² 2724-2730. Certificats de vie, 1864-1881.

F¹² 2731-2733. États justificatifs trimestriels de l'emploi des fonds, 1863-1881.

F¹² 2734. États récapitulatifs annuels des colons, 1858-1871.

F¹² 2735. Secours spéciaux, annulations de crédits, 1870-1877.

F¹² 2736. Matricule générale, par départements, des colons, 1824.

F¹² 2737, 2738. Fiches individuelles classées par année de naissance, 1765-1832.

F¹² 2739. Mélanges, an XIII-1881.

F¹² 2740-2883. Dossiers individuels classés par ordre alphabétique, xviiiᵉ-xixᵉ s.

F¹² 2884-2891. États de distribution des secours aux colons résidant à Paris, 1817-1848.

F¹² 7623-7632¹. Secours aux colons et autres réfugiés de Saint-Domingue, Saint-Pierre et Miquelon et du Canada, 1882-1890.

F¹² 8336*. Secours aux colons de Saint-Domingue, 1891-1907.

Instruments de recherche :

- Inventaires sommaires dactylographiés.
- Table manuscrite sur fiches.

Sous-série F¹⁴. Travaux publics

L'administration des Ponts et Chaussées relevait sous l'Ancien Régime des intendants et du contrôleur des Finances. De 1790 à la fin du xixᵉ siècle, elle dépendra tantôt du ministre de l'Intérieur, tantôt d'une administration individualisée : ministère des Travaux publics (1830), du Commerce et des Travaux publics (1831).

On trouve dans cette sous-série un certain nombre de dossiers antérieurs à 1789.

Les documents concernant l'Amérique latine et les Antilles sont nombreux; ils intéressent les mines, les chemins de fer et les cartes :

F^{14} 4251.	Mines, usines, carrières des départements détachés de la France, des colonies et des pays étrangers : Antilles, Saint-Domingue, Guyane..., 1779-1852.
F^{14} 8663-8665.	Chemins de fer d'Amérique du Nord et d'Amérique du Sud, 1840-1890.
F^{14} 10272.	Plans de ports étrangers, xviiie-xixe s.
F^{14} 10388.	Carte de Guyane par Buache, an VII.
F^{14} 10399.	Cartes gravées du Mexique, 1889; « Plan géométrique de l'isthme de Panama », manuscrit, 1849; cartes gravées de l'Amérique du Sud, 1850-1904.
F^{14} 11172.	Chemins de fer du Mexique, 1862-1868.

Instruments de recherche :

. Inventaires manuscrits.

Sous-série F^{15}. Hospices et secours

Les documents d'assistance et de secours conservés dans cette sous-série ne dépassent pas les premières années du xxe siècle.

Sur les Antilles, on consultera :

F^{15} *16.	Mandats payés aux réfugiés des colonies, an IV-an V.
F^{15} *17.	État de secours accordés aux réfugiés, an II-an V.
F^{15} *49-53.	Indemnités accordées aux colons à la suite de l'abolition de l'esclavage : procès-verbaux de la commission de répartition et enregistrement des sommes réparties, 1848-1854.
F^{15} 2648-2652.	Demandes de secours et secours accordés à des particuliers, à des colons, à des voyageurs indigents et à des sinistrés, an VIII-1854.
F^{15} 2655-2703.	Demandes de secours. Dossiers et rapports. Distributions de secours à divers, aux colons réfugiés, etc., an IV-1825.
F^{15} 2704.	Demandes de secours et distributions de secours aux réfugiés de Saint-Domingue, 1819-1820.

F^{15} 2738-2745. Secours aux indigents..., aux colons et réfugiés, an IV-1824.

F^{15} 2838-2873. Secours aux familles des militaires, aux colons, etc., 1776-an X.

F^{15} 3349-3361. Secours aux colons et autres réfugiés, an III-an X.

F^{15} 3362-3433. Secours aux colons..., an II-an XII.

F^{15} 3434-3453. Secours aux colons et autres réfugiés, 1792-1837.

F^{15} 3455-3490. *Idem*, 1822-1847.

F^{15} 3499-3513. Réfugiés des colonies..., 1789-1814.

F^{15} 3837.   Souscription en faveur des sinistrés de la Martinique, 1839.

Instrument de recherche :

. Inventaire manuscrit.

Sous-série F^{17}. Instruction publique

Jusqu'à la création en 1832 du ministère de l'Instruction publique, l'enseignement dépendait, ainsi que les sciences et arts, du ministère de l'Intérieur.

On consultera sur l'enseignement et les missions en Amérique latine et aux Antilles :

F^{17} 2909-2914. Commission scientifique du Mexique, 1864-1872.

F^{17} 2929.   Service des voyages et missions : archives du Mexique, 1879.

F^{17} 2933-3014. Missions scientifiques et littéraires. Dossiers individuels, XIXe s.

F^{17} 6801-6805. Collèges et lycées d'Algérie et des colonies, 1853-1890.

F^{17} 7494-7499. Boursiers des collèges royaux et lycées, originaires de Corse et des colonies, 1816-1854; souscription en faveur des victimes du tremblement de terre de la Guadeloupe, 1843.

F^{17} 12336, 12337. Enseignement primaire aux colonies, 1866-1896.

F^{17} 12338-12342. Échanges avec l'étranger de renseignements sur l'enseignement primaire, affaires particulières concernant des étrangers ou des Français résidant à l'étranger, 1843-1886.

    F^{17} 12339. Argentine, Brésil, Porto Rico, Jamaïque.
    F^{17} 12340. Uruguay.

F¹⁷ 13052-13065. Service des missions, 1872-1916.

> F¹⁷ 13052. Manuscrit mexicain conservé à la bibliothèque de la Chambre des Députés, 1883-1897.
>
> F¹⁷ 13062. Révision de l'arc dit du Pérou et exploration des îles Galapagos, 1891-1894; mission géodésique française de l'Équateur, 1890-1910.
>
> F¹⁷ 13063. Projet d'érection à Quito d'un monument à la mémoire des missions géodésiques françaises, 1911-1912.
>
> F¹⁷ 13065. Santiago du Chili : exposition internationale d'hygiène, de pharmacie et d'art dentaire, 1900; Rio de Janeiro : exposition internationale d'hygiène, 1909.

F¹⁷ 14094. Collège de Cayenne, 1881-1882.

F¹⁷ 17265-17294. Missions scientifiques et littéraires. Dossiers individuels, fin XIXᵉ-début XXᵉ s.

Instruments de recherche :

. ANTOINE (M.-E.) et OLIVIER (S.), *Inventaire des papiers de la Division des Sciences et Lettres du ministère de l'Instruction publique et des services qui en sont issus (sous-série F¹⁷)*, Paris, 1975-1981, 2 vol.

. Inventaires manuscrits.

Sous-série F¹⁸. Imprimerie, librairie, presse, censure

Dans cette sous-série sont conservées les archives du contrôle par l'État de l'imprimerie, de la librairie, de la presse et des théâtres.

On y trouvera peu d'éléments intéressant le sujet :

F¹⁸ 38. Correspondance de la Direction de la Librairie avec le ministère de la Marine relative à la saisie d'ouvrages introduits clandestinement en Martinique, août 1816; à la publication de l'ouvrage de Le Borgne « Nouveau système de colonisation pour Saint-Domingue », mai 1817.

F¹⁸ 514. Journaux d'Algérie et des colonies, 1811-1881.

F¹⁸ 543-550. Journaux étrangers introduits en France, 1850-1886.

> F¹⁸ 548. Mexique.
> F¹⁸ 550. Brésil, Colombie, Haïti, 1860-1885.

Instruments de recherche :

. Inventaires manuscrits.

Sous-série F¹⁹. Cultes

Cette sous-série est consacrée aux affaires religieuses qui, initialement, dépendaient du ministère des Cultes, créé en l'an XII. Au cours du XIXe siècle, elles relevèrent successivement de plusieurs ministères : Intérieur, Instruction publique, Justice.

Sur les cultes catholique et protestant, on consultera :

F¹⁹ 2479-2596. Archevêques et évêques : dossiers personnels, XIXe-XXe s.

> F¹⁹ 2581. Saint-Pierre et Fort-de-France.

F¹⁹ 3086-3122. Personnel, an X-1905.

> F¹⁹ 3096. Aumôniers militaires : campagne du Mexique.

F¹⁹ 5659-5947. Police des cultes, Premier Empire-1905.

> F¹⁹ 5947. Évêchés des Antilles, 1880-1905.

F¹⁹ 6200-6212. Clergé colonial, 1781-1904.

> F¹⁹ 6209. Guadeloupe, an XII-1868.
> F¹⁹ 6210. Guyane, an XII-1873.
> F¹⁹ 6211. Martinique, 1805-1907.
> F¹⁹ 6212. Saint-Domingue, an XII-1907.

F¹⁹ 6233-6243. Législation et établissements cultuels à l'étranger, établissements étrangers en France, missions, papiers Fesch, 1623-1911.

> F¹⁹ 6234. Questions diverses : Brésil, Équateur, Haïti, 1843-1904.
> F¹⁹ 6235. *Idem :* Argentine, Brésil, Colombie, Guatemala, Mexique, 1848-1911.
> F¹⁹ 6241. Copies de documents provenant de la Congrégation de la Propagande : Indes occidentales, 1809-1820.
> F¹⁹ 6242. Missions en Guyane, 1806-1872.

F¹⁹ 6244-6427. Congrégations religieuses, confréries et associations religieuses, 1789-1911.

> F¹⁹ 6264. Martinique : communauté de Saint-Joseph de Cluny à Saint-Pierre, s. d.

F¹⁹ 6459-6543. Fiches de doctrine et d'administration.

> F¹⁹ 6539, 6540. Personnel des colonies (Guadeloupe, Martinique), Second Empire.

F¹⁹ 10924. Culte protestant dans les colonies : Guadeloupe, Martinique, 1847-1903.

Instruments de recherche :

. Inventaires manuscrits.

. Inventaire dactylographié concernant les missions catholiques.

Sous-série F³⁰. Finances. Administration centrale (1)

Des archives émanant de l'administration centrale du ministère des Finances, on retiendra les dossiers concernant les banques et le crédit outre-mer, les conséquences des guerres de 1914-1918 et 1939-1945 notamment pour le commerce extérieur, les relations financières avec l'étranger :

Fonds anciens.

F³⁰ 111.   Mémoires divers sur les finances : protestation adressée à la Chambre de commerce de Nantes par le corps du commerce de la ville des Cayes contre le service des milices, 1765.

Banque et crédit outre-mer.

F³⁰ 2457-2460.   Colonies : monnaies et banques, 1934-1944.
                 F³⁰ 2458. Fonds de solidarité coloniale à la Martinique.

F³⁰ 2739-2758.   Banques coloniales, 1901-1940.
                 F³⁰ 2747. Banque de la Guadeloupe, 1901-1940.
                 F³⁰ 2748. Banque de la Guyane, 1920-1940.
                 F³⁰ 2752. Banque de la Martinique, 1931-1940.

Guerre et commerce extérieur.

F³⁰ 1278-1301.   Plan Dawes, 1921-1930.
                 F³⁰ 1301. Réclamations de Cuba.

F³⁰ 1495-1510.   Commerce extérieur : guerre de 1914-1918.
                 F³⁰ 1499. Service interministériel des achats à l'étranger : accord brésilien, 1918-1920.
                 F³⁰ 1509. Importations de blés du Canada et d'Argentine, octobre 1919-décembre 1920; achats de viandes en Argentine et au Venezuela, 1919-1921.

F³⁰ 1528-1545.   Commerce extérieur : guerre de 1939-1945.
                 F³⁰ 1530. Dossiers des missions d'achats : Argentine, Équateur, 1939-1940.

Relations financières avec l'étranger.

F³⁰ 387-392.   Mexique : situation économique et financière, dette, 1867-1917; établissements de crédit, chemins de fer, mines, sociétés diverses, 1862-1918.

---

(1) Depuis la rédaction du guide, cette sous-série a été supprimée et intégrée dans la série B du ministère de l'Économie et des Finances, communicable au Service des Archives économiques et financières (voir p. 503) qui tient une table de concordance à la disposition des chercheurs.

F³⁰ 393.   Costa Rica, Guatemala, Honduras, Nicaragua, San Salvador; informations économiques et financières, 1873-1914.

F³⁰ 394-396.   République de Panama : situation financière, 1904-1914 canal de Panama, 1886-1907.

F³⁰ 397.   Cuba : informations économiques et financières, 1860-1913; sociétés diverses, 1901-1914.

F³⁰ 398.   Haïti : situation financière, 1875-1912; dette et papier-monnaie, 1896-1915; banque nationale, 1900-1913; chemins de fer, 1914-1915.
                 République dominicaine : situation économique et financière, 1875-1914.

F³⁰ 399-403.   Argentine : informations économiques et financières, 1886-1915; emprunts, 1880-1913; banques, 1886-1916; chemins de fer, 1899-1914.

F³⁰ 404.   Bolivie : informations économiques et financières, emprunts, banques, chemins de fer, mines d'or et d'argent, 1889-1914.

F³⁰ 405-413.   Brésil : informations économiques et financières, 1891-1917; emprunts, 1892-1917; valorisation du café, 1907; négociations commerciales, 1901-1905; ports, navigation, 1900-1915; chemins de fer, 1895-1917.

F³⁰ 414, 415.   Chili : situation économique et financière, 1887-1915; crédit, chemins de fer, mines d'or, 1889-1914.

F³⁰ 416.   Colombie : informations économiques et financières, banques, 1883-1915.
                 Équateur : informations économiques et financières, chemins de fer, 1890-1925.

F³⁰ 417.   Paraguay : emprunts, 1891-1914.

F³⁰ 418.   Pérou : situation financière, emprunts, banques, chemins de fer, navigation, 1872-1916.

F³⁰ 419.   Uruguay : situation financière, emprunts, banques, sociétés diverses (mines, pétroles), 1885-1921.

F³⁰ 483-489.   Mexique : mission financière, 1862-1873.

F³⁰ 651, 652.   Brésil : dette, 1915-1917; achats français, 1917-1922.

F³⁰ 1006.   Mexique : renseignements sur les valeurs mexicaines, les banques et la monnaie, défense des intérêts français, 1919-1924.

F³⁰ 1037-1044.   Argentine : dette extérieure, 1910-1921; accord franco-argentin du 14 janvier 1918, 1917-1920; crédits, 1918-1926; comptes de la Banque de la Nation, 1918-1919; guerre de 1939-1945.

F³⁰ 1169.   Uruguay : vente de titres uruguayens par l'intermédiaire de la
                 Banque française et italienne pour l'Amérique du Sud,
                 1919-1920; opérations et situations hebdomadaires de tré-
                 sorerie, 1920-1922.

F³⁰ 1594-1599.   Emprunts mexicains, 1864-1932.

F³⁰ 1838-1846.   Argentine : renseignements économiques et financiers,
                 documentation, 1920-1937; négociations et accords, 1922-
                 1946.

F³⁰ 1867.   Bolivie : documents sur les Bolivian Railways, 1927-1929.

F³⁰ 1868-1901.   Brésil : renseignements économiques et négociations, 1917-
                 1938; négociations et accords entre la France et le Brésil,
                 1917-1947; dette brésilienne, 1915-1939; emprunts des
                 compagnies de chemins de fer, 1918-1939; emprunts du port
                 de Para et de Bahia, 1927-1939.

F³⁰ 1907-1911.   Chili : renseignements économiques et financiers, 1914-1939;
                 dette chilienne, 1934-1940; négociations et accords avec la
                 France, 1932-1946.

F³⁰ 1924, 1925. Colombie : renseignements économiques et financiers, 1919-
                 1933.

F³⁰ 1926, 1927. Costa Rica : renseignements économiques et financiers,
                 1927-1939; emprunts 5 % 1911, 1923-1938.

F³⁰ 1928, 1929. Cuba : renseignements économiques et financiers, 1925-
                 1939.

F³⁰ 1956, 1957. Guatemala : renseignements économiques et financiers, 1922-
                 1939.

F³⁰ 1958-1960.   Haïti : renseignements économiques et financiers, 1917-1939;
                 emprunt garanti or 5 % 1910, 1918-1940.

F³⁰ 1961.   Honduras : renseignements économiques et financiers, 1927-
                 1939; emprunt 1869, 1926-1932.

F³⁰ 1995.   Mexique : dette mexicaine, 1925-1939; Crédit foncier mexi-
                 cain, 1931-1939; Chemins de fer du Mexique, 1937.

F³⁰ 1996.   Nicaragua : renseignements économiques, 1928-1939.

F³⁰ 1998.   Panama : renseignements économiques, 1921-1939.

F³⁰ 2001-2004.   Pérou : informations économiques, 1915-1939; Banque du
                 Pérou et de Londres, 1931-1937.

F³⁰ 2013.   Porto Rico : chemins de fer, 1922-1931.

F³⁰ 2019.   San Salvador : renseignements économiques, 1923-1939.

F³⁰ 2076.   Uruguay : accords, 1935-1946.

Instruments de recherche :

• Inventaire sommaire dactylographié.

• *Archives économiques et financières. État des fonds, revu et mis à jour au 31 mars 1978,* Paris, [1978].

SÉRIE W. JURIDICTIONS EXTRAORDINAIRES

Cette série comprend les papiers des tribunaux criminels révolutionnaires centraux (juridictions qui se sont succédé du 10 mars 1793 au 12 prairial an III), du tribunal révolutionnaire de Brest et d'autres juridictions exceptionnelles.

On consultera en particulier :

W 1-75, 86-94.   Pièces réunies contre les accusés et remises au parquet du tribunal révolutionnaire entre les mains de l'accusateur public.

W 233-237.   Répertoires des personnes traduites au tribunal révolutionnaire.

W 542-545.   Dossiers des affaires jugées par le tribunal révolutionnaire de Brest, 1789-thermidor an II.

Exemples de documents :

W 24. Dossier de l'amiral d'Estaing.

W 51. Dossier du général Joseph de Hédouville.

W 88. Dossiers de Dumouriez, Dillon. Conspiration des Iles.

W 502. Affaire Roume, ex-commissaire civil à Saint-Domingue.

W 506. Affaire de Saint-Domingue : inventaire des pièces relatives à Julien Raymond.

Instruments de recherche :

• Inventaires sommaires manuscrits.

SÉRIE AA. COLLECTIONS DE LETTRES ET PIÈCES DIVERSES

Cette série a été créée avant 1838 à partir : de pièces retirées des fonds de la section législative, de pièces soustraites à diverses séries des archives du royaume avant 1844 et réintégrées en 1846, et de collections diverses.

On consultera notamment :

AA 29.   Correspondance relative à l'arrestation des anciens membres des assemblées coloniales, an II.

AA 49-53.   Pièces diverses concernant, entre autres, la Martinique, la Guadeloupe et Saint-Domingue.

AA 54, 55.   Pièces relatives à la Révolution à Saint-Domingue.

AA 61.   Papiers du général Galbaud.

Exemples de documents :

AA 1 (33). Pièces relatives à une procédure instruite à Cayenne contre le sieur Poulin, huissier de police, pour meurtre d'un mulâtre, 1793.

AA 49 (1407). Demande, adressée par la Convention au Comité de Législation, d'un projet de loi mettant entre les mains de la nation les biens des révoltés de la Martinique et de la Guadeloupe déposés chez les négociants des villes maritimes, 6 février 1793.

AA 51 (1451). Correspondance de Collot, adjudant général puis gouverneur de la Guadeloupe, sur les événements de Pointe-à-Pitre, 1791-an II.

AA 55 (1511-1512). Lettres et pièces relatives à la Révolution à Saint-Domingue, 1791-1794.

AA 57 (1534). Mémoire, adressé par le Conseil supérieur de la Martinique à Beaumarchais, gouverneur des îles françaises du Vent, sur la situation déplorable de ces colonies, 7 mars 1759.

Instrument de recherche :

• Inventaire analytique manuscrit.

SÉRIE AF. ARCHIVES DU POUVOIR EXÉCUTIF

Ce fonds est constitué par les archives du pouvoir exécutif à partir de 1789. Il comporte cinq sous-séries correspondant aux papiers provenant du Régime royal constitutionnel de 1789-1792 (AF I), de la Convention nationale (AF II), du Directoire exécutif (AF III), du Consulat et de l'Empire (AF IV) et du Régime royal de 1814-1815 (AF V). Trois de ces sous-séries intéressent particulièrement le sujet du guide.

Sous-série AF II. Conseil exécutif provisoire et Convention
Comité de Salut public
(1792-an IV)

Sur les Antilles et Saint-Domingue, on consultera :

AF II 1. Décrets de la Convention transmis au Conseil pour leur exécution.

AF II 2-6. Minutes d'actes et matériaux des procès-verbaux, août 1792-germinal an II.

AF II 7-9. Rapports ministériels et pièces soumises au Conseil : affaires étrangères, finances, guerre, marine, colonies...

AF II 36-40. Correspondance du Comité de Salut public avec les représentants en mission, 1793-an IV.

AF II 78. Commerce intérieur..., denrées coloniales, marchandises anglaises.

AF II 302-303. Colonies, 1793-an IV.

AF II 62-63. Correspondance reçue par le Comité de Salut public : représentants en mission, an II-an IV.

AF II* 141-169. Représentants en mission.
> AF II* 141-159. Correspondance à l'arrivée, 1793-an IV.
> AF II* 160-162. Correspondance au départ, an II-an III.
> AF II* 169. Mouvement des représentants, an III.

Exemples de documents :

AF II 1, dossier 2. Décret relatif à l'arrestation du citoyen Ailhaud, commissaire national à Saint-Domingue, 6 avril 1793.

AF II 4, dossier 22. Extrait de délibérations concernant l'envoi des frégates aux Iles sous le Vent, 3 juillet 1793.

AF II 5, dossier 28. Brouillon de l'arrêté accordant 48.000 livres à 238 colons échappés au massacre et à l'incendie du Cap-Français, 1er frimaire an II [21 novembre 1793].

AF II 78, dossier 574. Arrêté concernant le café apporté de Saint-Domingue sur le *Glorieux*, 18 germinal an II [7 avril 1794].

Instruments de recherche :

• AULARD (A.), *Recueil des actes du Comité de Salut public, avec la correspondance officielle des représentants en mission et le registre du conseil exécutif provisoire...*, Paris, 1889-1951, 30 vol.

• Inventaires manuscrits.

Sous-série AF III. Directoire exécutif
(an IV-an VIII)

Parmi les procès-verbaux des séances du Directoire, les rapports ministériels, les arrêtés concernant l'Amérique latine et les Antilles, on signalera :

AF III 52-90. Relations extérieures.
> AF III 57, 58. Angleterre, 1792-an VIII.
> AF III 61-63. Espagne, an III-an VIII.
> AF III 64. États-Unis, 1792-an VII.

AF III 202-210. Marine et Colonies.
> AF III 208-210. Colonies, 1790-an XI.

AF III 306.   Marine et Colonies. États des dépenses du ministère, an IV-
an VII.

AF III *175-179. Relations extérieures. Correspondance au départ, délibérations et arrêtés, pièces remises au bureau diplomatique,
an IV-an VIII.

AF III *244-251. Marine et Colonies. Correspondance au départ et à l'arrivée,
délibérations et arrêtés du Directoire relatifs à la Marine,
an IV-an VIII.

Exemples de documents :

AF III 62, dossier 250. Observations sur le traité de paix avec l'Espagne
et la baie de Honduras, s. d.

AF III 62, dossier 253. Extrait d'une lettre écrite par le citoyen
J. Durroy au nom des Français détenus dans les prisons du Mexique,
9 frimaire an IV [30 novembre 1795].

AF III 64, dossier 259. Lettre de Le Bas et V. Hugues engageant Fauchet
à envoyer des bâtiments américains à la Basse-Terre de Guadeloupe pour
l'exportation des produits de l'île, 4 prairial an III [23 mai 1795].

AF III 557, dossier 3755. Rapport du ministre de la Marine sur les
relations commerciales de Saint-Domingue avec les négociants américains,
29 brumaire an VII [19 novembre 1798].

Instruments de recherche :

• DEBIDOUR (A.), *Recueil des actes du Directoire exécutif* (*Procès-verbaux,
arrêtés, instructions, lettres et actes divers*), Paris, 1910-1917, 4 vol.

• Inventaires manuscrits des articles AF III 1-142, 150-210, 268-280 et 431-
637.

Sous-série AF IV. Consulat et Secrétairerie d'État impériale
(an VIII-1815)

Les rapports des ministres de la Marine et des Colonies d'une part, des Relations extérieures d'autre part, constituent la source principale de l'histoire de l'Amérique latine et des Antilles.

On retiendra :

AF IV 1187-1219. Rapports du ministre de la Marine.

> AF IV 1210. Personnel de la Marine, an XII-1814.
> AF IV 1211. Colonies étrangères, mémoires, plans d'expédition, an VIII-1814.
> AF IV 1212-1216. Colonies françaises, an VIII-1814.
> AF IV 1218. Cartes et mémoires, an VIII-1814.

AF IV 1241-1243. Conseil du Commerce et des Manufactures, 1810-1813.

AF IV 1287-1589. Rapports, projets, mémoires, pièces diverses des différents ministères.

> AF IV 1301. Marine, affaires diverses, an IX-1812.
> AF IV 1325. Marine, rapports et correspondance, an VIII-1812.
> AF IV 1330-1332. Colons réfugiés, secours, an XIII.

AF IV 1671-1706^F. Relations extérieures.

> AF IV 1671-1674. Angleterre, an VIII-1812.
> AF IV 1679, 1680. Espagne, an VIII-1813.
> AF IV 1681^A-1681^D. États-Unis, an VIII-1813.
> AF IV 1682, 1683. Hollande, an VIII-1810.

AF IV 1719-1832. Hollande.

> AF IV 1798-1800. Colonies, 1806-1808.

AF IV *191-193. Marine. Conseils d'administration et de liquidation, an VIII-1811.

AF IV *298-302. Marine. Comptes rendus des crédits, an VI-an IX.

AF IV *313-371. Copies d'actes impériaux.

> AF IV* 366, 367. Marine et Colonies, an XII-1810.

AF IV *372-424. Répertoire chronologique, expédition des actes du gouvernement.

> AF IV* 417, 418. Marine et Colonies, an XII-1814.

AF IV *528-1708. Livrets des armées, états des forces de terre et de mer pour l'usage particulier de l'empereur.

> AF IV* 1581-1586. Situation des escadres, troupes des colonies, expéditions de Saint-Domingue, de la Guadeloupe..., an IX-an XIII.

Exemples de documents :

AF IV 1197, dossier 2. Insurrections contre les Français à Saint-Domingue favorisées par les habitants de Cuba et de Porto Rico, 1808.

AF IV 1211, dossiers 23-39. Plans d'expéditions et mémoires concernant la Guyane hollandaise, la Trinité, Cuba, Porto Rico, la Jamaïque, Tabago.

AF IV 1325, dossier 1. Comptes rendus de Vincent, Raimond et du général Michel sur la situation à Saint-Domingue, an VIII.

AF IV 1681^A, dossier 3. Note sur l'intérêt pour la France de provoquer une révolution dans les colonies espagnoles d'Amérique, 1810.

AF IV 1683, dossier 1. Projet d'expédition pour reprendre la Guyane, juillet 1806.

Instruments de recherche :

• Du Verdier (Ph.), Favier (J.) et Mathieu (R.), *Inventaire général de la série AF. Sous-série AF IV. Secrétairerie d'État Impériale*, t. I, fasc. 1, *AF IV 1 à 1089^B*, Paris, 1968.

. Dainville-Barbiche (S. de), *Archives du Cabinet de Louis Bonaparte, roi de Hollande (1806-1810). Inventaire des articles AF IV 1719 à 1832*, Paris, 1984.

• Inventaires manuscrits.

SÉRIE BB. MINISTÈRE DE LA JUSTICE

Cette série regroupe les versements du ministère de la Justice depuis sa création en 1791. Les documents antérieurs à cette date et émanant de la Grande Chancellerie de France sont conservés par la Section ancienne; on en trouvera cependant des épaves dans la série BB.

Ce fonds, très riche, est subdivisé en trente-quatre sous-séries, certaines regroupant des documents de caractère historique, d'autres ceux émanés de divers directions ou bureaux du ministère (Cabinet du ministre, Division civile, Division criminelle par exemple). De par son origine, les documents qui le composent intéressent surtout la France métropolitaine. On y relèvera toutefois des pièces relatives à l'Amérique latine et aux Antilles.

Pour l'ensemble de la série, on se reportera à l'*État sommaire des versements faits aux Archives nationales par les ministères et les administrations qui en dépendent*, t. IV, *Série BB Justice*, Paris, 1947-1956, 3 fascicules.

Sous-série BB². Affaires civiles

Dans cette sous-série ont été intégrés des dossiers résiduels traitant, pour l'essentiel, d'affaires civiles dont certaines remontent à la fin du XVIIIe siècle. Elle s'arrête à 1850.

On y consultera des circulaires du ministère de la Justice concernant les colonies et notamment Saint-Domingue :

BB² 32.   Circulaire du 14 janvier 1815 relative aux créances sur les colons de Saint-Domingue et réponses, 1815.

BB² 34.   Circulaires de la Seconde Restauration, 1817-1827. Significations à faire à Saint-Domingue et aux colonies...

Instrument de recherche :

• Inventaire manuscrit.

Sous-série BB³. Affaires criminelles

Les documents conservés dans cette sous-série émanent d'institutions diverses mais concernent tous des affaires de caractère criminel et politique pour la période allant de la Révolution à la Monarchie de Juillet.

Sur Saint-Domingue et Cayenne, on verra :

BB³ 27.   Haute Cour nationale et impériale, an XII-1813.

Dossier 24. Plainte contre le général Rochambeau pour abus de pouvoir commis à Saint-Domingue, an XII-1812.

BB³ 46.   Justice révolutionnaire. Exécution des décrets d'arrestation et de mise en liberté pris par la Convention et ses comités, an II-an IV.

Dossier J.-A. Ailhaud, commissaire national à Saint-Domingue (arrestation et mise en liberté), mars-avril 1793...

BB³ 58.   *Idem.*

Dossier Page, Bruley et autres, de Saint-Domingue (liberté provisoire), brumaire an III...

BB³ 77.   Archives du Comité de surveillance du département de Paris. Lettres interceptées, communiquées au comité, 1792-1793.

Dossier 1. Lettre de Bordeaux sur les événements de Saint-Domingue, 20 août 1793...

Dossier 3. Lettre d'insulte adressée par un nègre de Saint-Domingue au roi et à la reine, 20 septembre 1792; lettre sur la situation à Bordeaux et à Saint-Domingue, 24 août 1793...

BB³ 147.   Délits politiques de l'an XII à 1806.

Dossier A² 6564. Brochet, soldat au 24ᵉ d'Infanterie, sollicite la liberté de son père, déporté à Cayenne à la suite de l'attentat du 3 nivôse auquel il était étranger, ventôse an XIII...

BB³ 190   Prises maritimes, 1809. Rapports des États-Unis avec Saint-Domingue...

Instrument de recherche :

• Inventaire manuscrit.

Sous-série BB⁵. Organisation judiciaire

Cette sous-série concerne l'organisation de la Justice et le personnel judiciaire entre 1790 et 1920.

Deux articles ont trait aux Antilles et à la Guyane :

BB⁵ 249.   Demandes de places et renseignements sur les candidats, les magistrats, l'organisation des tribunaux dans les colonies, an V-1813.

Guadeloupe, an VIII-1810; Guyane an VIII; Martinique, an X-an XI; Saint-Domingue, an V-1813...

BB⁵ 251.   Correspondance relative aux magistrats coloniaux, 1848-1850.

Instrument de recherche :

. Répertoire numérique dactylographié.

Sous-série BB⁶. Cours et tribunaux

Cette sous-série se décompose en deux groupes : dossiers de remplacements établis au moment du départ des magistrats, greffiers et auxiliaires de justice des différentes juridictions (cotés BB⁶); dossiers personnels des magistrats (cotés BB⁶ II).

Ces dossiers, dont plusieurs concernent le personnel des colonies, vont du début du xixᵉ siècle à 1942 environ. Une enquête parallèle devra être menée dans les séries Colonies EE et EE II (1).

BB⁶ 322.   Tribunaux de première instance. Remplacement des magistrats : Sarthe à Yonne, Algérie et colonies, 1852.

BB⁶ 333.   *Idem,* 1854. Algérie et colonies.

BB⁶ 338.   *Idem,* 1855. Algérie et colonies.

BB⁶ 348.   *Idem,* 1857. Algérie et colonies.

BB⁶ 358²-358³   Cours et tribunaux d'Algérie et des colonies, 1839-1860.

BB⁶ 404-411.   Cours impériales et tribunaux. Remplacement des magistrats en Algérie et aux colonies, 1861-1868.

BB⁶ 415.   *Idem,* 1869-1870.

BB⁶ 420.   Cours d'appel et tribunaux. Remplacement des magistrats en Algérie et aux colonies, 1871.

---

(1) Voir p. 223.

BB⁶ 425.   *Idem*, 1872.

BB⁶ 430.   Cours d'appel et tribunaux de première instance. Remplacement des magistrats en Algérie et aux colonies, 1873.

BB⁶ 435.   Cours d'appel et tribunaux. Remplacement des magistrats en Algérie et aux colonies, 1874.

BB⁶ 440.   *Idem*, 1875.

BB⁶ 445.   *Idem*, 1876.

BB⁶ 450.   *Idem*, 1877.

BB⁶ 455.   *Idem*, 1878.

BB⁶ *493.   Personnel judiciaire d'Algérie et des colonies, 1851-1854.

BB⁶ *495.   *Idem*, 1855-1860.

BB⁶ *496.   Magistrats d'Algérie et des colonies, 1861-1878.

BB⁶ *497.   Personnel judiciaire des colonies, 1879-1898.

BB⁶ II 1-1294. Dossiers personnels de magistrats, vers 1848-vers 1942 (1).

Instruments de recherche :

- Répertoire numérique manuscrit des articles BB⁶ 1-563.
- Répertoire numérique manuscrit des articles BB⁶ II 1-611.
- Répertoire numérique dactylographié des articles BB⁶ II 612-1294.

Sous-série BB⁸. Justices de paix

Les dossiers de présentation de candidature du personnel des justices de paix forment l'essentiel de cette sous-série. Ils correspondent à la période 1796-1958, date de suppression de ces juridictions; ceux concernant les colonies forment un groupe séparé.

Une enquête parallèle devra être menée dans les séries Colonies EE et EE II (2).

BB⁸ 1386¹-1386¹⁰. Nominations de juges de paix, suppléants, greffiers, interprètes en Algérie et aux colonies, 1844-1878.

Instrument de recherche :

- Répertoire numérique dactylographié des articles BB⁸ 1-2998.

---

(1) Ces dossiers sont consultables à l'expiration d'un délai de cent vingt ans à compter de la date de naissance de l'intéressé.
(2) Voir p. 223.

Sous-série BB[11]. Naturalisations, changements de noms, dispenses pour mariages, autorisations d'entrer ou de rester au service de puissances étrangères

Les dossiers regroupés dans cette sous-série proviennent de la Division civile du ministère de la Justice qui traitait ces problèmes. Ils correspondent à la période 1789-1930.

L'ensemble de la sous-série est à consulter.

Instruments de recherche :

. Inventaire manuscrit sur fiches des articles BB[11] 1-96.

. Fichiers conservés dans la sous-série BB[27] : BB[27] 132-175 pour la période 1814-1847, BB[27] 241-292 pour la période 1848-1880 et BB[27] 940-1140 pour la période 1881-1913 (1).

Sous-série BB[16]. Correspondance générale de la Division civile

La Division civile avait dans ses attributions les questions de législation civile ou commerciale, les conflits, l'état civil, etc.

De 1790 à 1820, la correspondance générale de cette division est classée par départements, à l'exception de quelques dossiers dont trois concernent les pays conquis et les colonies de l'an VII à 1820. De 1821 à 1932, elle est classée par années.

L'ensemble de la sous-série est à dépouiller.

Exemples de documents :

BB[16] 725, dossier 4009. Correspondance du département de la Seine : question posée par le représentant Laussat au sujet du citoyen Clus, fugitif de la Martinique, lors de l'invasion anglaise, pluviôse an VII.

BB[16] 728, dossier 4966. *Idem :* question posée par le ministre du Danemark touchant la légalité de la confiscation, ordonnée par le tribunal de commerce de la Guadeloupe, du navire suédois l'*Étoile-du-Nord,* floréal an VII.

BB[16] 788, dossier 4075. *Idem :* demande, par le ministre de la Marine, de renseignements sur les dettes de Saint-Domingue, 1815-1816.

BB[16] 930, dossier 7. Pays conquis et étrangers, colonies, 1808-1816 : réclamation de Bonnafous, ancien agent de la nation française dans l'Inde, créancier du comte de Resende, ancien vice-roi du Brésil, s.d.

BB[16] 931, dossier 13. *Idem,* an VI-1810 : pétition de Martin, ex-président de la Cour d'appel de la Guyane, pour être réintégré dans ses fonctions dont il a été déchargé par le général Decaen, juillet 1807.

---

(1) Voir p. 84.

Instruments de recherche :

. Répertoire numérique manuscrit.

. Inventaire manuscrit des articles BB¹⁶ 701-804, 828-931, 1521 *bis*.

Sous-série BB¹⁷. Cabinet particulier du ministre

Cette sous-série est constituée par la correspondance du cabinet particulier du ministre de la Justice de 1815 à 1848. Les documents, dont beaucoup traitent de questions autres que judiciaires, ont été répartis en deux catégories, classées chronologiquement : les pièces estimées les plus intéressantes ont reçu une numérotation précédée de la lettre A, la lettre B étant affectée aux autres.

Exemples de documents :

BB¹⁷ A 20, dossier 7. Organisation de l'ordre judiciaire à Cayenne, novembre 1822.

BB¹⁷ A 23, dossier 5. Nécessité de la prompte nomination d'un procureur général à la Martinique, mars-avril 1823.

BB¹⁷ A 52, dossier 1. Renseignements sur la situation politique au Pérou, janvier-août 1827.

BB¹⁷ A 69, dossier 1. Mémoire du marquis de Beaupoil de Saint-Aulaire sur la communication entre l'Atlantique et le Pacifique par le Nicaragua, août 1829.

BB¹⁷ A 82, dossier 1. Pétition d'anciens colons de Saint-Domingue présentée à la Chambre des députés, février 1833.

BB¹⁷ A 110, dossier 19. Adjonction de deux auditeurs au Conseil d'État à la Commission de liquidation des indemnités mexicaines, décembre 1839.

BB¹⁷ A 136, dossier 5. Mémoire du baron Charles Dupin sur la situation sociale et politique des colonies françaises, février 1844.

BB¹⁷ A 145, dossier 21. Ordonnances royales sur le régime disciplinaire, la nourriture et l'entretien des esclaves dans les colonies, mai 1846.

BB¹⁷ A 154. Autographes, 1816-1847. Hyde de Neuville, ambassadeur au Brésil, 1823...

Instruments de recherche :

. Inventaire manuscrit.

. Index manuscrit sur fiches.

Sous-série BB¹⁸. Correspondance générale de la Division criminelle

Cette sous-série est consacrée à la correspondance générale de la Division criminelle qui avait pour charge la poursuite des crimes, délits et contraventions, la mise en jugement des agents du gouvernement, l'extradition des malfaiteurs, etc.

C'est l'une des plus importantes du fonds judiciaire par son volume, par ses limites chronologiques (1793-1955, avec une lacune pour la période 1869-1889) et par son contenu; on y trouve en effet des documents sur des affaires variées touchant à la vie politique, juridique, diplomatique, économique, sociale, etc.

Le mode de classement et de cotation en est complexe (1) :

— les articles BB¹⁸ 1-940 (an II-1814) sont classés par départements;

— les articles BB¹⁸ 943-1810 et 1815-5292 (1814-1955) sont classés chronologiquement;

— les articles BB¹⁸ 6001 et suivants (1842-1949), dont l'inventaire est en cours, correspondent aux « dossiers banaux ». Ils sont classés méthodiquement;

— les articles BB¹⁸ 14001-14238 (1875-1931) sont consacrés aux extraditions.

Exemples de documents :

BB¹⁸ 1006, dossier C³ 6255. Poursuites pour traite des noirs contre le navire l'*Aurore* de Cayenne, juillet 1821-février 1822.

BB¹⁸ 1256, dossier A⁸ 7177. Dénonciation des articles défavorables au blocus du Mexique par l'escadre française parus dans le *National*, octobre-novembre 1838.

BB¹⁸ 1355, dossier A⁸ 719. Révoltes, pillages et dévastations à la Martinique (décembre 1833), acte d'accusation imprimé, mai-juin 1834.

BB¹⁸ 1392, dossier A⁹ 1857. Mesures prises pour empêcher l'émigration des Basques en Uruguay, avril 1841-janvier 1843.

BB¹⁸ 1460, dossier A 5217. Compétence des juges de paix de la Guadeloupe en matière de contraventions commises par les maîtres à l'égard des esclaves, février 1848.

BB¹⁸ 1513, dossier A² 2492. Question de la juridiction à laquelle sont soumis les transportés en Guyane et en Algérie, 1852-1858.

---

(1) Voir l'*État général des fonds*, t. II, *1789-1940*, Paris, 1978, p. 606-611.

BB^{18} 1821, dossier 1824 A 90. Affaire des Bons Maximiliens montée par Eisenmann, Goldschmidt et Kent et ayant des répercussions sur la politique de la France et de l'Allemagne au Mexique, 10 juillet 1890.

BB^{18} 1854, dossier 1575 A 91. Affaire des cuirassés chiliens (mise sous séquestre des bâtiments commandés par le Chili et se trouvant dans les ports français).

BB^{18} 2110, dossier 129 A 99. Dessin et articles de presse injurieux, cris séditieux à propos des affaires Dreyfus et de Panama...

BB^{18} 2177, dossier 99 A 01. Élections municipales à la Martinique (Bourg-Sainte-Marie)..., 1898-1902.

BB^{18} 2188, dossier 668 A 01. Fabrication de faux billets de banque brésiliens.

BB^{18} 6001 et suivants. Dossiers banaux (B.L.).

> 51 BL (358 articles). Victimes d'erreurs judiciaires, 1895-1940.
> 88 BL (7 articles). Législation de l'Algérie et des colonies, 1902-1938.

Instruments de recherche :

- Inventaires manuscrits des articles BB^{18} 1-940, 943-1810 et 1815-2264.

- Inventaire dactylographié des articles BB^{18} 2265-2529^2.

- Index manuscrit sur fiches.

Sous-série BB^{19}. Cour de Cassation

Cette sous-série concerne les relations entre la Cour de Cassation et le ministère de la Justice entre 1791 et 1906. Elle contient également les dossiers de l'affaire Dreyfus soumis à la cour et dont quelques pièces ont trait à la détention de ce dernier aux îles du Salut :

BB^{19} 108.   Révision du procès de Dreyfus, dossiers du ministère de la Guerre, 1894-1900.

> Dossier 1. Rapport du directeur de l'Administration pénitentiaire de la Guyane sur l'attitude de Dreyfus à l'île du Diable, 7 octobre 1897 (copie)...

BB^{19} 110.   *Idem*, 1894-1898.

> Dossier relatif au transfert de Dreyfus aux îles du Salut, 1895...

Instrument de recherche :

- Inventaire manuscrit.

Sous-série BB²⁰. Cours d'assises

Cette sous-série est constituée, pour l'essentiel, des comptes rendus des sessions d'assises adressés au ministre par leurs présidents. Elle couvre la période allant de l'an VIII à 1927.

Un article intéresse particulièrement l'objet du guide :

BB²⁰ 1⁶.   Traite des noirs, 1821-1831 ; affaire des nommés Bissette, Fabien et Volny, condamnés par la Cour royale de la Martinique (1), 1824-1850.

Instrument de recherche :

. Répertoire numérique manuscrit.

Sous-série BB²¹. Grâces accordées

Les papiers conservés dans cette sous-série proviennent du Bureau des Grâces du ministère de la Justice. Jusque vers 1856-1858, distinction était faite entre les grâces accordées, les grâces collectives, les grâces politiques, les grâces militaires, les rejets de recours en grâce, les demandes sans suite. Les dossiers étaient alors classés dans des sous-séries différentes. Passé cette date, ils forment une seule sous-série.

La sous-série BB²¹ est théoriquement consacrée aux dossiers de grâces accordées. En fait, elle comprend, à côté des dossiers de grâces accordées de l'an VI à 1870, ceux des grâces accordées, rejetées ou laissées sans suite de 1779 à 1825, ainsi que ceux des réhabilitations de 1815 à 1885.

L'ensemble de la sous-série est à consulter.

Instruments de recherche :

. Inventaire manuscrit des articles BB²¹ 1-634.

. Index manuscrit sur fiches.

Sous-série BB²². Grâces collectives, grâces politiques

Dans cette sous-série figurent d'une part les dossiers de grâces collectives accordées annuellement de 1830 à 1856 ou occasionnellement (pour le baptême du duc de Bordeaux en 1821 ou la fête du roi de 1818 à 1829), d'autre

---

(1) Voir p. 45, série CC.

part ceux des grâces accordées de 1852 à 1856 aux individus condamnés pour leur participation à l'insurrection de décembre 1851. On y trouvera quelques dossiers remontant à 1726.

L'ensemble de la sous-série est à consulter.

Exemples de documents :

BB²² 112-118. Grâces, réductions de peines accordées de 1852 à 1855. *Dossier S 53-87 :* participation d'Alonso, homme de couleur, aux troubles de la Guadeloupe consécutifs à l'émancipation des esclaves en 1848, décembre 1852-septembre 1854.

BB²² 130. Inculpés des événements de décembre 1851. Soumissions de grâces de transportés à la Guyane, juillet 1853-novembre 1854...

Instruments de recherche :

. Inventaire manuscrit.

. Index manuscrit sur fiches.

Sous-série BB²³. Grâces militaires

Cette sous-série est composée des dossiers de grâces accordées à des militaires ou à des civils condamnés par les conseils de guerre. Les documents datent de 1800 à 1873.

L'ensemble de la sous-série est à consulter.

Instruments de recherche :

. Inventaire manuscrit.

. Index manuscrit sur fiches.

Sous-série BB²⁴. Grâces demandées et accordées ou refusées

La sous-série, qui s'étend théoriquement jusqu'en 1947, cesse, à quelques exceptions près (articles BB²⁴ 2251-2382), d'être classée après 1917. Elle comprend non seulement les dossiers de rejets de recours en grâce ou de demandes sans suite depuis l'an II, mais encore, à partir de 1856-1858, tous les dossiers de grâces accordées.

L'ensemble de la sous-série est à consulter.

Exemples de documents :

BB²⁴ 8-17. Recours en grâce, an VII-1825. *Dossier S 5-1913 :* Fédon (J.B.), négociant, fusillé « arbitrairement » en octobre 1803 à Saint-Domingue, sur ordre du capitaine général Rochambeau, février-juillet 1822. *Dossier S 6-654 :* Ignace (Jean-Baptiste) et autres esclaves noirs de la Martinique, condamnés en décembre 1823 pour empoisonnements, juin 1824-avril 1825.

BB²⁴ 391-400. *Idem,* 1850-1863. *Dossier S 51-4194 :* recours en grâce d'un homme de couleur condamné pour incendie d'habitations et tentative d'insurrection à la Guadeloupe en 1848, décembre 1851-mars 1862.

BB²⁴ 782. *Idem,* 1870-1881. *Dossier S 72-11907 :* recours en grâce de cinq condamnés à mort pour insurrection à la Martinique (insurrection fomentée par la Société philanthropique, 21-23 septembre 1870), octobre 1870-juillet 1873.

Instruments de recherche :

. Inventaires manuscrits des articles BB²⁴ 1-1123 et 2085-2122.

. Répertoires numériques manuscrits des articles BB²⁴ 2001-2084 et 2251-2382.

. Index manuscrit sur fiches.

Sous-série BB²⁷. Répertoires sur fiches

Les fichiers provenant des divers services du ministère de la Justice, qui forment cette sous-série, constituent de précieux instruments de recherche, notamment pour les sous-séries BB¹¹, BB¹⁶, BB¹⁸ et BB²⁴.

Sous-série BB²⁹. Enregistrement général de la correspondance

Destinée à l'origine aux registres de la correspondance des différents services du ministère de la Justice depuis son origine (1791), la sous-série BB²⁹ a fini par comprendre tous les registres versés par le ministère, sauf de notables exceptions : registres des grâces (BB²⁸) ; registres concernant le personnel judiciaire (BB⁶, BB⁷, BB⁸) ; registres du sceau (BB¹²) ; registres concernant les absents militaires (BB¹⁴), les arrêts de la Cour de cassation (BB¹⁹), la médaille de la Reconnaissance française (BB³²) ; registres de toute nature (BB³⁰). Cependant l'ensemble de la sous-série BB²⁹ est à consulter.

Instruments de recherche :

Répertoires manuscrits.

Sous-série BB³⁰. Versements de 1904, 1905, 1908, 1929, 1933, 1936, 1941, 1943-1944, 1956, 1961

Cette sous-série, disparate, est constituée par des versements du ministère de la Justice effectués entre 1904 et 1961 et dont les documents, pour des raisons diverses, n'ont pas été classés à leur place. Les pièces vont de 1754 à 1940 et ont souvent trait à des affaires politiques mais également à des affaires économiques et financières, à l'organisation judiciaire, législative ou administrative.

Exemples de documents :

BB³⁰ 192. Mélanges, 1814-1820. *Dossier 4 :* affaires diverses étrangères au département de la Justice, 1814-1820. Réflexions sur la situation de Saint-Domingue...

BB³⁰ 365. Troubles postérieurs à la Révolution de février 1848, 1848-1850. *Dossier 4 :* Algérie et colonies. Troubles à Saint-Pierre de la Martinique, juin 1849...

BB³⁰ 615. Magistrature coloniale. Correspondance avec le ministre de la Marine, 1847-1849.

BB³⁰ 955. Affaires diverses, 1817-1882. *Dossier 2 :* transportation en Algérie, en Guyane ou en Nouvelle-Calédonie, 1851-1882.

BB³⁰ 1174. Mélanges, 1830-1876 : fixation du nombre des députés des colonies, 1870...

BB³⁰ 1585. Liquidation de la Compagnie universelle du canal interocéanique de Panama, 1888-1908.

Instruments de recherche :

. Inventaire manuscrit des articles BB³⁰ 1-1696.

. Index manuscrit sur fiches.

Sous-série BB³¹. Options des Alsaciens-Lorrains

Cette sous-série est consacrée aux dossiers des Alsaciens-Lorrains qui durent opter pour la nationalité française ou la nationalité allemande à la suite du traité de Francfort (1871) qui cédait l'Alsace et une partie de la Lorraine à l'Allemagne. Certains de ceux-ci résidaient aux Antilles ou à l'étranger :

BB³¹ 528. États nominatifs des originaires d'Alsace-Lorraine optant pour la nationalité française et résidant dans les possessions coloniales : Guadeloupe, Martinique, Guyane...

BB³¹ 529. États nominatifs des originaires d'Alsace-Lorraine optant pour la nationalité française et résidant dans les pays étrangers.

FONDS DIVERS

La plupart des fonds signalés ci-après sont entrés aux Archives nationales sous forme d'achats, dons, legs, dépôts ou encore dations.

Ils apportent des éléments nouveaux pour la connaissance du passé des Antilles et de l'Amérique latine ou complètent les renseignements déjà fournis par les séries conservées dans les autres sections.

SOUS-SÉRIE AB XIX. DOCUMENTS ISOLÉS ET PAPIERS D'ÉRUDITS

La sous-série AB XIX, créée en 1856, rassemble des documents entrés par voies extraordinaires. Des fonds en ont été soustraits en 1949 et intégrés dans des séries nouvellement créées, notamment les séries AP (archives personnelles et familiales) et AQ (archives économiques).

Outre des fonds comme les archives du séminaire de Saint-Sulpice et les papiers d'érudits, la série rassemble essentiellement des pièces éparses.

Intéressent l'Amérique latine et les Antilles :

AB XIX 171-172. Dossiers du cabinet de Napoléon III : papiers relatifs à la guerre du Mexique, 1864-1866.

AB XIX 189 (132). Pièces relatives à l'indemnité accordée aux colons de Saint-Domingue, 1824-1825.

AB XIX 366 (296). Trois documents relatifs à la vente des biens que le marquis de La Fayette possédait en Guyane, an XI.

AB XIX 439, 440. Fichier Pardessus-de-Rozières : analyses d'actes relatifs à l'histoire administrative de Cayenne, s.d.

AB XIX 510-529. Papiers du séminaire de Saint-Sulpice, xixe-début xxe s.

AB XIX 558-597. Collection Tiran : documents rassemblés au xviiie siècle par Don Felipe Beltran, évêque de Salamanque et Grand Inquisiteur, et acquis par Melchior Tiran.

AB XIX 701-705. Documents de l'époque révolutionnaire, 1789-1796.

AB XIX 734-739 bis. Papiers Dalavaud : notes sur Colbert et le ministère de la Marine au xviie siècle.

AB XIX 2271. Papiers La Sicotière : correspondance et pièces relatives au Canada, à Saint-Domingue, la Martinique, la Guadeloupe et la Guyane, 1680-1844.

AB XIX 3190, dossier 7. Dossier sur Henry Maret et l'affaire de Panama, 1888-1897.

AB XIX 3302, dossier 15. Proclamations du général Dessalines au peuple d'Haïti, janvier-mai 1804 (copies).

AB XIX 3310, dossier 1. Lettres commerciales et pièces diverses provenant de Français établis aux Iles sous le Vent, 1730-1792.

AB XIX 3314, dossier 5. Rapport de l'abbé Guillier, vice-préfet apostolique, sur la mission de la Guyane française, 1818; projet de restauration de la Guyane française, vers 1820.

AB XIX 3316, dossier 1. Mémoire sur le commerce aux Indes espagnoles, s.d.; accord entre Pierre Roche Du Rozel et Bournisien de Valery sur le privilège de la boucherie aux Iles du Vent, 1774-1775.

AB XIX 3323, dossier 1. Lettres adressées à Nantes à Pierre Le Roy par Le Prince, intendant de ses habitations de Saint-Domingue au Trou-du-Dondon : inventaires (bâtiments, nègres, animaux), états de fournitures reçues et d'envois de café pour 1780 et 1781, mars 1781.

AB XIX 3324, dossier 14. Lettre d'un commissaire de police de Nantes sur les événements et notamment sur ceux de Saint-Domingue, 16 avril 1817 (incomplète).

AB XIX 3326, dossier 7. Correspondance : le marquis d'Oussigné à Oudard, officier de dragons, propriétaire à Saint-Domingue, 27 juin 1773; de Vraire, intendant de Saint-Domingue, à Bizouard, trésorier général de la Marine à Paris, 24 mars 1787; Idelinger, adjudant général de l'armée de Saint-Domingue, au receveur principal, 26 frimaire an IX [17 décembre 1800].

AB XIX 3326, dossier 9. Rapport sur Saint-Domingue par de Livoys : événements révolutionnaires, personnalité de Toussaint Louverture, armée, situation économique, vers 1800.

AB XIX 3327, dossier 9. Carte de la côte sud de Saint-Domingue par Moreau, ingénieur du roi, 1778.

AB XIX 3329, dossier 12. Lettre adressée au député Vergniaud par de Beaumevielle au sujet des indemnités de Saint-Domingue, 1er juin 1831.

AB XIX 3342, dossier 1. Cartes de Saint-Domingue, 1778.

AB XIX 3344, dossier 6. Lettres adressées par Hurault de Ligny, agent français à Saint-Thomas, au gouverneur de la Martinique, au lieutenant général Donzelot et au comte de Bouillé, 1821-1826.

AB XIX 3350, 3351. Mémoires économiques et financiers réunis par Joseph Quérenet, XVIIIe s.

AB XIX 3353, dossier 4. Correspondance de Saint-Domingue, 1803-1806.

AB XIX 3355, dossier 5. Habitation de la comtesse d'Agoult à Saint-Domingue : relevés des travaux effectués pendant les mois de mai 1787 et 1789, journal de l'hôpital pour mai 1789 et février 1790.

AB XIX 3356. Dénombrements d'esclaves à la Martinique : familles Desvalons, Papin de L'Épine, Pocquet de Puilhéry, Le Vassor de La Touche, de Beauregard, 1764-1847.

AB XIX 3506, dossier 4. Lettre adressée à sa femme par le maréchal Bazaine, commandant en chef le corps expéditionnaire au Mexique, au moment du soulèvement du nord du pays, 24 avril 1865.

AB XIX 3508, 3509. Papiers de Patrick Coppinger, vice-consul de France, notamment au Chili, 1913-1945.

AB XIX 3510-3523. Papiers d'érudition de Jacques Gazin, professeur d'histoire au lycée de Fort-de-France puis archiviste de la Martinique, 1917-1930.

AB XIX 3524. Documents originaux concernant diverses familles de la Martinique, 1692-1836.

Exemples de documents :

AB XIX 524, dossier 2. Papiers de Mgr Dupanloup, dossier du ministère des Cultes : questions relatives aux colonies, dont une note confidentielle sur les rapports du chef ecclésiastique avec le gouverneur de la Guadeloupe et une note sur les besoins religieux des colonies, s.d. et 14 octobre 1849.

AB XIX 571 *bis.* Affaires religieuses de l'Amérique espagnole, s.d. et 1701-1773.

AB XIX 582. Commerce des Indes espagnoles, 1660-1778.

AB XIX 701, dossier 2. Convention nationale : deux pièces relatives aux événements de Saint-Domingue, 27 avril et 28 mai 1793 (copies).

AB XIX 739, dossier 1. Question du contesté franco-brésilien : avis de Godet, gouverneur de la Guyane française, 10 juin 1893 (copie).

AB XIX 3351, dossier 2. Notes sur le prix de la viande à la Martinique et aux Iles du Vent, XVIIIe s.

AB XIX 3509, dossier 3. Lettres, photographies, documents sur la vie française en Argentine, 1934-1952.

AB XIX 3521. Dossiers et relevés d'état civil de la Martinique, Saint-Domingue et Cayenne.

Instruments de recherche :

- LANGLOIS (Ch.-V.), *État sommaire des documents entrés aux Archives nationales par des voies extraordinaires (dons, achats, échanges), depuis les origines jusqu'à présent,* Paris, 1917.

- COURTEAULT (H.), *État sommaire des documents entrés... de 1918 à 1928,* Paris, 1929.

- BOURGIN (G.), *État sommaire des documents entrés... de 1928 à 1941,* Paris 1943.

- FRANÇOIS (M.), *État sommaire des documents entrés... du 1ᵉʳ janvier 1942 au 31 août 1952,* Paris, 1953.

- Inventaires analytiques manuscrits.

- Index manuscrit des noms géographiques, de personnes et de matières.

- Inventaire dactylographié des articles AB XIX 510-529 (papiers du séminaire de Saint-Sulpice).

- DAUMET (G.), « Inventaire de la collection Titan », *Bulletin hispanique* 21 (4), octobre-décembre 1919, 58 p.

SOUS-SÉRIE AB XXVIII. THÈSES ET DIPLÔMES

Cette sous-série est, pour l'essentiel, constituée par les thèses des élèves de l'École nationale des chartes (1). La plus ancienne date de 1865 ; depuis 1961, l'École verse aux Archives nationales l'ensemble des thèses soutenues chaque année. La consultation de ces travaux est soumise à autorisation.

La sous-série AB XXVIII comprend également quelques mémoires, diplômes et thèses de doctorat de l'université rédigés de 1907 à 1967.

Six thèses intéressent l'histoire de l'Amérique latine et des Antilles :

AB XXVIII 23.   DEBIEN (G.), « Un aspect de l'émigration populaire vers les colonies d'Amérique au XVIIIᵉ siècle : les engagés partis de la Rochelle », Paris, 1951 (thèse complémentaire pour le doctorat ès-lettres).

AB XXVIII 31.   CHAULEAU (L.), « L'histoire sociale de la Martinique de 1635 à 1715 », Paris, 1961, 2 vol. (thèse de l'École nationale des chartes).

AB XXVIII 48.   NARDIN (J.-C.), « La mise en valeur de l'île de Tabago (1763-1793) », Paris, 1962, 2 vol. (thèse de l'École nationale des chartes). Le volume de cartes est coté 76 Mi 11.

---

(1) Voir aussi la sous-série 76 Mi, p. 130.

AB XXVIII 153.   Pérotin (A.), « La Guadeloupe sous la Convention thermi-
                   dorienne et le Directoire (1794-1800) », Paris, 1790, 2 vol.
                   (thèse de l'École nationale des chartes).

AB XXVIII 156.   Kahane (M.), « La première assemblée coloniale révolu-
                   tionnaire à Saint-Domingue : l'Assemblée de Saint-Marc »,
                   Paris, 1970, 2 vol. (thèse de l'École nationale des chartes).

AB XXVIII 231.   Pichol (M.), « La paroisse Saint-François de Basse-Terre
                   au XVIIIe siècle : le début d'un déclin économique, démogra-
                   phique et social », Paris, 1976 (thèse de l'École nationale
                   des chartes).

Instrument de recherche :

. Fichier par noms d'auteurs.

SÉRIE AD. ARCHIVES IMPRIMÉES

Les archives imprimées (1) rassemblées dans cette série sont de nature et
d'origine diverses.

Les sous-séries AD ✠ et AD I à XVII, connues également sous le nom de
collection Rondonneau, sont constituées par des documents administratifs
datant de l'Ancien Régime et de l'époque révolutionnaire; les documents
conservés dans la sous-série AD XIX vont de la fin de l'Ancien Régime à 1945.

Dans la sous-série AD XVII se trouvent les documents venus du pouvoir
législatif de la Révolution à la IVe République.

La sous-série AD XIX est une collection de journaux, affiches, gravures et
faire-part des XIXe et XXe siècles.

Hormis la sous-série AD ✠, classée chronologiquement, toutes les autres
sont classées méthodiquement.

Le chercheur consultera l'*Inventaire des Archives imprimées* (*partie antérieure à 1945 : série AD*), Paris, 1954-1958, 2 vol., par P. Géraudel et dépouillera les sous-séries mentionnées ci-dessous.

Sous-série AD VII. Marine et colonies

AD VII 2^A.   Colonies, 1665-1787 : organisation politique, judiciaire et
                   commerciale, conditions de la navigation aux Indes occiden-
                   tales.

---

(1) Voir également p. 515.

AD VII 2^B à AD VII 2^D. Saint-Domingue, 1785-1789 : mémoires politiques, lois.

AD VII 3. Traite des nègres, 1670-1789; troupes des colonies, 1723-1788.

AD VII 16, 17. Colonies, 1789-1815.

AD VII 18. Malouet (V.-P.), *Collection de mémoires sur les colonies*, Paris, an X.

AD VII 19. *Débats de l'affaire des colonies*, Paris, an III.

AD VII 20. Fonctionnaires des colonies, troupes coloniales, noirs et hommes de couleur, 1789.

AD VII 21. Noirs et hommes de couleur *(suite)*, Guadeloupe.

AD VII 22. Guyane, Iles du Vent et sous le Vent.

AD VII 23. Martinique, Saint-Domingue : comptes de finances, 1785-1790.

AD VII 24-33. Saint-Domingue, 1789-1833.

AD VII 34. Sainte-Lucie, Grenade, Tabago.

Sous-série AD IX. Finances

AD IX 384-386. Compagnies des Indes orientales et occidentales, 1664-1787.

Sous-série AD XI. Commerce et industrie

AD XI 9. Commerce : compagnies commerciales, 1686-1738; commerce maritime et extérieur, 1617-1783...

AD XI 48. Sucres, 1660-1786; tabacs, 1629-1712.

AD XI 49-51^C. Tabacs, 1713-1789.

AD XI 77, 78. Sucres, tabacs, 1789-1815.

Sous-série AD XV. Affaires étrangères et diplomatie

AD XV 1. Diplomatie en général, 1582-1784.

AD XV 2-9. Traités de paix et de commerce, 1470-1796.

AD XV 31-37. Pays étrangers divers : dissertations et mémoires, traités et déclarations, 1554-1787.

> AD XV 31ᴬ. Angleterre.
> AD XV 33. Espagne, 1724.
> AD XV 34. Hollande, 1654-1756.
> AD XV 37. Recueils d'ensemble, xviiᵉ-xviiiᵉ s.

AD XV 38-39. Diplomatie, relations extérieures en général, 1798-1815.

AD XV 40. Traités de paix en général, 1789-1815.

AD XV 43-45. Traités particuliers : Angleterre, 1789-1815.

AD XV 47. *Idem* : Brésil, 1832-1873.

AD XV 48. *Idem* : Espagne, 1789-1815.

AD XV 49. *Idem* : Hollande, 1789-1806.

Sous-série AD XVIII. Archives imprimées du pouvoir législatif de la Révolution à la IVᵉ République

Cette sous-série est divisée en six sections méthodiques consacrées respectivement aux rapports, discours et opinions des députés, aux procès-verbaux des assemblées, aux impressions et aux feuilletons et projets de lois de ces assemblées, aux recueils de lois, décrets et arrêtés, aux textes budgétaires.

La subdivision AD XVIIIᶜ rassemble les impressions des assemblées : projets de lois ou de décrets, messages au Gouvernement, discours, opinions et rapports des élus des deux chambres.

Sur les colonies d'Amérique, on verra :

AD XVIIIᶜ 114-125. Assemblée nationale puis Assemblée constituante, juin 1789-octobre 1791.

> AD XVIIIᶜ 114-117. Traite des nègres.
> AD XVIIIᶜ 118-121. État des colons.
> AD XVIIIᶜ 122. Commerce.
> AD XVIIIᶜ 123. Dénonciation contre M. de La Luzerne.
> AD XVIIIᶜ 124, 125. Colonies : supplément.

AD XVIIIᶜ 193-195. Assemblée législative, octobre 1791-septembre 1792.

AD XVIIIᶜ 336-352. Convention nationale, septembre 1792-octobre 1795.

AD XVIIIᶜ 336-352. Convention nationale, septembre 1792-octobre 1795.

> AD XVIIIᶜ 336. Colonies.
> AD XVIIIᶜ 337-339. Saint-Domingue.
> AD XVIIIᶜ 340-348. Débats sur les colonies.
> AD XVIIIᶜ 349-352. Rapport de Garran sur les troubles de Saint-Domingue.

AD XVIIIᶜ 398, 399, 464-466, 492, 519-521. Conseil des Cinq-Cents et Conseil des Anciens, novembre 1795-novembre 1799.

Sous-série **AD XIX**. Documents administratifs

Comme la précédente, cette sous-série est subdivisée en vingt-cinq sections méthodiques; douze d'entre elles seront à dépouiller particulièrement :

Affaires étrangères.

AD XIX B 12. Guatemala : loi d'immigration, 1879.

AD XIX B 13. Haïti : traité de frappe de gourdes en or et cuivre, xixe s.

AD XIX B 24. Frontière entre Venezuela et Guyane anglaise : arbitrage de 1899.

AD XIX B 28. Chili : évaluation des piastres promises à la France, 1907.

Commerce.

AD XIX D 156. Annales du commerce extérieur : faits commerciaux (classement par pays), 1843-1885.

AD XIX D 161. *Idem :* législation commerciale (classement par pays), 1843-1917.

Finances.

AD XIX F 1. Résultat du commerce extérieur de la République française pendant le premier trimestre de 1792; douanes : tableau général annuel du commerce de la France avec ses colonies et les puissances étrangères, 1825-1940.

AD XIX F 2. Douanes : tableau décennal du commerce de la France avec ses colonies et les puissances étrangères, 1826-1829.

AD XIX F 4. *Idem :* documents statistiques sur le commerce de la France, 1870-1921.

AD XIX F 41, 42. État des liquidations opérées par la commission chargée de répartir l'indemnité attribuée aux anciens colons de Saint-Domingue, 1826-1829.

AD XIX F 248. Emprunt d'Haïti, 1875.

Guerre.

AD XIX G 12. Conseil de guerre de Nantes : acquittement de H. Montbrun, gouverneur des îles d'Amérique, fructidor an X.

AD XIX G 17. Statistique médicale des troupes coloniales en France et aux colonies, 1903-1908.

Ministère de l'Intérieur.

AD XIX I 1. Procès-verbaux des délibérations des conseils généraux, rapports des préfets et chefs des services départementaux : Guadeloupe, 1881-1923 ; Guyane, 1890-1925 ; Martinique, 1888-1910.

Ministère de la Justice.

AD XIX J 4. Compte général de l'administration de la justice civile et commerciale, criminelle, correctionnelle et de police dans les colonies françaises, 1853-1867.

Ministère de la Marine et des Colonies.

AD XIX L 37. Textes relatifs à la transportation, 1887.

AD XIX L 147. Vues de côtes : détroit de Magellan.

AD XIX L 159. Pétitions, mémoires, marchés concernant les Antilles et Saint-Domingue, fin XVIIIe s.

AD XIX L 171. Service hydrographique de la Marine : instructions nautiques, 1888-1920.

AD XIX L 181. *Idem :* signaux, phares, 1887-1902.

AD XIX L 217. Tableaux de population, culture, commerce, navigation dans les colonies, 1840-1880 (lacunes).

AD XIX L 224, 259. Renseignements sur la situation des colonies, 1891-1893.

AD XIX L 241. Emploi des fonds alloués pour l'enseignement religieux des noirs et l'introduction des travailleurs libres, 1846.

AD XIX L 244. Exécution de l'ordonnance du 5 février 1840 relative à l'instruction et au patronage des esclaves.

AD XIX L 248. Avis des conseils coloniaux de Martinique et de Guadeloupe concernant l'esclavage, 1839.

AD XIX L 252. Office colonial : situation économique, 1905.

AD XIX L 258. Liste des entreprises établies aux colonies, 1904-1909.

Postes et télégraphes.

AD XIX M 26. Service postal entre la France, les Antilles et le Mexique : cahier des charges, 1884.

AD XIX M 37. Conventions postales entre la France et les pays étrangers, 1845-1879.

AD XIX M 38. Tarifs postaux entre la France et les pays étrangers, 1828-1886.

AD XIX M 78. Relations avec les colonies et l'étranger, 1889-1899.

Travaux publics.

AD XIX N 183. Venezuela : chemin de fer de Puerto Cabello à San Felipe, 1891.

Gouvernements généraux de l'Algérie et des colonies.

AD XIX O 85. Mémoire sur le cyclone de la Martinique, 1891.

AD XIX O 96. Ordonnance du roi portant application du code pénal à la Guyane française, 1828.

Statistiques internationales.

AD XIX Y 59-65. Argentine, 1900-1913.

AD XIX Y 81. Brésil, 1923.

AD XIX Y 107. Chili, 1902 et 1904.

AD XIX Y 218-226. Mexique, 1886-1923.

AD XIX Y 302, 303. Uruguay, 1902-1910 et 1913-1914.

Chambres de commerce.

AD XIX Z 485. Chambre de commerce française à Santiago du Chili, 1899-1916 (lacunes).

AD XIX Z 492. Chambre de commerce d'Argentine en France, 1910-1911.

Instruments de recherche :

. Répertoires numériques manuscrits.

Sous-série AD XX. Journaux, affiches, gravures et faire-part

Cette sous-série est riche en journaux français de l'époque révolutionnaire.

On consultera :

Journaux français.

AD XX^A 244 *bis. Gazette de la Guadeloupe,* 1810-1811.

AD XX^A 286. *Journal des colonies,* 1791.

AD XX^A 441. *Moniteur colonial*, Saint-Domingue, 1791.

AD XX^A 442. *Moniteur général de la partie française de Saint-Domingue*,
1791-1793.

AD XX^A 450. *Nouvelles de Saint-Domingue*, 1790.

AD XX^A 595. *Annales patriotiques de Saint-Domingue*, 1792.

AD XX^A 597. *Journal des révolutions de la partie française de Saint-Domingue*, mars 1793-janvier 1794.

AD XX^A 598. *Journal politique de Saint-Domingue*, février-octobre 1792.

AD XX^A 599. *Courrier national de Saint-Domingue*, 1792-1793.

AD XX^A 610. *Courrier politique de la France et de ses colonies*, 1793.

Journaux étrangers.

AD XX^B 8. *Correo mercantil de España y sus Indias*, janvier-décembre 1796.

AD XX^B 66. *De Surinaamsche Nieuwsvertelder*, février-juin 1793.

AD XX^B 67. *De Surinaamsche Courant*, avril-juillet 1793.

AD XX^B 68. *Weeklyksche Surinaamsche Courant*, juillet 1793.

AD XX^B 69. *Teutsches Wochenblatt für Surinam*, mai-juin 1793.

AD XX^B 72. *The Daily Advertiser*, la Jamaïque, 1793-1794.

Affiches, gravures, faire-part.

AD XX^C 69. Placards et affiches concernant Saint-Domingue, Sainte-Lucie et la Martinique, 1789-1815.

SÉRIE AP. ARCHIVES PERSONNELLES ET FAMILIALES

Des archives de caractère familial et politique conservées auparavant dans la sous-série AB XIX forment le noyau initial de cette série, créée en 1949 et réservée aux fonds constitués.

Sur les quelque 400 fonds inventoriés, une quarantaine concernent le sujet du guide.

Outre le fichier général, on consultera l'ouvrage suivant : *Archives privées. État des fonds de la série AP*, t. I, *1 à 315 AP*, par Ch. de Tourtier-Bonazzi et S. d'Huart, Paris, 1973.

18 AP. Archives Berg de Bréda

On trouvera dans les papiers de Pantaléon Ier (1666-1752) et de Pantaléon II de Bréda (1711-1787) des pièces concernant Saint-Domingue :

18 AP 2, dossier 11. Pantaléon Ier de Bréda : pièces sur sa fonction de lieutenant de roi à Saint-Domingue.

18 AP 3, dossier 12. Pantaléon II de Bréda, capitaine de vaisseau : correspondance avec Bayson de Libertat, gérant de ses propriétés à Saint-Domingue à partir de 1772.

Instrument de recherche :

. Inventaire dactylographié.

19 AP. Papiers Pastour de Costebelle

Du capitaine de vaisseau Pierre-Alexandre Pastour de Costebelle (1750-1791), on retiendra :

19 AP 1, dossier 4. Pièces sur le voyages aux Îles du Vent de la *Danaé*, commandant de Kearney, 1765-1766.

19 AP 1, dossier 5. Journal de la campagne du comte d'Estaing en Amérique, mars 1778-septembre 1779.

Instrument de recherche :

. Inventaire dactylographié.

27 AP. Papiers François de Neufchâteau

François de Neufchâteau (1750-1828) fut procureur général du roi au Conseil supérieur du Cap de 1783 à 1787. A ce titre, le fonds contient des pièces sur Saint-Domingue comme :

27 AP 11, dossier 2. Correspondance, 1784-1790.

27 AP 12, dossier 2. Arrêts, lettres, mémoires, rapports, états, 1739-1787.

27 AP 12, dossier 3. Arrêts imprimés du Conseil supérieur du Cap, 1755-1787.

Instrument de recherche :

. Inventaire dactylographié.

31 AP. Papiers Murat

Quelques pièces provenant des archives de Joachim Murat (1767-1815), roi de Naples, et de la reine Caroline (1782-1839), son épouse, concernent l'Amérique latine et Saint-Domingue.

La communication de ce fonds est soumise à autorisation.

31 AP 14, dossier 47. Correspondance de Saliceti, ministre en Ligurie, sur l'Égypte, Saint-Domingue et la mort du général Leclerc, Gênes, 9 prairial an X-23 nivôse an XI [30 mai 1802-15 février 1803].

31 AP 22, dossier 392 *bis*. Réclamations présentées par le sieur Lancel aux héritiers de la princesse Pauline Borghèse au sujet des sommes dues par le général Leclerc lors de l'expédition de Saint-Domingue, 1836-1838.

31 AP 24, dossier 467. Lettres de Napoléon à Murat, lieutenant de l'Empereur auprès des armées d'Espagne, 1808 : relations avec les colonies; nomination, ravitaillement, envoi d'une expédition à Buenos Aires, Rio de la Plata, la Trinité, ravitaillement des Antilles espagnoles.

Instrument de recherche :

. *Les archives Murat. Inventaire*, Paris, 1967.

42 AP. Papiers Guizot

Certains des papiers Guizot (1787-1874) éclairent l'histoire de l'Amérique latine pendant la période où celui-ci était ministre des Affaires étrangères.

La communication de ce fonds est soumise à autorisation.

42 AP 5, dossier 1. Affaires politiques et diplomatiques : Mexique, Haïti et Amérique du Sud, 1835-1848.

42 AP 5, dossier 2. *Idem :* affaire de la Plata, 1835-1848.

42 AP 14   Affaires de Montevideo : copie de la correspondance entre Pichon, consul de France à Montevideo, et Guizot, pièces annexes, mai 1842-décembre 1843.

42 AP 99 *bis*, dossier 4. Correspondance diplomatique : copie d'une lettre chiffrée de Baradère à Guizot sur la situation au Guatemala, 14 janvier 1848.

Instrument de recherche :

. Inventaire dactylographié.

45 AP. Papiers Rouher

La correspondance politique d'Eugène Rouher (1814-1884) fournit quelques renseignements sur les relations franco-mexicaines sous le Second Empire.

On consultera :

45 AP 3, dossier 4. Politique extérieure, 1850-1869 : traité de commerce avec le Mexique, affaire du Mexique, bons Peza.

Instrument de recherche :

. Inventaire dactylographié.

82 AP. Papiers Bro de Comères

Les papiers de maître Jean-Louis Bro, notaire à Paris (1770-1811), et de son fils, le général Louis Bro (1781-1844), contribuent à la connaissance de l'expédition de Saint-Domingue. Ce sont :

82 AP 1. Papiers de Me Bro : lettres de Louis Bro à ses parents (expédition de Saint-Domingue), journal tenu par Me Bro des nouvelles de son fils pendant l'expédition de Saint-Domingue, novembre 1801-avril 1803.

82 AP 5, dossier 1. Carrière militaire de Louis Bro : enrôlement et expédition de Saint-Domingue, décembre 1801-août 1804.

Instrument de recherche :

. Inventaire dactylographié.

107 AP. Archives Galliffet

Plusieurs membres de cette famille avaient acquis, au XVIIIe siècle, des habitations sucrières à Saint-Domingue. Trois cartons concernent ces propriétés; on y trouvera également une correspondance sur l'insurrection noire de 1790.

107 AP 127-130. Propriétés de Saint-Domingue, XVIIIe-XIXe s.

Instrument de recherche :

. Inventaire dactylographié.

4.

125 AP. Papiers d'Ajot et Frémond de La Merveillère

Ce fonds provient d'une famille d'ingénieurs militaires. Il comprend, entre autres, des documents sur les fortifications de Saint-Domingue, la construction d'un pont et d'une fontaine, la gestion de propriétés et d'esclaves noirs dans l'île, 1773-1793. Il contient en outre un registre de copies de lettres, dont certaines expédiées du Cap-Français, 1799-1802; l'une d'elles est adressée à Toussaint Louverture.

Instrument de recherche :

. Inventaire manuscrit.

127 AP. Papiers Duhamel Du Monceau

Des matériaux réunis par Le Masson Du Parc en vue de rédiger son « Histoire des pêches » concernent l'Amérique latine :

127 AP 3, dossier 9. Indes occidentales : mémoire pour le Brésil, 1727; mémoire pour Cayenne, 1723; questionnaires pour la Jamaïque et la Guadeloupe, s.d.; mémoire pour la Martinique, 1722-1726; mémoire pour Saint-Christophe, 1722; mémoire pour Saint-Domingue, s.d.

Instrument de recherche :

. Inventaire dactylographié.

135 AP. Papiers Rochambeau

A la mort du général Leclerc, en novembre 1802, le général Rochambeau (1755-1813) prit le commandement en chef des forces françaises à Saint-Domingue. Il dut capituler devant les Anglais l'année suivante.

Cinq cartons relatent l'expédition et fournissent des renseignements sur la vie économique et sociale de l'île en 1802-1803 :

135 AP 1-4.   Correspondance, rapports et cartes de Rochambeau durant l'expédition de Saint-Domingue, 1801-1803.

135 AP 6.   Expédition de Saint-Domingue, 1802.

Instrument de recherche :

. Inventaire dactylographié.

137 AP. Archives Ney

La correspondance d'Eugène Ney (1806-1845) et de Michel Ney, troisième duc d'Elchingen (1835-1881) concerne l'Amérique latine. Troisième fils du maréchal Ney, Eugène était entré dans la diplomatie et était chargé d'affaires au Brésil en 1843; petit-fils du maréchal, Michel participera à la campagne du Mexique.

Exemples de documents :

137 AP 25, dossier 30. Éloges du général Colson sur la brillante conduite de Michel Ney pendant la campagne du Mexique.

137 AP 26, dossier 8. Lettres de Michel Ney à sa famille pendant la campagne du Mexique, 1862-1870; pièces concernant la contre-guerilla des Terres Chaudes, 1865.

137 AP 27, dossier 8. Deux rapports d'Eugène Ney sur la situation au Brésil, 1845.

Instrument de recherche :

. SAINT-EXUPÉRY (S. de) et TOURTIER (Ch. de), *Les archives du maréchal Ney et de sa famille conservées aux Archives nationales. Inventaire,* Paris, 1962.

138 AP. Archives Daru

Napoléon Daru (1807-1890) fit partie de la commission des crédits supplémentaires créée par l'Assemblée législative au moment de l'affaire de la Plata (1848) et ses papiers gardent trace de son activité. De l'époque où il fut ministre des Affaires étrangères date une pièce sur Saint-Domingue.

On trouvera également dans le fonds Daru un document sur le Mexique en 1827 : il provient des papiers de Jean-Antoine Gauvin, dit Gallois (1775-1828), membre et président du Tribunat.

La communication de ce fonds est soumise à autorisation.

138 AP 213, dossier 2. Papiers Gallois. Extrait d'une lettre d'Albert Gallatin à Humboldt sur le Mexique, 2 février 1827.

138 AP 240.   Papiers de Napoléon Daru. Affaire de la Plata : rapport de Daru et notes, correspondance, cartes et articles de presse, documents officiels du ministère des Affaires étrangères et de la commission des crédits supplémentaires à l'Assemblée nationale, pièces sur les causes de la guerre, le pouvoir militaire du général Rosas, les projets de traités, le commerce avec la France, 1845-1851.

138 AP 248, dossier 1. Correspondance diplomatique de N. Daru. Haïti :
    interpellation de l'arriéré de Saint-Domingue, 1870.

Instrument de recherche :

. HUART (S. d'), *Les archives Daru. Inventaire*, Paris, 1962.

149 AP. Papiers Mangin

Le général Charles Mangin (1866-1925), fut, en 1921, chargé de mission en
Amérique du Sud; un dossier a trait à cet épisode de sa carrière.

La communication de ce fonds est soumise à autorisation.

149 AP 24, dossier 1. Mission en Amérique du Sud, 1921 : lettres de service;
    rapports et renseignements fournis par le ministère des
    Affaires étrangères sur le Guatemala, le Nicaragua, le Salva-
    dor, le Honduras, le Costa Rica, Panama, le Pérou, le Chili,
    l'Argentine, l'Uruguay et le Brésil; rapports de Mangin
    adressés aux ministères des Affaires étrangères et de la
    Guerre; rapports d'inspection à la Guadeloupe et la Marti-
    nique adressés au ministère des Colonies; programmes,
    discours, coupures de presse.

Instrument de recherche :

. Inventaire dactylographié.

154 AP. Chartrier de Tocqueville

Ce chartrier est conservé aux Archives nationales sous forme de microfilm
(177 Mi).

Il comprend plusieurs fonds, dont le fonds Lamoignon où sont classés les
papiers de Malesherbes (1721-1794). Ceux-ci fournissent des indications sur la
Guyane et Saint-Domingue.

La communication de ce fonds est soumise à autorisation.

154 AP II 106. Mémoires et textes divers réunis par Lamoignon, 1774-1776 :
    révision du procès intenté pour concussion à plusieurs fonc-
    tionnaires de Cayenne.

154 AP II 141. Corrrespondance de Malesherbes avec son neveu, le comte
    de La Luzerne, gouverneur des Iles sous le Vent puis ministre
    de la Marine, à propos de Saint-Domingue, 1785-1790.

154 AP II 145. Imprimés relatifs aux assemblées des notables et aux États
    généraux, 1787-1790 : défense de Barbé Marbois à propos
    de sa gestion de Saint-Domingue.

154 AP II 151. Divers mémoires sur les sciences naturelles, 2ᵉ moitié du XVIIIᵉ s. : tremblement de terre du 3 juin 1770 à Port-au-Prince.

154 AP II 173. Collection de textes imprimés, 1740-1775 : les Jésuites de Saint-Domingue.

Instrument de recherche :

. Inventaire dactylographié.

155 AP. Papiers Bougainville

Les papiers de l'amiral Hyacinthe de Bougainville (1781-1846), fils du célèbre navigateur, illustrent les diverses campagnes qui le menèrent en Amérique latine et aux Antilles.

La communication de ce fonds est soumise à autorisation.

155 AP 6, dossier 4. Campagne de la *Cérès* aux Açores, Canaries et îles du Cap Vert, capture par les Anglais, 1811-1814.

> P. 6. Croquis de la baie de Rio de Janeiro pris pendant le voyage des Français prisonniers sur la frégate anglaise le *Niger*, mars 1814.

155 AP 7, dossier 1. Croisière de la *Seine* aux Bermudes puis aux Antilles et sur les côtes des États-Unis, 1819-1820.

> P. 8. Journal autographe tenu pendant la deuxième campagne de la *Seine* : Martinique, Guadeloupe, Annapolis et retour en France, novembre 1819-juillet 1820.

155 AP 8, dossier 1. Premier voyage de la *Thétis* aux Antilles, 1822-1829.

155 AP 8, dossier 2. Voyage de la *Thétis* et de l'*Espérance* autour du monde, 1824-1826.

> P. 3. Journal autographe tenu pendant la traversée du Pacifique, le séjour au Chili et au Brésil et le retour en France, septembre 1825-juillet 1826.

155 AP 11, dossier 1. Documentation sur les pays traversés lors du voyage autour du monde : route de France en Amérique, Antilles, Amérique du Nord.

> P. 1-3. Routiers des côtes du golfe du Mexique, des Antilles.
> P. 9-11. Notes sur les Antilles.
> P. 12-15. Notes sur Curaçao et les îles de la Guyane.

155 AP 12, dossier 3. *Idem* : documentation sur le Chili, le Pérou, la Bolivie; séjour à Valparaiso et à Santiago.

155 AP 12, dossier 5. *Idem* : documentation sur le Brésil; séjour à Rio de Janeiro.

Instrument de recherche :

. Inventaire dactylographié.

156 AP. Archives Mackau,
Watier de Saint-Alphonse et Maison

L'amiral Ange-René-Armand de Mackau (1788-1855) servit à plusieurs reprises aux Antilles et en Amérique méridionale. Capitaine de vaisseau commandant la *Clorinde*, il fut chargé par la Restauration de protéger le commerce français en Amérique du Sud (1821-1823). Il porta à Haïti l'ordonnance royale du 17 avril 1825 qui accordait l'indépendance à la partie française de Saint-Domingue. Sous la Monarchie de Juillet, il commanda la station navale des Antilles, fut gouverneur de la Martinique entre 1835 et 1838, et fut désigné pour mettre fin à l'affaire de la Plata.

Parmi les nombreux dossiers reflétant ses activités, on citera :

156 AP I 19.　Carrière de Mackau entre 1821 et 1823 : campagne de la *Clorinde* en Amérique du Sud, aux Antilles et aux États-Unis.

156 AP I 24.　Carrière de Mackau entre 1835 et 1838 : gouvernement de la Martinique et commandement en chef des forces navales dans les Antilles et le golfe du Mexique.

156 AP I 27.　Affaire de la Plata : mission de Mackau, 1840-1841.

156 AP I 45.　Correspondance reçue par Mackau, 1806-1854, de : Barrot, consul à Carthagène; l'amiral Baudin, avec un dossier sur la prise du fort de Saint-Jean d'Ulloa devant Vera Cruz par Baudin, 1838-1839; Boyer, président de la République d'Haïti.

156 AP I 53.　Mémoires adressés à l'amiral de Mackau : « Précis historique de la révolution du Chili » (1810-1823), s.d.

Instrument de recherche :

. TOURTIER-BONAZZI (C. de), *Archives Mackau, Watier de Saint-Alphonse et Maison. Inventaire*, Paris, 1972.

160 AP. Papiers du cardinal Donnet

La correspondance reçue par François-Ferdinand-Auguste Donnet (1795-1882), archevêque de Bordeaux depuis 1837, cardinal et sénateur en 1852, constitue l'essentiel de ce fonds. On y trouvera des lettres concernant les diocèses antillais qui dépendaient de la métropole bordelaise.

160 AP 1, dossier 4. Diocèse de la Guadeloupe : lettres de Mgr Lacarrière,
évêque de Basse-Terre, 1850-1873; lettres de Mgr Boutonnet,
évêque de Basse-Terre, 1865-1868 (dont une sur les conditions
de vie). Diocèse de la Martinique : lettre de Mgr Poirier,
évêque de Roseau (île de la Dominique), sur la situation de la
Martinique, 1867.

Instrument de recherche :

. Inventaire dactylographié.

185 AP. Papiers Ernouf

Le général Jean-Auguste Ernouf (1753-1827), capitaine général des Iles
du Vent sous l'Empire, capitula le 5 février 1810 à la Guadeloupe.
Ce fonds concerne le procès qui lui fut intenté devant la Haute Cour pour
cette capitulation; il contient le manuscrit autographe d'un mémoire justificatif de défense du général et quelques pièces du procès, 1804-1816.

Instrument de recherche :

. Inventaire dactylographié.

207 AP. Papiers Pichegru

Jean-Charles Pichegru (1761-1804), général de la Révolution atteint par la
loi du 19 fructidor, fut déporté à Sinnamary d'où il s'évada. Un dossier relate
sa détention en Guyane.
207 AP 1, dossier 2. Journal autographe et inachevé de sa détention à Sinnamary, accompagné de dessins à la plume et aquarellés,
octobre 1797-juin 1798.

Instrument de recherche :

. Inventaire dactylographié.

223 AP. Fonds Berryer

Avocat et homme politique, Pierre-Antoine Berryer (1790-1863) constitua,
comme parlementaire, nombre de dossiers sur la politique extérieure et les
colonies.

Sur l'Amérique latine et les Antilles, on consultera :

223 AP 15, dossier 3. Argentine : lettres concernant des intérêts français au
                      Rio de La Plata, 1841-1858.
                      Brésil : correspondance, 1851.
                      Chili : lettre du consul de Belgique à Valparaiso au ministre
                      belge des Affaires étrangères sur le bombardement de Valpa-
                      raiso, avril 1866 (copie).
                      Guatemala : lettre s.d.
                      Haïti : lettres demandant des indemnités pour des colons de
                      Saint-Domingue, 1834-1849.

223 AP 16.   Mexique : copies de pièces, presse, brochures sur les emprunts
                      mexicains et les obligations mexicaines, 1862-1868; corres-
                      pondance, 1867-1868.

223 AP 17, dossier 2. Guadeloupe : mémoire sur le Conseil colonial, s.d.;
                      correspondance, 1817.
                      Guyane : correspondance, 1841-1853.
                      Martinique : correspondance, 1841-1849.

Instrument de recherche :

. Inventaire dactylographié.

251 AP. Papiers Beauharnais

Ce fonds fournit peu de documents sur les fonctions coloniales occupées
par les Beauharnais au Canada et aux Antilles. Il donne, en revanche, des
détails sur des plantations à Saint-Domingue dans les années 1780 et sur le
commerce rochelais et nantais avec l'Amérique et les Iles de 1770 à 1786.

251 AP 1, dossier 4. Papiers de François de Beauharnais de Beauville, gou-
                     verneur et lieutenant général pour le roi des Iles du Vent
                     (1757-1761) : « Mémoire présenté à M. de Beauharnais... par
                     le Conseil supérieur de la Martinique... » sur l'état lamen-
                     table de la colonie après la guerre de 1744, 7 mars 1759.

251 AP 2, dossier 1. Papiers de Claude de Beauharnais des Roches-Baritaux :
                     lettres reçues de son fondé de pouvoir à la Rochelle, le négo-
                     ciant David Thouron, 1771-1786.

251 AP 2, dossier 2. *Idem* : lettres reçues de son fondé de pouvoir à Nantes,
                     Chaurand et fils, 1771-1786.

251 AP 3, dossier 5. *Idem* : inventaire après décès des domaines et plantations
                     de Saint-Domingue, février 1785.

Instrument de recherche :

. Inventaire dactylographié.

255 AP. Papiers Thouvenel

Ce fonds est conservé aux Archives nationales sous forme de microfilm (192 Mi).

Quelques lettres reçues par Édouard-Antoine Thouvenel (1818-1866), diplomate et ministre des Affaires étrangères, concernent l'Amérique centrale et méridionale.

255 AP 1.   Lettre du général J. N. Almonte, président de la Régence de l'Empire du Mexique, Mexico, 9 février 1864.

255 AP 2.   Lettre du contre-amiral Chaigneau, Montevideo, 1er décembre 1865.

                  3 lettres de Marcel Chevalier, Rio de Janeiro et Montevideo, 16 mars 1844-28 septembre 1845.

255 AP 3.   Rapport confidentiel sur la situation mexicaine par le vicomte E. H. La Pierre, premier aide de camp du général Almonte, Vera Cruz, 30 novembre 1862.

                  3 lettres d'E. de Lisle, Bogota, 30 mai 1844-16 mai 1845.

                  Lettre du chevalier Marques-Lisboa, ministre plénipotentiaire du Brésil, Paris, 8 juin 1860.

Instrument de recherche :

. Inventaire dactylographié.

265 AP. Chartrier d'Uzès

Ce chartrier est conservé aux Archives nationales sous forme de microfilm (219 Mi).

Il y figure un registre de copies de lettres relatives à la Guadeloupe au début du XIXe siècle.

La consultation de ce fonds est soumise à autorisation.

265 AP 618 *.   Copies de lettres d'un administrateur de la Guadeloupe : affaires de marine et de commerce, 1er août-9 décembre 1806.

Instrument de recherche :

. HUART (S. d'), *Le chartrier d'Uzès. Inventaire*, Paris, 1968.

284 AP. Archives Sieyès

Les archives de l'abbé Emmanuel Sieyès (1784-1836), membre et président du Directoire, sont riches en documents sur Saint-Domingue sous la Révolution et le Directoire.

Exemples de documents :

284 AP 8, dossier 4. Lettre de Sieyès à Brissot sur la traite des noirs et le nombre des députés à Saint-Domingue, 4 juillet 1789 (copie).

284 AP 13, dossier 6. « Quelques réflexions sur la position actuelle tant de Saint-Domingue que des États-Unis... considérés sous leurs rapports politiques avec la France » par Alphonse, ancien négociant à Saint-Domingue, 26 vendémiaire an VIII [18 octobre 1799].

« Observations sur Saint-Domingue », s.d.

Mémoire du général Rigaud sur les événements survenus à Saint-Domingue depuis le départ du général Hédouville, s.d.

« Projet d'attaque de la ville de Saint-Sébastien, chef-lieu des établissements du Brésil, à l'entrée de la rivière appelée en portugais Rio Janeiro », par le contre-amiral Lacrosse, s.d.

Correspondance relative à Saint-Domingue, 1799.

Instrument de recherche :

. MARQUANT (R.), *Les archives Sieyès aux Archives nationales. Inventaire,* Paris, 1970.

289 AP. Papiers Dampierre

On trouvera dans ces papiers des actes concernant les Dampierre établis aux Iles du Vent au XVIIIᵉ siècle.

La consultation de ce fonds est soumise à autorisation.

Exemples de documents :

289 AP 1, n° 49. Contrat de mariage entre Pierre III Milliancourt et Elisabeth de La Barre, Cayes de l'Ile à Vache, Saint-Domingue, 18 juillet 1721 (expédition du 10 novembre 1772).

289 AP 1, n° 50. François de Pas de Feuquières, lieutenant-général des Iles du Vent, à Mathieu de Dampierre Milliancourt, capitaine de grenadiers de milices : ordre d'embarquer sur le *Triomphant* avec des soldats pour réclamer au gouverneur de Saint-Thomas dix-sept déserteurs qui s'y sont réfugiés, Fort Royal, 1ᵉʳ août 1721.

289 AP 1, n° 78. Réajustement en faveur de Pierre-François et d'Elisabeth de Dampierre Milliancourt de la succession de leur aïeul Pierre III, décédé vers 1756, Bourg-Saint-Pierre, Martinique, 22 octobre 1784.

Instrument de recherche :

. Inventaire dactylographié.

294 AP. Papiers d'Andlau

Les Josian de La Vigne et les Le Pelletier de Saint-Rémy, alliés à la famille d'Andlau, résidèrent à la Martinique. Leurs papiers font état des fonctions qu'ils occupèrent dans la milice et l'administration locale.

On consultera :

294 AP 2, dossier 1-6. Famille Josian de Granval dite de La Vigne, 1687-1857.

294 AP 2, dossier 11-19. Famille Le Pelletier de Saint-Rémy, 1655-1845.

Instrument de recherche :

. Inventaire dactylographié.

296 AP. Papiers Hector

Charles-Jean d'Hector (1722-1808) était directeur du port et de l'arsenal de Brest avant la Révolution. Ses papiers consistent essentiellement dans sa correspondance avec les ministres de la Marine Sartine, Castries et La Luzerne.

Instrument de recherche :

. Inventaire dactylographié.

300 AP. Archives de la Maison de France
(branche d'Orléans)

Les archives des princes d'Orléans intéressent les Antilles et l'Amérique latine à des titres divers. Elles offrent, notamment, des renseignements sur leurs biens aux Iles et au Brésil, sur la campagne du Mexique, sur des expéditions et voyages en Amérique du Sud.

La communication de ce fonds est soumise à autorisation.

Exemples de documents :

300 AP I 144. Domaines et maisons vendus par Louis-Philippe-Joseph, duc d'Orléans (1747-1793) ou par ses créanciers; habitation du Figuier à Saint-Domingue, 1779-1788; habitation de Pembrock à Tabago, 1792.

300 AP I 1919. Domaine de Dona Francisca au Brésil : contrats avec la Société de colonisation de Hambourg, projets de formation d'une société nouvelle, 1886; rapports de la Société de colonisation de Hambourg, 1849-1884.

300 AP III 108. Carrière dans la Marine de François d'Orléans, duc de Joinville (1818-1900) : campagne du Mexique, 1838.

300 AP III 786. Expéditions et voyages de Philippe, duc d'Orléans (1869-1926) : photographies d'Argentine.

300 AP IV 278. Papiers personnels de Gaston, comte d'Eu (1842-1922) : journal de son expédition au Paraguay, 1869-1870.

Instruments de recherche :

. HUART (S. d'), *Archives de la Maison de France* (*branche d'Orléans*), Paris, 1976-1980, 3 vol.

306 AP. Chartrier de Castries

Le maréchal Charles-Eugène-Gabriel de La Croix, marquis de Castries (1727-1800), fut ministre de la Marine de 1780 à 1787. A ce titre, ses papiers contiennent des rapports, notes et correspondances relatifs à l'Amérique latine et aux Antilles.

La consultation de ce fonds est soumise à autorisation.

Exemples de documents :

306 AP 18, dossier 17. Notes et correspondances échangées entre Vergennes, Montmorin, ambassadeur à Madrid, Florida Blanca, ministre espagnol des Affaires étrangères, au sujet des projets d'opérations militaires dans le golfe du Mexique et contre la Jamaïque, 1781.

306 AP 19, dossier 15. Relevé des garnisons anglaises stationnées aux Iles du Vent, s.d.

306 AP 23, dossier 22. Lettre de Castries à Vaudreuil au sujet d'une affaire de marronnage de nègres en Guyane, 2 janvier 1786.

306 AP 33, dossier 21. Lettre de Castries à Bellecombe et Bongars, Saint-Domingue, relative aux bâtiments français qui importent des noirs à la Havane, s.d.

Instrument de recherche :

. CHASSIN DU GUERNY (Y.), *Le chartier de Castries. Inventaire*, Paris, 1975.

308 AP. Papiers Boyer

Des papiers du général Pierre-François Boyer (1772-1851) ont trait à l'expédition de Saint-Domingue sous le Consulat. Ce sont :

308 AP 1, dossier 2. Ordre signé de Berthier de se rendre à Brest auprès du général Leclerc, 6 brumaire an X [29 octobre 1801].

Rapport de Boyer au ministre de la Guerre sur les opérations de Saint-Domingue, [1802].

Instrument de recherche :

. Inventaire dactylographié.

309 AP. Archives Vielcastel

Ce fonds est conservé aux Archives nationales sous forme de microfilm (300 Mi).

Un dossier concerne une plantation à Saint-Domingue au XVIIIe siècle.

La communication de ce fonds est soumise à autorisation.

309 AP 10, dossier 14. Plantation de Saint-Domingue : plan de la propriété du vicomte de Castellanne à Saint-Domingue, 1774; accord entre le procureur du vicomte de Castellanne et les propriétaires de Saint-Domingue à propos d'un canal sis sur le territoire de Sainte-Anne de Limonade, le Cap Français, 18 avril 1775; lettres à la princesse de Berghes et au marquis Du Luc par Roy, intendant de leurs propriétés à Saint-Domingue, 1780-1790.

Instrument de recherche :

. Inventaire dactylographié.

320 AP. Papiers Bazaine

Achille Bazaine (1811-1888) fut envoyé au Mexique par Napoléon III, en 1862; il y reçut le commandement en chef de l'expédition. Un dossier des papiers du maréchal retrace cet épisode.

320 AP 2, dossier 3. Bazaine au Mexique, 1862-1867 : notes, correspondance, papiers divers.

Instrument de recherche :

. Inventaire dactylographié.

327 AP. Papiers Devoize

Consul à Patras puis à Damas, Antoine Devoize (1803-1883) devint, en 1846, consul général et chargé d'affaires à Montevideo. On consultera sa correspondance à cette époque.

La consultation de ce fonds est soumise à autorisation.

327 AP 26-29.   Antoine Devoize, consul général à Montevideo, 1846-1855 : correspondance.

Instrument de recherche :

. Inventaire dactylographié.

337 AP. Papiers Sassenay

Claude-Henry-Étienne Bernard de Sassenay (1760-1840), émigrant et pro-priétaire à Saint-Domingue où il commerçait avec l'Espagne et l'Argentine, s'était allié à la famille Breton des Chapelles, également propriétaire dans cette île.

Outre leurs papiers, on dépouillera ceux de Fernand de Sassenay (1829-1899), diplomate et historien.

337 AP 12-14.   Papiers de Claude-Henry-Étienne Bernard de Sassenay.

337 AP 20.   Papiers de Fernand de Sassenay : notes sur le Pérou, la République argentine, cartes du Pérou.

337 AP 28.   Famille Breton des Chapelles, 1750-1805.

Instrument de recherche :

. Inventaire dactylographié.

354 AP. Papiers Lobel-Mahy

Ce fonds contient les papiers de Jacques Touzay (1677-1742), conseiller au Conseil supérieur de la Martinique.

354 AP 1.   Papiers de Jacques Touzay : biens à la Martinique.

Instrument de recherche :

. Inventaire dactylographié.

372 AP. Papiers Malouet et Laurentie

Pierre-Victor, baron Malouet (1740-1840), gouverneur de la Guyane en 1776-1778, député à la Constituante, fut commissaire général de la Marine sous le Consulat, conseiller d'État en 1810 puis ministre de la Marine sous la Première Restauration.

Ses papiers concernent notamment ses affaires de Saint-Domingue où il avait été commissaire entre 1768 et 1773.

372 AP 1, dossier 1. Baron Malouet : affaires de Saint-Domingue, 1792-1849.

Instrument de recherche :

. Inventaire dactylographié.

376 AP. Papiers d'Origny et Pécoul

Ces papiers reflètent les activités administratives et politiques des Pécoul à la Martinique : Joseph-François (1755-1817) était procureur au Conseil supérieur, Christophe-Louis (1762-1856) avocat à Saint-Pierre, Augustin-Marie (1798-1858) député.

Ils illustrent également les activités économiques de cette famille, propriétaire d'habitations à la Montagne et à Basse-Pointe et qui faisait le commerce des sucres et des rhums.

Exemples de documents :

376 AP 20-22. Augustin-Marie Pécoul : papiers personnels et de fonctions, factures, achats de propriétés, questions coloniales, esclavage.

376 AP 58, 59. Vente des sucres : administration et comptes, 1820-1899.

376 AP 64. Actes de propriété, 1669-1825.

376 AP 69. Éruption volcanique du 8 mai 1902, 1902-1903.

376 AP 81. Rhum Pécoul, 1931.

Instrument de recherche :

. Inventaire dactylographié.

381 AP. Archives Joseph Bonaparte

Une seule pièce de ce fonds intéresse le sujet du guide :

381 AP 12, dossier 2. Récit d'un voyage autour du monde (Inde, Chine, Philippines, Saint-Domingue, Mexique, Brésil, île Maurice, Californie) adressé par Galabert au roi Joseph, 11 germinal an XII [1er avril 1804].

Instrument de recherche :

. TOURTIER-BONAZZI (Ch. de), *Archives de Joseph Bonaparte, roi de Naples, puis d'Espagne (381 AP)*. *Inventaire*, Paris, 1982.

382 AP. Archives René Cassin

Les archives de René Cassin (1887-1976), figure de premier plan au sein de la France Libre, vice-président du Conseil d'État (1944-1960), membre du Conseil constitutionnel (1960-1970) comprennent essentiellement des correspondances, des notes, mémoires et rapports, des dossiers de documentation qui reflètent son action au sein des institutions nationales et internationales, notamment au sein de la Commission des droits de l'Homme de l'Organisation des Nations Unies (ONU).

Leur communication est soumise à l'autorisation écrite de l'administrateur de l'Institut international des droits de l'homme à Strasbourg.

Concernent l'objet du guide les documents suivants :

382 AP 55, dossier 2. Correspondance avec le Centre culturel français de Sao Paulo, le lycée français de Mexico, 1941-1943.

382 AP 59, dossier 1. Notes d'information sur les Antilles et la Guyane. 1941-1943.

382 AP 64, dossier 2. Télégrammes d'information adressés par les délégués de la France Libre en Colombie, Cuba, Mexique, Uruguay, Venezuela. 1941-1943.

382 AP 112, dossier 2. Conclusions générales d'une mission du Centre national du patronat français dans les Caraïbes, 1967.

382 AP 139, dossier 2. Journées de droit latino-américain (Toulouse, 1950). Congrès de Sao Paulo (journées franco-américaines de droit comparé) : programme, correspondance avec les organisateurs brésiliens et les membres de la délégation française, 1954.

382 AP 151, dossier 4. Relations de Cassin avec des universitaires et des instituts scientifiques mexicains, argentins, brésiliens et uruguayens, 1947-1960.

Lettres de Cassin à Pablo Neruda et Salvador Allende, 1972. Appels pour violation des droits de l'homme en Argentine, au Brésil et au Chili, 1969-1975.

382 AP 152, dossier 3. Conférences à l'*Instituto de investigaciones juridicas* de Mexico : brouillon des exposés de Cassin, coupures de presse, correspondance avec les dirigeants de l'*Instituto*, fin 1968.

382 AP 154, dossier 4. Conférence interaméricaine relative aux droits de l'homme à Costa Rica : correspondance avec les organisateurs et l'ambassade de France, discours, novembre 1969.

Instrument de recherche :

. GASNAULT (Fr.), *Archives René Cassin. 382 AP. Inventaire,* Paris, 1983.

400 AP. Archives Napoléon

Parmi les archives du Premier Empire figure un inventaire des biens de l'impératrice Joséphine à la Martinique. Les archives de Napoléon III contiennent, quant à elles, des documents sur la campagne du Mexique.

400 AP 34. Inventaire des biens de l'impératrice Joséphine à la Martinique, 11-13 avril 1815.

400 AP 46. Lettres de souverains et princes adressées à Napoléon III : lettres de l'empereur Maximilien.

400 AP 61, 62. Campagne du Mexique : lettres et rapports reçus d'hommes politiques, de diplomates et d'officiers.

400 AP 63. *Idem* : documents diplomatiques (notes sur le Mexique, analyse du courrier du Mexique), 1863-1866.

Instrument de recherche :

. TOURTIER-BONAZZI (Ch. de), *Archives Napoléon. État sommaire,* Paris, 1979.

SÉRIE AQ. ARCHIVES D'ENTREPRISES

Ouverte comme la précédente en 1949, cette série est, elle aussi, issue de la sous-série AB XIX; elle n'a cessé de s'accroître, depuis cette date, par versements, dons, dépôts ou achats.

Les archives d'entreprises qu'elle rassemble constituent une source d'intérêt majeur pour l'histoire économique et sociale, l'histoire des techniques, etc., des pays d'Amérique latine et des Antilles.

Une vingtaine de fonds concernent ces régions. Le chercheur trouvera leur description dans l'*État sommaire des archives d'entreprises conservées aux Archives nationales (série AQ)*, t. 1, *1 AQ à 64 AQ*, par B. Gille, Paris, 1957 et t. 2, *65 AQ à 119 AQ*, par I. Guérin-Brot, Paris, 1977.

3 AQ. Maison Briansiaux

Cette maison de commerce maritime et colonial fut fondée à Lille en 1792 par François-Charles Briansiaux, négociant de Dunkerque. Celui-ci ajouta à ces activités la direction de la Compagnie d'assurances maritimes de Lille, l'armement de navires, le courtage maritime et des opérations bancaires.

La correspondance devra être dépouillée, notamment celle des places ibériques, pour les relations avec l'Amérique latine.

3 AQ 236.   Correspondance reçue : Barcelone, s.d.

3 AQ 245.   *Idem* : Cadix, 1787 et 1801.

3 AQ 289.   *Idem* : Lisbonne, 1806 et 1817.

3 AQ 327.   *Idem* : Pointe-à-Pitre, 1808; Port-au-Prince, 1802.

Instrument de recherche :

. Inventaire dactylographié.

6 AQ. Fonds Maurin

Directeur général des Postes, Maurin fit toute sa carrière dans cette administration (1837-1877). Ses papiers se composent de documents ayant trait à ses fonctions et de pièces sur l'histoire de l'administration des Postes.

On consultera :

6 AQ 3.   Relations postales avec les colonies : taxes sur la Martinique et la Guadeloupe, 1863.

6 AQ 4.   Paquebots, 1835-1872 : Antilles, Mexique, Brésil.

6 AQ 12.   Relations postales internationales : Brésil, 1859-1865.

6 AQ 13.   *Idem* : Mexique, 1864.

6 AQ 14.   *Idem* : Cuba, 1864.

Instrument de recherche :

. Inventaire dactylographié.

7 AQ. Compagnie universelle du canal de Panama

Fondée en 1880 par Ferdinand de Lesseps, la Compagnie universelle du canal interocéanique fut dissoute en 1888 et mise en liquidation. Après un essai de reconstitution d'une société nouvelle, les droits de l'ancienne société furent vendus aux États-Unis qui achevèrent les travaux en 1914.

On trouvera dans ce fonds, incomplet, des pièces sur la société et sa liquidation, sur la commission d'enquête parlementaire et les procès, sur le projet de société nouvelle et la cession de son actif.

Exemples de documents :

7 AQ 1. Congrès international d'études du canal interocéanique (Société de Géographie, mai 1879) : comptes rendus des séances. Statuts de la Compagnie universelle du canal interocéanique, 20 octobre 1880.

7 AQ 13. Commission d'étude instituée par le liquidateur : rapports, procès-verbaux des séances, cartes, 1889-1891.

7 AQ 16. Commission d'enquête parlementaire : dépositions, 1892-1893 (copies).

7 AQ 33. Notes sur le chemin de fer de Panama à Colon (Panama Rail Road), 1850-1897.

Instrument de recherche :

. Inventaire dactylographié.

8 AQ. Troisième Compagnie des Indes

La compagnie de Calonne, fondée en 1785, jouissait du monopole du commerce avec les Indes orientales, mais ce privilège fut supprimé en 1790. Sa liquidation dura de 1794 à 1875.

Les pièces de ce fonds relatives aux Indes occidentales sont rares :

8 AQ 349.   Correspondance, renseignements sur les comptoirs et le commerce, 1785-1794 : Saint-Domingue.

8 AQ 383.   Papiers d'Arrot, gouverneur de Tabago, 1779-1787.

Instrument de recherche :

. Inventaire dactylographié.

9 AQ. Compagnie générale transatlantique

Dans ce fonds figurent essentiellement les archives du service technique et contentieux de la Compagnie générale transatlantique, fondée en 1855 sous le nom de Compagnie générale maritime.

On y puisera des renseignements sur les problèmes d'armement et de transport des marchandises, les agences, les questions commerciales et fiscales, les accidents survenus aux navires, etc., en relation avec les Antilles et l'Amérique latine.

La communication de ce fonds est soumise à autorisation.

Exemples de documents :

9 AQ 14. Transport de marchandises à destination ou en provenance des Antilles, 1923-1926. Correspondance avec la compagnie Deppe d'Anvers pour les transports entre Europe et Amérique centrale, janvier-novembre 1925.

9 AQ 270. Correspondance reçue de la Panama Rail Road Company, 1878-1901. Marchandises en souffrance aux Antilles, 1905-1907.

9 AQ 314. Accidents survenus au *Saint-Germain*, voyage à Colon, 1876-1903.

9 AQ 349. Droits de douane, de quai et statistiques à Fort-de-France, 1862-1901.

Instrument de recherche :

. Inventaire dactylographié.

25 AQ. Crédit mobilier

Ces archives sont constituées par les procès-verbaux du conseil et des assemblées générales des trois établissements de crédit successifs : Société générale de crédit mobilier (1852-1870) fondée par les frères Pereire, Société de crédit mobilier (1870-1902), Crédit mobilier français créé en 1902.

Exemples de documents :

25 AQ 7-9. Procès-verbaux des assemblées générales, 1871-1915 : documents sur la société des chemins de fer de Porto Rico, 1888-1902 ; Société des mines du Venezuela, 1888 ; constitution d'une banque nationale à Santo Domingo, 1889 ; etc.

Instrument de recherche :

. Inventaire dactylographié.

28 AQ. Dreyfus frères et Cie

La maison Dreyfus frères et Cie, fondée en 1852 pour le commerce des tissus, établit une succursale au Pérou. En 1868, elle constitua avec la Société générale un syndicat pour l'émission d'emprunts gagés sur le guano.

On consultera les dossiers sur le syndicat, les emprunts, les événements politiques qui entraînèrent la cessation du paiement des titres, les procès qui s'ensuivirent.

Exemples de documents :

28 AQ 6. Contrat de vente du guano de 1869 et ses modifications, 1869-1886.

28 AQ 11. Procès-verbaux des séances du syndicat guano, 1871-1881.

28 AQ 36. Historique de la guerre entre le Pérou et le Chili, 1879-1883. Décrets chiliens sur le guano, 1882-1883.

28 AQ 65. Difficultés avec le gouvernement du Pérou, 1893.

Instrument de recherche :

. Inventaire dactylographié.

44 AQ. Banque de Neuflize

Dominique André fonda cette maison de banque à Paris, en 1800. Sous des raisons sociales diverses (1), elle participa aux grandes opérations financières du XIXe siècle.

Ce fonds offre quelques documents sur les liens économiques entre la France et l'Amérique latine.

La communication de ce fonds est réservée.

44 AQ 7.   Emprunts publics : emprunts péruviens, 1870 et 1872; emprunt de Haïti, 1874-1876; emprunt 23 millions 5 % extérieur du Mexique, 1896.

44 AQ 12.   Banque nationale du Mexique, 1863.
            Banque hypothécaire franco-argentine, 1905-1912.
            Chemin de fer à voie étroite en Argentine, 1904-1905.
            Compagnie française d'études au Mexique, 1912.

---

(1) Raison sociale depuis 1966 : Banque de Neuflize, Schlumberger, Mallet.

44 AQ 18.   Lettres de voyage de Louis Monnier, associé : Mexique, 1895.

44 AQ 19.   Lettres de voyage de Jacques de Neuflize, associé : Équateur,
                   1902-1911; Amérique centrale, 1909; Bolivie, 1910.

44 AQ 26.   Voyage officiel de Jacques de Neuflize aux États-Unis :
                   Banque d'Haïti, 1916-1919.

Instrument de recherche :

. Inventaire dactylographié.

50 AQ. Papiers Delahaye

Ce fonds est conservé aux Archives nationales sous forme de microfilm
(19 Mi).

Fondée en 1766, la maison Delahaye-Le Bouis armait pour l'Amérique et
possédait des plantations à Saint-Domingue. Ces papiers seront donc à dépouiller intégralement.

La communication de ce fonds est soumise à autorisation.

> *Exemples de documents :*
>
> 50 AQ 2, dossier 2. Recouvrements sur les anciens colons de Saint-
> Domingue, 1826-1836.
>
> 50 AQ 3. Affaire concernant les biens de la famille Begouen, notamment
> une habitation et indigoterie situées au quartier de Nippes, partie Sud
> de Saint-Domingue, 1776-1814.

Instrument de recherche :

. Inventaire dactylographié.

61 AQ. Banque Greffulhe

Les archives Greffulhe se composent de quatre fonds distincts émanant
de la maison de commerce créée à Amsterdam par la famille Greffulhe, de
la banque Greffulhe, Montz et Cie fondée à Paris (1789-1793), de la banque
Sartoris, d'Escherny et Cie établie à Paris en 1819, et de la famille Greffulhe.

On y consultera surtout la correspondance provenant des places espagnoles
et portugaises, intermédiaires des colonies ibériques.

La communication de ce fonds est soumise à autorisation.

61 AQ 11.   Correspondance reçue par la maison d'Amsterdam : Barce-
                   lone, 1776-1779; Cadix, 1769-1785.

61 AQ 12.   *Idem* : Cap Français, 1781; Curaçao, 1780.

61 AQ 13.   *Idem* : la Grenade, 1780-1784; Lisbonne, 1767-1779.

61 AQ 14.   *Idem* : Paramaribo, 1772-1784.

61 AQ 15.   *Idem* : Saint-Christophe, 1779; Saint-Eustache, 1764-1778; Saint-Pierre de la Martinique, 1773; Saint-Thomas, 1781.

61 AQ 83.   Correspondance reçue par la maison Greffulhe, Montz et Cie : Barcelone, 1789-1795.

61 AQ 103, 104. *Idem* : Cadix, 1789-1803.

61 AQ 105.   *Idem* : Cap Français, 1789; Cayenne, 1791-1795.

61 AQ 138.   *Idem* : Lisbonne, 1789-1796.

61 AQ 184.   *Idem* : Saint-Pierre de la Martinique, 1789.

61 AQ 215.   Correspondance reçue par la maison Sartoris, d'Escherny et Cie : Buenos Aires, 1821; Cadix, 1825; Montevideo, 1821.

61 AQ 275.   Papiers Greffulhe, correspondance reçue : Cadix, 1807.

61 AQ 286.   *Idem* : Saint-Pierre de la Martinique, 1814.

Instrument de recherche :

• Inventaire dactylographié.

62 AQ. Papiers Dugard

Les Dugard étaient des négociants et armateurs rouennais en relations notamment avec Saint-Domingue et la Martinique au xviiie siècle.

Outre l'étude de la correspondance, celle des voyages dans ces colonies est intéressante.

62 AQ 33.   Correspondance reçue : les Cayes, 1763.

62 AQ 42, 43. Voyages à la Martinique, 1734-1756. Comptes et lettres du représentant à la Martinique, 1749-1760.

62 AQ 44.   Voyages divers : Martinique et Louisiane, 1752-1753; Saint-Domingue, 1741-1754; Canada et Martinique, 1743-1751.

Instrument de recherche :

• Inventaire dactylographié.

65 AQ. Documentation imprimée sur des sociétés

Cette collection rassemble des documents imprimés concernant plus de 20.000 sociétés (statuts, rapports annuels aux assemblées générales, livres d'anniversaire, coupures de presse, etc.) et de provenances diverses : Association nationale des porteurs français de valeurs mobilières, doubles du Dépôt légal, série AD XXI des Archives nationales, versements des entreprises et dons. Ces textes, dont le nombre ne cesse de s'accroître, sont dans leur ensemble postérieurs à 1850; ils ont fait l'objet d'un classement alphanumérique par branches d'activités (1).

Exemples de documents (relevé des sociétés concernant Cuba) :

65 AQ A 453. Crédit foncier franco-cubain : statuts, 1911: coupures de presse, 1911.

65 AQ A 496. Banco español de la isla de Cuba : statuts, 1910; assemblées générales, 1896-1912 ; avis, 1910 et 1922; coupures de presse, 1910-1923.

65 AQ A 497. Crédit foncier de l'île de Cuba : statuts, 1883.

65 AQ A 912. Société financière franco-cubaine : statuts, 1910.

65 AQ E 264. Cuba Railroad Company : assemblées générales, 1906-1910; coupures de presse, 1912-1913.

65 AQ E 265. Cuban Central Railways : assemblées générales, 1905-1910; coupures de presse, 1908-1914.

65 AQ E 355. The Western Railway of Havana : statuts, 1900; assemblées générales, 1909-1910; coupures de presse, 1907-1913.

65 AQ E 727. United Railways of the Havana and Regla Warehouses Ltd : assemblées générales, 1919-1927 ; coupures de presse, 1919-1927.

65 AQ F 27. Port de la Havane. Docks : historique, 1912; avis, 1912-1913; coupures de presse, 1911-1927.

65 AQ J 135. The Cuba Company : assemblées générales, 1907-1910.

65 AQ J 136. Cuban Land and Plantation Company : avis, 1907 et 1908; *Une entreprise agricole à Cuba,* 1908; coupures de presse, 1907-1913.

65 AQ O 184. Anglo-Cuban Oil, Bitumen and Asphalt Company Ltd : statuts, 1911; avis, 1911; coupures de presse, 1911-1914.

65 AQ Q 240. Havana Electric Railway, Light and Power Company U.S.A. : statuts, 1899; assemblées générales, 1904-1927 : avis, 1905 (avec carte); coupures de presse, 1911-1913.

65 AQ Q 3016. The Cuban Telephone Company : coupures de presse, 1909-1913.

65 AQ R 385. Pêcheries cubaines : statuts, 1880.

65 AQ S 6. L'Almandarès (cimenterie belge à la Havane) : rapport du conseil d'administration, 1899; coupures de presse, 1901-1909.

---

(1) Ce cadre de classement figure dans l'*État sommaire des archives d'entreprises...,* t. 2, *65 AQ à 119 AQ,* par I. Guérin-Brot, Paris, 1977, p. 155-156.

Instrument de recherche :

• Fichier alphabétique des entreprises.

68 AQ. Banque Thuret et Cie

En 1810, Isaac Thuret fonda à Paris une maison de commerce et de banque qui s'intéressa, de 1815 à 1830, à de nombreuses opérations financières.

Outre les registres de comptabilité et les dossiers d'affaires, on consultera la correspondance avec les places ibériques, antillaises et américaines.

La communication de ce fonds est soumise à autorisation.

68 AQ 47.   Correspondance reçue : Barcelone, 1821-1828.

68 AQ 58.   *Idem :* Cadix, 1821-1829.

68 AQ 60.   *Idem :* Cap-Haïtien, 1822; Cayenne, 1826.

68 AQ 65.   *Idem :* Demerary, 1809-1810.

68 AQ 80.   *Idem :* la Guaira, 1825; la Havane, 1823-1832.

68 AQ 91.   *Idem :* Lisbonne, 1821-1827.

68 AQ 101.   *Idem :* Maranhão, 1821.

68 AQ 152.   *Idem :* Pointe-à-Pitre, 1824-1831.

68 AQ 154.   *Idem :* Rio de Janeiro, 1822-1837.

68 AQ 161.   *Idem :* Saint-Pierre de la Martinique, 1821-1844.

68 AQ 167.   *Idem :* Valparaiso, 1831.

Instrument de recherche :

• Inventaire dactylographié.

69 AQ. Maison de commerce Foache

L'entreprise commerciale créée par Martin et Stanislas Foache fut l'une des plus importantes du Havre. Stanislas s'occupa surtout des propriétés de Saint-Domingue.

On trouvera trace, dans ce fonds, des relations avec cette île mais aussi avec les autres Antilles.

69 AQ 1.   Correspondance : Gontault, lieutenant de l'ex-8ᵉ régiment de ligne, ci-devant attaché à l'état-major de la Martinique, 1818.

69 AQ 2.   *Idem* : Ch. Magnant, gardien des eaux de la ville de Port-au-Prince, 1789.

69 AQ 3.   Circulaires commerciales (villes d'origine) : les Cayes, 1783; la Havane, 1823 et 1824; le Cap, 1791; Pointe-à-Pitre, 1820-1826; Port-au-Prince, 1823 et 1832; Saint-Pierre de la Martinique, 1783 et 1789.

Instrument de recherche :

. Inventaire dactylographié.

89 AQ. Société de construction des Batignolles

Destinée à l'origine à la production de matériel de chemin de fer, cette entreprise, créée en 1846 par Ernest Gouin, se lança par la suite dans la réalisation de grands travaux publics. En 1871, elle prit le nom de Société de construction des Batignolles jusqu'à sa fusion en 1968 avec la Société parisienne d'industrie électrique, formant ainsi la S.P.I.E.-Batignolles.

Les dossiers techniques de travaux sont classés par ordre alphabétique de continents et de pays.

La communication de ce fonds est soumise à autorisation.

Exemples de documents :

89 AQ 1472, dossier 3. Argentine, port commercial de Bahia Blanca : notes et correspondance sur la construction du port, 1911-1916.

89 AQ 1490, dossier 1. Brésil, chemin de fer du sud de Bahia : accord avec A. Cazzani et correspondance, rapport de la commission d'études du chemin de fer, cartes, notes et documentation sur les chemins de fer du Brésil, 1908-1909.

89 AQ 1576, dossier 1. Chili, assainissement de Santiago : clichés des travaux, 1905-1909.

89 AQ 1613, dossier 4. Canal de Panama : documentation d'A. Guérard pendant sa mission, 1905.

Instrument de recherche :

. Inventaire dactylographié.

103 AQ. Banque hypothécaire franco-argentine

Cette banque, fondée en 1905, avait son siège social à Paris. En 1952, elle absorba la Compagnie financière France-Amérique latine qui avait pris la suite de la Compagnie générale de chemins de fer dans la province de Buenos Aires, remontant à 1905 et nationalisée en 1946. En 1960 elle absorba la Compagnie financière de Rosario-Puerto Belgrano, issue de la Compagnie du chemin de fer de Rosario à Puerto Belgrano constituée en 1906 et nationalisée en 1947.

Ce fonds rassemble les archives de ces cinq sociétés financières d'un grand intérêt pour l'histoire des investissements français en Argentine et l'histoire du développement économique de ce pays.

La communication de ce fonds est soumise à autorisation.

Exemples de documents :

103 AQ 57, dossier 3. Banque hypothécaire franco-argentine, participation à l'emprunt extérieur argentin 4 % de 1933 : procès-verbaux du conseil d'administration, correspondance, 1933-1934.

103 AQ 295. Compagnie générale de chemins de fer dans la province de Buenos Aires, domaine foncier : tableaux récapitulatifs des acquisitions, 1906-1927.

103 AQ 296. *Idem,* achats de matériel : registre des contrats passés de 1905 à 1907.

103 AQ 483, dossiers 4-9. Compagnie du chemin de fer de Rosario à Puerto Belgrano : cadastre de la ville de Buenos Aires, 1916.

Instrument de recherche :

. Inventaire dactylographié.

115 AQ. Banques Fould et Heine

Fondée à Paris en 1795 la banque Fould fut liquidé en 1876. A cette date fut créée la banque Heine qui reprit les locaux du précédent établissement et fusionna en 1966 avec le Crédit privé.

Ce fonds rassemble les dossiers des opérations bancaires, commerciales et financières de ces deux sociétés.

La communication de ce fonds est soumise à autorisation.

Exemples de documents :

115 AQ 2. Crédits à des banques et organismes financiers : Banque nationale d'Argentine, 1883-1892; Banque de la province de Buenos Aires, 1886.

115 AQ 6. Crédits à des États : Haïti, 1896-1898.

115 AQ 15. Emprunts d'États : 6 % et 3 % du Mexique, 1865-1874 et 1884; 6 % et 5 % du Pérou, 1870-1871 et 1872-1875.

115 AQ 20, dossier 1. Emprunts de sociétés : Compagnie télégraphique des Antilles, 1886; Compagnie universelle du canal interocéanique de Panama, 1883-1886; Compagnie des mines du Rio Tinto, 1873-1884.

115 AQ 27, dossier 2. Sociétés ferroviaires : Imperial Central Brazilian Bahia Railway Company Ltd, 1880.

115 AQ 31, dossier 1. Participations à des banques et organismes bancaires : Société financière et commerciale franco-brésilienne, 1906-1907.

115 AQ 39, dossier 4. Notice sur les nitrates de soude du Chili, 1887.

Instrument de recherche :

. Inventaire dactylographié.

118 AQ. Plantation et usine du Galion

L'exploitation du Galion, située sur la côte Est de la Martinique, fut créée en 1830 par Eugène Eustache. L'entreprise reposait sur une plantation de cannes à sucre et une sucrerie-distillerie.

Les documents de gestion de l'usine et des domaines, cotés 118 AQ 59 à 384, constituent l'essentiel du fonds. En ce qui concerne l'exploitation agricole, on citera, à titre d'exemples, les pièces relatives à l'habitation même du Galion :

118 AQ 5.   Livres de présence 1882-1897.

118 AQ 37.   Livres de culture, 1880-1903.

Instrument de recherche :

. Inventaire dactylographié.

129 AQ. Rhum Saint-James

Ce fonds contient les archives de la maison Paulin Lambert, créatrice à la fin du XIXe siècle de la marque « Rhum plantations Saint-James », et celles de la société Ernest Lambert et Cie qui lui succéda en 1906 et prit en 1926 le nom de Rhum des plantations Saint-James. Cette société possédait de vastes plantations à la Martinique.

L'intégralité du fonds sera donc à consulter.

Exemples de documents :

129 AQ 12. Correspondance des agents adressée à Paulin Lambert, 1892.

129 AQ 14, dossier 3. Procès-verbaux du conseil d'administration, 1926-1940.

129 AQ 80. Correspondance avec l'étranger à propos du placement du rhum, 1921-1941 : Argentine, Uruguay.

Instrument de recherche :

. Inventaire dactylographié.

152 AQ. Établissements Eiffel

Ce fonds rassemble les dossiers et plans des ouvrages (principalement des ponts), exécutés par Gustave Eiffel (1832-1923) et ses ateliers de constructions métalliques. Ceux-ci prirent les noms successifs d'Eiffel et Cie, en 1868, d'Eiffel, de Société de constructions de Levallois-Perret, en 1890, et d'Anciens établissements Eiffel, à la veille de la Seconde guerre mondiale.

Exemples de documents :

152 AQ 174. Pont flottant sur la rivière Salée à la Guadeloupe, 1904-1913.

152 AQ 229, dossier 2. Dossiers de ponts portatifs, type n° 8 : ponts à voie de 1,05 m pour la Banque industrielle du Brésil, passerelle démontable transportable à dos de mulet pour M. Puyo au Pérou, pont de Urubamba (Pérou), 1891-1901.

152 AQ 232, dossier 2. *Idem,* type n° 53 A : quatre ponts pour la route coloniale n° 1 entre Cayenne et Macouria, 1934 .

152 AQ 333. Pont flottant sur la rivière Salée à la Guadeloupe : dessins de détail, vers 1904-1906.

Instrument de recherche :

. Inventaire dactylographié.

SÉRIE MC. MINUTIER CENTRAL DES NOTAIRES DE PARIS

La loi du 14 mars 1928 autorisant les notaires à déposer leurs archives ayant plus de 125 ans d'âge est à l'origine de la constitution de cette série. Celle-ci groupe les archives des 122 études notariales parisiennes. Ces archives se composent actuellement de près de 100 millions de minutes dressées depuis le XVe siècle (1) ; elles comprennent également plus de 2.900 répertoires, des dossiers de clients et des documents divers. Les minutes sont classées par études, auxquelles a été affecté un numéro en chiffres romains (MC I à MC CXXII), et par ordre chronologique.

Cette série, encore peu exploitée, est cependant une source pour l'histoire des anciennes colonies. On peut en effet y trouver, à côté de pièces de caractère privé (contrats de mariage, testaments et inventaires après décès, procurations, actes de vente passés par les futurs colons, les officiers civils et militaires, les actionnaires), des documents concernant les entreprises commerciales (actes de sociétés, contrats d'affrètements de navires, d'engagements).

Exemples de documents :

MC VII 559. Me Antoine Pezet de Corval. Vente par le général de Lafayette à la République française, moyennant 140 000 francs, d'une habitation dite « la Gabrielle », en Guyane française, et d'une plantation de girofliers achetées par lui en 1786, 13 germinal an X [3 avril 1802].

MC XVI 860. Me Gaspard Momet. Traité passé entre les copropriétaires de l'habitation des Vazes (quartier de l'Arcahaye, Saint-Domingue) et les maisons Reynaud et Cie, négociants à Saint-Marc, et Romberg, Bapst et Cie, de Bordeaux, pour le passage et la vente en France des sucres produits par la propriété, 16 avril 1787.

MC XXVI 64. Me Jean de Monhenault. Contrat passé entre Daniel Tresel, marchand de Rouen, et Isaac Martin de Mauvoy, conseiller d'État, Pierre Chanut, conseiller du Roi, trésorier général de France en Auvergne, tous deux au nom et comme curateurs des affaires de la Compagnie des Iles d'Amérique, 6 avril 1639.

MC XXVI 65. *Idem,* Vente par la Compagnie des Iles d'Amérique au cardinal de Richelieu, par l'intermédiaire de ses banquiers Pierre et Anselme de Coquiel, de six caisses de tabac en provenance du Brésil au prix de 5 sous la livre, 31 septembre 1640.

MC XLIII 33. Me Charles Quarré. Contrat d'allouage pour trois ans passé entre Isaac Nau, de Paris, et Antoine Vigeon, conseiller du Roi, juge civil et criminel à la Martinique, 4 juillet 1641.

Instruments de recherche :

. Répertoires analytiques des minutes déposées.

. Fichiers alphabétiques par noms de personnes concernant l'histoire littéraire, l'histoire de l'art au XVIIe siècle, l'époque révolutionnaire et impériale.

. Inventaire des actes concernant la vie économique de 1800 à 1830.

(1) La loi d'archives du 3 janvier 1979 met les minutes notariales au rang des archives publiques et les soumet à versement.

SÉRIE Mi. MICROFILMS

Cette série a été créée en 1949. Elle comprend, à côté de microfilms de substitution qui reproduisent des fonds déjà conservés en originaux aux Archives nationales, des microfilms de complément réalisés à partir de documents divers, soit qu'ils aient été temporairement conservés aux Archives nationales (comme les archives de Simancas transférées d'Espagne en France en 1810 et restituées en 1941), soit qu'ils soient extérieurs à ces mêmes Archives.

Les microfilms de complément seront seuls décrits ci-après, mais le lecteur aura, pour les cotes 1 Mi à 249 Mi, une vue d'ensemble du fonds en 1967 dans l'*État des microfilms conservés aux Archives nationales* par C. Gut, F. de Ferry et S. Czarnecki, Paris, 1968. L'état des microfilms de complément en 1980 est donné dans l'*État général des fonds*, t. IV, *Fonds divers*, p. 333 à 393 (1 Mi à 515 Mi).

19 Mi. Papiers Delahaye

Ce fonds a déjà été signalé, p. 120, sous la cote 50 AQ.

On trouvera dans l'*État des microfilms...*, p. 28, la table de concordance entre les bobines du microfilms et les cotes des documents.

21 Mi. Archives de Simancas

Ces documents proviennent des Archives générales de Simancas et concernent les relations diplomatiques franco-espagnoles de 1266 à 1812. En 1810, Napoléon Ier les fit transférer en France et ils furent conservés aux Archives nationales sous les cotes K 1385 à K 1711. Après microfilmage, ils furent rapatriés en Espagne en 1941.

On y puisera de nombreux renseignements sur l'histoire du Brésil, de la Havane, du Honduras, de la Jamaïque, du Mexique, du Pérou, de Saint-Domingue, etc.

Instruments de recherche :

. Paz (J.), *Archivo general de Simancas. Catalogo IV. Secretaría de Estado (Capitulaciones con Francia, 1265-1714)*, Madrid, 1914.

. Table de concordance entre les bobines du microfilm et les anciennes cotes des documents dans l'*État des microfilms...*, p. 30-35.

71 Mi. Documentation imprimée sur des sociétés

Ce fonds a déjà été signalé, p. 122, sous la cote 65 AQ.

On trouvera dans l'*État des microfilms...*, p. 62-63, la table de concordance entre les bobines du microfilm et les cotes des documents.

76 Mi. Thèses et diplômes

Cette collection comprend certaines thèses de l'École nationale des chartes antérieures à 1961. A partir de cette date, les microfilms ne reproduisent, en règle générale, que les albums joints aux thèses dont les textes sont conservés en original dans la sous-série AB XXVIII.

La communication de ce fonds est soumise à autorisation.

76 Mi 1.   MIROT (S.), « Étude sur la population de la Guyane du XVIIIe siècle jusqu'à la Révolution », Paris, 1954 (thèse de l'École nationale des chartes).

76 Mi 11.   CHAULEAU (L.), carte, planches et tableaux joints à sa thèse cotée AB XXVIII 31 (*voir* p. 89).
                    NARDIN (J.-C.), album de photographies joint à sa thèse cotée AB XXVIII 48 (*voir* p. 89).

Instrument de recherche :

. Inventaire dactylographié.

125 Mi. Exposition « France et Brésil »

Ce microfilm reproduit une partie des documents de l'exposition organisée en 1955 par les Archives nationales (1) à l'occasion du quatrième centenaire du voyage de Villegaignon au Brésil. Les pièces, datant de 1553 à 1891, provenaient de collections publiques et privées.

La communication de ce fonds est soumise à autorisation.

Instrument de recherche :

. Inventaire dactylographié.

_____

(1) Voir le catalogue de l'exposition *France et Brésil*, Paris, 1955, 128 p. in 8°.

136 Mi. Inventaire des papiers du château de Ravel

Il s'agit du répertoire des pièces de ce chartrier relatives à la famille d'Estaing et à l'administration de Saint-Domingue, dont l'amiral fut gouverneur général de 1764 à 1766.

Instrument de recherche :

• Plan de classement du répertoire.

153 Mi. Papiers Rochambeau

Ce microfilm correspond aux seuls dossiers 1 à 3 du fonds déjà signalé, p. 100, sous la cote 135 AP. Ces dossiers contiennent la correspondance militaire du général Donatien de Rochambeau, de l'an IV à l'an X.

On trouvera dans l'*État des microfilms...*, p. 117, la table de concordance entre la bobine du microfilm et les cotes des documents.

157 Mi. Papiers Becker

Le général Léonard-Nicolas Becker (1770-1840) participa aux campagnes de la Révolution et de l'Empire. On trouvera dans ce fonds des pièces sur Saint-Domingue où il accompagna Hédouville en 1797-1799.

La consultation de ce fonds est soumise à autorisation.

157 Mi 1.   Dossier 3. Documents concernant les différents postes occupés par Becker au cours de sa carrière militaire de l'an III à l'an VIII : Saint-Domingue.

Instrument de recherche :

• Inventaire dactylographié.

177 Mi. Chartrier de Tocqueville

Ce fonds a déjà été signalé p. 102, sous la cote 154 AP.

On trouvera dans l'*État des microfilms...*, p. 139-146, la table de concordance entre les bobines du microfilm et les cotes des documents.

182 Mi. Papiers Dufaud

Cette famille rochelaise se livrait au commerce avec les Antilles et l'Afrique aux XVIIIe et XIXe siècles.

La consultation de ce fonds est soumise à autorisation.

Exemples de documents :

182 Mi 1. Dossier 2, pièce 2. Vente par Claude Dufaud à Pierre Dufaud, demeurant tous deux à Saint-Pierre de la Martinique, d'une plantation de l'île Saint-Vincent, située dans l'anse dite le Cayonnais, 21 juin 1751.

182 Mi 1. Dossier 3, pièce 1. État récapitulatif des affaires entre Houppard et Dufaud pour le compte de Henri Ladoux et Mathieu Moreau, négociants à Saint-Eustache, 16 janvier 1761.

182 Mi 1. Dossier 6, pièces 6-17. Voyage du *Caraïbe,* armement Carayon fils aîné, de la Rochelle, capitaine Étienne Dufaud, vers les côtes d'Afrique et les Antilles, 20 août 1784-10 septembre 1785.

Instrument de recherche :

. Inventaire dactylographié.

192 Mi. Papiers Thouvenel

Ce fonds a déjà été signalé p. 107, sous la cote 255 AP.

On trouvera dans l'*État des microfilms...*, p. 153, la table de concordance entre les bobines du microfilm et les cotes des documents.

195 Mi. Documents relatifs à Haïti

Ces pièces sont conservées dans les archives des Frères de l'Instruction chrétienne à Port-au-Prince. Particulièrement intéressantes pour l'époque révolutionnaire, elles couvrent la période 1750-1916.

Exemples de documents :

195 Mi 1. Dossier 6. Ordonnance du comte d'Estaing, gouverneur, relative à l'organisation des troupes nationales de Saint-Domingue, Port-au-Prince, 12 octobre 1764 (copie).

195 Mi 1. Dossier 8, pièce 11. Papiers du maréchal de Castries : description de l'île de Saint-Domingue, fin XVIIIe s.

195 Mi 1. Dossier 29. Rapport de Louis Auguste Daumec au président Boyer sur la législation judiciaire d'Haïti, [1825].

Instrument de recherche :

. Inventaire dactylographié.

208 Mi. Correspondance des consuls des États-Unis d'Amérique à Haïti

Ce fonds, conservé aux Archives nationales de Washington, concerne les années 1797-1813. Il se compose des dépêches du consul américain à Haïti et des instructions qu'il recevait du Département d'État.

On trouvera sous la cote 253 Mi les dépêches des consuls américains dans les pays d'outre-mer relevant ou ayant relevé de la France.

Instrument de recherche :

. Inventaire dactylographié.

217 Mi. Papiers Lafayette

La collection Lafayette de la bibliothèque Cornell (Ithaca, New York) constitue l'essentiel de ce microfilm et contient des pièces sur la Guyane. Elle est complétée par la reproduction des papiers Lafayette conservés aux Archives nationales sous la cote 252 AP.

Dans toute publication, référence doit être faite à la « Lafayette Collection, Cornell University » pour les documents qui y sont conservés.

217 Mi 2.   Carton 2. Documents sur les domaines de Lafayette en Guyane, plans d'abolition de l'esclavage, produits coloniaux, correspondance, 1789-1791.

Instrument de recherche :

. Inventaire dactylographié.

253 Mi. Dépêches des consuls des États-Unis d'Amérique dans les pays d'outre-mer relevant ou ayant relevé de la France

Ces « Consular Despatches » (1785-1906) sont conservées aux Archives nationales de Washington. Sur les Antilles et la Guyane, on consultera :

253 Mi 9.   Cayenne, 1801-1897.

253 Mi 11-14.   Guadeloupe, 1802-1906.

253 Mi 15-18.   Saint-Pierre de la Martinique, 1790-1906.

Instrument de recherche :

. Inventaire dactylographié.

276 Mi. Archives de la Guadeloupe

On trouvera reproduits sur ce microfilm : des extraits des registres des délibérations du Conseil général de la commune de Basse-Terre relatifs à l'inventaire des archives de l'Assemblée coloniale de la Guadeloupe, janvier 1793; l'inventaire de ces archives, 1789-1792; les registres de l'administration municipale, an VI-an VIII; ceux de Sainte-Anne, an III-1808.

Instrument de recherche :

. Inventaire dactylographié.

288 Mi. Notariat de la Guadeloupe

Ce microfilm reproduit les minutes de quatre notaires de Basse-Terre, conservées aux Archives départementales de la Guadeloupe :

288 Mi 1, 2.   Me Antoine Jean Bonnet, 1798-1800.

288 Mi 3-7.   Me Joseph Jacques Marie Serane, 1793-1805.

288 Mi 8-11.   Me Maximilien Vauchelet, 1790-1798.

288 Mi 12-15.   Me Jean Castet, 1791-1801.

Instrument de recherche :

. Inventaire dactylographié.

299 Mi. Documents relatifs à la Martinique

Ces pièces intéressent l'histoire de la Martinique au XVIIIe siècle. Y figurent : un rapport de Lacroix, intendant, 1741; trois mémoires sur l'état de la colonie et sur les cultures des îles d'Amérique par le même, commissaire général de la Marine, 1769-1772; le procès-verbal de l'assemblée convoquée pour la levée d'une imposition extraordinaire, 1763; une pétition de colons sur le commerce, 1769; le recensement effectué en 1769 à Saint-Pierre, au Fort-Royal, à la Trinité et au Marin.

Instrument de recherche :

. Inventaire dactylographié.

300 Mi. Archives Vielcastel

Ce fonds a déjà été signalé p. 111, sous la cote 309 AP.

On trouvera dans l'inventaire dactylographié la table de concordance entre les bobines du microfilm et les cotes des documents.

326 Mi. Chartrier de Castries

Ce fonds a déjà été signalé p. 110, sous la cote 306 AP.

On trouvera dans Y. Chassin du Guerny, *Le chartrier de Castries. Inventaire*, p. 361-365, la table de concordance entre les bobines du microfilm et les cotes des documents.

330 Mi. Documents relatifs à la Guyane française

Les pièces microfilmées sous cette cote sont d'origine diverse. Certaines sont des copies de manuscrits de la Bibliothèque nationale de Lisbonne conservées aux Archives historiques du ministère brésilien des Affaires étrangères, d'autres proviennent de la section des manuscrits de la Bibliothèque nationale de Rio de Janeiro; un troisième groupe correspond à des documents de l'Institut géographique de Rio de Janeiro. Elles concernent la Guyane française aux XVIIIe et XIXe siècles, mais on y glanera des renseignements sur Saint-Domingue.

> *Exemples de documents* (manuscrits de la Bibliothèque nationale de Rio de Janeiro) :
>
> 330 Mi 1. « Memoria sobre a parte de Guyana franceza » par Manoël Marques, Para, 26 novembre 1810 (accompagné d'une carte). Rapport de Narciso de Magalhaēs de Menezes sur la capitulation de Victor Hugues, 17 février 1809. État des nègres de l'habitation Dureau, au Trou, répartis sur les habitations de Limonade et Ouanaminthe (côte française de Saint-Domingue), XVIIIe s.

Instrument de recherche :

. Inventaire dactylographié.

411 Mi. Papiers Tierrat de La Maison Blanche

Officier de marine de 1778 à 1810, Pierre de Thierrat de La Maison Blanche participa successivement aux campagnes d'Ancien Régime, de l'Armée des Princes, et d'Empire. Ses mémoires, rédigés vers 1825, relatent notamment celles qu'il fit aux Antilles et en Guyane.

416 Mi. Papiers Genet

Les archives du diplomate Edmond-Charles Genet, ministre plénipotentiaire de France aux États-Unis de 1792 à 1793, contiennent de nombreux
dossiers provenant de son père Edme-Jacques Genet, chef du bureau des
traductions du ministère des Affaires étrangères sous l'Ancien Régime. L'un
de ceux-ci concerne Saint-Domingue :

416 Mi 22.   Affaires de Saint-Domingue, 1769-1778.

Instrument de recherche :

. Inventaire dactylographié.

438 Mi. Journal de campagne de Jacques Hervé

Pilotin sur le vaisseau du roi le *Sérieux,* Jacques Hervé fit, en 1744-1745,
une campagne en Méditerranée et aux Antilles.

445 Mi. Papiers Mauger

La famille Mauger possédait à Saint-Domingue des plantations de sucre,
d'indigo et de coton. La correspondance (1749-1826) contenue dans ce fonds
traite de la gestion et de l'exploitation commerciale des domaines, des relations avec les négociants nantais ainsi que de la liquidation de l'indemnité.

Instrument de recherche :

. Inventaire dactylographié.

453 Mi. Histoire d'Haïti

Ce microfilm reproduit l'*Histoire d'Haïti* du P. Adolphe Cabon, ouvrage
consacré à la période 1665-1858 et publié entre 1895 et 1919.

454 Mi. Papiers Dupotet

Jean-Henri Dupotet (1777-1852) fut nommé, en 1835, commandant de la
station navale du Brésil et de la Plata. De 1838 à 1840, il dirigea le blocus des
côtes d'Argentine. Il fut promu vice-amiral en 1841.

Ses papiers consistent en deux volumes manuscrits d'enregistrement de sa
correspondance officielle, de 1839 à 1841 : rapports au ministre de la Marine,
d'une part, lettres adressées aux diplomates en poste à Buenos Aires, Montevideo, Rio de Janeiro, d'autre part.

465 Mi. Papiers Berthier

Quatre pièces des papiers du général César Berthier (1765-1819), frère du maréchal, concernent le siège de Tabago par les Anglais et sa capitulation.

465 Mi 1.   Pièces 3 et 4. Lettres du général Greenfield et du commodore Samuel Hood, commandants des troupes et des forces navales britanniques à Tabago, 30 juin et 1er juillet 1803.

Pièce 5. Acte de capitulation des forces françaises à Tabago, 12 messidor an XI [1er juillet 1803].

Pièce 6. Lettre du conseil de l'île, 12 juillet 1803.

Instrument de recherche :

. Inventaire dactylographié.

469 Mi. « The British Occupation of Saint-Domingue (1793-1798) »

Ce microfilm est la copie de la thèse soutenue par Patrick Geggus devant l'université d'York en 1978.

Sa reproduction est interdite.

472 Mi. État civil des « Nouveaux libres » de la Guadeloupe

Les Archives de la Guadeloupe conservent un certain nombre de registres d'état civil où furent enregistrés les habitants visés par le décret du 27 juillet 1848 abolissant l'esclavage. Ces registres furent établis par communes, de 1848 à 1862.

Instrument de recherche :

. Inventaire dactylographié.

505 Mi. Papiers Begouën-Demeaux et Foache

Ce microfilm reproduit partiellement celui qui est conservé aux Archives départementales de la Seine-Maritime. Les pièces sélectionnées concernent notamment le commerce avec les colonies françaises et étrangères d'Amérique latine et des Antilles, les affaires des maisons de commerce havraises Foache (1) et Begouën-Demeaux à Saint-Domingue, la Guadeloupe et la Martinique (xviiie et xixe s.).

Instrument de recherche :

. Inventaire dactylographié.

---

(1) Voir aussi 69 AQ, p. 123.

SÉRIES N ET NN. CARTES ET PLANS

Les actuelles séries N et NN réunissent des cartes, plans et dessins d'architecture soustraits de leur fonds d'origine au XIXe siècle.

Elles tirent leur origine de l'ancienne série N (Division géographique et population de la France du Comité de division du territoire) et de l'ancienne série O (Cartes et plans) qui, en 1811, formèrent la Section topographique. Les cartes de la série N furent versées en 1830 dans la série O. Celle-ci fut partagée en 1854 en une série N (Plans) et une série NN (Cartes). Mais la division ne fut pas rigoureuse, que l'on applique le critère de l'échelle (1) ou de la technique employée (2).

Série N. Plans

Les plans conservés dans cette série proviennent de divers fonds des Archives nationales. La plupart datent des XVIIe et XVIIIe siècles et bon nombre sont manuscrits.

Ils sont répartis entre quatre classes selon leur format.

Les pièces concernant les Antilles et la Guyane portent les cotes suivantes :

N II Guyane 1.

N II Saint-Domingue 1 et 2.

N III Antilles 1 : Guadeloupe.

N III Antilles 2 : Martinique.

N III Antilles 3 : la Dominique.

N III Antilles 4 : Tabago.

N III Louisiane 2.

N III Saint-Domingue 1-17.

Exemples de documents :

N II Guyane 1. « Carte de la Guyane française et partie du cours de la rivière des Amazones ». XVIIIe s. 1/160 000. 1 feuille 1210 × 890.

N II Saint-Domingue 1. « Plan de la première, seconde et troisième habitations de Monsieur de Laborde situées à la plaine à Jacob, quartier des Cayes du fonds de l'isle à Vache, partie du sud de Saint-Domingue ». [XVIIIe s.]. 1/4 900. 1 feuille 990 × 1265.

N III Louisiane 2. « Carte de l'isle de Saint-Domingue, ainsi que celles de Cuba, de la Jamaïque avec le canal de Bahama et la province de la Louissianne... ». [XVIIIe s.]. Sans échelle. 1 feuille 763 × 501.

(1) On distingue actuellement le plan de la carte selon que l'échelle est inférieure ou supérieure à 1/20 000.
(2) Le terme de carte s'applique d'ordinaire au document gravé.

Instrument de recherche :

• LE MOËL (M.) et ROCHAT (C.-F.), *Catalogue général des cartes, plans et dessins d'architecture*, t. III, *Série N. Départements Oise à Réunion* et t. IV, *Série N. Pays étrangers*, Paris, 1972-1974.

Série NN. Cartes

Cette série se compose de cartes provenant, d'une part, de collections saisies à la Révolution dans les bibliothèques des couvents et des collèges, chez les émigrés et les condamnés, d'autre part, de versements effectués en 1826 par le ministère de l'Intérieur. Il s'agit, dans la majeure partie des cas, de documents gravés des XVIe-XXe siècles que l'on peut donc trouver dans d'autres dépôts.

Le cadre de classement adopté est topographique puis chronologique.

Les portefeuilles 173, 179, 385 et 386 contiennent plus d'une centaine de cartes sur les Antilles et l'Amérique latine.

Exemples de documents :

NN 173/117. « Vue du Cap François. Plan de la ville du Cap à la côte septentrionale de Saint-Domingue ». [1728]. Gravé. 1/7 000. 1 feuille 252 × 198.

NN 173/137. « Plan de Porto Bello ». Eidous. [XVIIIe s.]. 1/45 000. 1 feuille 315 × 315.

NN 173/138. « Nieuwe kaart van Suriname vertonende de stroen en landstreken van Suriname, Comowini, Cottica en Marawini... ». [XVIIIe s.]. Gravé. 1/500 000. 1 feuille 550 × 445.

NN 173/230. « Carte du lac de Nicaragua et de la rivière St Juan sur laquelle on a marqué les deux passages proposés pour faire communiquer l'océan à la mer du Sud ». 1791. Gravé. 1 feuille 620 × 465.

NN 386/34. « Nouveau plan de Cartagène avec les dernières attaques des forts par l'amiral Vernon ». 1741. Gravé. 1 feuille 405 × 430 (copie d'une carte anglaise).

Instrument de recherche :

• ROCHAT (C.-F.) et LE MOËL (M.), *Catalogue général des cartes, plans et dessins d'architecture. Série NN*, Paris, 1978.

FONDS MINISTÉRIELS
(MARINE, AFFAIRES ÉTRANGÈRES, COLONIES)

Du début du XVIIᵉ siècle au milieu du XXᵉ siècle, les institutions qui en France s'occupèrent de la colonisation ont lentement évolué pour aboutir à plus de spécificité.

Au XVIᵉ siècle, la marine relevait de l'amiral de France, chef de toutes les armées navales et de toute la marine, juge de toutes les contestations. A ses côtés existaient des amiraux de Bretagne, de Guyenne, du Levant, un général des galères, des gouverneurs des places maritimes.

Lorsque, sous Henri II, furent créés les secrétaires d'État, l'un d'eux, Clausse de Marchaumont, fut chargé des affaires maritimes et militaires.

Cependant, Richelieu reconnaît la nécessité de substituer l'autorité royale à celle des amiraux. On crée donc pour lui la charge de Grand-maître, chef et surintendant général de la navigation et du commerce (1626). Les affaires touchant à la marine et, partant, à la colonisation outre-mer sont réparties entre deux sous-secrétaires d'État chargés, l'un de la Marine du Ponant, l'autre de la Marine du Levant. Les collaborateurs sont rattachés non pas à une administration mais à une personne, celle du secrétaire d'État. Quant le maître change, le nouveau maître, s'il garde quelques-uns des anciens collaborateurs, en amène de nouveaux avec lui. L'ensemble des collaborateurs exécute des ordres, n'a pas d'initiatives personnelles.

Le 7 mars 1669, Colbert est nommé secrétaire d'État à la Marine. Il profitera du fait que l'amiral de France, Louis de Bourbon, n'a que trois ans, de ce que Hugues de Lionne a abandonné ses attributions sur la Marine du Ponant, Louvois renoncé aux ports et galères, pour donner une certaine fixité aux rouages de la nouvelle institution.

Le secrétariat d'État à la Marine comprendra trois bureaux :

— Ponant : commerce des Indes et d'Espagne, compagnies de commerce de la Guinée, du Sénégal, des Indes orientales;

— Levant : îles d'Amérique, Alger, Tunis, Tripoli, consulats du Levant;

— Comptabilité des fonds : recettes et dépenses.

En même temps, et depuis 1680, a été constitué le Dépôt des papiers de la Marine et des Colonies, géré par Clairambault le cadet. Seignelay, secrétaire d'État à la Marine et au Commerce du dehors, créera un Bureau de l'Examen des comptes confié à Clairambault l'aîné.

A la mort de Louis Phélypeaux, comte de Ponchartrain, qui a réuni entre ses mains Marine et Contrôle des finances, le Contrôle général et les affaires de la Marine sont définitivement séparés par un règlement du 13 septembre 1699.

Le ministre de la Marine garde dans ses attributions les instructions générales à donner aux gouverneurs, les détails de l'administration intérieure, les affaires commerciales.

Le contrôleur général fixe les taxes applicables aux marchandises à la sortie de France, c'est-à-dire à destination des colonies, et à l'entrée, c'est-à-dire applicables aux marchandises en provenant. Il a la surveillance des compagnies de commerce, qui ont proliféré.

Les colonies sont désormais représentées auprès du pouvoir central par un bureau qui leur est propre, qui a pour seule mission leur administration et qui étendra et modifiera ses attributions. Il sera dirigé par des personnalités remarquables : Moïse Augustin de Fontanieu (23 novembre 1710-3 février 1725), Pierre de Forcade (1725-17 juin 1758), Accaron (1758-1763), Jean-Baptiste Dubuc (1763-1770).

Outre le Bureau des Colonies existent un Dépôt des archives (puis des papiers) de la Marine et des Colonies, un Dépôt des cartes et plans.

En 1775, le Bureau des Colonies a été dédoublé en deux bureaux : Colonies de l'Amérique et Côte d'Afrique, Colonies de l'Inde et Fonds des colonies.

L'année 1776 verra la création du Dépôt des papiers publics des colonies et du Dépôt des fortifications des colonies. On remarquera également un Bureau des affaires contentieuses.

A certaines époques ont existé des Conseils aux attributions variables :

Le Conseil de Marine, (1715-1723) était le principal d'entre enx. Ressuscité sous une autre forme en 1788, il disparaîtra en 1791;

Le Conseil de Commerce, organisé en 1700, remplacé en 1722 par un Bureau du Commerce, rétabli en 1730 et réuni en 1787 au Conseil des Finances. Plusieurs de nos colonies y envoient des députés (Martinique : Dubuc du Ferret; Guadeloupe : Deshayes; Saint-Domingue : L'Héritier de Brutelle);

Le Conseil de la Compagnie, dont le rôle est celui d'un comité de surveillance pour la Compagnie des Indes.

Il existe enfin des commissions extraordinaires du Conseil du Roi, par exemple la Commission pour les affaires coloniales (1761).

Au cours du XVIIIe siècle, a ainsi émergé un service public qui traversera la Révolution et l'Empire, sans dommage majeur.

En 1793, le Bureau des Consulats est réuni au ministère des Relations extérieures tandis que le ministère de la Marine et des Colonies est organisé en cinq divisions, dont celle des Colonies, chacune placée sous l'autorité d'un adjoint. En 1794, les ministères sont remplacés par des commissions exécutives.

La Division des Colonies subira des fluctuations diverses pendant cette période : en 1792, quatre sections plus le Bureau des troupes et corps entretenus de la Marine et le Dépôt des chartes et plans des colonies; le 24 thermidor an VI, trois sections qui seront confiées à Daniel Lescallier.

Parallèlement, existera au sein des Assemblées (Constituante, Convention) un Comité des Colonies, créé le 2 mars 1790. Il sera réuni au Conseil de Marine le 7 fructidor an II et en suivra le sort.

La loi du 5 nivôse an VIII chargera spécialement un conseiller d'État de l'administration des colonies. Il propose au ministre les décisions que celui-ci soumettra aux Consuls.

Cette organisation persistera sous l'Empire. Le ministère de la Marine et des Colonies comprendra un secrétariat général, cinq divisions et l'administration des colonies avec Guillemain de Vaivre à sa tête.

Cette organisation survivra pendant une grande partie du XIXe siècle.

* * *

Contrairement à d'autres ministères astreints par le décret du 21 juillet 1936 à verser aux Archives nationales leurs archives, qui constituent les séries F, BB et AD XIX de la Section moderne, les départements de la Marine, des Colonies et des Affaires étrangères, dotés d'un service d'archives organisé, furent dispensés de ce versement. Les archives de la Marine et des Relations extérieures sont encore conservées, à des degrés divers, par leur ministère (1); celles des Colonies, transférées en 1961 à la Direction des Archives de France à la suite de la disparition du ministère de la France d'Outre-Mer, ont été intégrées aux Archives nationales où elles sont gérées par la Section outre-mer (2).

Cependant, pour des raisons diverses, le ministère de la Marine en 1898, le ministère des Colonies à partir de 1910 et celui des Affaires étrangères entre 1929 et 1933 ont déposé (et non versé) certains fonds aux Archives nationales où ils ont été pris en charge par la Section ancienne. Ces fonds sont analysés ci-dessous.

---

(1) Voir respectivement p. 461 et 417.
(2) Voir p. 239.

FONDS DE LA MARINE

Le ministère de la Marine, en 1898, déposait aux Archives nationales une partie importante de ses archives. La date de 1870 devait, en principe, servir de charnière, les documents antérieurs à cette date étant conservés au Palais Soubise, les documents postérieurs au Service historique de la Marine. En réalité, les exceptions à cette règle sont nombreuses.

Les archives anciennes remontent en général à Colbert qui les organisa. Elles ont reçu leur classement actuel en 1862. Les archives y sont réparties en huit subdivisions : Actes du pouvoir souverain, Service général, Service central, Personnel, Matériel, Comptabilité, Invalides, Mémoires et projets. Ce classement ne tient malheureusement pas compte des administrations qui ont engendré les papiers et on trouve rangés sous une même rubrique des documents provenant de bureaux différents tandis que des papiers provenant d'un même bureau sont répartis entre diverses séries. De plus, certaines séries sont entièrement factices : série D, sous-séries B^4, C^4, etc.

On distingue deux parties dans le fonds conservé aux Archives nationales. Les séries anciennes, désignées par des cotes à lettres simples, comprennent les documents antérieurs à 1789; les plus anciens datent du milieu du XVIIe siècle. Les séries modernes, désignées par des cotes à lettres doubles, vont, sauf exception, jusqu'en 1870.

Une approche de ces archives, de leur contenu, des institutions qui les ont engendrées, des archivistes qui contribuèrent à leur sauvegarde sera cherchée dans les publications suivantes :

État général des fonds, t. III, *Marine et outre-mer*, Paris, 1980, p. 13-255.

NEUVILLE (D.), *État sommaire des archives de la Marine antérieures à la Révolution*, Paris, 1898.

> Il s'agit-là d'un répertoire numérique, seul instrument de recherche pour certaines séries ou sous-séries; l'auteur a fait précéder le répertoire de chacune de celles-ci d'une étude qui porte simultanément sur l'histoire des institutions génératrices des archives et d'une analyse de ces dernières.
> Dans les pages qui suivent, l'ouvrage sera cité comme suit : Neuville, *État sommaire...*

TAILLEMITE (É.), *Les archives de la Marine conservées aux Archives nationales*, Vincennes, 1980.

TAILLEMITE (É.), « Les archives et les archivistes de la Marine des origines à 1870 », *Bibliothèque de l'École des chartes*, 127, 1969, p. 28-86.

Séries anciennes

SÉRIE A. ACTES DU POUVOIR SOUVERAIN

Cette série de deux cent quarante sept articles est le fruit d'un travail de compilation. On y distingue cinq sous-séries.

Sous-série A¹. Recueil général des ordonnances, édits, lettres patentes, arrêts du Conseil, etc.

Cette sous-série de cent soixante dix neuf articles (1278-1791) résulte de recherches exécutées à partir de 1716 à la demande du ministre de la Marine en vue de constituer une collection complète de tous les textes législatifs ou réglementaires concernant la marine et le commerce. Les rares pièces antérieures à 1660 qui y sont contenues sont le plus souvent des copies.

Instruments de recherche :

. NEUVILLE, *État sommaire...*, p. 15-19.
. Inventaire analytique manuscrit.

Sous-série A². Recueil particulier d'ordonnances, édits, etc.

Cette sous-série de quarante et un articles (1548-1787) renferme des recueils d'ordonnances et d'édits classés par sujets (galères, marine, classes) ou rendus sous tel ou tel ministre (Bourgeois de Boynes, maréchal de Castries).

Instrument de recherche :

. NEUVILLE, *État sommaire...*, p. 19-22.

Sous-série A³. Tables

Cette sous-série de treize articles (XVIIIe s.) conserve des tables chronologiques des édits, déclarations, arrêts, ordonnances concernant la marine, les galères, le commerce, les colonies de 1182 à 1789.

On consultera :

A³ 1-11.   Table chronologique des édits, arrêts et ordonnances concernant la marine, le commerce et les colonies (1182-1789).

Instrument de recherche :

. Neuville, *État sommaire...*, p. 22 et 23.

Sous-série A⁴. Projets d'ordonnances

Cette petite sous-série de quatre articles (1681-1836) conserve des projets d'ordonnances sur la marine, les galères, la pêche en mer.

On dépouillera :

A⁴ 3, 4.   Projets d'ordonnances concernant la marine, 1751-1836.

Instrument de recherche :

. Neuville, *État sommaire...*, p. 23 et 24.

Sous-série A⁵. Ordonnances sur les marines étrangères

Cette sous-série de dix articles (1252-1817) contient des ordonnances relatives aux marines étrangères.

On dépouillera les articles consacrés aux nations qui possédaient des colonies en Amérique latine et aux Antilles :

A⁵ 1, 2.   Espagne, 1624-1816; Portugal, 1661-1807.

A⁵ 6.   Angleterre, 1252-1789.

A⁵ 7, 8.   Hollande, 1539-1792.

A⁵ 9.   Danemark, 1645-1792.

A⁵ 10.   Suède, 1645-1788.

Instrument de recherche :

. Neuville, *État sommaire...*, p. 24 et 25.

SÉRIE B. SERVICE GÉNÉRAL

Les organismes ou bureaux qui sont à l'origine de l'essentiel de cette série de deux mille quatre cent dix-sept articles sont :
— le Conseil de Marine qui, de 1715 à 1723, joua le rôle dévolu au secrétaire d'État (sous-série B¹);
— les bureaux du Ponant et du Levant (sous-séries B¹ à B⁵);
— le bureau des galères (sous-série B⁶);
— les bureaux des directeurs du commerce, des pays étrangers, des consulats du Ponant et des consulats du Levant (sous-série B⁷);
— le Dépôt des archives de la Marine (sous-série B⁸).

Cette série est subdivisée en huit sous-séries dont six intéressent le sujet du guide.

Sous-série B¹. Décisions

Cette sous-série de cent deux articles (1686-1789) se compose de deux éléments : d'une part, les cinquante-six registres de délibérations du Conseil de Marine (1715-1721), d'autre part, les quarante-six volumes du travail du roi et du ministre. Il s'agit de feuilles donnant le résumé d'une affaire, parfois accompagné de pièces justificatives, et la solution proposée par les bureaux sur lesquelles le roi ou le ministre appose un « Bon » quand il est d'accord, d'où le nom parfois donné à ces feuilles de « Bon du roi » ou « Bon du ministre ».

Outre les articles relatifs aux ports du Ponant, qui assuraient les liaisons avec l'Amérique latine et les Antilles, on dépouillera :

B¹ 1-56.   Délibérations du Conseil de Marine, 1715-1721.
    B¹ 1. Commerce..., septembre-décembre 1715.
    B¹ 2. Pays étrangers, colonies..., octobre-décembre 1715.
    B¹ 8, 9. Colonies, 1716.
    B¹ 10. Pays étrangers, 1716.
    B¹ 17, 18. Pays étrangers, 1717.
    B¹ 19-21. Colonies, 1717.
    B¹ 29, 30. Colonies, 1718.
    B¹ 32. Pays étrangers, 1718.
    B¹ 40. Pays étrangers, 1719.
    B¹ 41-43. Colonies, 1719.
    B¹ 48. Pays étrangers, 1720.
    B¹ 50-52. Colonies, 1720.
    B¹ 55. Colonies, janvier-juillet 1721.

B¹ 57-102.   Travail du roi et du ministre, 1686-1789.
    B¹ 78. Colonies..., 1772-1773.
    B¹ 83. Idem, 1776.
    B¹ 87. Idem, 1778.
    B¹ 91. Idem, 1779.
    B¹ 97. Idem, navigation commerciale..., 1782.
    B¹ 100. Idem, 1785-juin 1786.

Instruments de recherche :

• NEUVILLE, *État sommaire...*, p. 38-44.

• *Inventaire des archives de la Marine. Série B (Service général)*, t. I, Paris, 1885, p. 1-194.

• TAILLEMITE (É.), GIROUX (J.) et TOUR (Th.), *Archives de la Marine. Série B (Service général). Tables des noms de lieux, de personnes, de matières et de navires (Sous-séries B¹, B² et B³)*, Paris, 1969.

Sous-série B². Ordres et dépêches

Cette sous-série de quatre cent quarante-quatre articles (1662-1790) contient, à côté des ordres du roi concernant la marine du Ponant, la marine du Levant, la correspondance au départ du ministre adressée aux officiers de vaisseau ou de plume soit à terre dans les ports ou parfois aux colonies, soit à bord des bâtiments. On y trouve aussi huit registres de dépêches de Jérôme Phélypeaux de Pontchartrain.

Bien que très fragmentaire à partir de 1776, la sous-série B² permet de définir la politique maritime et coloniale française. On y relève de nombreuses pièces relatives au commerce et aux colonies, aux compagnies de commerce et de colonisation, aux consulats.

On consultera les ordres et dépêches concernant la marine du Ponant et également :

B² 159.	Ordres du roi et dépêches concernant la campagne du vice-amiral de Château-Renault à Lisbonne et en Nouvelle-Espagne, 1701-1702.
B² 443.	Minutes d'ordres du roi et de dépêches concernant la marine et les colonies, 1756-1785.
B² 444.	Mémoires et instructions concernant les colonies..., 1667-1798.

Instruments de recherche :

• NEUVILLE, *État sommaire...*, p. 45-78.

• *Inventaire des archives de la Marine. Série B (Service général)*, t. I, Paris, p. 195-423 et t. II-III, Paris, 1889-1902.

• TAILLEMITE (É.), GIROUX (J.) et TOUR (Th.), *Archives de la Marine. Série B (Service général). Tables...*, op. cit.

Sous-série B³. Lettres reçues

Cette sous-série compte huit cent trois articles (1628-1789). Contre-partie de la précédente, elle contient la correspondance reçue par le secrétaire d'État à la Marine en provenance des officiers de vaisseau et de plume en service dans les ports, du contrôleur général des Finances, des autres secrétaires d'État, des gouverneurs et intendants et des autorités diverses (clergé, etc.). Les lacunes y sont importantes et doivent être complétées par les archives des ports de Brest, Lorient, Rochefort et Toulon.

La correspondance en provenance des ports du Ponant fournira de nombreuses indications sur le commerce avec les colonies d'Amérique et les Antilles et sur l'état de celles-ci.

Instruments de recherche :

- NEUVILLE, *État sommaire...*, p. 79-146.
- *Inventaire des archives de la Marine. Série B (Service général)*, t. IV-VIII, Paris, 1899-1963.
- TAILLEMITE (É.), GIROUX (J.) et TOUR (Th.), *Archives de la Marine. Série B (Service général). Tables...*, op. cit.

Sous-série B⁴. Campagnes

Cette sous-série de trois cent vingt articles (1571-1829) est un ensemble artificiel dont la création remonte au maréchal de Castries, secrétaire d'État à la Marine. Celui-ci fit en effet extraire des divers fonds existants les documents les plus marquants concernant les campagnes exécutées par la Marine française. Le travail fut repris et complété en 1808, 1812, 1862. Le contenu, extrêmement varié, comprend les instructions remises aux commandants d'escadres et de bâtiments, la correspondance de ces officiers et les rapports qu'ils adressent au secrétaire d'État, parfois leurs journaux de navigation, des récits de voyages ou de combats, en cas de batailles ou de bâtiments perdus les papiers des conseils de guerre ayant jugé les officiers, des listes de bâtiments, des états de dépenses. La sous-série est très incomplète, principalement avant 1760.

Les articles suivants concernent l'Amérique latine et les Antilles :

B⁴ 2, 3.   Antilles..., 1646-1669.

B⁴ 5, 6.   Antilles..., 1671-1675.

B⁴ 7.   Antilles, Guyane, 1676-1680.

B⁴ 8.   Antilles..., 1678-1679.

B⁴ 9.   Antilles, Amérique espagnole..., 1680-1688.

B⁴ 10.   Amérique espagnole, 1685-1686.

B⁴ 11.   Antilles, Amérique espagnole..., 1687-1688.

B⁴ 12.   Guyane..., 1689-1690.

B⁴ 13-15.   Antilles..., 1691-1695.

B⁴ 16.   Saint-Domingue, Amérique du Sud..., 1695.

B⁴ 17.   Antilles..., 1695-1697.

B⁴ 18, 19. Antilles, Amérique espagnole..., 1697-1698.

B⁴ 20.   Antilles..., 1699-1700.

B⁴ 21.   Guyane hollandaise..., 1701.

B⁴ 22, 23. Amérique espagnole..., 1702.

B⁴ 24, 25. Antilles, Amérique espagnole..., 1703.

B⁴ 28, 29. Antilles, Brésil..., 1705-1706.

B⁴ 30, 31. Antilles, Amérique espagnole, Guyane, Brésil..., 1706.

B⁴ 32.   Antilles, Pérou..., 1707-1711.

B⁴ 34.   Antilles, Amérique espagnole..., 1709-1710.

B⁴ 35.   Antilles, Amérique espagnole, Brésil..., 1708-1711.

B⁴ 36.   Antilles, Guyane, Brésil..., 1711-1715.

B⁴ 37.   Antilles, Guyane, Paraguay, Chili, Pérou..., 1716-1720.

B⁴ 38.   Antilles, Guyane..., 1721-1725.

B⁴ 39.   Antilles..., 1726-1729.

B⁴ 40, 41. Antilles, Guyane..., 1728-1734.

B⁴ 42, 43. Antilles..., 1734-1736.

B⁴ 44.   Antilles, Guyane..., 1736-1738.

B⁴ 45.   Antilles, Guyane, Brésil..., 1738-1739.

B⁴ 50.   Antilles..., 1740-1741.

B⁴ 54-61.   Antilles..., 1742-1747.

B⁴ 62.   Antilles, Brésil..., 1748-1749.

B⁴ 63.   Antilles, Amérique centrale..., 1749-1751.

B⁴ 64-66.   Antilles..., 1751-1753.

B⁴ 67, 68. Antilles, Guyane..., 1754-1755.

B⁴ 69-73.   Antilles..., 1756.

B⁴ 77.   Antilles, Brésil..., 1757-1758.

B⁴ 78-81.   Antilles..., 1758.

B⁴ 90-92.	Antilles..., 1759.
B⁴ 98.	Antilles..., 1760.
B⁴ 103.	Antilles..., 1760-1762.
B⁴ 104, 105.	Antilles, Brésil..., 1762.
B⁴ 106-108.	Antilles..., 1763-1765.
B⁴ 110-112.	Antilles..., 1766-1768.
B⁴ 114.	Antilles, Brésil..., 1769-1770.
B⁴ 115-118.	Antilles..., 1770-1772.
B⁴ 120, 121.	Antilles..., 1773.
B⁴ 123-125.	Antilles, Guyane..., 1773-1775.
B⁴ 126-132.	Antilles..., 1776-1777.
B⁴ 140-153.	Antilles..., 1778-1782.
B⁴ 161-170.	Antilles, Amérique espagnole..., 1779.
B⁴ 171, 172.	Antilles..., 1779-1780.
B⁴ 180, 181.	Antilles..., 1780.
B⁴ 184, 185.	Antilles..., 1780-1781.
B⁴ 187, 188.	Antilles..., 1781.
B⁴ 192, 193.	Antilles, Guyane..., 1781.
B⁴ 194, 195.	Antilles..., 1781-1782.
B⁴ 205-207.	Antilles..., 1782.
B⁴ 221-264.	Conseil de guerre tenu à la suite de la bataille des Saintes, 1780-1784.
B⁴ 266-268.	Antilles..., 1782-1784.
B⁴ 270, 271.	Antilles..., 1784-1785.
B⁴ 273-275.	Antilles, Guyane..., 1786-1787.
B⁴ 277, 278.	Antilles, Amérique espagnole..., 1788.
B⁴ 279, 280.	Antilles, Guyane..., 1789.
B⁴ 284-288 *bis*.	Antilles, Amérique espagnole..., 1676-1790.
B⁴ 321.	Antilles, Amérique du Sud..., XVIIᵉ-XVIIIᵉ s.

Instruments de recherche :

. Neuville, *État sommaire...*, p. 147-225.

. Inventaire analytique manuscrit (en cours).

Sous-série B⁵. Armements

Cette petite sous-série de vingt-neuf articles (1619-1789) contient des états de situation des bâtiments de la flotte, des pièces relatives aux armements, des notes sur les marines étrangères. On pourra y glaner quelques indications sur les navires ayant croisé dans les eaux antillaises et américaines.

Instrument de recherche :

. NEUVILLE, *État sommaire...*, p. 226-230.

Sous-série B⁷. Pays étrangers, commerce et consulats

Cette sous-série de cinq cent quarante-sept articles (1261-1823) doit être consultée conjointement avec les sous-séries Affaires étrangères B^I et B^{III} (1) où sont conservées les pièces qui en ont été soustraites lorsque les attributions consulaires et commerciales de la Marine furent, en 1793, transférées au ministère des Relations extérieures.

On y distingue cinq éléments :

— les articles 1-47 (1708-1723) contiennent le travail du roi et du ministre, les décisions prises par ceux-ci et par le Conseil de Marine. Il s'agit de « Feuilles au roi » ou « au ministre », analyses de lettres reçues des consuls, proposant une solution et portant éventuellement le « Bon »;

— les articles 48-203 (1480-1755) sont, pour l'essentiel, des registres de correspondance au départ, d'ordres et de dépêches du roi et du ministre sur le commerce intérieur et extérieur, les colonies. Leur état est très fragmentaire antérieurement à 1670. Les registres postérieurs à 1755 sont conservés dans les sous-séries Affaires étrangères B^I et B^{III};

— les articles 204-462 (1493-1789) sont des épaves de la correspondance à l'arrivée, la majorité des pièces étant passée dans le fonds des Affaires étrangères, à l'exception de la correspondance de l'agent consulaire à Madrid;

— les articles 463-519 (1275-1823) sont constitués de mémoires et documents divers sur le commerce des diverses parties du monde, sur l'industrie, les marines étrangères... On y trouve également des pièces sur les consulats ainsi que l'enregistrement de la correspondance relative aux pays étrangers;

— les articles 520-546 (1261-1820) renferment des copies de traités commerciaux conclus entre la France et divers pays européens et méditerranéens.

Les documents intéressant l'Amérique latine et les Antilles sont dispersés. On les cherchera sous les rubriques suivantes : commerce, Espagne, Nord.

_____

(1) Voir p. 201-204.

Instruments de recherche :

. Neuville, *État sommaire...*, p. 243-305.

. Taillemite (É.), *Inventaire des archives de la Marine. Sous-série B⁷ (Pays étrangers, commerce, consulats) déposée aux Archives nationales,* t. I-IV, Paris, 1964-1966 (articles 1-75).

. Henrat (Ph.), *Idem,* t. V et VI, Paris, 1979-1980 (articles 76-103).

. Inventaire analytique dactylographié des articles 204-245 et 463-509.

SÉRIE C. PERSONNEL

Cette série de deux mille cinq cent soixante-trois articles consacrée au personnel de la Marine est très incomplète et assez hétérogène. Elle est subdivisée en huit sous-séries : officiers militaires (sous-série C^1), officiers civils (C^2), troupes (C^3), classes, amirautés et police de la navigation (C^4), pêches (C^5), rôles d'équipage (C^6), dossiers individuels (C^7) et ordres de chevalerie (C^8).

Les documents classés dans les sous-séries C^1 à C^6 et C^8 ont un caractère collectif : revues, matricules, correspondance administrative relative aux divers corps. La sous-série C^7 regroupe des dossiers individuels d'officiers de vaisseau ou de plume.

On consultera les subdivisions indiquées ci-dessous.

Sous-série C¹. Officiers militaires

Cette sous-série de deux cent quatre-vingt-un articles (1270-1829) permet de retracer les principales étapes de la carrière des officiers de vaisseau ayant servi à la mer ou aux colonies avant 1789.

Le Bureau des Officiers fut créé en 1747; auparavant, le personnel militaire était administré par le Bureau des Fonds dont les papiers se trouvent dans la série E.

La sous-série C^1 se compose de quatre éléments distincts :

— les articles 1-36 (1627-1789) renferment le travail du roi et du ministre;

— les articles 37-71 (1747-1789) contiennent la correspondance au départ du Bureau des Officiers;

— les articles 72-101 (1668-1835) sont constitués par la correspondance reçue des ports de 1727 à 1789; on y a ajouté des mémoires et documents divers concernant les officiers de marine;

— les articles 102-281 (1270-1829) conservent des listes générales et particulières, des revues, contrôles, matricules, tous documents essentiels pour reconstituer la carrière d'un officier.

On aura recours, pour l'Amérique latine et les Antilles, aux lettres reçues ou à destination des ports du Ponant. Parmi les listes, revues, etc., un seul article est consacré aux Antilles :

C¹ 163.   Liste générale des officiers attachés aux ports de Saint-Domingue, de la Martinique..., 1738-1783.

Instruments de recherche :

- NEUVILLE, *État sommaire...*, p. 319-371.
- Fichier alphabétique manuscrit.

Sous-série C². Officiers civils

Cette sous-série de cent vingt-cinq articles (1645-1817) est l'homologue de la précédente pour les officiers de plume (intendants, commissaires, écrivains, contrôleurs), le personnel technique (ingénieurs-constructeurs, ingénieurs-géographes), les officiers de santé (médecins et chirurgiens) et autres agents entretenus de la Marine. Elle présente le même intérêt historique.

On y trouve également les mêmes éléments :

— les articles 1-8 (1756-1781) renferment le travail du ministre;

— les articles 9-33 (1749-1789) correspondent à la correspondance au départ;

— les articles 34-39 (1760-1787) contiennent la correspondance à l'arrivée;

— les articles 40-125 (1645-1817) sont constitués de listes générales, revues, matricules, états de solde et de services, documents divers.

Certains articles concernent plus particulièrement les colonies :

C² 41.   Listes générales des officiers d'administration et agents entretenus : colonies..., 1750-1764.

C² 43.   *Idem,* 1765-1776.

C² 44.   Matricules des officiers d'administration et agents entretenus de la Marine et des colonies, 1763-1786.

C² 55.   Liste générale alphabétique des officiers de la Marine, des colonies..., XVIIᵉ-XVIIIᵉ s.

C² 56-60.   Listes générales et états divers des officiers civils et des agents entretenus de la Marine, des colonies..., 1645-1817.

C² 64-104.   Revues et états de solde des officiers civils et agents entretenus de la Marine : colonies..., 1671-1808.

Instrument de recherche :

- NEUVILLE, *État sommaire...*, p. 372-417.

Sous-série C³. Troupes

Cette petite sous-série de quatre-vingts articles (1669-1825) est consacrée à la gestion des troupes de la Marine. On y trouve des ordres et dépêches ainsi que des revues, matricules et divers états de service.

Un seul article est à signaler en ce qui concerne les colonies. Des indications sur les compagnies franches affectées au service des Antilles et de la Guyane seront cherchées dans la sous-série Colonies D²ᶜ (1).

C³ 80.   États et correspondance relatifs à l'artillerie de la Marine et des colonies, 1785-1786.

Instrument de recherche :

. NEUVILLE, *État sommaire...*, p. 418-441.

Sous-série C⁴. Classes, amirautés et police de la navigation

Cette sous-série de deux cent quatre-vingt-douze articles (1464-1794) regroupe les archives de l'ancien Bureau des Classes, des épaves des papiers de l'Amirauté de France (C⁴ 225-243, 1464-1791) et de l'Amirauté de Dunkerque (C⁴ 244-289, 1667-1780).

Les papiers provenant de l'ancienne administration des classes se composent de cinq éléments distincts :
— les articles 1-39 (1721-1790) conservent le travail du ministre et les décisions du Conseil de Marine ;
— les articles 40-128 (1629-1790) contiennent la correspondance au départ ;
— les articles 129-156 (1666-1794) sont constitués par la correspondance en provenance des ports ;
— les articles 157-181 (1544-1794) renferment des mémoires et documents divers concernant les classes, les ports et les amirautés ;
— les articles 182-224 *ter* (1691-1791) correspondent aux matricules des gens de mer et des ouvriers des ports.

Cette sous-série fournira des renseignements sur le commerce des différents ports avec les Antilles et l'Amérique latine :

C⁴ 129-156.   Lettres, états et mémoires reçus des ports et concernant la navigation commerciale..., 1666-1794.

C⁴ 159-171.   Descriptions des ports et amirautés de France, 1725-1740.

_____

(1) Voir p. 215.

C⁴ 174-176.   Procès-verbaux d'inspection des ports et amirautés de France par le commissaire Chardon, 1782-1785.

C⁴ 177-181.   Lettres, procès-verbaux, mémoires et tarifs concernant le commerce maritime... et les inspections du commissaire Chardon, 1701-1794.

Instrument de recherche :

. NEUVILLE, *État sommaire...*, p. 442-464.

Sous-série C⁵. Pêches

Cette petite sous-série de soixante articles (1422-an VI) conserve les archives du Service des Pêches maritimes rattaché au Bureau des Classes jusqu'en 1785, puis au Bureau de la Police de la navigation. De ce dernier proviennent des états statistiques sur le commerce :

C⁵ 27-59.   Textes législatifs et réglementaires, mémoires, procès-verbaux, états concernant le commerce maritime..., 1422-1790.

Instrument de recherche :

. NEUVILLE, *État sommaire...*, p. 465-471.

Sous-série C⁶. Rôles d'équipage

Cette sous-série de mille trois cent cinquante articles (1668-1792) conserve les rôles d'équipage des bâtiments de guerre et parfois de bâtiments civils, comme ceux des vaisseaux de la Compagnie des Indes armés à Lorient entre 1717 et 1771 (C⁶ 961-975). Ces rôles sont classés par ports d'armement et types de navires : vaisseaux, frégates, corvettes, flûtes, etc.

Ce genre de document indique la date précise d'armement et de désarmement du navire, la liste complète des personnes embarquées (état-major, officiers mariniers, matelots, soldats), celle des passagers avec la date d'embarquement et de débarquement. Il peut apporter des éléments à une étude du peuplement des colonies d'Amérique.

Instruments de recherche :

. NEUVILLE, *État sommaire...*, p. 472-566.
. Fichier alphabétique manuscrit des noms de navires.

Sous-série C⁷. Dossiers individuels

Cette sous-série de trois cent cinquante-cinq articles (XVIIᵉ-XVIIIᵉ s.) renferme, classés par ordre alphabétique, les dossiers individuels d'officiers de vaisseau ou de plume, d'officiers mariniers, d'officiers marchands, de personnes relevant de la Marine ayant servi avant la Révolution. Les dossiers postérieurs à 1789 sont conservés au Service historique de la Marine dans la sous-série CC⁷ (1). Par ailleurs, on consultera dans la série Colonies E (2) les dossiers des officiers ayant exercé des fonctions dans l'administration coloniale.

Figurent également dans cette sous-série des dossiers provenant du Bureau du Contentieux et concernant des capitaines marchands, des armateurs ou des négociants, source non négligeable pour l'histoire du commerce maritime.

Antérieurement à 1779, les dossiers contiennent des pièces éparses, souvent retrouvées après la reliure des séries B ou C, et n'ayant qu'un rapport lointain avec la carrière des officiers. Après cette date, les dossiers se rapprochent de la conception moderne du dossier personnel et l'on y trouve des pièces d'état civil, des états de service certifiés par les autorités des ports. Ces documents apporteront des précisions sur les embarquements et les campagnes des officiers.

Instruments de recherche :

. NEUVILLE, *État sommaire...*, p. 567-573.

. Fichier alphabétique manuscrit.

SÉRIE D. MATÉRIEL

Cette série de cent quatre vingt-dix articles n'est pas le produit de l'activité d'un service administratif car, sous l'Ancien Régime, il n'existait pas de service spécialement chargé du matériel : les affaires s'y rapportant étaient traitées par les bureaux du Ponant et du Levant, jusqu'en 1738, puis par ceux des ports.

Il s'agit donc d'un ensemble de cinq collections factices dont trois peuvent intéresser l'histoire de l'Amérique latine et des Antilles.

Sous-série D². Travaux hydrauliques et bâtiments civils

Cette sous-série de cinquante-neuf articles (1200-1801) est constituée de dossiers relatifs aux travaux maritimes et classés par ordre géographique des ports. On y relève, à côté des pièces à caractère technique, des mémoires et documents divers à caractère économique.

---

(1) Voir p. 477.
(2) Voir p. 223.

Les dossiers consacrés aux ports du Ponant fourniront des indications sur le commerce avec les colonies d'Amérique.

Instrument de recherche :

. LECACHEUX (P.), TOUR (Th.) et BELLAS (A.), *Inventaire des archives de la Marine. Sous-série D² (Travaux hydrauliques et bâtiments) déposée aux Archives nationales*, Paris, 1965.

Sous-série D³. Approvisionnements et subsistances

Cette sous-série de quarante-six articles (1662-1815) contient essentiellement des documents concernant les bois et les matériaux (chanvres, goudrons, etc.), les forges et fonderies, les vivres (farines, vins, biscuits, salaisons, etc.).

On y relèvera quelques pièces sur les bois fournis par l'Amérique :

D³ 10.	Mémoires, états, lettres et rapports sur les bois d'Amérique du Sud..., 1771-1800.
D³ 16.	Mémoires, instructions, projets, lettres et tarifs concernant les bois d'Amérique..., 1677-1789.

Instrument de recherche :

. NEUVILLE, *État sommaire...*, p. 593-604.

Sous-série D⁴. Artillerie

Cette sous-série ne comporte que neuf articles (1540-1800) qui traitent du matériel et du personnel de l'artillerie.

On notera, en ce qui concerne les colonies d'Amérique :

D⁴ 6.	Lettres, mémoires et états relatifs à l'inspection du personnel et du matériel de l'artillerie des colonies, effectuée dans les possessions françaises d'Amérique par le colonel Du Puget, 1785-1786.

Instrument de recherche :

. NEUVILLE, *État sommaire...*, p. 605 et 606.

SÉRIE E. COMPTABILITÉ

Cette série contient deux cent onze articles (1645-1808) provenant du Bureau des Fonds qui, jusqu'en 1747, fut également chargé du détail des officiers de vaisseau et de plume servant à la mer et aux colonies. Aussi trouvera-t-on dans cette série des documents qui auraient dû figurer dans les sous-séries C^1 et C^2.

Les colonies furent incluses dans les attributions de ce service jusqu'au 1er janvier 1750, date de la création du Bureau des Fonds des Colonies dont on consultera les archives dans la sous-série Colonies F^{1A} (1).

On verra notamment :

E 204-206.   Ordres de paiement, mémoires, lettres, états, bordereaux concernant les fonds de la Marine et des colonies, 1650-1789.

Instrument de recherche :

. Neuville, *État sommaire...*, p. 609-643.

SÉRIE F. INVALIDES ET PRISES

Cette série de cent soixante-sept articles se subdivise en deux sous-séries consacrées, l'une aux invalides de la Marine, l'autre à la guerre de course et aux prises, ainsi qu'aux prisonniers de guerre.

Sous-série F^{1A}. Invalides

Cette sous-série comporte soixante-six articles (1693-1796) émanant de l'administration des Invalides de la Marine. On pourra y trouver trace de pensions obtenues par des officiers ayant fait carrière au Nouveau Monde au XVIIIe siècle.

Il existe également, sous la cote Colonies CC^{9C} 4, des lettres et rapports relatifs aux invalides de la Marine à Saint-Domingue (1728-1783).

On consultera :

F^1 2-25.   Dépêches ministérielles, 1728-1788.

F^1 40-60.   Pensions des officiers de la Marine..., 1709-1792.

_____

(1) Voir p. 224.

F¹ 61-65.   Lettres patentes, arrêts du Conseil, décisions, instructions, lettres, mémoires, listes, états concernant les pensionnés de la Marine et des colonies..., 1693-1796.

Instrument de recherche :

. NEUVILLE, *État sommaire...*, p. 646-652.

Sous-série F². Prises

Cette sous-série de cent un articles (1668-1810) peut fournir des renseignements sur les prises faites dans la mer des Caraïbes et l'océan Atlantique pendant les guerres d'Ancien Régime.

Deux articles intéressent plus particulièrement la course aux colonies :

F² 73.   Prises : colonies, 1738-1776.

F² 82.   Liquidation des prises : colonies, 1778-1788.

Instrument de recherche :

. NEUVILLE, *État sommaire...*, p. 653-662.

SÉRIE G. DOCUMENTS DIVERS

Destinée à recevoir les pièces concernant la Marine entrées par voies extraordinaires, cette série de deux cent soixante-cinq articles (1400-1863) est essentiellement composite. On y relève une collection d'états abrégés de la Marine, des recueils de copies de documents et des mémoires et projets concernant la marine, les colonies, le commerce, etc.

On citera, parmi les articles à dépouiller :

G 47-50.   Faits et décisions de l'administration de la Marine, 1733-1774.

G 51-56.   Faits et décisions de l'administration des Colonies, 1733-1774.

G 57-60.   Faits et décisions de l'administration du Commerce, 1733-1774.

G 61.   Actes et décisions de l'administration de la Marine, 1723-1749.

G 62.   Actes et décisions de l'administration des Colonies, 1723-1740.

G 63.   Actes et décisions de l'administration du Commerce et des Consulats, 1723-1732.

| G 78. | Papiers Sicamois : notices détaillées sur Cayenne et la Guyane, Tabago, Saint-Domingue depuis 1788, la Martinique..., s.d. |

G 78.   Papiers Sicamois : notices détaillées sur Cayenne et la Guyane, Tabago, Saint-Domingue depuis 1788, la Martinique..., s.d.

G 79.   *Idem :* extraits divers sur la Compagnie des Indes occidentales, l'isthme de Panama (1763), les compagnies de commerce, les îles d'Amérique..., s.d.

G 81-85.   Enregistrement de la correspondance des autorités du port du Havre : commerce, consulats..., 1763-1789.

G 127.   « Réflexions sur le commerce et sur la marine », par le comte de Maurepas, 1745.

G 141.   Mémoire du chevalier d'Isle sur le routier de Saint-Domingue, 1768.

G 171.   Correspondance reçue par le comte d'Estaing de colons des Antilles, 1772-1780.

G 172.   Correspondance reçue par le comte d'Estaing d'officiers en garnison aux Antilles..., 1767-1789.

G 178.   Tableaux de chiffrement et de déchiffrement, notes relatives au chiffre, 1758-1781 : clefs du chiffre employé par le comte de Nozières, gouverneur de la Guadeloupe, 1771.

G 191.   État du clergé du département de la Marine et des missions, 1782.

G 193.   Copies de documents relatifs à la Marine et aux colonies conservés au British Museum (1327-1799), XIXe s.

G 220.   Faits et décisions de l'administration du Commerce, 1723-1732.

G 222.   Documents divers concernant le commerce, les voyages d'exploration..., 1660-1785.

G 229.   Documents relatifs aux consulats, 1479-1792.

G 236-239.   Documents relatifs à l'administration des Colonies : ordres du roi et décisions du ministre, codes coloniaux, administration générale, troupes des colonies, comptabilité et finances, chiffre, compagnies de commerce, 1556-1806.

G 240.   Hôpital de la Martinique, 1686.

Instruments de recherche :

- *Catalogue général des manuscrits des bibliothèques publiques de France. Bibliothèques de la Marine,* Paris, 1907, p. 93-142 (articles 1-200).

- *Catalogue général... Départements,* t. XLVI, *Bibliothèques de la Marine (Supplément),* Paris, 1924, p. 1-62 (articles 201-209).

- Inventaires analytiques dactylographiés des articles 81-85 et 220-256.

Séries modernes

SÉRIE AA. ACTES DU POUVOIR SOUVERAIN

Homologue de la série A pour la période postérieure à 1789, cette série de 305 articles se divise en trois sous-séries.

Sous-série AA¹. Originaux des actes du pouvoir exécutif

Cette sous-série de 195 articles (an IV-1869) se compose de minutes ou d'expéditions originales d'ordonnances, de décrets, d'arrêtés et de divers textes législatifs ou réglementaires concernant la Marine et les colonies. On y trouve également des rapports de présentation du ministre de la Marine à l'empereur ou au roi.

Plusieurs volumes intéressent particulièrement la Guyane et les Antilles :

AA¹ 110. Décrets coloniaux rendus par le gouvernement de la Guyane et sanctionnés par le roi, 1834-1848.

AA¹ 111. Décrets coloniaux rendus par le gouvernement de la Martinique et sanctionnés par le roi, 1834-1848.

AA¹ 113. Décrets coloniaux rendus par les gouvernements de la Guadeloupe et de la Martinique et sanctionnés par le roi..., 1848.

Instrument de recherche :

. Répertoire numérique manuscrit.

Sous-série AA². Ampliations des actes du pouvoir exécutif et textes imprimés

Cette sous-série de quatre vingt dix-neuf articles (1788-1858) est constituée d'ampliations ou de textes imprimés des actes du pouvoir exécutif.

On y trouve de nombreuses pièces relatives à Saint-Domingue.

AA² 42-51. Collection imprimée de proclamations du roi, de lois et de décrets des assemblées, d'adresses, d'instructions, d'arrêtés du Comité de Salut public et d'autres textes législatifs et réglementaires concernant essentiellement la Marine et les colonies, 1790-an II.

AA² 53-55.	Collection imprimée de lois et de décrets des assemblées, d'arrêtés du Comité de Salut public et du Directoire, de procès-verbaux, de mémoires et d'autres textes législatifs et réglementaires concernant essentiellement la Marine et les colonies, an III-an VII.
AA² 56-97.	Collection imprimée de lois, d'arrêtés du Directoire et du Consulat, de décrets impériaux, de conventions, d'ordonnances royales, d'arrêtés du président de la République et du ministre de la Marine, de décisions, d'instructions, de mémoires et d'autres textes législatifs et réglementaires concernant essentiellement la Marine et les colonies, an VIII-1858 (contient quelques numéros de *l'Éclaireur haytien ou le parfait patriote*, de *l'Avertisseur haytien* et du *Propagateur haytien*, 1818-1822).

Instrument de recherche :

. Répertoire numérique manuscrit.

Sous-série AA³. Tables, répertoires et enregistrement

Cette petite sous-série de onze articles (1784-1869) contient des répertoires chronologiques ou méthodiques des documents conservés dans les sous-séries AA¹ et AA².

Instrument de recherche :

. Répertoire numérique manuscrit.

SÉRIE BB. SERVICE GÉNÉRAL

Cette série de trois mille cent soixante dix-sept articles est pratiquement l'homologue, pour la période postérieure à la Révolution, de la série B. Deux subdivisions, cependant, ne s'y retrouvent pas : il n'existe pas de sous-série BB⁶, le corps des galères ayant disparu au XVIIIᵉ siècle, et la sous-série BB⁷, consacrée aux marines étrangères, est conservée au Service historique de la Marine. Rappelons que ce dernier détient la plupart des documents postérieurs à 1870 et quelques-uns antérieurs à cette date.

Sous-série BB¹. Décisions

Cette sous-série de cent trente-quatre articles (1789-1870) renferme principalement la collection des minutes des rapports adressés aux comités révolutionnaires, au Directoire, au Premier consul, à l'empereur, au roi, au ministre de la Marine auxquelles sont parfois jointes des pièces à l'appui : ordonnances, notes et circulaires, procès-verbaux de conseils divers, mémoires, états, etc. Ces minutes portent souvent l'approbation des autorités à qui elles étaient destinées.

Constituée presque exclusivement de papiers provenant du Bureau des Mouvements, qui a remplacé le Bureau des Ports en 1823, la sous-série BB¹ doit être consultée conjointement avec les sous-séries AA¹ et AA² qu'elle complète.

Les articles suivants concernent plus particulièrement les colonies :

BB¹ 8-10.   Rapports et notes de la Commission de la Marine et des Colonies au Comité de Salut public, arrêtés et projets d'arrêtés de celui-ci, rapports au ministre de la Marine et décisions ministérielles, an II-an IV.

BB¹ 11.   Rapports du ministre de la Marine au Directoire exécutif et arrêtés de celui-ci, rapports et notes au ministre de la Marine et à la Commission de la Marine et des Colonies, décisions ministérielles, instructions diverses, an III-an IV.

BB¹ 120.   Copies d'instructions, de rapports, de lettres et de notes concernant les colonies..., 1783-1819.

Instrument de recherche :

. Répertoire numérique manuscrit.

Sous-série BB². Correspondance au départ

Cette sous-série de cinq cent vingt-deux articles (1790-1869) renferme essentiellement la correspondance adressée par le ministre de la Marine aux fonctionnaires de son administration dans les ports et les bureaux du ministère, aux autres ministres, aux représentants en mission pendant la période révolutionnaire, aux autorités départementales, aux autorités religieuses, aux ambassadeurs et consuls de France à l'étranger ou étrangers en France, aux gouverneurs des colonies, etc. La correspondance adressée aux commandants des forces navales ou des bâtiments de guerre en service à la mer se trouve dans la sous-série BB⁴.

Les minutes de lettres sont classées chronologiquement puis, annuellement, par ordre méthodique et géographique.

On relèvera des documents concernant l'Amérique latine et les Antilles dans les articles relatifs aux colonies en général ainsi que dans les lettres adressées aux ambassadeurs et consuls français, aux diplomates anglais, espagnols, portugais et hollandais, aux officiers en service dans les eaux américaines et antillaises.

Instrument de recherche :

. Répertoire numérique manuscrit.

Sous-série BB³. Lettres reçues

Cette sous-série de huit cent vingt-six articles (1790-1869) est la contrepartie de la précédente. Elle renferme les lettres adressées au ministre de la Marine par les correspondants énumérés ci-dessus : fonctionnaires de la Marine dans les ports et les bureaux, ministres, autorités départementales, diplomates, etc. La correspondance des commandants des forces navales est dans la sous-série BB⁴.

On y trouve aussi un certain nombre de documents qui n'y ont pas normalement leur place : procès-verbaux des séances de l'Assemblée nationale, papiers des comités de la Convention, arrêtés du Directoire, journaux français ou étrangers.

Son cadre de classement est identique à celui de la sous-série BB² et les sources de renseignements sur l'Amérique latine et les Antilles sont les mêmes.

Instruments de recherche :

. Répertoire numérique manuscrit.
. Inventaire analytique dactylographié des articles 1-88.

Sous-série BB⁴. Campagnes

Cette volumineuse sous-série de mille cinquante articles (1790-1872) contient la correspondance adressée au ministre par les commandants des forces navales et des bâtiments de guerre en service à la mer ou en armement dans les ports.

Les minutes de lettres sont classées chronologiquement puis annuellement selon un ordre méthodique. A l'intérieur de chacune de ces subdivisions (ports, stations navales, bâtiments isolés affectés à des missions particulières), la correspondance (lettres et rapports) est classée par ordre alphabétique des navires dont elle émane.

On trouve également dans BB⁴ de nombreuses lettres au départ, notamment des instructions adressées par le ministre de la Marine aux commandants des escadres et des bâtiments, des dossiers de campagnes regroupant la correspondance arrivée et départ et de nombreux documents qui n'y ont pas normalement leur place (mémoires et rapports à la Convention et au Comité de Salut public, états de prises, notes confidentielles, journaux, etc.), également quelques lettres de correspondants à terre (officiers des ports et des colonies) qui devraient normalement se trouver dans la sous-série BB³.

Enfin, on peut y distinguer trois suppléments : l'un (BB⁴ 992-1014) qui concerne les voyages de circumnavigation ou d'exploration organisés après 1791 et que l'on consultera conjointement avec la sous-série 5 JJ (voyages et missions hydrographiques); le second (BB⁴ 1015-1052) qui a été constitué après la reliure de la partie principale et où se trouvent des documents variés (marines étrangères, projets de voyage, dossiers d'affaires politiques et coloniales); le dernier (BB⁴ 1752-1830) est formé par les archives personnelles des deux amiraux Jurien de La Gravière : on y trouve des journaux de bord, des registres de correspondance, des pièces sur l'expédition du Mexique, etc.

Cette sous-série présente un grand intérêt historique car les rapports envoyés au ministre par les officiers commandant les stations navales sont riches en informations d'ordre politique, économique, social ou culturel sur les pays visités.

On consultera :

BB⁴ 3.	Station des Iles du Vent, station des Iles sous le Vent, 1790.
BB⁴ 4.	Missions particulières : le *Duc-d'Orléans* (Guadeloupe), la *Perdrix* (Antilles)..., 1791.
BB⁴ 5.	Station des Iles du Vent, expédition de la Martinique et de Saint-Domingue..., 1791.
BB⁴ 6.	Station des Iles sous le Vent..., 1791.
BB⁴ 9.	Guyane..., 1792-1793.
BB⁴ 11.	Station des Iles sous le Vent, transport de troupes à Saint-Domingue..., 1792.
BB⁴ 12.	Station des Iles du Vent, Martinique, 1792.
BB⁴ 13.	Missions particulières : le *Papillon* (Guyane...)..., 1792.
BB⁴ 23.	Station des Iles du Vent..., 1793.
BB⁴ 24.	Station des Iles sous le Vent, 1793.
BB⁴ 26.	Missions particulières : la *Calypso* (Iles du Vent), le *Curieux* (Iles du Vent)..., 1793.
BB⁴ 27.	*Idem* : le *Diligent* (côte brésilienne), l'*Espoir* (Cayenne)..., 1793.

BB⁴ 28.   *Idem :* le *Galiby* (Cayenne), la *Jeanne-Sophie* (Saint-Domingue)..., 1793.

BB⁴ 44.   Division des Iles du Vent..., an II-an III.

BB⁴ 49.   Missions particulières : la *Coureuse* (Cayenne)..., an II.

BB⁴ 55.   *Idem :* le *Lutin* (Cayenne)..., an II.

BB⁴ 57.   *Idem :* l'*Oiseau* (Cayenne)..., an II.

BB⁴ 85.   Expédition de Cayenne, station des Iles du Vent, expédition des Iles sous le Vent..., an III-an IV.

BB⁴ 87.   Missions particulières : l'*Andromaque* (Guadeloupe)..., an IV.

BB⁴ 88.   *Idem :* le *Bonnet-Rouge* (Saint-Domingue)..., an III.

BB⁴ 92.   *Idem :* l'*Harmonie* (la Havane), l'*Insurgente* (Saint-Domingue)..., an III.

BB⁴ 93.   *Idem :* le *Jean-Bart* (Saint-Domingue)..., an III.

BB⁴ 94.   *Idem :* la *Perçante* (Cayenne) ..., an III.

BB⁴ 95.   *Idem :* le *Scévola* (Saint-Domingue)..., an III.

BB⁴ 96.   *Idem :* la *Superbe* (prise en revenant de la Barbade)..., an IV.

BB⁴ 108.   Station de la Guyane, station de la Guadeloupe..., an IV-an V.

BB⁴ 109.   Expédition de Saint-Domingue, division des Antilles, an IV-an V.

BB⁴ 116.   Station de la Guyane, station des Antilles, an V-an VI.

BB⁴ 119.   Guyane..., an VI-an VII.

BB⁴ 129.   Missions particulières : la *Pensée* (Guadeloupe), le *Prend-Tout* (Saint-Domingue), le *Renaud* (Guadeloupe)..., an VI-an VII.

BB⁴ 139.   Division de Cayenne, division de la Guadeloupe..., an VII-an VIII.

BB⁴ 140.   Missions particulières : l'*Elisa* (Cayenne)..., an VIII.

BB⁴ 149.   Guyane, Guadeloupe, division de la Plata et des côtes du Brésil..., an VIII-an X.

BB⁴ 158.   Guyane, Guadeloupe, an IX-an X.

BB⁴ 161-164.   Expédition de Saint-Domingue, an X-an XI.

BB⁴ 165.   Division des Iles du Vent et de Cayenne, escadre expéditionnaire de Guadeloupe..., an X-an XI.

BB⁴ 166.   Missions particulières : la *Mutine* (Cayenne)..., an X-an XI.

BB⁴ 181-183.   Station de Saint-Domingue, an XI-an XII.

BB⁴ 184. Station des Iles du Vent et de Cayenne, Tabago, an XI-an XII.

BB⁴ 185. La Havane..., an XI.

BB⁴ 186. Missions particulières : l'*Adour* (Fort-de-France)..., an XII.

BB⁴ 208. Iles du Vent, Iles sous le Vent..., an XII-an XIII.

BB⁴ 209. Missions particulières : le *Courrier* (la Havane), la *Cybèle* (Guyane), la *Dermide* (Saint-Domingue), la *Didon* (Martinique), le *Général-Pérignon* (Martinique), la *Serpente* (Saint-Domingue), la *Ville-de-Milan* (Iles sous le Vent)..., an XII-an XIII.

BB⁴ 230-234. Armée navale combinée : Antilles..., an XIII-1806.

BB⁴ 238. Division de la Martinique, division des côtes occidentales d'Afrique, du Brésil et des Antilles, an XII-1805.

BB⁴ 248. Division de la mer des Antilles, division des côtes occidentales d'Afrique, du Brésil et des Antilles..., an XIV-1806.

BB⁴ 249, 250. Escadre des Antilles et de l'Amérique, an XIV-1807.

BB⁴ 251. Escadre des Antilles, 1806.

BB⁴ 253. Missions particulières : le *Lutin* (Martinique), l'*Observateur* (Cayenne), le *Pandour* (Guadeloupe), le *Phaéton* (Saint-Domingue)..., 1806-1807.

BB⁴ 259. Escadre de Cuba..., 1807.

BB⁴ 260. Missions particulières : la *Favorite* (Cayenne et Antilles), le *Lynx* (Martinique)..., 1807.

BB⁴ 261. *Idem* : le *Villaret* (Martinique et Guadeloupe)..., 1807.

BB⁴ 273. Martinique, Guadeloupe, expédition contre Marie-Galante, Antilles, Guyane, 1808.

BB⁴ 291. Division de la Martinique et de la Guadeloupe, 1809-1813.

BB⁴ 292. Guyane, Martinique, Guadeloupe..., 1809-1810.

BB⁴ 293. Missions particulières : le *Colibri* (Saint-Domingue)..., 1809.

BB⁴ 307. Guadeloupe..., 1809-1811.

BB⁴ 308. Missions particulières : la *Néréide* (Guadeloupe)..., 1810.

BB⁴ 353. Division des Antilles..., 1812.

BB⁴ 386. Station des Iles du Vent, missions particulières : l'*Erigone* (Iles du Vent)..., 1814.

BB⁴ 388. Guyane..., 1815.

BB⁴ 389. Station des Iles du Vent, 1815.

BB⁴ 391.	Missions particulières : l'*Hermione* (Brésil)..., 1815.
BB⁴ 395.	Station des Antilles, station du Brésil, missions particulières : le *Hussard* (Brésil, Guyane et Antilles)..., 1816.
BB⁴ 396.	Missions particulières : le *César* (Iles du Vent), le *Goéland* (Martinique), le *Regulus* (la Havane)..., 1817.
BB⁴ 398.	Station des Iles du Vent, 1817.
BB⁴ 399.	Guyane..., 1817.
BB⁴ 402.	Stations des Iles du Vent, 1818.
BB⁴ 403.	Missions particulières aux Antilles, 1818.
BB⁴ 404.	Guyane, Brésil..., 1818.
BB⁴ 407.	Guyane..., 1819.
BB⁴ 408.	Station des Antilles, 1819.
BB⁴ 409.	Brésil, missions particulières : l'*Aréthuse* (Amérique...), la *Gironde* (Amérique du Sud), la *Normande* (Guyane, Martinique...), la *Seine* (Antilles...), correspondance de la Martinique et de la Guadeloupe..., 1819.
BB⁴ 412.	Guyane..., 1820.
BB⁴ 413.	Station des Iles du Vent, missions particulières aux Antilles, 1820.
BB⁴ 414.	Division du Brésil..., 1820.
BB⁴ 417.	Guyane..., 1821.
BB⁴ 418, 419.	Station des Antilles et du golfe du Mexique, 1821.
BB⁴ 420.	Division de l'Amérique du Sud, 1821.
BB⁴ 421.	Missions particulières : la *Bretonne* (Antilles...), la *Cléopâtre* (Antilles), la *Durance* (Guyane et Antilles), le *Mentor* (Cuba)..., 1821.
BB⁴ 422.	Copie de lettres du capitaine de vaisseau Massieu de Clairval, commandant successivement l'*Echo* et l'*Espérance* au Brésil, en Amérique..., 1821-1825.
BB⁴ 423.	Pérou, 1824-1827.
BB⁴ 424.	Antilles, 1825-1826.
BB⁴ 428-431.	Station des Antilles et du golfe du Mexique, 1822.
BB⁴ 432.	Martinique, Guyane, 1822.
BB⁴ 433, 434.	Station du Brésil, 1822.
BB⁴ 435.	Missions particulières : la *Bonite* (Guyane), le *Tarn* (Mexique...)..., 1822.

BB⁴ 446.	Station des Antilles et du golfe du Mexique, 1823.
BB⁴ 447.	Station du Brésil, station du Chili et du Pérou..., 1823.
BB⁴ 448.	Station du Brésil, station de la Guyane..., 1823.
BB⁴ 449.	Missions particulières : l'*Armide* (Brésil...), la *Béarnaise* (Guyane, Antilles...), l'*Echo* (Guyane), le *Lybio* (Brésil...)..., 1823.
BB⁴ 456.	Station des Antilles et du golfe du Mexique..., 1824.
BB⁴ 457.	Division des Antilles, station de la Guyane, 1824.
BB⁴ 458.	Station du Brésil, 1824.
BB⁴ 460.	Missions particulières : l'*Eurydice* (la Havane...), la *Moselle* (Antilles), la *Prudente* (Brésil), le *Rhône* (Brésil et Guyane)..., 1824.
BB⁴ 465.	Antilles, golfe du Mexique, 1825.
BB⁴ 466.	Antilles..., 1825.
BB⁴ 467.	Station des Antilles et du golfe du Mexique, 1825.
BB⁴ 468.	Station du Brésil et de la Plata, 1825.
BB⁴ 470.	Amérique du Sud, 1825.
BB⁴ 475, 476.	Antilles et Haïti, 1826.
BB⁴ 477.	Antilles, golfe du Mexique..., 1826.
BB⁴ 478.	Station des Antilles et du golfe du Mexique, Guyane, 1826.
BB⁴ 479.	Brésil, Guyane, 1826.
BB⁴ 480-482.	Station de l'Amérique du Sud, 1826.
BB⁴ 490.	Antilles et Haïti, 1827.
BB⁴ 491.	Station des Antilles et du golfe du Mexique..., 1827.
BB⁴ 492.	Antilles, 1827.
BB⁴ 493.	Station du Brésil, Chili, Guyane, 1827.
BB⁴ 494.	Chili et Pérou, 1827.
BB⁴ 503.	Station des Antilles et du golfe du Mexique, 1828.
BB⁴ 504.	Antilles et Haïti, Guyane..., 1828.
BB⁴ 505.	Station du Brésil, 1828.
BB⁴ 506.	Station de l'Amérique du Sud, 1828.
BB⁴ 514, 515.	Division des Antilles et du golfe du Mexique, 1829.
BB⁴ 517.	Station du Brésil, 1829.
BB⁴ 518.	Chili, Pérou, Colombie, Guyane, 1829.

BB⁴ 519.   Côtes orientales de l'Amérique du Sud, 1829.

BB⁴ 524.   Station des Antilles..., 1830.

BB⁴ 525.   Guyane, Brésil, Argentine, 1830.

BB⁴ 534 *bis.* Correspondance secrète concernant le changement de régime et la situation diplomatique de la France : lettres du commandant de la station du Brésil, des gouverneurs de la Guyane, de la Guadeloupe, de la Martinique..., 1830-1832.

BB⁴ 535.   *Idem :* lettres des agents consulaires et diplomatiques à Bahia, Pernambouc, la Havane, Montevideo, Rio de Janeiro..., 1830.

BB⁴ 540.   Station de la Guyane, station de Cuba, station du Brésil..., 1831.

BB⁴ 541.   Station des Antilles, missions particulières : l'*Allier* (Martinique), la *Bonite* (Amérique du Sud), la *Dore* (Mexique...), le *Faune* (Haïti), l'*Hermione* (Antilles), l'*Héroïne* (Mexique), la *Louise* (Guyane), le *Lynx* (Guyane...), la *Marne* (Antilles), le *Marsouin* (Antilles), l'*Orynthie* (Brésil), la *Zélée* (Antilles...)..., 1831.

BB⁴ 545.   Stations de Cuba, des Antilles..., 1832.

BB⁴ 546.   Station du Brésil, missions particulières : la *Bonite* (Brésil), l'*Héroïne* (Mexique), la *Marguerite* (Antilles), la *Nièvre* (Antilles), la *Philomèle* (Guyane)..., 1832.

BB⁴ 555.   Station du Brésil et des mers du Sud, missions particulières : la *Badine* (Mexique), le *Cuirassier* (Antilles), la *Dordogne* (Antilles), le *Général-Foy* (Saint-Domingue), la *Naïade* (Cayenne et Antilles), le *Nisus* (Antilles), la *Philomèle* (Guyane)..., 1833.

BB⁴ 556.   Station des Antilles, station de la Havane..., 1833.

BB⁴ 562.   Station du Brésil et des mers du Sud..., 1834.

BB⁴ 563.   Station des Antilles, missions particulières : l'*Astrée* (Antilles...), la *Béarnaise* (Guyane), le *Pélican* (Brésil), la *Philomèle* (Guyane)..., 1834.

BB⁴ 564.   Mission de la *Créole* à Haïti, 1834-1835.

BB⁴ 567.   Station de Cayenne, station des Antilles..., 1835.

BB⁴ 568.   Station du Brésil, 1835.

BB⁴ 569.   Missions particulières : l'*Abondance* (Guyane, Antilles...), la *Capricieuse* (Antilles), l'*Isère* (Brésil...), la *Loire* (Antilles), l'*Oise* (Brésil...), 1835.

BB⁴ 573.   Station des mers du Sud, station du Brésil, 1836.

BB⁴ 574.   Station des Antilles..., 1836.

BB⁴ 575.   Missions particulières : l'*Artémise* (Antilles), l'*Astrée* (Antilles), l'*Estafette* (Cayenne), la *Loire* (Guyane et Antilles), la *Toulonnaise* (Guyane et Antilles), la *Vénus* (Amérique du Sud)..., 1836.

BB⁴ 576.   Affaires de la Plata, 1836-1841.

BB⁴ 580.   Station des Antilles, station du golfe du Mexique..., 1837.

BB⁴ 581.   Station du Brésil, subdivision des mers du Sud, 1837.

BB⁴ 582.   Missions particulières : l'*Adour* (Brésil...), l'*Alerte* (Chili), l'*Allier* (Guyane et Antilles), le *Brasier* (Guyane), le *Coursier* (Guyane), la *Didon* (golfe du Mexique), le *Dimois* (la Havane), la *Gazelle* (Antilles), la *Loire* (Guyane...), la *Médée* (Guadeloupe), la *Néréide* (Haïti), l'*Oreste* (Antilles), la *Vénus* (Valparaiso)..., 1837.

BB⁴ 583-585.   Affaires de la Plata, 1837-1847.

BB⁴ 587.   Stations des Antilles, du Mexique, du Brésil et des mers du Sud..., 1838.

BB⁴ 588.   Missions particulières : l'*Alerte* (Montevideo), l'*Adonis* (Guyane), l'*Alsacienne* (Antilles), l'*Aube* (Guyane et Antilles), la *Bergère* (Antilles), le *Cassard* (Para), la *Daphné* (Guyane), le *Griffon* (Port-au-Prine), la *Malouine* (Brésil), la *Néréide* (Antilles), le *Nisus* (Port-au-Prince...), 1838.

BB⁴ 589-591.   Expédition du Mexique, 1837-1845.

BB⁴ 592.   Affaires de la Plata, 1838-1851.

BB⁴ 594.   Stations des Antilles, du Mexique..., 1839.

BB⁴ 595.   Station du Brésil et des mers du Sud, missions particulières : la *Cornaline* (Guyane...), la *Marne* (Bermudes)..., 1839.

BB⁴ 597.   Affaires de la Plata, 1839-1841.

BB⁴ 601.   Station des Antilles, station du Mexique..., 1840.

BB⁴ 602.   Station du Brésil et des mers du Sud, station du Para, station de Cayenne, missions particulières : l'*Alacrity* (Valparaiso), le *Bisson* (Antilles), la *Caravane* (Antilles), la *Colombe* (Guyane), la *Danaïde* (Pérou), l'*Erigone* (Antilles), l'*Inconstant* (Antilles), le *Lapérouse* (Port-au-Prince), l'*Oise* (Guyane et Antilles), la *Thisbé* (Martinique)..., 1840.

BB⁴ 605.   Affaires de la Plata, 1840-1842.

BB⁴ 609.   Station du Brésil et des mers du Sud, station des Antilles, station du Mexique, 1841.

BB⁴ 610.   Missions particulières : l'*Africaine* (Antilles), l'*Alerte* (Brésil), la *Boulonnaise* (Antilles), le *Cerf* (Amérique du Sud), la *Colombe* (Guyane), l'*Épervier* (Antilles), l'*Expéditive* (Amérique du Sud), la *Jouvencelle* (Guadeloupe), le *Rhin* (Martinique), le *Sylphe* (Amérique du Sud), le *Tarn* (Guyane...), la *Vedette* (Guatemala), la *Vigie* (Antilles)..., 1841.

BB⁴ 613.   Station des Antilles, station du Mexique..., 1842.

BB⁴ 614.   Station du Brésil et de la Plata..., 1842.

BB⁴ 615.   Missions particulières : l'*Africaine* (Guyane, Antilles...), l'*Alcyone* (Brésil), l'*Atalante* (Brésil), la *Boussole* (Brésil), la *Calypso* (Antilles), la *Danaé* (Brésil), la *Doris* (Martinique), le *Dupetit-Thouars* (Antilles), l'*Égérie* (Guyane...), l'*Estafette* (Guadeloupe), le *Gomer* (Jamaïque), le *Scipion* (Antilles), le *Tarn* (Antilles), la *Ville-de-Marseille* (Brésil)..., 1842.

BB⁴ 619.   Station des Antilles et du Mexique, 1843.

BB⁴ 620.   Station du Brésil et de la Plata..., 1843.

BB⁴ 621.   Missions particulières : l'*Africaine* (Antilles...), l'*Aube* (Guadeloupe), la *Coquette* (Brésil), la *Didon* (Antilles), l'*Égérie* (Guyane...), le *Jupiter* (Antilles), le *Scipion* (Antilles)..., 1843.

BB⁴ 623.   Affaires de la Plata, 1843-1845.

BB⁴ 628.   Station du Brésil et de la Plata, station des Antilles et du Mexique, subdivision du Mexique, subdivision d'Haïti, 1844.

BB⁴ 629.   Station de l'océan Pacifique, station de l'Océanie et des côtes occidentales d'Amérique, 1844.

BB⁴ 630.   Missions particulières : l'*Alger* (Haïti), la *Biche* (Guadeloupe), la *Caravane* (Cayenne, Antilles...), la *Danaé* (Valparaiso), la *Décidée* (Guadeloupe), le *Jupiter* (Martinique), le *Neptune* (Antilles), la *Proserpine* (Antilles)..., 1844.

BB⁴ 633.   Station du Brésil et de la Plata, station de l'Océanie et des côtes occidentales d'Amérique, station de Cayenne..., 1845.

BB⁴ 634.   Station des Antilles, du Mexique et d'Haïti, 1845.

BB⁴ 636.   Missions particulières : l'*Allier* (Martinique), l'*Aube* (Antilles), la *Caravane* (Antilles), la *Mésange* (Martinique), le *Neptune* (Martinique), la *Proserpine* (Martinique), la *Tactique* (la Plata)..., 1845.

BB⁴ 640.   Station des Antilles, du Mexique et d'Haïti, 1846.

BB⁴ 641.   Station du Brésil et de la Plata, station de l'Océanie et des côtes occidentales d'Amérique..., 1846.

BB⁴ 642.   Missions particulières : l'*Arche-d'Alliance* (Valparaiso), la *Caravane* (Cayenne et Antilles), la *Danaé* (Antilles), l'*Héloïse* (Amérique centrale), l'*Isère* (Antilles), la *Loire* (Antilles), la *Proserpine* (Antilles), la *Syrène* (Antilles), la *Vigie* (Guyane)..., 1846.

BB⁴ 645.   Affaires de la Plata, 1846-1847.

BB⁴ 648.   Division des Antilles et du golfe du Mexique, division de l'océan Pacifique et des côtes occidentales d'Amérique, Guadeloupe, Martinique, Guyane..., 1847.

BB⁴ 650.   Station du Brésil et de la Plata, station des Antilles, du Mexique et d'Haïti, 1847.

BB⁴ 651.   Station de l'Océanie et des côtes occidentales d'Amérique, missions particulières : la *Caravane* (Guyane et Antilles), la *Somme* (Brésil)..., 1847.

BB⁴ 652.   Affaires de la Plata, 1847-1852.

BB⁴ 653.   Station des Antilles et du golfe du Mexique, station du Brésil et de la Plata, station de l'Océanie et des côtes occidentales d'Amérique, Guyane, Martinique, Guadeloupe..., 1848.

BB⁴ 655.   Station du Brésil et de la Plata, station de l'Océanie et des côtes occidentales d'Amérique, missions particulières : la *Caravane* (Guyane et Antilles), le *Phoque* (Antilles), la *Proserpine* (Antilles)..., 1848.

BB⁴ 660.   Division des Antilles et du golfe du Mexique, 1847-1850.

BB⁴ 663.   Division des côtes occidentales d'Amérique, 1848-1852.

BB⁴ 666.   Station des Antilles, du Mexique et d'Haïti, station du Brésil et de la Plata, station de l'Océanie et des côtes occidentales d'Amérique, Cayenne, Guadeloupe..., 1849.

BB⁴ 667.   Station du Brésil et de la Plata, station des Antilles, du Mexique et d'Haïti, station de l'Océanie et des côtes occidentales d'Amérique, missions particulières : l'*Anacréon* (Guyane), la *Caravane* (Guyane et Antilles), la *Durance* (Brésil), la *Proserpine* (Martinique), la *Vigie* (Guyane)..., 1849.

BB⁴ 669.   Station des Antilles, du Mexique et d'Haïti, station du Brésil et de la Plata, station de l'Océanie et des côtes occidentales d'Amérique, Guyane, Martinique, Guadeloupe..., 1850.

BB⁴ 670.   Station des Antilles, du Mexique et d'Haïti, missions particulières : l'*Alouette* (Brésil), le *Hussard* (Brésil), le *Mogador* (Antilles), la *Panthère* (Brésil), le *Prony* (Brésil), la *Proserpine* (Brésil), la *Sarcelle* (Brésil)..., 1850.

BB⁴ 672.   Station des Antilles, division de Rio de Janeiro, station du Brésil et de la Plata, station des côtes occidentales d'Amérique, Guyane..., 1851.

BB⁴ 673.   Station du Brésil et de la Plata, missions particulières : l'*Aube* (Brésil), la *Brillante* (Amérique du Sud), la *Caravane* (Antilles...), le *Chasseur* (Brésil), le *Gassendi* (Brésil), le *Génie* (Antilles), la *Proserpine* (Brésil...), le *Voyageur* (Guyane)..., 1851.

BB⁴ 679.   Division des Antilles et du golfe du Mexique, 1850-1853.

BB⁴ 680.   Station des Antilles, station du Brésil et de la Plata, missions particulières : l'*Allier* (Guyane), l'*Alouette* (Montevideo), l'*Armide* (Antilles...), le *Catinat* (la Plata), le *Chasseur* (Brésil et la Plata), le *Du-Guesclin* (îles du Salut), la *Forte* (transport de condamnés aux îles du Salut), l'*Ile-Madame* (Guyane), la *Moselle* (transport de déportés à la Guyane), l'*Obligado* (Brésil), l'*Oyapock* (Guyane), le *Phoque* (Brésil), le *Prony* (Brésil), la *Proserpine* (Chili...), la *Sérieuse* (Bahia), le *Styx* (Guyane), le *Victor* (Brésil), la *Zénobie* (Bahia)..., 1852.

BB⁴ 681.   Station des Antilles, station du Brésil et de la Plata, station de l'Océanie et des côtes occidentales d'Amérique, Guadeloupe, Guyane..., 1852.

BB⁴ 683.   Division du Brésil et de la Plata, 1852-1855.

BB⁴ 685.   Station de la Havane, station de l'Océanie et des côtes occidentales d'Amérique..., 1853.

BB⁴ 686.   Missions particulières : l'*Achéron* (Antilles), l'*Allier* (îles du Salut), l'*Anacréon* (Brésil), l'*Andromède* (Montevideo), l'*Armide* (Antilles...), la *Belle-Poule* (Brésil...), la *Brillante* (Rio de Janeiro), le *Castor* (Antilles), la *Cérès* (la Havane), le *Chasseur* (Buenos Aires), l'*Égérie* (îles du Salut, Rio de Janeiro et Antilles), l'*Estafette* (Brésil...), l'*Expéditive* (Martinique), l'*Eurydice* (Rio de Janeiro), le *Flambart* (Montevideo), la *Fortune* (îles du Salut), la *Galathée* (Brésil), l'*Iphigénie* (Montevideo), la *Prévoyante* (Brésil et Chili), la *Proserpine* (Martinique), la *Provençale* (Antilles)..., 1853.

BB⁴ 687.   Station des Antilles et du golfe du Mexique, station du Brésil et de la Plata..., 1853.

BB⁴ 688.   Cayenne, Martinique, Guadeloupe..., 1853.

BB⁴ 702.   Division de l'Océanie et des côtes occidentales d'Amérique, 1851-1857.

BB⁴ 703.   Division des Antilles et du golfe du Mexique, 1853-1856.

BB⁴ 707.   Station de la Guyane, station de l'océan Pacifique..., 1854.

BB⁴ 708.   Missions particulières : l'*Alceste* (Amérique du Sud), l'*Armide* (Antilles et Guyane), l'*Expéditive* (Antilles), la *Proserpine* (Guadeloupe), la *Zélée* (Martinique)..., 1854.

BB⁴ 709.   Station des Antilles et du golfe du Mexique, station du Brésil et de la Plata, station de l'océan Pacifique..., 1854.

BB⁴ 724.   Station de l'océan Pacifique..., 1855.

BB⁴ 725.   Missions particulières : l'*Achéron* (Antilles), l'*Armide* (Antilles...), la *Bayonnaise* (Amérique du Sud), le *Caméléon* (Guyane), le *Castor* (Guyane...), le *Catinat* (Brésil), le *Chasseur* (Brésil), le *Ducouëdic* (Antilles), l'*Erigone* (Guyane, Antilles), la *Fortune* (Guyane), la *Galathée* (Amérique du Sud), le *Gardien* (Antilles), la *Girafe* (Antilles), le *Grondeur* (Antilles), l'*Infernal* (Amérique du Sud...), la *Laborieuse* (Guyane), le *Lapérouse* (Antilles), la *Pourvoyeuse* (Guyane...), la *Recherche* (Guyane et Antilles), le *Tage* (Amérique du Sud), la *Vigilante* (Guyane)..., 1855.

BB⁴ 726.   Station des Antilles et du golfe du Mexique, station du Brésil et de la Plata, station de l'océan Pacifique..., 1855.

BB⁴ 734.   Division du Brésil et de la Plata, 1854-1858.

BB⁴ 737.   Station de la Guyane, missions particulières : l'*Africaine* (Guyane), l'*Alceste* (Amérique du Sud...), l'*Ardent* (Antilles), l'*Armide* (Antilles), le *Bisson* (Brésil), la *Capricieuse* (Amérique du Sud), la *Caravane* (Amérique du Sud), la *Chimère* (Martinique), le *Crocodile* (Guyane et Antilles)..., 1856.

BB⁴ 738.   Missions particulières : l'*Égérie* (îles du Salut), l'*Embuscade* (Amérique du Sud), l'*Erigone* (Antilles), l'*Eurydice* (Montevideo), le *Flambeau* (Bahia), la *Fortune* (Antilles...), la *Galathée* (Guadeloupe), la *Girafe* (Brésil...), le *Grondeur* (Antilles), l'*Hérault* (Valparaiso), l'*Infatigable* (Amérique du Sud), l'*Iris* (Antilles...), le *Labourdonnaye* (Amérique du Sud), la *Loire* (Antilles...), le *Milan* (Amérique du Sud), la *Pénélope* (Amérique), la *Proserpine* (Guyane), le *Rôdeur* (Guyane), le *Styx* (Amérique du Sud...), le *Ténare* (Rio de Janeiro), le *Tonnerre* (Antilles et Mexique), la *Turquoise* (Rio de Janeiro...), le *Vautour* (Rio de Janeiro)..., 1856.

BB⁴ 739.   Division des Antilles, division du Brésil et de la Plata..., 1856.

BB⁴ 744.   Division des Antilles et du golfe du Mexique, 1856-1858.

BB⁴ 747.   Station du Brésil et de la Plata..., 1857.

BB⁴ 748. Missions particulières : l'*Adour* (Antilles), l'*Africaine* (Antilles), l'*Anacréon* (Antilles...), l'*Armide* (Antilles...), le *Beaumanoir* (Brésil), le *Constantine* (Montevideo), le *Croiseur* (Antilles), l'*Égérie* (Antilles), l'*Embuscade* (Costa Rica), le *Flambeau* (Guyane...), le *Fulton* (Antilles), l'*Hirondelle* (Antilles...), le *Labourdonnaye* (Amérique du Sud...), le *Lapérouse* (Jamaïque), la *Loire* (Antilles), la *Marne* (Guyane), le *Milan* (Montevideo), la *Perdrix* (Amérique du Sud), la *Provençale* (Rio de Janeiro...), la *Saône* (Antilles), le *Tonnerre* (la Havane), le *Vautour* (Guyane), le *Voyageur* (Guyane), le *Zèbre* (Brésil)..., 1857.

BB⁴ 749. Station des Antilles, station du Brésil et de la Plata..., 1857.

BB⁴ 755. Division du Brésil et de la Plata, 1857-1860.

BB⁴ 761. Station des Antilles et du golfe du Mexique, Guyane, station du Brésil et de la Plata..., 1858.

BB⁴ 762. Station des Antilles et du golfe du Mexique, missions particulières : l'*Adour* (Antilles...), le *Cocyte* (Antilles), le *Constantine* (Brésil et la Plata), le *Daim* (Guyane...), le *Lapérouse* (Antilles), le *Lavoisier* (Callao), la *Loire* (Antilles...), la *Mégère* (Brésil), la *Nièvre* (Antilles), le *Sésostris* (Antilles...)..., 1858.

BB⁴ 765. Division des Antilles et du golfe du Mexique, 1858-1861.

BB⁴ 767. Station des Antilles et du golfe du Mexique, station du Brésil et de la Plata..., 1859.

BB⁴ 773. Station des Antilles et du golfe du Mexique, station du Brésil et de la Plata..., 1859.

BB⁴ 774. Missions particulières : l'*Adour* (Guyane et Martinique), la *Cérès* (Antilles), le *Cocyte* (Antilles), le *Rapide* (Cayenne et Martinique), la *Somme* (Rio de Janeiro), le *Voyageur* (Guyane)..., 1859.

BB⁴ 782. Station des Antilles et du golfe du Mexique, station du Brésil et de la Plata..., 1860.

BB⁴ 786. Station des Antilles et du golfe du Mexique, station du Brésil et de la Plata, missions particulières : l'*Amazone* (Guyane et Antilles), l'*Ardent* (Antilles), la *Bayonnaise* (Amérique du Sud), le *Beaumanoir* (Brésil), la *Cérès* (Guyane et Antilles), la *Cornélie* (Montevideo), la *Dorade* (Brésil...), la *Galathée* (Montevideo), l'*Isis* (Brésil), la *Perle* (Brésil)..., 1860.

BB⁴ 792. Division du Brésil et de la Plata, 1860-1863.

BB⁴ 795. Station des Antilles de l'Amérique du Nord, station du Brésil et de la Plata..., 1861.

BB⁴ 797.   Missions particulières : l'*Amazone* (Antilles...), la *Cérès* (Guyane...), le *Constantine* (Valparaiso), l'*Isis* (Antilles), la *Mégère* (Pernambouc), la *Sérieuse* (Amérique du Sud), la *Sibylle* (Antilles)..., 1861.

BB⁴ 798.   Division des Antilles et du golfe du Mexique, 1861-1862.

BB⁴ 799.   Expédition du Mexique, 1861-1862.

BB⁴ 806-810.   *Idem*, 1861-1867.

BB⁴ 812.   Station des Antilles et de l'Amérique du Nord, expédition du Mexique, station du Brésil et de la Plata..., 1862.

BB⁴ 813, 814.   Expédition du Mexique, 1862.

BB⁴ 816.   Missions particulières : l'*Amazone* (Fort-de-France), la *Cérès* (Martinique), le *Chaptal* (la Vera Cruz), le *Coëtlogon* (Fort-de-France), le *Cormoran* (Guyane), le *Darien* (Antilles), le *D'Entrecasteaux* (Brésil...), la *Seine* (Antilles), la *Sémiramis* (Brésil), la *Tisiphone* (Antilles)..., 1862.

BB⁴ 819.   Expédition du Mexique, 1862-1866.

BB⁴ 821, 822.   *Idem*, 1862-1867.

BB⁴ 825.   Station des Antilles et de l'Amérique du Nord, expédition du Mexique, station du Brésil et de la Plata..., 1863.

BB⁴ 826.   Expédition du Mexique, 1863.

BB⁴ 827.   Missions particulières : l'*Adonis* (Martinique), l'*Africaine* (Martinique), l'*Amazone* (Martinique), le *D'Assas* (Amérique du Sud), la *Cordelière* (Brésil), la *Cornélie* (Amérique du Sud), la *Décidée* (Montevideo), la *Dryade* (Martinique), l'*Entreprenante* (Martinique), la *Galathée* (Valparaiso), le *Labourdonnais* (Chili et Brésil), le *Phlégéton* (Martinique), le *Rhin* (Antilles), le *Tisiphone* (Cuba), la *Victoire* (Antilles)..., 1863.

BB⁴ 828.   Division des Antilles et de l'Amérique du Nord, 1863-1864.

BB⁴ 829.   Division du Brésil et de la Plata, 1863-1864.

BB⁴ 830.   Division du Mexique, 1863-1864.

BB⁴ 835.   Division du Brésil et de la Plata, missions particulières : l'*Amazone* (Guyane), la *Cérès* (Guyane), le *Cormoran* (Guyane), la *Dryade* (Mexique), l'*Égérie* (Chili), l'*Entreprenante* (Cuba), l'*Euryale* (Amérique du Sud), le *Lucifer* (Amérique du Sud), la *Saône* (Antilles), la *Victoire* (Brésil)..., 1864.

BB⁴ 836.   Station des Antilles et de l'Amérique du Nord, station du golfe du Mexique, station du Brésil et de la Plata..., 1864.

BB⁴ 837.   Division des Antilles, du golfe du Mexique et de l'Amérique
                du Nord, 1864-1865.

BB⁴ 841.   Expédition du Mexique, 1864-1866.

BB⁴ 845.   Division des Antilles, du golfe du Mexique et de l'Amérique
                du Nord, division du Brésil et de la Plata, expédition du
                Mexique..., 1865.

BB⁴ 846.   Gouverneurs des colonies : Guadeloupe, Martinique..., 1865.

BB⁴ 847.   *Idem* : Guyane..., 1865.

BB⁴ 848.   Missions particulières : l'*Abeille* (Guyane), l'*Amazone*
                (Guyane), le *Cacique* (Guyane...), la *Cérès* (Antilles), le
                Coëtlogon (Antilles), la *Diligente* (Antilles), la *Dorade*
                (Amérique du Sud), le *Forfait* (Mexique), la *Marne* (Amérique
                du Sud), le *Talisman* (Brésil), le *Var* (Martinique), la *Vénus*
                (Brésil)..., 1865.

BB⁴ 850.   Division des Antilles et du golfe du Mexique, 1865-1866.

BB⁴ 851.   Division du Brésil et de la Plata, 1865-1866.

BB⁴ 858.   Division des Antilles, du golfe du Mexique et de l'Amérique
                du Nord, division du Brésil et de la Plata, station du golfe
                du Mexique..., 1866.

BB⁴ 859.   Division des Antilles, du golfe du Mexique et de l'Amérique
                du Nord, division du Brésil et de la Plata, missions parti-
                culières : le *Bouvet* (Antilles), la *Cérès* (Guyane), l'*Égérie*
                (Chili), la *Pallas* (Antilles), le *Phlégéton* (Antilles), le *Titan*
                (Antilles), la *Vénus* (Brésil)..., 1866.

BB⁴ 862.   Division du Brésil et de la Plata, 1866-1868.

BB⁴ 863.   Station du golfe du Mexique, 1866-1867.

BB⁴ 867.   Station du golfe du Mexique, division des Antilles, du golfe
                du Mexique et de l'Amérique du Nord, division du Brésil
                et de la Plata..., 1867.

BB⁴ 867 *bis*, 867 *ter*. Journaux d'ordres du commandant de la Marine en
                Guyane, 1858-1870.

BB⁴ 868.   Division des Antilles, du golfe du Mexique et de l'Amérique
                du Nord, 1867.

BB⁴ 870.   Division du Brésil et de la Plata, missions particulières :
                l'*Adonis* (Antilles), l'*Alecton* (Guyane), l'*Amazone* (Antil-
                les...), l'*Ardèche* (Mexique), l'*Aveyron* (Mexique), le *Coët-
                logon* (Amérique du Sud), la *Couleuvre* (Brésil), la *Décidée*
                (Amérique du Sud), la *Diligente* (golfe du Mexique), la
                Fortune (Brésil), le *Frelon* (Brésil)..., 1867.

BB⁴ 871. Missions particulières : le *Lamotte-Picquet* (Montevideo), le *Latouche-Tréville* (Amérique du Sud), le *Lucifer* (Brésil), la *Marne* (Venezuela), la *Mégère* (Brésil), la *Nièvre* (Mexique), la *Pique* (Martinique), la *Pomone* (Mexique), le *Rhin* (Brésil), le *Titan* (Antilles)..., 1867.

BB⁴ 877. Division des Antilles, du golfe du Mexique et de l'Amérique du Nord, 1867-1868.

BB⁴ 883. Division du Brésil et de la Plata, 1868.

BB⁴ 885. Division des Antilles, du golfe du Mexique et de l'Amérique du Nord, division du Brésil et de la Plata..., 1868.

BB⁴ 887. Missions particulières : l'*Abeille* (Guyane et Antilles), l'*Alecton* (Guyane), l'*Allier* (Antilles...), l'*Amazone* (Antilles...), l'*Aveyron* (Brésil), la *Belliqueuse* (Chili), le *Bouvet* (Antilles), le *Bruix* (Brésil), le *Duchayla* (Montevideo), l'*Égérie* (Pérou), le *D'Entrecasteaux* (Amérique du Sud), l'*Hermione* (Antilles), le *Lamotte-Picquet* (Callao), la *Mégère* (Amérique du Sud), le *Nouveau-Monde* (Antilles), le *Talisman* (Amérique du Sud)..., 1868.

BB⁴ 892. Division du Brésil et de la Plata, division des Antilles, du golfe du Mexique et de l'Amérique du Nord..., 1869.

BB⁴ 893. Division des Antilles, du golfe du Mexique et de l'Amérique du Nord, 1869.

BB⁴ 894. Division du Brésil et de la Plata, 1869.

BB⁴ 1015. Notes sur les provinces maritimes du Brésil par le capitaine de vaisseau Roussin, voyage du *Galo* aux Antilles, 1820; rapport médical sur la campagne aux Antilles de la *Zélée*, 1824...

BB⁴ 1016. Missions particulières : l'*Inconstant* (Brésil), la *Jeanne-d'Arc* (Antilles), la *Marie-Thérèse* (Amérique du Sud), la *Médée* (Antilles), la *Nymphe* (Cuba)..., 1825; pièces concernant l'ouragan d'août 1827 aux Antilles; missions particulières : l'*Alcibiade* (Antilles), le *Faucon* (Brésil), la *Flore* (Antilles)..., 1830.

BB⁴ 1023. Renseignements fournis par les commandants de bâtiments de guerre et les consuls de France sur les ports étrangers : océan Pacifique et côtes occidentales d'Amérique, Brésil et la Plata, côtes orientales de l'Amérique du Sud, 1823-1863.

BB⁴ 1025. *Idem* : mer des Antilles..., 1822-1860.

BB⁴ 1026. *Idem* : fortifications de Campêche..., 1848-1867.

BB⁴ 1028.   Projets d'établissement de lignes régulières de paquebots entre la France et les Antilles, le Brésil, l'Amérique..., 1826-1869.

BB⁴ 1036.   Notes sur les Antilles, le Brésil, le Mexique..., 1844-1859.

BB⁴ 1040.   Renseignements sur les marines étrangères : Brésil, Venezuela, Pérou, Chili, 1849-1867.

BB⁴ 1050, 1051. Projets de croisières et d'opérations navales concernant Mexico, le Brésil, Rio de Janeiro, la Trinité, le Paraguay, la Guadeloupe, la Guyane hollandaise et Curaçao, les Antilles, la Guyane française..., 1793-1828.

BB⁴ 1752 *bis*, 1753. Papiers du contre-amiral Jurien de La Gravière : mission en Amérique du Sud à bord du *Colosse*, 1819-1820.

BB⁴ 1758.   *Idem* : registre de correspondance du contre-amiral, commandant la division des Antilles à bord de l'*Eylau*, 1824-1825.

BB⁴ 1804-1817. *Idem* : correspondance, rapports et documents divers concernant la campagne du Mexique, 1861-1863.

Instruments de recherche :

. Répertoire numérique manuscrit.

. Répertoire numérique détaillé des articles 1-540 (en cours).

Sous-série BB⁵. Armements

Cette sous-série de 141 articles (1790-1863) renferme des matricules des bâtiments de l'État. Selon le mode de classement de ceux-ci, on peut y distinguer deux parties :

— les articles 1-56 (1790-1862) sont classés par types de navires : vaisseaux, frégates, corvettes, etc. Cette collection est incomplète pour la période révolutionnaire et impériale;

— les articles 57-136 (1790-1863) sont classés par ports d'armement.

Divers documents sans aucun rapport avec les armements y ont été joints : ils constituent les articles 222-226.

Ces matricules fournissent des renseignements sur les caractéristiques des bâtiments et leurs mouvements dans les eaux antillaises et américaines.

Instrument de recherche :

. Répertoire numérique manuscrit.

Sous-série BB⁸. Archives, cabinet, secrétariat général et Conseil d'Amirauté

Cette sous-série de 504 articles (1790-1885) est particulièrement hétérogène. On peut cependant y distinguer plusieurs ensembles cohérents :

— la correspondance du Bureau des Archives postérieure à 1789 ;

— les archives du cabinet du ministre de la Marine depuis 1824 où l'on relève nombre de documents intéressant les colonies et la politique coloniale ;

— les archives du secrétariat général du ministère, à partir de l'an V. Y sont mêlées les archives d'autres directions (comptabilité, service intérieur, administration centrale, etc.) ;

— les minutes des procès-verbaux du Conseil d'Amirauté, créé en 1824. Elles présentent un grand intérêt pour l'histoire maritime et coloniale en raison des vastes attributions de ce conseil.

Bien qu'antérieurs à 1870, certains documents sont conservés au Service historique de la Marine. Il s'agit de papiers provenant du Conseil des constructions navales, du Conseil des travaux de la Marine, de plusieurs cabinets ministériels et de diverses commissions (1).

Outre les dossiers de correspondance et les procès-verbaux du Conseil d'Amirauté, on dépouillera :

BB⁸ 48.   Cabinet du ministre : rapports, mémoires, lettres, notes et observations concernant l'affaire du Rio de la Plata, l'approvisionnement des colonies..., 1849.

BB⁸ 49.   *Idem* : rapports, mémoires, projets, lettres et notes concernant l'abolition de l'esclavage, l'affaire du Rio de la Plata, les colonies..., 1849.

BB⁸ 56.   *Idem* : rapports, procès-verbaux, lettres, états et notes concernant les colonies, la comptabilité coloniale..., 1849-1850.

BB⁸ 63-65.   *Idem* : procès-verbaux des conférences des directeurs des ministères, rapports, lettres, états et notes concernant l'administration coloniale, le commerce du sucre..., 1848-1852.

BB⁸ 103, 104. *Idem* : correspondance à l'arrivée et minutes de la correspondance au départ, mémoires, lettres et notes concernant l'administration des colonies, l'affaire du Rio de la Plata..., 1833-1857.

---

(1) Voir p. 475.

BB⁸ 108.   *Idem* : décrets, rapports, lettres, dépêches télégraphiques, notes, états et journaux concernant les mercuriales transmises par les agents consulaires, les projets de colonisation au Costa Rica, l'abolition de la course..., 1845-1856.

BB⁸ 321.   Administration centrale : rapports, ordres, lettres et états concernant les créances de Saint-Domingue..., 1792-1862.

Instrument de recherche :

. Répertoire numérique manuscrit.

SÉRIE CC. PERSONNEL

Cette série est plus volumineuse que son homologue d'Ancien Régime. Ses 6475 articles sont répartis en cinq sous-séries consacrées aux officiers militaires (sous-série CC¹), aux officiers civils (CC²), aux troupes et équipages (CC³), à la navigation commerciale (CC⁴) et aux pêches (CC⁵).

Les rôles d'équipage de bâtiments de l'État armés depuis la Révolution, qui formaient la sous-série CC⁶, ont été restitués aux ports d'armement respectifs de ces bâtiments.

Les dossiers personnels des officiers et personnels de la Marine postérieurs à 1789 constituent la sous-série CC⁷, conservée dans sa totalité au Service historique de la Marine (1).

Sous-série CC¹. Officiers militaires

Cette sous-série de 601 articles (1789-1870) comprend des décisions ministérielles, des correspondances envoyées et reçues, des états et des revues concernant les officiers de vaisseau et les écoles de Marine.

De nombreux documents qui devraient s'y trouver sont conservés par le Service historique de la Marine, notamment les registres matricules postérieurs à 1790 (2). Toute recherche portant sur un officier ayant servi entre 1789 et 1790 devra donc être menée dans les deux dépôts.

Instrument de recherche :

. Répertoire numérique dactylographié.

---

(1) Voir p. 477.
(2) Voir p. 476.

Sous-série CC². Officiers civils

Cette sous-série de 562 articles (1716-1873) renferme, outre les décisions, rapports, correspondances, listes générales et revues concernant les officiers civils et les agents entretenus de la Marine, les papiers provenant de l'Inspection du Service de Santé de la Marine. On y trouve de nombreux mémoires sur les colonies.

Une large partie de ces documents, bien qu'antérieurs à 1870, est conservée par le Service historique de la Marine. Ils concernent, en particulier, les aumôniers, le personnel du génie maritime, les ingénieurs-hydrographes, les officiers de santé (1). Les recherches devront donc se dérouler aux Archives nationales et au Service historique de la Marine.

On signalera :

CC² 936.   Service de Santé de la Marine : expédition du Mexique (correspondance reçue, rapports et notes, situations sanitaires, listes d'officiers de santé), 1862-1867.

CC² 947.   *Idem* : mémoires et rapports de médecins de la Marine concernant l'hygiène des équipages et du personnel colonial..., 1828-1856.

CC² 948.   *Idem* : mémoires et rapports sur les maladies et les épidémies : choléra à la Guadeloupe, 1865-1866.

CC² 950.   *Idem* : rapports d'inspection des services de santé des stations navales..., 1851-1863.

CC² 952.   *Idem* : rapports médicaux concernant les colonies et les bâtiments en station ou en campagne aux colonies, 1821-1862.

CC² 955.   *Idem* : rapports médicaux et statistiques médicales concernant la gendarmerie coloniale..., 1857-1864.

CC² 959-961.   *Idem* : rapports médicaux, états de situation hospitalière, correspondance concernant la Guyane et les Antilles, étude de topographie et de statistiques médicales relative à la Guyane, rapports de campagnes de bâtiments de guerre outre-mer, 1817-1865.

CC² 966-969.   *Idem* : rapports médicaux de bâtiments de guerre et de stations navales (bâtiments isolés, Guyane, Antilles, Brésil, expédition du Mexique...), an X-1865.

Instrument de recherche :

. Répertoire numérique dactylographié.

---

(1) Voir p. 476.

Sous-série CC³. Troupes et équipages

Cette sous-série de 2 314 articles (1789-1914) est presque entièrement conservée aux Archives nationales bien qu'elle se poursuive après 1870. Elle renferme les archives administratives et opérationnelles des troupes de la Marine jusqu'en 1900, date de leur rattachement au ministère de la Guerre, et représente de ce fait une source capitale pour l'étude de l'expansion coloniale française au XIXᵉ siècle. On peut y trouver quelques documents postérieurs.

Elle contient également, en ce qui concerne les équipages, les décisions et la correspondance ministérielle, des documents relatifs aux diverses spécialités de la Marine, des recueils d'actes de décès, des registres matricules et contrôles de marins et d'officiers mariniers. S'y ajoute une partie des papiers provenant du bureau de la Justice maritime, le reste étant conservé par le Service historique de la Marine.

On relèvera :

CC³ 904.
Lettres reçues du contre-amiral Baudin relatives à l'expédition du Mexique, 1839.

CC³ 915.
Lettres reçues des gouverneurs des colonies, des commandants de stations navales et de bâtiments, des ambassadeurs et consuls..., 1846.

CC³ 918.
Lettres reçues des gouverneurs des colonies, des commandants de stations navales..., 1847.

CC³ 919.
Lettres reçues des consuls..., 1848.

CC³ 921, 922.
Lettres reçues des gouverneurs des colonies, des commandants de stations navales et de bâtiments..., 1848-1849.

CC³ 925.
Lettres reçues des gouverneurs des colonies, des commandants de stations navales, des consuls..., 1849.

CC³ 1051.
Enregistrement de la correspondance à l'arrivée concernant l'infanterie coloniale, 1901.

CC³ 1052, 1053. Lois, décrets et règlements relatifs aux troupes des colonies..., 1791-1792.

CC³ 1055.
Décisions, projets, rapports, lettres, états et notes concernant les troupes coloniales, l'expédition de Saint-Domingue..., 1790-1824.

CC³ 1061.
Infanterie de Marine : garnisons des colonies, 1874-1875...

CC³ 1090.
Relève des garnisons coloniales : lettres, minutes de lettres, états, 1844-1872.

CC³ 1091.   Organisation des troupes coloniales étrangères..., 1875-1888.

CC³ 1125.   Guadeloupe et Martinique : garnisons, situation sanitaire, affaires locales, entraînement des troupes, 1877-1887.

CC³ 1126.   États-majors des garnisons coloniales : Guyane, Guadeloupe, Martinique..., 1877-1889.

CC³ 1127.   Circulaires, états et lettres concernant les garnisons coloniales, décès de militaires à bord de bâtiments de guerre entre la France et les Antilles, 1837-1860.

CC³ 1128.   Inspections générales des troupes de la Marine : Cayenne, Martinique, Guadeloupe..., 1832-1837.

CC³ 1136-1138. Sous-officiers et soldats des troupes de la Marine et des colonies : promotions, congés, mutations, affaires individuelles, 1888-1892.

CC³ 1146, 1147. Artillerie et génie coloniaux : soldes et indemnités, personnel militaire et auxiliaire du génie, organisation et fonctionnement du Service des Travaux militaires aux colonies, 1850-1884.

CC³ 1148.   Gendarmerie coloniale : recrutement, nouveaux contingents, passages outre-mer, affaires diverses, 1880-1887.

CC³ 1183.   Personnel indigène de la Marine dans les colonies : Antilles, Guyane..., 1851-1889.

CC³ 1187.   *Idem : Guyane...,* 1862-1891.

CC³ 1227.   Missions d'exploration en Amérique centrale..., 1852-1881.

CC³ 1256.   États et listes de marins morts aux colonies..., an III-1827.

CC³ 1258, 1259. Actes de décès et de disparition dressés dans les colonies et à l'étranger, extraits des registres de l'état civil des colonies, 1850-1876.

CC³ 1319.   Direction des Colonies : répertoire des actes de décès, 1845-1853.

CC³ 1428, 1429. Gendarmerie coloniale : matricule des officiers, rapport d'inspection de la compagnie de la Guadeloupe, 1886-1891.

CC³ 1472.   Bureau de la Justice maritime : désordres causés par l'embarquement de troupes pour les colonies..., 1816-1826.

CC³ 1702.   *Idem : corps disciplinaire des colonies...,* 1874-1882.

CC³ 1711.   *Idem : disciplinaires coloniaux...,* 1823-1903.

CC³ 1726.   *Idem :* jugements rendus par le conseil de guerre de Port-au Prince, le capitaine général de la Guyane..., 1790-an XII.

CC³ 1738.   *Idem :* jugements rendus par les conseils de guerre des colonies..., 1806.

CC³ 1740.   *Idem* : jugements rendus par les conseils de guerre des colonies..., 1807.

CC³ 1781-1794.   *Idem* : jugements rendus contre des marins et des militaires des troupes de marine par les conseils de guerre des escadres et des divisions navales, des colonies..., 1849-1857.

CC³ 1795-1837.   *Idem* : jugements rendus contre des marins et des militaires des troupes de marine par les conseils de guerre à bord et dans les colonies..., 1858-1865.

CC³ 1875.   *Idem* : insurrection de 1870 et état de siège à la Martinique..., 1871-1885.

CC³ 2386-2388.   Jugements : tribunal maritime spécial de la Guyane, 1913-1914.

Instrument de recherche :

. Répertoire numérique dactylographié.

Sous-série CC⁴. Navigation commerciale

Cette sous-série de 2 304 articles (1730-1912) est intégralement conservée aux Archives nationales bien que certains documents soient postérieurs à 1870. Elle contient des décisions et la correspondance concernant la marine marchande et l'inscription maritime à partir de 1791, les dossiers d'affaires relevant de la justice maritime commerciale, des dossiers de capitaines au long cours et de maîtres au cabotage, des rapports et procès-verbaux relatifs aux naufrages et diverses pièces se rapportant aux gens de mer et à la navigation.

Il s'agit là d'une source importante de l'histoire de la marine marchande au XIXᵉ siècle. Sur les relations commerciales avec l'Amérique latine et les Antilles, on consultera notamment :

CC⁴ 955-964.   Police de la navigation et des pêches maritimes : enregistrement intégral de la correspondance au départ (ambassadeurs, consuls, gouverneurs des colonies...), 1818-1834.

CC⁴ 1038-1074.   Pêches maritimes et navigation commerciale : minutes de la correspondance au départ (ambassadeurs, consuls, colonies...), 1822-1836.

CC⁴ 1075, 1076. Inscription maritime : minutes de la correspondance au départ (consuls, colonies...), 1870-1871.

CC⁴ 1084-1089.   Inscription maritime : correspondance à l'arrivée (ambassadeurs, consuls, colonies...), 1870-1885.

CC⁴ 1090-1167.   Navigation commerciale : correspondance à l'arrivée (ambassadeurs, consuls, colonies...), 1888-1903.

CC⁴ 1173.   Renseignements fournis par les consuls de France et les gouverneurs des colonies au sujet des rapatriements de marins marchands français..., 1899-1906.

CC⁴ 1190-1202 *bis.* Lettres, états et tableaux relatifs au trafic maritime français dans les ports étrangers, 1896-1908.

CC⁴ 1217-1219. États de la navigation commerciale française dans les ports étrangers, 1870-1897.

CC⁴ 1250.   Répression de la traite des noirs..., 1823-1876.

CC⁴ 1254-1258. Journaux et dossiers relatifs à des grèves de marins de commerce français et étrangers, 1873-1908.

CC⁴ 1278.   Inscrits maritimes : situations générales des inscrits dans les colonies..., 1875-1895.

CC⁴ 2285-2291. États d'armements et de désarmements de bâtiments de commerce dans les colonies françaises..., 1890-1912.

Instrument de recherche :

. État sommaire dactylographié.

Sous-série CC⁵. Pêches

Cette sous-série de 694 articles (1681-1908) est entièrement conservée aux Archives nationales. Elle renferme, outre des documents relatifs aux pêches maritimes et côtières, des mémoires statistiques sur le commerce et l'inscription maritime, des pièces concernant la marine marchande, etc.

On remarquera :

CC⁵ 131-151 *bis.* Mémoires statistiques sur le commerce maritime..., 1817-1835.

CC⁵ 165-186.   Correspondance à l'arrivée : colonies, consuls..., 1853-1862.

CC⁵ 192-194.   *Idem :* consuls..., 1864-1865.

CC⁵ 198-242.   *Idem :* consuls..., 1866-1881.

CC⁵ 244-267.   *Idem :* colonies, consuls..., 1882-1901.

CC⁵ 269-274.   *Idem :* colonies, consuls..., 1902-1903.

CC⁵ 587.   Textes législatifs et réglementaires, mémoires, projets, lettres, états et tableaux concernant le commerce maritime..., 1783-1876.

CC⁵ 592.   Extraits de périodiques étrangers et traductions d'articles concernant les marines militaires et marchandes étrangères, 1901-1902.

Instrument de recherche :

. État sommaire manuscrit.

SÉRIE DD. MATÉRIEL

Contrairement à la série D, cette série est monumentale (8 064 articles) par suite du développement des techniques et du perfectionnement des matériels navals au XIXᵉ siècle. Elle est répartie en cinq sous-séries : constructions navales (sous-série DD¹), travaux maritimes (DD²), approvisionnements (DD³), artillerie (DD⁴) et chiourmes (DD⁵).

Seule la sous-série DD² est conservée aux Archives nationales ; les quatre autres, bien que renfermant des documents antérieurs à 1870, se trouvent au Service historique de la Marine.

Sous-série DD². Travaux maritimes

Cette volumineuse sous-série de 2 695 articles (1676-1939) est déposée aux Archives nationales, à l'exception des atlas de plans conservés au Service historique de la Marine (1). Elle contient la correspondance ministérielle relative aux travaux maritimes, les décisions du ministre de la Marine et les rapports à lui adressés, les archives du Conseil et de l'Inspection des Travaux maritimes.

Sur les travaux outre-mer, on consultera :

DD² 1092.   Dossiers des travaux portuaires et des travaux publics non maritimes du littoral : Martinique, Guadeloupe..., 1818-1889.

DD² 1093.   *Idem :* Guyane..., 1819-1888.

DD² 1098.   *Idem :* Guyane..., 1883-1889.

DD² 1171.   Marchés de travaux : colonies..., 1867.

DD² 1172.   *Idem*, 1868-1870.

DD² 1180.   *Idem*, 1880.

DD² 1202.   *Idem*, 1894.

DD² 1206.   *Idem*, 1898.

DD² 1217.   *Idem*, 1905.

DD² 1222-1223. *Idem*, 1906.

DD² 1227.   *Idem*, 1907.

DD² 1231.   *Idem*, 1908.

DD² 1235.   *Idem*, 1909.

---

(1) Voir p. 477.

DD² 1238.   *Idem*, 1910.

DD² 2481.   Guadeloupe, les Saintes, parc à charbon de Pointe-à-Pitre, 1801-1927.

DD² 2482-2497.   Fort-de-France : bassin de radoub, parcs à combustibles, comptabilité des travaux maritimes, arsenal, magasins, voies ferrées, adduction d'eau, appontements, postes sémaphoriques, T.S.F., installations diverses, 1820-1934.

DD² 2532.   Guyane : parcs à charbon, 1849-1927.

DD² 2546.   Brésil, Chili, Curaçao, canal de Panama..., 1882-1936.

DD² 2547.   Plans des arsenaux maritimes d'outre-mer : Guadeloupe..., 1868-1930.

DD² 2551.   Aviation et aérostation aux colonies..., 1916-1924.

DD² 2635.   Fort-de-France : parc à charbon, hangars, aménagements portuaires, 1902-1930.

Instrument de recherche :

• Répertoire numérique dactylographié.

SÉRIE EE. COMPTABILITÉ

Cette série de 535 articles (an IX-1872) est consacrée aux documents financiers ; les lacunes y sont nombreuses. Les articles postérieurs sont conservés par le Service historique de la Marine.

On y trouve les minutes de la correspondance du Bureau de la Comptabilité du ministère de la Marine, des états de soldes et d'appointements, des documents comptables de l'administration des colonies entre 1826 et 1848.

Les pièces concernant les colonies sont particulièrement nombreuses dans cette sous-série :

EE 1-15.   Minutes et répertoires de minutes de la correspondance ministérielle relative à la comptabilité de la Marine et des colonies, an IX-an XIII.

EE 16-324.   *Idem*, an XIII-1869.

EE 324 *bis*, 324 *ter*. Comptes courants des dépenses d'outre-mer, 1839-1843.

EE 1394-1435. Documents comptables de l'administration des colonies, 1826-1848.

Instrument de recherche :

• Répertoire numérique manuscrit et dactylographié.

SÉRIE FF. INVALIDES ET PRISES

Comme son homologue du fonds ancien, cette série d'environ 1 900 articles contient les archives modernes relatives aux invalides et aux prises. Elle se subdivise en trois sous-séries : invalides (sous-série FF^1), prises et prisonniers de guerre (FF^2), jugements de prise (FF^3). La sous-série FF^1 est conservée par le Service historique de la Marine.

Sous-série FF^2. Prises et prisonniers de guerre

Cette sous-série de 288 articles (1691-1944) est intégralement conservée aux Archives nationales. Elle est constituée de documents se rapportant à l'activité des corsaires et des bâtiments de guerre français à partir de 1793, aux prisonniers de guerre détenus en France et en Angleterre, notamment durant les guerres de la Révolution et de l'Empire. On y trouve également des registres de comptabilité de la Caisse des Prises.

On dépouillera particulièrement les articles relatifs aux armements en course français, aux prises effectuées tant par les Français que par les Anglais et les Espagnols. Certains sont spécifiques aux colonies d'Amérique :

FF^2 16-25.   Mémoires, rapports, arrêtés, décisions, règlements, instructions, lettres, notes, états et listes concernant les capitulations des colonies françaises, les libérations de prisonniers..., an III-1818.

FF^2 43.   Liquidations de courses, jugements, rapports, mémoires, lettres, procès-verbaux, états et listes concernant les prises conduites aux colonies..., an III-1808.

FF^2 72.   Registre alphabétique des prisonniers français relâchés en mer, dans les consulats de France et dans les colonies, an XI.

FF^2 84.   Liste de prisonniers français morts dans les colonies anglaises..., 1803-1814.

FF^2 128-144.   État nominatif des prisonniers français capturés dans les colonies..., an I-an X.

FF^2 291.   Lettres, circulaires, décrets, rapports, procès-verbaux, notes, états et tables concernant les prises capturées au cours du blocus de Buenos Aires par l'escadre française du Brésil et de la Plata, 1838-1871.

Instruments de recherche :

. État sommaire dactylographié.

. Répertoire numérique dactylographié.

Sous-série FF³. Jugements de prises

Cette petite sous-série de 42 articles (an V-1864) contient les décisions du Conseil des Prises ainsi que des dossiers de liquidation de prises capturées par les Français.

Les articles suivants concernent plus particulièrement les colonies :

FF³ 16.   Liquidation de la dette coloniale..., 1806-1854.

FF³ 20.   Décisions des autorités portuaires et consulaires françaises en matière de prises : Martinique, 1813-1814.

FF³ 21.   *Idem* : Saint-Domingue, an XI-an XII.

FF³ 23.   *Idem* : Guadeloupe..., 1807-1810.

FF³ 25.   *Idem* : Cayenne..., 1805-1814.

FF³ 28.   Liquidations générales et particulières par les tribunaux de commerce et les autorités portuaires et consulaires de prises capturées par des bâtiments français, an XI-1828.

FF³ 36.   Restitution de prises capturées au cours du blocus du Rio de la Plata par les forces navales françaises..., 1835-1847.

FF³ 42.   Prises capturées au cours du blocus du Rio de la Plata par les forces navales françaises : répartition des parts, réclamations, an V-1864.

Instrument de recherche :

. Répertoire numérique manuscrit.

SÉRIE GG. DOCUMENTS DIVERS

Cette série de 110 articles est aussi hétérogène que son homologue d'Ancien Régime. Elle contient essentiellement des mémoires et projets et est en partie déposée aux Archives nationales, en partie conservée par le Service historique de la Marine.

La série GG est actuellement divisée en deux sous-séries consacrées l'une aux mémoires et projets (sous-série GG¹), l'autre aux papiers provenant de successions d'officiers de marine ou de personnalités ayant eu des rapports avec la Marine (GG²). La sous-série GG³, composée de documents distraits du fonds de l'Inscription maritime du Havre, a été réintégrée dans les archives de la 1ʳᵉ Région maritime (1).

---

(1) Voir p. 483.

Sous-série GG¹. Mémoires et projets

Cette sous-série de 66 articles (1689-1882) est en majorité conservée aux Archives nationales ; les dossiers postérieurs à 1870 se trouvent au Service historique de la Marine (1).

On citera :

GG¹ 23.   Mémoires sur les consulats..., an IX-1869.

GG¹ 24.   Arrêtés, projets, rapports, lettres et états relatifs aux services de paquebots à voiles et à vapeur dans l'Atlantique..., an III-1862.

               Mémoires concernant le commerce, les colonies..., 1800-1821.

GG¹ 27.   Lois, projets, mémoires, lettres et notes concernant le commerce et les finances des colonies, le commerce du sucre..., 1849-1861.

GG¹ 67-72.   Mémoires, projets, rapports, lettres et notes concernant des plans de descente dans les possessions britanniques..., 1793-1801.

Instrument de recherche :

. Inventaire analytique dactylographié.

> Cet instrument de recherche, établi en 1984 après le reclassement total des articles de la sous-série, rend caduc l'inventaire sommaire qui l'a précédé, les cotes ayant été souvent modifiées, de même que le contenu des liasses.

Sous-série GG². Papiers d'officiers de marine

Cette sous-série de 44 articles (1748-1889) contient les papiers personnels d'officiers ou de personnalités ayant occupé des fonctions dans la Marine. Des articles antérieurs à 1870 sont conservés par le Service historique de la Marine (1).

Sur l'Amérique latine et les Antilles, on consultera :

GG² 1-4.   Papiers de l'amiral Baudin : mission à Haïti, campagne au Rio de la Plata, expédition du Mexique..., 1806-1854.

GG² 32, 33.   Papiers Lacoudrais, chef du Bureau des Fonds et des Invalides : escadre du Mexique..., 1817-1843.

GG² 40-42.   Papiers du vice-amiral La Roncière Le Noury : colonies, Mexique, Martinique..., 1845-1867.

GG² 51.   Papiers du contre-amiral Gautier : station navale du Brésil, 1825-1829.

---

(1) Voir p. 478.

GG² 56, 57.   Papiers du vice-amiral Odet-Pellion : station du Rio de la Plata, affaire de Guayaquil, station des côtes occidentales d'Amérique, 1840-1853.

Instrument de recherche :

• Inventaire sommaire dactylographié.

SÉRIE II. CONTRÔLE

Cette série de 65 articles (an XII-1873), très fragmentaire, est conservée en totalité aux Archives nationales. On y trouvera des rapports d'inspections coloniales entre 1845 et 1855, le contrôle de la Marine s'exerçant sur les colonies jusqu'en 1887, date de l'organisation du Service central de l'Inspection des colonies.

On consultera :

II 5.   Notes et observations du Contrôle de la Marine adressées à la Direction des Colonies..., 1845.

II 8.   *Idem,* 1846.

II 10.   *Idem,* 1847.

II 12.   *Idem,* 1848.

II 14.   *Idem,* 1849.

II 16-24.   *Idem,* 1850-1858.

II 27-35.   *Idem,* 1861-1869.

II 48.   Rapports d'inspections coloniales, 1845-1855...

Instrument de recherche :

• Répertoire numérique dactylographié.

SÉRIE JJ. SERVICE HYDROGRAPHIQUE

Cette série est particulièrement importante en volume (5.464 articles) et en intérêt historique. Bien qu'elle soit affectée d'une cote à doubles lettres, elle contient des documents bien antérieurs à 1789 émanant du Dépôt des Cartes et Plans, créé en 1720, puis du Service hydrographique ; elle se prolonge jusqu'à nos jours. Outre l'hydrographie, les archives du Service hydrographique intéressent l'astronomie, la cartographie, l'art nautique et les sciences naturelles, l'histoire des découvertes.

Ce fonds est malheureusement dispersé entre les Archives nationales, le Service historique de la Marine, le Département des Cartes et Plans de la Bibliothèque nationale, le Musée de la Marine et les bibliothèques de l'Observatoire de Paris, du Museum d'Histoire naturelle et de l'Assemblée nationale (1). Les pièces versées aux Archives nationales sont réparties en neuf sous-séries : correspondance, inventaires et mélanges (sous-série 1 JJ), papiers d'hydrographes (2 JJ), observations scientifiques et géographiques (3 JJ), journaux de bord (4 JJ), voyages et missions hydrographiques (5 JJ), cartes (6 JJ), levés hydrographiques (7 JJ), minutes hydrographiques (8 JJ), mélanges (10 JJ); il n'existe pas de sous-série 9 JJ.

Sous-série 1 JJ. Correspondance, inventaires et mélanges

Cette sous-série de 127 articles (1594-1919) se compose de trois catégories de documents : la correspondance reliée du Dépôt des Cartes et Plans de la Marine entre 1679 et 1919, des inventaires et catalogues de documents conservés par le dépôt du XVIIᵉ au XIXᵉ siècle (ouvrages scientifiques, journaux de bord, cartes et plans), des mémoires et documents sur les sujets les plus divers. On trouvera dans la sous-série 10 JJ la correspondance de 1857 à 1867.

Outre la correspondance, on dépouillera :

1 JJ 106, 107.   Mélanges : observations astronomiques, scientifiques et météorologiques, cartographie..., 1668-1847.

1 JJ 109.   Mélanges : commerce maritime de Nantes, navigation, voyages dans le Pacifique, opérations navales, 1700-1806.

1 JJ 111.   Mélanges : colonies, consulats, commerce, voyages de circum-navigation, course..., 1733-1786.

Instrument de recherche :

. État sommaire dactylographié.

Sous-série 2 JJ. Papiers d'hydrographes

Cette sous-série de 118 articles (1633-1846) contient les papiers privés d'hydrographes ou de géographes du XVIIIᵉ et du début du XIXᵉ siècle.

---

(1) Voir Covillault, *Histoire des archives et de la bibliothèque du Service hydrographique de la Marine*, Paris : Service hydrographique et océanographique de la Marine, 1979, 120 p., multigraphié; un exemplaire est consultable à la bibliothèque de la Section outre-mer des Archives nationales (adresse, p. 239).

Un certain nombre de ces documents scientifiques concernent l'Amérique latine et les Antilles :

2 JJ 18, 19.	Papiers Buache : cartes de la Guyane, notes géographiques sur l'Amazone, la Guyane..., 1633-1814.
2 JJ 55-57 *bis*.	Papiers Delisle : notes géographiques sur l'Amérique du Sud, les Antilles, l'océan Pacifique..., 1535-1754.
2 JJ 94.	Papiers Fleurieu : Antilles, Amérique du Sud..., 1771-1803.
2 JJ 101.	*Idem* : Amérique du Sud..., 1807.

Instruments de recherche :

. État sommaire dactylographié.

. Répertoire numérique détaillé manuscrit.

Sous-série 3 JJ. Observations scientifiques et géographiques

Cette sous-série de 444 articles (1440-1935) est constituée de registres et de cartons où sont classés, suivant un ordre géographique et méthodique, des pièces de nature très variée : récits de voyageurs, de missionnaires, originaux ou extraits de journaux de bord, rapports de mer, etc., d'un grand intérêt pour l'histoire des voyages et des explorations et pour l'histoire des sciences. Mais de nombreuses pièces, si l'on se réfère aux inventaires anciens, en ont été extraites sous le Second Empire et reclassées dans les diverses séries des fonds Marine et Colonies, sans qu'on puisse les localiser.

On consultera en particulier :

3 JJ 260, 261.	Instructions relatives à la navigation dans la mer des Antilles et le golfe du Mexique, 1667-1889.
3 JJ 278-283.	Golfe du Mexique, mer des Antilles, 1665-1890.
3 JJ 284, 285.	Archipel des Antilles en général, 1726-1888.
3 JJ 286.	Martinique, 1764-1889.
3 JJ 287, 288.	Guadeloupe, Marie-Galante, les Saintes, la Dominique, 1766-1891.
3 JJ 289, 290.	Sainte-Lucie, Saint-Eustache, Tabago, Trinidad, Porto Rico, la Grenade, 1724-1888.
3 JJ 291.	Antilles anglaises, 1758-1886.
3 JJ 292-303.	Saint-Domingue, 1698-1895.
3 JJ 304.	Jamaïque, Cuba, 1757-1888.

3 JJ 305-310.   Guyane française, Surinam, Venezuela, côtes d'Amérique centrale, 1688-1892.

3 JJ 311-313.   Brésil, Uruguay, République Argentine, 1541-1916.

3 JJ 314, 315.   Patagonie, îles Falkland, détroit de Magellan, Chili, 1520-1884.

3 JJ 316-322.   Amérique en général, côtes du Chili, du Pérou et du Mexique, Amérique centrale..., 1665-1889.

3 JJ 382-385.   Voyages de circumnavigation, traversées de longue durée, 1836-1891.

Instrument de recherche :

. Inventaire analytique manuscrit.

Sous-série 4 JJ. Journaux de bord

Cette sous-série de 477 articles (1594-1871) est une collection artificielle de documents dont la constitution a commencé avant 1720, date de la création du Dépôt des cartes et plans. On y trouve des journaux de navigation de bâtiments de guerre, des journaux de navires marchands, notamment de vaisseaux de la Compagnie des Indes, quelques journaux de navires étrangers. Cette collection est cependant incomplète. En effet, jusqu'au début du XIXe siècle, le journal de bord était considéré comme la propriété de l'officier qui ne le déposait pas toujours aux archives de la Marine. Par ailleurs, par défaut de systématisation ou négligence, les journaux de bord de l'époque révolutionnaire et impériale ont été intégrés dans les sous-séries BB[4] et 5 JJ. Enfin, les journaux d'opérations de guerre sont classés dans les sous-séries B[4] et BB[4].

Ces journaux de bord, classés par ordre géographique et chronologique, permettent de retracer l'histoire de la navigation et de l'expansion maritime française en Amérique latine et aux Antilles. On verra notamment :

4 JJ 1, 2.   Voyages de circumnavigation, de découvertes et d'observations scientifiques, 1693-1789.

4 JJ 20-26.   Voyages dans le golfe du Mexique et aux îles d'Amérique, 1669-1793.

4 JJ 27-33.   Voyages à Saint-Domingue et à la Martinique, 1722-1790.

4 JJ 34-36.   Voyages à la Martinique, 1659-1788.

4 JJ 37-42.   Voyages à Saint-Domingue, 1719-1791.

4 JJ 43.   Voyages à la Terre Ferme d'Amérique et aux îles voisines, 1680-1734.

4 JJ 44, 45.   Voyages à Cayenne, aux côtes du Brésil et du Paraguay, 1695-1785.

4 JJ 46.   Voyages aux détroits de Magellan et Lemaire et aux îles Malouines, 1683-1764.

4 JJ 47, 48.   Voyages aux mers du Sud et sur les côtes du Chili et du Pérou, 1698-1752.

4 JJ 63-65.   Voyages au Sénégal et aux Îles d'Amérique, 1728-1741.

4 JJ 69-71.   Voyages en Guinée, Gambie, Angola et aux Îles d'Amérique, 1704-1776.

4 JJ 144 A.   Journaux : voyage à Saint-Domingue, 1736-1738...

4 JJ 144 B, 144 C.   Journaux, extraits de journaux, rapports et lettres : voyages aux Îles d'Amérique, au Brésil, à Buenos Aires, 1706-1760...

4 JJ 144 F-144 I.   *Idem :* voyages aux Îles d'Amérique, en Guyane, sur les côtes d'Amérique du Sud, 1706-1800.

4 JJ 160-185.   Voyages aux Antilles, en Amérique centrale et dans le golfe du Mexique, 1814-1848.

4 JJ 186-245 A.   Voyages à Cayenne, au Brésil, à la Plata, dans les mers du Sud, au Chili, au Pérou, 1817-1859.

4 JJ 325.   Voyage sur les côtes occidentales d'Afrique et au Brésil, 1815-1823.

4 JJ 329.   Voyage au Sénégal et aux Antilles, 1818-1820.

4 JJ 339.   Voyage au Sénégal et au Brésil, 1826...

4 JJ 413.   Voyage en Guyane, 1849-1850.

4 JJ 426 A.   Voyage aux Antilles, 1850...

Instrument de recherche :

- Bourgin (G.) et Taillemite (É.), *Inventaire des archives de la Marine. Service hydrographique. Sous-série 4 JJ (Journaux de bord) déposée aux Archives nationales,* Paris, 1963.

Sous-série 5 JJ. Voyages et missions hydrographiques

Cette sous-série de 785 articles (1650-1895) contient des documents relatifs aux grands voyages de circumnavigation et de découvertes effectués de la Révolution au milieu du xixe siècle, aux missions hydrographiques, astronomiques et topographiques dirigées par la Marine au cours du xixe siècle. Ces documents consistent en journaux de bord et de navigation, en observations scientifiques, instructions, rapports, etc.

La sous-série 5 JJ, dont l'intérêt est fondamental pour l'histoire des sciences, devra être consultée conjointement avec les sous-séries BB⁴ et 3 JJ.

Sur les voyages et travaux exécutés en Amérique latine et aux Antilles, on verra :

5 JJ 58 A-79.   Voyage de Freycinet dans l'océan Pacifique sur l'*Uranie* et le *Physicien*, 1817-1820.

5 JJ 80 A-87 B. Voyage de Duperrey dans l'océan Pacifique et en Amérique du Sud, sur la *Coquille*, 1822-1825.

5 JJ 88-98.   Voyage de Hyacinthe de Bougainville en Amérique du Sud, dans l'océan Pacifique... sur la *Thétis* et l'*Espérance*, 1823-1826.

5 JJ 103-109.   Voyage de Laplace sur la *Favorite*, 1830-1832.

5 JJ 110-126.   Voyage de Dupetit-Thouars sur la *Vénus*, 1835-1839.

5 JJ 127 A-158 *bis*, Voyage de Dumont d'Urville sur l'*Astrolabe* et la *Zélée*, 1836-1841.

5 JJ 159-166.   Voyage de Vaillant sur la *Bonite*, 1834-1837.

5 JJ 167-169.   Voyage de Laplace sur l'*Artémise*, 1836-1840.

5 JJ 206.   Campagne et travaux aux Antilles, 1823-1825...

5 JJ 208-210.   Campagnes et travaux aux Antilles, au Mexique, en Guyane, au Brésil, 1815-1847...

5 JJ 212.   Campagnes et travaux aux Antilles, au Mexique, 1837-1847...

5 JJ 218-223.   Campagnes et travaux au Brésil et à la Plata, 1817-1840...

5 JJ 224-233.   Campagnes et travaux au Para et en Guyane, 1842-1845.

5 JJ 235-244.   Campagnes et travaux aux Antilles, dans le golfe du Mexique, en Guyane, au Brésil, 1764-1852...

5 JJ 248.   Campagnes et travaux aux Antilles, au Brésil, 1817-1830...

5 JJ 250.   Campagne et travaux aux Antilles, 1823-1824.

5 JJ 252.   Renseignements sur la navigation dans la mer des Antilles, la Guyane, l'isthme de Panama, le Nicaragua, le Honduras, le golfe du Mexique, s.d.; campagne du navire anglais *Tulawy-Planters* à la Jamaïque, 1798-1799...

5 JJ 254-259.   Campagnes et travaux aux Antilles, au Mexique, en Guyane, en Uruguay, en Argentine et en Patagonie, 1852-1883...

5 JJ 261-265.   Campagnes et travaux aux Antilles, au Mexique, au Venezuela, en Guyane, en Uruguay, en Patagonie et au cap Horn, 1861-1889...

5 JJ 350.   Campagnes et travaux au Chili, au Pérou, au cap Horn, 1829-1838...

5 JJ 356.   Campagne et travaux au Pérou, 1844-1847...

5 JJ 365.   Campagne et travaux au Mexique, 1865...

5 JJ 372.   Campagne et travaux en Amérique du Sud, 1877-1879...

5 JJ 378, 379.   Campagne et travaux au Brésil, 1841-1844.

5 JJ 410, 411.   Campagne et travaux en Guyane et au Brésil, 1818-1820.

Instrument de recherche :

. Bourgin (G.), *Inventaire des archives de la Marine. Service hydrographique. Sous-série 5 JJ,* Paris, 1963.

Sous-série 6 JJ. Cartes

Cette sous-série de 101 articles (1347-1892) est une collection factice et incomplète de cartes : une partie très importante des documents de même nature est conservée au Département des Cartes et plans de la Bibliothèque nationale, une autre au Service historique de la Marine.

On y distingue plusieurs éléments :

— des cartes relatives aux voyages de circumnavigation des XVIIIe et XIXe siècles;

— des cartes et autres pièces se rapportant aux missions hydrographiques;

— un ensemble de neptunes (recueils de cartes marines), d'atlas, de planisphères, de cartes géographiques, de plans de villes et de batailles;

— des pièces diverses telles que tableaux historiques et généalogiques, pièces concernant la signalisation et la tactique navales, plans de batailles, gravures et dessins, etc.

Les cartes suivantes concernent l'Amérique latine et les Antilles :

6 JJ 1.   Voyages de Bougainville et de Lapérouse, 1765-1839.

6 JJ 6.   Voyage de Freycinet, 1818-1820.

6 JJ 9.   Voyages de Cook, 1765-1779.

6 JJ 10-12.   Second voyage de Dumont d'Urville, 1837-1839.

6 JJ 13-15.   Missions hydrographiques aux Antilles, sur les côtes d'Amérique latine, dans l'océan Pacifique..., 1816-1872.

6 JJ 22.   Missions hydrographiques aux Antilles, sur les côtes d'Amérique latine..., XIXe s.

6 JJ 24, 25.   Missions hydrographiques en Guyane et aux Antilles, 1838-1863...

6 JJ 27.	Missions hydrographiques sur les côtes de l'Amérique centrale et du Sud, 1852-1888...
6 JJ 35.	Cartes hydrographiques de la Guadeloupe, 1867-1869.
6 JJ 37-39.	Cartes hydrographiques des Antilles, de l'Amérique centrale et du Sud, 1680-1846...
6 JJ 60.	Cartes géographiques des Antilles, de l'Amérique du Sud..., 1597-1841.
6 JJ 62, 63.	Neptunes et atlas de Herrera, Greenville-Collins, Bruckner, Dalrymple, 1597-1780.
6 JJ 65-69.	Neptunes et atlas de Wallet-Desbarres, William Heather, Mentelle, 1777-1797.
6 JJ 75, 76.	Cartes de Guillaume Delisle et de Bellin, XVIe-XVIIIe s.

Instrument de recherche :

. Inventaire semi-analytique manuscrit.

Sous-série 10 JJ. Mélanges

Cette petite sous-série de 26 articles (1687-1867) comporte deux catégories de documents :

— des registres d'enregistrement de la correspondance au départ et à l'arrivée qui complètent, pour la période 1857-1867, la correspondance du directeur du Dépôt des cartes et plans conservée dans la sous-série 1 JJ ;

— des cartons de documents divers : instructions nautiques, mémoires et documents sur les missions hydrographiques, projets et mémoires relatifs à l'organisation du Dépôt des cartes et plans et du corps des ingénieurs-hydrographes.

On consultera :

| 10 JJ 501. | Instructions nautiques, rapports, notes et cartes concernant les routes maritimes et côtières : Guyane, golfe du Mexique, Rio de la Plata, Antilles..., 1796-1817. |
| 10 JJ 502. | Mémoires, instructions nautiques, observations, rapports, lettres et cartes concernant la géographie et l'hydrographie : Antilles, Guyane, Amérique centrale et du Sud..., XVIIIe s.-1859. |

Instrument de recherche :

. Inventaire analytique manuscrit.

FONDS DES AFFAIRES ÉTRANGÈRES

Ce fonds a été versé aux Archives nationales par le ministère des Affaires étrangères entre 1929 et 1933. Il est cependant constitué, pour l'essentiel, de documents provenant du ministère de la Marine.

En effet, les consulats relevaient depuis Colbert de ce ministère. Le décret de la Convention du 14 février 1793 les ayant rattachés au ministère des Relations extérieures, il fut procédé au partage des papiers du Bureau des Consulats entre les deux ministères.

Le fonds issu de ce démembrement est divisé en deux séries que l'on complétera par la sous-série Marine B^7 et les fonds consulaires conservés au ministère des Affaires étrangères (1).

Pour une orientation générale, on se reportera à l'*État général des fonds*, t. III, *Marine et outre-mer*, Paris, 1980, p. 260-270.

SÉRIE A.E. B$^\text{I}$. CORRESPONDANCE CONSULAIRE

Les 1.192 articles de cette série (1630-1793) proviennent intégralement du Bureau des Consulats du ministère de la Marine. On y distingue deux groupes : la correspondance au départ du Bureau des Consulats, postérieure à 1756, et la correspondance à l'arrivée, classée par ordre alphabétique des postes consulaires.

Le Nouveau Monde en est pratiquement absent (à l'exception de la Havane), mais les consulats ibériques fourniront d'amples renseignements :

A.E. B$^\text{I}$ 39-74.   Ordres et dépêches : Espagne, Portugal..., 1756-1793.

A.E. B$^\text{I}$ 146-164. Lettres reçues : Alicante, 1664-1792.

A.E. B$^\text{I}$ 178-196. *Idem* : Barcelone, 1670-1791.

A.E. B$^\text{I}$ 208.   *Idem* : Bilbao, 1689-1789.

A.E. B$^\text{I}$ 211-300. *Idem* : Cadix, 1666-1792.

A.E. B$^\text{I}$ 359-370. *Idem* : Carthagène, 1698 et 1708-1792.

A.E. B$^\text{I}$ 454-468. *Idem* : la Corogne, 1670-1791.

A.E. B$^\text{I}$ 602.   *Idem* : Gibraltar, 1685-1749.

A.E. B$^\text{I}$ 603-605. *Idem* : Gijon, 1706-1792.

A.E. B$^\text{I}$ 615-618. *Idem* : la Havane, 1703-1764.

---

(1) Voir respectivement p. 150 et 421.

A.E. B^I 643-694.   *Idem* : Lisbonne, 1649-1791.

A.E. B^I 763-765.   *Idem* : Madère, 1671-1792.

A.E. B^I 766-796.   *Idem* : Madrid, 1665-1792.

A.E. B^I 800-813.   *Idem* : Malaga, 1673-1792.

A.E. B^I 946 *bis*.   *Idem* : Porto, 1670-1719.

A.E. B^I 1005-1007. *Idem* : Santander, 1714-1791.

A.E. B^I 1182.   *Idem* : Vigo, 1703-1747.

Instrument de recherche :

. *Correspondance consulaire. Consulats. Mémoires et Documents (Affaires étrangères B^I et B^{III}). Répertoire, Paris, 1982.*

SÉRIE A.E. B^{III}. CONSULATS. MÉMOIRES ET DOCUMENTS

Cette série de 486 articles (1605-1896) provient pour l'essentiel de l'ancien Bureau des Consulats; on y a ajouté quelques dossiers postérieurs à 1793. Ces documents consistent surtout en mémoires et états statistiques sur le commerce, joints auparavant aux correspondances consulaires, et en correspondances commerciales émanant des agents diplomatiques français à l'étranger et des agents diplomatiques étrangers en France.

Seront à dépouiller :

A.E. B^{III} 323-380. Espagne, 1605-1862.

> *Notamment :*
>
> A.E. B^{III} 323-330. Ordonnances, décrets et documents divers concernant principalement le commerce, 1605-1853.
>
> A.E. B^{III} 331, 332. Extraits de la correspondance des agents diplomatiques français en Espagne, 1728-1744.
>
> A.E. B^{III} 333. Traités avec l'Espagne : Mexique..., 1659-1840.
>
> A.E. B^{III} 334. Commerce de l'Espagne avec le Pérou..., 1771-1780.
>
> A.E. B^{III} 335. Population et commerce de l'île de la Trinité, liberté du commerce avec la Nouvelle-Espagne, Cuba, Saint-Domingue, Porto Rico et la province de Caracas..., 1782-an VII.
>
> A.E. B^{III} 336. Cuba : finances, commerce, population..., 1797-1827.
>
> A.E. B^{III} 338. Traduction française de l'histoire de Porto Rico écrite en 1775 par Don Iñigo Abad, suivie d'un état de l'île en 1840..., 1837-1842.
>
> A.E. B^{III} 340. « Réformation du commerce des Indes », 1706...
>
> A.E. B^{III} 341. Mémoires sur le commerce des Français dans l'Amérique espagnole, mémoire sur la Compagnie de Guipuzcoa de Caracas..., 1741-1754.
>
> A.E. B^{III} 342. Relations avec l'Amérique espagnole..., 1755-1764.
>
> A.E. B^{III} 346. Mémoires sur les colonies espagnoles de l'Amérique du Sud et sur Cuba..., 1816-1834.
>
> A.E. B^{III} 347. Cuba : documents historiques, géographiques, commerciaux et statistiques..., 1832-1842.

A.E. B^{III} 348. Situation générale de Cuba, projet de relations commerciales directes entre les Philippines et Cuba, commerce entre l'Espagne et le Brésil..., 1843-1862.

A.E. B^{III} 362. Français arrêtés et expulsés du Mexique..., 1790-an V.

A.E. B^{III} 379. Documents sur Cuba, Porto Rico..., 1841-1849.

A.E. B^{III} 380. Documents sur Cuba, Haïti, notes sur Porto Rico, le Guatemala..., 1817-1861.

A.E. B^{III} 381-386. Portugal, 1641-1851.

Notamment :
A.E. B^{III} 385. Commerce du Portugal avec le Brésil..., 1746-1790.

A.E. B^{III} 387-411. Italie, 1607-1868.

Notamment :
A.E. B^{III} 408. États sardes : traités et conventions avec l'Uruguay..., 1838-1851.

A.E. B^{III} 409. Venise : commerce des cafés des colonnies françaises..., 1733-1826.

A.E. B^{III} 421-423. Pays-Bas, 1734-1847.

Notamment :
A.E. B^{III} 422. État statistique des colonies hollandaises en Amérique..., 1815-1818...

A.E. B^{III} 439-451. États-Unis, 1697-1892.

Notamment :
A.E. B^{III} 446. Tableaux synoptiques du commerce des États-Unis avec les colonies françaises d'Amérique, Saint-Domingue, Saint-Thomas, Saint-Barthélemy, Curaçao et les autres entrepôts des Antilles, avec Cuba, le Mexique, le Guatemala, la Colombie, le Pérou, le Chili, Buenos Aires, le Brésil, 1820-1824...

A.E. B^{III} 452.   Mexique, 1796-1868.

Constitution politique, consulat de Suisse à Mexico, Matamoros, Tampico, Vera Cruz, Carmen.

A.E. B^{III} 453.   Venezuela, Equateur, 1830-1868.

Provinces de Canelo, et du Napo...

A.E. B^{III} 454.   Brésil, 1829-1896.

Bahia, Pernambouc, Belem, Rio Grande do Sul...

A.E. B^{III} 455.   Amérique centrale et du Sud..., 1822-1870.

Recueil d'extraits de traités de paix, de traités de commerce et de conventions consulaires entre la France et le Mexique, le Guatemala, le Costa Rica, le Honduras, le Salvador. le Nicaragua, la Nouvelle-Grenade, le Venezuela, l'Uruguay, les États de la Plata, le Chili, le Pérou, l'Équateur, Haïti, le Brésil..., 1839-1861 ; relations diplomatiques et commerciales de la France avec le Mexique, l'Amérique centrale et l'Amérique du Sud, 1828-1838 ; « Du commerce dans la mer du Sud », 1833 ; observations sur la situation des noirs et le projet de leur émancipation aux Antilles françaises et anglaises et au Venezuela... et sur les causes de la mortalité des soldats français à la Guadeloupe..., 1837 ; observations sur Cuba, Porto Rico, la Jamaïque, Saint-Domingue..., 1838 ; canal de Panama, 1843-1870.

A.E. B^{III} 456. Amérique centrale et Amérique du Sud, 1818-1869.

> Guatemala, Salvador, Honduras, Nicaragua, Costa Rica, Colombie, Équa-
> teur, Nouvelle-Grenade, Venezuela, Panama, Pérou, Bolivie, Chili,
> Confédération argentine, Paraguay, Uruguay.

A.E. B^{III} 458. Haïti, 1818-1868.

> Mémoires, états de commerce, description de l'île et des îles adjacentes,
> République dominicaine.

A.E. B^{III} 461. Mémoires sur la culture et le commerce du tabac, 1737-1845;
mémoire sur le traité de l'Asiento, la navigation dans les mers
des Indes occidentales..., 1748.

A.E. B^{III} 462-473. Correspondance des agents diplomatiques français à
l'étranger, 1682-1821.

> *Notamment :*
> A.E. B^{III} 471-473. Madrid, 1796-1813.

A.E. B^{III} 474-485. Correspondance des agents diplomatiques étrangers en
France, 1651-1818.

> *Notamment :*
> A.E. B^{III} 474. Espagne, 1796-1800...
> A.E. B^{III} 484. Malte : pièces concernant la vente de l'île de Saint-
> Christophe par les intéressés en la Compagnie des Iles d'Amérique à
> l'Ordre de Malte qui revendit cette île à la Compagnie des Indes occiden-
> tales..., 1651-1768.

Instrument de recherche :

. *Correspondance consulaire. Consulats. Mémoires et Documents (Affaires
étrangères B^I et B^{III}). Répertoire*, Paris, 1982.

FONDS DES COLONIES : ARCHIVES CENTRALES ANCIENNES

Les séries qui avaient été démembrées des archives de la Marine et des
Colonies lors de la création du ministère des Colonies, en mars 1894, suivirent
dans un premier temps le sort de celui-ci. Cependant, les locaux de la rue
Oudinot se révélant insuffisants, elles furent, à partir de 1910, progressivement
déposées aux Archives nationales d'abord jusqu'en 1789, puis ultérieurement
jusqu'à 1815. Deux fonds dans lesquels il était difficile de pratiquer une scis-
sion sont restés à la garde de la Section outre-mer bien qu'ils commencent au
xviie siècle : ce sont le Dépôt des papiers publics des colonies et le Dépôt des
fortifications des colonies. Inversement, des séries ou sous-séries coloniales
conservées par la Section ancienne (D^{2C}, EE, EE II, F^{5B}, H, J) débordent largement la date de 1815.

Les archives antérieures à 1789 concernant le sujet ont fait l'objet d'une excellente étude de Lowell Ragatz, professeur à la George Washington University, intitulée *Early French West Indian Records in the Archives Nationales*. Cependant, le terminus *ad quem* ayant été porté à 1815, certains fonds ayant été entièrement reclassés, d'autres ayant fait l'objet d'analyses plus fines depuis la parution de cette récente étude, nous la compléterons et la corrigerons éventuellement.

Pour une orientation générale, le chercheur se reportera à l'*État général des fonds*, t. III, *Marine et Outre-Mer*, Paris, 1980, p. 273-371.

SÉRIE A. ACTES DU POUVOIR SOUVERAIN

Dans cette série de 28 articles (1669-1779), d'ailleurs très incomplète, sont classés par ordre chronologique les originaux ou copies des édits, ordonnances, lettres patentes, arrêts du Conseil concernant les colonies entre 1723 et 1779. On y relève également quelques brevets de concessions de terres et des recueils factices d'actes législatifs ou réglementaires concernant un ou plusieurs territoires. Deux de ces recueils, et notamment celui relatif à Saint-Domingue, ont appartenu au maréchal de Castries, ministre de la Marine de 1780 à 1787. On y trouve insérées des minutes de lettres aux gouverneurs et intendants de Saint-Domingue. Le contenu de ces volumes est trop varié pour être résumé en quelques lignes. Toutes les matières y sont touchées : politique, économique et social. Ragatz (*op. cit.*, p. 154-155) en donne de nombreux exemples. Les textes concernant Saint-Domingue ont été repris dans l'œuvre de Moreau de Saint-Méry, *Loix et constitutions des colonies françaises de l'Amérique sous le Vent* (1).

On consultera particulièrement :

A 24-26.   Édits, ordonnances et arrêts concernant les Iles du Vent, 1669-1765.

A 27, 28.   Édits, ordonnances et arrêts concernant Saint-Domingue, 1707-1758.

Instruments de recherche :

. Répertoire numérique manuscrit.

. Inventaire sommaire manuscrit.

---

(1) Moreau de Saint-Méry (M.L.E.), *Loix et constitutions des colonies françaises de l'Amérique sous le Vent*, Paris, 1784-1790, 6 vol. Voir également Wroth (L.C.) et Annan (G.), *Acts of French Royal Administration concerning Canada, Guyane, the West Indies and Louisiana prior to 1791*, New York, 1930.

SÉRIE B. CORRESPONDANCE AU DÉPART

Cette série, qui compte 277 volumes (1663-1816), est d'une particulière importance. Elle contient en effet les minutes des instructions et lettres adressées par le roi et le ministre aux gouverneurs, intendants, officiers militaires ou civils servant dans les colonies, ainsi qu'aux autorités métropolitaines civiles ou religieuses ayant à connaître des affaires coloniales. Ces autorités sont nombreuses : contrôleur général des Finances, secrétaires d'État divers, intendants des provinces et des ports, évêques, supérieurs d'ordres religieux. Enfin, les lettres à des particuliers y sont nombreuses : armateurs et négociants, munitionnaires, fournisseurs, etc. On y trouve également des documents qui auraient dû être classés dans la série A : édits, lettres patentes, ordonnances, arrêts du Conseil sur des questions coloniales et de très nombreux documents divers, provisions et commissions d'officiers, ordres de paiement, traitements, gratifications, lettres de naturalité pour les étrangers, de grâces, de noblesse, des états de dépenses, des mémoires divers.

Cette correspondance est reliée tantôt méthodiquement (un volume annuel pour les Antilles, un pour l'Amérique du Nord, etc.), tantôt chronologiquement. A partir du XVIIIᵉ siècle, il existe généralement dans chaque volume une table analytique qui facilite les recherches.

On trouvera dans Marine B² un complément à cette série.

Les volumes suivants seront à dépouiller :

B 1-7.	Compagnies des Indes orientales et occidentales, 1654-1678.
B 9-14.	Iles d'Amérique (1)..., 1679-1693.
B 18.	Iles d'Amérique, 1694-1695.
B 21.	*Idem*, 1698-1700.
B 24.	*Idem*, 1701.
B 26.	*Idem*, 1705.
B 28.	*Idem*, 1706-1707.
B 31.	*Idem*, 1708-1709.
B 32-36.	Toutes colonies, 1710-1714.
B 37-42.	Toutes colonies et ports, 1715-1720.
B 44-51.	Toutes colonies, ports..., 1721-1728.
B 52.	Colonies d'Amérique, 1728.

---

(1) Cette expression désigne les îles des Antilles et Cayenne.

B 53-55.	Toutes colonies, ports..., 1729-1731.
B 56.	Ports, Iles du Vent..., 1732.
B 57.	Cayenne, Saint-Domingue..., 1732.
B 58.	Ports, Iles du Vent..., 1733.
B 59.	Cayenne, Saint-Domingue..., 1733.
B 60.	Ports, Iles du Vent..., 1734.
B 61.	Cayenne, Saint-Domingue..., 1734.
B 62.	Ports, Iles du Vent..., 1735.
B 63.	Cayenne, Saint-Domingue..., 1735.
B 64-79.	Toutes colonies, ports..., 1736-1744.
B 81-110.	*Idem*, 1745-1759.
B 111.	Colonies d'Amérique, 1760-1761.
B 112-142.	Toutes colonies, ports..., 1760-1772.
B 145, 146.	Toutes colonies..., 1773.
B 148-153.	Toutes colonies, ports..., 1774-1775.
B 156-165.	*Idem*, 1776-1779.
B 167-178.	*Idem*, 1779-1782.
B 179.	Toutes colonies, ports, Compagnie des Indes hollandaises, 1782-1784.
B 180-184.	Toutes colonies..., 1783-1784.
B 185.	Saint-Domingue : enregistrement de la correspondance adressée par le ministre aux administrateurs de la colonie, 1784-1785.
B 186.	Toutes colonies..., 1784.
B 187.	Iles du Vent : répertoire des matières administratives, 1784.
B 188-194.	Toutes colonies, ports..., 1785-1787.
B 196-200.	*Idem*, 1787-1789.
B 196-200.	*Idem*, 1787-1789.
B 216, 217.	Colonies occidentales (1)..., 1790.
B 218-223.	Toutes colonies..., 1791-1792.
B 226-234.	Colonies occidentales..., 1793-an IV.
B 239-250.	*Idem*, an V-an X.

---

(1) Cette expression désigne les colonies d'Amérique et les comptoirs d'Afrique.

B 254, 255.   Colonies occidentales : table seulement, an XI.

B 266-269.   Colonies occidentales, 1807-1809.

B 270.   Colonies occidentales..., 1809.

B 271-276.   Toutes colonies..., 1810-1816.

B 277.   Instructions remises aux agents du gouvernement dans les
                 différentes colonies, 1789-1804.

Instruments de recherche :

. Répertoire numérique manuscrit.

. TAILLEMITE (E.) *Inventaire analytique de la correspondance générale
avec les colonies. Départ. Série B, t. I, Registres 1 à 37 (1654-1715)*, Paris,
1959 (réimpression reprographique, Paris, 1983).

SÉRIE C. CORRESPONDANCE A L'ARRIVÉE

Contre-partie de la précédente, cette série est constituée par la correspondance reçue par le secrétaire d'État. Elle vient en général des colonies tandis
que la correspondance en provenance de la métropole semble avoir disparu.
Là aussi, aux lettres des gouverneurs, intendants, officiers civils et militaires
sont joints de nombreux documents à l'appui : échange de correspondance
entre administrateurs, lettres de délation, procès-verbaux des conseils supérieurs, des assemblées locales, procédures en justice, arrêtés des conseils
locaux, ordonnances des gouverneurs et intendants, états de dépenses de
matériel, budgets prévisionnels, états du mouvement maritime et du commerce,
états de nègres introduits, mémoires divers, cartes, plans, etc.

Les 1 574 articles qui composent cette série sont répartis suivant un ordre
géographique en quatorze sous-séries. Parmi elles, une concerne la Guyane
(sous-série C[14]), quatre autres intéressent les Antilles : Guadeloupe (C[7]),
Martinique et Iles du Vent (C[8]), Saint-Domingue et Iles sous le Vent (C[9]),
petites Antilles (C[10]) ; elles devront être consultées conjointement.

En effet, depuis la suppression en 1674 de la Compagnie des Indes occidentales, le gouverneur général et l'intendant résidant à la Martinique avaient
autorité sur les îles d'Amérique, y compris Saint-Domingue et la Guyane.
En 1714, le gouvernement général des îles d'Amérique fut dédoublé en un
gouvernement général des Iles sous le Vent, dont le siège était à Saint-
Domingue, et un gouvernement général des Iles du Vent établi à la Martinique.
Ce dernier regroupait les petites îles et la Guadeloupe qui n'aura un gouverneur
indépendant que de 1763 à 1768 et après 1775.

Sous-série C². Compagnies des Indes et Inde française

Cette sous-série de 309 articles (1537-1840) contient, outre la correspondance reçue des comptoirs de l'Inde, des papiers provenant des Compagnies des Indes successives dont les activités s'étendirent, un certain temps, au Nouveau Monde. On y relèvera donc, mais à l'état dispersé, des pièces concernant les îles d'Amérique.

Instrument de recherche :

. Répertoire numérique manuscrit.

Sous-série C⁶. Sénégal et côtes d'Afrique

Comme la précédente, cette sous-série de 35 articles (1664-1809) comprend deux groupes de documents : la correspondance reçue des comptoirs de la côte d'Afrique et des papiers provenant de compagnies commerciales exerçant leurs activités en Afrique occidentale et pratiquant la traite des noirs vers l'Amérique. Il y aura lieu de dépouiller les pièces relatives à la Compagnie des Indes occidentales et à la Compagnie de l'Asiento.

Exemples de documents :

C⁶ 5. « Éclaircissements que Jean Morin a l'honneur de donner à nos seigneurs les commissaires du Roy pour les affaires de la Compagnie des Indes en ce qui concerne la Compagnie du Sénégal pour le comptoir du Cap-François de Saint-Domingue », 1718.

C⁶ 9. Mémoire sur une éventuelle sécession des colons des Antilles, 8 janvier 1725.

Instruments de recherche :

. Répertoire numérique manuscrit.

. Inventaire sommaire dactylographié des articles C⁶ 1-15 et 21.

Sous-série C⁷. Guadeloupe

Cette sous-série se compose d'un groupe cohérent C⁷ᴬ de 85 articles (1647-1816) et d'un supplément C⁷ᴮ de 6 articles (1699-an V).

La Guadeloupe est demeurée sous l'autorité de la Martinique jusqu'en 1775. Pour la période antérieure à cette date, il conviendra de compléter le dépouillement du fonds par celui de la correspondance en provenance de la Martinique (sous-série C⁸).

Exemples de documents :

C⁷ᴬ 1, f⁰ 10. Contrat de vente de la Guadeloupe, de la Désirade et de Marie-Galante par Jean Bochart de Champigny, conseiller d'État, intendant de Normandie, et Madeleine Houël, son épouse, à la Compagnie des Indes occidentales représentée par Louis Béchameil, conseiller d'État, 10 juillet 1664.

C⁷ᴬ 3, f⁰ 149. Liste des exilés des Cévennes et du Vivarais répartis chez les habitants de la Guadeloupe, 17 juillet 1687.

C⁷ᴬ 3, f⁰ 156. Dénombrement par catégorie sociale des religionnaires de la Guadeloupe, 6 mars 1687.

C⁷ᴬ 5, f⁰ 7. Relation du siège de l'île par les Anglais et des combats qui s'y sont déroulés, par Auger, 6 juin 1703.

C⁷ᴬ 12, f⁰ 188. Traité de neutralité de l'île Saint-Martin conclu entre M. de Champigny et Nicolas Salomon, conseiller au conseil hollandais de Saint-Martin, 14 juillet 1734.

C⁷ᴬ 13, f⁰ 150. « Extrait par récapitulation des pertes que le coup de vente du 29 août dernier a causé dans le gouvernement de la Guadeloupe », 1738.

Instruments de recherche :

. Répertoire numérique manuscrit de la sous-série C⁷ᴬ.

. Inventaire analytique dactylographié des articles C⁷ᴬ 1-47.

. Répertoire numérique manuscrit de la sous-série C⁷ᴮ.

Sous-série C⁸. Martinique et Iles du Vent

Cette sous-série se compose : d'un groupe cohérent C⁸ᴬ de 121 articles (1663-1815), d'un supplément C⁸ᴮ de 27 articles (1635-1809), qui contient en particulier des pièces relatives aux Compagnies des îles d'Amérique et des Indes occidentales, enfin du groupe C⁸ᶜ, 193 articles (1902-1913) consacrés aux sinistrés de la Martinique (1) lors de l'éruption de la montagne Pelée le 8 mai 1902.

En raison de l'évolution des structures administratives, précédemment décrite, on y trouvera des documents concernant toutes les îles antillaises et la Guyane jusqu'à 1714, toutes les îles sauf Saint-Domingue jusqu'à 1775, puis toutes les îles sauf Saint-Domingue et la Guadeloupe.

Exemples de documents :

C⁸ᴬ 1, f⁰ 236. Mémoire contenant des propositions pour l'attaque du fort de Curaçao, 16 avril 1673.

C⁸ᴬ 2, f⁰ 104. Traité conclu entre le comte de Blénac et Pierre Moigna et Jonana, chefs caraïbes de Saint-Vincent, 13 février 1678.

---

(1) Voir *État général des fonds.* Tome IV. *Fonds divers,* p. 423 (additions et corrections au tome III, *Marine et Outre-Mer*).

C^{8A} 5, f° 366. « Traité ou capitulation faite entre M. de Blénac et le s. Schorer, gouverneur du fort de Saint-Eustache, pour la reddition dudit fort appartenant à la Compagnie hollandaise », 6 avril 1689 (copie).

C^{8A} 29, f° 264. État des nègres introduits à la Martinique entre le 1er janvier 1717 et le 7 août 1721, 22 août 1721 (indique le nom du navire, celui du capitaine, de l'armateur, le port d'armement, le lieu de traite, le nombre de nègres).

Instruments de recherche :

. TAILLEMITE (E.), *Inventaire de la série Colonies* C^{8A}. *Martinique. Correspondance à l'arrivée,* Paris, 1967-1971, 2 vol.

. TAILLEMITE (E.), KRAKOVITCH (O.) et BIMBENET (M.), *Inventaire de la série Colonies* C^8. *Martinique. Correspondance à l'arrivée. Tome III (articles Colonies* C^{8B} *1 à 27 et index),* Paris, 1984.

   L'index vaut pour les trois volumes de l'inventaire.

. Répertoire numérique manuscrit de la sous-série C^{8C}.

Sous-série C^9. Saint-Domingue et Iles sous le Vent

Cette sous-série se compose de trois sections pour l'Ancien Régime : un groupe cohérent C^{9A} de 168 articles (1664-1792), un premier supplément C^{9B} de 40 articles (1666-1789) et un deuxième supplément C^{9C} de 7 articles (1698-1791), et de trois sections pour la période suivante : un groupe cohérent CC^{9A} de 51 articles (1789-1850), un premier supplément CC^{9B} de 29 articles (1796-1810), et un deuxième supplément CC^{9C} de 25 articles (1728-1850).

On notera la présence dans C^{9C} de pièces concernant la Compagnie de Saint-Domingue créée en 1698 pour mettre en valeur la partie Sud de l'île.

CC^{9C}, qui contient des documents antérieurs à 1789 et se poursuit après l'indépendance haïtienne, est d'un grand intérêt pour l'étude de l'établissement des relations diplomatiques avec le gouvernement d'Haïti, de la reprise des relations commerciales, de l'indemnisation des colons et des secours accordés aux réfugiés.

Pour la période antérieure à 1714, on consultera également la correspondance en provenance de la Martinique (sous-série C^8).

Exemples de documents :

C^{9A} 3, f° 394. Lettre de Pointis : relation de la prise de Carthagène, [1697].

C^{9A} 14, f° 354. Plan de l'embarcadère du Cul de Sac et des projets de quai, 15 octobre 1717.

Instruments de recherche :

. Répertoire numérique manuscrit de la sous-série C⁹ᴬ.

. Inventaire analytique dactylographié des articles C⁹ᴬ 1-16.

. Table alphabétique sur fiches (noms de lieux, de matières, de personnes) des articles C⁹ᴬ 1-10.

. Répertoire numérique manuscrit de la sous-série C⁹ᴮ.

. Répertoire numérique manuscrit de la sous-série C⁹ᶜ.

. Répertoire numérique manuscrit de la sous-série CC⁹ᴬ.

. Répertoire numérique manuscrit de la sous-série CC⁹ᴮ.

. Répertoire numérique manuscrit de la sous-série CC⁹ᶜ.

Sous-série C¹⁰. Petites Antilles

Cette sous-série est consacrée à un certain nombre de petites îles qui ne furent françaises, bien souvent, que pendant quelques années. Elle se compose comme suit : C¹⁰ᴬ, 4 articles (1654-1798) : la Grenade; C¹⁰ᴮ, 2 articles (1627-1798) : Saint-Christophe; C¹⁰ᶜ, 9 articles (1626-an III) : Sainte-Lucie; C¹⁰ᴰ, 3 articles (1648-1789) : Saint-Barthélemy, Sainte-Croix, Saint-Vincent et la Désirade; C¹⁰ᴱ, 49 articles (1645-1795) : Tabago.

La correspondance en provenance de la Martinique (sous-série C⁸) comblera les lacunes de cette sous-série.

Exemples de documents :

C¹⁰ᴬ 1, dossier 1, pièce 23. Marthe de La Lande à Baas : relation de la reprise, le 28 mars, du fort de la Grenade attaqué par des corsaires hollandais, 29 mars 1675.

C¹⁰ᴬ 4, dossier 4, pièce 234. Procès-verbal de la remise de la Grenade aux Anglais, signé Laborie, Mathew, Mays et Fielding Bronne, 6 janvier 1784.

C¹⁰ᴮ 1, dossier 2, pièce 46. « Relation de ce qui s'est passé à la prise de Porto Bello aux Indes appartenant aux Espagnolz, par les Anglois accompagnés de quelques François », par le commandant Duglas, [août 1668].

C¹⁰ᴰ 2, dossier 1, pièces 30-44. Archives rassemblées pour la vente de Sainte-Croix aux Danois en 1733, 1642-1733.

C¹⁰ᴰ 2, dossier 3, pièce 30. Rousseau à Choiseul : misère des prisonniers (mauvais sujets de grandes familles) abandonnés par leur famille, la Désirade, 20 juillet 1765.

C¹⁰ᴰ 3, dossier 1, pièce 23. « Mémoire sur la souveraineté et la propriété des îles de Sainte-Alousie, la Dominique, Saint-Vincent et Tabago, fait en 1722 ».

C¹⁰ᴰ 3, dossier 2, pièce 81. « Projet d'armement pour enlever les nègres des îles anglaises de Nieve, la Barbade et Monserrat », 29 juin 1704 (copie du 20 avril 1778).

Instruments de recherche :

. Inventaire analytique manuscrit des sous-séries Colonies C^{10A}, C^{10B}, C^{10C} et C^{10D}.

. Répertoire numérique manuscrit de la sous-série Colonies C^{10E}.

Sous-série C^{14}. Guyane française

Cette sous-série se compose de 92 articles (1664-1848). Outre les volumes habituels de correspondance générale, certains articles sont consacrés à des questions particulières telles que la Compagnie de la Guyane, l'affaire du Kourou ou encore les contestés franco-brésiliens.

Pour la période antérieure à 1714, on dépouillera également la correspondance en provenance de la Martinique (sous-série C^8).

Exemples de documents :

C^{14} 28, f° 325. « Mémoire touchant la colonie de Cayenne : proposition d'attirer à Cayenne les Français de la Dominique, Saint-Vincent, Tabago et la Grenade dépossédés de leurs biens par les Anglais » [1765].

C^{14} 34, f° 343. «État des esclaves fugitifs ramenés du Para et rendus à leurs maîtres le 12 novembre 1767 », 16 novembre 1767.

C^{14} 55, f° 44. « Apperçu des revenus de la colonie de Demerary pour l'an 1781 », par Kersaint [1782].

C^{14} 65, f° 68. Mémoire du baron Alexandre de Humboldt sur la fixation des limites des Guyanes française et portugaise, 6 août 1817.

C^{14} 89, f° 4. Mémoire sur le projet d'attirer des Maltais à la Guyane pour en accélérer le peuplement, s.d. [vraisemblablement au moment de l'affaire du Kourou.]

Instrument de recherche :

. *Inventaire des archives coloniales. Sous-série C^{14} (Guyane française)*, Paris, 1974-1977, 2 vol.

SÉRIE D. TROUPES ET PERSONNEL CIVIL

Il s'agit ici non de dossiers individuels mais de documents collectifs, matricules des officiers et des soldats de tels ou tels régiments, composition de tels états-majors, nomination à tel ou tel grade, tableaux du personnel civil de telle colonie à telle ou telle date, ainsi que de la correspondance administrative sur le sujet adressée tant aux colonies qu'en France même.

Cette série de 558 articles compte peu de pièces antérieures au milieu du XVIIIe siècle mais se poursuit jusqu'à 1885. Elle est subdivisée en cinq sous-séries.

Sous-série D¹. Correspondance relative aux troupes des colonies

Cette sous-série de 91 articles (1677-1882) contient la correspondance au départ, des décisions et rapports relatifs aux officiers et hommes de troupes depuis 1774. A partir de l'an IX, on y trouve aussi des lettres et décisions concernant les officiers civils.

Le classement n'étant pas géographique mais chronologique, il y aura lieu de dépouiller l'intégralité du fonds et plus particulièrement :

D¹ 27.   Mémoires, projets, rapports, lettres et notes concernant les régiments des Antilles..., 1677-1800.

Instrument de recherche :

. Répertoire numérique manuscrit.

Sous-série D²ᴬ. Recrues pour les troupes des colonies

Cette sous-série de quarante-neuf articles (1721-1791) contient les matricules des hommes recrutés pour les troupes des colonies (1740-1791) et pour la Compagnie des Indes (1721-1772). Les registres, qui indiquent les nom, âge, signalement, lieu d'origine, etc., des recrues, sont classés par ordre chronologique. Il conviendra donc, là encore, de dépouiller l'intégralité du fonds.

Instrument de recherche :

. Répertoire numérique manuscrit.

Sous-série D²ᴮ. Dépôts des troupes des colonies en France

Cette sous-série de dix-huit articles (1765-1783) contient des documents de même nature que la précédente (contrôles de compagnies, matricules de recrues, registres d'engagement) classés par dépôt de troupes coloniales : île de Ré, Saint-Jean-d'Angély et Lorient.

On verra notamment :

D²ᴮ 10.   Dépôt de l'île de Ré : table alphabétique et rôle des recrues incorporées dans la légion de Saint-Domingue, 1766-1767.

D²ᴮ 11.   *Idem :* table alphabétique et contrôle nominatif des recrues incorporées dans la légion de Saint-Domingue, les troupes servant en Guyane..., 1766-1769.

D²ᴮ 14. Matricule des familles françaises et étrangères en partance pour les colonies, principalement pour la Guyane, et arrivées au dépôt principal de Saint-Jean-d'Angély, 1763-1765.

D²ᴮ 18. Lettres, minutes de lettres, mémoires, états et notes concernant les troupes de la Marine, les régiments de l'Amérique..., 1767-1778.

Instrument de recherche :

. Répertoire numérique manuscrit.

Sous-série D²ᶜ. Troupes et personnel civil
Matricules et revues

Cette sous-série de 385 articles (1650-1901) s'intitulait auparavant Troupes des Colonies. Elle contient essentiellement des matricules et revues d'officiers civils et militaires, des contrôles de troupes et de milices coloniales. On y relève également, pour le xixᵉ siècle, des états de fonctionnaires civils tels que médecins, ingénieurs, magistrats ou religieux.

Outre les articles généraux à toutes les colonies, on consultera les articles suivants :

Antilles en général.

D²ᶜ 1 *ter.* Officiers civils et militaires des colonies : Îles du Vent et Îles sous le Vent, 1711-1768.

D²ᶜ 3. Officiers civils et militaires en service dans les colonies françaises d'Amérique, 1747-1762.

D²ᶜ 4. Officiers civils et militaires des colonies : Îles du Vent, Îles sous le Vent..., 1684-1764.

D²ᶜ 5, 6. Officiers civils et militaires des colonies : Îles du Vent..., 1723-1784.

D²ᶜ 10. *Idem,* 1783-1792.

D²ᶜ 17. Compagnies des troupes de la Marine et des colonies détachées aux Antilles..., 1693-1809.

D²ᶜ 18, 19. Officiers militaires des colonies : Antilles..., 1672-1808.

D²ᶜ 28. Bataillons des Antilles..., 1669-an XI.

D²ᶜ 62. Rôle général des troupes des Îles du Vent, 1727-1767.

D²ᶜ 190. Antilles..., 1780.

D²ᶜ 226. Rôle général des troupes des Îles sous le Vent, 1744-1765.

Dominique (la).

D²ᶜ 74.   Milices de la Dominique..., 1677-1792.

Grenade (la).

D²ᶜ 28.   Bataillons de la Grenade..., 1669-an XI.

D²ᶜ 74.   Milices de la Grenade..., 1677-1792.

Guadeloupe.

D²ᶜ 11, 12.   Officiers militaires en service aux colonies : Guadeloupe...,
                 1734-1791.

D²ᶜ 41.   Volontaires libres de la Guadeloupe..., 1754-an XII.

D²ᶜ 74.   Milices de la Guadeloupe..., 1677-1792.

D²ᶜ 77.   Officiers militaires en service à la Guadeloupe, 1727-1810.

D²ᶜ 78-85.   Régiment de la Guadeloupe, 1727-1810.

D²ᶜ 86-91.   Milices de la Guadeloupe..., 1694-1810.

D²ᶜ 92.   Compagnie d'artillerie de la Guadeloupe, 1767-1787.

D²ᶜ 101.   Régiment de la Guadeloupe..., 1772-1785.

D²ᶜ 178.   Troupes de la Guadeloupe, 1815-1817...

D²ᶜ 214.   Guadeloupe : ouvriers d'artillerie de la Marine, 1767-1806.

D²ᶜ 243.   *Idem :* ouvriers du génie, 1864.

D²ᶜ 281.   Régiment de la Guadeloupe, 1772-1793.

D²ᶜ 282.   Guadeloupe : chasseurs des bois, chasseurs de la Grande-
                 Terre, chasseurs de couleur, 1802-1810.

D²ᶜ 283.   *Idem :* états-majors généraux, de l'artillerie et du génie, 1814-
                 1837.

D²ᶜ 284, 285.   *Idem :* officiers militaires, 1802-1814.

D²ᶜ 286, 287.   *Idem :* compagnie d'artillerie, ouvriers d'artillerie de la
                 Marine détachés, 1801-1810.

D²ᶜ 288-293.   *Idem :* gendarmerie nationale, corps royal de la gendarmerie,
                 gendarmerie coloniale, 1801-1854.

D²ᶜ 295.   Troupes embarquées pour les colonies : Guadeloupe..., 1823.

D²ᶜ 311.   Guadeloupe : milices et gardes nationales, 1818-1872.

D²ᶜ 312.   *Idem :* infanterie, régiment de la Guadeloupe, légion de la
                 Guadeloupe, bataillon de la Guadeloupe, 66ᵉ régiment d'in-
                 fanterie, 1787-1824.

D²ᶜ 313-315.   *Idem* : direction du génie, compagnie indigène d'ouvriers du génie, officiers et gardes, 1820-1874.

D²ᶜ 316.   *Idem* : artillerie, compagnies disciplinaires, 1864-1865.

D²ᶜ 317.   *Idem* : gendarmerie, 1834-1879.

D²ᶜ 318.   *Idem* : gendarmerie, génie, plans des bâtiments militaires, 1863-1879.

D²ᶜ 347.   *Idem* : officiers civils, 1784-1806.

D²ᶜ 348.   *Idem* : officiers civils et militaires, 1799-1810.

D²ᶜ 349, 350.   *Idem* : officiers civils, 1808-1830.

D²ᶜ 351.   *Idem* : personnel administratif, 1795-1801.

D²ᶜ 352.   *Idem* : fonctionnaires et agents civils, militaires et judiciaires, 1815.

Guyane.

D²ᶜ 4, 5.   Officiers civils et militaires des colonies : Guyane..., 1684-1782.

D²ᶜ 10.   *Idem* : Guyane..., 1783-1792.

D²ᶜ 17.   Compagnies des troupes de la Marine et des colonies détachées en Guyane..., 1693-1809.

D²ᶜ 18, 19.   Officiers militaires des colonies : Guyane..., 1672-1808.

D²ᶜ 74.   Milices de la Guyane..., 1677-1792.

D²ᶜ 74 *bis*.   Compagnie de canonniers-bombardiers de la Guyane, 1762-1785.

D²ᶜ 126.   Guyane : officiers militaires, 1724-1814.

D²ᶜ 127.   Guyane, Demerari... : officiers militaires, 1763-1785.

D²ᶜ 128.   Guyane : soldats de la garnison, 1713-1766.

D²ᶜ 129.   *Idem* : compagnies franches de la Marine, chasseurs de la Guyane, troupes nationales, garnison de Demerari, 1719-1809.

D²ᶜ 131-135.   Troupes nationales, 1764-1786.

D²ᶜ 136.   Demerari : troupes détachées, 1782-1784.

D²ᶜ 137-139.   Bataillon de la Guyane, 1785-1794.

D²ᶜ 166.   *Idem*, 1785-1810.

D²ᶜ 178.   Troupes de la Guyane, gendarmerie de la Guyane, an VI-1853...

D²ᶜ 213.   Guyane : ouvriers d'artillerie de la Marine, 1765-1824.

D²ᶜ 76.	Compagnie de canonniers-bombardiers de Rochefort, puis de la Martinique, 1750-1787.
D²ᶜ 89-91.	Milices de la Martinique..., 1740-1781.
D²ᶜ 101.	Régiment de la Martinique..., 1772-1785.
D²ᶜ 178.	Troupes de la Martinique, 1826-1828...
D²ᶜ 215.	Martinique : ouvriers d'artillerie de la Marine, 1777-1826.
D²ᶜ 221.	*Idem :* régiments de Médoc, de Vexin, de Périgord, de Bouillon et Royal-Marine, 1768-1772.
D²ᶜ 294.	*Idem :* états-majors généraux, de l'artillerie et du génie, 1814-1835.
D²ᶜ 295.	Troupes embarquées pour les colonies : Martinique..., 1823.
D²ᶜ 296.	Chasseurs de la Martinique, 1830-1848.
D²ᶜ 297.	Martinique : sapeurs coloniaux, 1854-1858.
D²ᶜ 298-305.	*Idem :* gendarmerie, gendarmerie coloniale, 1802-1857.
D²ᶜ 319.	*Idem :* milices et garde nationale, bataillon de la Martinique, an X-1872.
D²ᶜ 320.	*Idem :* bataillon de la Martinique, légion de la Martinique, génie, train des équipages, état des bâtiments militaires en 1802, 1802-1825.
D²ᶜ 321.	*Idem :* régiments de Médoc, de Grenoble, de Strasbourg, de Vexin, de Bouillon, d'Auxonne et de Vermandois, artillerie et génie, état de situation de l'artillerie en 1807, 1769-1848.
D²ᶜ 322.	*Idem :* artillerie et génie, inventaire et plans des immeubles appartenant à l'État affectés à l'artillerie, compagnie indigène d'ouvriers du génie, chasseurs des montagnes, 1864-1901.
D²ᶜ 323-326.	*Idem :* génie, mémoire sur la défense de l'île (an XI), direction du génie, compagnie indigène d'ouvriers du génie, an XI-1874.
D²ᶜ 327.	*Idem :* compagnie indigène d'ouvriers du génie, direction du génie, artillerie, rapport sur le domaine militaire à la Martinique, 1865-1890.
D²ᶜ 328.	*Idem :* génie et travaux militaires, 1821-1822.
D²ᶜ 353, 354.	*Idem :* officiers civils, 1808-1830.
D²ᶜ 355, 356.	*Idem :* officiers militaires, 1802-1814.
D²ᶜ 357.	*Idem :* officiers de justice, 1814-1828.
D²ᶜ 358, 359.	*Idem :* officiers civils et militaires, 1814-1828.

Saint-Domingue.

D²ᶜ 5.	Officiers civils et militaires des colonies : Saint-Domingue..., 1763-1782.
D²ᶜ 10.	*Idem,* 1783-1792.
D²ᶜ 17.	Compagnies des troupes de la Marine et des colonies détachées à Saint-Domingue..., 1693-1809.
D²ᶜ 18, 19.	Officiers militaires des colonies : Saint-Domingue..., 1672-1808.
D²ᶜ 41.	Volontaires royaux de Saint-Domingue..., 1754-an XII.
D²ᶜ 93.	Officiers civils et militaires en service à Saint-Domingue, 1691-1809.
D²ᶜ 94.	Officiers militaires en service à Saint-Domingue, 1719-1790.
D²ᶜ 95-100.	Régiment de Port-au-Prince, 1723-1792.
D²ᶜ 101-105.	Saint-Domingue : régiment du Cap, 1772-1793.
D²ᶜ 106.	*Idem :* régiment du Cap, 1ᵉʳ bataillon, 1772-1777.
D²ᶜ 107-110.	Légion de Saint-Domingue, 1765-1775.
D²ᶜ 111.	Saint-Domingue : officiers de milice, xviiiᵉ s.
D²ᶜ 112, 113.	Compagnies franches de la Marine détachées à Saint-Domingue, 1706-1759.
D²ᶜ 114.	Saint-Domingue : régiments de Cambrésis, de Port-au-Prince, expédition de Savannah (1779), troupes envoyées à Saint-Domingue, 1760-1802.
D²ᶜ 115, 116.	*Idem :* milices, 1688-1792.
D²ᶜ 117.	*Idem :* artillerie, xviiiᵉ s.
D²ᶜ 118, 119.	Légion de Saint-Domingue, 1766-1770.
D²ᶜ 120, 121.	Saint-Domingue : compagnies de canonniers-bombardiers, 1756-1785.
D²ᶜ 122.	*Idem :* officiers supérieurs, états-majors fortifications et génie, 1784-1792.
D²ᶜ 123.	Légion de Saint-Domingue, 1766-1769.
D²ᶜ 124.	Saint-Domingue : ouvriers d'artillerie, 1759-1772.
D²ᶜ 211, 212.	Saint-Domingue... : ouvriers d'artillerie de la Marine, 1764-1810.
D²ᶜ 306.	Saint-Domingue : officiers civils employés dans le département du Nord, 1800.
D²ᶜ 360.	*Idem :* officiers militaires, 1792-1798.

D²ᶜ 361.   *Idem* : officiers civils, 1796-1800.

D²ᶜ 362.   *Idem* : officiers militaires, 1801-1809.

D²ᶜ 363.   *Idem* : corps expéditionnaire, 1802-1803.

D²ᶜ 364.   *Idem* : personnel civil et militaire, 1802-1809.

D²ᶜ 365.   Santo Domingo : malades entrés à l'hôpital, 1806-1809.

D²ᶜ 366.   Saint-Domingue : officiers militaires, 1808.

D²ᶜ 367.   Santo Domingo : officiers militaires, 1808.

D²ᶜ 368.   Santo Domingo : officiers civils, 1808-1814.

D²ᶜ 369, 370.   Saint-Domingue : officiers civils et militaires, 1802-1809.

D²ᶜ 371.   *Idem* : corps expéditionnaire, 1801-1809.

D²ᶜ 377.   *Idem* : troupes diverses, 1803-1809.

D²ᶜ 378.   *Idem* : troupes diverses, artillerie, 1803-1804.

D²ᶜ 379.   *Idem* : garde du général en chef, 1803-1804.

D²ᶜ 380.   *Idem* : 1ᵉʳ bataillon d'artillerie de la Méditerranée, 1802-1803.

D²ᶜ 381.   *Idem* : garde nationale, 1802-1809.

D²ᶜ 382.   *Idem* : gendarmerie, 1802.

D²ᶜ 383.   *Idem* : artillerie du corps expéditionnaire, 1802.

Sainte-Lucie.

D²ᶜ 11, 12.   Officiers militaires en service aux colonies : Sainte-Lucie...,
1734-1791.

D²ᶜ 73, 74.   Milices de Sainte-Lucie..., 1677-1792.

D²ᶜ 89-91.   *Idem,* 1740-1781.

D²ᶜ 355.   Sainte-Lucie... : officiers militaires, 1802-1809.

Saintes (les).

D²ᶜ 318.   Plans des bâtiments militaires des Saintes..., 1875-1879.

Saint-Vincent.

D²ᶜ 74.   Milices de Saint-Vincent..., 1677-1792.

Tabago.

D²ᶜ 11, 12.   Officiers militaires en service aux colonies : Tabago..., 1734-
1791.

D²ᶜ 28.   Régiment de Tabago..., 1669-an XI.

D²ᶜ 125.   Tabago : officiers civils et militaires, 1781-1787.

D²ᶜ 355, 356.   *Idem :* officiers militaires, 1802-1814.

D²ᶜ 384.   *Idem :* artillerie, 1802-1803.

Instruments de recherche :

. Répertoire numérique manuscrit.

. Fichier alphabétique dactylographié des états de service des officiers ayant
servi aux colonies avant 1789.

. CORVISIER (A.), *Les contrôles de troupes sous l'Ancien Régime,* t. III,
Troupes des colonies et de la Marine, Paris, 1970.

Sous-série D²ᴰ. Personnels militaire et civil. Listes

Cette sous-série de 19 articles (1685-1809) est très fragmentaire antérieurement à 1750. Elle contient des listes générales d'officiers militaires ou
civils. Les dossiers, classés en principe par colonie, contiennent aussi parfois
les provisions ou ordres du roi nommant un officier à tel ou tel poste, des
états de pension et de solde, etc.

Outre les articles généraux à toutes les colonies, on consultera les articles
suivants :

D²ᴰ 3.   Guadeloupe et dépendances : listes et états d'officiers civils
                 et militaires, listes de curés, requêtes, propositions, pro-
                 motions, états de paiements, 1646-1789; minutes de
                 commissions et brevets, 1763-1767.

D²ᴰ 4, 5.   Martinique : listes et états..., 1706-1789; minutes de
                 commissions et brevets, 1763-1767.

D²ᴰ 6.   Guyane : listes et états..., minutes de commissions et brevets,
                 1763-1767 et 1782.

D²ᴰ 7, 8.   Saint-Domingue : listes et états..., 1685-1802; minutes de
                 commissions et brevets, 1763-1768.

D²ᴰ 9.   La Grenade, Sainte-Lucie, la Dominique, Saint-Vincent,
                 Tabago : listes et états..., 1763-1802.

D²ᴰ 16.   Troupes de la Martinique..., 1741-1749 et 1774.

D²ᴰ 17-19.   Martinique : listes générales, états divers, revues d'officiers
                 civils et militaires, 1790-1809.

Instrument de recherche :

. Répertoire numérique manuscrit.

SÉRIE E. PERSONNEL COLONIAL ANCIEN

Cette série comprend 440 articles (xviie et xviiie s.) dans lesquels les dossiers d'Ancien Régime sont classés par ordre alphabétique. Son titre est en partie erroné. En effet, à côté de nombreux dossiers individuels concernant des membres du personnel civil ou militaire mais dans lesquels n'apparaissent que tardivement (après 1760) les éléments constitutifs de ce que nous appelons un dossier personnel (actes d'état civil, états de service), apparaissent deux autres catégories de dossiers :

— des pièces diverses, retrouvées après la reliure des registres de correspondance à l'arrivée, ont été réunies en dossiers sous le nom de leur auteur; elles ont une portée générale et seraient mieux à leur place dans la série C. C'est ainsi qu'on trouve un rapport sur Saint-Domingue dans le dossier de Montarcher, intendant de cette colonie de 1771 à 1774;

— on y relève également de très nombreux dossiers provenant du Bureau du Contentieux et dans lesquels sont parties des colons, des négociants, des armateurs.

Toute recherche concernant un officier civil ou militaire doit s'accompagner, parallèlement, d'une recherche dans Marine C7 mais aussi, si l'intéressé a exercé ses fonctions avant et après 1789, dans la série Colonies EE. C'est dans cette dernière que se trouvent les dossiers concernant Toussaint et Isaac Louverture.

Instrument de recherche :

. Fichier alphabétique dactylographié des états de service des officiers ayant servi aux colonies avant 1789.

SÉRIE EE. PERSONNEL COLONIAL MODERNE

Cette série de 2.059 articles (fin xviiie et xixe s.) contient les dossiers du personnel colonial ayant servi approximativement entre 1789 et 1870. Elle est beaucoup plus homogène que la précédente et les dossiers qui y sont contenus répondent mieux à nos conceptions actuelles.

Les recherches doivent cependant être complétées, étant donné l'origine du personnel servant outre-mer, dans les séries correspondantes du Service historique de la Marine et du fonds Colonies (1).

Instrument de recherche :

. Fichier alphabétique manuscrit en cours d'achèvement.

_____

(1) Voir respectivement p. 476-477 et p. 269.

SÉRIE F. DOCUMENTS DIVERS

Les neuf subdivisions de cette série artificielle de 596 articles ont pour seul dénominateur commun le fait de concerner les colonies. Il convient donc de les examiner séparément.

Sous-série F¹ᴬ. Fonds des Colonies

Dans cette sous-série de 58 articles (1670-1789), très incomplète, sont réunis de nombreux documents à caractère financier : budgets, comptes, états de dépenses, ordres de paiement, quittances, etc. Des documents de même nature sont disséminés d'ailleurs dans la série C. L'ordre de classement est chronologique et géographique.

On verra notamment :

F¹ᴬ 1-7.   Comptes et états financiers, 1670-1692 : Antilles, Guyane...

F¹ᴬ 8, 9.   *Idem*, 1693-1696 : Antilles...

F¹ᴬ 10, 11.   *Idem*, 1697-1704 : Antilles, Guyane...

F¹ᴬ 12.   *Idem*, 1705 : Antilles, Guyane, Amérique espagnole...

F¹ᴬ 13, 14.   *Idem*, 1706-1708 : Antilles, Guyane...

F¹ᴬ 15.   *Idem*, 1709 : Antilles, Guyane, Compagnie de l'Asiento...

F¹ᴬ 16-26.   *Idem*, 1710-1728 : Antilles, Guyane...

F¹ᴬ 28-33.   *Idem*, 1729-1737 : Antilles, Guyane...

F¹ᴬ 34-36.   *Idem*, 1738-1746 : Antilles, comptes du Domaine d'Occident...

F¹ᴬ 37, 38.   *Idem* : 1750-1759 : Antilles, Guyane...

F¹ᴬ 49-57.   Enregistrement de la correspondance du départ du Bureau des Fonds, 1763-1777 : Antilles, Guyane...

Instrument de recherche :

. Répertoire numérique manuscrit.

Sous-série F¹ᴮ. Police des noirs

Cette petite sous-série de 4 articles (1731-1784) contient les documents relatifs à la législation régissant la situation juridique des noirs et gens de couleur. Des documents de même nature se trouvent, également dispersés, dans la série C.

A signaler :

F^{1B} 4. Police des gens de couleur transportés en France et de France aux colonies, 1778.

Instrument de recherche :

• Répertoire numérique manuscrit.

Sous-série F^{2A}. Compagnies de commerce

Cette sous-série de 21 articles (1626-1821) ne contient que des épaves des compagnies de commerce et de colonisation de l'Ancien Régime (à l'exception de la Compagnie des Indes dont les papiers sont classés en sous-série C² et de la Compagnie de Saint-Domingue, en grande partie dans la sous-série C⁹ᶜ). Comme toujours, la recherche devra être complétée dans les fonds Marine B¹, B², B⁴ et B⁷.

Pour l'Amérique latine et les Antilles, on consultera :

F^{2A} 7-9. Compagnie de l'Asiento, 1701-1771.

F^{2A} 10. Compagnies française, hollandaise et danoise des Indes occidentales, Compagnie d'Occident, XVIIe s.

F^{2A} 11. Compagnies de Saint-Christophe ou des îles d'Amérique, 1635-1640; de Saint-Domingue, 1706-1720; des Indes, 1719-1730; d'Approuague, 1776; mémoires et documents divers sur le commerce français et espagnol, 1626-1789...

F^{2A} 12. Histoire abrégée des compagnies de commerce depuis 1626 avec la collection de leurs privilèges depuis 1664, par Dernis, 1742.

F^{2A} 13. Compagnie des îles d'Amérique, 1635-1648.

F^{2A} 14. Documents relatifs aux établissements des îles Malouines et au détroit de Magellan, 1714-1821.

F^{2A} 15-21. Compagnie de la Mer Pacifique ou Mer du Sud, 1696-1740.

Instruments de recherche :

• Répertoire numérique manuscrit.

• Inventaire analytique manuscrit de l'article F^{2A} 12.

Sous-série F²ᴮ. Commerce aux colonies

Cette sous-série de 14 articles (1663-1789) réunit des documents d'ordre général sur le commerce colonial : mémoires divers, tableaux statistiques sur les importations, les exportations, l'état des navires armés dans les ports français. Des documents de même nature figurent dans les séries C, F²ᶜ et F³.

Peu d'articles sont géographiquement spécialisés. On notera cependant :

F²ᴮ 8.   Mémoires relatifs au commerce avec les États-Unis et les colonies d'Amérique, 1783-1786.

F²ᴮ 12, 13. Commerce respectif de la France avec ses colonies d'Amérique et des colonies avec l'étranger 1788-1789...

Instrument de recherche :

. Répertoire numérique manuscrit.

Sous-série F²ᶜ. Colonies en général. Mélanges

Cette sous-série compte 13 articles (1645-1847). Son contenu est artificiel et aurait pu être réintégré dans les grands cadres : on y trouve des décisions du secrétaire d'État puis du Conseil de Marine. Il s'agit des feuilles au roi, au ministre, au président du Conseil de Marine, portant de la main de ceux-ci la décision prise. Y figurent également des rapports au ministre, des mémoires et circulaires, des documents financiers, des documents divers (instruction des enfants de Toussaint Louverture, Institution nationale des colonies, administration et commerce à Saint-Domingue).

Les articles suivants concernent directement le sujet :

F²ᶜ 8.   Mémoires divers et états de dépenses concernant la Guadeloupe, la Martinique, Sainte-Lucie, Cayenne, Saint-Domingue..., 1759-1789.

F²ᶜ 11.   Mélanges : documents relatifs à Saint-Domingue, xviiie s.; à la Martinique (santé et clergé colonial), xviiie et xixe s.; à la représentation des colonies en France, 1756-1847...

F²ᶜ 13.   *Idem :* documents relatifs à l'enseignement (instruction des enfants de Toussaint Louverture, Institution nationale des colonies), 1795-1802; à l'administration et au commerce à Saint-Domingue, 1785-1799...

Instrument de recherche :

. Répertoire numérique manuscrit.

Sous-série F³. Collection Moreau de Saint-Méry

Cette sous-série de 287 articles (1492-1818) n'est pas le fruit de l'activité administrative mais une collection d'érudit constituée souvent aux dépens des archives publiques par un ancien conseiller au Conseil supérieur de Saint-Domingue, natif de la Martinique, issu d'une famille de magistrats, Médéric Moreau de Saint-Méry (1). Elle comporte un très grand nombre de pièces originales prélevées par Moreau soit dans les bureaux de Versailles, soit dans ceux de Saint-Domingue ou d'ailleurs (gouvernement, intendance, Conseil supérieur). On y relèvera également de très nombreuses copies effectuées par Moreau ou par ses secrétaires, des documents recueillis hors de l'administration : journaux, périodiques, factums imprimés en des lieux divers (France, Angleterre, colonies), notices diverses.

Moreau lui-même avait organisé en partie cette masse en vue de publications futures : recueils de documents classés géographiquement (pays divers) ou méthodiquement (Révolution à l'île de France, à la Martinique, Antilles pendant la guerre de Sept-Ans, traite, esclavage, instructions données aux gouverneurs et administrateurs, ensembles législatifs intéressant tels ou tels territoires); études élaborées; manuscrits de ses œuvres.

La richesse de ce fonds, spécialement en ce qui concerne Saint-Domingue, est telle que Ragatz (2) a pu écrire — en exagérant un peu — que, le reste des archives serait-il détruit, il serait encore possible d'écrire l'histoire des Antilles françaises à partir de cette collection. Moreau avait également constitué une collection de cartes (3) et une importante bibliothèque sur Saint-Domingue et les Antilles; ces volumes sont consultables à la Section outre-mer (Bibliothèque Moreau de Saint-Méry).

Les articles suivants intéressent l'Amérique latine et les Antilles :

Amérique espagnole.

F³ 44.   Recueil de documents concernant les côtes d'Amérique espagnole..., 1636-1789.

Anguilla.

F³ 44.   Recueil de documents concernant l'île de l'Anguille..., 1636-1789.

Antigua.

F³ 44.   Recueil de documents concernant l'île d'Antigue..., 1636-1789.

---

(1) La vie de Médéric Moreau de Saint-Méry a fait l'objet de deux biographies : Elicona (A.L.), *Un colonial sous la Révolution en France et en Amérique : Moreau de Saint-Méry*, Paris, 1934, et Taillemite (E.), « Moreau de Saint-Méry », dans *Description topographique, physique, civile, politique et historique de la partie française de l'isle Saint-Domingue*, Paris, 1958, t. I, p. VII-XXXVI.
(2) Voir p. 205.
(3) Voir p. 307.

Antilles en général.

F³ 23.   Recueil de documents concernant les Antilles anglaises, hollandaises et espagnoles, les îles neutres de la mer des Caraïbes..., 1645-1792.

F³ 42.   Recueil de documents relatifs aux événements survenus aux Antilles pendant la guerre de Sept-Ans, 1757-1763.

F³ 132-141 *bis.* Notes historiques sur les anciennes colonies françaises, réunies par Moreau de Saint-Méry, XVIIIe-début XIXe s.

F³ 285.   Recueil de documents concernant les colonies anglaises et espagnoles des Antilles..., 1792-1795.

Barbade (la).

F³ 44.   Recueil de documents concernant la Barbade..., 1636-1789.

Barbuda.

F³ 44.   Recueil de documents concernant Barboude..., 1636-1789,

Cuba.

F³ 44.   Recueil de documents concernant Cuba..., 1636-1789.

Curaçao.

F³ 44.   Recueil de documents concernant Curaçao..., 1636-1789.

Désirade (la).

F³ 44.   Recueil de documents concernant la Désirade..., 1636-1789.

Dominique (la).

F³ 23.   Recueil de documents concernant la Dominique..., 1645-1792.

Falkland.

F³ 23.   Recueil de documents concernant les îles Malouines..., 1645-1792.

Grenade (la).

F³ 17.   Recueil de documents concernant l'île de la Grenade..., XVIIe-XVIIIe s.

F³ 23.   Recueil de documents concernant la Grenade..., 1645-1792.

Guadeloupe.

F³ 18-20.   Recueils de documents concernant l'histoire de la Guadeloupe, 1635-1790.

F³ 126.   Mémoires établis par les Chambres d'agriculture et de commerce de la Guadeloupe..., 1759-1788.

F³ 221-235.   Code de la Guadeloupe, 1635-1806.

Guyane anglaise.

F³ 17.   Recueil de documents concernant la région de l'Essequibo..., XVIIe-XVIIIe s.

F³ 44.   Recueil de documents concernant Berbice, Demerary, Essequibo..., 1636-1789.

Guyane française.

F³ 21, 22.   Recueils de documents concernant l'histoire de Cayenne et de la Guyane, 1651-1790.

F³ 129.   Essai sur l'esclavage des nègres : manuscrit attribué à Laffon de Labédat, Barbé-Marbois et Billaud-Varennes rédigé à Sinnamary en l'an VII [1799].

F³ 132-141 *bis*. Notes historiques sur les anciennes colonies françaises, réunies par Moreau de Saint-Méry, XVIIIe-début XIXe s.

F³ 212.   Annales du Conseil supérieur de Cayenne, 1713-1780.

F³ 213-220.   Code de la Guyane, 1579-1803.

Guyane hollandaise.

F³ 62.   Recueil de documents concernant Surinam ..., 1710-1797.

Jamaïque.

F³ 23.   Recueil de documents concernant la Jamaïque..., 1645-1792.

Martinique.

F³ 26-28.   Recueils de documents concernant l'histoire de la Martinique, 1635-1788.

F³ 29-38.   Recueils de documents relatifs à la Révolution à la Martinique, 1789-1801.

F³ 39, 40.   Recueils de documents concernant la Martinique, 1660-1803.

F³ 41.   *Relation de l'établissement des Français depuis l'an 1635 en l'isle de la Martinique,* par le P. Jacques Bouton, S.J., publiée à Paris en 1640 (copie manuscrite).

F³ 124-126.   Mémoires établis par les Chambres d'agriculture et de commerce de la Martinique..., 1759-1788.

F³ 203.   Comptes généraux de la Martinique, commission Vaugiraud, 1814-1816.

F³ 244.   Correspondance des intendants des Iles du Vent relative aux activités du Conseil supérieur de la Martinique, 1726-1750.

F³ 245, 246.   Compte rendu des séances du Conseil supérieur de la Martinique et arrêts rendus, 1751-1778.

F³ 247-263.   Code de la Martinique, 1629-1784.

F³ 264.   Correspondance et arrêtés émanant du capitaine général et du préfet colonial de la Martinique, 1804-1808.

F³ 265.   Recueil de textes législatifs, correspondances et documents divers concernant la Martinique, 1785-1808.

Mexique.

F³ 131.   Manuscrit d'un voyage à Guaxaca, par Thierry de Menonville, botaniste du roi, 1777.

Montserrat.

F³ 23.   Recueil de documents concernant l'île de Montserrat..., 1645-1792.

Nevis.

F³ 23.   Recueil de documents concernant l'île de Nièves..., 1645-1792.

Paraguay.

F³ 118, 119.   « Histoire naturelle des quadrupèdes du Paraguay », par don Felix de Azara, capitaine de vaisseau espagnol (manuscrit de la traduction faite par Moreau de Saint-Méry), 1796.

Porto Rico.

F³ 23.   Recueil de documents concernant Porto Rico..., 1645-1792.

Saba.

F³ 54.   Recueil de documents concernant l'île de Saba..., 1648-1790.

Saint-Barthélemy.

F³ 54.   Recueil de documents concernant l'île de Saint-Barthélemy..., 1648-1790.

Saint-Christophe.

F³ 52, 53.   Recueils de documents concernant l'île de Saint-Christophe, 1627-1784.

Saint-Domingue.

F³ 96-101.	Description de la partie française de Saint-Domingue (publiée par Moreau de Saint-Méry à Philadelphie en 1796).
F³ 102-105.	Description de la partie espagnole de Saint-Domingue (publiée par Moreau de Saint-Méry à Philadelphie en 1795).
F³ 120.	Recueil de documents relatifs à la réunion des conseils supérieurs de Saint-Domingue, 1787-1788.
F³ 121.	Recueil de documents relatifs à la prise de Santo Domingo, 1808-1809.
F³ 122.	*Idée de la valeur de l'Isle espagnole et de l'utilité que sa métropole peut en tirer,* par don Antonio Sanchez Valverde (copie de la main de Moreau de Saint-Méry), 1785.
F³ 124-126.	Mémoires établis par les chambres d'agriculture et de commerce de Saint-Domingue..., 1759-1788.
F³ 127.	Remontrances adressées au Roi sur la fusion des deux conseils supérieurs de Saint-Domingue, 1788.
F³ 157.	Tableau de l'administration des Iles sous le Vent, par Le Brasseur, intendant de Saint-Domingue, 1780.
F³ 158.	Mémoire adressé au roi par La Luzerne sur les administrations dont il a été chargé : gouvernement général de Saint-Domingue (1785-1787) et secrétariat d'État de la Marine (1787-1790).
F³ 164-202.	Correspondances, mémoires et documents divers concernant Saint-Domingue recueillis par Moreau de Saint-Méry (originaux ou copies), 1492-1806.
F³ 268.	Règlements établis par le Conseil supérieur de Port-au-Prince, 1686-1786.
F³ 269-284.	Code de Saint-Domingue, 1492-1809.
F³ 285.	Réfugiés de Saint-Domingue..., 1792-1795.
F³ 286.	Recueil de textes législatifs concernant Saint-Domingue, 1782-1802.
F³ 287.	Lois en projet pour Saint-Domingue : compte rendu d'activité du Comité pour l'examen des nouvelles lois, 1787-1788.

Saint-Eustache.

F³ 54.	Recueil de documents concernant l'île de Saint-Eustache..., 1648-1790.

Saint-Martin.

F³ 54.   Recueil de documents concernant l'île de Saint-Martin...,
                  1648-1790.

Saint-Thomas.

F³ 58.   Recueil de documents concernant l'île de Saint-Thomas...,
                  1761-1789.

Saint-Vincent.

F³ 23.   Recueil de documents concernant l'île de Saint-Vincent...,
                  1645-1792.

F³ 58, 59.   Recueils de documents concernant l'île de Saint-Vincent...,
                  1761-1807.

Sainte-Croix.

F³ 58.   Recueil de documents concernant l'île de Sainte-Croix...,
                  1761-1789.

Sainte-Lucie.

F³ 23.   Recueil de documents concernant l'île de Sainte-Lucie...,
                  1645-1792.

F³ 55-57.   Recueils de documents concernant l'île de Sainte-Lucie,
                  1713-1789.

Saintes (les).

F³ 58.   Recueil de documents concernant les îles des Saintes...,
                  1761-1789.

Tabago.

F³ 23.   Recueil de documents concernant Tabago..., 1645-1792.

F³ 63-65.   Recueils de documents concernant Tabago, 1492-1791.

F³ 65 *bis*, 66. Procès-verbaux de l'Assemblée coloniale de Tabago, 1788-
                  1806.

Trinité (la).

F³ 62.   Recueil de documents concernant la Trinité..., 1710-1797.

Instruments de recherche :

. Répertoire numérique manuscrit.

. Inventaire sommaire manuscrit.

. Fichier méthodique manuscrit.

Sous-série F⁴. Bureau du Contentieux

Le titre de cette sous-série de 28 articles (1740-1806) mériterait d'être complété. En effet, si on y trouve bien une partie des archives du Bureau du Contentieux, et notamment l'enregistrement de la correspondance au départ et certains dossiers concernant Saint-Domingue et les Antilles, tandis que les dossiers individuels sont dans la série E, on y consultera également des épaves du Bureau commercial et une collection d'édits, lettres patentes, déclarations, ordonnances, arrêts du Conseil sur les colonies et la marine.

On verra notamment :

F⁴ 8.   Bureau du Contentieux : documents concernant la Martinique, la Guadeloupe, la Grenade, Tabago et Marie-Galante, 1778-1786.

F⁴ 9-11.   *Idem :* documents concernant Saint-Domingue, 1775-1787.

F⁴ 12.   Bureau commercial, administration générale des colonies : mémoires et projets concernant la Guadeloupe, 1777-an IV.

F⁴ 13.   *Idem* : mémoires et projets concernant la Guadeloupe, la Dominique, Saint-Vincent, la Grenade, Saint-Christophe et Tabago, 1786-1790.

F⁴ 14.   *Idem* : mémoires et projets concernant la Martinique, 1773-1792.

F⁴ 15.   *Idem* : mémoires et projets concernant la Martinique et Sainte-Lucie, 1777-an XI.

F⁴ 16-18.   *Idem* : mémoires et projets concernant Saint-Domingue, 1752-an X.

F⁴ 19.   *Idem* : mémoires et projets concernant la Guyane, 1715-an V.

F⁴ 21.   Bureau commercial : journal des troubles de la Martinique, 1790.

Instrument de recherche :

. Répertoire numérique manuscrit.

Sous-série F⁵ᴬ. Missions religieuses

Cette sous-série de 28 articles (1638-1808) relève également de la collection et doit être complétée par les dépouillements des séries de correspondance à l'arrivée et au départ et des dossiers personnels.

Sur les Antilles, on consultera :

F⁵ᴬ 1.   Mémoires et correspondance concernant les missions (prin-
                   cipalement celles des Antilles), correspondance de l'abbé
                   de L'Isle-Dieu, vicaire général des colonies, 1760-1784.

F⁵ᴬ 4.   Mémoires et documents concernant les missions de Saint-
                   Domingue, 1651 et 1704-1786.

F⁵ᴬ 5-7.   *Idem* : missions de la Martinique, de la Guadeloupe et des
                   Iles du Vent, 1650-1789.

F⁵ᴬ 27, 28.   Correspondances et mémoires relatifs aux missions de la
                   Martinique, 1683-1788.

Instruments de recherche :

. Répertoire numérique manuscrit.

. Inventaire des documents concernant les missions catholiques (dactylographié).

Sous-série F⁵ᴮ. Passagers

Cette sous-série de 143 articles (1744-1886) a été distraite des fonds du Dépôt
des papiers publics des Colonies, créé en 1776, et classée parmi les archives
coloniales *stricto sensu*. L'édit de 1776, dans ses articles VIII et XX, faisait
en effet une obligation aux officiers des classes d'outre-mer de tenir un registre
contenant les noms et qualités des passagers arrivés de France ou d'autres lieux
dans la colonie, les noms des navires sur lesquels ils avaient passé et la date
de leur arrivée, ainsi que les noms et qualités des passagers partant des colonies,
le nom des navires sur lesquels ils passeraient et la date de leur départ, avec
mention de leur destination pour France, pour une autre colonie ou autre
lieu. Ce registre devait être envoyé en France; un registre similaire était tenu
dans les ports de France et adressé chaque année au secrétaire d'État de la
Marine. Cette série comprend donc des listes d'embarquements et de débarquements dans les ports français et dans les ports des colonies. Les listes
concernant les embarquements ou débarquements de troupes sont les plus
nombreuses. On y trouve également des listes de passagers civils. Cependant,
les nombreuses études sur l'émigration française à partir des ports de l'Atlantique s'appuient généralement sur des sources locales.

Le chercheur qui ne connaît pas les ports d'embarquement ou de débarquement des personnages qui l'intéressent éprouvera des difficultés à retrouver
leurs traces. Outre les articles suivants concernant spécialement les Antilles
et la Guyane, il devra consulter les listes des ports qui entretenaient des

relations régulières avec ces pays (Nantes, Bordeaux, la Rochelle, etc.) et les articles consacrés à toutes les colonies :

F5B 3, 4.	Liste de passagers embarqués ou débarqués dans des ports des colonies : Guadeloupe, 1764-1830.
F5B 5.	*Idem* : Saint-Domingue, 1751-1804.
F5B 8.	*Idem* : Guyane, 1752-1830.
F5B 32.	Liste de passagers embarqués dans les colonies pour la France : Guadeloupe, 1800-1830.
F5B 34.	*Idem* : Saint-Domingue, 1775-1806...
F5B 36.	*Idem* : Martinique, 1730-1830.
F5B 37.	*Idem* : Guyane, 1820-1830.
F5B 114.	Liste de passagers allant aux Antilles ou en revenant, 1820-1825.
F5B 118.	Frais de transport de condamnés en Guyane, 1852-1856.
F5B 122.	Liste de passagers embarqués et débarqués : Guadeloupe, 1856-1864.

Instrument de recherche :

. Répertoire numérique manuscrit.

SÉRIE H. ADMINISTRATION PÉNITENTIAIRE COLONIALE

Cette série compte actuellement 1 259 articles classés (1792-1935). Elle concerne, pour l'essentiel, les établissements pénitentiaires établis au XIXᵉ siècle en Guyane et en Nouvelle-Calédonie et contient, outre la correspondance administrative, des états, matricules et dossiers individuels de condamnés.

Les articles suivants sont spécifiques à la Guyane et aux Antilles. Le chercheur devra cependant tenir compte des réserves apportées à la communication par la loi du 3 janvier 1979. En effet, le délai au-delà duquel les documents d'archives publiques peuvent être librement consultés est porté à : 120 ans à compter de la date de naissance pour les dossiers de personnel; 100 ans à compter de l'acte ou de la clôture du dossier pour les documents relatifs aux affaires portées devant les juridictions.

H 2.	Projets d'établissements pénitentiaires aux Saintes, à la Guyane..., 1827-1862.
H 4.	Mémoires et projets concernant la colonisation pénitentiaire en Guyane, 1853-1862.
H 6, 7.	Guyane... : correspondance, projets, listes de transportés, 1852-1869.

H 9-11.	Guyane... : organisation des pénitenciers, 1856-1878.
H 12.	Transportation des insurgés de juin 1848 : mémoires et projets relatifs à la Guyane, 1848-1863.
H 13, 14.	Guyane : personnel des établissements pénitentiaires et installation des pénitenciers, 1850-1866.
H 15-18.	*Idem :* correspondance des gouverneurs, tournées d'inspection, 1851-1875.
H 19, 20.	*Idem :* formation des établissements pénitentiaires, régime sanitaire, 1852-1870.
H 25.	*Idem :* agriculture et industrie, 1866-1877.
H 26-29.	*Idem :* convois de transportés, 1852-1874.
H 33, 34.	Envois de femmes condamnées : Guyane..., 1852-1878.
H 37.	Guyane : condamnés politiques, grâces et commutations de peines, 1854-1861.
H 38-44.	Guyane... : grâces, réductions et commutations de peines, 1861-1880.
H 45, 46.	Guyane : réclusionnaires coloniaux, 1852-1862.
H 47-49.	*Idem :* transportés hors pénitenciers, pénitenciers flottants, 1852-1878.
H 50.	*Idem :* comptabilité locale, 1860-1862.
H 51.	*Idem :* exploitations forestières, 1868-1876.
H 52.	*Idem :* étrangers expulsés, 1856-1870.
H 53.	Prisons : Guyane..., 1843-1877.
H 58.	Guyane : mariage des transportés, 1859-1865.
H 59.	Guyane... : comptabilité et correspondance, 1853-1860.
H 65, 66.	Guyane : inspections, enquêtes, comptes, 1880-1909.
H 653-759.	Transportation : dossiers individuels de transportés décédés en Guyane... 1904-1913.
H 764.	Transports de condamnés : Antilles, Guyane..., 1861-1868.
H 765, 766.	Guyane : successions et biens vacants laissés par les transportés, 1852-1860.
H 767.	*Idem :* table alphabétique des transportés, 1852-1860.
H 768.	*Idem :* actes de décès dans les pénitenciers, 1852-1860.
H 769.	*Idem :* états mensuels de mutations survenues chez les transportés, 1852-1860.
H 770.	*Idem :* liste des repris de justice transportés, XIXe s.

H 771-773.	*Idem* : successions et biens vacants laissés par les transportés, 1861-1870.
H 774.	*Idem* : états de punitions, 1870-1875.
H 775.	*Idem* : états de successions vacantes, 1871-1875.
H 776-780.	*Idem* : états du personnel et états de mutations, 1871-1885.
H 841.	Atlas des établissements pénitentiaires en Guyane, fin XIXe s.
H 1212, 1213.	Guyane : documents législatifs, fin XIXe s.
H 1214.	Société forestière de la Guyane, XXe s.
H 1215-1219.	Guyane... : propositions de grâces pour condamnés aux travaux forcés, fin XIXe-XXe s.; Guyane : règlements du domaine pénitentiaire, liquidation du bagne, XXe s.
H 1220.	Société forestière de la Guyane, XXe s.

Instrument de recherche :

. Répertoire numérique manuscrit.

SÉRIE J. SUCCESSIONS VACANTES

Cette série compte 446 articles (1714-1910). Y sont classés les correspondances administratives et les dossiers individuels de successions en deshérence ouvertes aux colonies. La plus grande partie de ces pièces est postérieure à la Révolution.

Certains articles concernent l'ensemble des colonies, d'autres sont consacrés aux Antilles et à la Guyane :

J 1	Affaires générales, comptabilité et gestion des curateurs aux successions vacantes : Guyane..., 1819-1851.
J 2.	*Idem* : Guadeloupe..., 1808-1856.
J 3.	États de successions ouvertes : Martinique..., 1742-1831.
J 4.	*Idem* : Saint-Domingue, Sainte-Lucie, Saint-Martin, Tabago..., 1714-1810.
J 6.	*Idem* : Guadeloupe, Guyane..., 1761-1871.
J 8, 9.	Dossiers individuels, successions ouvertes : Saint-Domingue, an X-an XII.
J 10, 11.	*Idem* : Martinique et Sainte-Lucie, an X-1810.
J 12.	*Idem* : Martinique, Cayenne, Guadeloupe..., 1811-1824.
J 350.	États de successions liquidées et appréhendées : Guadeloupe..., 1895-1901.

J 368, 369.	Jugements d'apurement de la curatelle : Martinique, Guadeloupe, Guyane..., 1836-1860.
J 408.	Correspondance relative aux successions : Martinique et Guadeloupe, 1817-1861.
J 417.	Textes législatifs : Martinique, 1855-1864.
J 426.	Dossiers individuels de successions ouvertes : Martinique, 1902-1905.
J 429.	*Idem* : Martinique, Guadeloupe, 1831-1858.
J 435.	Gestion des curateurs à la Martinique, 1817-1840.
J 445.	Successions vacantes : Guadeloupe, xixe s.
J 446.	*Idem* : Martinique et Guadeloupe, xviiie-xixe s.

Instruments de recherche :

. Répertoire numérique manuscrit.

. Fichier alphabétique pour les articles 13-78 (dossiers individuels).

SÉRIE K. INDEMNITÉ COLONIALE DE 1849

Cette petite série contient 15 articles (1848-1850) émanant, non du ministère des Colonies, mais de celui du Commerce. Il s'agit des dossiers relatifs à l'indemnisation des propriétaires d'esclaves à la suite de l'abolition de l'esclavage en 1848.

On verra notamment :

K 6.	Correspondance échangée avec les commissaires du gouvernement dans les colonies intéressées, 1848-1850.
K 9-14.	États de règlements définitifs et états nominatifs des indemnitaires : 1849 et années suivantes.

> K 9-11. Guyane.
> K 12. Guadeloupe.
> K 13, 14. Martinique.

Instrument de recherche :

. Répertoire numérique manuscrit.

SECTION OUTRE-MER (1)

27, rue Oudinot, 75007 Paris.
Tél. : Conservateur en chef : (1) 783-04-51 ou 783-04-53.
Renseignements : (1) 783-01-23, postes 04-52 (bibliothèque), 04-53 (archives), 04-54 (état civil).
Salle de lecture : pièce 184 RC.
Heures d'ouverture : du lundi au vendredi, de 9 h 30 à 17 h 30 avec interruption des communications de 11 h 30 à 14 h 15.
Fermeture annuelle : les après-midi du mois d'août.
Possibilité de photocopie, photographie et microfilmage des documents.
Conditions d'accès : ce sont celles en usage aux Archives nationales (voir p. 25).
Communication : les documents d'archives, les livres, les revues sont demandés par les chercheurs sur des fiches spéciales tenues à leur disposition par le président de salle. Les documents peuvent être demandés par avance et conservés pendant un délai déterminé. Les dates limites de communication des documents sont celles fixées par la loi sur les archives du 3 janvier 1979 et ses décrets d'application.
La Section outre-mer possède un fichier, tenu à jour, des lecteurs et des recherches en cours. Celui-ci permet de mettre en contact des chercheurs travaillant dans des directions similaires et de savoir si un sujet a déjà été traité.

La Section outre-mer, lors de sa création, le 1er janvier 1961, a pris la suite du Service des archives, de la bibliothèque et de l'état civil du ministère de la France d'outre-mer (initialement ministère des Colonies). Elle en a hérité les fonds et les locaux et gère les archives, la bibliothèque, la cartothèque et l'état civil.

Comme nous l'avons vu plus haut (p. 204), la conservation des archives issues de l'administration coloniale en métropole est temporairement répartie entre la Section ancienne et la Section outre-mer. La première assure en principe la conservation des fonds coloniaux antérieurs à 1815, la seconde celle des fonds postérieurs à cette date. Il y a des exceptions importantes à cette règle qui ont été ou seront examinées dans ce guide.

L'existence d'archives proprement coloniales au sein du ministère de la Marine date de la fin du XVIIe siècle; c'est la conséquence de la lente spécialisation des bureaux chargés de régler les problèmes touchant l'administration et la vie des possessions outre-mer.

Lors de la création du ministère des Colonies, en 1894, le département ministériel nouvellement créé put ainsi emporter la totalité des archives proprement coloniales et une partie de la bibliothèque commune. L'ensemble fut un moment logé dans les combles du Pavillon de Flore puis suivit le ministère lors de son installation dans les locaux de la rue Oudinot (hôtel de Montmorin et ancien séminaire des Frères des Écoles chrétiennes). Ces

---

(1) Les fonds conservés par la Section outre-mer seront transférés au Dépôt des archive d'outre-mer (1, chemin du Moulin-de-Testas, Les Fenouillères, 13090 Aix-en-Provence) dès l'achèvement, prévu pour juillet 1986, des locaux destinés à les accueillir.

locaux devinrent rapidement exigus et force fut de déposer progressivement aux Archives nationales mêmes, 60, rue des Francs-Bourgeois, sous la responsabilité matérielle de la Section ancienne, les séries antérieures à 1789; le *terminus ad quem* fut ultérieurement porté à 1815. Cependant, ces séries restaient la propriété du ministère des Colonies.

La disparition du ministère de la France d'outre-mer et le rattachement aux Archives nationales du Service des archives, de la bibliothèque et de l'état civil, auquel on adjoignit les cartes de l'ancien Service géographique, ont peu modifié la situation. La Section ancienne assure la conservation des documents antérieurs à 1815, la Section outre-mer, celle des documents postérieurs à cette date. Deux grands fonds en partie antérieurs à 1815 et une collection de cartes du XVIIIe siècle, où il était difficile d'opérer des scissions, sont en outre conservés par la Section outre-mer.

L'*État général des fonds*, t. III, *Marine et outre-mer*, Paris, 1980, p. 373-536, donnera une vue d'ensemble sur les archives conservées par la Section outre-mer. Voir aussi le tome IV, *Fonds divers*, p. 423-430, pour les additions et corrections au tome III.

Le chercheur pourra également consulter les *Sources de l'histoire de l'Asie et de l'Océanie dans les archives et bibliothèques françaises*, t. I, *Archives*, Munich/Paris, 1981 : les pages consacrées à la Section outre-mer contiennent une étude de l'organisation de l'administration centrale du ministère des Colonies à diverses époques.

Il trouvera une présentation des archives de la colonisation dans les articles suivants :

- GUET (I.), « Les archives de la Marine et des Colonies », *Revue britannique*, 1880, 21 p.
- LAROCHE (C.), « Les archives du ministère de la France d'outre-mer », *Gazette des Archives*, nouv. sér., 4, juil. 1948, p. 15-20.
- MENIER (M.-A.), « Archives nationales, Section outre-mer », *Bulletin d'information du Centre national de documentation des départements d'outre-mer* (CENADDOM) 17, 1974, p. 2-10.

Les articles suivants sont plus spécialisés :

- MENIER (M.-A.), « Les sources de l'histoire de la partie française de l'île de Saint-Domingue aux Archives nationales de France », *Conjonction, revue franco-haïtienne* 140, oct.-nov. 1978, p. 119-125.
- MENIER (M.-A.), « Les sources de l'histoire des Antilles dans les Archives nationales françaises », *Bulletin de la Société d'histoire de la Guadeloupe* 36, 2e trim. 1978, p. 7-39.
- MENIER (M.-A.), « Comment furent rapatriés les greffes de Saint-Domingue », *Gazette des Archives* 100, 1er trim. 1978, p. 13-29.
- MENIER (M.-A.), « Images des Iles et documents d'histoire : le Dépôt des Fortifications des Colonies », *Revue historique de l'Armée* 1, févr. 1963, p. 36-49.

Enfin, sur la politique coloniale de la France, les principes de colonisation, la législation coloniale, l'esclavage, le chercheur aura avantage à consulter les ouvrages suivants :

. DEBBASCH (Y.), *Couleur et liberté : le jeu du critère ethnique dans un ordre juridique esclavagiste*, Paris, 1967.

. DEBIEN (G.), *Les esclaves aux Antilles françaises (XVIIe-XVIIIe siècles)*, Basse-Terre/Fort-de-France, 1974.

. DUCHÊNE (A.), *La politique coloniale de la France : le ministère des Colonies depuis Richelieu*, Paris, 1928.

. GIRAULT (A.), *Principes de colonisation et de législation coloniale*, 5e éd. rev. et augm., Paris, 1927-1928, 5 vol.

. METTAS (J.), *Répertoire des expéditions négrières françaises au XVIIIe siècle*, t. I, Paris, 1978.

. TARRADE (J.), *Le commerce colonial à la fin de l'Ancien Régime : l'évolution du régime de l'exclusif de 1763 à 1789*, Paris, 1972.

ACTES DU POUVOIR CENTRAL

Cette série de 424 articles (1802-1965) peut être considérée comme la suite de la série Colonies A (1). Les actes du pouvoir central y sont conservés sous forme de volumes reliés, en originaux, ampliations ou copies conformes.

De 1802 à 1846, les volumes regroupent deux séries de copies conformes des textes réglementaires :

— lois, ordonnances et décisions (2), an X-1806, 1814-1825 et 1830-1846 (25 vol.);

— décrets coloniaux, 1831-1841 (2 vol.).

De 1886 à 1950, les volumes regroupent cinq séries d'originaux des textes réglementaires :

— lois et décrets, 1886-1950 (249 vol.);

— arrêtés et circulaires, 1886-1950 (66 vol.);

— décrets (ordres coloniaux), 1896-1930 (9 vol.);

— ordonnances et décrets du Comité français de libération nationale (Commission aux colonies), 1943-1944 (3 vol.);

— arrêtés et décisions du Comité français de libération nationale (Commission aux colonies), 1943-1944 (4 vol.).

---

(1) Voir p. 205.
(2) Les minutes se trouvent dans la série Marine AA¹.

Ces volumes sont classés par ordre chronologique, à l'exception des décrets coloniaux :

Décrets coloniaux 1. Martinique, Guadeloupe, 1834-1841.

Décrets coloniaux 2. Guyane..., 1834-1841.

Instrument de recherche :

. Répertoire numérique dactylographié.

CORRESPONDANCE GÉNÉRALE

Ce fonds de 726 articles est constitué par l'enregistrement de la correspondance au départ et à l'arrivée de l'administration centrale des Colonies. Il fait suite aux séries Colonies B et C, antérieures à 1815, déposées à la Section ancienne.

Enregistrement au départ

Continuation de la série Colonie B (1), cette série de 690 articles (1808-1927) conserve, à l'état fragmentaire, l'enregistrement de la correspondance des divers bureaux de la Direction des Colonies du ministère de la Marine. On y distingue plusieurs éléments :

— articles 61, 62 et 66-133 : résumés des rapports au roi et au ministre (art. 61 et 62, 1814-1824) et correspondance émanant du Bureau d'Administration (art. 66-133, 1816-1833);

— articles 134-185 *bis* : correspondance émanant du Bureau de Législation et d'Administration (1834-1858);

— articles 186-236 : correspondance émanant du Bureau politique et commercial (1834-1858);

— articles 280-421 : correspondance émanant du Bureau du Personnel des Colonies (1815-1849);

— articles 422-490 : correspondance émanant du Bureau du Personnel et des Services militaires des Colonies (1850-1858);

— articles 491-548 : correspondance émanant du Bureau des Finances et des Approvisionnements (1808-1857);

— articles 550-827 : correspondance émanant des bureaux successifs chargés des Affaires militaires et relative aux soldes et pensions des troupes et états-majors coloniaux, de la gendarmerie coloniale, etc. (1882-1895);

— articles 829-846 : pensions civiles et militaires. Ces articles contiennent les minutes des décrets relatifs aux pensions militaires et civiles (art. 829 et 830, 1886-1891), aux pensions militaires (art. 831-842, 1892-1924), aux pensions civiles (art. 845 et 846, 1892-1909) et les arrêtés relatifs aux pensions militaires (art. 843 et 844, 1926-1927).

---

(1) Voir p. 206.

La correspondance est enregistrée annuellement. A l'intérieur de chaque volume, les dépêches sont classées soit par ordre purement chronologique, soit par ordre méthodique par destinataire ou lieu géographique de destination (colonies, France, autres lieux) puis chronologique. Les volumes sont généralement pourvus de tables annuelles facilitant les recherches.

Les volumes classés géographiquement intéressant le sujet du guide sont les suivants :

Bureau d'Administration.

68.	Martinique, Guadeloupe, 1er semestre 1817.
69.	Guyane..., 2e semestre 1817 (table pour les vol. 68 et 69).
72.	Martinique, Guadeloupe, 1818 (table pour les vol. 72 et 73).
73.	Guyane..., 1818.
76.	Martinique, Guadeloupe, 1819 (table pour les vol. 76 et 77).
77.	Guyane..., 1819.
81.	Martinique, Guadeloupe, 1820 (table pour les vol. 81 et 82).
82.	Guyane, ambassadeur de France au Brésil..., 1820.
86.	Martinique, Guadeloupe, 1821 (table pour les vol. 86 et 87).
87.	Guyane, consul de France au Brésil..., 1821.
90.	Martinique, Guadeloupe, 1822 (table pour les vol. 90 et 91).
91.	Guyane..., 1822.
94.	Martinique, Guadeloupe, 1823 (table pour les vol. 94 et 95).
95.	Guyane, consuls de France hors d'Europe, 1823.
98.	Martinique, Guadeloupe, 1824 (table pour les vol. 98 et 99).
99.	Guyane..., 1824.
102.	Martinique, Guadeloupe, 1825 (table pour les vol. 102 et 103).
103.	Guyane, consuls de France hors d'Europe..., 1825.
106.	Martinique, Guadeloupe, 1826 (table).
107.	Guyane, consuls de France hors d'Europe..., 1826 (table).
110.	Martinique, Guadeloupe, 1827 (table).
111.	Guyane, consuls de France hors d'Europe..., 1827 (table).
114.	Martinique, Guadeloupe, 1828 (table).
115.	Guyane, consuls de France hors d'Europe..., 1828 (table).
118.	Martinique, Guadeloupe, 1829 (table).
119.	Guyane, consuls de France hors d'Europe..., 1829 (table).

122.   Martinique, Guadeloupe, 1830 (table).

123.   Guyane, consuls de France hors d'Europe..., 1830 (table).

126.   Martinique, Guadeloupe, 1831 (table).

127.   Guyane, 1831 (table).

130.   Martinique, Guadeloupe, Guyane..., 1832 (table).

132.   Martinique, Guadeloupe, Guyane..., 1833 (table).

Bureau de Législation et d'Administration.

134.   Martinique, Guadeloupe, Guyane..., 1834 (table).

136.   Martinique, Guadeloupe, Guyane, consuls de France hors
         d'Europe..., 1835 (table).

138.   *Idem*, 1836 (table).

140.   *Idem*, 1837 (table).

142.   *Idem*, 1838 (table).

144.   *Idem*, 1839 (table).

146.   *Idem*, 1840 (table).

148.   Martinique, Guadeloupe, Guyane..., 1841 (table).

150.   Martinique, Guadeloupe, Guyane, consuls de France hors
         d'Europe..., 1842 (table).

152.   *Idem*, 1843 (table).

154.   *Idem*, 1844 (table).

156.   *Idem*, 1845 (table).

158.   *Idem*, 1846 (table).

160.   Martinique, Guadeloupe, Guyane..., 1847 (table).

162.   *Idem*, 1848 (table).

164.   *Idem*, 1849 (table).

166.   Martinique, Guadeloupe, Guyane, consuls de France hors
         d'Europe..., 1850 (table).

168.   Martinique, Guadeloupe, Guyane..., 1851 (table).

170.   *Idem*, 1852 (table).

172.   *Idem*, 1853 (table).

174.   *Idem*, 1854 (table).

176.   Guyane : transportation, 1851-1854 (table).

178.   Martinique, Guadeloupe, Guyane..., 1855 (table).

180.   *Idem*, 1856 (table).

182.   Guyane, Guadeloupe : transportation, 1855-1856 (table).

184.   Martinique, Guadeloupe, Guyane..., 1857 (table).

Bureau politique et commercial.

186-191.   Martinique, Guadeloupe, Guyane..., 1834-1839 (tables).

193.   *Idem*, 1840 (table).

195.   *Idem*, 1841 (table).

197.   *Idem*, 1842 (table).

199.   *Idem*, 1843 (table).

201.   Martinique, Guadeloupe, Guyane, consuls de France hors d'Europe..., 1844 (table).

202.   Martinique, Guadeloupe, Guyane..., 1844.

205.   Martinique, Guadeloupe, Guyane, consuls de France hors d'Europe..., 1845 (table).

206.   Martinique, Guadeloupe, Guyane..., 1845 (table).

209.   Martinique, Guadeloupe, Guyane, consuls de France hors d'Europe..., 1846 (table).

210.   Martinique, Guadeloupe, Guyane..., 1846.

213.   Martinique, Guadeloupe, Guyane, consuls de France hors d'Europe..., 1847 (table).

214.   Martinique, Guadeloupe, Guyane..., 1847 (table).

217.   *Idem*, 1848 (table).

219.   *Idem*, 1849.

221.   *Idem*, 1850.

223.   *Idem*, 1851 (table).

225.   Martinique, Guadeloupe, Guyane, consuls de France hors d'Europe..., 1852.

227.   Martinique, Guadeloupe, Guyane..., 1853.

229.   *Idem*, 1854.

231.   Martinique, Guadeloupe, Guyane, consuls de France hors d'Europe..., 1855.

235.   Guyane..., 1856.

236.   Martinique, Guadeloupe, Guyane..., 1857-1858.

Bureau des Finances et des approvisionnements.

523.   Martinique, Guadeloupe, Guyane..., 1845 (table).

525.   *Idem,* 1846 (table).

527.   *Idem,* 1847 (table).

529.   *Idem,* 1848 (table).

531.   *Idem,* 1849 (table).

533.   *Idem,* 1850 (table).

535.   *Idem,* 1851 (table).

537.   *Idem,* 1852 (table).

539.   *Idem,* 1853 (table)

541.   *Idem,* 1854 (table).

543.   *Idem,* 1855 (table).

545.   *Idem,* 1856 (table).

547.   *Idem,* 1857 (table).

Affaires militaires, soldes et pensions (1).

550.   Martinique, Guadeloupe, Guyane..., 1882.

567.   *Idem,* 1885.

571.   *Idem,* 1886.

580.   Guyane..., 2e semestre 1882.

581.   Martinique, Guadeloupe..., 2e semestre 1882.

601.   Guyane..., 1884.

604.   Martinique, Guyane..., 1er semestre 1884.

606.   Martinique, Guadeloupe, Guyane..., 1884.

622, 623. Guyane..., 1885.

626, 627. Martinique, Guadeloupe..., 1885.

644, 645. Guyane..., 1886.

648.   Martinique, Guadeloupe..., 2e semestre 1886.

---

(1) La provenance des registres est la suivante : 4e bureau (vol. 550 à 648); 1re Division, 3e bureau (vol. 666), 2e bureau (vol. 668 et 669), 7e bureau (vol. 689 à 802); Direction de la Défense, 2e bureau (vol. 815 et 817).

666.   Guyane..., 1er semestre 1887.

668, 669.   Martinique, Guadeloupe..., 1887.

689.   Guyane..., 1er semestre 1888.

690.   Guadeloupe, Guyane..., 2e semestre 1888.

709.   Guyane..., 1889.

713.   Martinique, Guadeloupe..., 1889.

731.   Martinique, Guadeloupe..., 1890.

734.   Guyane..., 1890

753, 754.   Martinique, Guadeloupe, Guyane... 1891.

775, 776.   *Idem,* 1892.

801, 802.   *Idem,* 1893.

815.   *Idem,* 1895.

827.   *Idem,* 1er semestre 1895.

Le dépouillement des volumes intitulés *Intérieur,* France et autres lieux, qui contiennent la correspondance adressée par le ministre de la Marine et des Colonies à ses collègues des autres départements, aux diverses autorités ainsi qu'aux particuliers, apportera au chercheur des renseignements complémentaires.

Exemples de documents :

66, f° 98. Le conseiller d'État directeur de l'administration des Colonies à M. Ducler, partant à Rio de Janeiro : liste des renseignements concernant le Brésil qu'il devra transmettre au ministre de la Marine et des Colonies, 27 février 1816.

282, f° 137. Le ministre de la Marine et des Colonies au ministre de la Guerre : il le prie d'interdire l'envoi de tout créole, blanc ou de couleur, dans les bataillons destinés à la Martinique et à la Guadeloupe, 21 mars 1816.

282, f° 384. Le ministre de la Marine et des Colonies au ministre de la Guerre : propositions pour l'organisation du bataillon d'infanterie destiné à Cayenne, 22 juillet 1816.

283, f° 245. Le ministre de la Marine et des Colonies à l'administrateur général des Affaires ecclésiastiques : demande de renseignements sur l'abbé de Frémont qui postule l'emploi d'aumônier des troupes des Iles du Vent, 28 mai 1816.

Instrument de recherche :

. Répertoire numérique dactylographié.

Enregistrement à l'arrivée

Continuation de la série Colonies C (1), cette petite série de 36 articles (1892-1920) est constituée d'épaves de l'enregistrement de la correspondance à l'arrivée.

Les registres, également dits « Courrier rouge » en raison de la couleur de leur reliure, comportent le numéro d'enregistrement, la provenance, la date, le nom du correspondant et une analyse très succincte des dépêches reçues.

Instrument de recherche :

. Répertoire numérique dans : *Sources de l'histoire de l'Afrique au sud du Sahara dans les Archives et Bibliothèques françaises*, t. I, *Archives*, Zug, 1971, p. 186-187.

TÉLÉGRAMMES

Cette série de 1 324 articles se compose de registres sur lesquels a été transcrit, à compter de 1889, le texte des télégrammes expédiés et reçus d'une part par le cabinet du sous-secrétaire d'État puis du ministre des Colonies, de l'autre par les divers bureaux de l'Administration centrale.

Cabinet du ministre

Cette sous-série contient 1 166 articles (1889-1960) classés chronologiquement, avec une lacune correspondant à la période 1939-1940. Pour chaque année, les télégrammes sont enregistrés dans des volumes distincts (arrivée et départ) affectés chacun à une aire géographique (Amérique, Afrique, Asie, Océanie et Intérieur) et subdivisés par territoires ou administrations.

Outre les registres suivants, consacrés aux Antilles et à la Guyane, le chercheur aura avantage à dépouiller les volumes intitulés *Intérieur*.

6.	Départ : Amérique..., 1890.
10.	Arrivée : Amérique..., 1890.
14.	Départ : Amérique..., 1891.
18.	Arrivée : Amérique..., 1891.
22.	Départ : Amérique..., 1892.
27.	Arrivée : Amérique..., 1892.
32.	Départ : Amérique..., 1893.
37.	Arrivée : Amérique..., 1893.

---

(1) Voir p. 208.

42. Départ : Amérique..., 1894.
46. Arrivée : Amérique..., 1894.
51. Départ : Amérique..., 1895.
55. Arrivée : Amérique..., 1895.
59. Départ : Amérique..., 1896.
63. Arrivée : Amérique..., 1896.
68. Départ : Amérique..., 1897.
72. Arrivée : Amérique..., 1897.
75. Départ : Amérique..., 1897 (doubles).
78. Départ : Amérique..., 1898.
83. Arrivée : Amérique..., 1898.
87. Départ : Amérique..., 1898 (doubles).
90. Départ : Amérique..., 1899.
94. Arrivée : Amérique..., 1899.
98. Départ : Amérique..., 1900.
103. Arrivée : Amérique..., 1900.
108. Départ : Amérique..., 1901.
112. Arrivée : Amérique..., 1901.
116. Départ : Amérique..., 1902.
121. Arrivée : Amérique..., 1902.
125. Départ : Amérique..., 1903.
130. Arrivée : Amérique..., 1903.
135. Départ : Amérique..., 1904.
139. Arrivée : Amérique..., 1904.
143. Départ : Amérique..., 1905.
147. Arrivée : Amérique..., 1905.
151. Départ : Amérique..., 1906.
155. Arrivée : Amérique..., 1906.
160. Départ : Amérique..., 1907.
165. Arrivée : Amérique..., 1907.
169. Départ : Amérique..., 1908.
175. Arrivée : Amérique..., 1908.
179. Départ : Amérique..., 1909.

185.	Arrivée : Amérique..., 1909.
190.	Départ : Amérique..., 1910.
195.	Arrivée : Amérique..., 1910.
200.	Départ : Amérique..., 1911.
205.	Arrivée : Amérique..., 1911.
210.	Départ : Amérique..., 1912.
215.	Arrivée : Amérique..., 1912.
220.	Départ : Amérique..., 1913.
225.	Arrivée : Amérique..., 1913.
231.	Départ : Amérique..., 1914.
238.	Arrivée : Amérique..., 1914.
245.	Départ : Amérique..., 1915.
249.	Départ : Amérique..., 1915 (doubles).
254.	Arrivée : Amérique..., 1915.
265, 266.	Départ : Guadeloupe et Martinique, 1916.
267.	Départ : Guyane..., 1916.
274.	Départ : Amérique..., 1916 (doubles).
284, 285.	Arrivée : Guadeloupe et Martinique, 1916.
287.	Arrivée : Guyane..., 1916.
303.	Départ : Guadeloupe et Martinique, 1917.
304.	Départ : Guyane..., 1917.
323.	Arrivée : Guyane..., janvier 1917.
328, 329.	Arrivée : Guadeloupe et Martinique, 1917.
345, 346.	Départ : Guadeloupe et Martinique, 1918.
347.	Départ : Guyane..., 1918.
367, 368.	Arrivée : Guadeloupe et Martinique, 1918.
369.	Arrivée : Guyane..., 1918.
385.	Départ : Guyane..., 1919.
386.	Départ : Guadeloupe et Martinique, 1919.
405, 406.	Arrivée : Guadeloupe et Martinique, 1919.
408.	Arrivée : Guyane..., 1919.
418.	Départ : Guyane..., 1920.
420.	Départ : Guadeloupe et Martinique, 1920.

430. Arrivée : Guyane..., 1920.

431. Arrivée : Guadeloupe, Martinique..., 1920.

439. Départ : Guyane..., 1921.

440. Départ : Guadeloupe, Martinique..., 1921.

449. Arrivée : Guyane..., 1921.

451. Arrivée : Guadeloupe, Martinique..., 1921.

458. Départ : Guyane..., 1922.

459. Départ : Guadeloupe, Martinique..., 1922.

465. Arrivée : Guyane..., 1922.

466. Arrivée : Guadeloupe, Martinique..., 1922.

473. Départ : Guyane..., 1923.

474. Départ : Guadeloupe, Martinique..., 1923.

481. Arrivée : Guyane..., 1923.

482. Arrivée : Guadeloupe, Martinique..., 1923.

489. Départ : Guyane..., 1924.

490. Départ : Guadeloupe, Martinique..., 1924.

496. Arrivée : Guyane..., 1924.

497. Arrivée : Guadeloupe, Martinique..., 1924.

504. Départ : Guadeloupe, Martinique, Guyane..., 1925.

510. Arrivée : Guadeloupe, Martinique, Guyane..., 1925.

518. Départ : Guadeloupe, Martinique..., 1926.

519. Départ : Guyane..., 1926.

525. Arrivée : Guadeloupe, Martinique..., 1926.

526. Arrivée : Guyane..., 1926.

532. Départ : Guadeloupe, Martinique, Guyane..., 1927.

538. Arrivée : Guyane..., 1927.

539. Arrivée : Guadeloupe, Martinique..., 1927.

546. Départ : Guadeloupe, Martinique et Guyane, 1928.

553. Arrivée : Guadeloupe, Martinique et Guyane, 1928.

560. Départ : Guadeloupe, Martinique..., 1929.

561. Départ : Guyane..., 1929.

568. Arrivée : Guadeloupe, Martinique..., 1929.

577. Départ : Guadeloupe, Martinique..., 1930.

578.   Départ : Guyane..., 1930.

586.   Arrivée : Guadeloupe, Martinique..., 1930.

587.   Arrivée : Martinique, Guyane..., 1930.

596.   Départ : Guadeloupe, Martinique, Guyane..., 1931.

603.   Arrivée : Guadeloupe, Martinique, Guyane..., 1931.

610.   Départ : Guadeloupe, Martinique, Guyane, 1932.

614.   Arrivée : Guyane..., 1932.

615.   Arrivée : Guadeloupe, Martinique..., 1932.

620.   Départ : Guadeloupe, Martinique, Guyane..., 1933

626.   Arrivée : Guadeloupe, Martinique, Guyane..., 1933.

631.   Départ : Guadeloupe, Martinique..., 1934.

636.   Arrivée : Guadeloupe, Martinique, Guyane..., 1934.

640.   Départ : Guadeloupe, Martinique..., 1935.

641.   Départ : Guyane..., 1935.

644.   Arrivée : Guyane..., 1935.

645.   Arrivée : Guadeloupe, Martinique..., 1935.

650.   Départ : Guadeloupe, Martinique..., 1936.

651.   Départ : Guyane..., 1936.

654.   Arrivée : Guadeloupe, Martinique, Guyane..., 1936.

658.   Départ : Guyane..., 1937.

659.   Départ : Guadeloupe, Martinique..., 1937.

664.   Arrivée : Guadeloupe, Martinique..., 1937.

665.   Arrivée : Guyane..., 1937.

669.   Départ : Guadeloupe, Martinique..., 1938.

670.   Départ : Guyane..., 1938.

675.   Arrivée : Guadeloupe, Martinique..., 1938.

676.   Arrivée : Guyane..., 1938.

681.   Départ (Vichy) [1] : Guyane..., juin-décembre 1940.

682.   Départ (Vichy) : Guadeloupe et Martinique, juin-décembre 1940.

688.   Arrivée (Vichy) : Guadeloupe, Martinique, Guyane..., juin-décembre 1940.

---

(1) Cette expression désigne le Gouvernement de Vichy (juin 1940-septembre 1944).

699. Départ (Vichy) : Guyane..., 1941.

700. Départ (Vichy) : Guadeloupe, 1941.

701, 702. Départ (Vichy) : Martinique, 1941.

721. Arrivée (Vichy) : Guyane et Haut-commissaire aux Antilles, 1941.

722. Arrivée (Vichy) : Guadeloupe, 1941.

723. Arrivée (Vichy) : Martinique, 1941.

742. Départ (Vichy) : Guyane, 1942.

743. Départ (Vichy) : Haut-commissaire aux Antilles, 1942.

744. Départ (Vichy) : Guadeloupe, 1942.

745. Départ (Vichy) : Martinique, 1942.

762 Arrivée (Vichy) : Guyane, 1942.

763. Arrivée (Vichy) : Haut-commissaire aux Antilles, 1942.

764. Arrivée (Vichy) : Guadeloupe, 1942.

765, 766. Arrivée (Vichy) : Martinique, 1942.

777. Départ (Vichy) : Haut-commissaire aux Antilles..., janvier-juillet 1943.

785. Arrivée (Vichy) : Haut-commissaire aux Antilles..., janvier-juillet 1943.

809. Télégrammes saisis par la Commission d'Épuration, concernant la dissidence gaulliste : Antilles, Guadeloupe, Martinique, Guyane..., 1940-1944.

830. Départ (Alger) [1] : Fort-de-France, Cayenne.., avril-août 1943.

837. Départ (Alger) : Basse-Terre, Fort-de-France et Cayenne, octobre-décembre 1943.

842. Arrivée (Alger) : Basse-Terre, Fort-de-France, Cayenne..., août-décembre 1943.

853. Départ (Alger puis Paris) [2] : Cayenne..., 1944.

854. Départ (Alger puis Paris) : Basse-Terre, 1944.

855. Départ (Alger puis Paris) : Fort-de-France, 1944.

871. Arrivée (Alger puis Paris) : Basse-Terre, Cayenne..., 1944.

---

(1) Cette expression désigne le Comité français de Libération nationale (Alger, juin 1943-septembre 1944).

(2) Cette expression désigne le Comité français de Libération nationale (Alger, juin 1943-septembre 1944) puis le Gouvernement provisoire de la République française (Paris, septembre 1944-novembre 1946).

872.   Arrivée (Alger puis Paris) : Fort-de-France, 1944.

883.   Départ : Basse-Terre et Cayenne, 1945.

884.   Départ : Fort-de-France..., 1945.

898.   Arrivée : Basse-Terre..., 1945.

899.   Arrivée : Fort-de-France, 1945.

900.   Arrivée : Cayenne..., 1945.

908.   Départ : Basse-Terre et Cayenne, 1946.

909.   Départ : Fort-de-France..., 1946.

931.   Arrivée : Basse-Terre, Cayenne..., 1946.

932.   Arrivée : Fort-de-France, 1946.

943.   Arrivée, télégrammes « secret » (Service du Chiffre) : Basse-Terre,
            Fort-de-France, Cayenne..., 1946.

949.   Départ : Basse-Terre, Fort-de-France, Cayenne..., 1947.

961.   Arrivée : Basse-Terre et Cayenne, 1947.

962.   Arrivée : Fort-de-France, 1947.

975.   Départ, télégrammes « secret » : Basse-Terre, Fort-de-France,
            Cayenne..., 1948.

981.   Arrivée, télégrammes « clair » : Basse-Terre, Fort-de-France,
            Cayenne..., 1948.

986.   Arrivée, télégrammes « secret » : Basse-Terre, Fort-de-France,
            Cayenne..., 1948.

Instrument de recherche :

. Répertoire numérique dactylographié.

Administration centrale

Cette sous-série de 158 articles (1889-juin 1940) présente, à l'encontre de
la précédente, de nombreuses lacunes. Elle se compose de trois groupes
distincts de registres (arrivée, départ, arrivée et départ) à l'intérieur desquels
les télégrammes sont transcrits chronologiquement par directions, bureaux
ou services.

Les volumes suivants concernent les Antilles et la Guyane; le chercheur
pourra également consulter les volumes consacrés aux services pénitentiaires.

Arrivée.

2.   Direction des Affaires politiques et commerciales : Antilles,
            Guyane..., 1895.

2 *bis.*   *Idem :* Antilles, Guyane..., 1896.

4.   Affaires politiques, administratives et commerciales : Amérique..., 1897.

14.   *Idem :* Amérique..., 1907.

25.   Service de l'Amérique et de l'Océanie, juillet-décembre 1911.

28.   *Idem,* juillet-décembre 1912.

31.   *Idem,* juillet-décembre 1913.

35.   *Idem,* juillet-décembre 1914.

39.   *Idem,* juillet-décembre 1915.

42.   *Idem,* juillet-décembre 1916.

45.   *Idem,* juillet-décembre 1917.

50.   Direction politique : Guadeloupe, Guyane..., 1926.

53.   *Idem :* Guadeloupe, Martinique, Guyane..., 1927-1928.

54.   *Idem :* Guadeloupe, Martinique, Guyane..., 1928.

55.   *Idem :* Guadeloupe, Martinique..., 1928-1929.

59.   *Idem :* Guyane..., 1929-1930.

61.   *Idem :* Guadeloupe, Martinique..., 1930.

66.   *Idem :* Guadeloupe, Martinique, Guyane..., 1931-1933.

69.   *Idem :* Guadeloupe, Martinique, Guyane..., 1934-1935.

73.   *Idem :* Guadeloupe, Guyane..., 1936.

74.   *Idem :* Martinique..., 1936.

76.   Direction des Affaires politiques : Guadeloupe, Guyane..., 1937.

78.   *Idem :* Martinique..., 1937-1939.

81, 82.   *Idem :* Guadeloupe, Guyane..., 1938-1939.

85.   *Idem :* Martinique..., janvier-juin 1940.

Départ.

87.   Direction des Affaires politiques et commerciales : Antilles, Guyane..., 1895.

87 *bis.*   *Idem :* Antilles, Guyane..., 1896.

89.   Affaires politiques, administratives et commerciales : Amérique..., 1897.

96.   *Idem :* Amérique..., janvier-février 1905.

109.   Service de l'Amérique et de l'Océanie, juillet 1911-1912.

114.   *Idem,* 1913.

118.   *Idem*, 1914.

121.   *Idem*, 1915.

124.   *Idem*, 1916.

127.   *Idem*, 1917.

129, 130.   Direction politique : Guadeloupe, Martinique, Guyane..., 1920-1921.

134-136.   *Idem* : Guadeloupe, Martinique, Guyane..., 1922-1924.

138.   *Idem* : Guadeloupe, Martinique, Guyane..., 1925.

140, 141.   *Idem* : Guadeloupe, Martinique, Guyane..., 1926-mars 1929.

143.   *Idem* : Guadeloupe, Martinique, Guyane..., septembre 1928-1930.

149.   *Idem* : Guadeloupe, Guyane..., 1934-1936.

150.   *Idem* : Martinique..., 1934-1936.

151.   *Idem* : Guadeloupe, Guyane..., 1937-1939.

152.   *Idem* : Martinique..., 1937-1939.

Instrument de recherche :

. Répertoire numérique dactylographié.

GÉNÉRALITÉS

Cette série artificielle de 691 articles (xviiie s.-1910) a été constituée par C. Schefer. Chargé en 1911 d'une mission d'études dans les archives du ministère des Colonies, ce dernier avait isolé un certain nombre de dossiers ou de registres susceptibles de prendre place dans la catégorie réservée, dans son plan de classement (1), aux affaires générales concernant l'administration et la gestion des colonies; le temps lui manqua pour réaliser un classement plus poussé. Ces documents couvrent essentiellement la période 1815-1910, mais certains datent de l'Ancien Régime. La série est pourvue d'un inventaire méthodique dont l'articulation est la suivante :

Esclavage : régime disciplinaire et Code pénal, instruction, traite, marronnage, affranchissement, amélioration du sort des esclaves.

Abolition de l'esclavage : projets, situation dans les colonies étrangères, commission de Broglie, commission de l'abolition de l'esclavage (1848).

---

(1) Sur les principes et la réalisation du classement effectué par Christian Schefer, voir les *Sources de l'histoire de l'Asie et de l'Océanie...*, t. I, *Archives*, Munich/Paris, 1981, p. 121-123.

Traite des noirs : législation et instructions en vue de la répression, poursuites, abolition de la traite et droit de visite, convention du 25 mai 1845, traite dans les pays étrangers.

Peuplement : immigration libre, engagés, législation, organisation sanitaire.

Travail : régime du travail, commission du travail aux colonies, caisses de retraite et de prévoyance.

Affaires politiques : régime politique et organisation administrative; rapports annuels sur la situation des colonies; conseils coloniaux; élections; état civil; répercussions outre-mer des événements de la métropole.

Affaires diplomatiques : agents consulaires français à l'étranger et agents étrangers accrédités dans les colonies françaises, conventions diplomatiques et commerciales, politique coloniale de l'Allemagne, de l'Angleterre, de l'Espagne, du Portugal, relations commerciales avec les colonies étrangères.

Affaires économiques : produits coloniaux, jardins botaniques, écoles d'agriculture, chambres de commerce et d'agriculture; compagnies de commerce, Office national du commerce extérieur; douanes; brevets d'invention; mines; marine marchande; statistiques.

Justice : organisation judiciaire, codes, tribunaux; pourvois en cassation, grâces; naturalisations; successions vacantes; magistrature coloniale; déportés et exilés dans les colonies; administration pénitentiaire; presse; police.

Instruction publique : enseignement primaire et secondaire, bourses, imprimerie, *Revue coloniale*; archives, bibliothèques; monuments; expositions, sociétés savantes; météorologie.

Santé publique : mémoires sur le climat, les maladies, organisation du service sanitaire, personnel, dons et legs, œuvres d'assistance et de bienfaisance.

Affaires militaires : troupes, budgets; défense des colonies; armes et munitions; Marine.

Génie : Dépôt des Fortifications des Colonies, projets de fortifications, personnel.

Travaux publics : Ponts et chaussées, bâtiments civils, hydraulique, chemins de fer, balisage des côtes.

Postes et télégraphes : fonctionnement des liaisons, tarifs, Union postale universelle.

Personnel : administration, commissariat colonial.

Missions : voyages de naturalistes, relations sur la flore et les produits coloniaux, organisation des missions.

Finances et approvisionnements : organisation financière, mouvements des fonds, impositions, emprunts, régime douanier, assurances, créances sur l'Angleterre et l'Espagne; monnaie, commission des monnaies coloniales; budgets, Caisse des Dépôts et Consignations; banques coloniales, Société de Crédit colonial, Crédit foncier colonial, caisses d'épargne; loteries; Inspection des Finances; transport de fonctionnaires.

Administration : administration centrale; Commission des affaires coloniales; Comité consultatif des colonies; Union coloniale; organisation municipale, contentieux administratif; contrôle, inspection; domaine, expropriations; presse.

Décorations : ordre de Saint-Louis, Légion d'Honneur.

Cultes et missions religieuses : préfets apostoliques et évêques, clergé, édifices du culte; activité missionnaire, séminaires et congrégations.

Exemples de documents :

Esclavage.

178, dossier 1418. Missions spéciales et rapports sur l'émancipation des noirs à la Jamaïque, 1833-1842.

207, dossier 1517. Ateliers de discipline à la Martinique, la Guadeloupe, la Guyane française..., 1840-1847.

Traite des noirs.

195, dossier 1484. Ordre de renvoyer de la Martinique et de la Guadeloupe à Cayenne les noirs provenant de la capture de bâtiments négriers, 1826-1830.

Peuplement.

51, dossier 407. Rapport sur l'immigration à Trinidad, 1874.

53, dossier 473. Fondation dans le golfe du Mexique d'une prétendue colonie dite du Cotentin ou de la Nouvelle-Neustrie, 1823-1831.

Affaires politiques.

256, dossier 1759. « Réflexions sur l'état politique des colonies françaises par un créole de Cayenne », par G. Barthélemi, 1822.

Affaires diplomatiques.

82, dossier 713. Convention conclue entre l'Angleterre et les Pays-Bas relative à l'émigration de travailleurs indiens à Surinam, 1870.

94, dossier 899. Rapport de Du Riveau sur l'établissement des Écossais au golfe de Darien, XVIII\ :superscript:`e` s.

Affaires économiques.

8, dossier 105. Contrebande, spécialement à la Guadeloupe et à la Martinique, 1817-1836.

22, dossier 194. Leçons de lecture à l'usage des nègres employés aux Antilles par les missionnaires anglais et relatives à la culture de la canne à sucre, 1844-1845.

Justice.

388, dossier 2231. Organisation judiciaire et instruction criminelle à la Guadeloupe, la Martinique, la Guyane française..., 1836.

Instruction publique.

240, dossier 1710. L'instruction publique aux Antilles, 1836-1842.

Santé publique.

360, dossier 2163. Essai sur les causes d'insalubrité dans les Iles du Vent, par le lieutenant de vaisseau de Maud'huy, 1819.

Finances.

500, dossier 2452. Régime monétaire de la Martinique et de la Guadeloupe, 1822-1844.

Affaires militaires.

665, dossier 2829. État des garnisons entretenues à la Martinique, la Guadeloupe et à Cayenne, 1820.

Missions.

48, dossier 370. Mission du naturaliste Leschenault de La Tour aux Antilles et à Cayenne, 1817-1824.

Administration.

260, dossier 1791. Inspection du baron Desbassyns de Richemont à la Martinique et à la Guadeloupe, 1822-1823.

Cultes et missions religieuses.

58, dossier 592. Rôle des Sœurs de Saint-Paul de Chartres aux Antilles et en Guyane, 1814-1860.

213, dossier 1548. Lettres et discours des préfets apostoliques de la Martinique et de la Guadeloupe, 1848.

Instrument de recherche :

• Inventaire sommaire méthodique sur fiches (dactylographié).

MISSIONS

Cette série de 139 articles (XIXᵉ s.-1927) contient les archives émanant des bureaux successifs (Service géographique et des missions, Section spéciale du secrétariat, 4ᵉ Section du secrétariat) chargés du contrôle des missions coloniales : missions d'exploration, de délimitation, missions d'ordre économique, scientifique et technique, etc. Ces archives ont un caractère administratif et financier mais on y trouve également des journaux de voyage et des rapports de mission, des études sur les missions étrangères. Elles sont classées par dossiers au nom du chef de mission ou de la personne sollicitant une mission.

Toute recherche sur les missions devra être menée conjointement dans cette série, dans la série Généralités (1) et les séries géographiques (2).

Exemples de documents :

63 *bis*. Jacques Chaumié : étude de la crise économique aux Antilles (1904), 1904-1907.

66. R. Deslandes : mission agricole à la Dominique (1910), 1908-1912.

68. Jean Galmot : étude économique des Guyanes anglaise et hollandaise, 1907.

113. Institut Pasteur : étude de la fièvre jaune au Brésil, 1901-1906.

Instruments de recherche :

• Répertoire chronologique des dossiers de missions (dactylographié).

• Fichier alphabétique des noms de personnes (manuscrit et dactylographié; y sont également intercalées les fiches concernant les dossiers de missions classés dans les séries géographiques).

_____

(1) Voir p. 256.
(2) Voir p. 260-264.

SÉRIES GÉOGRAPHIQUES

Ces séries artificielles résultent du pré-classement des fonds pour l'essentiel postérieurs à 1815, effectué par la mission Schefer. Celle-ci supprimée, le classement fut généralement repris, et parfois poursuivi, sur d'autres bases (1).

Le fonds Amérique est subdivisé en plusieurs séries d'importance inégale : Amérique en général et territoires étrangers, Guadeloupe, Martinique, Guyane, Saint-Pierre-et-Miquelon. Outre celles-ci, le chercheur devra consulter les séries Direction des Affaires politiques, Direction des Affaires économiques, Inspection générale des Travaux publics (2).

Amérique

Cette série de 54 articles (1634-1905) regroupe, sans classement interne, des pièces relatives aux États-Unis ainsi qu'aux possessions françaises et étrangères dans l'ensemble du continent américain et aux Antilles.

Exemples de documents :

11. Pêche à la baleine dans la mer des Antilles : demande de privilège par les négociants P. Lucadou neveu et fils, de Bordeaux, 1823...

17. Colonisation belge au Guatemala, 1842-1856...

18. Conflit hispano-américain, 1898...

19. Expédition du Mexique, 1861-1863...

22. Brésil : navigation de l'Amazone, exploration Tardy de Montravel, 1843-1844...

31. Convention entre les Pays-Bas et les États-Unis pour l'introduction des noirs américains en Guyane hollandaise, 1863...

34. Note de Mayet, commandant du *La Bourdonnais,* sur l'insurrection de l'île danoise de Sainte-Croix, 1878...

53. Mémoire de Chassériau sur la Colombie, 1828...

Instrument de recherche :

. Répertoire numérique sommaire dactylographié.

------

(1) Voir p. 256, note 1.
(2) Voir respectivement p. 264, 267, 271.

Guadeloupe

Cette série de 501 articles (1800-1945) se compose de cartons et registres. Les cartons contiennent, outre les documents rassemblés par Schefer, des pièces extraites après 1920 du fonds de la Direction des Affaires politiques. Ils sont classés dans l'ordre continu des dossiers; les séries méthodiques de l'inventaire sont les suivants :

A. Organisation politique.
B. Relations extérieures.
C. Missions officielles.
D. Administration générale.
E. Contentieux.
F. Domaines.
G. Immigration et population.
H. Missions d'inspection.
I. Personnel.
J. Passages.
K. Finances.
L. Douanes.
M. Agriculture et pêche.

N. Commerce et industrie.
O. Justice.
P. Police.
Q. Marine et ports.
R. Affaires militaires.
S. Travaux publics.
T. Statistiques.
U. Transports.
V. Navigation.
W. Postes et télégraphes.
X. Instruction publique.
Y. Assistance publique et hygiène.
Z. Information.

Les registres portent une numération distincte de celle des cartons ; on y trouve la correspondance à l'arrivée, des états de personnel, de commerce, les procès-verbaux des différents conseils, des budgets municipaux, etc.

Exemples de documents :

Carton 2, dossier 16. Organisation administrative de l'île Saint-Barthélemy après sa cession par la Suède, 1881-1889.

Carton 34, dossier 308. Troubles à Marie-Galante et complot nègre dans le quartier de Sainte-Anne, 1830.

Carton 48, dossier 363. Léproserie de la Désirade, 1823-1852.

Carton 55, dossier 396. Assainissement de la ville de Pointe-à-Pître, 1882-1883.

Carton 59, dossier 409. Tentative d'immigration japonaise, 1892-1896.

Carton 80, dossier 580. Corespondance concernant les Frères de Ploërmel, 1827-1838.

Carton 88, dossier 617. Projet d'annexion de la partie hollandaise de l'île Saint-Martin, 1847-1857.

Carton 107, dossier 749. Libération des noirs du domaine, 1845-1848.

Carton 107, dossier 750. Pétition des gens de couleur libres pour obtenir les mêmes droits civils et politiques que les blancs, 1830.

Carton 183, dossier 1125. Exploitation des salines de Saint-Martin, 1846-1854.

Carton 219, dossier 1360. Monopole des tabacs, 1888-1903.

Carton 243, dossier 1476. Allocations aux sinistrés du cyclone du 12 septembre 1928.

Registre 137. Relevés du prix des esclaves, 1825-1839.

Registre 159. Conseil colonial : procès-verbaux des délibérations, 1839,

Instruments de recherche :

. Cartons : inventaire analytique dactylographié sur fiches dans l'ordre méthodique.

. Registres : répertoire numérique dactylographié.

Martinique

Cette série de 370 articles (1793-1931) est, comme la précédente, constituée de cartons et de registres. Le plan de classement de l'inventaire des cartons, qui forment une série continue, est le suivant :

Affaires politiques.
Relations extérieures.
Missions officielles.
Administration.
Contentieux.
Travail.
Domaines.
Immigration et population.
Inspection des colonies.
Personnel.
Passages et rapatriements.
Finances.
Douanes.
Agriculture et pêche.

Commerce et industrie.
Justice.
Police.
Affaires militaires.
Travaux publics.
Statistiques.
Navigation.
Postes et télégraphes.
Instruction publique.
Cultes.
Assistance publique.
Sinistres.
Information.

Les registres sont cotés à part. On y relève les mêmes types d'informations que dans ceux de la série Guadeloupe.

Exemples de documents :

Carton 13, dossier 128. Immigration indienne, 1871-1881.

Carton 20, dossier 170. Fabrication du sucre : usines, 1843-1854.

Carton 25, dossiers 211-221. Éruption du Mont-Pelé (1902), 1902-1904.

Carton 48, dossier 386. Épidémie de fièvre jaune, 1839-1840.

Carton 51, dossiers 413-429. Complot de 1823 et condamnations à la déportation, 1824-1830.

Carton 89, dossiers 738-743. Projet d'établissement d'une ferme modèle par les Trappistes, 1846-1848.

Carton 98, dossier 876. Notices trimestrielles sur les suicides d'esclaves et les sévices à l'encontre d'esclaves, 1845-1848.

Carton 110, dossier 1000. Entretien du canal de Rivière-Pilote, 1853-1854.

Carton 112, dossier 1017. Emprunt de 300 000 F à la suite du tremblement de terre de janvier 1839, 1839-1840.

Carton 171, dossier 1562. Enseignement des Sœurs de Saint-Joseph de Cluny, 1838-1857.

Carton 179, dossiers 1648-1657. Grèves de février 1900 au François, 1900.

Registre 115. États annuels du commerce et de la navigation, 1857-1859.

Registre 166. Conseil privé : procès-verbaux des délibérations, 1848.

Instruments de recherche :

• Cartons : inventaire analytique dactylographié sur fiches, dans l'ordre méthodique.

• Registres : répertoire numérique dactylographié.

Guyane

Cette série de 298 articles (1804-1945) est également formée de cartons et de registres.

Les cartons contiennent les dossiers classés par C. Schefer et des documents soustraits après 1920 au fonds de la Direction des Affaires politiques et concernant, entre autres, le territoire de l'Inini. Ils sont classés méthodiquement selon le cadre suivant :

A. Affaires politiques.	K. Justice.
B. Affaires administratives.	L. Transportation.
C. Missions d'inspection.	M. Travaux publics.
D. Relations extérieures.	N. Postes et télégraphes.
E. Missions d'exploration et mémoires généraux.	O. Navigation.
	P. Affaires militaires et police.
F. Immigration et colonisation.	Q. Santé publique.
G. Agriculture, mines, commerce.	R. Enseignement et cultes.
H. Domaine.	S. Presse.
I. Finances.	T. Imprimerie.

Des documents retrouvés postérieurement à l'établissement de la série géographique proprement dite forment un supplément classé comme suit :

Administration générale.	Santé publique.
Affaires politiques.	Justice.
Relations extérieures.	Affaires militaires.
Missions d'exploration.	Navigation.
Colonisation.	Domaine.
Immigration.	Poste.
Transportation.	Cultes et enseignement.
Commerce.	Travaux publics.
Mines.	Imprimés.
Finances.	

Les registres, cotés à part, fournissent les mêmes renseignements que les volumes des séries Guadeloupe et Martinique.

Exemples de documents :

A 3 (4). Relations avec les Indiens et les noirs Bonis et Boschs, 1836-1883

C 10. Rapport Norès sur l'exploitation aurifère, 1908-1910.

D 41 (9). Intérêts économiques des États-Unis en Guyane, 1929-1931.

E 10 (8). Mission d'étude économique de l'ingénieur Zémy en Guyane anglaise et en Guyane hollandaise, 1823.

F 5 (18). Tentative de colonisation de la Mana : entreprise agricole de la Mère Javouhey, supérieure des Sœurs de Saint-Joseph de Cluny, 1827-1833.

H 8 (4). Compagnie aurifère et agricole de l'Approuague, 1856-1860.

J 7 (11). Rapport sur la circulation monétaire en Guyane et sur la situation de la Banque de la Guyane, 1878.

K 9 (10). État civil : enregistrement des noirs affranchis, 1848.

L 1 (8). Pétition d'habitants demandant la suppression de la transportation, notes et réflexions sur la colonisation tentée en Guyane avec l'élément pénitentiaire..., 1883-1885.

M 4 (1). Travaux au port de Cayenne, aux îles du Salut, 1850-1857.

P 2 (8). Note sur les nègres marrons du Maroni par l'enseigne de vaisseau Vaillant, expédition à Maripa contre la bande d'esclaves marrons de l'esclave Pompée, 1822.

Q 8 (1). Incendie de Cayenne (11 août 1888) : secours accordés, 1888-1890.

Supplément 23 (3). Chambre d'agriculture, de commerce et d'industrie : création, conflits avec l'administration, suppression, 1870-1878.

Supplément 24 (12). Mines, police des placers : mission de police et d'arpentage dans la région de l'Inini, 1902.

Supplément 26 (3). Droits de sortie et de circulation sur l'essence de bois de rose et la gomme de balata, 1913-1919.

Registre 110. Conseil privé : procès-verbaux des délibérations, 1871.

Instruments de recherche :

. Cartons : inventaire analytique manuscrit sur fiches dans l'ordre méthodique; index manuscrit sur fiches des noms de personnes, d'institutions, de lieux et de navires.

. Supplément : répertoire détaillé dactylographié.

. Registres : répertoire numérique dactylographié.

DIRECTION DES AFFAIRES POLITIQUES

De 1881, date de la création du sous-secrétariat d'État aux Colonies, jusqu'à la loi de finances du 31 juillet 1920, les affaires politiques et administratives d'outre-mer furent, comme les affaires économiques, gérées par des directions dont l'intitulé et les attributions furent souvent modifiés. La loi du 31 juillet 1920 réorganisa l'administration centrale du ministère des Colonies qui comportera désormais une Direction politique, dénommée par la suite (1935) Direction des Affaires politiques. Le ministère conservera, sans changement notable, cette organisation jusqu'à sa disparition (1).

_____

(1) Sur l'organisation de l'administration centrale du ministère depuis 1881, on se reportera aux *Sources de l'histoire de l'Asie et de l'Océanie...*, *op. cit.*, p. 112-119.

Série générale

Cette série compte environ 3 500 articles (XIXe s.- 1959) qui ont fait l'objet de versements successifs. Leur cotation en une suite numérique continue ne rend compte ni des structures de la direction ni de la chronologie. D'autre part, certains dossiers en ont été distraits pour compléter la série Généralités et les séries géographiques (1), notamment les séries Guadeloupe et Guyane. Il convient cependant de distinguer les archives antérieures à 1920 de celles postérieures à cette date.

Les archives antérieures à 1920 ne proviennent pas seulement des bureaux ayant eu dans leurs attributions les affaires politiques et administratives mais aussi des autres services du ministère des Colonies (Personnel, Comptabilité, Inspection, Affaires militaires...) ainsi que des commissions et comités fonctionnant au ministère : commission des concessions coloniales, commission interministérielle chargée de la révision du régime financier des colonies, etc. Lors de leur versement, ces archives ne furent pas réintégrées dans la série Généralités ni dans les séries géographiques créées par C. Schefer. Il s'agit donc de fragments épars et sans unité auxquels on aura recours pour combler certaines des lacunes apparaissant dans les séries générales et géographiques pour des sources telles que la législation, les délibérations des conseils locaux, les budgets et emprunts, la fiscalité ou encore la correspondance relative aux opérations militaires, à l'instruction, aux cultes. On notera l'existence dans cette série de papiers provenant des services successivement chargés de l'administration pénitentiaire. La majorité de ces documents est conservée à la Section ancienne dans la série Colonie H (2); la série devra être réunifiée.

Les archives postérieures à 1920 émanent des bureaux de la Direction politique puis de ceux de la Direction des Affaires politiques ayant pour attributions :

— 1er bureau : constitution générale du domaine colonial de la France, législation et jurisprudence générales en matière politique, sociale et administrative, questions coloniales posées devant la Société des Nations (S.D.N.) et le Bureau international du Travail (B.I.T.);

— 2e bureau : affaires politiques et administration générale des possessions de l'Afrique continentale et de Madagascar : situation générale, budgets et subventions, fiscalité, législation du Domaine, des concessions et de la propriété foncière, émigration et immigration, régime du travail, régime des armes et munitions, régime de l'alcool;

— 3e bureau : affaires politiques et administration générale de l'Indochine et des colonies à gouvernement autonome : Guadeloupe, Martinique, Guyane, Saint-Pierre-et-Miquelon, Réunion, Établissements français

---

(1) Voir respectivement p. 256 et 260.
(2) Voir p. 235.

dans l'Inde, Nouvelle-Calédonie, Établissements français de l'Océanie
(le type d'affaires géré est identique à celui du 2ᵉ bureau);
— 4ᵉ bureau : affaires judiciaires et administration pénitentiaire;
— Service des Affaires musulmanes.

Exemples de documents :

92, dossier 7. Mission Fauquet à la Martinique : note sur les exploitations
agricoles et l'organisation du travail sur les habitations, 1911.

301. Rapports Phérivong et Loisy sur la situation financière de la ville et
des établissements d'assistance de Pointe-à-Pitre, 1909.

761. Rapport Poyen-Bellisle sur l'état de la question religieuse à la Martinique, 1910.

2554, dossier 5. Projet, par la Société française des câbles sous-marins,
de la ligne téléphonique entre Puerto Plata et New York, 1891-1892.

2662, dossier 4. Les USA et l'Amérique latine : notes sur le voyage de
M. Hoover en Amérique latine, sur les compagnies américaines au Centre-
Amérique, 1929. Rapport Goiran sur le mouvement ouvrier au Mexique,
le congrès latino-américain et le congrès international contre la guerre et
le fascisme, 1938.

2958, dossier 22. Réglementation de la recherche et de l'exploitation du
diamant en Guyane, 1904-1905.

3356. Rapports mensuels du directeur de l'Administration pénitentiaire
et du surveillant du capitaine Dreyfus sur la détention de celui-ci à l'île
du Diable, 1897.

3359. Lettres autographes d'A. Dreyfus à Mᵐᵉ Dreyfus, au ministre de
la Guerre, au gouverneur de la Guyane, au commandant des îles du Salut...,
1895-1898.

3386, dossier 2. Grèves à Marie-Galante, situation du marché du travail:
correspondance, presse, 1935.

3388, dossier 9. Rapport sur la situation de l'enseignement primaire à la
Guadeloupe, 1923.

Instruments de recherche :

. Bordereaux de versement de la Direction des Affaires politiques.

. Répertoire méthodique sur fiches reproduisant partie des bordereaux de
versement.

**Service de liaison avec les originaires
des territoires français d'outre-mer
S.L.O.T.F.O.M.**

Cette série de 357 articles (1915-1954) regroupe les archives des services
successifs chargés, depuis 1916 et sous des intitulés divers, de la surveillance politique et du contrôle financier des originaires d'outre-mer.

Ces archives, qui concernent surtout l'Afrique et l'Indochine, constituent cependant une source précieuse pour l'étude des mouvements révolutionnaires, nationalistes et bolchéviques en Amérique latine et aux Antilles. Elles avaient été réparties en séries par le service lui-même :

I. Organisation intérieure et fonctionnement du service.
II. Agents secrets du service.
III. Sûreté intérieure de la France et de ses colonies.
IV. Faits divers, agissements ou manifestations n'affectant pas la sécurité du régime.
V. Presse et publications.
VI. État civil, statut juridique, régime de la circulation des indigènes.
VII. Organisation des services d'information policière dans les colonies.
VIII. Sûreté extérieure.
IX. Liaisons entre le service et les administrations.
X. Missions, enquêtes effectuées en France et dans les colonies.
XI. Affaires militaires et questions intéressant la défense des colonies.
XII. Documentation.
XIII. Travaux d'ensemble sur l'agitation anti-française et bolchévique.

Exemples de documents :

III 61. Note sur la propagande révolutionnaire intéressant les pays d'outre-mer, 31 janvier 1935 : voyage de deux aviateurs noirs dans les possessions anglaises des Antilles.

III 70. Notes sur l'activité communiste en Amérique latine, 1934-1935.

III 95. Propagande communiste à la Guadeloupe, 1925.

III 112. Association française des Antillais (Marseille), 1928.

VIII 7. Expulsions de Guyane, de Martinique, de Guadeloupe, 1930-1936.

VIII 14. Incidents communistes en Guyane hollandaise, 1933.

Instrument de recherche :

. Répertoire numérique dactylographié.

DIRECTION DES AFFAIRES ÉCONOMIQUES

Simultanément à la création de la Direction politique par la loi de finances du 31 juillet 1920 fut instaurée une Direction économique qui prit ensuite le nom de Direction des Affaires économiques. Primitivement, les affaires économiques étaient traitées par un bureau spécial de la direction des Colonies, puis du sous-secrétariat d'État; lors de la création du ministère, elles furent réunies aux affaires administratives et gérées comme elles par des bureaux géographiquement spécialisés (1).

Des documents antérieurs à 1920 qui, normalement, auraient dû être classés dans les séries géographiques ont été versés ultérieurement avec les archives de la Direction des Affaires économiques. Ils doivent être rapprochés de ceux de même nature classés dans les séries géographiques et dans la série de la Direction des Affaires politiques.

---

(1) Voir p. 264, note.

Les compétences des bureaux de la direction ont souvent varié. On peut cependant les regrouper autour de quatre axes :

— Mise en valeur : agriculture, élevage et pêche; rhums et sucres; concessions; main-d'œuvre; missions d'inspection;

— Affaires commerciales et industrielles : statistiques et informations commerciales; chambres de commerce et agences économiques; régime douanier; transports; liaisons postales et télégraphiques;

— Banque, crédit, régime monétaire : banques d'émission; sociétés bancaires; crédit foncier et crédit agricole; caisses d'épargne; régime monétaire;

— Préparation de la Défense nationale.

Cette série compte plus de 1 600 articles (xixe s.-1959). A côté d'un fonds général dont la cotation est continue (917 art., 1854-1959), il existe plusieurs fonds numériquement moins importants qui émanent de bureaux ou commissions spécialisés; certains intéressent l'Amérique latine et les Antilles :

— Rhums et sucres (23 art., 1909-1946);

— Concessions (91 art., 1884-1938);

— Main-d'œuvre (51 art., 1926-1938);

— Crédit (165 art., 1901-1940);

— Crédit foncier colonial (13 art., 1860-1921);

— Service de Préparation de la Défense nationale (129 art., 1916-1940);

— Service de l'Utilisation des produits coloniaux pour la Défense nationale (58 art., 1876-1923).

Exemples de documents :

123. Pêche aux Antilles et à la Guyane, 1923-1937.

727. Accords commerciaux franco-chiliens, 1937-1940.

874. Mission Le Conte sur les voies de communication en Guyane, 1925.

887, dossier 2. Production et commerce du coton au Brésil, 1920-1934.

Rhums et sucres 8. Importation de rhums de Cuba, 1930.

Concessions 65. Guyane : relevé des concessions agricoles accordées depuis 1920, 1929; relevé des concessions forestières accordées depuis 1920, 1927.

Main-d'œuvre 2. Enquête sur la main-d'œuvre : réponses au questionnaire ministériel du 17 novembre 1926 et copies de textes applicables en la matière à la Martinique, 1928.

Main-d'œuvre 30. Conditions de travail des récolteurs de caoutchouc en Amazonie, 1927.

Main-d'œuvre 32. Notes sur l'immigration japonaise au Brésil, en Haïti, au Pérou et sur l'immigration autrichienne au Brésil, 1925-1926.

Crédit 142. Régime monétaire de la Martinique : bons de caisse, monnaie de billon, titres de rente, 1875-1926.

Service de préparation de la Défense nationale 95. États des besoins de la Guyane : population civile, grands services publics, forces armées, 1936. Service de l'Utilisation des produits coloniaux pour la Défense nationale 23. Mission Berrué en Guyane : mesures prises ou envisagées en vue de l'accroissement de la production vivrière, répercussions de la guerre sur les conditions d'existence de la population, 1917.

Instruments de recherche :

• Fonds général : répertoires numériques dactylographiés pour les articles 1-18, 46-195, 220-225, 277-286, 500-509, 755-769 et 772-917; bordereaux de versement de la Direction des Affaires économiques pour les autres articles.

• Fonds particuliers : bordereaux de versement.

DIRECTION DU PERSONNEL ET DE LA COMPTABILITÉ

Continuation de la série Colonies E (1), cette série contient 10 059 articles classés (fin XVIIIe-XXe s.) et environ 25 mètres linéaires non classés (XIXe-XXe s.). Ces dossiers proviennent de la Direction du Personnel et des Affaires administratives et commerciales, créée en 1894 lors de l'érection du ministère des Colonies, et des services successeurs : Direction du Personnel et de la Comptabilité (1896), Direction du Personnel (1907), Direction du Personnel et de la Comptabilité (1920), Direction du Personnel (1946).

Les archives de gestion (dossiers du personnel) sont classées en deux séries :
— série EE (2 059 art.) : dossiers du personnel ayant servi approximativement entre 1789 et 1870 (2);
— série EE II (8 000 art.) : dossiers du personnel contemporain (2).

Ces dossiers sont généralement constitués par les pièces de principe concernant le fonctionnaire (actes d'état civil, diplômes universitaires, situation militaire), les arrêtés jalonnant sa carrière, les notes et les appréciations de ses supérieurs, des documents divers (lettres de recommandation, congés, etc.). Leur dépouillement est indispensable pour la connaissance psychologique des intéressés. Certains dossiers peuvent cependant paraître fragmentaires et il convient de compléter les recherches auprès des Services historiques de l'Armée de Terre et de la Marine si le fonctionnaire avait appartenu à l'un ou l'autre corps avant de faire carrière aux colonies.

---

(1) Voir p. 223.
(2) Seuls sont communicables les dossiers de fonctionnaires nés depuis cent vingt ans à la date de la demande.

Les autres pièces émanant de la Direction du Personnel et de la Comptabilité (25 mètres linéaires environ) ont été versées irrégulièrement et une masse importante n'est pas encore classée. L'ensemble rend compte des diverses activités de la direction : organisation générale du ministère, étude et préparation des textes réglementaires relatifs aux statuts et traitements, exploitation des rapports de mission en ce qui concerne le personnel. Certains fragments se retrouvent dans la série Généralités.

Instruments de recherche :

. Série EE : fichier alphabétique manuscrit en cours d'achèvement.

. Série EE II : fichier alphabétique manuscrit.

DIRECTION DU CONTRÔLE (INSPECTION DES COLONIES)

Le Service central de l'Inspection des Colonies a été organisé en 1887. En 1894, il fut transformé en Direction du Contrôle puis, augmenté de la sous-direction de la Comptabilité, prit en 1946 le nom de Direction du Contrôle, du Budget et du Contentieux.

L'inspection des Colonies avait pour mission de « sauvegarder les intérêts du Trésor et les droits des personnes et de constater, dans tous les services, l'observation des lois, décrets, règlements et décisions qui en régissent le fonctionnement administratif »; certaines missions débordèrent parfois ce cadre. Toute opération de contrôle ou toute étude administrative ou financière faite par un inspecteur donnait lieu de sa part à l'établissement d'un rapport, conservé par les archives de la direction.

Ces archives sont actuellement conservées par l'Inspection générale des Affaires d'Outre-Mer, relevant du Premier ministre, dont les locaux sont situés 27 rue Oudinot. Elles contiennent essentiellement la série complète des rapports de mission des inspecteurs des colonies et représentent une source historique de premier ordre. Leur consultation est réservée. Toutefois, les archives datant de plus de trente ans (1) peuvent être communiquées sous certaines conditions : présentation par le conservateur en chef de la Section outre-mer à l'inspecteur général chargé des archives de l'Inspection d'une fiche comportant les nom et qualité du consultant, l'objet de ses travaux, les documents demandés; cependant, l'Inspection générale reste maîtresse de sa décision.

---

(1) Ce délai est porté à soixante ans pour les rapports intéressant la vie privée ou la sûreté de l'État,

Des doubles des rapports de mission étaient adressés à certains services de l'administration centrale et l'on pourra trouver certains de ceux-ci dans les séries de la Direction des Affaires politiques, de la Direction des Affaires économiques, de la Direction du Personnel et de la Comptabilité, de l'Inspection des Travaux publics et dans les séries géographiques.

A côté des rapports de missions d'inspection figurent les archives du contrôle financier, du service des séquestres et de nombreuses commissions instituées temporairement au ministère comme la Commission de Contrôle des Fonds des Sinistrés de la Montagne-Pelée.

DIRECTION DES SERVICES MILITAIRES

La Direction des Services militaires fut créée en 1908. Auparavant, la défense des colonies avait été assurée par les troupes de la Marine puis, à partir de 1900, par les troupes coloniales rattachées au ministère de la Guerre. La Direction des Services militaires, transformée en 1944 en Direction des Affaires militaires, reçut toutes les attributions d'ordre technique, administratif et budgétaire ayant trait au fonctionnement des services militaires outre-mer.

Du fait des destructions opérées en 1937, les archives de la direction (100 articles environ) contiennent peu de documents antérieurs à 1940. Elles ne sont pas encore cotées mais ont été classées méthodiquement.

On pourra trouver des dossiers concernant la Guyane et les Antilles sous les rubriques suivantes : rapports de missions d'inspection, organisation des corps de troupes et des services (rapports), gendarmerie (organisation et fonctionnement), soldes et revues.

Pour tenter de combler les lacunes de cette série, le chercheur devra se reporter aux séries géographiques pour la période antérieure à 1920. Après cette date, il consultera la série de la Direction des Affaires politiques à laquelle des dossiers étaient transmis pour information par la Direction des Services militaires, ainsi que la série de la Direction des Affaires économiques dont dépendait le Service de Préparation de la Défense nationale. On notera par ailleurs que figurent, dans la série Supplément du Dépôt des Fortifications des Colonies, une partie des archives de l'Inspection générale de l'artillerie et des pièces relatives aux travaux militaires.

INSPECTION GÉNÉRALE DES TRAVAUX PUBLICS

L'Inspection générale des Travaux publics a été créée en 1894. Avant cette date, les travaux outre-mer étaient effectués par l'armée (service du Génie).

Cette série de 1 660 articles contient, outre les archives de l'Inspection, les papiers du Comité des Travaux publics des Colonies créé en 1890 et qui donnait son avis au ministre sur les affaires relevant des travaux publics outre-mer.

Série générale

Les archives de l'Inspection générale des Travaux publics (1 636 art., 1865-1962) rendent compte des diverses attributions de cette dernière : équipement et industrialisation, transports, météorologie, mines (jusqu'à la création, en 1951, de l'Inspection générale des Mines et de la Géologie), électricité, hydrologie, urbanisme, etc. Les documents purement techniques y sont très nombreux, de même que les documents financiers.

Il importe de noter que la série Généralités, les séries géographiques et le Dépôt des fortifications des colonies contiennent également des dossiers relatifs aux travaux publics.

Exemples de documents :

Guadeloupe.

440, dossier 22. Mission d'inspection Müller (1928-1929) : rapport sur la reconstruction des immeubles détruits par le cyclone du 12 septembre 1928, sur l'opportunité de l'emploi du ciment armé.

451, dossier 4. Grands travaux à exécuter sur la deuxième tranche de l'emprunt de 125 millions autorisé par la loi du 10 juillet 1931 : éclairage et balisage des côtes. Établissement de feux à Saint-Louis, Marie-Galante : mémoire, carte, dessins, détail estimatif des travaux, 1933.

762, dossier 1. Établissement d'un pont roulant sur la rivière Salée : rapports, correspondance, dessins, états estimatifs de la dépense, 1897-1905.

1158, dossier 17. Construction d'une ligne à haute tension à Saint-Claude, d'une ligne à basse tension à Matouba : cahier des charges particulier, bordereau des prix, détail estimatif, 1936.

Martinique.

473, dossier 4. Construction d'une école d'agriculture à Tivoli : estimation, devis descriptif type, mode de construction, plans, 1931.

480, dossier 5. Mission d'étude de la fièvre jaune (novembre 1908-février 1909). Alimentation en eau potable et assainissement de la ville de Fort-de-France et des bourgs de la colonie : plans et détail estimatif des canalisations d'évacuation, rapport sur les travaux proposés par la mission, 1909.

694, dossier 18. Projet d'allongement du bassin de radoub de Fort-de-France : rapports, plans et coupes, cahier des profils, 1905-1906.

Guyane.

461, dossier 8. Mission d'inspection Berrué (1917-1918) : rapports sur les services maritimes postaux, l'escale de Saint-Laurent.

467, dossier 1. Mission d'étude du chemin de fer de la Guyane française : rapport du capitaine du Génie Refroigney, chef de mission, plan général au 1/5 000, devis descriptif des ouvrages d'art, 1931.

467, dossier 5. Administration pénitentiaire : série des prix à appliquer aux travaux pénitentiaires, 1892-1894.

974, dossier 2. Concessions de terrains aurifères : placer « Espérance » à Lalanne, 1895-1897.

Instrument de recherche :

• Répertoire numérique détaillé avec index dactylographié.

Comité des travaux publics des colonies

Les papiers du Comité des Travaux publics des Colonies représentent 24 articles (1890-1937). Il s'agit de textes réglementaires relatifs à cette institution et des procès-verbaux des séances au cours desquelles étaient notamment discutés les projets de concession et de construction de chemins de fer, la navigation et les constructions navales, les mines, les bâtiments civils.

Instrument de recherche :

• Répertoire numérique dactylographié.

INSPECTION GÉNÉRALE DU SERVICE DE SANTÉ DES COLONIES

En 1890 fut constitué et organisé un Corps de Santé des Colonies et pays de protectorat ayant pour mission d'assurer le service de santé dans les hôpitaux, établissements et services coloniaux. Jusqu'alors, le service médical outre-mer était confié à des officiers du Corps de Santé de la marine. En 1894 fut créée l'Inspection générale du Service de Santé des colonies, chargée de la direction technique des affaires sanitaires et de l'hygiène des personnes civiles et militaires; en 1939, elle prit le nom de Direction du Service de Santé.

Les archives de l'inspection ont été temporairement transférées en 1969 au Centre de documentation de l'Institut de médecine tropicale du Service de Santé des Armées, à Marseille, mais doivent faire retour à la Section outre-mer. On y trouvera notamment, postérieurement à 1924, les rapports des services de santé de chaque colonie, des dossiers sur les instituts Pasteur outre-mer, des comptes rendus de congrès internationaux.

CONSEIL SUPÉRIEUR DES COLONIES

Le Conseil supérieur des Colonies fut créé en 1883 pour donner un avis autorisé sur les projets de lois, de règlements d'administration publique ou de décrets et, en général, sur toutes les questions coloniales que le ministre soumettait à son examen. Il était initialement divisé en quatre sections : Législation civile et pénale; Finances, commerce et industrie; Colonisation libre et pénale, immigration; Travaux publics, transports, postes et télégraphes.

En 1890, ces sections devinrent géographiques : Antilles et Réunion, Saint-Pierre-et-Miquelon et Guyane; Sénégal, Soudan français, Rivières du Sud et dépendances, Gabon et Congo français, Obock; Indochine; Inde française, Mayotte et dépendances, Diego-Suarez et dépendances, Nouvelle-Calédonie, établissements français de l'Océanie.

Une Commission permanente, chargée des questions économiques, compléta en 1896 le Conseil supérieur des Colonies, qui fut de nouveau réorganisé en 1920. Il fut alors divisé en trois corps consultatifs : le Haut Conseil, appelé à donner son avis sur les problèmes d'ordre général; le Conseil économique, consulté sur les projets intéressant la mise en valeur outre-mer; le Conseil de législation, chargé d'étudier les réformes à introduire dans le régime administratif et financier. Devenu Conseil supérieur de la France d'outre-mer en 1935, il cessa de fonctionner en 1940.

Cette série compte 58 articles (1883-1939) consistant en textes réglementaires, correspondance, rapports et procès-verbaux de séances.

Exemples de documents :

16. Commission interministérielle pour l'étude des améliorations à apporter au régime de la transportation, question de main-d'œuvre : rapport par A. You, 1925.

30. Projet de loi sur l'organisation des Antilles, 1891; situation économique de la Guadeloupe, 1897.

35. Martinique : résumé statistique sur le mouvement du commerce et de la navigation pendant l'année 1932 et pendant les trois premiers trimestres de 1934.

Instrument de recherche :

. Inventaire sommaire dactylographié sur fiches.

AGENCE ÉCONOMIQUE DE LA FRANCE D'OUTRE-MER

Cette série contient 999 articles (fin XIXᵉ s.-1953) issus d'organismes divers. Le plus ancien est l'Office colonial, créé en 1899 sur le modèle de l'*Impérial Institute* de Londres, des musées commerciaux de Berlin, Bruxelles, Hambourg, etc. Il avait pour mission de centraliser et de mettre à la disposition du public les renseignements d'ordre économique relatifs à l'outre-mer et d'assurer le fonctionnement d'une exposition permanente du commerce colonial.

L'Agence générale des Colonies lui fut substituée en 1919. Son service des renseignements regroupait les informations transmises par les agences économiques des colonies, pays de protectorat et territoires sous mandat et par les gouvernements locaux.

Par mesure d'économie, l'Agence fut supprimée en 1934 et ses attributions confiées à divers organismes, notamment au Service intercolonial d'informations. Réorganisée en 1941 sous le nom d'Agence économique des Colonies, elle sera supprimée en novembre 1953.

Ses archives consistent essentiellement en dossiers documentaires riches en rapports, statistiques, coupures de presse, brochures, etc. Elles contiennent également de nombreuses photographies (1).

Exemples de documents :

111, dossier 43. Guadeloupe : rapport du chef du service de l'Instruction publique pour l'année scolaire 1933-1934, 1935.

113, dossier 2. Martinique : éruption du volcan à Saint-Pierre, 8 mai 1902 ; ruines de Saint-Pierre après la catastrophe, 10 mai 1902 (2 photographies).

124, dossier 57. La Trinité : budget pour l'année 1935.

287, dossier 15. Guyane : dossier de presse sur le bagne et sa suppression, 1936-1938.

953, dossier 3172. Prorogation du traité de commerce franco-mexicain du 26 novembre 1886 : produits indochinois susceptibles d'être introduits au Mexique, 1928-1929.

Instrument de recherche :

. Inventaire sommaire manuscrit sur fiches dans l'ordre méthodique.

ÉCOLE COLONIALE

Cette série de 140 articles contient d'une part les archives de l'École coloniale, d'autre part les papiers de Paul Dislère, directeur puis président du conseil d'administration de l'École.

École coloniale

L'École coloniale tire son origine de l'École cambodgienne fondée en 1886 à Paris par l'explorateur Auguste Pavie et à laquelle fut adjointe par Paul Dislère, en 1888, une section française. Son organisation administrative et financière ainsi que son fonctionnement datent de 1889. Réorganisée à plusieurs reprises, l'École coloniale prit, en 1934, le nom d'École nationale de la France d'outre-mer dont la dernière promotion sortit en 1960. La mission de l'École était d'assurer la formation des administrateurs civils et des magistrats destinés à servir outre-mer.

---

(1) Voir Photothèque, p. 310.

Ses archives comptent 124 articles (1887-1961); elles consistent en procès-verbaux du conseil d'administration, du conseil de perfectionnement et de la commission des études, en registres matricules et dossiers personnels d'élèves.

Instrument de recherche :

. Répertoire numérique dactylographié.

Papiers Paul Dislère

Les 16 articles (1867-1948) des papiers de Paul Dislère se rapportent à l'administration de l'École coloniale. Ils rendent également compte des activités de celui-ci comme membre du Conseil supérieur des Colonies et de nombreuses commissions.

Exemples de documents :

Carton 8, reg. 28. Conseil supérieur des Colonies : projet de décret relatif aux inéligibilités et incompatibilités aux Conseils généraux de la Guadeloupe, de la Martinique et de la Réunion, 1886; proposition de loi relative à l'organisation de la Guadeloupe et de la Martinique, par Isaac et Allègre, sénateurs, 1890; note sur le rétablissement des municipalités élues de la Guyane, 1892...

Carton 9, reg. 31. Commission du régime pénitentiaire aux colonies : projet d'arrêté fixant la composition et déterminant l'organisation de la section mobile de relégués affectée au Territoire du Haut-Maroni, 1889...

Instrument de recherche :

. Répertoire numérique dactylographié.

COMMISSION D'ENQUÊTE DANS LES TERRITOIRES D'OUTRE-MER
(Commission Guernut)

La Commission d'enquête dans les Territoires d'Outre-Mer fut constituée en 1937 par le premier gouvernement de Front populaire dans le but de rechercher quels étaient « les besoins et les aspirations légitimes des populations habitant les colonies, les pays de protectorat et sous mandat ». Présidée par les présidents des commissions des colonies du Sénat et de la Chambre des députés, elle était composée de sénateurs, de députés, d'administrateurs des colonies, d'universitaires. Elle était divisée en trois sous-commissions affectées chacune à une aire géographique : Tunisie et Maroc (1re sous-commission); Amérique, Afrique, Madagascar et Réunion (2e sous-commission); Indochine, Établissements français de l'Inde et de l'Océanie (3e sous-commission).

L'enquête était dirigée par Henri Guernut, ancien député et ancien ministre. En réponse aux questionnaires portant sur les aspects sociaux, économiques, administratifs et politiques de la situation coloniale, la Commission recueillait un grand nombre de rapports, monographies, vœux individuels de personnalités ou d'assemblées coloniales et de partis qui constituent les 107 articles (1912-1938) de cette série.

Devant l'impossibilité de mener à bien la tâche qui lui était confiée, faute de crédits, la Commission démissionna le 7 juillet 1938.

Exemples de documents :

Carton 80 (B 69). Martinique : lettre du Syndicat général des planteurs et manipulateurs de la canne de la Martinique relative à la situation de l'industrie sucrière et rhumière, décembre 1937 ; réponses à l'enquête sur l'industrie, 1938.

Carton 81 (B 70). Guadeloupe : rapport du Service de Santé, 1937 ; « Enquête sur les besoins et aspirations des populations coloniales. Situation au cours des neuf dernières années (1928 à 1936 inclus) », par le Service de Santé, 1938.

Carton 82 (B 73). Guyane : rapports du Service des Mines, 1935-1937.

Carton 107 (D 24). Vœux des « anciennes colonies » : maire de Mana, février 1938 ; Grande Loge de France (Martinique), s. d. ; Syndicat des marins pêcheurs inscrits maritimes de la Martinique, décembre 1937 ; G. Candace, député de la Guadeloupe, novembre 1937 ; Ligue des Droits de l'Homme, section de Basse-Terre, février 1936...

Instrument de recherche :

. Inventaire sommaire dactylographié sur fiches.

SÉRIE CONTINUE

Cette série contient les archives versées par les divers services des ministères et secrétariats d'État successivement chargés de l'administration des départements et territoires d'outre-mer depuis la suppression du ministère de la France d'Outre-Mer, en 1959. Les documents antérieurs à cette date y sont donc peu nombreux, en particulier ceux relatifs à la Guyane, à la Guadeloupe et à la Martinique. En effet, par suite de leur départementalisation (loi du 19 mars 1946), ces trois anciennes colonies furent dès lors, et jusqu'en 1959, traitées comme les autres départements français et les sources les concernant seront à rechercher dans les archives ministérielles (Intérieur, Économie, Éducation, Santé, Travaux publics, PTT, etc.) qui dépendent de la Section des Missions des Archives nationales.

A la date de la rédaction de ce guide, 2 870 articles ont été inventoriés.

Exemples de documents :

2295. Rapports et études réalisés par les experts de la Commission des Caraïbes :

      17. « Caribbean Commission. Aspects of Housing in the Caribbean », 1951.

      28. « L'industrie de la pêche dans la Caraïbe », 1952.

      31. « Utilisation industrielle des sous-produits de la canne à sucre », 1952.

Instrument de recherche :

. Répertoire numérique dactylographié.

ARCHIVES PRIVÉES

De même que les papiers conservés dans les séries AB XIX, AP et AQ (1), les archives privées conservées par la Section outre-mer sont entrées par dépôts, dons ou acquisitions. On y distingue les archives privées proprement dites, les papiers d'agents et le fonds du Comité français pour l'Outre-Mer.

Série APC. Archives privées

Cette série comprend actuellement 84 fonds composés pour l'essentiel, d'archives personnelles et familiales. Cependant, le départ entre cette série et la suivante prête parfois à confusion.

Sur l'Amérique latine et les Antilles, on consultera les fonds suivants :

1 APC.   Schœlcher (Victor) : correspondance, en qualité de député de la Martinique, avec le ministre de la Marine et des Colonies, 1848-1878.

5 APC.   Hullot de Collart (baron) : dossiers et notices généalogiques concernant des familles créoles de la Martinique, xviiie-xixe s.

6 APC.   Louverture (Isaac) : notes historiques sur l'expédition de Leclerc à Saint-Domingue, pièces relatives à la famille Toussaint-Louverture, correspondance d'I. Louverture, 1804-1824.

7 APC.   Detrez (Jean) : notes, copies de documents, brochures concernant l'Inde, le Canada, Saint-Domingue et les Antilles.

12 APC.   Lavier (Dr G.) : documents relatifs au Canada, aux Antilles et à la Guyane, au Sénégal, xviiie s.

(1) Voir p. 86, 96 et 116.

14 APC. Deschamps (Léon) : notes sur l'histoire coloniale sous l'Ancien Régime, la Révolution et l'Empire, fin XIXe s.

41 APC. Carbon-Leroux : habitation à Saint-Domingue (titres de propriété, correspondance, comptes de gestion et pièces de procédure), XVIIIe s.

42 APC. Agout (d') : habitation au Cap, Saint-Domingue (minutes de la correspondance au départ, journal de l'hôpital, registre des travaux journaliers), 1789-1791.

43 APC. Kerversau (François Marie Périchon), général : « Récit des événements qui ont eu lieu dans la ville des Cayes, depuis le 10 fructidor an 4 [27 août 1796] jusqu'au 13 vendémiaire an 5 [4 octobre 1796] et exposé succinct de leurs principales causes, présenté à la Commission du Gouvernement français aux Isles Sous le Vent, par le citoyen Kerversau, adjudant général et l'un des délégués dans le Sud et dans l'Ouest de la partie française de Saint-Domingue », 3 frimaire an V [23 novembre 1796].

49 APC. Roussier (Paul) : correspondance et rapports du général Kerversau relatifs à Saint-Domingue, 1789-1803 (copies) ; travaux du Frère Marie-Clodoald Mercier sur les missions religieuses aux Antilles de 1664 à 1830 [vers 1939].

70 APC. Abonnenc (Émile) : « Notice sur la transportation à la Guyane française » [par le Dr Jean-Baptiste Kerhuel, 1873] ; « Le bagne de la Guyane française durant les années 1865 à 1872 : un manuscrit révélateur », par Émile et Monique Abonnenc, 1980.

79 APC. Millot (E.), receveur au Moule (Guadeloupe) : « Observations d'un vieux colon sur les colonies à fonder au Sénégal et dans la Guyane par ordre du Gouvernement français en 1819. Travail, économie, sobriété », Rouen, 1er septembre 1819 (dessins à la plume); « Observations sur la colonie projettée sur la rivière la Manna dans la Guyane française », Rouen 25 octobre 1821.

80 APC. Geoffroy (Emmanuel), pharmacien du Corps de santé des colonies : rapport de mission à la Martinique et à la Guyane, Paris, 14 mars 1892.

81 APC. Roustanencq (Siméon), sous-préfet puis commissaire général ordonnateur de la Guadeloupe : correspondance, an XI-1817.

83 APC. Collection d'autographes, notices biographiques, documentation et manuscrits divers, fin XVIIIe s.-1948.

87 APC. Reynaud (Paul) : extraits de la correspondance familiale de P. Reynaud envoyée du Mexique et concernant la situation de ce pays, Xalapa Ver et Mexico, 5 septembre - 15 novembre 1924 et 23 septembre 1928 (photocopies).

Exemples de documents :

6 APC. Action en justice intentée par Isaac Louverture contre le sieur Placide se disant Louverture : correspondance et mémoire, 1804-1824.

12 APC. « Mémoire historique de ce que M. de Fiedmont, ancien gouverneur de la Guyane française, peut se rappeler sur ses services en Canada et dans les autres colonies, avec ses observations et réflexions relatives à la défense et à la sûreté de ces colonies et sur l'administration de Cayenne », 1784.

49 APC, dossier 1. « Rapport sur la partie cy devant espagnole de Saint-Domingue depuis sa cession à la République française par le traité de Bâle jusqu'à son invasion par Toussaint Louverture », 13 fructidor an IX [31 août 1801] (copie).

83 APC, dossier 5. Lettre du général Ferrand au capitaine Castet relative aux opérations militaires à Saint-Domingue, la Havane, Saint-Thomas et Curaçao, Santo Domingo, 10 janvier 1807.

Instruments de recherche :

. État numérique dactylographié.

. Répertoires numériques dactylographiés des fonds 5 APC, 41 APC et 83 APC.

Série PA. Papiers d'agents

Cette série compte actuellement 53 fonds. Y sont conservés les papiers d'origine officielle entrés par donation ou succession et provenant des personnels civil et militaire ayant exercé des fonctions outre-mer ou au ministère des Colonies (1).

On verra notamment :

3 PA.   Charvein (Camille), commissaire de la Marine puis gouverneur de la Guyane de 1893 à 1895 : papiers personnels et correspondance officielle, 1883-1895; correspondance relative au phare de l'Enfant Perdu, plan et coupes, 1864-1893; notes et mémoires concernant la Guyane, 1859-1883.

8 PA.   Perrinon (François-Auguste), commissaire général de la République à la Martinique de juin à novembre 1848 : enregistrement de la correspondance départ, juin-novembre 1848; extrait du procès-verbal des délibérations du Conseil privé, session extraordinaire du 15 février 1848.

12 PA.   Hurault (Jean), géographe : rapports d'inspection concernant l'Inini (affaires politiques et administratives, santé, travaux publics et mines, eaux et forêts, gendarmerie, P.T.T.), 1933-1938.

---

(1) Pour compléter les recherches en ce domaine, voir le *Guide des papiers des ministres et secrétaires d'État de 1871 à 1974,* par Ch. de Tourtier-Bonazzi et Fr. Pourcelet, 2e édition revue et augmentée, Paris, 1984.

15 PA.   Mitridate (L.), sergent : notes sur la Guadeloupe, photographies du Baillif et de Camp Jacob, plans de Gourbeyre et de Camp Jacob, 1881-1884; coupures de presse concernant la Guadeloupe, 1896-1928.

33 PA.   La Coste (Jean de), ministre de la Marine en 1792 : copies, postérieures à 1815, de mémoires de la fin du xviiie siècle ayant appartenu à J. de La Coste et relatifs aux colonies.

44 PA 42.   Dossier 179. Gallieni (Joseph), général : album de 86 photographies prises par A. Fauchère en 1901-1902, lors de sa mission en Amérique latine et aux Antilles (Brésil, Guyanes anglaise et hollandaise, Trinidad, la Jamaïque, la Barbade, la Martinique avant et après les éruptions du 8 mai et du 26 août 1902).

45 PA.   Frappier de Jérusalem, procureur général à l'île Bourbon : arrêtés, ordonnances, instructions et correspondance en matière législative et judiciaire pour l'île Bourbon, l'île de France, la Martinique, la Guadeloupe et la Guyane, 1781-1826.

Exemples de documents :

3 PA 2. « Mémoire laissé par le contre-amiral A. Baudin, ancien gouverneur de la Guyane française à son successeur... », mai 1859.

12 PA. « Tournée sur le bassin de l'Oyapock (27 juillet-15 septembre 1939). Rapport géographique, politique, médical et économique de J. Baup et du Dr Heckenroth », 1939.

« Exploitation aurifère dans le Nord-Est du Brésil. Rapport de G. Léveillé », 12 mai 1938.

33 PA. « Observations sur les différents mémoires dressés par MM. les commissaires nommés par le Comité établi pour réformer la législation de nos colonies de l'Amérique et sur les différents règlements relatifs à cet objet qu'ils ont proposés », s. d. (copie).

« Mémoire sur les colonies anglaises aux Iles du Vent de l'Amérique, sur leur position, voisinage, force en étendue avec des considérations sur les moyens d'en faire la conquête », s. d. (copie).

Instrument de recherche :

. État numérique dactylographié.

Comité français pour l'outre-mer

Ce fonds, en cours de classement, compte environ 100 mètres linéaires. Il regroupe les archives des associations (Union coloniale fondée en 1893, Comité de l'Indochine fondé en 1903, Institut colonial français fondé en 1920) qui fusionnèrent en 1942 pour former le Comité de l'Empire français. En 1949, ce dernier prit le nom de Comité français pour l'Outre-mer. Il avait pour objectif le développement de l'outre-mer dans le cadre des intérêts économiques français.

On trouvera des informations sur les Antilles et la Guyane dans les archives de l'Union coloniale, notamment dans les dossiers documentaires et dans les procès-verbaux des séances de ses sections (anciennes colonies, Guyane, rhums et sucres, comité d'action agricole, etc.).

DÉPÔT DES PAPIERS PUBLICS DES COLONIES (DPPC)

Le Dépôt des papiers publics des colonies a été créé par édit royal de juin 1776. Un double dessein présida à son instauration : pour l'administration métropolitaine, il s'agissait de permettre aux familles d'établir plus rapidement l'existence ou la mort de ceux de leurs membres qui s'étaient expatriés, de constater leur état, celui de leur fortune, de conserver ou de défendre leurs droits, de régler plus facilement les successions, d'attaquer les jugements rendus outre-mer; pour l'administration locale, il s'agissait d'assurer la conservation de titres exposés aux rigueurs du climat et à d'éventuels revers militaires.

En vertu de cet édit, furent déposés à Versailles : un relevé des enregistrements de lois et des expéditions des règlements faits par les gouverneurs généraux, intendants et conseils supérieurs, les doubles des registres d'état civil de la population libre, des doubles des greffes des tribunaux, des minutes notariales, des rôles d'embarquement et de débarquement pour ou en provenance des colonies (1). L'édit avait un effet rétroactif qui fut différemment appliqué selon les colonies.

Après 1815 sont venus s'ajouter au Dépôt les doubles des registres de transcription et d'inscription d'hypothèques. Enfin, des recensements et des archives provenant de diverses administrations coloniales ont été classés dans ce même fonds.

En vertu du décret du 21 avril 1912, les doubles des registres d'état civil demeurèrent seuls soumis à l'envoi au Dépôt.

Le chercheur qui s'intéresse à l'étude de la vie économique et sociale, du peuplement et de la démographie des Antilles et de la Guyane trouvera dans ce fonds une source irremplaçable.

_____

(1) Les documents relatifs aux passages sont déposés à la Section ancienne où ils forment la sous-série Colonies F⁵B (voir p. 234).

État civil

On distinguera les registres de catholicité auxquels ont succédé les registres d'état civil proprement dits, les registres de décès tenus par les préposés des hôpitaux et divers documents (notamment des certificats de décès) ayant trait à l'état civil des personnes et conservés dans le fonds du DPPC bien qu'ils n'en fissent pas forcément partie.

REGISTRES PAROISSIAUX PUIS D'ÉTAT CIVIL.

Les registres de catholicité puis d'état civil concernent essentiellement la population blanche. Les actes concernant la population servile y sont exceptionnels, ceux concernant la population libre de couleur y sont irrégulièrement portés avant 1848.

Seuls les registres établis depuis plus de cent ans sont communicables au chercheur qui peut parallèlement consulter les tables décennales existantes. Des copies ou extraits d'actes peuvent être délivrés sous certaines conditions.

Certains de ces registres présentent des lacunes pour l'Ancien Régime et la période révolutionnaire. Pour les anciens territoires français, nous indiquons les dates extrêmes des volumes; pour les départements d'outre-mer, qui continuent à envoyer à la section outre-mer leurs registres, nous indiquons la date du plus ancien de ceux-ci.

Guadeloupe et dépendances (série ouverte).

Ile de la Guadeloupe : Anse-Bertrand, 1738; Baie-Mahault, 1741; Baillif, 1751; Basse-Terre, 1713; Bouillante, 1752; Capesterre, 1629; Deshaies, 1733; Gosier, 1688; Goyave, 1759; le Lamentin, 1765; Matouba, 1768; Mont-Carmel, 1679; Morne-à-l'Eau, 1759; le Moule, 1739; Petit-Bourg, 1686; Petit-Canal, 1743; Pointe-à-Pitre, 1728; Pointe-Noire, 1673; Port-Louis, 1725; Saint-François, 1695; Sainte-Anne, 1733; Sainte-Rose, 1722; Trois-Rivières, 1678; Vieux-Fort, 1716; Vieux-Habitants, 1692;
Ile de la Désirade, 1754;
Ile Marie-Galante : Capesterre, 1703; Grand-Bourg, 1723; Vieux-Fort, 1742;
Ile Saint-Barthélemy, 1773;
Iles des Saintes : Terre-de-Bas, 1686; Terre-de-Haut, 1734;
Ile Saint-Martin : le Marigot, 1773.

Guyane (série ouverte).

Accarouany, 1844; Approuague, 1765; Cayenne, 1677; Ile-de-Cayenne (Remire), 1824; îles du Salut, 1764-1765 et 1852; Iracoubo, 1786; Kaw, 1824; Kourou, 1717; Macary, 1785-1791; Macouria, 1769; Mana, 1828;

Mana Portal (Ilet Portal), 1873; Mission de Saint-Paul, 1784-1790; Montagne-d'Argent, 1853; Montsinery, 1824; Ouanary, 1881; Oyapoc, 1788; Remire, 1685-1791 et 1892; Roura, 1725; Saint-Augustin, 1856-1859; Saint-Georges, 1854-1864; Saint-Jean-du-Maroni, 1887; Saint-Laurent-du-Maroni, 1858; Sainte-Marie, 1855-1860; Sinnamary, 1747; Tonnegrande, 1824; Tour-de-l'Ile (Matoury), 1846; Chantiers forestiers du Haut-Maroni, 1891-1906; Chantiers forestiers de l'Orapu, 1896-1899.

Martinique (série ouverte).

L'Ajoupa-Bouillon, 1889; les Anses-d'Arlets, 1764; Basse-Pointe, 1666; le Carbet, 1677; Case-Pilote, 1675; le Diamant, 1763; Ducos, 1856; Fonds-Saint-Denis, 1888; Fort-Royal (devenu Fort-de-France), 1763; le François, 1763; Grande-Anse (le Lorrain), 1672; Gros-Morne, 1763; le Lamentin, 1763; le Lorrain, 1841; Macouba, 1683; le Marigot, 1666; le Marin, 1763; le Morne-Rouge, 1889; le Morne-Vert, 1891; le Prêcheur, 1665; Rivière-Pilote, 1763; Rivière-Salée, 1763; le Robert, 1763; Saint-Esprit, 1758; Saint-Joseph, 1863;Saint-Pierre : Fort-Saint-Pierre et le Mouillage, 1763; Sainte-Anne-des-Salines, 1763; Sainte-Luce, 1763; Sainte-Marie, 1716, Schœlcher, 1888; Trinité, 1763; les Trois-Ilets, 1763; le Trou-au-Chat (Ducos), 1763; le Vauclin, 1763.

Saint-Domingue (236 articles).

Partie française, juridiction du Cap : l'Acul, 1777-1790; Bombarde, 1785-1788; le Borgne, 1777-1788; le Cap, 1777-1790; le Dondon, 1777-1788; Fort-Dauphin, 1705-1802; la Fossette, 1777-1788; Grande-Rivière, 1777-1788; Gros-Morne, 1732-1789; Jean-Rabel, 1778-1788; le Limbé, 1777-1789; Limonade, 1777-1790; Marmelade, 1775-1789; le Môle-Saint-Nicolas, 1775-1788; Ouanaminthe, 1731-1791; Petite-Anse, 1777-1788; Petit-Saint-Louis, 1777-1788; la Plaine-du-Nord, 1777-1788; Plaisance, 1777-1789; Port-de-Paix, 1706-1803; Port-Margot, 1777-1789; le Quartier-Morin, 1777-1788; le Terrier-Rouge, 1775-1790; le Trou, 1777-1792;

Partie française, juridiction de Port-au-Prince : Aquin, 1777-1794; l'Anse-à-Veau (Nippes), 1778-1794; l'Arcahaye, 1712-1798; Baynet, 1732-1795; Cap-Dame-Marie, 1780-1788; Cap-Tiburon, 1769-1790 ; Cavaillon, 1719-1795; les Cayes-de-Jacmel, 1714-1803; les Cayes-du-Fonds, 1698-1798; les Cotteaux, 1752-1797; la Croix-des-Bouquets, 1693-1798; le Fonds-des-Nègres, 1716-1790; les Gonaïves, 1728-1742; Grand-Goave, 1780-1796; Jacmel, 1709-1803; Jérémie, 1778-1790; Léogane, 1666-1795; le Mirebalais, 1723-1788; Petite-Rivière-de-l'Artibonite, 1710-1790; Petit-Goaye, 1777-1794; Petit-Trou, 1778-1790; Port-au-Prince, 1711-1802; Saint-Louis, 1743-1793; Saint-Marc, 1716-1790; Torbeck, 1754-1803;

Partie espagnole : Santo Domingo, 1801-1809.

Sainte-Lucie (11 articles).

Anse-Choiseul, 1765-1786; Anse-Laraye, 1762-1786; Carénage (devenu Castries), 1774-1788; Dennery, 1773-1787; Gros-Islet, 1765-1788; Islet-à-Carret, 1773-1787; Micoud, 1771-1787; Praslin, 1773-1788; le Quartier-Dauphin, 1774-1787; la Soufrière, 1751-1788; Vieux-Fort, 1773-1789.

Instruments de recherche :

. Répertoires numériques dactylographiés.

. Tables décennales manuscrites.

HÔPITAUX.

En vertu de l'édit de 1776, les hôpitaux devaient remettre au Dépôt des papiers publics des colonies un double de leurs registres d'inhumation. Cette prescription ne fut pas rigoureusement observée et les collections sont, de ce fait, lacunaires.

A côté des registres de décès proprement dits dressés par les préposés des hôpitaux, on trouve dans cette série des extraits mortuaires individuels et également des états récapitulatifs de décès ou de journées passées à l'hôpital émanés des hôpitaux coloniaux ou des hôpitaux militaires et concernant officiers, soldats, matelots, indigents, etc.

Cette série est en cours de reclassement.

Guadeloupe et dépendances.

Ile de la Guadeloupe : Basse-Terre, 1720-1887; Camp-Jacob, 1845-1862; Pointe-à-Pitre, 1768-1862;

Ile Marie-Galante, 1825-1862;

Iles des Saintes : Terre-de-Haut, an X-1861;

Ile Saint-Martin, 1822-1862;

Hôpitaux militaires, an IX-1822.

Guyane.

La Briquerie, 1764; Cayenne, 1768-1849; Demerary, 1782-1783; Kourou, 1763-1767; Sinnamary, 1781-1784.

Martinique.

Fort-Royal (devenu Fort-de-France), 1750-1866; le Marin, 1824-1878; la Pointe-de-Bout (lazaret), 1856 et 1862; Saint-Pierre, 1750-1896; Trinité, 1817-1896.

Saint-Domingue.

Partie française : l'Acul, an X; Bel-Air, an X; le Cap, 1765, 1775-1779, 1788 et an X-an XII; Cap-Tiburon, 1788; les Cayes, 1788 et an X-an XI; Fort-Dauphin, an X-an XI; la Hogue, an X; Jacmel, 1788 et an X-an XI; Jérémie, 1788 et an X-an XI; Léogane, 1788; le Môle-Saint-Nicolas, 1788 et an X-an XII; Petite-Anse, an X; Petit-Goave, 1788; Port-au-Prince, 1767, 1773-1778, 1788 et an X-an XII; Port-de-Paix, 1782-1787 et an' X-an XI; Saint-Louis, 1705-1762 et 1788; Saint-Marc, 1788 et an X-an XII; île de la Tortue, an X-an XI;

Partie espagnole : Azua, 1806-1808; Montecristo, an XI; Santo Domingo, an X- 1809.

Sainte-Lucie, 1763-1764 et 1790.

Tabago, 1787-1790.

Instrument de recherche :

. Inventaire en cours.

NAISSANCES ET DÉCÈS EN MER.

Dans cette petite sous-série sont conservés les lettres de transmision d'actes de naissance (21 dossiers, 1816-1872) et de décès (66 dossiers, 1802-1871) dressés en mer et, parfois, les actes eux-mêmes.

Exemples de documents :

Dossier 42. Décès en mer, le 24 octobre 1855, à bord de la *Recherche,* de Pierre Jacques Delamarre, né à Paris le 15 mars 1813, passager embarqué le 29 septembre 1855 et provenant des rapatriés du Mexique.

Dossier 47. Décès en mer, le 16 janvier 1865, à bord de la *Léonie,* de Samuel Eugène Fabens, consul des États-Unis à Cayenne, né à Cayenne en 1831.

Dossier 58. Décès en mer, le 11 mai 1851, à bord de l'*Élan,* de Jean-Baptiste, noir de trente ans domicilié à Fort-de-France, condamné par arrêt de la cour d'assises de Basse-Terre en date du 18 avril 1850 à dix ans de travaux forcés pour crime d'incendie.

Instrument de recherche :

. Inventaire manuscrit sur fiches par ordre alphabétique.

TROUPES DES COLONIES.

Au XVIIIe siècle et dans la première partie du XIXe, les actes de décès des militaires morts aux colonies furent transmis aux bureaux du ministère de la Marine et des Colonies sous forme d'extraits ou de certificats. Dans la majorité des cas, ces pièces comportent le lieu et la date de naissance du défunt, son grade et, assez souvent, le nom de ses père et mère et la cause du décès. Certaines de ces pièces ont été conservées, les autres ont fait l'objet d'enregistrements et de tables :

— certificats de décès des bas-officiers et soldats décédés dans les troupes des colonies, 1771-1782 et 1821-1843;

— enregistrement des certificats de décès des bas-officiers et soldats, avec tables, 1782-1820;

— répertoire des actes de décès des bas-officiers et soldats, 1821-1843;

— table des actes de décès des officiers, 1815-1820.

Pour les corps de troupes des Antilles, ces documents semblent avoir été traités à part :

— actes de décès de militaires de la 89e légion de la Guadeloupe, 1816-1818;

— extraits d'actes de décès de militaires de la 88e légion de la Martinique, 1816-1819;

— extraits d'actes de décès de militaires de la légion de Saint-Domingue, 1767, et de l'armée de Saint-Domingue, an X-an XII.

Cette série est en cours de classement.

Instrument de recherche :

. Inventaire en cours.

Recensements

Cette série artificielle de soixante-huit articles contient un certain nombre de recensements dressés sous l'Ancien Régime ou pendant la période révolutionnaire. Qu'ils soient nominatifs ou récapitulatifs, ces recensements apportent des renseignements essentiels sur le chiffre total et la composition de la population de telle colonie ou localité (blancs, libres et esclaves, jeunes ou vieux, militaires, religieux, etc.) et ses ressources économiques (cultures, bétail, manufactures, armement).

La même série fournira également des sources pour l'histoire du peuplement (listes de passagers, de réfugiés et d'émigrés, dénombrements de juifs ou de protestants, d'étrangers, etc.) ou de la propriété foncière (concessions, cadastres, etc.).

Sur les Antilles et la Guyane, on consultera :

Antilles en général.

G¹ 498.	Recensements des Iles d'Amérique, 1671-1787...
G¹ 513.	Réfugiés et émigrés (listes, états de secours accordés) : Antilles, an III, IV et XIII...

Dominique (la).

G¹ 498.	Recensements, 1730-1785...

Falkland.

G¹ 512.	Réfugiés et émigrés (listes, états de secours accordés) : îles Malouines, 1776...

Grenade (la).

G¹ 470 bis.	Recensements des Iles du Vent, 1753-1754; listes des étrangers établis dans les Iles du Vent, 1727 et 1739...
G¹ 498.	Recensements, 1669-1755; recensements des Iles d'Amérique, 1671-1700...
G¹ 499.	Recensement des Iles du Vent, 1755...

Guadeloupe et dépendances.

G¹ 468, 469.	Recensements, 1664-1725.
G¹ 470 bis.	Recensements des Iles du Vent : Guadeloupe, Marie-Galante, Saint-Barthélemy, Saint-Martin, 1753-1754; listes des étrangers établis dans les Iles du Vent : Guadeloupe, Marie-Galante, les Saintes, 1727 et 1739...
G¹ 497.	Recensements, 1686-an XII; pièces de procédure, 1670-1718; pièces diverses, 1725-an IV.
G¹ 498.	Recensements des Iles d'Amérique : Guadeloupe, 1671-1701; Marie-Galante, 1671-1700; Saint-Barthélemy, 1671-1700; Saint-Martin, 1671-1700; les Saintes, 1671. Recensements de Marie-Galante, après 1665-1782; Saint-Barthélemy, 1681-1767; Saint-Martin, avant 1682-an IV...
G¹ 499.	Recensement des Iles du Vent : Guadeloupe et Marie-Galante, 1755...
G¹ 500-504.	Recensements, 1796-1798.
G¹ 513.	Réfugiés et émigrés (listes, états de secours accordés) : Guadeloupe, an II-an XI...

Guyane.

G¹ 498.   Recensements des Iles d'Amérique : Cayenne, 1686-1687...

G¹ 512, 513.   Réfugiés et émigrés (listes, états de secours accordés) : Cayenne, 1765-an XIII...

Martinique.

G¹ 470.   Recensement, 1664.

G¹ 470 bis.   Recensements, 1700-1789; recensements des Iles du Vent : Martinique, 1753-1754; listes des étrangers établis dans les Iles du Vent : Martinique, 1727 et 1739; pièces diverses, 1764-1768.

G¹ 498.   Recensements des Iles d'Amérique : Martinique, 1671-1701...

G¹ 499.   Recensements, 1669-1789; recensement des Iles du Vent : Martinique, 1755; concessions, 1702-1707; procédures du conseil de guerre, 1740-1750; pièces diverses, [1680]-1683.

G¹ 507.   Recensements, an XII-1807.

G¹ 513.   Réfugiés et émigrés (listes, états de secours accordés) : Martinique, 1727...

Saint-Christophe.

G¹ 471, 472.   Recensements, 1665-1701.

G¹ 498.   Recensements, 1678-1687; recensements des Iles d'Amérique : Saint-Christophe, 1671-1701; pièces diverses, 1668-vers 1715.

Saint-Domingue.

G¹ 495.   Recensement, 1776; cadastre du Cap, 1787; cadastre des Cayes, an IX.

G¹ 496.   Recensement et cadastre du Cap, an XI.

G¹ 498.   Recensements des Iles d'Amérique : Saint-Domingue, 1686-1687...

G¹ 509.   Recensements, 1681-1788.

G¹ 512, 513.   Réfugiés et émigrés (listes, états des secours accordés) : Saint-Domingue, 1792-1818...

Saint-Vincent.

G¹ 498.   Recensement, 1732...

Sainte-Croix.

G¹ 498.   Recensements, 1681-1695 ; recensements des Iles d'Amérique :
                     Sainte-Croix, 1671-1699...

Sainte-Lucie.

G¹ 506.   Recensements, 1730-1789.

Tabago.

G¹ 498.   Recensement des Iles d'Amérique : Tabago..., 1699.

Exemples de documents :

G¹ 469, f⁰ 141. Recensement de la Guadeloupe, année 1722 (les rubriques
sont les suivantes : bourg, paroisses, églises non paroissiales, hôpital, religieux [Carmes, Jacobins, Jésuites, Capucins, prêtres séculiers, Frères de la
Charité], officiers de milices, hommes portant armes, garçons portant
armes, hommes infirmes et surâgés, garçons au-dessous de 12 ans, engagés
ou domestiques blancs, mulâtres, nègres et sauvages libres de tout âge et
de tout sexe [hommes mulâtres, hommes nègres, femmes mulâtresses,
femmes négresses, enfants mulâtres au-dessous de 18 ans, enfants nègres
au-dessous de 18 ans], esclaves mâles, esclaves femelles, enfants esclaves,
infirmes, total des âmes ; sucreries ou raffineries, indigoteries, chevaux et
cavales, mules et mulets, bovins, ovins, caprins, porcins, fusils boucaniers,
fusils de chasse, épées et bayonnettes, poudre, balles, pieds de cacao, pieds
de cotonnier).

G 470 *bis*, p. 51. Procès-verbal de l'assemblée tenue le 27 août 1679 au
Cul-de-Sac Marin (Martinique) par ordre du comte de Blénac, gouverneur
des Iles françaises de l'Amérique, et de M. de Gémosat, en vue d'arrêter les
mesures nécessaires à la destruction des Caraïbes de Saint-Vincent et de
la Dominique.

G¹ 497, p. 61. Liste des émigrés de la Guadeloupe, an IV.

G¹ 498, p. 55. Liste des officiers des conseils souverains de Saint-Christophe
et de la Guadeloupe, décembre 1680.

G¹ 498, p. 94. Requête présentée au roi par les habitants de Saint-Christophe pour lui demander d'empêcher le retour des Anglais dans l'île, mai
1668.

G¹ 499, p. 44. Dénombrement des juifs demeurant à la Martinique, [1683].

Instruments de recherche :

. Répertoires dactylographiés.

Greffes

Cette série de 3 415 articles contient les doubles minutes des greffes des conseils et tribunaux qui devaient être envoyées en France en vertu de l'édit de 1776. Pour les Antilles et la Guyane, il en existe des séries continues; celles-ci sont discontinues pour Saint-Domingue : une partie des greffes provient en effet de l'application du même édit et l'autre partie fut rapatriée. Les volumes d'Ancien Régime et de la période révolutionnaire ont été cotés par Guët dans la sous-série Colonie G²; les volumes postérieurs sont cotés différemment.

Les papiers des greffes, et très spécialement ceux de Saint-Domingue, sont encore mal exploités malgré leur variété et leur richesse. Le chercheur y trouvera des procédures civiles et criminelles (requêtes, enquêtes, interrogatoires, saisies, ventes aux enchères, assignations, sentences, arbitrages...). Sont également d'un grand intérêt les documents provenant de l'administration des biens des absents ou des mineurs (titres de propriété, inventaires ou partages après décès, descriptions d'habitations ou de logements plus ou moins modestes, listes d'esclaves avec leur âge et, parfois, leur origine), les états descriptifs d'habitations après les troubles, etc.

Grenade (la).

Supplément II, dossier 4. Conseil supérieur : extraits des registres du 6 mai, des 6 et 9 septembre 1780.

Guadeloupe et dépendances.

G² 1-4.	Conseil supérieur : ordonnances et règlements, 1682-1776; arrêts, 1682-1788.
G² 5-8.	Sénéchaussée : Basse-Terre, 1777-1788.
G² 9-11.	*Idem* : Pointe-à-Pitre, 1776-1778.
G² 12, 13.	*Idem* : le Moule, 1777-1778.
1.	*Idem* : Marie-Galante, 1777-1778.
2-54.	Cour d'appel (Cour royale, Cour impériale), 1815-1912.
55-63.	Cour d'assises : Basse-Terre, 1829-1880.
64-92.	*Idem* : Pointe-à-Pitre, 1829-1911.
93-245.	Tribunal de première instance : Basse-Terre, 1814-1912.
246-473.	*Idem* : Pointe-à-Pitre, 1814-1912.
474-476.	*Idem* : Saint-Martin, 1815-1827 et 1879-1884.
477-537.	*Idem* : Marie-Galante, 1806 et 1814-1890.

538-553.	Justice de paix : Basse-Terre, 1881-1912.
554-566.	*Idem* : Capesterre, 1881-1912.
567-582.	*Idem* : Saint-Martin, 1885-1912 (1).
583-594.	*Idem* : le Lamentin, 1881-1912.
595-597.	*Idem* : Marie-Galante, 1881-1890.
598-616.	*Idem* : Marie-Galante, 1891-1912 (1).
617-632.	*Idem* : le Moule, 1881-1912.
633-667.	*Idem* : Pointe-à-Pitre, 1881-1911.
668-676.	*Idem* : Pointe-Noire, 1881-1912.
677-688.	*Idem* : Port-Louis, 1881-1912.
689-701.	*Idem* : Saint-Barthélemy, 1879-1884 et 1884-1912 (1).
702-713.	*Idem* : Saint-François et la Désirade, 1881-1912.
714.	Procès-verbaux d'arpentage, 1889-1894.

Supplément II, dossier 3. Tribunal de l'Amirauté : tarif des émoluments perçus par les officiers des sièges de l'Amirauté lors de l'arrivée des bâtiments chargés de morue le 10 février 1786.

Guyane.

G² 14.	Conseil supérieur : ordonnances et règlements, 1703-1778.
G² 15.	Justice royale, 1788; tribunal, 1791-an III.
1-58.	Cour d'appel (Cour royale, Cour impériale), 1817-1912.
59-69.	Cour d'assises : Cayenne, 1829-1909.
70-225.	Tribunal de première instance : Cayenne, an III-1912.
226-255.	Justice de paix à compétence étendue : Saint-Laurent-du-Maroni, 1878-1912.

Supplément II, dossier 2. Conseil supérieur : arrêts des 2 et 9 novembre 1764, ordonnance du 30 mars 1765 relative à la Compagnie de Jésus.

Martinique.

G² 22.	Conseil supérieur : arrêts, 1788 et 1791-1803.
G² 23.	Sénéchaussée : Fort-Royal, 1788-1799.
G² 24.	*Idem* : Fort-Royal, 1776-1782 et 1785-1787; Saint-Pierre, 1785-1787.

---

(1) Justice de paix à compétence étendue.

G² 25. *Idem* : Saint-Pierre, 1788-1794.

1-61. Cour d'appel (Conseil supérieur, Cour royale, Cour impériale), 1804-1912.

62-71. Cour d'assises : Fort-de-France, 1830-1880.

72-96. *Idem* : Saint-Pierre, 1830-1907.

97-241. Tribunal de première instance : Fort-de-France, 1800-1911.

242-404. *Idem* : Saint-Pierre, 1795-1902 et 1910.

405-409. Justice de paix : Basse-Pointe, 1884-1912.

410-412. *Idem* : le Carbet, 1910-1912.

413-416. *Idem* : le Diamant, 1884-1912.

417-427. *Idem* : Fort-de-France, 1884-1912.

428-434. *Idem* : le Lamentin, 1884-1912.

435-440. *Idem* : le Marin, 1884-1912.

441-448. *Idem* : le Mouillage, 1884-1902.

449-453. *Idem* : Saint-Esprit, 1884-1912.

454-460. *Idem* : Saint-Pierre, 1884-1902.

461-484. *Idem* : Trinité, 1884-1912.

Supplément II, dossier 5. Pièces éparses provenant de divers greffes, 1734-an XI.

Saint-Domingue (1).

G² 95-98. Port-au-Prince : enregistrement des audiences du Siège royal, insinuations, 1783-1789.

G² 241-249. *Idem* : enregistrement des audiences de la sénéchaussée et du tribunal de l'Amirauté, insinuations, déclarations, etc., 1790-an XII.

G² 41-44. *Idem* : 1ʳᵉ série (pièces isolées, actes enregistrés aux greffes de la sénéchaussée), 1733-1789.

G² 227-232. *Idem* : 1ʳᵉ série, 1790-1793.

G² 45, 46. *Idem* : 2ᵉ série (pièces isolées, actes enregistrés aux greffes du Conseil souverain), 1737-1788.

---

(1) En raison du système de cotation des volumes, il a paru préférable d'adopter une présentation à la fois topographique et chronologique plutôt que de suivre l'ordre numérique croissant des cotes.

G² 233-240.   *Idem* : 2ᵉ série, 1790 et 1793.

G² 47-51.   *Idem* : 3ᵉ série (Conseil supérieur : enregistrement des appels de sentences rendues, correspondance), 1776-1790.

G² 52-61.   *Idem* : série alphabétique (dossiers constitués sur telle ou telle affaire, classés alphabétiquement au nom de la partie intéressée), 1793-1803.

G² 63, 64.   Le Cap : enregistrement des sentences rendues par le Siège royal, 1767-1769.

G² 176, 177.   *Idem* : enregistrement des sentences rendues par le Siège royal puis le Conseil supérieur, 1748-1769.

G² 250.   *Idem* : déclarations de départ, an X-an XII.

G² 128.   Les Cayes : enregistrement des délibérations, 1774-1793.

G² 123-127.   *Idem* : série alphabétique, 1776-an XI.

G² 65-81.   Fort-Dauphin : série alphabétique, 1756-an VII.

G² 167-172.   Jacmel : enregistrement des jugements rendus par le Siège royal et le tribunal de l'Amirauté, déclarations, insinuations, sentences, 1778-an V.

G² 251, 252.   *Idem* : déclarations et jugements, an X-an XI.

G² 177 *bis*.   *Idem* : justice de paix, an V.

G² 129-166.   *Idem* : série alphabétique, 1749-1793.

G² 173-175.   Petit-Goave : enregistrement des sentences rendues à l'extra-ordinaire par le Siège royal, 1778-1789.

G² 62.   *Idem* : répertoire alphabétique des actes déposés au greffe, 1730-1789.

G² 82-94.   Saint-Louis : pièces isolées, actes enregistrés au Siège royal, 1707-1771.

G² 99-108.   *Idem* : 1772-1787.

G² 109-122.   *Idem* : série alphabétique, 1764-an VI.

G² 253, 254.   Pièces isolées provenant de divers greffes, 1686-an XI.

G² 255-270.   Dossiers classés alphabétiquement provenant de divers greffes, 1706-1828.

G² 271.   Tribunal terrier, 1764-1765 et 1777-1778.

Instruments de recherche :

, Répertoires numériques dactylographiés.

Greffes. Fonds annexe de Saint-Domingue

Aux greffes peuvent être rattachés 529 articles relatifs à Saint-Domingue qui, pour l'essentiel, ont été rapatriés.

SAINT-DOMINGUE. ABORNEMENTS.

Cette série de 21 articles (1690-an VIII) contient des procès-verbaux d'arpentage, quelques titres de concessions de terrains ou d'emplacements urbains, généralement situés dans les parties de l'Ouest et du Sud, ainsi que de très nombreux plans de propriétés, parfois détaillés, rehaussés de couleurs, qui indiquent les tenants et les aboutissants, les lieux-dits et peuvent fournir d'utiles indications sur le relief, l'hydrographie et la toponymie.

Le fonds a subi divers remaniements et il est difficile de savoir si les pièces qu'il renferme tirent leur origine de l'édit de 1778 ou si elles ont été rapatriées à la suite des faits de guerre.

Instruments de recherche :

. MENIER (M.-A.), « Archives du ministère de la France d'Outre-Mer. Saint-Domingue : abornements, domaines, recensements des biens domaniaux et urbains », *Revue d'Histoire des Colonies* (155), 2e trim. 1957, p. 223-226.

. Répertoires sur fiches classées par ordre alphabétique au nom des propriétaires.

SAINT-DOMINGUE. DOMAINES.

Cette série contient 78 articles provenant de la « Direction des Domaines nationaux, biens séquestrés et vacants de l'Ile de Saint-Domingue » pendant la période révolutionnaire; il s'agit d'archives rapatriées.

Les dossiers sont classés dans un ordre approximativement alphabétique au nom, soit des propriétaires d'immeubles, soit des habitations. Ils comprennent essentiellement des procès-verbaux d'adjudication de fermages, des baux de ferme, des inventaires de propriété et des mises en possession. On peut parfois y trouver des renseignements sur les origines des habitations : titres de concession, noms des propriétaires successifs, règlements de succession et, quelquefois, procès-verbaux d'arpentage, voire des plans.

Instruments de recherche :

. MENIER (M.-A.), *op. cit.*, p. 226 et 227.

. Répertoires sur fiches classées par ordre alphabétique au nom des propriétaires.

SAINT-DOMINGUE. DOMAINES (ADMINISTRATION ANGLAISE).

Cette série contient 14 articles issus de la « Régie royale des biens des absents », organe de l'administration pendant l'occupation, à partir de 1793, de certaines localités de la partie de l'Ouest.

Comme pour la série précédente, les dossiers ont été rapatriés; ils sont classés de la même façon et fournissent le même type de renseignements.

Instruments de recherche :

. MENIER (M.-A.), *op. cit.*, p. 226 et 227.

. Répertoire sur fiches classées par ordre alphabétique au nom des propriétaires.

SAINT-DOMINGUE. RECENSEMENTS DES BIENS DOMANIAUX ET URBAINS.

Cette série contient 7 articles (an III-1814) qui sont, pour la plupart, des archives rapatriées de la « Direction des Biens nationaux, biens séquestrés et vacants de l'Ile de Saint-Domingue » et, plus spécialement, des états dressés par cette administration pour contrôler la gestion des biens dont elle avait la charge. Au XIXe siècle, afin de faciliter aux ayants droit à pension et indemnité l'établissement de leurs titres, ces états furent rassemblés dans quelques cartons, certains même furent reliés et des tables établies pour orienter les recherches. L'ensemble présente un aspect assez confus mais, familiarisé avec le maniement des tables, il est assez facile de trouver des renseignements précis sur telle ou telle habitation, tel ou tel emplacement urbain. De plus, le classement par quartiers ou paroisses, réunissant des états de dates différentes, mais qui se rapportent aux mêmes habitations, doit permettre de tirer assez facilement des conclusions sur l'économie agricole de l'île pendant la période révolutionnaire.

Instruments de recherche :

. MENIER (M.-A.), *op. cit.*, p. 227-250.

. Répertoires sur fiches classées par ordre alphabétique au nom des propriétaires.

INDEMNITÉ DE SAINT-DOMINGUE.

Ce fonds (405 cartons et 4 suppléments contenant des pièces de principe) est né de l'attribution d'une indemnité journalière aux colons rapatriés, puis d'une indemnité définitive aux spoliés (1) nécessitant de nombreux certificats

---

(1) Le chercheur consultera à la bibliothèque de la Section outre-mer les six volumes de *l'État détaillé des liquidations opérées* [de 1827 à 1833] *par la Commission chargée de répartir l'indemnité attribuée aux anciens colons de Saint-Domingue...*, Paris, 1828-1834.

de résidence ou des pièces probatoires. Il est, de ce fait, un guide pour les fonds que nous venons d'énumérer, car il donne souvent l'état, positif ou non, des recherches effectuées au XIXᵉ siècle, mais aussi une source historique précieuse. Les dossiers, classés par ordre alphabétique au nom des intéressés, contiennent des certificats de domicile, de non émigration, des demandes d'actes notariés ou d'état civil, des récits des circonstances ayant entouré l'exode.

Instruments de recherche :

. Répertoires sur fiches classées par ordre alphabétique.

. Répertoires numériques dactylographiés pour les suppléments.

*
* *

Il faut faire un sort spécial à 16 registres cotés G⁵ 31-45 qui contiennent des actes notariés, des déclarations, des dépôts, effectués devant diverses autorités par des habitants de Saint-Domingue ayant fui le territoire.

Les articles G⁵ 31-34 émanent d'une part de l'Agence des prises de la Guadeloupe à Santiago de Cuba (G⁵ 31-33), d'autre part de la délégation de Saint-Domingue à Baracoa (Cuba). L'agent des prises de la Guadeloupe, dont le rôle initial était d'encourager la course par la répression des abus et l'exécution des lois et de conserver les droits du gouvernement français, des armateurs et des équipages, s'était vu reconnaître le droit de recevoir des déclarations de mariages, naissances et décès. Ses archives ont été remises sur ordre au consulat général de France à la Nouvelle-Orléans, après le 26 mars 1814; on y trouvera, outre de très nombreux actes concernant des corsaires, des contrats de mariages, déclarations de décès, affranchissements d'esclaves ou ventes diverses :

G⁵ 31. Pièces diverses concernant l'Agence des prises de la Guadeloupe à Santiago, 28 thermidor an XIII [16 août 1805]-26 mars 1814.

A et A¹. Répertoire du registre des insinuations, etc., déclarations et autres actes passés au secrétariat de l'Agence, 18 pluviôse an XII [8 février 1804]-11 août 1808 (2 ex.; voir le registre dans G⁵ 33).

B et B¹. Répertoire du registre des déclarations de la chancellerie de Santiago, 10 pluviôse an XII-10 vendémiaire an XIII [31 janvier-2 octobre 1804] (2 ex.; voir le registre dans G⁵ 33).

C et C¹. Répertoire des actes inscrits au registre des déclarations, enregistrements et actes de l'Agence, 14 fructidor an XII-13 brumaire an XIV [1ᵉʳ septembre 1804-4 novembre 1805] (2 ex.; voir le registre dans G⁵ 33).

D. Note des expéditions d'actes de l'Agence adressées au ministre de la Marine, 18 pluviôse an XII [8 février 1804]-11 juillet 1808.

E et E¹. Répertoire des actes inscrits au registre des déclarations, enregistrements de l'Agence, 7 mars 1806-avril 1809 (2 ex.; voir le registre dans G⁵ 33).

F et F¹. Répertoire des minutes d'actes passés par l'Agence, 1803-1809 (voir les minutes dans G⁵ 32).

G. Enregistrement des jugements de prises rendus par la commission séant à la Guadeloupe, 28 thermidor an XII [16 août 1804]-16 septembre 1806.

Registre des actes de célébration de mariage pendant les années 1804 et ᴵ 1805.

Registre des déclarations et enregistrements, 24 prairial an XIII [13 juin 1805]-18 mai 1806.

Minutes d'actes passés par l'Agence, 26 thermidor an XI-9 frimaire an XIII [14 août 1803-30 novembre 1804] (voir les répertoires F et F¹).

G⁵ 32.   Minutes d'actes passés par l'Agence, 7 janvier 1806-29 décembre 1809 (voir les répertoires F et F¹ dans G⁵ 31).

G⁵ 33.   Registre des déclarations de la chancellerie de Santiago, 10 pluviôse an XII-10 vendémiaire an XIII [31 janvier-2 octobre 1804] (voir les répertoires B et B¹ dans G⁵ 31).

Registre des insinuations, etc., déclarations et autres actes passés au secrétariat de l'Agence, 18 pluviôse an XII [8 février 1804]-11 août 1808 (voir les répertoires A et A¹ dans G⁵ 31).

Registre des déclarations, enregistrements et actes de l'Agence, 14 fructidor an XII-13 brumaire an XIV [1ᵉʳ septembre 1804-4 novembre 1805] (voir les répertoires C et C¹ dans G⁵ 31).

Registre des déclarations, enregistrements de l'Agence, 7 mars 1806-avril 1809 (voir les répertoires E et E¹ dans G⁵ 31).

G⁵ 34.   Délégation de Saint-Domingue à Baracoa : correspondance, actes, déclarations, 1804-1808.

Les articles G⁵ 34 *bis*-45, à peu près identiques par leur contenu, proviennent de consulats de France aux États-Unis :

G⁵ 34 *bis*.   Pièces de principe, correspondance avec les consulats, 1824 et années suivantes.

G⁵ 35-45.   Consulats de : Baltimore, 1742-1818; Charleston, 1730-1826; New York, an II-an VII; Norfolk, 1752-1814; la Nouvelle-Orléans, an XII-1821; Philadelphie, 1789-1811.

Instrument de recherche :

. Répertoire numérique dactylographié des articles G⁵ 34 *bis*-45.

Notariat

Les minutes notariales déposées à la Section outre-mer (10 805 articles) l'ont été en vertu de l'article XI de l'édit de 1776, à l'exception de quelques rares minutiers en provenance de Saint-Domingue, de l'île Royale, de Plaisance (Terre-Neuve) rapatriés pour faits de guerre. On trouvera dans ces minutiers des contrats de mariage, des donations entre vifs, testaments, partages, inventaires après décès qui jalonnent la vie privée, mais également des contrats de vente, des baux à ferme, locations, associations, cautionnements, quittances, saisies-arrêts, contrats d'affrètement témoignant de la vitalité de la vie économique. L'envoi des minutes par les notaires s'accompagnait de listes des minutes déposées, donnant chronologiquement une analyse de celles-ci.

Les minutes, réparties par colonies, sont ensuite classées alphabétiquement par étude puis, à l'intérieur de chaque étude, par ordre chronologique.

Nous indiquons ici les dates extrêmes des pièces relatives à la Guyane et aux Antilles.

Guadeloupe et dépendances : 3 252 articles, 1767 et 1777-1912.

Guyane : 244 articles, 1777-1912.

Martinique : 2 572 articles, 1776-1911.

Saint-Domingue (1) : 1 700 articles, 1678-1809.

En ce qui concerne Saint-Domingue, les minutes antérieures à 1776 proviennent sans doute de rapatriements. Signalons ici que l'Université de Floride a ultérieurement acquis un certain nombre de minutes provenant généralement de la région de Jérémie.

Quelques actes notariés déposés entre les mains de l'administration par des particuliers ayant quitté Saint-Domingue ont été classés dans 3 cartons à la suite du notariat.

Sainte-Lucie : 17 articles, 1777-1788.

Instruments de recherche :

. Répertoires numériques dactylographiés.

---

(1) Voir R. Richard, « Les minutes des notaires de Saint-Domingue aux Archives du ministère de la France d'outre-mer », *Revue d'Histoire des Colonies* (38), 3e trim. 1951, p. 281-338; A.-Y. Bolloc'h et M.-A. Menier, « Dépôt des Papiers publics des Colonies : Saint-Domingue, notariat », *Revue d'Histoire des Colonies* (38), 3e trim. 1951, p. 339-358.

Conservation des hypothèques

Les 533 articles de ce fonds constituent une source non négligeable pour l'histoire économique et sociale outre-mer.

Les modalités de l'inscription et de la radiation des privilèges et hypothèques, réglées par le Code civil, furent promulguées en 1805 aux Antilles et en Guyane. Elles y furent appliquées irrégulièrement jusqu'à l'ordonnance royale du 14 juin 1829 en vertu de laquelle le Dépôt des papiers publics des colonies reçut chaque année les registres contenant l'indication sommaire des inscriptions des créances hypothécaires, les registres de transcriptions des actes de mutation avec l'analyse des actes authentiques et la copie littérale des actes sous seing privé, les registres indiquant les radiations d'inscriptions faites dans l'année. Un décret du 21 avril 1912 mit fin à l'envoi en France de ces registres.

La Section outre-mer conserve les collections suivantes :

Guadeloupe et dépendances (164 articles).

Ile de la Guadeloupe : Basse-Terre, 1816-1910; Pointe-à-Pitre, 1830-1910;
Ile Marie-Galante, 1830-1893 et 1910;
Ile Saint-Barthélemy, 1878-1907 et 1910;
Ile Saint-Martin, 1830-1910.

Guyane (23 articles).

Cayenne, 1821-1912.

Martinique (165 articles).

Fort-de-France, 1806-1911; Saint-Pierre, 1806-1911.

Instruments de recherche :

. MENIER (M.-A.), « Les registres des Conservations des hypothèques des départements et territoires d'outre-mer conservés par la Section outre-mer des Archives nationales », *La Gazette des Archives* (89), 2e trim. 1975, p. 83-97.

. Répertoires numériques dactylographiés.

Fonds déposé de Guyane

326 articles en provenance de la Guyane ont été déposés en 1956 aux Archives nationales. Ces archives se composent de registres d'état civil et de registres de greffes.

ÉTAT CIVIL.

Ce fonds contient 259 articles (1677-1855) pour la plupart en mauvais état ou incomplets par rapport aux collections de la Section outre-mer. Le chercheur consultera toutefois le registre d'état civil des libres de Mapa (vol. 56, 1837-1840) qui ne se trouve pas à la Section outre-mer, ainsi que ceux d'Approuague (vol. 181-194, 1709-1855) et de Macouria (vol. 144-148, 1712-1855), plus anciens que ceux envoyés au Dépôt des papiers publics des colonies.

On trouvera également dans ce fonds les affranchissements (vol. 39 et 40, 1802-1803 et 1831-1836) et l'état civil des esclaves (vol. 41-55, 1834-1848) qui n'ont pas d'équivalents à la Section outre-mer; cette dernière conserve cependant les listes matricules des anciens esclaves au 10 août 1848 qui servent de listes des nouveaux libres.

GREFFES.

Ce fonds de 67 articles (1703-1881) comprend les greffes du Conseil supérieur de la Cour d'appel de Cayenne. Y figurent différentes catégories de registres qui n'étaient pas soumises à l'obligation de dépôt au Dépôt des papiers publics des colonies; ils contiennent notamment les rôles des causes (vol. 281-295, 1822-1856), les prestations de serment (vol. 310, 1822-1847), l'apurement des comptes de curatelle (vol. 311 et 312, 1828-1841), etc. On signalera en outre l'intérêt que présente, pour une étude sur l'esclavage, le registre des décisions et procès-verbaux de la Commission de rachat (vol. 316, 1845-1848) qui complète les informations fournies par l'état civil.

Instrument de recherche :

. Répertoire numérique dactylographié.

DÉPÔT DES FORTIFICATIONS DES COLONIES (DFC) [1]

Le Dépôt des cartes et plans des colonies, créé en 1778, fut initialement composé de cartes et plans provenant du Dépôt des cartes et plans de la Marine et des directions des fortifications locales ainsi que de nombreux mémoires originaux ou en copies. En l'an VIII, il prit le nom de Dépôt des fortifications pour les colonies et fut placé sous la responsabilité du premier inspecteur général du Génie. Ses archives furent remises en 1880 à l'inspection générale de l'artillerie de marine; peu avant 1914, elles furent versées par cette dernière aux archives du ministère des Colonies dont elles suivront le sort.

---

(1) Voir M.-A. Menier, « Images des îles et documents d'histoire », *Revue historique de l'Armée* (1), 1963, p. 39-49.

Primitivement destiné à collecter et à conserver les documents cartographiques ou les mémoires qui avaient trait à la défense des colonies françaises ainsi qu'à d'éventuelles attaques des colonies étrangères, le DFC excède largement ce cadre puisqu'on y trouve des cartes générales et partielles, des tracés de rivières et de routes, des plans terriers, des plans de villes, de bâtiments militaires et administratifs, des instructions aux gouverneurs et commandants de poste, des projets de campagne ou de colonisation, des récits d'événements militaires, des traités, des mémoires sur les places étrangères, des récits de voyage, des rapports sur l'économie et les mœurs locales, etc. A partir de 1815, les documents sont de caractère essentiellement militaire. Les pièces les plus anciennes datent de la fin du XVIIᵉ siècle.

Le DFC compte 255 cartons de mémoires et 44 portefeuilles de plans. Son classement date du XIXᵉ siècle. Il comporte des séries méthodiques (Lois, décrets et règlements, Instructions et modèles, Administration générale) et des séries géographiques parmi lesquelles on consultera :

Mémoires généraux. Amérique méridionale et Antilles

Ce fonds de 368 pièces (1666-1844) est divisé en : mémoires militaires sur la défense et la conservation des colonies françaises et renseignements sur les colonies étrangères; mémoires sur l'administration et la législation; mémoires sur le commerce, la population et la statistique; mémoires sur le rétablissement de la Marine française, notices sur les marines étrangères et renseignements divers.

Exemples de documents :

Nᵒ 15. Mémoire de Bernard de Romain sur la situation du Pérou, 10 décembre 1707.

Nᵒ 286. « Tableau de comparaison de la population en blancs et en noirs, ainsi que du terme moyen de l'exportation annuelle des Antilles françaises et anglaises », 1784.

Instrument de recherche :

. Inventaire sommaire manuscrit.

Antilles étrangères et places du continent de l'Amérique méridionale

Ce fonds de 715 pièces (1667-1843) est divisé en : Antigua, la Barbade, Saint-Barthélemy, Bequia, Callao, Cartagena, Saint-Christophe, Cuba, Curaçao, la Dominique, Saint-Eustache, Saint-Gabriel et colonie du Saint-Sacrement,

Guyane hollandaise, Demerary, Essequibo, Berbice, la Grenade, la Jamaïque, Sainte-Lucie, Margarita, Montserrat, les Malouines, Anegada, Nevis, Porto Bello, Porto Rico, Providencia, la Trinité, Iles Turques, Tabago, Saint-Vincent, Iles Vierges, Vera Cruz et Saint-Jean d'Ulloa.

Exemples de documents :

N° 65. « Relation du siège de Carthagène par les Anglais en 1741 », par Dercouët, 10 mai 1741.

N° 211. « Mémoire au sujet de l'Ile de la Grenade, les moyens d'en augmenter la colonie et de la rendre florissante », par Feuquières, 9 novembre 1717.

N° 513. « Plan de 3 bâtiments militaires à construire aux Iles Malouines », par Bougainville, 8 janvier 1764.

N° 707. « Plan des ville, port et château de La Verra Cruz en la Nouvelle-Espagne », 1703.

Instrument de recherche :

. Inventaire sommaire manuscrit.

Guadeloupe et dépendances

Ce fonds de 4 505 pièces est divisé en : Guadeloupe (4 198 pièces, 1665-1898), les Saintes (250 pièces, 1667-1877), Marie-Galante (35 pièces, 1698-1865), Saint-Martin (20 pièces, 1717-1847), la Désirade (2 pièces, 1779).

Exemples de documents :

Guadeloupe, n° 176 B. « Plan et profils de l'hôpital militaire situé dans la Savane des Jésuites à la Basse-Terre », par Vialis, 20 décembre 1764.

Guadeloupe, n° 324. Lettre du comte d'Arbaud au ministre sur les préjudices causés par les corsaires au commerce avec Miquelon et sur les affaires des États-Unis d'Amérique, 4 mai 1777.

Guadeloupe, n° 449. « Journal des opérations durant le siège de la Guadeloupe, depuis le 9 avril jusqu'au 25 du même mois », par Collot, avril 1794.

Les Saintes, n° 9 B. Plan de la rade des Saintes, par l'enseigne de vaisseau Gaultier, février 1803.

Saint-Martin, n° 11. « Capitulation pour la remise d'une partie de l'Ile aux autorités françaises », par les officiers anglais Trolong et Fahié, 25 février 1779.

Instrument de recherche :

. Inventaire sommaire manuscrit.

Guyane

Ce fonds compte 1 797 pièces (1669-1880) classées par ordre chronologique.

Exemples de documents :

N° 10. « Compte rendu de l'expédition contre les Portugais occupant le **fort St-Antonio** dans la rivière de Batabouto », par Férolles, commandant à Cayenne, 22 septembre 1688.

N° 73. « Mémoire sur divers sucs laiteux qui découlent des arbres et sur la résine élastique », par Fresneau, 17 juin 1749.

N° 78. « Mémoire sur la navigation de l'Amazone », par Godin Desodonais, 26 juin 1750.

N°ˢ 191, 192 A. « Mémoire pour servir à l'intelligence de la carte topographique de l'île de Cayenne et des rivières environnantes » et carte, par Dessingy, 1771.

N° 218. « Précis sur les Indiens », par Bessner, 1774.

Instrument de recherche :

. Inventaire sommaire manuscrit.

Martinique

Ce fonds compte 5 094 pièces (1660-1881) classées par ordre chronologique.

Exemples de documents :

N° 27 A. « Projet de la ville à construire au Cul-de-Sac de la Martinique, avec la contrescarpe du Fort-Royal », par le comte de Blénac, 15 décembre 1681.

N° 147. « Relation exacte de la destruction des Nègres révoltés de l'Ile Saint-Jean », par Longueville et Nadau, 24 juin 1734.

N° 190 B. Plan du port et de la ville de Fort-Royal et des environs, par le lieutenant anglais W. Booth, 1763.

N° 334. « Mémoire sur le curement et l'entretien du port du Fort-Royal », par Tascher de La Pagerie, capitaine du port, 10 avril 1774.

N° 469. « Journal du blocus et du siège de la Martinique », par le commandant général Rochambeau, 26 juin 1793.

Instrument de recherche :

, Inventaire sommaire manuscrit.

Planche I. — « Carte d'Amérique dressée pour l'usage du Roy »,
par Guillaume Delisle. 1722. Reproduction partielle.

Archives nationales, NN 173/1

Planche II. — « Amérique septentri[on]
des voyageurs et navigateurs et divisée su[r]
par Robert de Vaug[o]

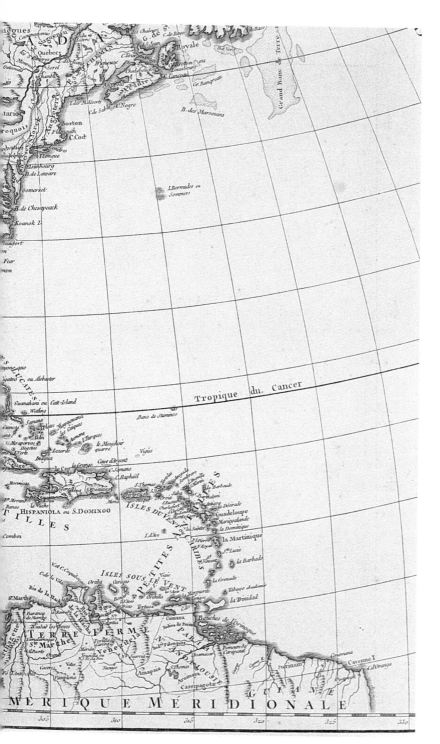

Cliché Imprimerie nationale.

e sur les relations les plus modernes
fférentes possessions des Européens »,
Reproduction partielle
73/4

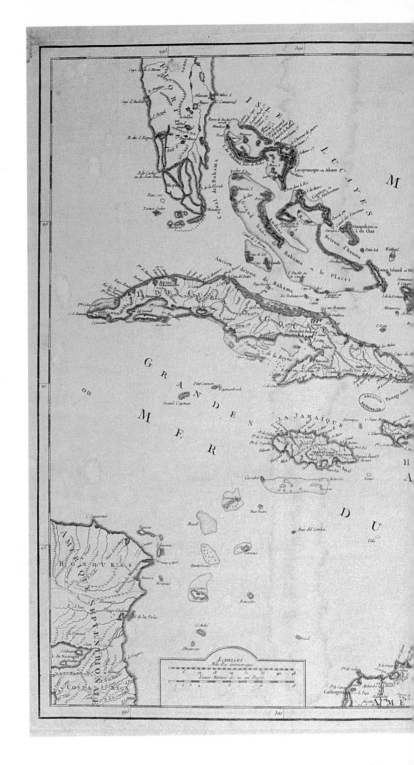

Planche III. — « Partie de la mer du Nord où se
par Robert, géo
Archives

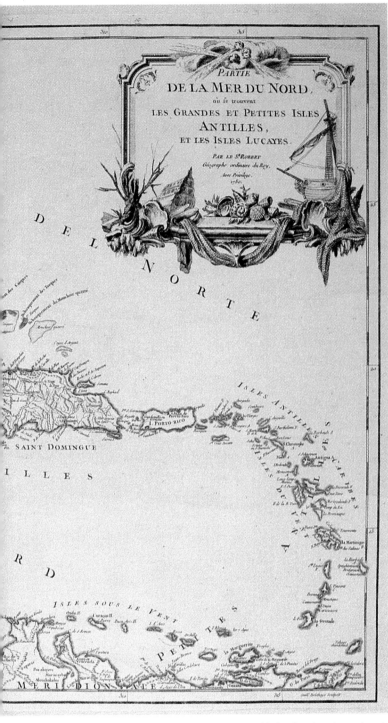

Cliché Imprimerie nationale.

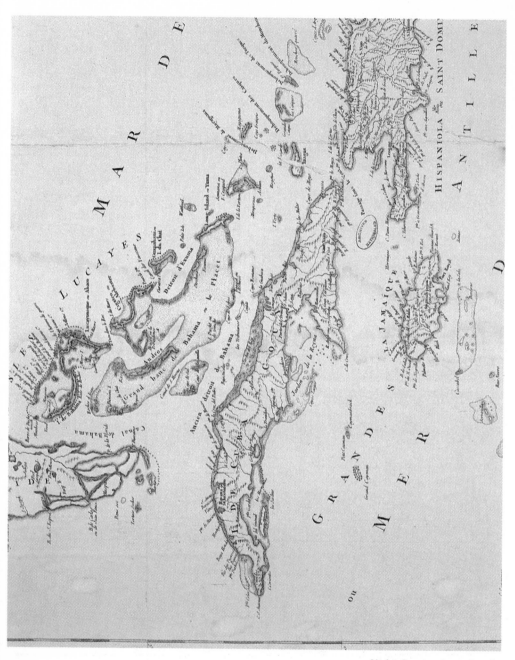

Planche IV. — Les Grandes Antilles et les îles Lucayes ou Bahamas
Détail de la carte précédente

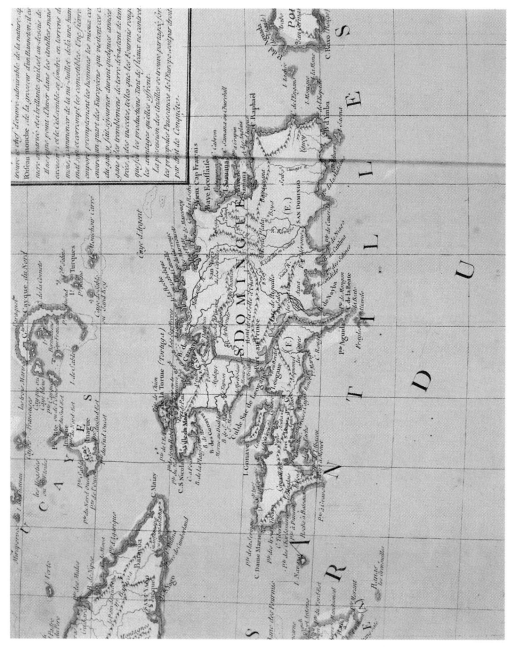

Planche V. — « Carte des isles Antilles dans l'Amérique septentrionale avec la majeure partie
des isles Lucayes faisant partie du théâtre de la guerre entre les Anglais et les Américains »,
par M. Brion de La Tour. 1782. Reproduction partielle : Saint-Domingue
Archives nationales, Section outre-mer, D.F.C. 716

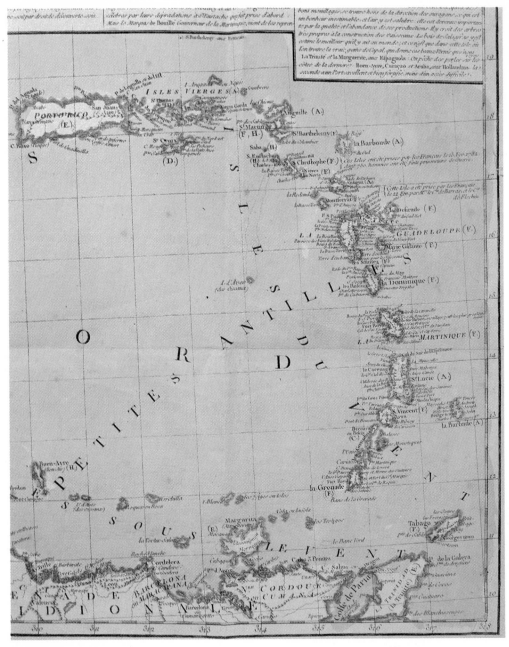

Planche VI. — « Carte des isles Antilles dans l'Amérique septentrionale avec la majeure partie
des isles Lucayes faisant partie du théâtre de la guerre entre les Anglais et les Américains »,
par M. Brion de La Tour. 1782. Reproduction partielle : Petites Antilles
Archives nationales, Section outre-mer, D.F.C. 716

Saint-Domingue

Ce fonds de 928 pièces (1636-1858) est divisé en :
— mémoires généraux et cartes générales;
— partie française : Baie de Mancenille, Rivière du Massacre, Fort-Dauphin (Bayaha), Ilets des Sept-Frères, Limonade, Petite-Anse, le Cap, Haut-du-Cap, Anse-à-Viviaud, Port-Français, l'Acul, Morne-Rouge, le Borgne, Anse-à-Foleur, Port-de-Paix, Port-à-l'Écu, Anse-de-Jean-Rabel, le Môle-Saint-Nicolas, Eaux-de-Boines, Grande-Rivière, Trois-Rivières, les Gonaïves, Rivière et Plaine de l'Artibonite, Morne de la Tranquillité, Saint-Marc, le Mirebalais, Port-au-Prince, Ile de la Gonave, Grand-Cul-de-Sac, Léogane, Petit-Goave, Baie de l'Acul du Petit-Goave, Pointe Bourgogne, Miragoane, Petit-Trou de Nippes, Baie des Baradères, Baie des Cayemites, Jérémie, Grande-Anse, Cap Dame-Marie, Baie et Ilet à Pierre-Joseph, Cap Tiburon, les Cayes, Torbeck, Baie de Cavaillon, Baie des Flamands, Baie du Mesle, Baie Saint-Georges, Baie d'Aquin, Ile à Vache, Saint-Louis, Jacmel;
— plans relatifs à la guerre de campagne indiquant l'emplacement des divers camps;
— partie espagnole : Santo Domingo, Santiago, Puerto Plata, canal et île de la Mona.

Exemples de documents :

N° 6. « Mémoire sur les Indiens naturels de l'Ile de Saint-Domingue, et ce qu'ils sont devenus depuis la découverte de cette île », par le R.P. Mergat, 1730.

N° 82. « Réponse de la France au mémoire présenté le 18 décembre 1774 par M. l'ambassadeur d'Espagne dans la négociation pour régler les limites entre les colonies française et espagnole à Saint-Domingue », par le comte de Vergennes, 28 mars 1775.

N° 381ª A. Carte de la ville du Cap et des environs, avec les projets de défense, par le comte d'Estaing, s. d.

N° 552. « Projet général d'arrosage, de navigation, dessèchement, digues des rivières et communications des chemins par les plaines de l'Artibonite et des Gonaïves dépendances de Saint-Marc, établissement des quartiers, ville et port des Gonaïves, avec fondation d'un hôpital de providence et de deux maisons pour l'éducation de la jeunesse des deux sexes dans la partie de l'Ouest de Saint-Domingue », par Charlevoix- Villers [vers 1777].

N° 920. « Précis d'un voyage du Cap à Santo Domingo (Brumaire-Frimaire an VII) », par Vincent, 30 janvier 1799.

Instrument de recherche :

. Inventaire sommaire manuscrit.

Supplément

La partie supplément du Dépôt des fortifications des colonies (102 articles) est composite. On y relève un supplément proprement dit (Ancien Régime et XIXᵉ s.), les archives de l'Inspection générale de l'artillerie de marine (1880-1910) et des documents provenant de la direction des Services militaires du ministère des Colonies (jusqu'en 1945).

Sur les Antilles et la Guyane, on consultera :

AVIS ET NOTES DE L'INSPECTEUR GÉNÉRAL DE L'ARTILLERIE DE MARINE.

Ces avis et notes, destinés à l'administration des Colonies, sont reliés en deux registres pour les années 1886 d'une part, 1892-1893 de l'autre.

Exemples de documents :

Année 1886, n° 12. « Rapport du directeur d'artillerie sur l'École professionnelle de la Basse-Terre », 12 avril 1886.

Année 1886, n° 55. « Dispositions prises pour assurer la dissémination des troupes d'Artillerie contre la fièvre jaune », 14 décembre 1886.

Instrument de recherche :

. Inventaire manuscrit.

GUADELOUPE.

Ce fonds compte 51 pièces (1693-1907).

Exemples de documents :

N° 5. « Plan du terrein des cy devant Jésuites à la Basse-Terre », 1766.

N° 41. « Plan de l'entrée et des mouillages de la Pointe-à-Pitre, levé en 1868-1869 », par E. Ploix, ingénieur hydrographe de la Marine, et Caspari, sous-ingénieur hydrographe, 1876 (plan gravé avec notes manuscrites).

Instrument de recherche :

. Inventaire dactylographié.

GUYANE.

Ce fonds compte 446 pièces (1760-1899).

Exemples de documents :

N° 77-81. Plans des Ponts et Chaussées relatifs à l'adduction d'eau à Cayenne, 1864-1866.

N° 427. « Territoire contesté entre la France et le Brésil. Avant-projet pour l'établissement de postes de surveillance sur le territoire contesté de la Guyane (rive droite de l'Oyapock) », par Caset, [vers 1894].

Instrument de recherche :

. Inventaire dactylographié.

MARTINIQUE.

Ce fonds compte 1 124 pièces (1694-1945).

Exemples de documents :

N°s 262, 264. « Considérations militaires et stratégiques sur le réseau de chemins de fer projeté à la Martinique », par le directeur du Génie, et carte, 1er avril 1882.

N° 803. « Rapport d'ensemble sur le point d'appui de Fort-de-France », par le lieutenant de vaisseau Hallier, 14 décembre 1911.

Instrument de recherche :

. Inventaire dactylographié.

ATLAS MOREAU DE SAINT-MÉRY

Le nom de Moreau de Saint-Méry est indissolublement lié aux Antilles. A côté d'une collection de mémoires et de documents manuscrits conservés dans la sous-série Colonies F³ par la Section ancienne (1), cet érudit avait réuni une collection de cartes et plans manuscrits et gravés, de dessins à la mine et de dessins à la plume rehaussés de lavis ou d'aquarelle intéressant les Amériques et les Antilles. Cet ensemble de 10 articles (XVIIe s. - début XIXe s.), de même nature que le Dépôt des fortifications des colonies à l'exception des mémoires, est conservé par la Section outre-mer.

---

(1) Voir p. 227.

Les articles suivants intéressent l'Amérique latine et les Antilles :

F³ 288.   Antilles.

Nos 1, 3. Antilles en général.
Nos 2, 5, 6. Tabago.
No 3. Saint-Domingue.
No 4. La Barbade.
Nos 7-16. La Grenade.
Nos 17-19. Sainte-Lucie.
Nos 20-40. Martinique.
Nos 41-66. Guadeloupe.
No 66 bis. Saint-Martin.
No 67. La Désirade.
No 68. Antigua.
No 69. Saint-Christophe et Nevis.
No 70. Saint-Jean.
No 71. Porto Rico.

F³ 289.   Antilles et Amérique du Sud.

No 1. Guyane hollandaise.
Nos 2-22, 24, 25, 27-33 bis. Guyane française.
Nos 23, 26. Brésil.
Nos 34-58. Saint-Domingue.
No 59. Paraguay, Chili, détroit de Magellan.
Nos 60-62. La Jamaïque.

F³ 290.   Amérique du Nord, île de France, île Bourbon, Amérique du
                  Sud, Saint-Domingue.

No 132. Colombie.
No 134. Amérique du Sud.
Nos 135, 136. Saint-Domingue.

F³ 291.   Côtier de Saint-Domingue (réalisé sur ordre de l'amiral
                  d'Estaing).

F³ 292.   Routier de la Martinique, par Moreau de Jonnès, suivi de
                  trois autres cartes de la Martinique.

F³ 293.   Atlas de la Martinique et cartes des Antilles.

Nos 1-5, 8-12. Martinique.
No 16. Idem (vue aquarellée, par Moreau de Jonnès).
Nos 17-35. Idem (vues aquarellées, par Pierre Trouard de Riolle d'après
Moreau de Jonnès).
No 6. La Barbade.
No 7. Antigua.
No 13, 14, 36. Guadeloupe.
No 15. Marie-Galante.

F³ 294.   Atlas des colonies.

Nos 1. Amérique du Sud.
Nos 2, 9-23. Guyane française.
Nos 6, 7, 26, 36. Brésil.
Nos 6, 8. Pérou.
Nos 24, 25. Antilles.
Nos 27, 29-32. Mexique.
Nos 33, 34. Colombie.
Nos 35, 36. Venezuela.
No 37. Amérique centrale.

F³ 296.   Saint-Domingue.

F³ 297.   Côtier de Saint-Domingue, suivi d'une carte de la Guadeloupe.

> Nᵒˢ 1-66. Saint-Domingue.
> Nᵒ 67. Guadeloupe.

Exemples de documents :

F³ 288, nᵒ 11. « Le plan du fort de La Grenade comme le sieur de Gemosat
souhetteroit qu'il fut pour la seureté de l'isle », 1692.

F³ 288, nᵒ 21. « Plan de l'habitation de Madame de Valminières dans le
Cul de Saq roial de la Martinique quartier de la Rivière de Monsieur... »,
par Thimothée Petit, 1627.

F³ 289, nᵒ 1. « Extrait de la carte hollandaise représentant la colonie de
Surinam sur lequel on a marqué les voyages qu'a fait dans cette colonie
M. Malouët, commissaire général de la Marine, ordonnateur à Cayenne
dans les mois de juillet et août 1777... », par Simon Mentelle, 1777.

F³ 289, nᵒ 61. « Plan de Port-Royal de La Jamaïque, de Spanish Town,
Old Harbour et des environs », xviiiᵉ s.

F³ 290, nᵒ 132. « Plan de Carthagène en Amérique avec l'attaque des
Anglais en 1741 », par Herbert, 1741.

F³ 296, E 28. « Coupe de l'aqueduc fait pour mener au Cap quinze pouces
d'eau de la ravine à Douël », 1787.

Instruments de recherche :

. Inventaires dactylographiés.

. Fichier classé par ordre géographique.

CARTOTHÈQUE

En 1889 fut créé au sein du ministère des Colonies un Service géographique
et des Missions. Il avait pour attributions la formation de collections de cartes
et documents géographiques relatifs aux colonies françaises, le classement et
la mise en œuvre des cartes et croquis originaux transmis par les administrations coloniales, la publication de cartes nouvelles établies d'après les renseignements parvenus des colonies, le classement méthodique des traités conclus
avec les indigènes et la formation de cartes indicatives de ces traités, ainsi que
l'examen, au point de vue géographique, de toutes les publications officielles
concernant les colonies.

Les services géographiques locaux furent réorganisés en 1944 dans le cadre
de l'Institut géographique national mais un Service géographique continua
d'exister auprès de l'administration centrale (ministère de la France d'outre-
mer); ses archives et collections cartographiques furent dévolues à la Section
outre-mer des Archives nationales, après la suppression du ministère en 1958.

La cartothèque, dont le classement n'est pas encore achevé, est pauvre en ce qui concerne le sujet du guide : on y relève seulement près de 100 cartes (dont une quarantaine de cartes manuscrites) relatives aux Antilles et plus de 70 (dont une quarantaine de cartes manuscrites) relatives à la Guyane.

Exemples de documents :

Antilles 26. Plan de la commune du Diamant, par A. Jouanelle, 1900 (ms.).

Guyane 25. Plan du réseau télégraphique entre Cayenne et Saint-Jean, s. d. (ms.).

Guyane 39. Plan de la ville de Cayenne, par J. Rosier, 1811 (ms.).

Instrument de recherche :

. Inventaire dactylographié sur fiches.

PHOTOTHÈQUE

La photothèque, primitivement constituée du fonds propre à la Section outre-mer, s'est accrue des fonds provenant de l'Agence économique de la France d'outre-mer d'une part, du Musée des Arts africains et océaniens d'autre part.

Les recherches iconographiques sur l'outre-mer devront être complétées par le dépouillement des archives privées (séries PA et APC) de la section outre-mer.

Fonds de la Section outre-mer

Le fonds de la Section outre-mer compte plus de 4 600 articles. Il se compose de clichés et de tirages sur papier de plans et de documents conservés par le service (fonds *Dépôt des fortifications des colonies*, classé par format et par pays), de documents réunis à l'occasion d'une exposition (fonds *Expositions*, classé par format), de documents divers entrés le plus souvent par dons (fonds *Géographie*, classé par format et par pays ; fonds *Miscellanea* classé par format ; fonds *Cartes postales*).

Exemples de documents :

Photos Géo. D XVII. La Guadeloupe après le passage, le 27 septembre 1966, du cyclone Inès [1966], (34 photographies).

Photos Misc. D V, n° 49. Tableau de Le Masurier représentant une scène d'intérieur à Saint-Pierre de la Martinique, XVIIIe s. (cliché).

Instruments de recherche :

. Répertoires numériques dactylographiés.

Fonds de l'Agence économique de la France d'outre-mer

Le fonds de l'Agence économique de la France d'outre-mer (anciennement Agence générale des Colonies) compte plus de 46 300 articles datant, pour l'essentiel, des années 1930-1940. Il se compose d'albums, de plaques et de tirages sur papier classés par pays et relatifs à l'agriculture, l'assistance médicale, la faune et la flore, l'habitat, la religion, l'urbanisme, la vie familiale, etc. On y trouve de nombreuses photographies de personnalités.

Exemples de documents :

Photos Agence, 2ᵉ série, carton 51, nᵒˢ 31, 32. Martinique : éruption de la Montagne Pelée, 6 janvier 1930 (2 photographies).

Photos Agence, 2ᵉ série, carton 51, nᵒˢ 109, 110. Guadeloupe : mégalithes précolombiens, s. d. (2 photographies).

Photos Agence 2ᵉ série, carton 51, nᵒˢ 122, 123. Saint-Barthélemy : scènes de pêche à la senne au Corrosel, s. d. (2 photographies).

Instruments de recherche :

. 1ʳᵉ série : répertoire numérique manuscrit des clichés; répertoire méthodique dactylographié des tirages sur papier.

. 2ᵉ série : répertoire numérique dactylographié.

Fonds du Musée des Arts africains et océaniens

Le fonds du Musée des Arts africains et océaniens (anciennement Musée de la France d'outre-mer) compte plus de 13 000 articles antérieurs, pour leur majeure partie, à 1914. Il se compose de recueils de photographies et de planches isolées réalisés pour la présentation didactique d'un territoire ou à la faveur d'une exposition coloniale.

Exemples de documents :

Photos Musée Martinique. I 4. « Souvenir de la Martinique », s. d. (album imprimé de 32 vues; contient une vue du lac des Palmistes (Montagne Pelée), disparu en 1902, et des vues de Saint-Pierre avant la catastrophe de 1902).

Photos Musée Misc. II (Haïti). Album dédié « A son Excellence M. Ferdinand Wiett, envoyé extraordinaire et ministre plénipotentiaire de la République française en Haïti, 30 déc. 1932 » (72 photographies).

Instrument de recherche :

. Fichier méthodique manuscrit.

FILMATHÈQUE

La filmathèque conserve des microfilms de complément (série 1 Mi), de sécurité (2 Mi), de substitution (3 Mi) et des microfilms d'ouvrages, articles et études diverses (4 Mi).

Série 1 Mi. Microfilms de complément

Les microfilms de complément sont réalisés à partir d'inventaires (sous-série 1 Mi A), d'archives familiales (1 Mi B), d'archives économiques (1 Mi C), de fonds ministériels, départementaux, étrangers, de manuscrits de bibliothèques, etc. (1 Mi D), de documents divers (1 Mi E), d'archives du Gouvernement de Madagascar antérieures à la conquête (1 Mi G).

Les sous-séries suivantes intéressent l'Amérique latine et les Antilles :

SOUS-SÉRIE 1 MI B. ARCHIVES FAMILIALES.

1 Mi B 1.   Mémoires sur la Guyane française, la Martinique, la Trinité, Saint-Domingue, 1793-1794 (collection G. Lavier).

1 Mi B 3.   Correspondance du comte d'Hector, commandant de la marine à Brest, avec La Luzerne, Granchain, Fleurieu et divers, 1788-1790 (archives de Sainte-Colombe).

1 Mi B 4.   Papiers concernant l'habitation Beauregard à Cayenne, 1789-1876 (collection F. d'Haranguier de Quincerot).

1 Mi B 5, 5 *bis*. Inventaire de la succession à Saint-Domingue de Pierre Danié, avocat au Parlement de Paris (collection F. d'Haranguier de Quincerot).

1 Mi B 7.   Lettres de Jean de Brach, lieutenant de roi à Saint-Domingue, XVIIIᵉ s. (archives de Brach).

1 Mi B 9.   Succession d'André Robert de La Bressaudière, procureur au Conseil du Cap (Saint-Domingue), XVIIIᵉ s. (château d'Ardenay, Sarthe).

1 Mi B 10.   Plan de la sucrerie Girard à Torbeck (Saint-Domingue), par Formon Plumardière, 1775 (château de La Barre, Sarthe).

1 Mi B 12.   Créances de la famille de Rougé à Saint-Domingue, 1793-1803 (château de Boisdauphin, Sarthe).

1 Mi B 13.   Archives de Henri Edme, directeur de la Compagnie des Indes, et de Philippe-Alexandre Edme de Rouaudières, des familles Girard, Vanssay, Saint-Martin, etc., concernant Saint-Domingue, 1694-1912 (château de La Barre, Sarthe).

1 Mi B 16.   Fonds de Beaunay concernant des habitations à Saint-Domingue, 1710-1825 (château de Montmirail, Sarthe).

1 Mi B 17.   Succession Bongars à Saint-Domingue, 1790-1828 (archives de Broc).

1 Mi B 18.   Fonds P. J. Garesché concernant Saint-Domingue et Haïti, 1702-1901 (château d'Oyré, Sarthe).

1 Mi B 19.   Papiers de l'amiral Charles-Joseph Mascarène de Rivière, commandant la station des Iles sous le Vent puis des Iles du Vent, 1786-1811 (château de Saint-Aignan, Sarthe).

1 Mi B 20.   Papiers du comte Pierre de Pardaillan, commandant la partie du Sud de Saint-Domingue en 1781, 1705-an VII (château de Fresnay, Mayenne).

1 Mi B 23.   Papiers de l'habitation Desmé-Dubuisson à Jacquezy, paroisse du Trou (Saint-Domingue), XVIIIe s. (château de Chavigny, Indre-et-Loire).

1 Mi B 24.   Correspondance de Joseph et Jean-Baptiste Delhorme concernant la Martinique, 1693-1795 (archives de L'Horme).

1 Mi B 25.   Correspondance de François de L'Horme concernant la Martinique, 1731-1819 (archives de L'Horme).

1 Mi B 26.   Plan de l'habitation Pihery frères à Port-au-Prince (Saint-Domingue), XVIIIe s. (archives Percheron de Mouchy).

1 Mi B 27.   Papiers du comte Pierre de Pardaillan, 1777-1780 (complément de 1 Mi B 20; château de Fresnay, Mayenne).

Instrument de recherche :

. Répertoire numérique dactylographié.

SOUS-SÉRIE 1 MI D. ARCHIVES MINISTÉRIELLES, DÉPARTEMENTALES, ÉTRANGÈRES, MANUSCRITS DE BIBLIOTHÈQUES, ETC.

1 Mi D 1.   Documents concernant les plantations Dolle et Raby à Saint-Domingue, 1762-1793 (Archives départementales de l'Isère).

1 Mi D 3.   Lettres du P. Jean Crétien, S.J., adressées de Cayenne à un confrère, 1718-1723 (Bibliothèque Méjanes, Aix-en-Provence).

1 Mi D 4.   *Gazette des Petites Antilles,* juillet 1774-août 1778 (Archives du ministère des Relations extérieures).

1 Mi D 10.   Archives du ministère de la Défense concernant l'expédition de Saint-Domingue (Service historique de l'Armée de Terre).

1 Mi D 12.   « Messe en cantiques à l'usage des nègres », extrait de *La maison rustique à l'usage des habitants de Cayenne,* par Bruletout de Préfontaine (Bibliothèque nationale).

1 Mi D 13.   Registres paroissiaux de la Martinique : Anse d'Arlets, 1672-1799; Anse Diamant, 1754-1805 (Archives départementales de la Martinique).

1 Mi D 14.   Carte routière de la Martinique, fin XVIII\ :superscript:`e` s. (Service historique de la Marine).

1 Mi D 15.   Correspondance, journaux d'exploration, mémoires sur les Indiens, l'esclavage, concernant la Guyane, fin XVIII\ :superscript:`e`-début XIX\ :superscript:`e` s. (Archives départementales de la Guyane).

1 Mi D 16.   Papiers Dundas concernant Saint-Domingue, 1791-1797 (Archives départementales de la Vienne).

1 Mi D 17.   Papiers Lafitte de Courteil concernant Saint-Domingue, fin XVIII\ :superscript:`e` s. et 1810-1818 (Archives départementales de la Vienne).

1 Mi D 18.   *Précis historique des annales de Saint-Domingue,* 1789-1799 (Archives départementales de la Vienne).

1 Mi D 20, 21.   Papiers de l'amiral de Vaugirard, gouverneur de la Guadeloupe, 1814-1817 (Archives départementales de la Vendée).

1 Mi D 26.   Archives du Gouvernement de Cayenne, XIX\ :superscript:`e` s. (collection J. Hurault).

Instrument de recherche :

. Répertoire numérique dactylographié.

1 Mi E. Divers.

1 Mi E 7.   Recensement général de la ville du Cap et des quartiers en dépendant : le Cap, Port-de-Paix, Fort-Dauphin (Saint-Domingue), 1753 (collection G. Debien).

Instrument de recherche :

. Répertoire numérique dactylographié.

Série 4 Mi. Ouvrages, articles, études diverses

Parmi les microfilms d'ouvrages rares, d'articles et d'études diverses, non considérés comme documents d'archives, on consultera :

4 Mi 2. « La suppression de la mission [jésuite] de la Guyane française », par le P. Charles Larère, S.J., 1763-1766 (collection J. Hurault).

4 Mi 3. « Les conseils supérieurs de Saint-Domingue dans l'ancien droit », par Louis Allione, élève magistrat, s.d. (mémoire de l'École nationale de la France d'outre-mer).

4 Mi 8. « Le préjugé de race aux Antilles », étude historique, s.d. (Bibliothèque Souquet-Basiège).

4 Mi 9. Chartes d'anciennes compagnies de commerce : 1re charte de concession de l'Ile Saint-Christophe, 1626; Compagnie des Isles de l'Amérique, 1635-1642; Compagnie des Indes occidentales, 1644; Compagnie de Saint-Domingue, 1698...

4 Mi 12. « Description nautique des côtes de la Martinique, précédée d'un mémoire sur les opérations hydrographiques et géodésiques exécutées dans cette île en 1824 et 1825, par M.P. Monnier, ingénieur hydrographe de la Marine... », extrait des *Annales maritimes et coloniales*, année 1829, 2e partie, t. I, p. 345-501.

4 Mi 16. *Le voyageur de sa jeunesse*, par Pierre Blanchard, 3e éd., Paris, 1809 : t. 5, *Afrique, Madagascar, Ile-de-France et Réunion, Antilles, Guyane et Amérique du Sud*, 448 p., pl. h.-t.

4 Mi 19. « The British Occupation of Saint-Domingue, 1793-1798 », par David Patrick Geggus, 1978 (thèse pour l'obtention du « degree of Philosophy », Department of History of York University).

Instrument de recherche :

. Répertoire numérique dactylographié.

DÉPÔT DES ARCHIVES D'OUTRE-MER

1, chemin du Moulin-de-Testas, Les Fenouillères, 13090 Aix-en-Provence.
Tél. : (42) 26-43-21.
Heures d'ouverture : du lundi au vendredi, de 9 h à 17 h.
Fermeture annuelle : 2 semaines à partir du lundi suivant le 14 juillet.

Le Dépôt des archives d'outre-mer étant constitué essentiellement des archives rapatriées des anciennes possessions françaises, il est exceptionnel d'y trouver des fonds concernant les Antilles et l'Amérique latine.

FONDS DE SAINT-BARTHÉLEMY

Le fonds suédois des archives de Saint-Barthélemy a été transféré des Archives départementales de la Guadeloupe en métropole pour microfilmage. Jugé en trop mauvais état pour être retourné en Guadeloupe, il est conservé au Dépôt des archives d'outre-mer. Son microfilmage est en cours et un exemplaire du microfilm déposé aux Archives départementales de la Guadeloupe (1).

Ce fonds compte 325 articles. Il intéresse l'histoire de Saint-Barthélemy entre 1784 et 1878, période pendant laquelle l'île était possession danoise, et aussi celle des Antilles.

Lors de son classement, en 1973, par un archiviste suédois, le fonds a été divisé en plusieurs sections; l'ensemble des cartons est pourvu d'une numérotation continue, chaque numéro étant suivi d'initiales correspondant à la section de classement :

1-58 M.   Manifestes, 1805-1863.

59-72 PF.   Procès-verbaux des Finances, 1812-1878.

73-124 CP.   Comptes (livres de caisse, droits de douane, droits de port, comptes annuels révisés), 1790-1878.

125-127 RG.   Rapports des gouverneurs, 1816-1878.

128-133 PG.   Procès-verbaux du Conseil de gouvernement, 1798-1877 (copie de traités entre la Suède et d'autres pays).

134, 135 LG.   Législation (décrets et proclamations), 1787-1878.

136-139 PJT.   Tribunaux (journaux et listes), 1801-1878.

140-249 PJ.   Procès-verbaux du Conseil de justice et annexes, 1784-1878.

---

(1) Les dossiers microfilmés ne sont consultables que sous forme de microfilm; l'état de certains dossiers non encore microfilmés empêche de les communiquer.

250-255 NP.   Notariat public, 1783-1855.

256-264 C.   Correspondance générale, 1784-1878.

265-275 *bis* AM. Navigation, 1778-1878.

276-280 N.   Naturalisations, 1796-1875.

281-284 DT.   Défense, 1805-1878 (documents sur les cataclysmes, les salines, les mines).

285, 286 ES.   Esclavage, 1802-1848.

287-291 E.   État civil, 1756-1878.

292, 293 PO.   Recensements de la population, 1787-1872.

294 R.   Cultes méthodiste, 1795-1866; luthérien, 1804-1873; catholique, 1809-1876; anglican, 1845-1862.

295 R.   Bible imprimée à Stockholm en 1819.

296-300 *bis* D. Documents divers, 1764-1878.

301-324 S.   Inventaires des successions, 1787-1877.

325.   Inventaire provisoire de 1932; documents concernant la restitution de Saint-Barthélemy à la France.

Instrument de recherche :

. LAMBORN (R.K.), « The Archives of Saint-Bartholomew rediscovered », *The Swedish Pioneer Historical Quarterly* 15 (1), janvier 1964, p. 33-44.

REGISTRES DE RECRUTEMENT DE L'ARMÉE DE TERRE

Ce fonds est constitué par les registres matricules du Service de recrutement de l'Armée périodiquement versés par le Service historique de l'Armée de Terre lorsqu'ils ont cessé d'être pour lui d'un usage courant. La consultation de ces registres est soumise à des restrictions.

Pour les Antilles, ces registres ne remontent qu'à 1889 :

Bureau de recrutement de la Martinique. 1889-1910 (73 vol.).

Bureau de recrutement de la Guadeloupe. 1889-1910 (69 vol.).

Bureau de recrutement de la Guyane. 1889-1910 (18 vol.).

SÉRIE AP O.M. ARCHIVES PRIVÉES

Parmi les fonds privés déposés aux Archives d'outre-mer, un seul fonds concerne partiellement le sujet.

2 AP O.M.   Fonds Émile Devouton, inspecteur général des Affaires d'outre-mer.

> 2 AP OM 3. Rapports de l'inspection Muller aux Antilles, 1933; note sur la Martinique, ses ressources et l'intérêt économique qu'elle représente pour la métropole, 1936; transfert au budget local de l'hôpital colonial de Fort-de-France, 1937.
>
> 2 AP OM 7. Rapports de l'inspection Devouton aux Antilles et en Guyane, 1941; rapport de Ch.-Th. Labat sur les éruptions du Mont Pelé, 1929.
>
> 2 AP OM 12. Études diverses : l'or en Guyane, par Darnault, 1943; le tourisme aux Antilles, par Cambournac, 1953...

La communication de ce fonds est soumise à autorisation.

ARCHIVES DÉPARTEMENTALES
ET COMMUNALES

Les Archives départementales et communales tirent leur origine administrative des lois révolutionnaires : celle de fructidor an IV sur la répartition des documents généraux entre les départements et des documents particuliers entre les cantons, qui fut mal appliquée, celle du 5 brumaire an V, véritable acte de naissance des Archives départementales, qui ordonnait la réunion dans les chefs-lieux de département de tous les titres et papiers acquis à la République.

Il existe donc au chef-lieu de chaque département une direction des services d'archives et un dépôt avec ou sans annexe, tandis que de nombreuses villes de province ont un service d'archives communales organisé.

On trouvera la liste, l'adresse, les heures d'ouverture, les périodes de fermeture annuelle des Archives départementales et communales dans la « Liste annuaire des services d'archives publics », régulièrement mise à jour par la Direction des Archives de France.

Établi par les *Instructions* du ministère de l'Intérieur *pour la mise en ordre et le classement des archives* du 24 avril 1841, le cadre de classement des Archives départementales, est identique d'un dépôt à l'autre :

Archives anciennes (antérieures à 1790).

Série A. Actes du pouvoir souverain : édits, ordonnances, lettres patentes. Domaine public : domaine royal, apanages des princes, trésors des chartes de grands feudataires.

Série B. Cours et juridictions : parlements, bailliages et sénéchaussées, chambres des Comptes, cours des Aides, cours des Monnaies, sièges d'Amirauté.

Série C. Administrations provinciales d'Ancien Régime : intendances, subdélégations, élections, bureaux des finances, États provinciaux.

Série D. Instruction publique : universités et collèges, académies et sociétés savantes.

Série E. Féodalité, notariat, corporations, confréries, sociétés laïques, état civil (1).

Série F. Fonds divers se rattachant aux archives civiles.

Série G. Clergé séculier.

Série H. Clergé régulier.

Série I. Fonds divers se rattachant aux archives ecclésiastiques.

Archives anciennes, modernes et contemporaines.

Série J. Documents entrés par voies extraordinaires.

Archives modernes : 1790-1940.

Série K. Lois, ordonnances et arrêtés.

Série L. Administrations et juridictions de l'époque révolutionnaire.

Série M. Administration générale et économie.

---

(1) Les minutes et répertoires de notaires, ainsi que les registres de l'état civil provenant des fonds des greffes des tribunaux sont conservés dans la série E, quelle que soit leur date.

Série N. Administration et comptabilité départementales.
Série O. Administration et comptabilité communales.
Série P. Finances, cadastre, postes.
Série Q. Domaines, enregistrement, hypothèques.
Série R. Affaires militaires et organismes de temps de guerre.
Série S. Travaux publics et transports.
Série T. Instruction publique, sciences et arts, sports.
Série U. Justice.
Série V. Cultes.
Série X. Assistance et prévoyance sociale.
Série Y. Établissements pénitentiaires.
Série Z. Archives des sous-préfectures (autrefois : affaires diverses).

Archives contemporaines : postérieures à 1940.

Série W. Série continue, selon la suite chronologique des versements.

Fonds particuliers.

Fi.   Cartes, plans et documents figurés entrés par voies extraordinaires.
Mi.   Microfilms.

Le cadre de classement des Archives communales est le suivant :

Archives antérieures à 1790.

Série AA. Actes constitutifs et politiques de la commune, correspondance générale.
Série BB. Administration communale.
Série CC. Finances et contributions.
Série DD. Biens communaux, eaux et forêts, travaux publics, voirie.
Série EE. Affaires militaires.
Série FF. Justice et police.
Série GG. Cultes, instruction publique, assistance publique.
Série HH. Agriculture, industrie, commerce.
Série II. Divers : tabellionages municipaux, dons, cartes et plans.

Archives postérieures à 1790.

Série A. Lois et actes du pouvoir central.
Série B. Actes de l'administration départementale.
Série C. Bibliothèque administrative.
Série D. Administration générale de la commune.
Série E. État civil (1).
Série F. Population, commerce et industrie, agriculture, statistiques, travail.
Série G. Contributions, cadastre, administrations financières.
Série H. Affaires militaires.
Série J. Police, justice, hygiène.
Série K. Élections, personnel municipal.
Série L. Finances de la commune.
Série M. Édifices communaux.
Série N. Biens communaux.
Série O. Travaux publics, voirie, moyens de transport, cours d'eau et navigation.
Série P. Cultes.
Série Q. Assistance et prévoyance.
Série R. Instruction publique, sciences, lettres et arts.
Série S. Divers.
Série T. Urbanisme, construction, logement.
Série U. Relations intercommunales.

---

(1) Y compris la collection communale des registres de baptêmes, mariages et sépultures tenus sous l'Ancien Régime.

L'historien de l'Amérique latine et des Antilles pourra trouver des documents susceptibles de l'intéresser dans les séries B, E, F, J, L, M, Mi et accessoirement dans les séries A, C, H, O, P, Q, R, U, T et Z des Archives départementales, également dans certaines séries des Archives communales, notamment CC, HH, II, F et S.

L'*État des inventaires des Archives départementales, communales et hospitalières au 1er janvier 1983*, Paris, 1984, 2 vol., donne la liste des instruments de recherche existant à cette date, quelle que soit leur forme (imprimée, dactylographiée, manuscrite, sur fiches, etc.).

Les dépôts suivants, parmi d'autres, conservent des documents concernant le continent latino-américain et les Antilles :

AISNE

Archives départementales

Rue Fernand-Christ, 02000 Laon.
Tél. : (23) 23.34.66, postes 500 à 509.
Heures d'ouverture : du lundi au vendredi, de 9 h à 17 h 30.
Fermeture annuelle : du 1er au 15 juin.

Voir G. Dumas, *Guide des Archives de l'Aisne*, Laon, 1971.

Série Aisne F.

F 15. Détail des opérations de l'armée navale aux ordres du comte de Grasse, lieutenant-général, depuis son départ de l'Amérique septentrionale jusqu'au 20 février 1782, [1782].

Instruments de recherche :

. Matton (A.), *Inventaire sommaire des Archives départementales antérieures à 1790 : Aisne, Archives civiles*, t. II, *Séries B (suite), C, D, E, F,* Laon, 1878.

. Matton (A.), *Inventaire sommaire des Archives départementales antérieures à 1790 : Aisne, tables générales*, Laon, 1889.

ALPES-DE-HAUTE-PROVENCE

Archives départementales

2, rue des Archives, 04000 Digne.
Tél. : (92) 31.34.61.
Heures d'ouverture : du lundi au vendredi, de 8 h 30 à 12 h et de 14 h à 18 h.
Fermeture annuelle : du 1er au 15 juillet.

Voir R. Collier, *Guide des Archives des Alpes de Haute-Provence*, Digne, 1974.

Série Alpes-de-Haute-Provence M.

6 M 31.   Rapports des sous-préfets sur l'émigration.

6 M 42.   Registres de passeports.

Série Alpes-de-Haute-Provence R.

R 22.   Recensements militaires, 1860-1930.

HAUTES-ALPES

Archives départementales

Route de Rambaud, 05000 Gap.
Tél. : (92) 52.12.00.
Heures d'ouverture : du lundi au vendredi, de 9 h à 12 h et de 14 h à 18 h; le samedi, de 9 h à 12 h.
Fermeture annuelle : du 15 au 30 juin ou du 1er au 15 juillet, selon les nécessités du service.

Série Hautes-Alpes F.

F 1022.   Documents sur Saint-Domingue, 1788-1825.

Instrument de recherche :

. ARTHAUD (L.), *Répertoire numérique de la série F (Dons divers)*, Gap, 1938.

ALPES-MARITIMES

Archives départementales

Centre administratif départemental, 06036 Nice Cedex.
Tél. : (93) 72.20.81.
Heures d'ouverture : du lundi au vendredi, de 9 h à 12 h et de 14 h à 17 h 45.
Fermeture annuelle : du 1er au 15 juillet.

Voir E. HILDESHEIMER, *Guide des Archives des Alpes-Maritimes*, Nice, 1974.

Série Alpes-Maritimes B.

25 B.   Amirauté d'Antibes, 1707-1790.

Instrument de recherche :

. HILDESHEIMER (E.) et BIANCHI (C.), *Répertoire de la série B : Sénat de Nice (Supplément) et 2 B-25 B*, Nice, [1964].

AVEYRON

Archives départementales

11, rue Louis-Oustry, 12000 Rodez.
Tél. : (65) 42.55.17.
Heures d'ouverture : du lundi au vendredi, de 8 h à 12 h et de 13 h à 18 h.
Fermeture annuelle : du 1er au 15 juillet.

Série Aveyron E.

E 2832.   Papiers de Jean-Baptiste Ostry, habitant au quartier de l'Artibonite (Saint-Domingue) et propriétaire d'une indigoterie, 1786.

Série Aveyron J.

J 842.   Reproductions de documents de Pigüe (Argentine), fin XIXe-début XXe s.

17 J 4.   Papiers de Gaujal. Indes occidentales, 1750.

Série Aveyron T.

14 T 6, 7.   Pièces concernant Jean-Baptiste Ostry, 1789.

BOUCHES-DU-RHÔNE

Archives départementales

Dépôt principal.
66, rue Saint-Sébastien, 13259 Marseille Cedex 6.
Tél. : (91) 54.90.40 et 91.90.11, postes 4871, 4872, 4780, 4887.
Heures d'ouverture : du lundi au vendredi, de 8 h 30 à 12 h 45 et de 13 h 45 à 17 h.
Fermeture annuelle : du 1er au 15 août.

Dépôt annexe.
23, rue Gaston de Saporta, 13100 Aix-en-Provence.
Tél. : (42) 21.09.08.
Heures d'ouverture : du lundi au vendredi, de 8 h 30 à 12 h et de 14 h à 18 h 15.
Pas de fermeture annuelle.

Voir : F. HILDESHEIMER et G. GIORDANENGO, *Guide sommaire et état des fonds des Archives des Bouches-du-Rhône*, Marseille, 1976. — *Les fonds des Archives départementales des Bouches-du-Rhône*, Marseille, 1937-1977, 5 vol.

Série Bouches-du-Rhône B.

9 B.	Amirauté de Marseille, 1540-1792.
10 B.	Amirauté de la Ciotat, 1546-1793.
11 B.	Amirauté d'Arles, 1646-1791.
12 B.	Amirauté de Martigues, 1772-1783.
13 B.	Tribunal de commerce de Marseille, 1288-1790.

Instruments de recherche :

• Busquet (R.), *Inventaire sommaire des Archives départementales antérieures à 1790 : Bouches-du-Rhône, Archives civiles, série B, t. IV, Amirauté de Marseille et des mers du Levant,* Marseille, 1932.

• Répertoires numériques des sous-séries 10 B à 13 B.

Série Bouches-du-Rhône C.

C 2284, f° 57. Intendance de Provence. Arrêt du Conseil autorisant l'entrée à Marseille de 50 milliers de sucre provenant des îles françaises d'Amérique, 31 mai 1675.

C 2284, f° 180. *Idem.* Arrêt du Conseil portant défense d'envoyer aux Indes occidentales d'autres marchandises que les nègres, 9 juin 1703.

C 2284, f° 188. *Idem.* Arrêt du Conseil portant suppression des entrepôts des cassonades et du café du Brésil, 3 août 1706.

C 2561, 2562. *Idem.* Commerce avec les colonies, 1719-1788.

C 4618-4622. *Idem.* Colonies (en particulier Cayenne) et situation des noirs, 1763-1781.

C 4649. *Idem.* Commerce des colonies, traite des noirs, 1717-1785.

Instruments de recherche :

• Busquet (R.), *Répertoire numérique de la série C, Intendance de Provence,* Marseille, 1934.

• Reynaud (F.), *Inventaire sommaire des Archives départementales antérieures à 1790 : Bouches-du-Rhône, Archives civiles, série C, t. III, Intendance de Provence,* Marseille, 1904.

Série Bouches-du-Rhône E.

2 E 8.	Familles provençales. Lettre écrite de Saint-Domingue par M. de Fagnan à un général inconnu, 1780.
9 E 22.	Archives de la famille de Léautaud. Dossier sur la famille alliée Fournier de La Chapelle, de Saint-Domingue, 1754-1817.
14 E 167.	Fonds Coriolis. Procès intenté au chevalier Pierre-Gabriel de Coriolis-Limagne au sujet de prises anglaises lors d'un abordage en mer des Antilles, xviiie s.
27 E 3.	Archives de la famille Bonnet de Costefrède. Factures, quittances, états de situation de l'exploitation d'Étienne-Louis Moreau de Champlois aux Cayes (Saint-Domingue), 1726-1788.
39 E 114.	Livres et papiers de commerce. Journal de bord du capitaine Guillot pour un voyage de Saint-Thomas à Saint-Pierre de la Martinique, 6 décembre 1827-22 janvier 1828.
39 E 126.	*Idem.* Compte de l'hoirie de feu Charles-Paul Reynoard, de Marseille, avec Pitauld de La Riffaudière, de la Martinique, 1806.
41 E 11.	Collection Ollivier. Vente de pacotille faite à Saint-Domingue par la *Sainte-Thérèse,* 1734-1735.
41 E 13.	*Idem.* Nolis pour la Martinique pour le *Saint-Jean-Baptiste,* milieu xviiie s.
41 E 36.	*Idem.* François Boisson, droguerie en gros : commerce avec les Antilles, début xixe s.
41 E 38.	*Idem.* Traite des nègres prévue par F. Boisson, 1803.
129 E (FF 61).	Archives communales de Lambesc. Colonisation de la Guyane, xviiie s.
200 E.	Intendance sanitaire de Marseille.

Voir notamment :

200 E 29-150. Délibérations, 1713-1850.
200 E 166-183. Correspondance, 1713-1789.
200 E 474-604. Dépositions des capitaines à l'arrivée, 1709-1852.
200 E 632-767. Arrivages journaliers, an X-1896.

201 E.	Registres paroissiaux et d'état civil. Arrondissement de Marseille.

201 E 2527. Navires stationnés dans le port de Fort-Royal de la Martinique, août 1717.

202 E.	*Idem.* Arrondissement d'Aix-en-Provence (1).
203 E.	*Idem.* Arrondissement d'Arles.
301 E-310 E.	Registres des notaires d'Aix-en-Provence, de Marignane et de Berre (1).
350 E 98.	Fonds de Forbin. Mémoire pour J.-C. de Forbin-Gardanne, époux de Clotilde-Adélaïde de Félix, au sujet de l'héritage par sa femme des biens de François-César Chéneau du Marsais, octobre 1751.
351 E-419 E.	Registres des notaires de Marseille, Arles et autres localités.

Instruments de recherche :

. Répertoires numériques dactylographiés des sous-séries 2 E, 9 E, 27 E, 129 E, 201 E à 203 E, 301 E à 310 E, 350 E à 419 E.

. Répertoire numérique manuscrit de la sous-série 14 E.

. BARATIER (E.), HILDESHEIMER (F.), GIORDANENGO (G.), et GIRAUD (P.), *Répertoire numérique des sous-séries 24 E et 39 à 43 E : livres et papiers de commerce (XIVe-XIXe s.)*, Marseille, 1977.

. HILDESHEIMER (F.), ROBIN (G.) et SCHENK (J.), *Intendance sanitaire de Marseille : répertoire numérique de la sous-série 200 E*, Marseille, 1979.

Série Bouches-du-Rhône F.

34 F 1-48.	« Tables de Boisgelin » (dépouillement des registres paroissiaux et d'état civil, des registres du greffe et de la sénéchaussée pour Marseille, Arles, Aix-en-Provence et quelques autres localités).

Instrument de recherche :

. Répertoire numérique dactylographié.

Série Bouches-du-Rhône L.

L 338.	Secours aux réfugiés antillais..., an IV-an V.
L 339.	Secours aux habitants des colonies réfugiés dans le département, an V-an VIII.

---

(1) Ces registres seront consultés au dépôt annexe d'Aix-en-Provence.

L 340, 340 *bis.* Déclarations des réfugiés des colonies en vue d'obtenir des secours légaux, an VII.

L 367-374. Passeports pour l'étranger et surveillance des étrangers, 1790-an IX.

L 506. Documents divers relatifs aux affaires étrangères et coloniales, 1790-an VIII.

L 1427. Secours aux réfugiés des colonies, des départements envahis, an II-an III.

Instrument de recherche :

. BUSQUET (R.) et BARATIER (E.), *Répertoire numérique de la série L (administrations et tribunaux de l'époque révolutionnaire, 1789-an VIII)*, Marseille, 1952.

Série Bouches-du-Rhône M.

2 M. Naturalisations.

6 M. Administration générale et police.

Voir notamment :

6 M 3021. Renseignements divers sur la Bolivie, le Brésil, l'Argentine, XIXe s.

6 M 3422. Passages : Don Pedro, empereur du Brésil, 1887; Don Jaime, président de la République argentine, 1910...

6 M 3423-3428 *bis.* Consulats étrangers, 1817-1916.

6 M 3562. Consuls sortis de charge, 1881-1890.

6 M 5304-5307. Consuls étrangers, 1808-1890.

6 M 5537-5588. Consuls étrangers, 1888-1923.

Série Bouches-du-Rhône Q.

1 Q. Domaines nationaux (on y trouvera diverses mentions de réfugiés).

Instrument de recherche :

. HILDESHEIMER (F.), *Répertoire numérique de la sous-série 1 Q, Domaines nationaux*, Marseille, 1978.

Série Bouches-du-Rhône U.

530 U-533 U, 545 U-547 U. Tribunal de commerce de Marseille.

> *Voir notamment :*
> 531 U. Rapports de mer, 1808-1870.
> 533 U. Faillites, 1808-1913.

Instrument de recherche :

. Répertoire numérique dactylographié.

Bouches-du-Rhône Microfilms de complément.

1 Mi 34 (R 19). Archives du château de Ribaute (Gard). Liasse 160 : gestion d'un domaine à Saint-Domingue échu à Mme de Gaufridy par le décès de son oncle François Manin, de la Ciotat, 1783-1807.

La consultation de ce fonds est soumise à autorisation.

1 Mi 39 (R 2 3). Archives du marquis de Forbin (Château de Saint-Marcel, Marseille). Papiers concernant : la campagne aux Antilles de Jean-Louis Thomassin, capitaine de vaisseau, 1781-1786; la carrière aux Antilles de Louis-Antoine Thomassin, comte de Peynier, gouverneur des Iles sous le Vent à Saint-Domingue en 1789, 1700-1790.

CALVADOS

Archives départementales

61, rue de Lion-sur-Mer, 14000 Caen.
Tél. : (31) 94.70.85 et 94.72.06.
Heures d'ouverture : du lundi au vendredi, de 8 h 30 à 18 h 30; pendant les vacances scolaires de Pâques et de Noël et du 16 juillet au 15 septembre, de 9 h à 12 h et de 14 h à 17 h.
Fermeture annuelle : du 1er au 15 juillet.

Voir G. BERNARD, *Guide des Archives départementales du Calvados*, Caen, 1978.

Série Calvados B.

10 B.   Amirautés de Bayeux, xviiie s.; de Caen, xviie-xviiie s.; de Dives-sur-Mer, 1775-1792; de Honfleur, xviie-xviiie s.; d'Isigny, xviiie s.; de Ouistreham, xviiie s.; de Port-en-Bessin, xviiie s.; de Touques, xviiie s.

Série Calvados C.

C 842.   Hôpital militaire d'Avranches : état des journées de malades attachés au service des colonies de l'Amérique venant des garnisons de Cayenne, Saint-Domingue et la Martinique, 1785-1786.

C 843.   Hôpital militaire d'Avranches : état des journées de présence de soldats revenus de la Guadeloupe, 1787-1788.

C 847.   Hôpital de Pontorson : états des journées de soldats du régiment de la Guadeloupe et de Saint-Domingue, 1786-1788.

C 861.   Hôpital de Bayeux : états des journées de soldats du régiment de la Martinique, 1784-1785.

C 872.   Hôpital militaire de Caen : états des journées de soldats du régiment de la Guadeloupe, 1781-1782.

Instrument de recherche :

. CHATEL (E.), *Inventaire sommaire des Archives départementales antérieures à 1790 : Calvados, Archives civiles, série C*, t. I, *N° 1 à 1491*, Caen, 1877.

Série Calvados E.

2 E 2090.   Acte notarié dressé à Honfleur mentionnant la livraison de marchandises à l'île de Saint-Christophe, 1644.

2 E 2127.   Grosse de testament dressé à Port-au-Prince, 1777.

2 E 6144.   Lettre de M. de Saint-Marc à un négociant de Caen au sujet de l'envoi de marchandises à Saint-Domingue, 1754.

Instrument de recherche :

. Répertoire numérique manuscrit.

Série Calvados F.

F 1174.   Recueil de transcriptions de pièces relatives à la famille Du Not : actes notariés passés à Marie-Galante, ordres du gouverneur de la Guadeloupe, Marie-Galante et la Désirade, XVIIIe s.

F 2030-2036.   Papiers du lieutenant-général Michel Le Courtois de Surlaville : administration des Antilles et de Cayenne, XVIIIe s.

Instruments de recherche :

. BINET (A.), *Inventaire sommaire des Archives départementales antérieures à 1790 : Calvados, Archives civiles, série F, t. I, Fonds de Petiville, de Beaumont, Le Duc et Le Hardy (Articles 1-1122)*, Caen, 1897.

. *Répertoire numérique de la série F* [Articles 1223-3977], [Caen], s. d.

Série Calvados H.

H suppl.	1719-1809. Papiers des armateurs Charles Lion, de Honfleur. Pièces relatives au commerce avec Saint-Domingue, la Martinique et la Guadeloupe, XVIIIe s.
H suppl.	1811. *Idem.* Journal de voyage d'un négrier du Sénégal à Saint-Domingue par les Antilles, 1713-1714.

Série Calvados R.

R 2860-3146.	Inscription maritime. Quartier de Caen : armement, désarmement, réarmement, 1718-1914.
R 3147-3292.	*Idem.* Quartier de Honfleur : armement, désarmement, 1721-1881.
R 3609, 3616, 3618-3623.	*Idem.* Quartier de Caen : entrées et sorties, 1691-1916.
R 3613-3615, 3617.	*Idem.* Quartier de Honfleur : entrées et sorties, 1824-1895.
R 3658-3663.	*Idem.* Quartier de Caen : bâtiments de commerce, an XI-1907.
R 3664-3668.	*Idem.* Quartier de Honfleur : bâtiments de commerce, 1815-1890.

Instrument de recherche :

. Répertoire numérique dactylographié.

Archives communales de Honfleur

Bibliothèque municipale.
Hôtel-de-Ville, 14600 Honfleur.
Tél. : (31) 89.16.47, poste 37.
Heures d'ouverture : du lundi au vendredi, de 9 h à 12 h 30 et de 13 h 30 à 17 h 30.
Pas de fermeture annuelle.

Voir A. VINTRAS, *Répertoire numérique des Archives municipales de Honfleur*, Caen, 1923.

Série Honfleur II.

2 II 314-376. Journaux de navigation relatifs aux Antilles et à l'Amérique centrale, 1684-1783.

CANTAL

Archives départementales

Rue du 139ᵉ R.I., 15012 Aurillac Cedex.
Tél. : (71) 48.33.38.
Heures d'ouverture : du lundi au vendredi, de 8 h 15 à 18 h 15.
Pas de fermeture annuelle.

Voir L. Bouyssou, *Guide des Archives du Cantal*, Aurillac, 1975.

Série Cantal M.

94 M 4.   Émigration en Amérique (Chili, Argentine, Cuba...), 1828 et 1853-1903.

Instrument de recherche :

. Blarez (M.), *Répertoire de la série M, Personnel et administration générale (1800-1939)*, Aurillac, 1963.

CHARENTE

Archives départementales

24, rue Gambetta, 16000 Angoulême.
Tél. : (45) 95.66.76.
Heures d'ouverture : du lundi au vendredi, de 8 h 30 à 18 h.
Fermeture annuelle : du 1ᵉʳ au 14 juillet.

Voir F. Ducluzeau, *Guide des Archives de la Charente*, Angoulême, 1983.

Série Charente E.

E 289.   Loyseau de Montaugé, 1768-1778 : inventaire des biens dépendant de la succession de Josué-Aimé Loyseau de Montaugé, fait à la requête de sa veuve par Bourgeois de La Roquerie, notaire à Fort-Dauphin (Saint-Domingue).

Instrument de recherche :

. Babinet de Rencogne (E.) et Fleury (P. de), *Inventaire sommaire des Archives départementales antérieures à 1790 : Charente, Archives civiles, séries C, D, E (1 à 966)*, Angoulême, 1880.

Série Charente M.

M 709.   Colons de Saint-Domingue : réfugiés, listes, secours, 1810-1842.

M 720, 721.   Passeports, 1831-1924.

CHARENTE-MARITIME

Archives départementales

Rue de Coureilles, 17000 La Rochelle.
Tél. : (46) 45.17.77.
Heures d'ouverture : du lundi au vendredi, de 9 h à 17 h.

Voir M. DELAFOSSE, *Guide des Archives de la Charente-Maritime,* la Rochelle, 1958.

Série Charente-Maritime B.

B 1-173, 6095-6108. Amirauté de Marennes, 1587-1793.

B 174-264, 5580-6094. Amirauté de la Rochelle, 1560-1792.

B 308-445, 4148-4228. Juridiction consulaire de la Rochelle, 1630-1797.

Instrument de recherche :

. MESCHINET DE RICHEMOND (L.), *Inventaire sommaire des Archives départementales antérieures à 1790 : Charente-Inférieure, Archives civiles, séries A (21 art.), B (art. 1-1005),* la Rochelle, 1900.

Série Charente-Maritime C.

C 1-272.   Intendance de la Rochelle, 1683-1789.

C 153-166.   Marine militaire, 1686-1788.

C 187.   Domaine d'Occident, 1727-1787.

Instrument de recherche :

. RICHEMOND (L. de), *Inventaire sommaire des Archives départementales antérieures à 1790 : Charente-Inférieure, Archives civiles et ecclésiastiques, séries C, D, E, G et H,* Paris, 1877.

Série Charente-Maritime E.

E 292.   Papiers Belin. Comptes commerciaux, 1721-1724.

E 295.   *Idem.* Documents relatifs à des habitations du quartier de l'Artibonite (Saint-Domingue), 1734-1766.

E 297.   *Idem.* Comptes relatifs aux voyages à Saint-Domingue de la *Valeur* et du *Marquis-de-Maillebois*, 1721-1737; correspondance et comptes commerciaux, 1767-1768.

E 298.   *Idem.* Correspondance commerciale, 1737 et 1763-1769.

E 300.   *Idem.* Correspondance commerciale, 1770-1790.

E 301.   *Idem.* Correspondance et comptes commerciaux, 1770-an XIII.

E 314.   Papiers Bonneau. Comptes commerciaux, 1763-1765.

E 377.   Papiers Dubois de Saint-Mandé. Lettres écrites de Saint-Domingue par le comte de La Barre à sa femme, 1786-1790.

E 486.   Papiers Pont des Granges. Comptes commerciaux, 1709-1747.

E 512.   Papiers Reynaud de Beaumont, Dossier du navire la *Bellone*. 1741-1751.

E 513.   *Idem.* Inventaire après décès d'une habitation à Léogane, 1775.

E 514.   *Idem.* Correspondance et comptes commerciaux, 1745-1786.

E 537.   Livre de comptes de David Roy, négociant : livraisons de café, dépenses de l'habitation, 1787-1793.

Instrument de recherche :

. RICHEMOND (L. de), *Inventaire sommaire des Archives départementales antérieures à 1790 : Charente-Inférieure, Archives civiles et ecclésiastiques, séries C, D, E, G et H*, Paris, 1877.

Série Charente-Maritime J.

4 J 1610 (1-4).   Correspondance commerciale reçue par Garesché et Billoteau, négociants à Port-au-Prince, titres de propriété, 1774-1786; succession, comptes, 1787-1793.

8 J 14.   Correspondance entre les frères Fromentin, de Saint-Domingue, et leur oncle à la Rochelle, 1773-1783.

Instrument de recherche :
. Répertoire numérique manuscrit.

Série Charente-Maritime M.

4 M 7 (1-6). Réfugiés des colonies, XIXe s.

13 M 2 (7). Consuls et agents commerciaux, 1806-1930.

Instrument de recherche :

. JOGUET (J.), *Répertoire numérique de la série M*, [la Rochelle, 1965].

Charente-Maritime. Microfilms de complément.

1 Mi 226-235, 282-288. Archives de la famille Fleuriau (la Rochelle). Correspondance de Dubuc, intendant de la Martinique, et papiers familiaux, 1814-1818.

1 Mi 236-240, 254-259. *Idem.* Commerce avec les Antilles et biens à Saint-Domingue, 1757-1825.

1 Mi 270-276. *Idem.* Papiers d'Aimé-Benjamin de Fleuriau, officier de marine : campagnes aux Iles du Vent, aux Antilles, en Amérique du Sud, an XI-1847.

CORRÈZE

Archives départementales

Le Touron, 19000 Tulle.
Tél. : (55) 20.11.91.
Heures d'ouverture : du lundi au vendredi, de 9 h à 12 h et de 14 h à 18 h.
Pas de fermeture annuelle.

Série Corrèze F.

6 F 27. Production et livraison d'armes de la manufacture de Tulle aux colonies françaises d'Amérique..., 1691-1789.

Instrument de recherche :

. TINTIGNAC (F.), *Répertoire numérique de la série F : sous-série 6 F (Collection Gustave Clément-Simon)*, Tulle, 1953.

Série Corrèze M.

M 1334-1337. Secours aux colons de Saint-Domingue, an VIII-1858.

Instrument de recherche :

. Répertoire numérique manuscrit.

CÔTE-D'OR

Archives départementales

8, rue Jeannin. 21000 Dijon.
Tél. : (80) 67.12.30.
Heures d'ouverture : du lundi au vendredi, de 10 h à 12 h et de 14 h à 18 h; le samedi, de 9 h à 12 h.
Fermeture annuelle : du 1er au 15 juillet.

Voir J. RIGAULT, *Guide des Archives de la Côte-d'Or*, Dijon, 1984.

Série Côte-d'Or F.

11 F 34.   Papiers du maréchal Vaillant. Commission scientifique du Mexique : rapports, correspondance, 1865-1867.

Instrument de recherche :

. Répertoire numérique dactylographié.

Série Côte-d'Or J.

5 J 3.   Fonds Drouot. Papiers Fevret de Saint-Mesmin : comptes et mémoires relatifs à des domaines à Saint-Domingue, 1782-1791; correspondance, 1794-1804; liquidation des biens de Saint-Domingue, 1815-1819.

Série Côte-d'Or L.

L 372.   Troubles à Saint-Domingue, 1791-an II; réunion des Iles du Vent à la mère-patrie, 1793.

Instrument de recherche :

. NOLIN (E.), *Répertoire numérique : série L, t. I, Fonds des administrations du département et des districts*, Dijon, 1935.

Série Côte-d'Or M.

20 M 526.   Passeports pour l'étranger, 1841-1857.
20 M 528.   *Idem*, 1857-1862.

CÔTES-DU-NORD

Archives départementales

9, rue du Parc, 22000 Saint-Brieuc.
Tél. : (96) 61.19.50, postes 22.06 (directeur) et 26.67 (bureaux).
Heures d'ouverture : du lundi au vendredi, de 8 h 30 à 12 h et de 14 h à 17 h 45; le samedi, de 9 h à 12 h et de 14 h à 18 h.
Pas de fermeture annuelle.

Série Côtes-du-Nord B.

B 1248.   Amirauté de Saint-Brieuc, 1642-1784.

Instrument de recherche :

• LAMARE (J.), *Inventaire sommaire des Archives départementales antérieures à 1790 : Côtes-du-Nord, Archives civiles*, t. I, *séries A à E*, Saint-
Brieuc, 1869.

Série Côtes-du-Nord M.

1 M.   Souscriptions en faveur des sinistrés de la Guadeloupe (trem-
                 blement de terre de 1843), 1845; de la Martinique (éruption
                 de la Montagne Pelée), 1902; des Antilles (cyclone), 1928-
                 1929... Réfugiés de Saint-Domingue, an IX-1870.

CREUSE

Archives départementales

4, rue de l'Ancienne-Mairie, 23000 Guéret.
Tél. : (35) 52.02.93.
Heures d'ouverture : du lundi au vendredi, de 8 h 30 à 12 h et de 14 h à 18 h.
Pas de fermeture annuelle.

Voir H. HEMMER, *Guide des Archives de la Creuse*, Guéret, 1972.

Série Creuse M.

4 M 40.   Souscription pour les victimes des désastres de la Martinique
                 et de la Guadeloupe, 1839-1843.

4 M 170.   Secours aux colons de Saint-Domingue, 1821-1847.

Instrument de recherche :

• HEMMER (H.), *Répertoire numérique de la série M, Administration générale
et économie du département (1800-1940)*, Guéret, 1978.

DORDOGNE

Archives départementales

2, place Hoche, 24000 Périgueux.
Tél. : (53) 53.49.66.
Heures d'ouverture : du lundi au vendredi, de 9 h à 12 h et de 14 h à 18 h.
Fermeture annuelle : du 1ᵉʳ au 15 juillet.

Voir N. BECQUART, *Guide des Archives de la Dordogne*, Périgueux, 1970.

Série Dordogne E.

2 E 737 (2).   Papiers Foulcon de La Borie. Succession de Jacques Reynaud de La Vidalie à Saint-Domingue, 1749-1842.

2 E 1250.   Papiers Mérilhou. Contrat de colonisation en Amérique centrale avec Gregor Mac Gregor, cacique de Poyais, 1826.

2 E 1586.   Papiers Saintrac. Lettre de la Martinique relative à la révolte des noirs, 1802.

2 E 1823 (83).   Fonds de Méredieu. Amoreux : office de juge à Cayenne, 1697-1704.

2 E 1837 (18).   Fonds de Fayolles de Puyredon. Habitation et sucrerie de la Moustique (Guadeloupe) : succession Lespine, exploitation de la sucrerie, 1781-1856.

2 E 1846 (25).   Fonds de Green de Saint-Marsault. Papiers Lacoudré : plantations et affaires commerciales à la Dominique, 1757-an II.

2 E 1853 (316).   Fonds du château de Vaucocour. Affaires de M. de Kemmerlin à la Guadeloupe, correspondance, 1757-1767.

2 E 1853 (353).   *Idem.* Correspondance de Coquille, procureur général de la Guadeloupe, 1766.

Instrument de recherche :

. BECQUART (N.), *Répertoire numérique de la sous-série 2 E (Titres féodaux, titres de famille)*, Périgueux, 1956-1963, 3 vol.

Série Dordogne J.

J 6.   Papiers de Senailhac. Affaires de Saint-Domingue, 1763-1843.

J 284.   Papiers Mérilhou. Tentative de colonisation au Nicaragua, 1822-1831.

J 285.   *Idem.* Indemnités réclamées par d'anciens colons de Saint-Domingue expulsés de Baracoa (Cuba), 1806-1830.

J 289.   *Idem.* Négociations franco-haïtiennes sur les indemnités des anciens colons de Saint-Domingue, colonisation de la Guyane française..., 1815-1851.

J 535.   Fonds Aublant. Papiers Molard : affaires financières et commerciales à la Jamaïque, 1794-1821.

8 J 25.   Fonds de Cosson de La Sudrie. Biens et affaires à Saint-Domingue, 1782-1842.

Instruments de recherche :

. LAVERGNE (G.) et BECQUART (N.), *Répertoire numérique des séries D, F, I et J,* Périgueux, 1953.

. Répertoire numérique dactylographié.

DOUBS

Archives départementales

Préfecture, 25031 Besançon Cedex.
Tél. : (81) 81.80.80.
Heures d'ouverture : du lundi au vendredi, de 9 h à 18 h; le samedi, de 9 h à 12 h.
Fermeture annuelle : du 1er au 15 juillet.

Voir J. COURTIEU, *Guide des Archives du Doubs,* Besançon, 1967-1971, 2 vol.

Série Doubs E.

E 3872.   Papiers Doroz. Domaine de Saint-Domingue, projet de commerce entre la Guyane et Marseille, 1646-1817.

E 3873.   *Idem.* Pièces relatives à des propriétés à Saint-Domingue, 1784-1787.

E 3875.   *Idem,* début XIXe s.

E 3876.   *Idem.* Affaires du procureur Doroz à Paris et à Saint-Domingue, début XIXe s.

Instrument de recherche :

. DORNIER (A.), *Répertoire sommaire de la série E, tome II, E 3667-4062,* Besançon, 1931.

Série Doubs J.

J 237.   Comptes des voyages effectués par la *Victoire* à la Martinique en 1767 (photocopies).

Série Doubs M.

M 695, 696.	Détention de Toussaint Louverture et d'autres chefs haïtiens au fort de Joux, près Pontarlier, 1801-1803.
M 1227, 1228.	Secours accordés aux colons de Saint-Domingue, 1821-1849.
M 1229.	Requêtes pour rapatriement en France de colons établis en Amérique du Sud, 1890-1893; passages vers l'Amérique du Sud (Argentine, Brésil, Panama...), 1894-1901.

DRÔME

Archives départementales

14, rue de la Manutention, B.P. 722, 26007 Valence Cedex.
Tél. : (75) 42.12.50.
Heures d'ouverture : du lundi au vendredi, de 8 h à 18 h.
Fermeture annuelle : du 1er au 15 juillet.

Série Drôme E.

1 E 116, 117.   Papiers Bressac. Correspondance entre Harouard, de la Rochelle, et son beau-frère, le marquis d'Aulan, au sujet de leurs plantations de Saint-Domingue et du commerce entre la France et cette île, 1765-1790.

Instrument de recherche :

. Inventaire sommaire manuscrit.

Série Drôme J.

20 J.   Fonds Suarez d'Aulan.

La communication de ce fonds est soumise à autorisation.

20 J 21. Succession d'Étienne Henri Harouard Du Beignon, 1765.
20 J 22. Livre des revenus de l'habitation Saint-Michel à Saint-Domingue, 1765-1789.
20 J 23. Liquidation des biens de Saint-Domingue, xixe s.
20 J 210. Habitation de Saint-Domingue.

Instrument de recherche :

. Répertoire numérique dactylographié.

Série Drôme M.

M 1403-1406.   Passeports.

M 1431, 1432.   Émigration.

EURE

Archives départementales

2, rue de Verdun, 27022 Évreux.
Tél. : (32) 33.25.00 et 39.40.90.
Heures d'ouverture : du lundi au vendredi, de 9 h à 12 h et de 14 h à 18 h; le samedi, perma-
nence de 9 h à 12 h et de 14 h à 17 h.
Fermeture annuelle : du 1er au 15 juillet.

Voir Cl. LANNETTE, *Guide des Archives de l'Eure*, Évreux, 1982.

Série Eure E.

E 2759.   Chartrier de Cocherel. Famille de La Croix, papiers du comte
                 Jacques Guérard, négociant armateur à Lorient. Produit de
                 deux voyages du *Maréchal-de-Lassey* faisant la traite des
                 nègres de Guinée à Saint-Domingue, 1789.

E 3251.   Chartrier de Melleville. Famille Mimerel. Armement de la
                 Dauphine de Brest pour le transport de nègres de Guinée à
                 Carthagène, Portobello ou la Havane, 1711.

Instrument de recherche :

. LE PESANT (M.), *Répertoire numérique de la série E Familles (E 1838 à
4413)*, Évreux, 1969.

FINISTÈRE

Archives départementales

4, rue du Palais, 29000 Quimper.
Tél. : (98) 55.50.47.
Heures d'ouverture : du lundi au vendredi, de 8 h 30 à 12 h et de 14 h à 18 h 30.
Pas de fermeture annuelle.

Voir J. CHARPY, *Guide des Archives du Finistère*, Quimper, 1973.

Série Finistère B.

20 B 4160-4266. Amirauté de Morlaix, 1690-1791.

20 B 4267-4537. Amirauté de Quimper, 1708-1791.

Instrument de recherche :

. LEMOINE (J.) et BOURDE DE LA ROGERIE (H.), *Inventaire sommaire des Archives départementales antérieures à 1790 : Finistère, Archives civiles, série B,* t. III, *Articles B 4160 à 4670 et appendices : inventaire des fonds des Amirautés de Morlaix et de Quimper, du Consulat et du Tribunal de commerce de Morlaix,* Quimper, 1902.

Série Finistère F.

97 J 287, 288.	Fonds Charles Chassé, XXe s. Colonies, généralités.
97 J 294.	*Idem.* La découverte de l'Amérique.
97 J 295.	*Idem.* Les colonies françaises d'Amérique.
97 J 302.	*Idem.* Amérique latine.
100 J 640.	Archives de Kernuz. Imprimés révolutionnaires : rapports et mémoires sur les colonies et Saint-Domingue.
100 J 1098.	*Idem.* Recherches et études d'Armand Du Chatellier : *Excursions dans l'Amérique du Sud, esquisses et souvenirs,* 1868...

Instruments de recherche :

. LE BIHAN (A.), « Répertoire numérique de la sous-série 97 J (Fonds Charles Chassé) », *Bulletin de la Société archéologique du Finistère,* 1968, p. 249-296.

. CHARPY (J.), *Répertoire numérique de la sous-série 100 J (Archives de Kernuz) et de la sous-série 9 J (Supplément au fonds Guezno),* Quimper, 1970.

GARD

Archives départementales

20, rue des Chassaintes, 30040 Nîmes Cedex.
Tél. : (66) 67.23.95.
Heures d'ouverture : du lundi au vendredi, de 8 h 30 et 12 h et de 14 h à 18 h.
Pas de fermeture annuelle.

Série Gard J.

1 J 72.   Famille de Saint-Laurent. Voyage aux Antilles, XVIIIe s.

21 J.   Fonds Bachelat. Papiers Fournier de La Chapelle, propriétaires à Saint-Domingue, XVIIIe s.

HAUTE-GARONNE

Archives départementales

11, boulevard Griffoul-Dorval, 31400 Toulouse.
Tél. : (61) 52.41.64.
Heures d'ouverture : du lundi au vendredi, de 8 h 30 à 17 h.
Fermeture annuelle : du 1er au 15 juillet.

Voir H. BLAQUIÈRE, *Petit guide du chercheur aux Archives de la Haute-Garonne*, 2e éd., Toulouse, 1966.

Série Haute-Garonne H.

112 H 24.   Mission dominicaine des Antilles, 1635-1766.

Série Haute-Garonne L.

L 4077.   Adresse de l'Assemblée générale de Saint-Domingue à l'Assemblée nationale, secours accordés aux colons réfugiés ou déportés, 1791-an V.

L 4078-4080.   États des secours accordés aux colons réfugiés ou déportés d'Amérique et des possessions françaises, an III-an VI.

Série Haute-Garonne M.

M 72.   Émigration. Enquête pour le recrutement d'agriculteurs pour le Venezuela, 1900.

M 273.   Étrangers. États par nationalité, fin XIXe s.

4 M 1 (1-8).   Colons de Saint-Domingue, an VIII-1876.

Archives communales de Toulouse

1. rue de Périgord, 31048 Toulouse Cedex.
Tél. : (61) 22.29.22, poste 21.76.
Heures d'ouverture : du lundi au vendredi de 9 h à 12 h et de 13 h à 18 h; le samedi, de 9 h à 12 h.

Voir F. GALABERT et O. de SAINT-BLANQUAT, *Répertoire numérique des Archives (Ancien Régime, Révolution)*, Toulouse, 1961-1964, 2 vol.

Série Toulouse I.

2 I 54-57.   Secours aux réfugiés et déportés d'Amérique, an III-1806.

Série Toulouse S.

5 S 178.   « L'habitation de Saint-Domingue ou l'insurrection », par Charles de Rémusat, s. d.

GERS

Archives départementales

14, rue Edgar-Quinet, B.P. 6, 32001 Auch.
Tél. : (62) 05.03.18.
Heures d'ouverture : le lundi, de 14 h à 18 h; du mardi au vendredi, de 9 h 30 à 12 h et de 14 h à 18 h; le samedi, de 9 h 30 à 12 h.
Fermeture annuelle : du 1er au 15 juillet.

Voir H. POLGE, *Guide des Archives du Gers*, Auch, 1975.

Série Gers H supplément.

H suppl. 58.   Archives hospitalières de Condom. Recensement général de Sainte-Lucie au 1er janvier 1779 (copie).

H suppl. 64.   *Idem.* État de situation de l'hôpital de Tabago, 1er novembre 1785.

Instrument de recherche :

. GARDÈRE (J.), *Inventaire sommaire des Archives hospitalières antérieures à 1790 : hospice de Condom (Gers)*, Auch, 1883.

GIRONDE

Archives départementales

13-25, rue d'Aviau, 33081 Bordeaux Cedex.
Tél. : (56) 52.14.66 et 52.14.67.
Heures d'ouverture : du lundi au vendredi, de 8 h 30 à 17 h; le samedi, de 8 h 30 à 11 h 45
(pour les documents retenus à l'avance).
Fermeture annuelle : du 1er au 15 juillet.

Voir A. BETGÉ-BREZETZ, *Guide des Archives de la Gironde*, Bordeaux, 1973.

Série Gironde B.

6 B 1-2088.   Amirauté de Guyenne, 1640-1792.

> *Voir notamment :*
> 6 B 45-116. Passeports et soumissions, spécialement pour les Iles d'Amérique, 1670-1792.
> 6 B 213-312. Entrées et sorties, navigation, 1640-1792.

7 B 1-544.   Juridiction consulaire de Bordeaux, 1563-1792.

7 B 1001-3154.   Fonds des négociants, XVIIIe-XIXe s.

Instruments de recherche :

. OUDOT DE DAINVILLE (M.), *Répertoire numérique des fonds de l'Amirauté de Guienne (6 B) et de la Juridiction consulaire (7 B)*, Bordeaux, 1913.

. GITEAU (F.) et collab., *Répertoire numérique du fonds des négociants (7 B 1001 à 3154)*, Bordeaux, 1960.

Série Gironde C.

C 6-131, 3646, 4440-4443. Intendance de Bordeaux. Correspondance générale, 1709-1789.

C 133, 1610, 1611, 1622-1651, 2395, 3615, 3616, 3682-3688, 4484-4488. *Idem.* Commerce, commerce extérieur, navigation, Domaine d'Occident, entrées et sorties de navires, 1677-1791.

C 1360-1467, 3677-3680, 4453-4555. *Idem.* Subsistances, approvisionnements, circulation des grains, 1714-1786.

C 1620-1651, 2377-2398, 2521-2527. *Idem.* Ferme générale, entrées et sorties de marchandises, 1757-1790.

C 1620-1651, 3685, 3691, 3692, 4486, 4487. *Idem.* Assurances maritimes, courtiers, 1560-1789.

C 1664-1691, 1973, 1977, 1978, 3630, 3686, 3715, 3719. *Idem.* Marine, navigation, passagers, constructions navales, 1692-1789.

C 3475-3575, 4476. *Idem.* Faillites, concordats, surséances, sauf-conduits, 1725-1789.

C 3614, 4633. *Idem.* Marine de guerre, armement en course, 1744-1784.

C 4250-4439. Chambre de commerce de Guyenne, 1705-1791.

Voir notamment :

C 4250-4259. Registres de délibérations, 1705-1791.
C 4260-4266, 4299-4373. Correspondances, 1705-1791.
C 4267-4280. Mémoires et parères, 1705-1791.

C 4721-4859. Bureau des Finances, XVIIe-XVIIIe s.

Instrument de recherche :

• *Inventaire sommaire des Archives départementales antérieures à 1790 : Gironde, Archives civiles, série C,* Bordeaux, 1877-1932, 4 vol.

Série Gironde E.

2 E 75. Famille Arnoux, 1784.

2 E 591. Famille Cazenave de Lacaussade, 1759.

2 E 757. Famille Croiseul, 1770 et 1783.

2 E 2221-2224. Famille Pelet d'Anglade, 1567-1792.

2 E 2365. Famille de Prunes, 1790.

2 E 2573, 2574. Famille de Sans, 1768.

2 E 2603. Famille Séguineau de Lognac, 1782-1819.

2 E 2904. Famille Celier Soissons, s. d.

Instrument de recherche :

• Répertoire numérique manuscrit.

Série Gironde H.

H Jacobins 37. Jacobins de Toul. Récit d'une fondation de couvent de religieuses à la Martinique, s. d.

Série Gironde J.

3 J C 11.   Livre de correspondance de Forcade, armateur à Bordeaux :
                   traite des nègres, révolution à Saint-Domingue, 1786-1791.

3 J C 16.   Relation d'un combat naval à Saint-Domingue (18-19 jan-
                   vier 1741).

3 J C 34.   Charles de La Montagne. Passeports, nomination dans le
                   régiment de La Tresne et à Saint-Domingue, 1760-1773.

3 J C 35.   Liste des propriétaires ayant des biens dans les colonies,
                   1792.

3 J C 60.   Livre de comptes d'exploitation du domaine Leroy à Mari-
                   baroux (Saint-Domingue), régi par Alexis de Meyere, 1783-
                   1786.

3 J M 33.   Copie de lettres adressées par J. Blanc à Pierre Blanc, habi-
                   tant à Santiago de Cuba, 1853-1873.

3 J M 34.   Navire le *Petit-Charles*, de Bordeaux, armateurs Chenezac
                   et Couronneau : Bordeaux-Sénégal-Antilles, 1827-1828.

3 J M 35.   Mémoire pour les intéressés au brick la *Jeune-Nelly*, armé
                   par Dussaud pour Valparaiso, 1883.

4 J 154.   Maison de commerce de Bordeaux et Saint-Domingue, cons-
                   titution et dissolution de société, 1788-1826.

4 J 155.   Correspondance commerciale. Lettres sur l'esclavage, la
                   Révolution à Saint-Domingue, 1783-1792.

4 J 685-709.   Fonds Bedouret. Documents concernant des familles bor-
                   delaises et le commerce avec les Iles, XVIIIe-XIXe s.

8 J 422.   Fonds Bigot. Commerce maritime : traite des nègres, colo-
                   nies, 1714-1830.

8 J 451.   *Idem*. Indemnité des anciens colons de Saint-Domingue,
                   1708-XIXe s.

9 J 73.   Fonds d'Arlot de Saint-Saud. Indemnités de Saint-Domingue,
                   s. d.

9 J 80.   *Idem*. Familles de la Martinique, s. d.

10 J 7.   Fonds Duvergier. Armée de Saint-Domingue, an VII-an X.

10 J 49.   *Idem*. Maison Forcade. Armateurs et corsaires, relations de
                   voyages, copie de lettres, livres de bord : Martinique, la
                   Havane, Saint-Domingue..., 1788-1824.

10 J 51.   *Idem*. Correspondance et papiers de commerce en provenance
                   de Buenos Aires, Valparaiso..., 1772-1862.

10 J 148.   *Idem.* Cartes de Saint-Domingue, 1825.

10 J 351.   *Idem.* Validité de cession de droit à Saint-Domingue (succession Artau), après à 1827.

10 J 361.   *Idem.* Propriété d'esclaves à la Martinique, 1846.

Instruments de recherche :

. Répertoires numériques dactylographiés des sous-séries 3 J et 4 J.

. *Dons et acquisitions : répertoire de la série J, fonds principaux* [5 J à 10], Bordeaux, 1955.

Série Gironde L.

3 L 102.   Secours aux réfugiés des colonies, s. d.

3 L 177-187.   Passeports, 1790-an VIII.

3 L 188-194.   Certificats de résidence, 1790-an III.

3 L 196.   Enregistrement des certificats de résidence déposés, an II-an VII.

4 L 63.   Secours aux réfugiés des colonies, an II-an IV.

4 L 70.   Déchargement de navires.

11 L 242.   Secours aux réfugiés des colonies, an V-an VIII.

Instrument de recherche :

. Répertoire numérique dactylographié.

Série Gironde M.

1 M 332.   Gens de couleur. État nominatif des noirs résidant à Bordeaux, 1807.

1 M 333.   Correspondance relative aux passeports, an XIII-1813.

1 M 347.   Antillais résidant dans le département.

1 M 429.   Situation politique de la Martinique, 1882.

1 M 441.   Propagande francophobe allemande en Argentine, 1931-1934.

1 M 759.   Voyages officiels et privés, personnalités d'Amérique du Sud : empereur du Brésil, 1888 ; Castro, président du Venezuela, 1908-1912 ; président de la République argentine, 1910, 1922 ; président du Nicaragua, 1910 ; président de Cuba, 1921 ; président du Brésil, 1923 ; Blanco, ministre d'Uruguay, 1927.

1 M 991-996. Distinctions étrangères et coloniales : Brésil, Mexique, Venezuela, 1826-1839.

1 M 1044-1047. Sinistres et calamités publiques : catastrophes de la Martinique, secours aux victimes, 1902-1904.

1 M 1050-1064. Consuls : dossiers individuels.

> 1 M 1050. Argentine, 1833-1923...
> 1 M 1052. Bolivie, 1845-1939; Brésil, 1828-1933...
> 1 M 1053. Chili, 1884-1933; Colombie, 1830-1937; Costa Rica, 1811-1929; Cuba, 1903-1935...
> 1 M 1054. République dominicaine, 1869-1935; Équateur, 1872-1937...
> 1 M 1056. Guatemala, 1863-1927...
> 1 M 1057. Haïti, 1851-1936; Honduras, 1868-1938...
> 1 M 1059. Mexique, 1827-1938; Nicaragua, 1850-1927; Nouvelle-Grenade, 1848-1851...
> 1 M 1060. Panama, 1901-1935; Paraguay, 1866-1921...
> 1 M 1061. Pérou, 1840-1932; Plata, 1934...
> 1 M 1062. San Salvador, 1855-1936...
> 1 M 1064. Uruguay, 1893-1922; Venezuela, 1819-1936...

1 M 1065. Laissez-passer accordés aux consuls, 1931-1939.

2 M 99-105. Personnel administratif. Recrutement pour les colonies, 1893-1940.

4 M 553-555. Commerçants étrangers, 1915-1940.

4 M 556. Listes d'étrangers non encore intégrés à l'économie nationale, 1939.

4 M 557-651. Étrangers expulsés : dossiers individuels, 1841-1940.

4 M 652-855. Passeports, visas, sauf-conduits, 1806-1940.

4 M 908. Réfugiés de Saint-Domingue : logements, secours, pétitions, correspondance, états nominatifs, an XI-anXIII.

4 M 909. Français expulsés du Mexique débarqués à Bordeaux, 1839.

5 M 101-121. Police sanitaire maritime.

> *Voir notamment :*
> 5 M 101. Quarantaine, 1815-1900.
> 5 M 117-119. Choléra.
> 5 M 120. Fièvre jaune.
> 5 M 121. Variole.

5 M 211-310. Établissements classés dangereux, insalubres et incommodes (dossiers classés par noms de rues).

> *Voir notamment :*
> 5 M 212. Compagnie forestière du Maroni, 1928...
> 5 M 216. Veillon frères, Natural, Le Coultre et Cⁱᵉ : dépôts de rhum, 1919...
> 5 M 295. Maisonnave, Bouynet, Abribat : raffineries, 1816-1818; Tandonnet : nettoyage du riz, 1855...
> 5 M 299. Dépôt de guano, 1885...

6 M 13-996. Population. Recensements, documents généraux, statistiques et récapitulatifs.

Voir notamment :

6 M 13. Dénombrement de 1896. Classement spécial des étrangers (toutes communes).
6 M 44-105. Ville de Bordeaux. Recensements, 1841-1926.
6 M 296. Naturalisation de Français à l'étranger.
6 M 611-927. Naturalisations accordées, 1875-1941.
6 M 928-996. Demandes de naturalisation. Ajournements, rejets, affaires sans suite, 1875-1940.

6 M 997. Émigration. Documentation générale, 1811-1919.

6 M 998. Police de l'émigration à Bordeaux. Correspondance, rapports du commissaire spécial : émigration au Venezuela, 1891-1892; au Chili, 1892-1893...

6 M 999-1001. Mouvements de l'émigration, 1859-1921.

6 M 1002-1007. Agences d'émigration.

6 M 1074. Exportations de grains, farines, légumes secs pour les colonies, 1815-1819.

6 M 1075. Importations de grains, farines, légumes secs, 1816-1820.

8 M 2-7. Rapports mensuels sur la situation commerciale et industrielle de la ville de Bordeaux, 1861-1899.

8 M 8. Rapports mensuels du président de la Chambre de commerce sur le mouvement commercial de la place de Bordeaux, 1862-1878.

8 M 14. Commerce extérieur et colonial : exécution en Uruguay des jugements rendus par les tribunaux français, 1898...

8 M 18. Secours accordés aux descendants des colons de Saint-Domingue, 1870-1899.

8 M 19-39. Chambre de commerce de Bordeaux, 1812-1839.

8 M 86. Associations commerciales, maritimes et coloniales diverses, 1873-1916.

8 M 112. Expositions commerciales : Buenos Aires, 1886.

8 M 182-268. Commerce maritime.

8 M 182. Mouvement du port de Bordeaux, an VIII-1809.
8 M 183. Exportations et importations effectuées dans les ports du département, 1809-1892.
8 M 184-191. Licences et permis de navigation, 1809-1814.
8 M 197. Relevés des navires entrés et sortis. Ports du département, 1818-1820.
8 M 198-239. Relevés bimensuels des navires entrés et sortis. Port de Bordeaux, 1811-1855.
8 M 240-246. *Idem.* Port de Blaye., 1815-1858.

8 M 247. *Idem.* Port de la Teste, 1815-1824.

8 M 248-260. *Idem.* Port de Libourne, 1814-1841.

8 M 261-265. *Idem.* Port de Pauillac, 1815-1858.

8 M 266, 267. État nominatif des passagers embarqués à Bordeaux (Messageries impériales), 1860-1870.

8 M 268. États nominatifs des passagers débarqués à Bordeaux et Pauillac, 1902.

Instrument de recherche :

. *Répertoire numérique détaillé de la série M,* Bordeaux, 1979-1983, 2 vol.

Série Gironde P.

1 P 140.   Finances. Secours, fonds du ministère des Colonies, 1898-1913.

9 P 11-74.   Douanes. Manifestes, 1900-1905.

Série Gironde R.

2 R 1105-1107. Justice militaire, groupe Antilles-Guyane, 1901-1910.

Instrument de recherche :

. CAVIGNAC (J.), *Répertoire numérique détaillé de la série R, Affaires militaires et organismes de temps de guerre (1800-1940),* Bordeaux, 1980.

Gironde Fonds de la Société anonyme des Usines de Beauport (non coté).

Cette société sucrière fut constituée à la fin du XIXe siècle par des hommes d'affaires bordelais qui acquirent pour ce faire quelque 200 exploitations en Guadeloupe, au Nord de la Grande-Terre, construisirent des sucreries, le port de Beauport et, dans les années 1930, le chemin de fer.

Le fonds, qui couvre la période 1890-1960, se compose de grands livres, de factures, de correspondance, de plans des installations et de documentation technique; manquent les actes constitutifs de la société, les délibérations du conseil d'administration ainsi que la liste des actionnaires.

La communication de ce fonds est soumise à autorisation.

Gironde Fonds Marine.

Les archives de l'Inscription maritime concernant les quartiers de Bordeaux, Blaye, Langon, Libourne, Pauillac et Souillac, qui devraient être conservées aux Archives du port de Rochefort, sont déposées aux Archives départementales de la Gironde. Elles sont fragmentaires avant le premier tiers du XIXe siècle.

On y consultera, pour chaque quartier, la correspondance, les matricules des gens de mer et, pour les bâtiments, les matricules et mouvements, les rôles d'armement et de désarmement.

Instrument de recherche :

. Répertoire numérique dactylographié.

Archives communales de Bordeaux

71, rue du Loup, 33000 Bordeaux.
Tél. : (56) 90.91.60, poste 449.
Heures d'ouverture : du lundi au jeudi, de 8 h 30 à 17 h; le vendredi de 8 h 30 à 16 h 30.
Pas de fermeture annuelle.

Voir G. DUCAUNNÈS-DUVAL, *Inventaire sommaire des Archives municipales : période révolutionnaire (1789-an VIII)*, Bordeaux, 1896-1929, 4 vol.

Série Bordeaux C.

C 3, 4.   Publications diverses relatives aux colonies : Martinique, Saint-Domingue, Tabago..., 1789-an V.

C 15.   Pièces diverses relatives aux événements politiques : Saint-Pierre de la Martinique, 8 juin 1790...

Série Bordeaux D.

D 83-97.   Délibérations du Corps municipal, 1789-1793.

D 98-116.   Délibérations du Conseil général, 1791-an IV.

D 119-134.   Arrêtés du Bureau d'exécution, 1790-an IV.

D 138-148.   Correspondance de la municipalité, 1790-an IV.

D 154-160.   Arrêtés du Bureau central, an IV-an VIII.

D 208-214.   Délibérations et arrêtés de la municipalité, 1790-an VI.

D 216-223.   Assemblée des Quatre-vingt-dix électeurs, 1789-1790.

D 224-237.   Affaires municipales diverses, 1790-1812.

Série Bordeaux F.

F 5-7.   Population. Colonies, 1789-an VIII.

F 8.   Navigation, commerce. Annonce du naufrage du *Jeune-Louis*, de Bordeaux, venant des Cayes, 22 janvier 1791...

Série Bordeaux H.

H 1.   Affaires militaires. Régiment de la Martinique, désertions
                dans les trois compagnies de Tabago, 1791...

H 6.   *Idem.* Acquittement par le Conseil de guerre de Nantes de
                Hugues Montbrun, ex-gouverneur général par intérim des
                Iles sous le Vent, 14 prairial an VI [2 juin 1798]...

H 14.   Marine de guerre. Régiment de la Martinique, 1790; pas-
                sages en provenance de Saint-Domingue, 1792...

H 43.   Troupes patriotiques et garde nationale. Décret relatif à la
                constitution de Saint-Domingue et de la Martinique, 8 mars
                1790...

Série Bordeaux I.

I 24.   Renseignements concernant les particuliers, signalements.
                Embarquement pour la France de l'archevêque Thibaud,
                ci-devant membre de l'Assemblée de Saint-Marc, et de Michel,
                commandant la garde nationale à cheval du Cap, 11 janvier
                1793...

I 35.   Laissez-passer délivrés à des citoyens venant de Saint-Domin-
                gue..., an VI-an VIII.

I 40.   Police politique. Bannissement de Saint-Domingue de Imbert
                pour propos séditieux, arrivée à Bordeaux de Lesprit de
                Porchères qui fomentait des troubles à Saint-Domingue,
                1790...

Série Bordeaux Q.

Q 22-29.   Secours aux réfugiés des colonies, 1791-an VIII.

Bordeaux Fonds Coureau.

     Commerce avec la Louisiane et les Antilles :

Liasses 1-5.   Voyages du *Ballochan-n° 2*, 1835-1837.

Liasses 6-12. Voyages de la *Ville-de-Bordeaux*, 1838-1841.

Liasses 13-17. Voyages de l'*Édouard*, 1841-1845.

Bordeaux Fonds Delpit.

Carton 111. Guadeloupe. Traité, an XII...

Carton 146. Martinique. Embarquement des officiers supérieurs par ordre du comte de Vaugirard, 9 mai 1817...

Carton 161. Numismatique. Monnaies et médailles du Chili, de Colombie..., 1820-1823.

Carton 163. *Idem.* Mexique, 1826...

Carton 164. *Idem.* Argentine, 1822...

Carton 188. Saint-Domingue. Titres, mémoires et correspondance, 1722-1816...

Instrument de recherche :

. Index méthodique dactylographié.

Bordeaux Fonds Fieffé.

Correspondance et papiers commerciaux de la maison Fieffé et Cottineau, armateurs, 1791-1857.

HÉRAULT

Archives départementales

2, avenue de Castelnau, B.P. 1266, 34011 Montpellier Cedex.
Tél. : (67) 79.65.45.
Heures d'ouverture : du lundi au vendredi, de 9 h 30 à 17 h 30.
Fermeture annuelle : du 1er au 15 août.

Série Hérault C.

C 747. Correspondance relative aux extraits mortuaires des individus décédés dans les hôpitaux de Saint-Domingue..., 1789.

C 2095. Expédition à Bordeaux de draps de Carcassonne destinés à Saint-Domingue..., 1743-1745.

C 2119-2121. Expédition de draps du Languedoc dans les colonies françaises d'Amérique, 1738-1753.

C 2634. Exportation de bas de Nîmes aux Iles de l'Amérique, XVIIIe s.

C 2696, 2697.   Commerce avec les colonies, 1669-1789.

C 2949.   « Mémoire sur le commerce de contrebande pratiqué par les
                 Anglais aux Iles et colonies françaises de l'Amérique »,
                 « Mémoire sur les moyens cachés dont les Anglais se sont
                 servi pour extorquer de la nation espagnole un commerce
                 libre et direct de Londres aux Indes d'Espagne », 1727.

C 5473.   Arrêt du Conseil relatif aux armements pour les Antilles,
                 1784...

C 5487.   Sucres importés d'Amérique, 1786...

C 5489.   Exemption de droits sur les marchandises du procureur du
                 roi à Saint-Domingue, 1740...

C 5491.   Exemption aux Antilles de droits sur la morue et l'huile
                 venant de l'île Royale, 1754...

C 5494.   Contestation entre Tarteyron, négociant à Montpellier, et
                 Ranson, son commis à Saint-Domingue, 1751...

C 5498.   Pêche à la morue aux Antilles, 1785...

C 5518.   Abus commis aux Antilles dans l'envoi des cotons, 1730...

C 5807.   Fermeture du marché des Indes occidentales aux bas de
                 soie, 1779...

C 6711.   Départ des frères de Serviès pour rejoindre la légion de
                 Saint-Domingue, 1769...

Instrument de recherche :

. *Inventaire sommaire des Archives départementales antérieures à 1790 :
Hérault, Archives civiles, série C, t. I-V, Intendance de Languedoc*, Montpellier, 1865-1960.

Série Hérault E.

1 E 23.   Titres de propriété de J.-B. Belmond à la Martinique; « Mé-
                 moire pour les habitants de l'île Dominique contenant les
                 raisons qui les ont déterminés à ratifier l'état neutre reconnu
                 par le dernier traité d'Aix-la-Chapelle », 1759; lettres écrites
                 de Marie-Galante et de la Guadeloupe donnant des rensei-
                 gnements sur les opérations militaires contre les Anglais et
                 sur le prix des denrées, 1779-1781.

1 E 24.   Liquidation de la succession de Guillaume Rieussec, négociant
                 de la Martinique.

1 E 1506-1511.   Documents relatifs aux Iles de l'Amérique, XVIIIe s.

2 E 57 (759). Procuration de Étienne Cairoche, notaire de Saint-Pierre de la Martinique..., 1816-1819.

2 E 61 (178). Inventaire des meubles de Jean-Pierre Desmé-Dubuisson, ancien procureur général du Conseil supérieur du Cap, conseiller honoraire dans les deux conseils supérieurs de Saint-Domingue, 1772.

Instrument de recherche :

• Répertoire numérique dactylographié de la sous-série 2 E.

Série Hérault F.

1 F 161. Famille Pujo. Procuration donnée par J.-B. Pujo, habitant de Saint-Domingue, en faveur de M. Lacoste, négociant à Bordeaux, 1792.

Instrument de recherche :

• Répertoire numérique dactylographié.

Série Hérault L.

L 2915-2926. Secours aux réfugiés des colonies (Iles du Vent, Tabago, Martinique, Guadeloupe, Saint-Domingue...), 1791-an VII.

Série Hérault M.

39 M 13. Correspondance relative aux hommes de couleur en France, an XII-1806.

39 M 27. Surveillance des mulâtres, 1806-1812.

39 M 30. État des hommes de couleur existant dans le département, 1807.

39 M 53. Adresse à l'Impératrice s'élevant contre la cession de la Guadeloupe à la Suède par les Anglais, octobre-novembre 1813.

39 M 97. Réception des instructions relatives à l'arrivée de bâtiments colombiens à Sète, août 1825.

39 M 101. Étudiants brésiliens à la faculté de médecine de Montpellier, 1825-1826.

43 M 9-29. États nominatifs d'étrangers, 1888-1919.

43 M 49. Étrangers ayant séjourné dans le département, 1888-1919.

44 M 1. État des étrangers se trouvant à Montpellier, brumaire an XI.

46 M. Passeports et sauf-conduits, an VIII-1895.

Archives communales de Sète

Rue Paul-Valéry, B.P. 373, 34207 Sète Cedex.
Tél. : (67) 74.88.30, poste 358.
Heures d'ouverture : du lundi au vendredi, de 8 h à 12 h et de 14 h à 18 h.
Pas de fermeture annuelle.

Série Sète MM.

MM 19.   Commerce avec les colonies françaises d'Amérique, 1734-1788.

ILLE-ET-VILAINE

Archives départementales

20, avenue Jules-Ferry, 35000 Rennes.
Tél. : (99) 38.03.70.
Heures d'ouverture : du lundi au vendredi, de 8 h 30 à 12 h et de 13 h à 17 h 30.
Pas de fermeture annuelle.

Voir H.-F. BUFFET, *Guide des Archives d'Ille-et-Vilaine*, Rennes, 1965.

Série Ille-et-Vilaine B.

9 B.   Amirauté de Saint-Malo, 1693-1791.

Instruments de recherche :

. BUFFET (H.-F.), *Répertoire numérique de la sous-série 9 B, Amirauté de Saint-Malo*, Rennes, 1962.
. LESORT (A.) et BOURDE DE LA ROGERIE (H.), *Inventaire sommaire des Archives départementales antérieures à 1790 : Ille-et-Vilaine, Archives civiles, série B, t. I, Sous-série 9 B, Amirauté de Saint-Malo (art. 9 B 1 à 9 B 97)*, Rennes, 1962.

Série Ille-et-Vilaine C.

C 1589. fº 49   Intendance de Bretagne. Compagnie des Indes occidentales, 1720-1786.

États de Bretagne :

C 2715.   Mémoire relatif au droit levé à Nantes sur les marchandises provenant des Iles en faveur des officiers des dites Iles, XVIIIᵉ s.

C 2716.   Arrêt du Conseil relatif aux cafés des Iles de l'Amérique, 19 mai 1736...

C 2730.   Mémoire relatif au commerce interlope toléré dans les Iles françaises d'Amérique..., 1772-1774.

C 2731.   Mémoire signalant les armements pour les Iles françaises d'Amérique effectués par le commerce de Landerneau dans le port de Brest..., 1779-1780.

C 2733.   Mémoire au Roi contre l'arrêt du Conseil du 30 août 1784 relatif à l'admission du commerce étranger dans les colonies françaises d'Amérique..., 1785-1786.

C 3015.   Déports d'arrérages de rentes au nom des Ursulines de la Martinique..., 1733-1736.

C 3044.   Deniers consentis par les États de Bretagne aux Ursulines de la Martinique, 1683...

C 3313.   Arrêts du Conseil portant prorogation pendant un an de la permission accordée aux négociants français commerçant avec les Iles de l'Amérique d'importer des lards, suifs, chandelles et saumons salés sans payer aucun droit, 1725...

C 3323.   Arrêt du Conseil confirmant l'arrêt du Parlement de Bretagne du 17 août 1731 relatif à la perception, par le fermier des octrois de Nantes, du droit sur la cassonade venant des Iles françaises d'Amérique, 27 mai 1732...

C 3822.   Avis de l'embarquement pour la Guadeloupe de l'état-major et de six compagnies du régiment de Vermandois..., 1767-1769.

C 3839.   Traite des noirs..., 1787.

C 3893.   *Idem.* 1786-1788.

C 3928.   Arrêt du Conseil d'État fixant le droit d'entrée à Nantes sur la cassonade, 1732; mémoires relatifs aux raffineries de Nantes, 1756-1757; traite des noirs, 1776-1786.

C 5058.   Correspondance entre le duc de Choiseul et la Commission intermédiaire des États de Bretagne relative à l'émigration de familles allemandes en Guyane, fin XVIIIᵉ s...

C 5351.   Succession de Jeanne Aubert, épouse de Jean-Paul de Masclary, garde-magasin au Fort Saint-Pierre de la Martinique; contrôle de la cession consentie à E. Tillac, négociant à la Guadeloupe, par Michel Rousseau de Villejoin, ancien aide-major à la Désirade, de ses droits dans la succession des sieurs Jane, ses oncles, décédés à la Grenade.. 1756-1771.

Instrument de recherche :

• *Inventaire sommaire des archives départementales antérieures à 1790 : Ille-et-Vilaine, Archives civiles, série C,* Rennes, 1878-1979, 4 vol.

Série Ille-et-Vilaine E.

2 E 2 (2).	Famille Balan. Plantation à Saint-Domingue.
2 E 2 (8).	Famille Baudoin. Sceau de la colonie de Cayenne.
2 E 2 (23).	Famille Bernard de Courville. Capitaine au régiment de la Guadeloupe.
2 E 4 (9).	Famille Danycan de L'Espine. Commerce de la Mer du Sud.
2 E 4 (18).	Famille Deschamps. Vente de marchandises à la Martinique.
2 E 4 (48).	Famille Duboys de La Vrillière. Succession de René Besnard de Keranloux, planteur à Saint-Domingue, 1744-1776.
2 E 4 (74).	Famille Duchemin. Lettres de la Martinique.
2 E 4 (93).	Famille Dupont du Boisguy. Biens de Pierre-Florent Dupont du Boisguy à Saint-Domingue.
2 E 7 (47).	Famille Girard de Châteauvieux. Papiers d'un Girard, ingénieur à Saint-Domingue.
2 E 8 (8).	Famille Hay de Bonteville. Armement pour Saint-Domingue du *Breton* de Saint-Malo, capitaine Beaugeard.
2 E 12 (51).	Famille de La Motte. Propriété au Cap-Français, 1747-1789.
2 E 12 (70).	Famille de Lantivy. Procès d'une commerçante de la Martinique.
2 E 12 (204).	Famille Lemor de La Loutrie. Saint-Domingue, 1747.
2 E 13 (5).	Famille Maingard. Lettre de la Martinique.
2 E 16 (96).	Famille Porée Des Landes. Traite des noirs.
2 E 18 (189)	Famille de Robien. Plan de Marie-Galante.
2 E 18 (357).	Famille Rousselin-Durocher. Lettre du curé des Iles Malouines, 1765.
2 E 18 (358).	Famille Royer. Commission de procureur à la sénéchaussée de Pointe-à-Pitre.
2 E 22 (7).	Famille Vieut Des Longrais. Sauf-conduit du roi pour les Iles de l'Amérique, 1671.

Instrument de recherche :

. Répertoire alphabétique manuscrit sur fiches.

Série Ille-et-Vilaine F.

1 F 1928.	Fonds Vignols (notes prises par Léon Vignols). Moreau de Saint-Méry, historien de Saint-Domingue.
1 F 1929.	*Idem.* La population blanche aux Antilles françaises aux XVIIe et XVIIIe siècles.

1 F 1928. Fonds Vignols (notes prises par Léon Vignols). Moreau de Saint-Méry, historien de Saint-Domingue.

1 F 1929. *Idem.* La population blanche aux Antilles françaises aux xviie et xviiie siècles.

1 F 1930. *Idem.* Boucaniers et flibustiers; campagne de course aux Antilles des navires malouins le *Faucon*, le *Saint-Antoine* et le *Renault* (avril-août 1695)...

1 F 1931. *Idem.* Mémoire français de 1728 sur Sainte-Lucie; texte d'un traité franco-anglais fait en cette île en 1723; établissement en 1664 des deux conseils souverains pour la Guadeloupe et la Martinique..

1 F 1932, 1933. *Idem.* Traite des noirs au xviiie siècle.

1 F 1941. *Idem.* Compagnies françaises de commerce (1717-1769).

1 F 2167. Fonds Bourde de La Rogerie (notes prises par Henri Bourde de La Rogerie). Antilles, Saint-Domingue.

1 F 2168. *Idem.* Guyane.

1 F 2169. *Idem.* Iles Malouines.

1 F 2170. *Idem.* Mer du Sud.

2 F 105. Papiers de Marie Duval, veuve André, née à la Martinique.

2 F 113. Fonds de Guynermo. Lettres datées de Port-au-Prince et du Cap-Français.

4 Fg 5. Acte concernant Pierre Dupont, du Val d'Izé, habitué à Port-de-Paix (Saint-Domingue), 1752.

4 Fg 12. Pacotille de Jean Lacotte, embarqué sur le *Diligent* de Saint-Malo pour le voyage de Guinée et de la Martinique, 1740.

4 Fg 19. Visite du *Chêne-Vert* de Bordeaux, capitaine J. Seignoret, après son voyage à Saint-Domingue, 1785.

4 Fg 22. Maison Gautreau et Lucas, de Nantes. Armement de la *Confiance*, capitaine Mathurin Gautreau, pour les Cayes (Saint-Domingue), an X-an XI.

4 Fg 25. Vente des effets du sieur Trobriand, capitaine de l'*Amphitrite*, mort au Fort-Royal de la Martinique, 1809.

4 Fg 26. Cahier d'ordres de la 6e compagnie du bataillon des fusiliers-marins au corps expéditionnaire du Mexique, 20 février-19 avril 1862.

4 Fg 31.   Arrêt ordonnant une information contre les officiers de la *Danaé* de la Compagnie des Indes pour avoir relâché à la Martinique, XVIIIe s.

4 Fg 34.   Journal de la *Brune*, capitaine Du Maz, armée à Brest, 24 août 1758-31 octobre 1759 (passage à Bahia).

4 Fg 35.   Journal du *Saint-Pierre* de Saint-Malo, capitaine Éparvier, 4 mai-19 juillet 1747 (retour du Cap-Français à Saint-Malo).

4 Fg 36.   Journal d'un navire armé au Havre, 18 juin 1835-19 décembre 1836 (passage à Montevideo et Buenos Aires).

4 Fg 38.   Livre de comptes de l'*Adèle* de Saint-Servan, 6 mai 1845-3 décembre 1851 (Antilles et Brésil).

4 Fg 40.   Journal de l'*Eylau*, capitaine Dauriac, de l'escadre d'évolutions, 1er janvier 1861-17 août 1863 (Mexique).

4 Fg 42.   Papiers de Jean et René Ballan, négociants et armateurs nantais, concernant des navires armés pour la traite des noirs et pour Saint-Domingue, 1764-1787; compte de traite, 1768; habitations et vente d'esclaves à Saint-Domingue, 1776.

4 Fg 43.   Dossier de Joseph Viriot, maire de Cayenne, lieutenant-commandant du quartier de Macouria à Cayenne et conseiller privé de la Guyane, 1818-1837.

4 Fg 45.   Papiers de la maison Apuril de Kerloguen, de Saint-Malo. Papiers concernant le *Sandwich*, capitaine Viau, armé à Saint-Domingue pour la France, an VIII; plantations de café à Saint-Domingue, 1832...

4 Fg 46.   Habitation dite « des Malouins » au quartier Morin, près du Cap-Français, acquise par Guillaudeu du Plessix en 1758.

4 Fg 51.   Notes prises par Amédée de Rodellec du Porzic. Journal de l'*Astrée*, capitaine Grivel, 3 juillet-2 août 1822, 1er novembre 1823-21 janvier 1824 (campagne du Brésil); notes sur la Martinique, 1826-1827.

4 Fg 87.   Traite des noirs.

4 Fg 88.   Armements pour les Antilles.

4 Fg 130.   Livre de bord tenu par Le Mor de La Loutrie, 1747 (retour de Saint-Domingue en France).

4 Fg 136.   Comptes du *Tage*, armé à Nantes pour les Cayes, 1806.

4 Fg 155.   Haïti.

Instruments de recherche :

• BOURDE DE LA ROGERIE (H.) et BUFFET (H.-F.), *Répertoire numérique de la série F (Fonds divers et documentation régionale)*, Rennes, 1949.

• MARCEIL (Y.), *Répertoire numérique de la série F : tables*, Rennes, 1952.

Série Ille-et-Vilaine H.

9 H 7 Grands Carmes. Missions des Iles de l'Amérique, 1649-1738; couvents de Saint-Christophe (fondé en 1649), de Saint-Martin (1650), de la Guadeloupe (1651) et de Marie-Galante (1660).

Instrument de recherche :

. Répertoire numérique manuscrit.

INDRE

Archives départementales

32, rue Vieille-Prison, 36000 Châteauroux.
Tél. : (54) 27.00.28, postes 388 et 389.
Heures d'ouverture : du lundi au vendredi, de 8 h 15 à 18 h.
Fermeture annuelle : du 1er au 14 juillet.

Série Indre J.

25 J 2-7. Fonds Du Quesne. Familles Du Quesne et Guérin à la Martinique.

25 J 10-24. *Idem.* Amiral Du Quesne à la Havane.

INDRE-ET-LOIRE

Archives départementales

6, rue des Ursulines, 37000 Tours.
Tél. : (47) 05.27.18.
Heures d'ouverture : du lundi au vendredi, de 9 h à 12 h et de 14 h à 18 h; le samedi, de 9 h à 12 h.
Pas de fermeture annuelle.

Série Indre-et-Loire M.

4 M 543-549. Secours aux colons réfugiés, 1791-1868.

ISÈRE

Archives départementales

2, boulevard des Adieux, 38000 Grenoble.
Tél. : (76) 54.37.81.
Heures d'ouverture : du lundi au vendredi, de 9 h à 12 h et de 13 h à 18 h; le samedi, de 9 h à 12 h.
Fermeture annuelle : du 1er au 15 juillet.

Série Isère E.

2 E 181-245.   Fonds Bruny, commerçants marseillais en relations avec les Indes occidentales, XVIIIe s.

2 E 376-381 *bis*. Papiers Dolle, marchands dauphinois en relations avec les Antilles, XVIIIe s.

> *Voir notamment :*
>
> 2 E 378, 380. Habitation sucrière des Vazes (Saint-Domingue), 1785-1793.

2 E 703, 704, 988, 1124. Papiers Raby, marchands dauphinois en relations avec les Antilles, XVIIIe s.

3 E 7562, no 383. Trinché, notaire à Grenoble. Procuration donnée par François-Victor Champel, négociant aux Cayes-Saint-Louis (Saint-Domingue), déposée par son frère devant un notaire de l'Albenc (Isère).

3 E 7581, no 33. Falatieu, notaire à Grenoble. Lettre écrite de Basse-Terre par J. Edmond Codé, négociant, à sa sœur à Grenoble, 4 pluviôse an XII [25 janvier 1804]; quittance par Elisabeth Codé, en vertu des pouvoirs donnés par son frère Jacques Ennemond Codé, docteur en chirurgie au bourg Saint-Pierre (Martinique), 26 février 1814.

3 E 7592, no 377. *Idem.* Substitution de pouvoir par Ambroise-Étienne de Gondrecourt, propriétaire à la Guadeloupe, 1819.

3 E 8177, no 166. Gayme, notaire à Grenoble. Dépôt par Mme Vve Joseph Bérard de l'acte de baptême de sa fille Françoise Barrios, née à Mexico le 22 mars 1811.

3 E 8191, no 26. *Idem.* Procuration donnée par Mme Vve Brenier de Monière, à Brié près Grenoble, pour vendre des terres lui appartenant à la Basse-Terre, 1833.

3 E 9024, no 10. Arthaud, notaire à Grenoble. Quittance par A. L. Bouvier, de Brié et Angonnes près Grenoble, à Louis Tabarin, habitant à la Guadeloupe, 1793.

3 E 9747, n° 4305. Mallein, notaire à Grenoble. Procurations données par Louis Bergasse, ancien négociant à Rio de Janeiro, à Charles Teisseire, receveur général des Finances du département de l'Isère, 1827-1844.

3 E 9755, n° 6065. *Idem.* Consentement au mariage d'un négociant natif de Grenoble, Ruinat-Gournier, domicilié à Rio de Janeiro, 1848.

3 E 9755, n° 14128. *Idem.* Procuration donnée par Mme VVE Weber, domiciliée à Rio de Janeiro, et par sa fille pour ratifier la vente d'une négresse à M. Saupiquet, de Rio de Janeiro, 1866.

Instrument de recherche :

• CHOMEL (V.) et LAPEYRE (H.), *Catalogue des livres de commerce et papiers d'affaires conservés aux Archives départementales de l'Isère,* Grenoble, 1962.

Série Isère J.

5 J 68.   Collection Maignien. Papiers des familles Dolle et Raby, 1787-1826.

5 J 85.   *Idem.* Papiers de la famille Pinchinat. Mémoire sur la liquidation de la société Barillon et Castanet à Saint-Domingue [XVIIIe-XIXe s.]

6 J 76.   Fonds Esmonin (papiers et notes personnelles). Colonies.

6 J 98.   *Idem.* Colonies et esclavage.

6 J 190, 191.   *Idem.* Les intendants des colonies (Îles de l'Amérique, Saint-Domingue, Martinique, Guadeloupe).

31 J 8, 9.   Fonds d'Arzac du Savel. Dossiers sur Mathieu Trouillet, président du Conseil supérieur du Cap (indemnité de Saint-Domingue), 1779-1851.

JURA

Archives départementales

Place des Salines, B.P. 14, Montmorot, 39570 Lons-le-Saunier.
Tél. : (84) 47.41.28.
Heures d'ouverture : du lundi au vendredi, de 8 h 30 à 12 h et de 14 h à 18 h.
Pas de fermeture annuelle.

12A.

Série Jura F.

3 F 10.	Fonds Sarret de Crozon. Lettres adressées à Juste Denis de Sarret par son fils Juste Ignace, lieutenant de vaisseau, 1778-1784.
3 F 11.	*Idem.* Lettres au même de son fils Charles Gabriel, enseigne de vaisseau, 1779-1784.
3 F 17.	*Idem.* Lettres de Juste Denis de Sarret à son fils Juste Ignace, 1778-1786.
3 F 32-36.	*Idem.* États de service de Juste Ignace, commandant du *Fougueux*, 1791.

Instrument de recherche :

. DUHEM (G.), *Répertoire de la série F (Sous-série 1 F à 11 F)*, Lons-le-Saunier, 1940.

LANDES

Archives départementales

4, impasse Mont-Revel, B.P. 349, 40011 Mont-de-Marsan Cedex.
Tél. : (58) 75.84.40, postes 465 et 467.
Heures d'ouverture : du lundi au vendredi, de 8 h à 12 h et de 13 h à 17 h 30.
Pas de fermeture annuelle.

Voir M. MARÉCHAL, *Guide des Archives des Landes*, Mont-de-Marsan, 1979.

Série Landes F.

1 F 581.	Collection L. Léon-Dufour. Correspondance de Besselière, originaire de Saint-Sever, établi à Saint-Domingue, 1777-1788.
1 F 872.	*Idem.* Correspondance de Fabre-Poirier, originaire de Mont-de-Marsan, établi à Saint-Domingue, 1780-1803.

Instrument de recherche :

. MANGIN (J.), *Répertoire numérique de la sous-série 1 F, Collection L. Léon-Dufour*, Mont-de-Marsan, 1939.

Série Landes M.

4 M 4 (32).   Restitution de 28 registres d'état civil de Port-de-Paix (Saint-Domingue) par Pierre Lacroix aîné, de Mont-de-Marsan, qui les a sauvés lors de l'incendie de cette ville où il était commissaire de l'état civil, 20 messidor-19 fructidor an XIII [9 juillet-6 septembre 1805].

4 M 38 (142). Demande des pièces nécessaires à la famille d'Antoine de Saint-Martin-Lacaze pour rentrer en possession de biens à la Martinique et à Saint-Domingue vendus lors de son émigration, mai 1816.

4 M 40 (30).   Rapport au ministre de la Police de l'autorisation de départ à Saint-Domingue et Saint-Thomas accordée aux gens de couleur, 14 mars 1817.

4 M 301.   Secours aux colons réfugiés de Saint-Domingue, 1876-1882.

HAUTE-LOIRE

Archives départementales

Rue Étienne-Delcambre, B.P. 338, 43012 Le Puy Cedex.
Tél. : (71) 09.24.12, poste 1526.
Heures d'ouverture : du lundi au vendredi, de 9 h à 17 h.
Fermeture annuelle : du 1er au 15 juillet.

Voir Y. SOULINGEAS, *Guide des Archives de la Haute-Loire,* le Puy, 1983.

Série Haute-Loire E.

E.   Assézat, notaire au Puy. Donation par Régis-Benoît Reynaud, négociant habitant au Cap-Français, en faveur de sa sœur de tous ses droits sur les biens délaissés par feu Claude Dominique Reynaud, leur père, 1er mai 1788.

2 E 262.   Liquidation de la société Bouchony-Lordonnet et Huard à Basse-Terre, impliquant le vicomte de Retz, 1789-1790.

2 E 1272.   Familles de Retz et de Pradt. Achats de nègres à la Guadeloupe; compte de Sassier, apothicaire à Marie-Galante, pour soins donnés à des esclaves..., 1789-1790.

2 E 1652.   Pièces relatives à Claude Gravier parti pour Saint-Domingue en 1792, 1827-1835.

Instrument de recherche :

. Répertoire numérique dactylographié de la sous-série 2 E.

Série Haute-Loire J.

J 151.   Procuration donnée par La Fayette à Dupré de Geneste, tré-
                sorier de la Guyane, pour l'administration de sa propriété
                sur la montagne de la Gabrielle, 17 novembre 1791.

J 155.   Copie d'une lettre du chevalier d'Alleyrac datée de la Guade-
                loupe, 25 juillet 1779 (opérations navales dans les Petites
                Antilles).

J 210 (48)   Pièces relatives à la famille de Bouillé réunies par Ulysse
                Rouchon. Services du marquis de Bouillé aux Antilles, recom-
                mandation en faveur de Mme de Saint-Romain, veuve du
                président du tribunal de 1re instance de Saint-Pierre de la
                Martinique..., 1765.

Instrument de recherche :

. Répertoire numérique dactylographié.

Série Haute-Loire M.

2 M 15.   Recherche de la famille de Massannes de Luzy, présumé
                originaire de Lyon, établi au Cap-Français et décédé lors des
                troubles de Saint-Domingue, 7 juillet 1824.

9 M 91.   Réfugiés politiques espagnols. Départs pour le Mexique,
                l'Argentine..., 1939.

Instrument de recherche :

. Répertoire numérique dactylographié.

Série Haute-Loire R.

R 6062.   Lettres relatives à la solde de traversée de militaires appar-
                tenant aux bataillons de la Guadeloupe et de la Martinique,
                1821.

R 6085.   États des services de militaires ayant servi à la Martinique,
                1821-1881.

R 6087.   États des services de militaires ayant servi en Guyane, 1826-
                1852.

R 6092.   États des services de militaires ayant servi dans l'infanterie
                ou l'artillerie de marine à la Martinique, la Guadeloupe et
                à Cayenne, 1838-1852.

R 6098.   États des services de militaires ayant servi au Mexique, 1869.

R 6108.   États des services de militaires ayant fait successivement plusieurs campagnes : Mexique, 1851-1872; Antilles, 1827-1845.

LOIRE-ATLANTIQUE

Archives départementales

6, rue de Bouillé, 44000 Nantes.
Tél. : (40) 20.02.32.
Heures d'ouverture : du lundi au vendredi, de 9 h à 18 h.
Fermeture annuelle : du 1er au 15 juillet.

Voir H. de BERRANGER, *Guide des Archives de la Loire-Atlantique*, Nantes, 1962-1964, 2 vol.

Série Loire-Atlantique B.

B 4399-5082, 12883-12884. Amirautés de Nantes et de Guérande.

> *Voir notamment :*
> B 4567-4569. Déclarations de prises, 1686-1690.
> B 4570-4619. Rapports des capitaines au long cours, 1692-1779.
> B 4665-4701. Passeports pour les colonies, l'étranger..., 1673-1777.
> B 4731-4837. Enquêtes et procédures de l'Amirauté, 1613-1789.
> B 4886-4932. Prises, 1672-1783.
> B 5004-5006. Journaux de bord, 1706-1749.

Instrument de recherche :

. GABORY (E.) et CANAL (S.), *Archives départementales de la Loire-Inférieure (antérieures à 1790) : répertoire numérique de la série B (Cours et juridictions)*, Nantes, 1945.

Série Loire-Atlantique C.

C 581-896.   Chambre de commerce de Nantes.

> *Voir notamment :*
> C 581-592. Délibérations des assemblées, 1664-1791.
> C 593-629. Correspondance, 1665-1791.
> C 699, 700. Histoire du commerce de Nantes, 1407-1789.
> C 706-715. Domaine d'Occident, direction de Nantes, 1714-1790.
> C 716, 717. Traites foraines, bureaux de Nantes et de Rennes, 1749-1764.
> C 722-727. Commerce avec les colonies, 1652-1791.
> C 728-733. Commerce des sucres et cafés, 1670-1790.
> C 734-737. Commerce avec les Iles de l'Amérique, 1670-1790.
> C 743. *Idem*, 1684-1782.
> C 747, 748. Commerce avec les mers du Sud, 1698-1764.
> C 753. Commerce avec le Portugal, les colonies anglaises de l'Amérique, 1550-1788.

Instrument de recherche :

• MAÎTRE (L.), *Inventaire sommaire des archives départementales antérieures à 1790 : Loire-Inférieure, Archives civiles,* t. II, 2e part., *Séries
C et D,* Nantes, 1898.

Série Loire-Atlantique E.

E 691.   Comptes de succession de Pantaléon de Breda et prise de
                  possession de ses biens à Saint-Domingue, 1782-1791.

E 1094.   Extrait mortuaire de Jean Pasquier de Lugé, ancien capi-
                  taine commandant de milice, décédé à Saint-Domingue;
                  inventaire et prisage des biens meubles et immeubles, des
                  esclaves et des titres laissés par le défunt; comptes de
                  dépenses..., 1788-1789.

E 1246.   Acquisition par Jean-Baptiste Tessier, armateur à Nantes,
                  des deux tiers d'une habitation établie en sucrerie à Cavail-
                  lon (Saint-Domingue), 1792.

E 1444.   Forant, notaire au Croisic. Traité entre Michel Landais,
                  paludier, et le capitaine Jean Le Pennec pour aller cons-
                  truire des marais à sel à Saint-Domingue, 1680.

Instrument de recherche :

• MAÎTRE (L.), *Inventaire sommaire des archives départementales antérieures à 1790 : Loire-Inférieure, Archives civiles,* t. III, *Féodalités et
familles, notaires, corporations,* Nantes, 1879.

Série Loire-Atlantique J.

3 J 24.   Fonds Chevy et Trottier, armateurs nantais, 1775-1827.
                  Correspondance reçue des Antilles.

3 J 25.   *Idem.* Correspondance reçue de Saint-Domingue.

8 J.   Fonds Delaville-Deguer, armateurs nantais, 1758-1839 :
                  trafic négrier avec Saint-Domingue et les Antilles espagnoles.

16 J 4.   Fonds Berthrand de Cœuvres, intéressé aux armements
                  nantais, 1738-an V. Correspondance reçue des Iles, 1763-
                  1795.

16 J 9.   *Idem.* Journal de traite de la *Reine-des-Anges,* 1741-1742 :
                  vente de noirs à Saint-Domingue.

1 J Dépôt.   Fonds Chaurand frères, armateurs à Nantes, 1768-1873 :
                  trafic négrier avec Saint-Domingue.

6 J Dépôt.   Chambre de commerce de Nantes.

Voir notamment :

6 J Dépôt 1-21. Procès-verbaux des séances, an XI-1913.

6 J Dépôt 27, 28, 30. Troubles à Saint-Domingue, 1789-1800.

6 J Dépôt 29. Émancipation des noirs aux Antilles, 1789-1791.

6 J Dépôt 164-169. Colonies des Antilles et de l'Amérique. Prohibition de l'esclavage, avis commerciaux..., 1817-1887.

6 J Dépôt 180. États de mouvements de la navigation et de mouvements commerciaux du port de Nantes, 1821-1902.

6 J Dépôt 198, 199. Service postal extérieur, 1840-1887.

6 J Dépôt 605. Traités de commerce. Chili, 1849-1873; Brésil, 1838-1839...

6 J Dépôt 612. Amérique centrale, Mexique et Antilles. Avis commerciaux, études de situation commerciale, renseignements..., 1801-1886.

6 J Dépôt 725-736. Relations commerciales, tarifs douaniers, notices, fin xixᵉ-milieu xxᵉ s.

Série Loire-Atlantique L.

L 366.   Commerce extérieur et questions coloniales (libération des noirs), 1789-an III.

L 543.   Armée. Volontaires pour Saint-Christophe et la Martinique, 1791-1792.

Instrument de recherche :

• MAÎTRE (L.), *Inventaire sommaire des archives départementales : Loire-Inférieure, série L (Administration du département de 1790 à l'an VIII)*, Nantes, 1909.

Série Loire-Atlantique P.

8 P 112-126.   Réfugiés et déportés des colonies, 1793-1894.

Série Loire-Atlantique U.

21 U.   Tribunal de commerce de Nantes, 1808-1923.

Voir notamment :

21 U 117-275. Actes divers et pièces déposées, 1816-1870.

21 U 457-482. Rapports de mer des capitaines, 1808-1940.

Loire-Atlantique Fonds Marine.

Les Archives départementales de la Loire-Atlantique conservent les archives de l'inscription maritime de l'arrondissement de Lorient pour les quartiers de Nantes, Bourgneuf-en-Retz et Pornic, le Croisic, Paimbœuf, Saint-Nazaire et les quartiers de l'Intérieur (Angers, l'Ile-Bouchard, Ingrandes, Nevers, Orléans, Saumur, Selles-sur-Cher et Tours). On consultera, pour chaque quartier, les matricules des gens de mer et des bâtiments, les rôles d'armement et de désarmement.

Archives communales de Nantes

17, rue Garde-Dieu, 44036 Nantes Cedex.
Tél. : (40) 20.94.36.
Heures d'ouverture : du lundi au vendredi, de 8 h 30 à 18 h (juillet-août de 9 h à 12 h 30 et de 13 h 30 à 17 h 30).
Pas de fermeture annuelle.

Voir S. DE LA NICOLLIÈRE-TEIJEIRO et R. BLANCHARD, *Inventaire sommaire des archives communales antérieures à 1790 : ville de Nantes*, Nantes, 1888-1948, 4 vol.

Série Nantes HH.

HH 228, 229.	Commerce avec les colonies d'Amérique, 1709-1729.
HH 230.	Galions d'Espagne, 1728-1729.
HH 237.	Commerce des eaux-de-vie et des guildives ou tafias, 1605-1753.
HH 238, 239.	Commerce des grains et farines, 1712-1728.
HH 240.	Commerce des sucres, 1700-1787.
HH 241-248.	Commerce des cafés, 1773-1788.
HH 249.	Pêche maritime, 1688-1788.

Nantes Fonds Dobrée.

Cette maison d'armement nantaise commerçait surtout avec l'Asie. Elle entretenait également des rapports avec l'Amérique latine et les Antilles et possédait des correspondants à Bahia, Buenos Aires, Rio-de-Janeiro, Valparaiso, etc.

Instrument de recherche :

. ROUZEAU (L.), *Inventaire des papiers Dobrée (1771-1896)*, Nantes, 1968.

LOIRET

Archives départementales

6, rue d'Illiers, 45032 Orléans Cedex.
Tél. : (38) 66.24.10 et 53.03.13.
Heures d'ouverture : du lundi au vendredi, de 9 h à 12 h 30 et de 13 h 30 à 18 h; le samedi, de 9 h à 12 h. Du 1er juillet au 15 septembre : du lundi au vendredi, de 9 h à 12 h et de 14 h à 18 h; pas de permanence le samedi.
Pas de fermeture annuelle.

Voir H. CHARNIER, R. CLEYET-MICHAUD, M. CORNÈDE et D. FARCIE, *Guide des Archives du Loiret. Fonds antérieurs à 1940*, Orléans, 1982.

Série Loiret J.

2 J 898.	Collection Jarry. Lettres de Chauveau-Lagarde à Laisné de Villevêque relatives à la défense de condamnés, en particulier de noirs de la Martinique, 1824.
2 J 2002.	*Idem.* Discours et rapports de Laisné de Villevêque relatifs au Paraguay, 1823; au Mexique (dont compagnie française pour la colonisation de la concession de Laisné de Villevêque sur le rio Coatsalcoalcos), vers 1829.
12 J 54.	Fonds Poterat. Mémoires de Pierre-Claude de Poterat relatifs à la Guyane, 1775; à Saint-Domingue, an XI-an XII.
12 J 81-87.	*Idem.* Journaux de navigation de Pierre-Abraham de Poterat relatifs aux Antilles, au Chili, au Pérou, au Mexique, 1791-1801.
13 J.	Fonds Colas des Francs. Famille Boulard : titres de propriété de plantations à Saint-Domingue, XVIIIe s.

Instrument de recherche :

. Répertoires numériques détaillés des sous-séries 2 J et 12 J.

LOT-ET-GARONNE

Archives départementales

3, place de Verdun, 47016 Agen.
Tél. : (53) 96.49.47, postes 340, 341 et 342.
Heures d'ouverture : du lundi au vendredi, de 8 h à 12 h et de 14 h à 18 h; le samedi, de 8 h à 12 h, sauf les veilles de fêtes et du 1er juillet au 15 septembre.
Pas de fermeture annuelle.

Voir J. BURIAS, *Guide des Archives de Lot-et-Garonne*, Agen, 1972.

Série Lot-et-Garonne J.

5 J 34.   Fonds Dubois, 1869-1956. Dossiers de familles ayant émigré
                   en Amérique : Belin de Villeneuve.

5 J 204.   *Idem :* Fournier, de Monclar.

5 J 292.   *Idem :* Laffitte, de Nérac.

5 J 328.   *Idem :* Ruel, de Layrac.

5 J 441.   *Idem :* De Piis, officier au Cap-Français.

13 J 32.   Fonds Millon d'Ainval. Famille Du Cos de La Hitte en
                   Amérique : Charles de Lahitte, ethnologue; Louis-Antoine
                   Du Cos de La Hitte et ses descendants, à Buenos Aires.

13 J 76, 77.   *Idem.* Famille de Louis Tardy de Montravel, contre-amiral,
                   gouverneur de la Guyane en 1859-1864.

34 J.   Fonds Delpech et de Poullain de Tremons. Correspondance
                   en provenance de la Grenade, 1ʳᵉ moitié du xixᵉ s.

Instrument de recherche :

. Fichier des originaires de Lot-et-Garonne partis aux Antilles aux xviiᵉ
et xviiiᵉ siècles.

. Inventaire sommaire dactylographié des sous-séries 2 J à 67 J.

LOZÈRE

Archives départementales

7, place Urbain-V, 48005 Mende.
Tél. : (66) 65.22.88.
Heures d'ouverture : du lundi au vendredi, de 8 h 30 à 12 h et de 13 h à 18 h; le samedi, de
8 h 30 à 12 h.
Pas de fermeture annuelle.

Voir M. CHABIN et H. LATOUR, *Guide des Archives de la Lozère,* Mende,
1979.

Série Lozère F.

F 1676.   Lettre de Brassac, de Marvejols, à Antoine Boulet, résidant
                   à Saint-Chely-d'Apcher, pour lui annoncer l'envoi d'un sac
                   de coton en provenance de Saint-Domingue, 18 août 1789.

F 2287.   Famille Vincent, de Meyrueis. Dossier relatif à l'indemnité
                   due aux ayants droit de Jean Vincent *dit* Laville, colon établi
                   en 1789 à Saint-Domingue et massacré en 1791..., 1825-
                   1882.

Instrument de recherche :

• *Répertoire numérique de la série F (Fonds divers),* Mende, 1952-1962, 2 vol.

Série Lozère J.

J 409.	Famille de Mialhet (ou Milhet). Pièces concernant Jean-François, établi et mort à la Guadeloupe, 1727-1788.
J 525.	Pièces concernant Élisabeth Boyer, veuve Lacour, ex-capitaine d'infanterie mort à la Martinique, 1733-1808.
J 774.	Lettres de Laurent Romaison, soldat originaire de Pont-de-Montvert, en garnison à la Guadeloupe..., 1823-1828.

Instrument de recherche :

• Répertoire numérique dactylographié.

MAINE-ET-LOIRE

Archives départementales

64, rue Saint-Aubin, 49000 Angers.
Tél. : (41) 88.74.51, postes 42.90 à 42.96.
Heures d'ouverture : du lundi au vendredi, de 9 h à 18 h.
Fermeture annuelle : du 1er au 14 juillet.

Voir F. POIRIER-COUTANSAIS et C. SOUCHON, *Guide des Archives de Maine-et-Loire,* Angers, 1978.

Série Maine-et-Loire E.

E 2973-2976.	Correspondance de Labry, colon à Saint-Domingue, 1752-1778.
2 E 2106.	Famille Narp. Saint-Domingue, 1775-1789.

Instruments de recherche :

• PORT (C.), *Inventaire sommaire des archives départementales antérieures à 1790 : Maine-et-Loire, Archives civiles,* t. II, *Série E,* Angers, 1871-1898, 3 vol.

• LEVRON (J.), *Répertoire numérique des séries I E et II E, Titres féodaux et titres de famille (Fonds entrés aux Archives de 1871 à 1944),* Angers, 1947.

MARNE

Archives départementales

1, rue Just-Berland, 51000 Châlons-sur-Marne.
Tél. : (26) 68.06.69.
Heures d'ouverture : du lundi au vendredi, de 8 h 30 à 12 h et de 14 h à 17 h 45.
Pas de fermeture annuelle.

Série Marne C.

C 155.   Correspondance relative à un arrêt du Conseil portant
                règlement pour le café provenant des Iles françaises de
                l'Amérique..., 1735-1738.

C 172.   Correspondance relative à des arrêts sur des lettres de change
                tirées de la Martinique, de Cayenne..., 1766-1767.

C 1510.   Lettre du maréchal de Castries relative à la haute paye
                réclamée par Tronson, ci-devant sergent dans les troupes de
                Cayenne, 1785.

C 1519.   Familles allemandes envoyées à Cayenne..., 1763-1767.

C 2974.   Éclaircissements demandés sur le compte de Le Lièvre,
                procureur du roi à Port-au-Prince..., 1780-1781.

Instrument de recherche :

. HATAT (H.), VÉTAULT (A.) et PÉLICIER (P.), *Inventaire sommaire des
archives départementales antérieures à 1790 : Marne, Archives civiles,
séries C, D, E, F*, Châlons-sur-Marne, 1884-1892, 2 vol.

Série Marne E.

E 80.   Famille Cazotte. Commission de contrôleur de la Marine aux
                Iles du Vent de Jacques Cazotte, 1er janvier 1749.

E 81.   *Idem.* Administration de Jacques Cazotte à la Martinique,
                1751-1759.

E 89.   *Idem.* Quittances par Jacques Cazotte des sommes payées
                par le R.P. Lavallette, supérieur général des missions des
                Antilles, 1761.

E 529.   Famille Marassé. Plan de l'habitation La Mardane à Sin-
                namary..., 1757-1762.

Instrument de recherche :

. PÉLICIER (P.), *Inventaire sommaire des archives départementales antérieures à 1790 : Marne, Archives civiles, séries C (art. 2060 à 3038), D, E, F*, Châlons-sur-Marne, 1892.

Série Marne J.

J 186.   Relation du siège et de la prise de Sainte-Lucie par les Anglais, 3 novembre 1779.

J 1109.   Brevet de l'Ordre libérateur du Venezuela conféré à Léon Bourgeois, ministre de l'Instruction publique, 1891.

J 1477.   Monnaies argentines.

1 J 197, f⁰ 167 v⁰. Société d'Agriculture, Commerce, Sciences et Arts du département de la Marne, procès-verbaux des séances. Lettre de Failly, sous-inspecteur des domaines au Havre, faisant hommage à la société d'une collection de graines exotiques, d'une améthyste et de deux topazes du Brésil, 1er août 1818.

1 J 201, f⁰ 149 r⁰. *Idem.* Lecture par Franquet de la traduction d'un chapitre d'Oviedo sur la conquête du Mexique par les Espagnols, 1er avril 1862.

1 J 201, f⁰ 157 r⁰. *Idem.* Lettre de Franquet faisant hommage à la société de sa traduction de l'histoire du Brésil par John Armitage, 1er mai 1863.

Instrument de recherche :

. GANDILHON (R.), *Inventaire sommaire des archives de la Société d'Agriculture, Commerce, Sciences et Arts de la Marne (Sous-série 1 J)*, Châlons-sur-Marne, 1954.

Série Marne M.

30 M 4.   Police politique. Protestation contre la cession éventuelle de la Guadeloupe à la Suède par l'Angleterre..., an XI-1815.

34 M 3.   Inauguration à Valmy du monument au général Francisco de Miranda, 1930.

54 M 27.   Étrangers. États nominatifs et par nationalités des étrangers qui se sont conformés à la loi du 8 août 1893, 1930-1935 : Argentins...

54 M 29.	*Idem* : Brésiliens, Chiliens, Colombiens, Cubains...
54 M 30.	*Idem* : Guatémaltèques...
54 M 33.	*Idem* : Mexicains, Péruviens...
57 M 46-53.	Réfugiés. Colons de Saint-Domingue et autres réfugiés y assimilés, an VIII-1889.
96 M 24.	Sinistres hors du département. Tremblement de terre de la Martinique, 1839...
96 M 25.	*Idem.* Tremblement de terre de la Guadeloupe, 1843; ouragan et choléra de la Guadeloupe, 1866; incendie de Fort-de-France, 1890; catastrophe de Saint-Pierre de la Martinique, 1902...

Instrument de recherche :

• BERLAND (J.), *Répertoire numérique de la série M*, Châlons-sur-Marne, 1940.

HAUTE-MARNE

Archives départementales

Rue du Lycée, Choignes, B.P. 565, 52012 Chaumont Cedex.
Tél. : (25) 03.33.54.
Heures d'ouverture : du lundi au vendredi, de 9 h à 12 h et de 13 h 30 à 17 h 30.
Fermeture annuelle : la première quinzaine de juillet.

Voir A.-M. COUVRET, *Guide des Archives de la Haute-Marne*, Chaumont, 1980.

Série Haute-Marne L.

| L 2146. | Victimes et dommages de guerre. Réfugiés de Saint-Domingue, an IV-an VII. |

Instrument de recherche :

• TOLMER (R.), GÉNY (R.) et DECKER (R.), *Répertoire numérique de la série L*, Chaumont, 1948-1970, 2 vol.

Série Haute-Marne M.

85 M 5, 6.	Passeports à l'étranger, an XIII-1924.
85 M 7.	Émigration. Instructions, états statistiques, états nominatifs, 1831-1882.
85 M 8.	Rapatriements de Français à l'étranger, 1850-1925.
98 M 1.	Secours aux colons de Saint-Domingue et autres réfugiés, 1821-1850.
167 M 19.	Statistique du mouvement des passeports pour 1846-1860.

Instrument de recherche :

• GÉNY (R.), *Répertoire numérique de la série M (Personnel et administration générale)*, Autun, 1934.

MAYENNE

Archives départementales

5, rue Ernest-Laurain, 53024 Laval Cedex.
Tél. : (43) 53.10.60.
Heures d'ouverture : du lundi au vendredi, de 8 h 30 à 12 h et de 13 h à 17 h 30.
Pas de fermeture annuelle.

Série Mayenne J.

14 J 86.	Collection La Beauluère. Pierre Charault, pharmacien à Chuquisaca (Bolivie) : obligations envers le docteur Joseph Mariano Serrano, 1831; registre de ventes, janvier-mars 1834.
46 J 152.	Fonds Pousteau du Plessis. Correspondance commerciale reçue du Cap de Duboullay et Bellanger, 1748.

Instrument de recherche :

• BOULLIER DE BRANCHE (H.) et BOURGES-ROUHAUT (E.), *Répertoire numérique de la série J, fasc. I, Fonds Guyard-Moricière (45 J), fonds Pousteau du Plessis (46 J), fonds de la Société Bertrand-Jean-Gustave Denis et Cie à Fontaine-Daniel (244 J)*, Laval, 1974.

Mayenne Microfilms de complément.

1 Mi 97.   Voyages faits... aux Iles d'Amérique par Chambray-Hirbec
                  (Daniel Le Hirbec, sieur de Chambray) en 1642 et 1643.

1 Mi 142 (R 16). Chartrier du château de Fresnay. Papiers du comte Pierre
                  de Pardaillan, commandant en second la partie du Sud de
                  Saint-Domingue de 1777 à 1780 : titres, services militaires,
                  succession, indemnité des émigrés demandée par ses héri-
                  tiers, 1734-1828.

1 Mi 142 (R 17). *Idem :* registre minutier de circulaires et correspondance,
                  18 octobre 1777-5 mai 1780.

Instruments de recherche :

• SURCOUF (J.), *Catalogue des microfilms de complément et de sécurité, 1 Mi
  et 2 Mi,* Laval, 1979.

• Répertoire numérique dactylographié de l'article 1 Mi 142.

MEUSE

Archives départementales

20, rue Monseigneur-Aimond, B.P. 516, 55012 Bar-le-Duc.
Tél. : (29) 79.01.89.
Heures d'ouverture : du lundi au vendredi, de 9 h à 17 h.
Fermeture annuelle du 1er au 15 juillet.

Voir B. LEMÉE, *Guide des Archives de la Meuse,* Bar-le-Duc, 1977.

Série Meuse M.

131 M 4.   Réfugiés. Colons de Saint-Domingue, secours, 1830-1843.

143 M 2.   Passeports à l'étranger. Enregistrement, 1853-1891.

147 M 1.   Émigration, 1833-1903.

Instrument de recherche :

• TRIZAC (M.), *Répertoire numérique de la série M (Personnel et administration générale),* Bar-le-Duc, 1944.

MORBIHAN

Archives départementales

12, avenue Saint-Symphorien, 56019 Vannes.
Tél. : (97) 47.45.85 et 47.48.14.
Heures d'ouverture : du lundi au vendredi, de 8 h à 11 h 45 et de 13 h 15 à 18 h 30.
Fermeture annuelle : du 1er au 15 octobre.

Série Morbihan B.

B 2167.	Sénéchaussée de Belle-Ile-en-Mer. Papiers relatifs à la succession vacante et abandonnée de Michel-Noël Gaillard, décédé à Saint-Domingue..., 1785-1786.
B 2753.	Sénéchaussée d'Hennebont. Vente des bois et terres du Faouëdic en Ploemeur par Pierre Dondel, seigneur de Keranguen, à Nicolas du Charmoye, agissant au nom de la Compagnie royale de l'île de Saint-Domingue..., 1699-1700.
8 B.	Amirauté d'Hennebont, 1673-1692.
9 B.	Amirauté de Vannes, 1677-1791.

Voir notamment :

9 B 65-76. Rôles d'équipage, congés et passeports, 1697-1779.
9 B 77-83. Rapports de capitaines, 1692-1786.
9 B 96-99. Journaux de navires, 1729-1776 (dont le voyage du *Saint-Louis* au Sénégal et à la Martinique, 1729-1731).
9 B 163-188. Dossiers de prises, 1744-1785.

10 B.	Amirauté de Lorient, 1766-1793.

Voir notamment :

10 B 18-21. Congés et rôles d'équipages, 1766-1790.
10 B 22-26. Rapports de capitaines, 1782-1790.
10 B 28-36. Journaux de navires, 1786-1793.
10 B 60, 61. Dossiers de prises, 1782-1786.

11 B 61.	Consulat de Vannes. Créance de Jérôme Tiret, de Vannes, dont les enfants sont à Saint-Domingue, 1754.

Instruments de recherche :

- ROZENZWEIG (L.), *Inventaire sommaire des archives départementales antérieures à 1790 : Morbihan, Archives civiles, série B, t. I, nos 1 à 3099,* Paris, 1877.

- POURCHASSE (F.), *Inventaire sommaire des archives départementales antérieures à 1790 : Morbihan, série B (tome I). Table générale,* Vannes, 1907.

- THOMAS-LACROIX (P.), *Répertoire numérique de la série B : 8-14 B Juridictions d'attribution,* Vannes, 1941.

Série Morbihan E.

E 2268-2278.   Fonds Vanderheyde, courtier à Lorient. Livres de comptes et copies-lettres d'André Vanderheyde, 1756-1763.

E 2394.   Fonds Delaye, armateur à Lorient. Lettres adressées à Acher, courtier à Saint-Domingue, 1776; à Bachelez, courtier au Cap-Français, 1777...

E 2395.   *Idem.* Lettre adressée à Bellot et Henry, Martinique, 1782...

E 2396.   *Idem.* Lettres adressées à Caron, le Cap-Français, 1772-1782; à Cassaronet, Saint-Pierre de la Martinique, 1772...

E 2398.   *Idem.* Lettres adressées à Desquillé, commissaire au Cap-Français, 1782; à Dumont, Martinique, 1769...

E 2401.   *Idem.* Lettre adressée à Galibert, Mary et Cie, courtiers au Cap-Français, 1768...

E 2402.   *Idem.* Lettre adressée à Jacquaud, courtier, le Cap-Français, 1768...

E 2404.   *Idem.* Lettres adressées à Larroque, le Cap-Français, 1776; à Le Gripp, capitaine à la Martinique, 1776-1777; à Lenfant et Cie, courtier, le Cap-Français, 1777-1792...

E 2405.   *Idem.* Lettres adressées à Longuemare de La Salle et Cie au Cap, Saint-Domingue, 1783-1785...

E 2406.   *Idem.* Lettre adressée à Massac et Cie, Port-au-Prince, 1790...

E 2407.   *Idem.* Lettre adressée à Poret, courtier, le Cap-Français, 1777...

E 2408.   *Idem.* Lettres adressées à Saurin, commissionnaire, le Cap-Français, 1776-1784...

E 2409.   *Idem.* Lettre adressée à Auguste Vieillard, armateur au Cap-Français, 1777.

Série Morbihan J.

1 J.   Papiers Bochez. Voyage aux Antilles et en Amérique du Nord, 1886-1888.

Série Morbihan L.

L 338.   Secours aux colons et réfugiés étrangers, an III-an VIII.

Série Morbihan M.

M 880-888.   Secours aux colons, an X-1883.

M 889, 890.   Secours aux colons et aux réfugiés étrangers, 1874-1888.

M 3014.   Secours aux colons réfugiés de la Martinique, de Saint-Domingue..., 1830-1863.

M 3017.   Réfugiés étrangers, 1831-1888.

MOSELLE

Archives départementales

Préfecture, 57034 Metz Cedex.
Tél. : (8) 730.81.00, poste 4370.
Heures d'ouverture : du lundi au jeudi, de 8 h. 30 à 17 h.; le vendredi, de 8 h. 30 à 16 h. 45;
fermeture le Vendredi Saint et le 26 décembre.
Fermeture annuelle : du 16 au 31 juillet.

Voir J. COLNAT, *Guide des Archives de la Moselle*, Metz, 1971.

Série Moselle J.

J 940.   Collection Finot. Notes et études du comte Emmery sur l'histoire de divers peuples et pays (Jamaïque...), XVIIIe s.

Instrument de recherche :

. RIGAULT (J.), *Répertoire numérique de la série J (Documents entrés par voie extraordinaire)*, fasc. I, *Répertoire de la collection Finot (collection Emmery-Ferry)*, Metz, 1948.

Série Moselle M.

93 M 1, 1 *bis.*   Secours aux colons évacués de Saint-Domingue, 1812-1828.

Instruments de recherche :

. ARBOIS DE JUBAINVILLE (P. d'), *Répertoire numérique de la série M (Personnel et administration générale)*, Metz, 1921.

. Supplément dactylographié au répertoire numérique pour les documents antérieurs à 1871.

NORD

Archives départementales

22, rue Saint-Bernard, 59045 Lille Cedex.
Tél. : (20) 93.87.17.
Heures d'ouverture : du lundi au vendredi, de 9 h à 12 h et de 13 h 30 à 18 h; le samedi, de 9 h à 12 h.
Fermeture annuelle : du 1er au 14 juillet et le lundi suivant le premier dimanche de septembre.

Série Nord B.

B 857 (16816).   Chambre des comptes de Lille. Copies, du XVIe s., de mémoires de Bartolomé de Las Casas sur les cruautés commises par les Espagnols à l'égard des Indiens d'Amérique.

Instruments de recherche :

. *Inventaire sommaire des archives départementales antérieures à 1790 : Nord, Archives civiles, série B* [articles 1-4355], Lille, 1872-1931, 11 vol.

. Inventaires sommaires et table dactylographiés des articles B 4355 (*suite*)-5226.

. BRUCHET (M.), *Répertoire numérique : série B (Chambre des comptes de Lille)*, Lille, 1921, 2 vol.

Série Nord C.

C 17 (5295).   Intendance de Hainaut. Correspondance relative au chevalier de Buhat, employé dans les Domaines de la Guadeloupe, 1773-1774.

C 135 (1229).   Intendance de Flandre wallonne. Lettre de James Eyma, député de la Martinique, à la Chambre de commerce de Lille, relative à la basse qualité des marchandises venant de France, 26 janvier 1791 (copie).

C 190 (1687).   *Idem.* Enquête demandée par le ministre des Finances sur une mine d'argent à Saint-Pierre de la Martinique, 1788.

Série Nord E.

E 2471.   Chambre de commerce de Dunkerque. Procès-verbaux des délibérations, 1700-1784 (copie dactylographiée).

PAS-DE-CALAIS

Archives départementales

1, rue du 19 mars 1962, 62021 Arras Cedex.
Tél. : (21) 21.10.90 et 21.32.66.
Heures d'ouverture : du lundi au vendredi, de 9 h à 17 h; le samedi, de 9 h à 12 h.
Pas de fermeture annuelle.

Série Pas-de-Calais B.

12 B.   Amirauté de Boulogne, 1669-1791.

13 B.   Amirauté de Calais, 1671-1791.

> *Voir notamment :*
>
> 13 B 2-56. Prises, commissions, 1671-1788.
> 13 B 96. Congés, 1682-1686.
> 13 B 97-114. Rapports de mer, 1684-1730.
> 13 B 160-162. Mouvement du port, 1698-1718.
> 13 B 163. Voyages aux Iles françaises de l'Amérique, 1715-1725.

Instrument de recherche :

. BOUGARD (P.), *Répertoire numérique de la série B (Anciennes juridictions),* Arras, 1967.

Série Pas-de-Calais J.

10 J 26-40.   Chartrier de la Buissière. Habitations du marquis de La Pailleterie à Saint-Domingue, 1729-1791.

12 J.   Collection Rodière.

25 J.   Dépôt Dautricourt.

Série Pas-de-Calais M.

M 1396.   Émigration, 1875-1890.

Instrument de recherche :

. Répertoire numérique dactylographié.

PUY-DE-DÔME

Archives départementales

18, boulevard Desaix, 63033 Clermont-Ferrand Cedex.
Tél. : (73) 92.42.42.
Heures d'ouverture : du lundi au vendredi, de 8 h à 18 h.
Pas de fermeture annuelle.

Série Puy-de-Dôme C.

1 C 450.   Mémoire de Jubié, inspecteur des manufactures, relatif aux
                  dentelles (celles de Saint-Flour et de Mauriac sont vendues
                  en Amérique et à la Martinique), 1778...

1 C 782.   Arrêt du Conseil du 16 août 1723 permettant aux négociants
                  qui tirent des salaisons des Iles françaises de les faire entrer
                  sans payer aucun droit dans les ports désignés...

1 C 783.   Arrêt du Conseil d'État du 12 septembre 1724 portant pro-
                  rogation pendant un an de la permission ci-devant accordée
                  aux négociants français qui font le commerce des îles fran-
                  çaises de l'Amérique de faire venir des pays étrangers des
                  lards, beurres, suifs, chandelles et saumons salés sans payer
                  aucun droit...

1 C 784.   Arrêt du Conseil d'État du 22 août 1730 portant prorogation
                  pendant trois ans de la permission ci-devant accordée aux
                  négociants français qui font le commerce des Iles et colonies
                  françaises de l'Amérique de faire venir des pays étrangers
                  des lards..., sans payer aucun droit...

1 C 793.   Lettre relative à de Chauty, gendarme de la garde surnumé-
                  raire, qui demande l'autorisation de former à Cayenne un
                  établissement pour l'exploitation des bois..., 1767-1781.

1 C 974.   Lettre de Fleury, intendant à la Rochelle, relative aux cotons
                  provenant de la Guadeloupe et de la Martinique..., 1730-1733.

1 C 975.   Renseignements sur le prix des cotons de Saint-Domingue
                  et de la Guadeloupe; envoi par Fleury d'échantillons de
                  coton de Saint-Domingue; vente des cotons de la Martinique
                  et de la Guadeloupe..., 1734.

1 C 1690.   Correspondance relative au testament de Du Parc, habitant
                  de son vivant à la Martinique, 1732-1733...

1 C 3360.   Correspondance relative aux requêtes de d'Orgeville, maître
                  des requêtes et intendant de la Martinique, au sujet des impo-
                  sitions de ses domaines d'Auvergne, 1732...

1 C 3406.   Taille et capitation : requête de Mme Marguerite-Émilie de
                  Sainte-Herminie, veuve du chevalier Panier, seigneur d'Orge-
                  ville, ancien intendant de la Martinique, 1743...

1 C 5246.   Milice : requête de Pierre-Baptiste David, natif de Saint-
                  Domingue, demandant à n'être point forcé de tirer au sort
                  à Aurillac, où il se trouve, attendu qu'il se propose de retour-
                  ner dans son pays et que les créoles ne sont point assujettis
                  à la milice dans le royaume, 1758...

1 C 5268. Milice : lettre de Bouillé, gouverneur de la Guadeloupe, demandant à l'intendant de défendre au subdélégué de Brioude de faire tirer à la milice le garde de sa terre d'Alleret, 1768...

1 C 5716. Recrues : correspondance relative aux plaintes de Pradinhes, américain, demeurant à Aurillac, au sujet d'un mulâtre qu'il avait eu la permission d'amener de Saint-Domingue en France et qui a été engagé par un recruteur, 1771...

1 C 6118. Correspondance relative à la proposition de Chauty de former à Cayenne un établissement pour l'exploitation des bois, 1776...

1 C 6328. Règlement pour l'établissement et l'entretien des chemins royaux, publics et de communication aux Iles du Vent de l'Amérique, 17 avril 1725 (incomplet de la fin)...

1 C 7390. Correspondance de d'Orgeville, Mme Duparc et Trudaine relative aux intérêts de Mme Duparc à la Martinique, avril-août 1733...

Instrument de recherche :

- COHENDY (M.) et ROUCHON (G.), *Inventaire sommaire des archives départementales antérieures à 1790 : Puy-de-Dôme, Archives civiles, série C,* Clermont-Ferrand, 1893-1937, 7 vol.

Série Puy-de-Dôme E.

2 F 169. Lettres de colporteurs écrites de divers lieux du Brésil, 1838-1866.

PYRÉNÉES-ATLANTIQUES

Archives départementales

Boulevard Tourasse, 64000 Pau Cedex.
Tél. : (59) 02.67.06.
Heures d'ouverture : du lundi au vendredi, de 8 h 30 à 12 h 30 et de 13 h 30 à 17 h 30 ; le samedi, de 8 h 30 à 12 h pour les documents retenus au plus tard la veille au soir.
Pas de fermeture annuelle.

Série Pyrénées-Atlantiques B.

B 8407-8488.   Sénéchaussée de Bayonne. Papiers des négociants armateurs, XVIIe-XVIIIe s.

B 8694-8868.   Amirauté de Bayonne, 1660-1792.

B 8869-9052.   Bourse des marchands de Bayonne, fin XVIe-XVIIIe s.

Instruments de recherche :

. RAYMOND (P.), *Inventaire sommaire des archives départementales antérieures à 1790 : Basses-Pyrénées, Archives civiles*, t. I et II, *Séries A et B*, Paris, 1863-1876.

. Répertoires numériques dactylographiés des articles B 8407-8488 et B 8694-9052.

. Inventaire analytique manuscrit des articles B 8694-8868.

Série Pyrénées-Atlantiques C.

C 37.   Autorisation accordée aux négociants de Bayonne d'envoyer des salaisons en Amérique..., 1717-1747.

C 45.   Privilèges des gens de mer..., 1769-1770.

C 323.   Traitement des officiers résidant dans la généralité de Pau : Florence Lassus, capitaine au 10e grenadiers royaux de la Martinique..., 1768.

C 1617.   M. Sillégue sollicite pour son fils un emploi dans le régiment de Port-au-Prince..., 1786.

Instruments de recherche :

. RAYMOND (P.), *Inventaire sommaire des archives départementales antérieures à 1790 : Basses-Pyrénées, Archives civiles*, t. III, *Séries C et D*, Paris, 1865.

. Table onomastique dactylographiée des articles C 1-1619.

Série Pyrénées-Atlantiques E.

E 1034.   Famille de Moncla. Liquidation de la succession de Jacques de Moncla, ancien officier d'infanterie mort à la Guadeloupe..., 1743-1786.

E 2085.   Raymond Barret, notaire à Pau. Contrat de mariage de Charles de Charritte et Françoise d'Andouins (présence de Marie-Louise de Ladoubard de Charritte, veuve de J.-P. de Charritte, lieutenant gouverneur de Saint-Domingue)..., 1719-1724.

3 E 10 (173). Procuration de Marie Erio, épouse Gachiteguy, au consulat de France à Montevideo pour vente de biens à S.E. Baïgorry, 15 janvier 1848.

Instruments de recherche :

. RAYMOND (P.), *Inventaire sommaire des archives départementales antérieures à 1790 : Basses-Pyrénées, Archives civiles,* t. IV et V, *Série E et supplément à la série E,* Paris, 1867-1873.

. BAYAUD (P.), *Répertoire numérique de la sous-série III E. Minutes notariales,* Pau, 1944-1950, 2 vol.

Série Pyrénées-Atlantiques J.

1 J 140 (3).   Don Bost. Livre journal de Prosper Froberville, correspondant en France de la maison Paul Froberville, Griffiths and Cº de l'île Maurice, 1830-1838.

1 J 142 (16). Dons Lorber. Famille Laussat.

1 J 142 (38). *Idem.* Copie des notices de Révérend sur Laussat...

1 J 203 (5).   Don Etchegoyhen. Liquidation de l'indemnité de Saint-Domingue pour la succession Iritcaby, 1840-1864.

1 J 275.   Expédition de l'acte de vente du château et des terres de Doumy par Marie-Adrianne Rougier, épouse de Jean-Léon Cassou, à Marie-Sylvine Moulié, épouse de Jean Hia-Rancole, demeurant à Cuba, 23 septembre 1869.

1 J 284 (7).   Succession de Pierre Dibasson, originaire d'Ustaritz, décédé à Saint-Domingue, vers 1780.

1 J 284 (27). Certificat de participation à l'expédition du Mexique délivré par le préfet du IIIᵉ arrondissement maritime à Lorient à Jean-Baptiste Darié, matelot de 1ʳᵉ classe, 1ᵉʳ décembre 1864.

1 J 454.   Passeport délivré par le consul général de France à Montevidéo à Jean-Pierre Jauréguiberry, natif de Méharin, 1865.

1 J 814.   Instructions données à d'Albon, commissaire ordonnateur, premier conseiller et subdélégué de l'intendant des Iles du Vent, arrivé à Cayenne en 1713, 1713 (copie).

1 J 825.   Chambre de commerce de Bayonne. Registres des délibé-
                rations, 1715-1833.

1 J 841 (10).   Correspondance des Antilles adressée à la famille Tarigot-
                Lagrange, de Gouts, an XI-1827.

1 J 859 (1-3). Pièces concernant Saint-Domingue, an V-1826.

1 J 864.   Mémoire présenté par le Provincial des Jésuites du Para-
                guay au marquis de Valdelirios pour le supplier de sus-
                pendre les mesures de guerre contre les Indiens des missions
                (en espagnol, copie), notes sur les événements au Para-
                guay, [fin xviiie s.].

3 J 122.   Fonds Schloesing. Famille de Perpigna, 1741...

4 J 17.   Fonds Bauby. Famille de Pas-Feuquière, 1672-1698...

4 J 136.   Idem. Jean-Gratien de Laussat : mélanges historiques et
                souvenirs, fragments inédits (copie).

5 J 18.   Fonds Dubarat. Succession de Jean-Baptiste Casenave, natif
                de Lestelle, chirurgien à la Martinique, 1782-1796.

5 J 21.   Idem. Duplaà : Saint-Domingue, correspondance, compta-
                bilité, 1789-an IX.

5 J 28.   Idem. Relation du voyage de Pierre de Mauco de Vera Cruz
                à Cadix..., 1733.

5 J 29.   Idem. De Navailles Labatut : biens à Saint-Domingue, vers
                1750-1808.

16 J 253.   Fonds Ritter. De Lépinaist : lettres adressées du Cap-
                Français à sa famille, à Tarbes, 1775 et 1781; note relative
                à sa mort au Cap-Français au cours d'une révolte, s.d.

18 J.   Fonds Fourcade. Lettres adressées par Ambroise Duncasteig,
                d'Oloron, à Michel Lassalle, de Mexico, août 1851-janvier
                1854.

Instruments de recherche :

• BAYAUD (P.), *Dons et acquisitions : répertoire de la sous-série 1 J*, Pau,
  1965.

• BAYAUD (P.), *Série J Dons et acquisitions : répertoire des sous-séries 3 J
  et 4 J (Fonds Schloesing et Bauby)*, Pau, 1965.

Série Pyrénées-Atlantiques L.

95 L 1-39.   Tribunal de commerce de Bayonne, an III-1816.

Instrument de recherche :

• BAYAUD (P.), *Répertoire numérique de la série L. Documents de la période révolutionnaire (1790-1800)*, Pau, 1957.

Série Pyrénées-Atlantiques M.

1 M 205.   Marine marchande, colonies. Dossiers individuels de fonctionnaires, 1901-1909.

1 M 206.   Colonies. Demandes d'emplois, concours, dossiers de candidats et de personnel..., 1905-1946.

Série Pyrénées-Atlantiques Z.

2 Z 94.   Sous-préfecture de Mauléon. Émigration, 1899-1912.

3 Z 158.   Sous-préfecture d'Oloron. Émigration, 1875-1912.

Archives communales de Bayonne

Bibliothèque municipale.
Rue des Gouverneurs, 64100 Bayonne.
Tél. : (59) 59.17.13.
Heures d'ouverture : du lundi au vendredi, de 10 h à 12 h 15 et de 14 h à 19 h; le samedi, de 10 h à 12 h 15.
Pas de fermeture annuelle.

Voir J. DULAURENS, *Inventaire sommaire des archives communales antérieures à 1790 : Ville de Bayonne*, Bayonne, 1894-1897, 2 vol.

Série Bayonne AA.

AA 30.   Lettre du roi au maréchal de Mouchy à l'occasion des succès remportés par la marine française dans les Antilles..., de la prise de Tabago par l'escadre du comte de Grasse..., 1745-1785.

Série Bayonne CC.

CC 286.   Rejet de la demande de Jean-Baptiste Tausiet, négociant au Cap-Français, pour être déchargé des droits sur le vin embarqué de Bayonne pour la Louisiane, 16 mai 1759..,

Série Bayonne EE.

Mouvement du port.

EE 62. Navires se rendant à la Martinique, la Grenade, la Dominique..., 1757-1758.

EE 68. 1764. Navires se rendant à la Martinique, Saint-Domingue..., 1763-1764.

EE 69. Navires venant de Saint-Domingue, se rendant à la Martinique et à Saint-Domingue..., 1764.

EE 72. Navires venant de la Guadeloupe et s'y rendant..., 1766-1767.

EE 74. Navires venant de la Martinique, se rendant à la Martinique et à Saint-Domingue..., 1768.

EE 80. Navires se rendant à Saint-Domingue..., 1776-1777.

EE 82. Navires venant de la Martinique et de Saint-Domingue..., 1778-1779.

EE 84. Navires venant de Saint-Domingue..., 1782.

EE 85. *Idem,* 1783-1784.

Série Bayonne HH.

HH 198. Déclarations d'entrée de tabacs du Brésil par Gabriel Ferreire Henriquez, marchand de Saint-Esprit, 1700-1705...

HH 202. Papiers de Roi aîné, 1700-1702. Mention d'un armement commandé par le chevalier d'Amou pour la fourniture et le transport de 2.000 nègres dans l'île de Saint-Domingue; mémoire sur le commerce des Iles françaises de l'Amérique...

HH 239. Mémoires sur le commerce avec l'Amérique..., 1700-1771.

HAUTES-PYRÉNÉES

Archives départementales

Rue des Ursulines, 65013 Tarbes.
Tél. : (62) 93.75.40, poste 335.
Heures d'ouverture : du lundi au vendredi, de 8 h à 12 h 30 et de 13 h 30 à 17 h.
Pas de fermeture annuelle.

Série Hautes-Pyrénées M.

5 M 64-79. Passeports.

10 M 14. Secours aux colons de Saint-Domingue.

PYRÉNÉES-ORIENTALES

Archives départementales

Avenue de Villeneuve, Moulin à Vent, B.P. 948, 66020 Perpignan Cedex.
Tél. : (68) 54.60.39 et 54.65.83.
Heures d'ouverture : du lundi au vendredi, de 9 h à 12 h et de 14 h à 18 h.
Pas de fermeture annuelle.

Voir Ph. Rosset et S. Caucanas, *Guide des archives des Pyrénées-Orientales*, Perpignan, 1984.

Série Pyrénées-Orientales B.

3 B.   Amirauté de Collioure, 1691-1790.

> *Voir notamment :*
> 3 B 15. Congés, 1756-1785.
> 3 B 16. Déclarations de capitaines..., 1740-1790.

Instrument de recherche :

. Gigot (J.-G.), *Inventaire analytique de la sous-série 3 B (Amirauté de Collioure, 1691-1790)*, Perpignan, 1968.

Série Pyrénées-Orientales C.

C 1045.   Arrêts du Conseil d'État et correspondance relatifs au commerce de l'indigo, du café des Iles françaises de l'Amérique..., 1730-1757.

C 1049.   Arrêts du Conseil d'État et correspondance relatifs aux cotons provenant des Iles françaises de l'Amérique..., 1685-1783.

C 1104.   Épreuves au cuivre rouge du Mexique pour la fabrication des monnaies destinées aux colonies..., 1711-1721.

Instrument de recherche :

. Alart (B.), *Inventaire sommaire des archives départementales antérieures à 1790 : Pyrénées-Orientales, Archives civiles*, t. II, *Série C*, Paris, 1877.

Série Pyrénées-Orientales M.

M 11, 12.   Demandes de rapatriement (Argentine, Brésil, Colombie, Pérou...), 1890-1899.

M 13.   Demandes de transport gratuit en Amérique du Nord et du Sud, 1876-1888.

BAS-RHIN

Archives départementales

5-9, rue Fischart, 67000 Strasbourg.
Tél. : (88) 61.39.00.
Heures d'ouverture : du lundi au samedi, de 8 h 45 à 11 h 45 et de 14 h à 17 h 45; fermeture les Vendredi Saint et 26 décembre, les samedis après-midi veilles de fêtes et les samedis après-midi de la période des vacances scolaires d'été.
Pas de fermeture annuelle.

Série Bas-Rhin C.

C 263.   Correspondance relative au paiement des lettres de change tirées sur Cayenne de 1755 à 1759; états nominatifs des familles parties de Strasbourg pour Cayenne, 1763-1764...

Instrument de recherche :

. SPACH (L.), *Inventaire sommaire des archives départementales antérieures à 1790 : Bas-Rhin, Archives civiles*, t. I, *Séries A à E*, Strasbourg, 1863.

Série Bas-Rhin M.

3 M 700, 701.   Émigration vers les Antilles et l'Amérique latine..., 1838-1864.

15 M 63.   États nominatifs des émigrants en Amérique et au Mexique, 1863-1865.

Instrument de recherche :

. MARTIN (L.), *Répertoire numérique de la série M (Personnel et administration générale), 1800-1870*, Strasbourg, 1950.

Série Bas-Rhin W.

Versement D 388 (129). Émigration, 1888-1911.

HAUT-RHIN

Archives départementales

Cité administrative.
Rue Fleischhauer, 68026 Colmar Cedex.
Tél. : (89) 41.36.41.
Heures d'ouverture : les lundi, mardi, jeudi et vendredi, de 8 h 15 à 11 h 45 et de 14 h 15 à
17 h 45; le mercredi, de 8 h 15 à 17 h 45; fermeture le Vendredi Saint et le 26 décembre.
Pas de fermeture annuelle.

Série Haut-Rhin M.

1 M.   Souscriptions en faveur des victimes de catastrophes natu-
                relles à la Guadeloupe et la Martinique, 1839-1866...

4 M 130-135.   Demandes de passeports pour l'étranger, 1837-1857.

4 M 213.   Circulaire ministérielle portant avis d'un traité entre la
                France et l'Équateur, 1845...

6 M 376.   Émigration vers l'Amérique latine et les Antilles, 1841-
                1863.

Instrument de recherche :

. KAMMERER (O.), DREYER (D.) et WAECKERLÉ-JORDAN (M.-J.), *Répertoire
numérique de la série M, Administration générale et économie du département (1800-1870),* Colmar, 1978.

Série Haut-Rhin O.

4 O 91.   Legs de Joseph Meglin, mort à Buenos Aires, en faveur de
                la commune de Gundolsheim pour la fondation d'un hospice,
                1826-1835.

Instrument de recherche :

. KAMMERER (O.), DREYER (D.) et WAECKERLÉ (M.-J.), *Répertoire numérique de la série O, Administration et comptabilité communales, voirie
vicinale, dons et legs,* Colmar, 1977.

SAÔNE-ET-LOIRE

Archives départementales

Place des Carmélites, 71025 Mâcon.
Tél. : (85) 38.34.23.
Heures d'ouverture : du lundi au vendredi, de 9 h à 12 h et de 14 h à 18 h.
Pas de fermeture annuelle.

Série Saône-et-Loire C.

C 645 (15).   Paiement d'une somme de 1 200 livres du R.P. Jean-Pierre-
                     François-Dominique de Sacq S.J., procureur général des
                     missions de l'Amérique méridionale, sur le produit des
                     impositions de 1745.

Instrument de recherche :

. Ragut (C.), Michon (L.) et Lex (L.), *Inventaire sommaire des archives
départementales de Saône-et-Loire antérieures à 1790*, t. I, *Archives civiles,
série C*, Mâcon, 1924.

Série Saône-et-Loire E.

3 E 1805.   Pierre Lagrange, notaire à Mâcon. Amodiation de conces-
                     sion de terrains et d'esclaves noirs à Saint-Domingue, 16
                     mars 1769.

3 E 1813.   *Idem*, 10 juin 1777.

Instrument de recherche :

. Morgand (A.), *Répertoire méthodique des minutes notariales (Séries B,
E, 3 E)*, Mâcon, 1931.

Série Saône-et-Loire M.

62 M 8.   Antilles. Colonisation, 1833-1846.

62 M 10.   Saint-Domingue, tremblement de terre de la Guadeloupe.
                     Secours, 1813-1874...

62 M 12.   Réfugiés de Saint-Domingue. Secours et demandes, an
                     IX-1820...

SARTHE

Archives départementales

1, rue des Résistants-Internés, 72016 Le Mans Cedex.
Tél. : (43) 84.55.55.
Heures d'ouverture : du 15 septembre au 30 juin, du lundi au vendredi, de 8 h 45 à 11 h 45 et de 13 h à 17 h 30; le samedi, de 9 h à 11 h 45 et de 14 h à 16 h 45. Du 1er juillet au 15 septembre, du lundi au vendredi, de 8 h 45 à 11 h 45 et de 14 h à 17 h 30.
Fermeture annuelle : première quinzaine d'août.

Voir G. et Chr. NAUD et collaborateurs, *Guide des Archives de la Sarthe*, Le Mans, 1983.

Série Sarthe B.

B 364.	Officiers du régiment de la Martinique, 1784...
B 817.	Jean-Louis Hodebourg de Vert-Bois, ancien lieutenant d'infanterie, résidant à la Martinique, 1765...
B 909.	Succession de Michel Roullier, décédé aux Iles de l'Amérique, 1771...
B 1010.	Avis de parents nommant un tuteur pour un enfant dont le père, Charles Bouteloup, est mort à Gosier (Guadeloupe), 1781...
B 1270, 1271.	François et Pierre Naïl de La Fosse, habitants des colonies françaises d'Amérique, 1778...
B 1496.	Biens des Jésuites à la Guadeloupe et à la Martinique, 1765...
B 1497.	Tafias venant des colonies françaises d'Amérique, 1777...
4 B 112.	Julien Burdan, maître d'écriture, demeurant à Saint-Domingue, 1782-1785...

Instrument de recherche :

. DUCHEMIN (V.) et DUNOYER DE SEGONZAC (J.), *Inventaire sommaire des archives départementales antérieures à 1790 : Sarthe*, t. V, *Archives judiciaires, supplément à la série B*, Le Mans, 1890.

Série Sarthe E.

E 112.	J.-B. Jacques Boucher, écuyer, trésorier général des colonies françaises d'Amérique, 1762-1771.

Instrument de recherche :

. BELLÉE (A.) et MOULARD (P.), *Inventaire sommaire des archives départementales antérieures à 1790 : Sarthe*, t. I, *Archives civiles, séries A à E et supplément*, Le Mans, 1870.

Série Sarthe F.

5 F 254.   Collection Dubois-Guchan. Famille Du Frou : domaine du Quartier-Morin (Saint-Domingue), 1784-an XI.

13 F 1471.   Collection Louis Calendini. Baugé-Robinière, de Saint-Domingue, 1768.

13 F 1557.   *Idem.* Ange-Dominique Calendini : carnet de campagne au Mexique, 1860-1865.

13 F 2032.   *Idem.* Pihery : biens à Saint-Domingue, 1772-1826.

13 F 2109.   *Idem.* Seigneurie de Moré, à Sarcé : biens à Saint-Domingue, 1498-1774.

Instruments de recherche :

. BERRANGER (H. de) et BOULLIER DE BRANCHE (H.), *Répertoire numérique de la série F,* fasc. I, *1-15 F,* Le Mans, 1962.

. Table alphabétique dactylographiée.

Série Sarthe H.

H 752.   Anne Le Peintre, veuve de François Fontenelle, tutrice de son fils François Fontenelle, demeurant à la Trinité (Martinique), 1741.

H 1768.   Inhumation de Marie-Anne Michel, fille de Gabriel Michel et de Marie-Anne La Grande-Cour, de Léogane (Saint-Domingue), 1743.

Instrument de recherche :

. BELLÉE (A.) et DUCHEMIN (V.), *Inventaire sommaire des archives départementales antérieures à 1790 : Sarthe,* t. III et IV, *Archives ecclésiastiques, série H,* Le Mans, 1881-1883.

Série Sarthe J.

1 J 154.   État de recette et dépense des habitations de la Plaine du Nord et de la Nouvelle-Bretagne de Saint-Domingue, traité entre les héritiers Gallois et Stanislas de Longuemarre au sujet des biens de Saint-Domingue, 1784-1789.

1 J 207.   Créance de Charles Guyot Duvigneul sur la succession d'Étienne Gallois décédé à Saint-Domingue, an II-an III.

10 J 41.	Lettres signées Chanterac-Cressac et Pont-de-Gault, relatives aux affaires de Saint-Domingue ou écrites du Cap et adressées à Fournier de Bellevue, de Saint-Coulomb près Saint-Malo, an VII-1803.
10 J 142.	Extrait mortuaire de Joseph Guillaume Onfroy, décédé en 1738 à Saint-Domingue, 1754.
12 J 90.	Fonds d'Estournelles de Constant. Correspondance de personnages officiels de Bolivie, du Brésil, du Paraguay, du Pérou..., xxe s.
12 J 367.	*Idem.* Lettres de Joachim Nabuco, ambassadeur du Brésil à Washington, 1907-1910...
12 J 420.	*Idem.* Amérique latine : documentation, projets de conférence..., xxe s.

Instruments de recherche :

. Inventaires dactylographiés : des sous-séries 1 J et 3 J à 11 J, de la sous-série 12 J.

Sarthe Microfilms de complément.

1 Mi 3 (R 17-21).	Archives de la vicomtesse Guy de Vanssay. Papiers de la famille de Vanssay relatifs à Saint-Domingue, 1694-1867.
1 Mi 3 (R 22).	*Idem.* Plan d'une sucrerie à Saint-Domingue.
1 Mi 3 (R 49, 50).	*Idem.* Louis-Armand de Vanssay : campagne de Saint-Domingue, correspondance, an X-1804.
1 Mi 3 (R 56).	*Idem.* Biens de la famille Edme à Saint-Domingue, correspondance relative à l'île, 1754-xixe s.
1 Mi 4 (R 1).	Archives du comte de Gastines-Dommaigné. Succession d'André-Robert de La Bressaudière, procureur au Cap, 1769-an VIII.
1 Mi 14 (R 2).	Archives du baron d'Ussel. Comte de Rougé : émigration et dossier de créance sur les propriétés du marquis de Massiac à Saint-Domingue, 1791-1803.
1 Mi 16.	Archives du marquis de Fayet. Fonds de Beaunay : documents relatifs à Saint-Domingue, 1710-1829.
1 Mi 20.	Archives de la société La Province du Maine. Fonds de Broc, succession Bongars : documents relatifs à Saint-Domingue, xviiie-xixe s.
1 Mi 26.	Archives de la comtesse de Milleville. Papiers de l'amiral Rivière : documents relatifs à Saint-Domingue, 1770-1811.
1 Mi 38.	Archives de M. Percheron de Monchy. Papiers Pihery : documents relatifs à une propriété à Port-au-Prince, 1731-1828.

SAVOIE

Archives départementales

Préfecture, 73018 Chambéry.
Tél. : (79) 69.51.53.
Heures d'ouverture : du lundi au vendredi, de 8 h 30 à 11 h 45 et de 13 h 45 à 17 h 30.
Fermeture annuelle : du 19 au 30 juin.

Voir A. PERRET, *Guide des Archives de la Savoie*, Chambéry, 1979.

Série Savoie FS.

1 FS 574-576.	Administration générale du duché, intendance générale. Passeports et émigrants, 1824-1858.
5 FS 272-285.	Intendance de Tarentaise. Passeports, 1817-1860.
10 FS.	Tabellion sarde. Bureaux de Chambéry, Conflans et Moutiers : actes enregistrés à l'étranger, 1815-1860...

Instruments de recherche :

. PÉROUSE (G.), *Répertoires numériques du Fonds sarde (1814-1860) et du Fonds de l'Annexion de 1860*, Chambéry, 1913.

. JANNON (J.), *Répertoire numérique du Fonds sarde, 2e partie : Intendance de Maurienne, Haute-Savoie et Tarentaise, Génie civil, Instruction publique*, Chambéry, 1934.

Série Savoie L.

1 L 383.	Police générale. Passeports, frimaire an II-ventôse an III [novembre 1793-mars 1795].
1 L 438-443.	Police administrative. Passeports, 1792-1815.

Instrument de recherche :

. PÉROUSE (G.), *Répertoire de la série L (1792-1815)*, Chambéry, 1925.

Série Savoie M.

10 M 2.	Passeports, 1860-1918; passeports délivrés aux étrangers, 1915-1920.
39 M 1-7.	Émigration vers l'étranger et les colonies, 1860-1939.
42 M 1.	Recherches dans l'intérêt des familles. Personnages notables et successions, 1906-1939.

HAUTE-SAVOIE
Archives départementales

18, avenue du Trésum, 74000 Annecy.
Tél. : (50) 45.67.67.
Heures d'ouverture : du lundi au vendredi, de 8 h 45 à 12 h et de 14 h à 17 h 30.
Pas de fermeture annuelle.

Voir J.-Y. MARIOTTE et R. GABION, *Guide des Archives de la Haute-Savoie*, Annecy, 1976.

Série Haute-Savoie J.

8 J 45.	Fonds Dechavassine. Notes et études du chanoine Dechavassine sur l'émigration savoyarde en Europe et outre-mer (XVIIIe-XXe s.) : correspondance générale, coupures de journaux, documentation imprimée.
8 J 46.	*Idem* : relevés numériques et nominatifs des émigrants savoyards, principalement au XIXe siècle.
8 J 47.	*Idem* : notes et documents sur le rôle des agences d'émigration au XIXe siècle.
8 J 56.	*Idem* : dossiers documentaires sur l'émigration aux Antilles, en Amérique centrale et méridionale.

Instrument de recherche :

. Répertoire numérique dactylographié.

PARIS
Archives départementales

30, quai Henri-IV, 75004 Paris.
Tél. : (1) 272.19.15 et 272.34.52.
Heures d'ouverture : du lundi au vendredi, de 9 h à 18 h; le samedi, de 9 h à 17 h (pour les documents demandés la veille).
Fermeture annuelle : du 1er au 15 août.

Série Paris D. B.

D. 5 B^6.	Livres de commerçants faillis (transactions avec les Iles de l'Amérique...), XVIIIe s.

Série Paris D. AZ.

D. 8 AZ 737.	Pièces diverses relatives à l'Amérique latine, 1867-1925,

SEINE-MARITIME

Archives départementales

Cours Clemenceau, 76036 Rouen Cedex.
Tél. : (35) 62.81.88.
Heures d'ouverture : du lundi au vendredi, de 9 h à 18 h; le samedi, de 9 h à 12 h et de 13 h à 17 h (pour les documents demandés la veille).
Fermeture annuelle : du 1er au 14 juillet.

Série Seine-Maritime B.

214 B.   Amirauté de Dieppe, 1698-1712.

216 B.   Amirauté du Havre, 1590-1789.

217 B.   Amirauté de Rouen, XVIIe-XVIIIe s.

Série Seine-Maritime F.

F 38*.   Journal de Jean Doublet (1655-1728).

Série Seine-Maritime J.

18 J, 32 J.   Papiers Begouën, Begouën Demeaux et Foache : affaires
                coloniales et commerciales aux Antilles (principalement
                Saint-Domingue) et en Amérique latine, XVIIIe-XIXe s.

Instruments de recherche :

. Inventaires dactylographiés.

Série Seine-Maritime L.

LP 7051*.   Tribunal de commerce du Havre. Registre des pièces des-
                tinées à passer aux colonies, 14 mai 1792-7 germinal an
                VII [27 mars 1799].

Seine-Maritime Fonds Marine.

Les Archives départementales de la Seine-Maritime conservent les archives de l'inscription maritime de l'arrondissement de Cherbourg pour les quartiers du Havre et de Rouen. On consultera, pour ces quartiers, les matricules des gens de mer et des bâtiments, les rôles d'armement et de désarmement des bâtiments.

SEINE-ET-MARNE

Archives départementales

Préfecture, 77010 Melun Cedex.
Tél. : (1) 437.91.37, postes 51.87 et 51.88.
Heures d'ouverture : du lundi au samedi, de 9 h à 17 h.
Pas de fermeture annuelle.

Série Seine-et-Marne B.

B 536. Bailliage de Montereau. Enregistrement des lettres patentes concernant la poursuite des biens des Jésuites aux colonies (Martinique, Saint-Domingue, Guadeloupe, Cayenne...), 3 juin 1763...

B 545. *Idem.* Enregistrement de la déclaration royale du 20 juin 1777 sur le commerce des colonies d'Amérique et de la déclaration relative à la police des noirs...

Instrument de recherche :

• LEMAIRE (C.), *Inventaire sommaire des archives départementales antérieures à 1790 : Seine-et-Marne,* t. I et III, *Archives civiles, séries A à E,* Paris et Fontainebleau, 1863-1875.

Série Seine-et-Marne E.

E 213. Pièces relatives à Louis-Marie de La Buissonnière, doyen du Conseil supérieur de Léogane et de Saint-Domingue, et à son fils Pierre-Louis-Marie, capitaine de l'une des compagnies détachées à Saint-Domingue, 1714-1742.

E 636. Famille de Jaucourt. Exploitation de terres à Saint-Domingue..., 1777-1789.

E 1775. Acte d'inhumation de Jean-Jacques Mithon, intendant des Iles sous le Vent, fondateur de Léogane, 1er juillet 1737.

Instrument de recherche :

• LEMAIRE (C.), *op. cit.*

Série Seine-et-Marne F.

427 F 327. Archives du château de Fleury-en-Bière. Minute de l'acte de vente à Christophe de Longvilliers, sieur de Poincy, et à Antoine de Longvilliers, son fils, capitaine de marine, de l'île de Saint-Christophe, 1647...

554 F 1.   Chartrier de Voisenon. Correspondance de Portelance, seigneur de Thoury à Ferrières (Loiret), avec Bourgès, en Amérique, relative à ses biens à Saint-Domingue, 1793-1794.

560 F 3.   Famille Michelin. Notes de Maximilien Michelin relatives à Nicolas Durand de Villegagnon, « roi du Brésil », xixe s.

Instrument de recherche :

. Répertoire numérique dactylographié.

Série Seine-et-Marne L.

L 210-217.   Secours aux colons réfugiés, 1792-an VIII.

Instrument de recherche :

. HUGUES (A.) et CANAL (S.), *Inventaire des archives départementales postérieures à 1789 : Seine-et-Marne, période révolutionnaire, série L*, Melun, 1904-1931, 2 vol.

YVELINES

Archives départementales

Grande Écurie du Roi, avenue de Paris, 78000 Versailles.
Tél. : (1) 950.75.96 (directeur); 951.82.00 et 955.09.55 (bureaux).
Heures d'ouverture : du lundi au vendredi, de 9 h à 17 h 30 (fermé le lundi matin).
Fermeture annuelle : du 1er au 15 août.

Série Yvelines E.

E 70.   Papiers Baillif-Mesnager. Documents relatifs à Saint-Domingue..., 1776-1790.

E 923.   Papiers Ferron de La Ferronnaye (Paul, baron). Habitation à Saint-Domingue..., 1781-1786.

E 1426-1453.   Papiers de Kersaint (Armand de Coetnempren, comte de). Documents relatifs aux Antilles..., 1759-1789.

E 1464.   Papiers Lacaze (Joseph de), ancien gouverneur de Saint-Domingue, 1712-1787.

E 1689-1749. Papiers Lebreton Des Chapelles (Louis-Gatien). Documents relatifs aux Antilles..., 1729-1789.

E 2544. Papiers de Montullé. Lettre adressée au marquis Du Chailleau, gouverneur de Saint-Domingue, concernant Montullé, capitaine de remplacement dans le régiment Royal-Infanterie, 1788.

E 3027-3044. Papiers Ringuenet de La Toulinière. Documents relatifs aux Antilles et à la Guyane..., 1676-1783.

Suppl. E 563. Papiers de l'amiral de Grasse. Mémoire sur la Guyane française, s.d.; exposé sur les opérations de l'escadre d'Estaing dans les eaux de la Martinique et de la Guadeloupe, décembre 1778; mémoire sur le projet d'attaque de la ville de Saint-Salvador au Brésil, s.d.

Instruments de recherche :

● *Inventaire sommaire des archives départementales antérieures à 1790 : Seine-et-Oise, Archives civiles, série E, Versailles, 1873-1960, 6 vol.*

● LEMOINE (H.), *Inventaire sommaire des archives départementales antérieures à 1790 : Seine-et-Oise, Archives civiles, supplément à la série E (Titres féodaux, titres de familles)*, Largentière, 1947.

Série Yvelines L.

1 LM 434-438. Réfugiés des colonies, an II-an XI.

Instrument de recherche :

● LEMOINE (H.) et LIONS (P.), *Répertoire numérique de la série L, fasc. I, 1 L et 2 L. Département et districts*, Largentière, 1951.

SOMME

Archives départementales

61, rue Saint-Fuscien, 80000 Amiens.
Tél. : (22) 92.59.11.
Heures d'ouverture : du lundi au vendredi, de 9 h à 12 h et de 14 h à 17 h.
Fermeture annuelle : du 1er au 14 juillet.

Série Somme E.

E 640.   Papiers de Saint-Georges de Vérac. Lettres de Montaudouin
                   relatives à la Martinique..., 1723-1725; lettre de Dupoyez
                   annonçant que le roi lui a donné le commandement d'un
                   vaisseau pour Cayenne et la Martinique, 12 octobre 1727.

Non coté.   Arnaut, notaire à Amiens. Transaction entre Morgan et la
                   fabrique d'Oresmaux reçue par Me Varlet, notaire à Amiens,
                   le 24 avril 1760 : vente de nègres à la Martinique et inven-
                   taire de produits exotiques.

Instrument de recherche :

. Durand (G.), *Inventaire sommaire des archives départementales anté-*
  rieures à 1790 : Somme, t. IV, *Archives civiles, séries C (nᵒˢ 1976 à 2230),*
  D et E, Amiens, 1897.

TARN

Archives départementales

Cité administrative, avenue du Général-Giraud, 81013 Albi Cedex.
Tél. : (63) 54.06.08.
Heures d'ouverture : du lundi au vendredi, de 9 h à 12 h et de 14 h à 18 h; le samedi, de 9 h
à 12 h (pour les documents demandés à l'avance).
Fermeture annuelle : du 1ᵉʳ au 15 juillet.

Voir M. Greslé-Bouignol, *Guide des Archives du Tarn,* Albi, 1978.

Série Tarn A.

A 25.   Arrêt du Conseil d'État ordonnant l'établissement d'entre-
                   pôts au port du Carénage (Sainte-Lucie) et au Môle-Saint-
                   Nicolas (Saint-Domingue) et permettant aux étrangers d'y
                   faire du commerce, 29 juillet 1767...

Instrument de recherche :

. Jolibois (E.), *Inventaire sommaire des archives départementales anté-*
  rieures à 1790 : Tarn, t. I, *Archives civiles, séries A et B, série C (nᵒ 1-424),*
  Paris, 1875.

Série Tarn B.

B 206.   Sénéchaussée de Castres. Régularisation de l'état civil des enfants de Jean-Louis Bousquet, mort dans un naufrage en revenant de Saint-Domingue, 14 juin 1774...

B 208.   *Idem.* Nomination de curateurs à conseil pour Laurent-Hilaire Bousquet, né à Saint-Domingue, 30 décembre 1776...

B 373.   *Idem.* Donation d'Alexis Rigaud, négociant au Cap-Français, à son frère Pierre Rigaud, 7 mars 1771...

B 1035.   Vicomté de Lautrec. Plainte de Marie-Anne Debrus, épouse d'Étienne Maurel de Lapomarède, citoyen de Castres, résidant à Saint-Domingue, contre la nourrice de son enfant, pour défaut de soins, 24 novembre-30 décembre 1783...

B 1048.   Baronnie de Lescure. Règlement de comptes entre Jean-Baptiste Boyer, prêtre, ancien aumônier des vaisseaux du Roi, missionnaire à Saint-Domingue, et son frère Pierre Boyer, travailleur, habitant à Lescure, 18 février 1767...

B 1216.   Baronnie de Saint-Paul. Succession de Jean-Andrieu Madounet, mort à Cayenne, échue aux enfants Fontès..., 1755-1788.

B 1259.   Justice seigneuriale de Sorèze. Poursuites à la requête d'Angélique Blaquière et de son père Pierre Blaquière, bourgeois de Sorèze, contre René Delaporte, de l'île Saint-Marc, 26 février 1783-26 juillet 1784...

Instrument de recherche :

• JOLIBOIS (E.), *op. cit.*

Série Tarn E.

E 196.   Famille Dupin. Constitution d'une rente viagère par Anne Rivals de Lapomarède, épouse de Jacques-Joseph Dupin Saint-André, en faveur du chevalier Pierre de Larguillière, capitaine aide-major du Fort-Royal de la Martinique..., 1769-1784.

E 4850.   Lacaune. Industrie et commerce : viandes salées du Danemark pour les colonies françaises d'Amérique..., 1685-1789.

Instruments de recherche :

• JOLIBOIS (E.), *Inventaire sommaire des archives départementales anté-rieures à 1790 : Tarn*, t. II, *Archives civiles, série C (n⁰ˢ 425-851), série-D, série E (n⁰ˢ 1-687)*, Albi, 1878.

JOLIBOIS (E.), *Inventaire sommaire... : Tarn*, t. III, *Archives civiles, supplément à la série E Communes*, Albi, 1889.

Série Tarn G.

G 274.   Chapitre cathédrale de Castres. Délibérations relatives à
                    l'accueil sur les terres du chapitre de familles allemandes
                    en attendant leur envoi dans les possessions françaises
                    d'Amérique, 3 décembre 1763...

Instrument de recherche :

• PORTAL (Ch.), *Inventaire sommaire des archives départementales anté-rieures à 1790 : Tarn*, t. IV, *Archives ecclésiastiques, séries G et H*, Albi, 1915.

Série Tarn H.

H 467.   Jacobins de Castres. Dépenses : achat de vêtements et frais
                    de voyage à Bordeaux du P. Séré allant aux Iles d'Amérique,
                    achat de tabac du Brésil, 1693...

Instrument de recherche :

• PORTAL (Ch.), *op. cit.*

Série Tarn J.

39 J 3.   Papiers Raymond. Commerce avec les Iles d'Amérique...
                    par Michel Raymond sous la raison sociale Raymond Desplos,
                    à Bordeaux, 1770-1784.

Série Tarn L.

L 99.   Ordre au district d'Albi de faire transporter à la Guyane française Laporte, prêtre de cette ville, 10 mai 1793 ; la mesure précédente est rapportée le 27 mai, par suite de la prestation de serment de ce prêtre...

L 173.   Correspondance relative au départ pour Bordeaux des prêtres à déporter en Guyane, mars-mai 1793...

L 308 (115-116). Demande de secours par Guillaume Bramayrou et sa femme, réfugiés des colonies, habitant Lautrec, 6 prairial-15 thermidor an VIII [26 mai-3 août 1800].

L 308 (140).   Lettre de Gaspard Bures, chef du 2e bataillon de la 1re demi-brigade de l'armée des Antilles, relative à ses services militaires depuis 1793 et à son père demeurant à Fauch, 3 frimaire an IV [24 novembre 1795].

L 309 (21-24).   Réclamation par Catherine Calmels, épouse Pémille, des biens ayant appartenu à son père Étienne Calmels-Lestiès, décédé en Nouvelle-Angleterre après avoir habité la Guadeloupe, 29 prairial an VIII [18 juin 1800].

L 488 (38, 39). Certificat d'embarquement d'Auguste France, négociant de Castres, sur l'*Aimable-Rose* se rendant au Cap, 4 messidor an III [22 juin 1795].

Instrument de recherche :

. PORTAL (Ch.). *Inventaire sommaire des archives départementales postérieures à 1789 : Tarn, période révolutionnaire, série L,* Albi, 1926-1970, 3 vol.

Série Tarn M.

4 M 21 (4).   Passeports délivrés, 1846-1862.

4 M 21 (5-27).   Passeports à l'étranger, an IV-1916.

4 M 21 (28).   Passeports pour les colonies..., 1853-1879.

6 M 4 (1-5).   Émigration, 1845-1896.

6 M 4 (5).   Rapatriements de l'étranger, 1885-1895.

Instrument de recherche :

. FORESTIER (H.) et ARMINGAUD (J.), *Répertoire numérique de la série M (Administration générale) de l'an VIII au 11 juillet 1940,* Albi, 1958-1970.

VAUCLUSE

Archives départementales

Palais des Papes, 84000 Avignon.
Tél. : (90) 86.16.18.
Heures d'ouverture : du lundi au vendredi, de 8 h 30 à 12 h 30 et de 13 h 30 à 18 h.
Pas de fermeture annuelle.

Série Vaucluse E.

E 83, 84.   Papiers de William Mackinstosh. Documents relatifs à la
                   Grenade..., 1767-1790.

Instrument de recherche :

. Répertoire numérique dactylographié.

VENDÉE

Archives départementales

14, rue Haxo, 85000 La Roche-sur-Yon.
Tél. : (51) 37.71.33 et 37.73.10.
Heures d'ouverture : du lundi au vendredi, de 9 h à 12 h 30 et de 13 h 30 à 18 h.
Fermeture annuelle : du 1er au 15 juillet.

Voir J. GOURHAND, *Guide des Archives de la Vendée,* La Roche-sur-Yon, 1960.

Série Vendée J.

40 J 14-9.   Fonds de Ferriet. Papiers du comte de Vaugiraud, gouverneur
                  de la Guadeloupe de 1814 à 1818 : documents relatifs à la
                  Guadeloupe et à la Martinique..., 1786-1825.

87 J 55.   Fonds Gourraud. Convention Devignes-Chaigne aux fins de
                  liquidation des successions de La Caillière consistant en une
                  indigoterie à l'Artibonite et une maison à Léogane, 1751.

Instrument de recherche :

. Répertoire numérique dactylographié de la sous-série 40 J.

Série Vendée M.

4 M 2.   Colons réfugiés de Saint-Domingue, an VII-1810.

Vendée Microfilms de complément.

1 Mi 102 (R 32). Chartrier du Parc-Soubise. Plantation à Saint-Domingue, 1790-1828.

Instrument de recherche :

. Répertoire numérique dactylographié.

HAUTE-VIENNE

Archives départementales

54, rue de Bourneville, 87032 Limoges Cedex.
Tél. : (55) 50.97.60.
Heures d'ouverture : du lundi au vendredi, de 8 h 30 à 17 h.
Fermeture annuelle : du 1er au 15 juillet.

Voir M. DUCHEIN, *Guide des Archives de la Haute-Vienne,* Limoges, 1954.

Série Haute-Vienne F.

27 F.   Fonds Haviland, xixe-xxe s.
                 La consultation de ce fonds est soumise à autorisation.

Série Haute-Vienne M.

6 M 283.   Réfugiés de Saint-Domingue, 1824-1867.

VOSGES

Archives départementales

4, rue de la Préfecture, case officielle 586, 88021 Épinal Cedex.
Tél. : (29) 82.98.88, poste 1362.
Heures d'ouverture : du lundi au vendredi, de 9 h à 12 h et de 14 h à 18 h.
Fermeture annuelle : du 1er au 15 juillet et le lundi suivant le 22 septembre.

Voir J.-M. DUMONT, *Guide des Archives des Vosges,* Épinal, 1970.

Série Vosges C.

1 C 26.   Subdélégation de Mirecourt. Enregistrement des sujets passant
                 à Mirecourt et ayant obtenu des passeports pour les colonies
                 françaises d'Amérique, 1763...

Instrument de recherche :

. DUHAMEL (L.), *Inventaire sommaire des archives départementales antérieures à 1790 : Vosges, Archives civiles, séries A, C, D et E,* Épinal, 1866.

Série Vosges M.

12 M 13.	Condamnés libérés demandant à être transportés à Cayenne, 1858.
15 M 15.	Secours aux colons de Saint-Domingue, 1858-1873.
15 M 17.	Émigration, 1871-1875.
15 M 50, 51.	*Idem,* 1839-1884.
15 M 210[1].	*Idem,* 1884-1911.
16 M 59.	Passeports, 1842-1911.
19 M 12, 13.	Étrangers ayant fréquenté les eaux thermales des Vosges, 1869-1876.

Instrument de recherche :

. Répertoire numérique manuscrit.

Série Vosges R.

25 R 1.	Décès aux colonies des militaires appartenant aux bataillons de la Martinique et de la Guadeloupe, an XII-1842.
25 R 3-5.	Successions des militaires décédés aux colonies, pensions aux militaires coloniaux, secours aux familles ou invalides, 1829-1864.
25 R 7.	Successions, secours aux fonctionnaires coloniaux, 1861-1871.

Instrument de recherche :

. Répertoire numérique manuscrit.

Série Vosges Y.

9 Y 1, 6.	Transport des condamnés à Cayenne, 1816-1870.

Instrument de recherche :
. Répertoire numérique manuscrit.

YONNE

Archives départementales

37, rue Saint-Germain, 89000 Auxerre.
Tél. : (86) 46.93.88.
Heures d'ouverture : du lundi au vendredi, de 8 h 30 à 17 h 30; le samedi, de 8 h 30 à 12 h.
Pas de fermeture annuelle.

Voir Cl. HOHL, *Guide des Archives de l'Yonne*, Auxerre, 1974.

Série Yonne F.

F 109.   Fonds Ernest Petit. Contrat de mariage du 23 octobre 1734, par devant le notaire du roi au Cap-Français, entre Jean-Louis-Charles Chamont de Chessimont de Villiers et Marthe Robineau...

F 271.   Fonds Badin de Montjoie. Assignation pour avoir main-levée des scellés, à requête de Marie-Claude de La Forest, veuve de Gaspard de Fradel, aux héritiers du défunt : N. Amyot, lieutenant du régiment de Ponthieu, actuellement à Saint-Domingue..., 2 mai 1733...

F 423.   Fonds Fauchereau. Papiers relatifs à Brière, d'Auxerre, héritier par sa femme d'une habitation à Fort-Royal, 1820-1880...

F 429.   *Idem.* Papiers relatifs à la Neustrie (Guatemala), colonie cédée par le roi des Mosquitos au général Gregor Mac Gregor en 1820, par ce général à J.-F. Lehuby en 1825, par Lehuby à Pierre Sagette en 1831; carte de la Neustrie...

F 466.   Demande, par Roch-Charles Camelin, d'une place de conseiller au Conseil souverain de Saint-Domingue, s. d...

Instrument de recherche :

. FORESTIER (H.), *Répertoire numérique de la série F (Fonds divers)*, Auxerre, 1936.

RÉUNION

Archives départementales

Le Chaudron, 97490 Sainte-Clotilde.
Tél. : (262) 28.02.44.
Heures d'ouverture : du lundi au vendredi, de 8 h 30 à 16 h 30.
Fermeture annuelle : 2e quinzaine de janvier.

Voir A. SCHERER, *Guide des Archives de la Réunion*, Saint-Denis-de-la-Réunion 1974.

Série Réunion C⁰.

C⁰ 62*.   Les syndics et directeurs de la Compagnie des Indes au Conseil
               supérieur de Bourbon. Traite de 300 esclaves à Madagascar
               par le *Saint-Michel* pour le Cap Français, Paris, 6 mars 1734...

C⁰ 64*.   *Idem.* Esclaves de Madagascar pour la Martinique, Paris,
               11 décembre 1734...

C⁰ 73*.   *Idem.* Café de la Martinique, Paris, 12 janvier 1737...

C⁰ 418.   David au Conseil supérieur de Bourbon. Pois du Cap, île
               de France, 23 mai 1751...

C⁰ 559.   Les commissaires de la Compagnie des Indes à l'île de France
               à ceux de l'île Bourbon. Demande de blé, de haricots et de
               pois du Cap, Port-Louis, 1ᵉʳ mai 1766...

C⁰ 1360.   Ordres et instructions de la Compagnie des Indes pour le
               sieur de Boisquenay, capitaine du *Saint-Michel* armé pour
               les Iles, Madagascar et Saint-Domingue, Paris, 6 mars 1734.

C⁰ 2919.   Extrait du Code de la Martinique, 1683-1772 (copie ancienne).

C⁰ 2920.   « Code noir ou ordonnance servant de règlement pour le
               gouvernement et l'administration de la justice et de la police
               des îles françaises de l'Amérique et pour la discipline et le
               commerce des nègres et esclaves dans ledit pays », mars 1685
               (copie ancienne).

C⁰ 2921.   Résumé du Code noir, mars 1685 (copie ancienne).

C⁰ 2922, 2922 *bis.* Arrêt rendu à la Martinique au sujet de l'imposition,
               recouvrement et distribution des deniers de la taxe des nègres
               justiciés, 8 mai 1734 (copies anciennes).

Instrument de recherche :

. LOUGNON (A.), *Classement et inventaire du Fonds de la Compagnie des
  Indes (Série C⁰), 1665-1767*, Nérac, 1956.

Série Réunion L.

L 317.   Saint-Domingue, Correspondance, 1790-1795.

Instrument de recherche :

. THÉBAULT (E.P.), *Répertoire numérique de la série L. Révolution, Empire,
  Régime anglais (1789-1815)*, Nérac, 1954.

*
* *

Les dépôts d'archives des départements de la Guyane, de la Martinique et de la Guadeloupe ne conservent, par suite des vicissitudes climatiques (humidité, cyclones, etc.) ou historiques (guerres, incendies...), que de relativement rares documents antérieurs au début du XIXe siècle, ceux-ci ayant été détruits ou, par souci de préservation, déposés aux Archives nationales (1). Le chercheur aura donc recours aux sources fournies par les Archives nationales et les Services historiques de l'Armée de Terre et de la Marine; ces sources complètent également les documents, plus nombreux à partir du XIXe siècle, qu'il pourra trouver outre-mer.

Les fonds, sauf ceux de la Guyane, sont classés; ils concernent essentiellement l'histoire de l'actuel département qui les détient. Sont à signaler pour leur intérêt les archives notariales de la Guadeloupe dont certains actes remontent à 1759 et qui sont riches en inventaires de plantations et actes d'affranchissement, les registres d'esclaves et de « nouveaux citoyens » de la Guadeloupe, les « actes d'individualité » de la Martinique qui indiquent les noms donnés aux anciens esclaves à la suite de l'abolition de l'esclavage en 1848.

GUADELOUPE

Archives départementales (2)

Ancienne Caserne d'Orléans, B.P. 74, Basse-Terre Cedex.
Tél. : (590) 81.13.02.
Heures d'ouverture : les lundi, mardi, jeudi et vendredi, de 7 h 30 à 12 h 45 et de 14 h 45 à 18 h; le mercredi, de 7 h 30 à 12 h 30; fermeture le Mardi Gras et le Mercredi des Cendres, le Vendredi Saint, le 21 juillet et le 2 novembre.
Pas de fermeture annuelle.

Voir J.-P. HERVIEU, « Les Archives de la Guadeloupe », *Bulletin de la Société d'Histoire de la Guadeloupe*, 9-10, 1968, p. 153-157.

---

(1) État civil (1677-1855) et greffes (1703-1881) déposés par la Guyane à la Section outre-mer, fonds suédois de Saint-Barthélemy (1784-1878) déposé par la Guadeloupe au Dépôt d'Aix-en-Provence.

(2) Voir p. 134 et 137 les documents des Archives départementales de la Guadeloupe microfilmés sous les cotes 271 Mi, 288 Mi et 472 Mi.

MARTINIQUE

Archives départementales

Tartenson, Route de la Clairière, B.P. 649, 97262 Fort-de-France Cedex.
Tél. : (596) 71.44.34 et 71.88.46.
Heures d'ouverture : les lundi et vendredi, de 7 h 30 à 13 h.; les mardi, mercredi et jeudi, de 15 h à 18 h 30; fermeture les Lundi et Mardi Gras, le Mercredi des Cendres, le Vendredi Saint et le 2 novembre.
Fermeture annuelle : du 1er au 15 juillet.

Voir L. CHAULEAU, *Guide des Archives de la Martinique*, Fort-de-France, 1978.

GUYANE

Archives départementales

Place Léopold Héder, 97302 Cayenne Cedex.
Tél. : (594) 31.05.20, poste 11.66.
Heures d'ouverture : du lundi au samedi, de 8 h 30 à 12 h 30.
Pas de fermeture annuelle.

Les Archives départementales de la Guyane sont en cours d'organisation.

ARCHIVES

MINISTÉRIELLES

MINISTÈRE DES RELATIONS EXTÉRIEURES

MINISTÈRE DE LA DÉFENSE

MINISTÈRE DE L'ÉCONOMIE ET DES FINANCES

MINISTÈRE DE L'INTÉRIEUR

MINISTÈRE DES RELATIONS EXTÉRIEURES

DIRECTION DES ARCHIVES
ET DE LA DOCUMENTATION

37, quai d'Orsay, 75007 Paris.
Salle de lecture : 1, rue Esnault-Pelterie.
Tél. : (1) 555.95.40, poste 62.42.
Heures d'ouverture : les lundi, mardi, jeudi et vendredi, de 13 h 30 à 18 h 30; le mercredi, permanence de 9 h 30 à 13 h 30 pour les documents retenus à l'avance.
Fermeture annuelle : du 1er au 15 mars.
Conditions d'accès et de communication : se reporter au *Guide du lecteur,* Paris, 1977.
Microfilms : les chercheurs ont la possibilité d'obtenir des microfilms et des tirages sur papier des documents qui les intéressent. Au fur et à mesure du programme de microfilmage des archives, certaines séries ne sont plus communiquées que sous forme de microfilms; il s'agit soit des séries les plus consultées, comme la série Correspondance politique, fonds Turquie, soit des séries dont les documents sont en mauvais état, comme les séries Guerre 1914-1918, A Paix et Guerre 1939-1940.

Outre le *Guide du lecteur,* le chercheur consultera les ouvrages suivants :

. OZANAM (D.), *Les sources de l'histoire de l'Amérique latine : guide du chercheur dans les Archives françaises, I, Les Affaires étrangères,* Paris, 1963 (Cahiers de l'Institut des Hautes Études de l'Amérique latine).

. LELAND (W. G.), MENG (J. J.) et DOYSIÉ (A.), *Guide to Materials for American History in the Libraries and Archives of Paris,* t. II, *Archives of the Ministry of Foreign Affairs,* Washington, 1943.

. *Guide des sources de l'histoire des États-Unis dans les Archives françaises* Paris, 1976, p. 375-383.

CORRESPONDANCE POLITIQUE DES ORIGINES A 1896

Cette série contient 519 volumes reliés, des origines à 1896, pour les pays intéressant le guide. Elle renferme les dépêches et télégrammes échangés entre le ministre et les représentants diplomatiques français à l'étranger; le classement, par poste, est chronologique.

Pour la période coloniale, il sera toujours nécessaire de consulter les fonds Angleterre, Espagne, États-Unis, Pays-Bas et Portugal de la série, selon l'objet de la recherche.

C.P. Correspondance politique

Les fonds à consulter pour l'Amérique latine et les Antilles sont les suivants :

C.P., Amérique centrale et Guatemala. 1823-1895 (31 vol.).

C.P., Argentine (République). 1737-1895 (67 vol.).

C.P., Bolivie. 1826-1893 (8 vol.).

C.P., Brésil. 1820-1895 (62 vol.).

C.P., Chili. 1810-1895 (38 vol.).

C.P., Colombie. 1806-1895 (36 vol.).

C.P., Dominicaine (République). 1844-1895 (15 vol.)

C.P., Équateur. 1837-1895 (11 vol.)

C.P., Haïti. 1816-1895 (45 vol.).

C.P., Mexique. 1811-1896 (79 vol.).

C.P., Paraguay. 1842-1896 (5 vol.).

C.P., Pérou. 1746-1896 (54 vol.).

C.P., Uruguay. 1821-1895 (34 vol.).

C.P., Venezuela. 1821-1895 (34 vol.).

C.P.C. Correspondance politique des consuls
(1826-1896)

Pour chaque pays il existe, à la suite de la correspondance politique, une correspondance politique des consuls classée chronologiquement par poste consulaire. Elle comprend au total 126 volumes pour les postes cités :

C.P.C., Argentine. Buenos Aires, 1858-1866 (1 vol.).

C.P.C., Brésil. Postes divers, 1866-1895 (1 vol).

C.P.C., Chili. Valparaiso, 1871-1895 (1 vol.).

C.P.C., Colombie. Baranquilla, Colon, Panama, Sainte-Marthe, 1859-1893 (5 vol.).

C.P.C., Espagne, vol. 1, 2, 4-6, 8, 10, 13-15, 25, 38, 39, 48, 49, 60, 63, 66 bis, 67, 79, 84, 87, 89-102. La Havane, 1830-1895 (40 vol.).

C.P.C., Espagne, vol. 4-7, 12-15, 39, 48-50, 61, 66, 67, 70, 73, 75, 77, 79, 84, 87, 89-102. Santiago de Cuba, 1832-1895 (46 vol.).

C.P.C., Espagne, vol. 25, 39, 48, 61, 66, 66 bis, 67, 70, 74, 75, 77, 79, 84, 87, 89-102. Porto Rico, 1837-1895 (27 vol.).

C.P.C., Mexique. La Vera Cruz, Matamoros, Mazatlan, Tampico, 1858-1867 (5 vol.).

Instruments de recherche :

- RIGAULT (A.), *État numérique des fonds de la Correspondance politique de l'origine à 1871*, Paris, 1936.

- DEMANCHE (F.), *État numérique des fonds de la Correspondance politique (1871 à 1896)*, Paris, 1961.

- *Inventaire sommaire des archives du département des Affaires étrangères : Correspondance politique (Origines-1830)*, Paris, 1903-1920, 4 vol.

- Tables dactylographiées de la Correspondance politique des origines à 1850.

- Inventaire analytique dactylographié de la Correspondance politique du Venezuela, vol. 1-24.

M.D. MÉMOIRES ET DOCUMENTS

Cette série contient au total 870 volumes reliés pour les pays intéressant le guide : 765 pour les pays d'Europe, 105 pour les pays d'Amérique latine et les Antilles. Renfermant essentiellement des mémoires, notes ou correspondances annexes sur des sujets particuliers à un État, elle est le complément indispensable de la série Correspondance politique jusqu'en 1896. Le classement est géographique par pays pour les États d'Europe, par continent pour l'Amérique, l'Asie et l'Afrique.

La constitution des volumes a été effectuée au fur et à mesure des accroissements des collections, aussi n'y a-t-il pas un classement chronologique par fonds : seul le classement chronologique a été respecté à l'intérieur de chaque volume. Il est donc presque toujours indispensable de se reporter à l'index alphabétique des différents inventaires sommaires pour étudier un sujet.

Cette série est à consulter essentiellement pour la période antérieure à l'établissement de relations diplomatiques régulières avec les pays concernés. A côté du fonds Amérique qui intéresse plus particulièrement le guide, il sera nécessaire, pour la période coloniale, de dépouiller les fonds Angleterre, Espagne, Hollande, Portugal.

Fonds Amérique

Le fonds Amérique contient 71 volumes reliés. Il renferme à la fois des documents sur l'Amérique du Nord, pour laquelle existent également un fonds États-Unis ainsi qu'un fonds Canada, et sur l'Amérique latine et les Antilles. L'essentiel du fonds concerne ce dernier secteur.

A l'intérieur de ce fonds, il existe de grandes sections géographiques numérotées dont le détail suit, pour les pays intéressant le guide :

M.D., Amérique, vol. 1-11. Amérique (1-11), 1592-1771.

M.D., Amérique, vol. 12-27. Indes occidentales (9-24) :

> *Notamment :*
> 15. Saint-Domingue, 1799-1825.
> 17. Colonies françaises, 1784-1823.
> 18. Guadeloupe, Martinique et la Dominique, 1775-1817.
> 19. Guyane française, 1699-1819.
> 20. Indes occidentales et colonies françaises, 1717-1830.
> 22. Divers, dont documents relatifs à Sainte-Lucie.
> 26. Documents relatifs à la Martinique, 1814-1819.
> 27. Guadeloupe et Martinique, 1814-1820.

M.D., Amérique, vol. 28 et 29. Amérique du Sud (1 et 2), 1819-1848.

M.D., Amérique, vol. 30. Venezuela (1), 1829-1844.

M.D., Amérique, vol. 31 et 32. Amérique du Sud (3 et 4), 1648-1838 : documents relatifs au Chili, au Brésil, à la Colombie, à l'Équateur, au Pérou, à Porto Rico, à l'Uruguay et au Venezuela.

M.D., Amérique, vol. 33-37. Amérique et colonies espagnoles (1-5), 1738-1830.

M.D., Amérique, vol. 38 et 39. Colombie (1 et 2), 1795-1826.

M.D., Amérique, vol. 40-44. Mexique (1), 1826-1843; Mexique (1 et 2); Mexique, Californie et Oregon (1 et 2).

M.D., Amérique, vol. 45-48. Panama (1 et 2), 1834-1847; Panama (1 et 2).

M.D., Amérique, vol. 49 et 50. Pérou (1 et 2), 1682-1683.

M.D., Amérique, vol. 60. Colombie (3), 1858-1860.

M.D., Amérique, vol. 61. Antilles (1), 1824-1855.

M.D., Amérique, vol. 62. Chili (1), 1825-1865.

M.D., Amérique, vol. 63. Affaires de la Plata (1), 1836-1868.

M.D., Amérique, vol. 64-66. Guyanes française et hollandaise (1-3), 1836-1892.

M.D., Amérique, vol. 67-71. Panama (1-4), canal interocéanique, 1830-1894.

Autres fonds

A la suite du fonds Amérique ont été ouverts d'autres fonds géographiques :

M.D., Brésil. 1814-1856 (8 vol.).

M.D., Haïti. 1830-1861 (2 vol.).

M.D., Mexique. 1837-1868 (10 vol.).

M.D., Pérou. 1806-1808 (14 vol.).

Différents fonds d'Europe renferment aussi des documents sur les Antilles et les pays d'Amérique latine. On indiquera, à titre d'exemples, les volumes intéressant les pays suivants :

Argentine :	M.D., France, vol. 2121.
	M.D., Portugal, vol. 13.
Brésil :	M.D., Angleterre, vol. 127.
Cuba :	M.D., Angleterre, vol. 127.
	M.D., Espagne, vol. 312, 366.
Équateur :	M.D., France, vol. 1898.
Guyane :	M.D., Hollande, vol. 139.
Mexique :	M.D., Angleterre, vol. 127.
	M.D., Espagne, vol. 310.
	M.D., France, vol. 2118.
	M.D., Rome, vol. 124, 125.
Pérou :	M.D., Bulgarie, vol. 3.
Saint-Domingue :	M.D., Angleterre, vol. 127.
	M.D., Espagne, vol. 321.
Venezuela :	M.D., France, vol. 1898.

Instruments de recherche :

- *Inventaire sommaire des archives du département des Affaires étrangères : Mémoires et Documents (origines-1830)*, Paris, 1883-1896, 3 vol.

- OZANAM (D.) et HELLEU (O.), *Inventaire des Mémoires et Documents : fonds France et fonds divers des pays d'Europe jusqu'en 1896*, Paris, 1964.

- Inventaire dactylographié pour les volumes concernant l'Amérique latine après 1830 et les nouvelles acquisitions.

- Inventaire dactylographié sur fiches pour les nouvelles acquisitions des fonds d'Europe.

C.C.C. CORRESPONDANCE CONSULAIRE ET COMMERCIALE
(1793-1901)

Cette série contient 354 volumes pour les pays concernés par le guide. Elle se présente dans l'ordre alphabétique des postes consulaires; pour chaque poste, la correspondance est classée dans l'ordre chronologique des dépêches,

La correspondance antérieure à 1793, qui représente 1 338 volumes, est conservée aux Archives nationales (1), les consulats relevant sous l'Ancien Régime du Secrétariat d'État à la Marine.

Des origines à 1830, cette série renferme à la fois la correspondance politique et commerciale des consuls. A partir de cette date, la réorganisation du ministère ayant séparé les directions politique et commerciale, cette correspondance ne renferme plus que les dépêches de caractère commercial.

Argentine.

C.C.C., Bahia. 1673-1901 (9 vol.).

C.C.C., Buenos Aires. 1820-1901 (21 vol.).

C.C.C., Cordoba. 1897-1901 (1 vol.).

C.C.C., La Plata. 1889-1901 (1 vol.).

C.C.C., Rosario. 1889-1901 (2 vol.).

C.C.C., Santa Fé de la Plata. 1896-1900 (1 vol.).

Bolivie.

C.C.C., Chuquisaca (ou Sucre). 1831-1852 (4 vol.).

C.C.C., Cobija. 1840-1859 (1 vol.).

Brésil.

C.C.C., Belem. 1821-1901 (4 vol.).

C.C.C., Campêche (ou Campinas). 1835-1848 (2 vol.).

C.C.C., Recife (ou Pernambouc). 1820-1895 (10 vol).

C.C.C., Rio de Janeiro. 1814-1901 (33 vol.).

C.C.C., Saint-Louis de Maranhão. 1821-1861 (2 vol.).

C.C.C., Saint-Paul. 1895-1901 (4 vol.).

Chili.

C.C.C., Santiago du Chili. 1810-1901 (20 vol.).

C.C.C., Valdivia. 1840-1848 (1 vol.).

C.C.C., Valparaiso. 1830-1901 (11 vol.).

---

(1) Voir p. 201, séries A.E,Bᴵ et A,E,Bᴵᴵᴵ,

Colombie.

C.C.C., Baranquilla. 1876-1891 (1 vol.)

C.C.C., Bogota (Santa Fé de). 1825-1901 (12 vol.).

C.C.C., Carthagène de Colombie. 1831-1848 (2 vol.).

C.C.C., Sainte-Marthe. 1849-1871 (2 vol.).

Cuba.

C.C.C., La Havane. 1817-1901 (vol. 5-26 les vol. 1-4 sont conservés aux Archives nationales).

C.C.C., Santiago de Cuba. 1824-1901 (9 vol.).

Équateur.

C.C.C., Guayaquil. 1835-1890 (2 vol.).

C.C.C., Quito. 1834-1901 (10 vol.).

États-Unis.

C.C.C., Porto Rico. 1824-1901 (11 vol.).

Guatemala.

C.C.C., Guatemala. 1823-1901 (13 vol.).

C.C.C., San José de Costa Rica. 1872-1901 (2 vol.).

C.C.C., San Salvador. 1833-1843 (1 vol.).

Haïti.

C.C.C., Le Cap Haïtien, 1825-1856 (2 vol.).

C.C.C., Les Cayes. 1825-1831 (1 vol.).

C.C.C., Port-au-Prince. 1825-1901 (13 vol.).

Mexique.

C.C.C., La Paz. 1887-1901 (7 vol.).

C.C.C., Mazatlan. 1841-1867 (1 vol.).

C.C.C., Mexico. 1817-1901 (20 vol.).

C.C.C., Tampico. 1832-1901 (5 vol.).

C.C.C., Vera Cruz. 1828-1901 (8 vol.)

Panama.

C.C.C., Colon. 1876-1901 (1 vol.).

C.C.C., Panama. 1843-1901 (9 vol.).

Paraguay.

C.C.C., Assomption. 1854-1901 (4 vol.).

Pérou.

C.C.C., Arequipa, Arica, Tacna. 1844-1871 (2 vol.).

C.C.C., Callao. 1854-1895 (3 vol.).

C.C.C., Lima. 1821-1901 (22 vol.).

République Dominicaine.

C.C.C., Saint-Domingue. 1843-1901 (5 vol.).

Trinité et Tobago.

C.C.C., Port d'Espagne (Port of Spain). 1863-1901 (2 vol.).

Uruguay.

C.C.C., Montevideo. 1825-1901 (18 vol.).

Venezuela.

C.C.C., Caracas. 1832-1901 (16 vol.).

Instrument de recherche :

. DEMANCHE (F.), *État numérique des fonds de la Correspondance consulaire et commerciale de 1793 à 1901,* Paris, 1961.

CORRESPONDANCE POLITIQUE ET COMMERCIALE
(1897-1918)

Faisant suite aux deux séries Correspondance politique (des origines à 1896) et Correspondance consulaire et commerciale (1793-1901), cette série renferme à la fois la correspondance diplomatique et la correspondance commerciale, du moins à partir de 1902. Au total, elle contient 491 articles (volumes et cartons) pour les pays intéressant le guide. Le classement, par secteur géographique ou par pays, est méthodique; ainsi, pour le Chili : politique intérieure, politique étrangère, armée et marine, finances politiques, etc. Pour chaque sujet, les documents sont classés dans l'ordre chronologique.

Une seconde partie, consacrée à la guerre de 1914-1918, renferme la correspondance concernant essentiellement les pays belligérants ou les grandes questions internationales abordées pendant la guerre.

N.S. Nouvelle série

N.S., Amérique centrale. 1896-1918 (2 vol.).

N.S., Amérique latine. 1908-1914 (1 vol.).

N.S., Antilles anglaises. 1898-1918 (5 vol.).

N.S., Argentine. 1896-1918 (32 vol.).

N.S., Bolivie. 1894-1918 (17 vol.).

N.S., Brésil. 1892-1918 (80 vol.).

N.S., Chili. 1884-1918 (30 vol.).

N.S., Colombie. 1894-1918 (13 vol.).

N.S., Costa Rica. 1896-1918 (23 vol.).

N.S., Cuba. 1901-1918 (23 vol.).

N.S., Équateur. 1896-1918 (17 vol.).

N.S., Espagne, vol. 16-29. Possessions d'outre-mer, Cuba et Porto Rico, 1896-1918.

N.S., États-Unis, vol. 69, 70. Affaires de Cuba, 1896-1900.

N.S., États-Unis, vol. 71, 72. Porto Rico, 1897-1914.

N.S., Guatemala. 1896-1918 (9 vol.).

N.S., Guyane hollandaise. 1897-1912 (2 vol.).

N.S., Haïti. 1895-1918 (31 vol.).

N.S., Honduras. 1897-1916 (4 vol.).

N.S., Mexique. 1891-1918 (41 vol.).

N.S., Nicaragua. 1895-1917 (3 vol.).

N.S., Panama. 1901-1918 (18 vol.).

N.S., Pérou. 1899-1918 (17 vol.).

N.S., République Dominicaine. 1894-1918 (7 vol.).

N.S., Salvador. 1895-1918 (5 vol.).

N.S., Uruguay. 1887-1918 (27 vol.).

N.S., Venezuela. 1896-1918 (21 vol.).

Guerre 1914-1918

Les volumes intéressant plus particulièrement l'Amérique latine sont les suivants :

Guerre 1914-1918, vol. 174-188. Amérique du Nord et du Sud.

Guerre 1914-1918, vol. 189-216. Amérique latine (classement selon l'ordre alphabétique des pays).

Guerre 1914-1918, vol. 552-554. Grande-Bretagne. Possessions anglaises d'Amérique.

Guerre 1914-1918, vol. 1073. La guerre sous-marine, les neutres. Amérique latine.

Guerre 1914-1918, vol. 1409, 1410. Paiements des achats français à l'étranger. Amérique latine.

Guerre 1914-1918, vol. 1279. Ravitaillement de la France à l'étranger. Missions d'achats en Amérique latine.

Guerre 1914-1918, vol. 1432. Affaires financières des États étrangers. Amérique latine.

Instrument de recherche :

. Duval (M.-V.) et Péquin (F.), *État numérique des fonds de la Correspondance politique et commerciale, 1897 à 1918*, Paris, 1973.

SÉRIE A PAIX
(1914-1920)

Cette série renferme au total 359 articles; elle complète la série Guerre 1914-1918. La plupart des dossiers ont disparu lors de l'occupation des Archives du Quai d'Orsay entre 1940 et 1944, mais certains ont pu être reconstitués. Ce qui subsiste a fait l'objet d'un reclassement méthodique : affaires générales, Congrès de la Paix, Armistice, etc. Peu de dossiers, toutefois, intéressent l'Amérique latine :

A Paix, vol. 28. Congrès de la Paix. Plénipotentiaires, personnel : Brésil, Colombie, Équateur...

A Paix, vol. 30. *Idem :* Mexique...

Instrument de recherche :

. Inventaire analytique dactylographié.

AFFAIRES DIVERSES POLITIQUES
(1815-1896)

Cette série contient 70 cartons pour l'Amérique latine et les Antilles. Elle se présente dans l'ordre alphabétique des pays; seuls quelques fonds ont été inventoriés. Elle renferme les dossiers qui n'ont pas été classés au moment de la reliure de la Correspondance politique antérieure à 1896, parce qu'ils présentaient essentiellement un caractère contentieux et n'étaient pas communicables : contentieux, affaires de particuliers, réfugiés, affaires financières (dettes, indemnités), affaires militaires, etc.

Affaires diverses politiques, Amérique centrale. 1815-1894 (5 cartons; les cartons 4 et 5 concernent la Guyane).

Affaires diverses politiques, Argentine. 1841-1895 (6 cartons).

Affaires diverses politiques, Bolivie. 1852-1893 (1 carton).

Affaires diverses politiques, Brésil. 1815-1895 (10 cartons).

Affaires diverses politiques, Chili. 1865-1895 (11 cartons).

Affaires diverses politiques, Colombie-Panama. 1825-1895 (3 cartons).

Affaires diverses politiques, République Dominicaine. 1888-1895 (1 carton).

Affaires diverses politiques, Équateur. 1841-1895 (2 cartons).

Affaires diverses politiques, Haïti. 1823-1895 (9 cartons).

Affaires diverses politiques, Mexique. 1822-1895 (12 cartons).

Affaires diverses politiques, Paraguay. 1859-1883 (1 carton).

Affaires diverses politiques, Pérou. 1836-1895 (4 cartons).

Affaires diverses politiques, Uruguay. 1842-1895 (1 carton).

Affaires diverses politiques, Venezuela. 1842-1895 (4 cartons).

Instrument de recherche :

. Inventaire analytique dactylographié des fonds Amérique centrale (cartons 1-3), Argentine et Chili.

AFFAIRES DIVERSES COMMERCIALES
(1830-1901)

Cette série renferme 497 cartons. Elle contient les dossiers des affaires commerciales, industrielles, économiques et sociales traitées par la sous-direction commerciale avant 1902. Elle complète les dossiers commerciaux de la Correspondance consulaire et commerciale de 1793 à 1901.

Le classement a été effectué selon un plan méthodique :

— dossiers généraux (15 cartons);

— France : activité commerciale et industrielle de la France à l'étranger (147 cartons);

— pays étrangers (177 cartons);

— expositions (63 cartons);

— questions monétaires et financières (95 cartons).

Les cartons 127-141 (dossiers généraux) et 142-288 (France) sont à consulter. En général, c'est dans les pays étrangers (cartons 289-465) que l'on trouvera les documents intéressant plus particulièrement les pays d'Amérique latine et les Antilles :

Affaires diverses commerciales, carton 305, 306. Amérique centrale, 1893-1904.

Affaires diverses commerciales, carton 307-309. Amérique, 1884-1901.

Affaires diverses commerciales, carton 310. République Argentine, 1888-1894.

Affaires diverses commerciales, carton 320-323. Brésil, 1842-1902.

Affaires diverses commerciales, carton 326 bis, 327. Chili, arbitrage franco-chilien, 1897-1902.

Affaires diverses commerciales, carton 389-391. Haïti et Saint-Domingue, 1896-1901.

Affaires diverses commerciales, carton 409, 410. Mexique, 1889-1901.

Affaires diverses commerciales, carton 415, 416. Pérou, 1883-1901.

Affaires diverses commerciales, carton 462-464. Uruguay et Paraguay, 1887-1901.

Affaires diverses commerciales, carton 465. Venezuela, 1880-1901.

Les sections Expositions (cartons 466-529) et Questions monétaires et financières (cartons 530-625) sont à voir également.

Exemples de documents :

Affaires diverses commerciales, carton 499. Expositions. Amérique du Sud. 1875-1895.

Affaires diverses commerciales, carton 569. Questions monétaires et financières. Haïti, 1880-1895.

Instrument de recherche :

• Inventaire analytique manuscrit.

NÉGOCIATIONS COMMERCIALES
(1786-1906)

Cette série renferme 30 cartons pour les pays concernant le guide. Elle est le complément de la Correspondance consulaire et commerciale des origines à 1901; elle intéresse essentiellement la révision des tarifs douaniers et le renouvellement des traités de commerce au XIXᵉ siècle. La correspondance est classée chronologiquement par pays.

Négociations commerciales, Argentine. 1884-1901 (3 cartons).

Négociations commerciales, Bolivie. 1845-1888 (2 cartons).

Négociations commerciales, Brésil. 1826-1895 (1 carton).

Négociations commerciales, Centre Amérique. 1831-1899 (3 cartons).

Négociations commerciales, Colombie. 1831-1901 (1 carton).

Négociations commerciales, République Dominicaine. 1849-1893 (2 cartons).

Négociations commerciales, Équateur. Avril 1834-1901 (3 cartons).

Négociations commerciales, Haïti. 1850-1896 (1 carton).

Négociations commerciales, Mexique. 1822-1900 (7 cartons).

Négociations commerciales, Pérou. 1836-1901 (1 carton).

Négociations commerciales, Uruguay. 1835-1902 (3 cartons).

Négociations commerciales, Venezuela. 1833-1897 (1 carton).

Instrument de recherche :

. État numérique dactylographié.

SÉRIE COMMERCIALE A 1
(1902-1907)

Cette série comprend au total 64 cartons. Les dossiers qu'elle renferme émanent de la sous-direction des Affaires commerciales (direction des Consulats et Affaires commerciales); ce sont les dossiers généraux qui n'ont pas été reliés dans la Nouvelle série.

Le plan de classement est méthodique : finances (tabacs, agents de vente, douanes...), justice, instruction publique, travaux publics, agriculture, colonies, commerce, etc.

Exemples de documents :

A 1, carton 8. Finances. Tabacs, agents de vente : Haïti, 1902-1903...

A 1, carton 22. Commerce. Chambre de commerce française : Buenos Aires, la Havane, Rio de Janeiro, Santiago du Chili, Mexico..., 1902-1907.

A 1, carton 26. Commerce. Conseillers du commerce extérieur à Santiago de Cuba, 1902; à Bogota, 1902; à Montevideo, 1902; au Guatemala, 1903; à Guayaquil et Quito, 1904-1905; à Mexico, 1907...

A 1, carton 62. Régime douanier français. Denrées coloniales de consommation : Haïti, Saint-Domingue, 1900-1901; Antilles danoises, 1900-1902; Guatemala, 1900-1905; Costa Rica, 1900-1902; Nicaragua, 1900-1907; Honduras, 1900-1905...

Instrument de recherche :

. Inventaire analytique dactylographié.

SÉRIE B AMÉRIQUE
(1918-1940)

Cette série unique contient 1 245 articles (volumes et liasses) pour les pays concernés par le présent guide. Elle fait suite à la Correspondance politique et commerciale.

Les documents ont été classés par pays selon un plan méthodique et, à l'intérieur de chaque rubrique, selon l'ordre chronologique; ainsi, pour le Mexique : légations et consulats, affaires politiques (correspondance politique générale, affaires religieuses, île Clipperton, etc.), protocole, armée et guerre, affaires commerciales, affaires financières, industrie et travaux publics, navigation et ports, dossiers divers, contentieux.

Les volumes intéressant le guide sont les suivants :

B Amérique 1918-1940, dossiers généraux (25 vol.).

B Amérique 1918-1940, Antilles (12 vol.).

    Antilles, vol. 1-4. Antilles françaises.
    Antilles, vol. 5, 6. Antilles américaines.
    Antilles, vol. 7-10. Antilles britanniques.
    Antilles, vol. 11. Antilles néerlandaises.
    Antilles, vol. 12. Antilles danoises.

B Amérique 1918-1940, Argentine (90 vol.).

B Amérique 1918-1940, Bolivie (49 vol.).

B Amérique 1918-1940, Brésil (180 vol.).

B Amérique 1918-1940, Centre Amérique (104 vol.).

Centre Amérique, vol. 1-19. Affaires générales.
Centre Amérique, vol. 20-46. Guatemala.
Centre Amérique, vol. 47-65. Costa Rica.
Centre Amérique, vol. 66, 67. Honduras.
Centre Amérique, vol. 68-74. Nicaragua.
Centre Amérique, vol. 75-84. Salvador.
Centre Amérique, vol. 85-104. Panama.

B Amérique 1918-1940, Chili (55 vol.).

B Amérique 1918-1940, Colombie (65 vol.).

B Amérique 1918-1940, Cuba (37 vol.).

B Amérique 1918-1940, Équateur (40 vol.).

B Amérique 1918-1940, Guyanes (3 vol.).

Guyane, vol. 1. Guyane hollandaise.
Guyane, vol. 2. Guyane anglaise.
Guyane, vol. 3. Guyane française.

B Amérique 1918-1940, Haïti (69 vol.).

B Amérique 1918-1940, Iles Hawaï (2 vol.).

B Amérique 1918-1940, Mexique (115 vol.).

B Amérique 1918-1940, Paraguay (18 vol.).

B Amérique 1918-1940, Pérou (73 vol.).

B Amérique 1918-1940, République dominicaine (25 vol.).

B Amérique 1918-1940, Uruguay (35 vol.).

B Amérique 1918-1940, Venezuela (48 vol.).

Instrument de recherche :

. Inventaire dactylographié.

GUERRE 1939-1945 (LONDRES ET ALGER)

Cette série contient 1 638 articles au total pour les fonds de Londres et d'Alger réunis. En dépit de l'appellation de la série, les fonds de Londres et d'Alger couvrent, le premier la période du Comité national français (C.N.F.) de juin 1940 à juillet 1943, le second la période du Comité français de libération nationale (C.F.L.N.) et du Gouvernement provisoire de la République française de juin 1943 à septembre 1944.

Le fonds de Londres, entièrement microfilmé, est communiqué exclusivement sous forme de microfilms. Il en est de même du fonds d'Alger.

Londres (juin 1940 - juillet 1943)

Politique extérieure du C.N.F.

Guerre 1939-1945, vol. 34-38. Dossiers généraux.

Guerre 1939-1945, vol. 112, 113. Antilles.

Guerre 1939-1945, vol. 114, 115. Guyane.

Politique extérieure des Puissances.

Guerre 1939-1945, vol. 229. Argentine.

Guerre 1939-1945, vol. 234. Bolivie.

Guerre 1939-1945, vol. 235. Brésil.

Guerre 1939-1945, vol. 237, 238. Amérique latine.

Guerre 1939-1945, vol. 239. Chili.

Guerre 1939-1945, vol. 240. Colombie.

Guerre 1939-1945, vol. 241-243. Cuba.

Guerre 1939-1945, vol. 249. Équateur.

Guerre 1939-1945, vol. 256. Haïti.

Guerre 1939-1945, vol. 264-266. Mexique.

Guerre 1939-1945, vol. 270. Pérou.

Guerre 1939-1945, vol. 286. Uruguay et Paraguay.

Guerre 1939-1945, vol. 287. Venezuela.

Guerre 1939-1945, vol. 292. Panama.

Représentants et délégués du C.N.F. à l'étranger.

Guerre 1939-1945, vol. 305. Dossier général.

Guerre 1939-1945, vol. 317-321. Amérique centrale.

Guerre 1939-1945, vol. 322-326. Amérique du Sud.

Comités.

Guerre 1939-1945, vol. 361. Dossier général.

Guerre 1939-1945, vol. 392-406. Amérique centrale.

Guerre 1939-1945, vol. 407-422. Amérique du Sud.

Alger (juin 1943 - septembre 1944)

Politique extérieure du C.F.L.N.

Guerre 1939-1945, vol. 646. Dossier général.

Guerre 1939-1945, vol. 647. Argentine, Bolivie, Brésil, Chili, Colombie...

Guerre 1939-1945, vol. 648. Costa Rica, Cuba, Équateur, Guatemala, Haïti, Honduras, Mexique.

Guerre 1939-1945, vol. 649. Nicaragua, Panama, Paraguay, Pérou, Saint-Domingue, San Salvador-Honduras, Uruguay, Venezuela.

Rapports sur les colonies.

Guerre 1939-1945, vol. 666. Martinique et Guadeloupe.

Guerre 1939-1945, vol. 676. Guyane.

Instrument de recherche :

. État numérique dactylographié.

GUERRE 1939-1945 (VICHY)

Cette série est en cours de classement. Seules sont actuellement classées la série Z Europe et la série Y Europe Internationale qui renferme les dossiers des armistices franco-allemand et franco-italien.

Un problème se pose pour les dossiers relatifs à l'Amérique qui ont été gravement endommagés par des inondations en 1954; le fonds Amérique, en très mauvais état, ne pourra donc être communiqué dans son intégralité. Il est en cours de microfilmage.

SÉRIE B AMÉRIQUE
(1944-1952)

Cette série, actuellement en cours de classement, n'est communicable que sur dérogation. Avant reclassement, elle contient 150 cartons pour les pays intéressant le guide. Les principaux sujets sont les suivants :

— Généralités;

— Territoires dépendants d'Amérique : conférence de la Commission interaméricaine pour les territoires dépendants, la Havane, 1945-1950; Guyane et Antilles françaises, île Clipperton; possessions anglaises (Antilles anglaises, Honduras britannique, Guyane anglaise, îles Falkland); Antilles; Porto-Rico;

— Questions politiques générales : conférence de Mexico, février-mars 1945; acte de Chapultepec, novembre 1944-août |1946; Union panaméricaine-O.E.A., conférence de Rio, conférence de Bogota...;

— Commission des Caraïbes, décembre 1946-décembre 1953;

— Dossiers par pays : Argentine, Brésil, Bolivie, Chili, Colombie, Costa Rica, Cuba, Équateur, Guatemala, Haïti, Honduras, Mexique, Nicaragua, Panama, Paraguay, Pérou, République Dominicaine, Salvador, Uruguay, Venezuela.

Instrument de recherche :

. Répertoire numérique manuscrit réservé aux communications administratives.

P.A. PAPIERS D'AGENTS OU FONDS NOMINATIFS

Cette série renferme au total 287 fonds de papiers d'agents diplomatiques et hommes politiques, déposés aux Archives du ministère des Relations extérieures. Elle n'est pas close et s'accroît régulièrement des papiers des agents venant à décéder et laissant des papiers d'État. La plupart de ces fonds ne sont pas inventoriés et tous ne sont pas ouverts à la consultation. Ils sont constitués de correspondances, qui sont parfois des doubles de la correspondance officielle, et surtout de lettres privées qui viennent compléter la correspondance diplomatique.

Est présentée ici la liste alphabétique des agents qui furent en poste en Amérique latine et aux Antilles avec la désignation de leurs postes successifs et, entre parenthèses, la cote globale de leurs papiers dans la série P.A.

AMELOT DE CHAILLOU (comte Léon-Édouard) : Buenos Aires, 1878; Rio de Janeiro, 1882 (P.A. 7).

AUBIGNY (Ludovic Henrys, comte d') : Lima, 1875 (P.A. 4).

ARVENGAS (Gilbert) : Mexico, 1940-1941; Santiago du Chili, 1943-1944 (P.A. 265; communication réservée).

AVRIL (Adolphe Lévesque, baron d') : Chili, 1877 (P.A. 7).

BACOURT (Pierre-Henri Fourier de) : Chili, 1874; Rio de Janeiro, 1883; Lima, 1884; Santiago du Chili, 1885; Port-au-Prince, 1885; Santiago du Chili, 1887 (P.A. 75).

BARROT (Adolphe) : commissaire à Haïti, 1843 (P.A. 75).

BLONDEL (Jules) : Buenos Aires, 1928 (P.A. 24).

BRUWAERT (François-Edmond) : Montevideo, 1904 (P.A. 32).

DEFRANCE (Jules-Albert) : Santiago du Chili, 1888 (P.A. 56).

DEJEAN (François, vicomte) : Lima, 1904; Mexico, 1918 (P.A. 56).

DELAVAUD (Louis-Charles) : Centre Amérique, 1910; mission commerciale en Amérique du Sud, 1914 (P.A. 59).

DESPREZ (Paul) : Haïti, 1902; Chili, 1904 (P.A. 61 bis).

DUPRAY (Pascal) : Chili, 1882 (P.A. 39).

FABRE (Auguste-Jean-Marc) : Assomption, 1908; Centre Amérique, 1911; Caracas, 1913 (P.A. 181).

FOUCHET (Maurice) : Assomption, 1919 (P.A. 206).

FRANDIN (Joseph-Hippolyte) : Bogota, 1895; Quito, 1897; Saint-Domingue, 1904; Bogota, 1911 (P.A. 76).

GÉRARD (Auguste) : Brésil, 1890 (P.A. 81).

HOPPENOT (Henri) : Rio de Janeiro, mars-mai 1919; Montevideo, 1940-1942 (P.A. 270; communication réservée).

KAMMERER (Albert) : Rio-de-Janeiro, 1931 (P.A. 94).

LANEN (Louis-Charles-Arthur) : Bogota, 1882; Santiago du Chili, 1885 (P.A. 101).

LAVAUR DE SAINTE-FORTUNADE (Frédéric-Marie, vicomte de) : Rio de Janeiro, 1897 (P.A. 103).

LE BRUN (Marie-Félix-Raphaël Petit) : Colombie, 1911-1918 (P.A. 182).

LEFEBVRE DE BÉCOURT (Charles) : Buenos Aires, 1840 (P.A. 106).

LE MOYNE (Arnaud-Hilaire-Auguste) : Bogota, 1828; Colombie, 1831; Lima, 1840; Argentine, 1855 (P.A. 108).

NOËL (Alexis-Léon) : Buenos Aires, 1866; Rio de Janeiro, 1872 (P.A. 126).

PATENÔTRE (Louis) : Montevideo, 1888 (P.A. 135).

QUIÉVREUX (Joseph) : la Havane, 1895; Caracas, 1897 (P.A. 184).

ROUVIER (Urbain-Jules-Charles) : Buenos Aires, 1880; Rio de Janeiro, 1882; Buenos Aires, 1892 (P.A. 154).

SARTIGES (Étienne-Gilbert-Eugène, comte de) : Rio de Janeiro, 1833 (P.A. 160).

THIÉBAUT (Eugène) : Buenos Aires, 1906 (P.A. 169).

WIENER (Charles) : Mexico, 1889; Assomption, 1890; la Paz, 1891; chargé de mission en Amérique latine, 1895.

Instruments de recherche :

. Fichier alphabétique.

. Inventaires dactylographiés.

ARCHIVES RÉINTÉGRÉES DES POSTES

Les archives d'un certain nombre de postes ont été rapatriées; elles constituent, pour une grande part, le double des archives du département et sont considérées avant tout comme des archives de sécurité. Leur communication est donc soumise à certaines règles et leur accès ne pourra être autorisé, sur dérogation, qu'après consultation de toutes les autres séries du dépôt des Relations extérieures sur tel ou tel sujet.

Dans certains cas, les archives des postes peuvent compléter utilement les correspondances dont elles comblent parfois les lacunes accidentelles (guerre de 1939-1945, par exemple); les lettres personnelles, rapports, etc., adressés aux chefs de poste donnent également des éléments d'information précieux pour les chercheurs.

Les archives rapatriées des Antilles et d'Amérique latine intéressent, à ce jour, les postes suivants :

Bogota, 1813-1874;
Haïti, 1825-1967;
La Paz, 1841-1848;
Lima, 1841-1945;
Mexico, 1829-1939;

Nouvelle-Grenade, 1837-1848;
Saint-Domingue, 1897-1973;
Santiago du Chili, 1820-1945;
Vera Cruz (consulat), 1826-1875.

MINISTÈRE DE LA DÉFENSE

SERVICE HISTORIQUE DE L'ARMÉE DE TERRE

Pavillon des Armes, Vieux Fort, Château de Vincennes, 94303 Vincennes Cedex.
Tél. : (1) 374.11.55.
Heures d'ouverture : du lundi au jeudi, de 10 h à 17 h 30; le vendredi, de 10 h à 16 h 30.
Pas de fermeture annuelle.
Possibilité de photocopie et de microfilm.

Le Service historique de l'Armée de Terre est l'héritier direct du Dépôt de la Guerre créé par Louvois en 1688. Il assume la conservation des archives de l'administration centrale du ministère de la Défense (Cabinet du Ministre, État-Major des Armées), du Secrétariat général de la Défense nationale, des Services communs et de l'Armée de Terre. Cependant, un certain nombre de dépôts concernant soit les archives techniques (Génie, Artillerie, Intendance, Santé), soit les archives administratives existent parallèlement au dépôt de Vincennes. Nous étudierons les principaux.

Le plan de classement des archives conservées par le Service historique est le suivant :

Série A. Ancien Régime, 1631-1790.
Série B. De la Révolution à la paix d'Amiens, 1791-1803.
Série C. Premier Empire, Première Restauration, Cent-Jours, 1804-1815.
Série D. Restauration, 1815-1830.
Série E. Monarchie de Juillet, 1830-1848.
Série F. Seconde République, 1848-1851.
Série G. Second Empire, 1851-1870.
Série H. Afrique du Nord et Outre-Mer, 1830 à nos jours.
Série I. Divisions militaires, 1799-1859.
Série J. Justice militaire, an II-1925.
Série K. Mélanges : donations ou achats, XVIIIe-XIXe s.
Série L. Guerre franco-allemande, 1870-1871.
Série M. Mémoires et reconnaissances antérieurs à 1900.
Série N. Troisième République, 1871-1940.
Série P. Troisième République, 1940-1946.
Série Q. Quatrième République et Cinquième République.
Série X. Archives administratives de l'État-Major des Corps de Troupe antérieures à 1870 : organisation, inspections.
Série Y. Archives administratives : contrôles régimentaires, dossiers individuels.

Ce plan de classement est le résultat de nombreux remaniements, dont certains récents. D'autre part, des documents ont été soustraits de diverses séries pour constituer la collection des manuscrits des Archives de la Guerre. Les recherches ne doivent donc pas se borner à la consultation de la série correspondant à l'époque étudiée mais devra comprendre également celle de la série M.

SÉRIE A. ANCIEN RÉGIME

La série A est elle-même subdivisée en quatre sous-séries.

Sous-série 1 A. Correspondance

Cette sous-série comprend 3 857 articles contenant à la fois la correspondance au départ et à l'arrivée. Seront à consulter :

A¹ 42.   Mémoire sur l'établissement d'une colonie française en Amérique, 1637...

A¹ 793.   Commerce de la France et de l'Espagne dans les colonies espagnoles d'Amérique, 1685...

A¹ 1241.   Combats sur la côte de Saint-Domingue..., 1676-1693.

A¹ 1428.   Expédition du baron de Pointis aux Antilles, prise de Cartagena, 1697...

A¹ 1474.   Traitement des officiers français choisis pour passer dans les colonies espagnoles d'Amérique, 1701...

A¹ 1485.   Lettres relatives aux officiers français envoyés au Mexique, 1701...

A¹ 1598.   Négociations franco-espagnoles sur le traité de l'Asiento, 1701 ; mémoire sur le concordat souhaitable entre Français et Espagnols à Saint-Domingue, sur l'essor du commerce et les projets de peuplement, 1701 ; officiers français envoyés à la Havane, état de cette colonie, troupes qui y sont en garnison, 1701 ; nomination du duc d'Albuquerque à la vice-royauté du Mexique, de Don Salvador au gouvernement du Potosi, 1702...

A¹ 1599.   Mémoire pour faire passer des mineurs à Saint-Domingue, mémoires en espagnol sur les Indes espagnoles, 1702-1703.

A¹ 1600.   Instructions du roi d'Espagne au vice-roi du Mexique, nominations d'officiers pour les colonies espagnoles ; requêtes d'officiers français qui sont à la Havane..., 1702-1703.

A¹ 1601.   Mémoires en espagnol sur les Indes espagnoles ; officiers français envoyés au Mexique, à la Havane, la Nouvelle-Grenade ; état des places de Cartagena, Panama, la Vera Cruz..., 1702.

A¹ 1706.   Officiers français à la Vera Cruz, la Havane, Cartagena ; relation d'une révolte de noirs à la Jamaïque..., 1703.

A¹ 1775.   Mémoire en italien sur la situation de l'Église dans les colonies espagnoles d'Amérique..., 1704.

A¹ 1786.   Mémoire de la Boulaye « pour faire connaître qu'il est facile aux Anglais et aux Hollandais, unis aux Portugais du Brésil, de faire une entreprise contre le Pérou et ce qu'il convient de faire pour les en empêcher »; projet de commerce français aux Indes occidentales..., 1704.

A¹ 1883.   Mémoire sur le commerce de l'Espagne dans le royaume et en Amérique,... 1705.

A¹ 1886.   Lettre d'Arnauld de Courville relative à la Havane..., 1705.

A¹ 1976.   Plaintes des négociants espagnols contre le commerce français en Amérique..., 1706.

A¹ 1977.   Accords entre la France et l'Espagne relatifs au trésor qui doit rentrer du Pérou; Compagnie de l'Asiento..., 1706.

A¹ 1978.   Commerce espagnol aux Indes; renseignements sur les colonies espagnoles (la Havane, Callao, Panama)..., 1706.

A¹ 1982.   Renseignements sur les Espagnols du Mexique..., 1706.

A¹ 2104.   Voyage de l'amiral Ducasse à la Martinique, janvier-juin 1708; commerce des Français en Amérique espagnole..., 1708.

A¹ 2105.   Nouveau projet franco-espagnol de commerce aux Indes..., 1708.

A¹ 2419.   Retour de Duguay-Trouin après la prise de Rio de Janeiro par son escadre..., 1712.

A¹ 2470.   Papiers de M. de Chamley. Projet d'une compagnie de mineurs destinés à la Martinique, 1692...

A¹ 2506.   Copie du traité de l'Asiento..., 1700-1715.

A¹ 2592.   Mémoire sur la traite négrière aux côtes d'Afrique, rapports, correspondances et journaux de voyages relatifs au Mexique et à la Louisiane, 1720-1722.

A¹ 2676.   Mémoire sur un projet anglais de fonder un établissement sur la côte de Cuba..., 1731.

A¹ 2877.   Convention entre la Chambre de Commerce de Dunkerque et les fermiers généraux au sujet du commerce de Dunkerque avec les îles françaises des Antilles, 1735...

A¹ 2893.   Correspondance du maréchal de Belle-Isle. Conquête de la Jamaïque par l'Angleterre en 1654, contrebande dans les colonies espagnoles..., 1740.

A¹ 2997.   Correspondance du maréchal de Noailles. Mémoire sur la défense de Saint-Domingue, de la Martinique, de la Guadeloupe, de Cayenne..., 1749; mémoire sur les empiètements de l'Angleterre sur les possessions françaises de l'Amérique, les colonies espagnoles..., 1755...

A¹ 3127.   Commerce colonial entre 1706 et 1745; mémoire sur l'attaque de Carthagène des Indes par les Anglais, 1741...

A¹ 3338.   Précautions à prendre contre le marronage des nègres dans
                les Iles françaises d'Amérique..., 1747-1749.

A¹ 3393.   Mesures prises ou proposées pour la défense et l'administration de Saint-Domingue, 1750...

A¹ 3450.   Journal de la navigation de l'escadre d'Aché de Groix à
                Rio de Janeiro, 1757...

A¹ 3601.   Mémoire sur la Jamaïque, 1761...

A¹ 3624.   Envoi de troupes à Saint-Domingue, à la Martinique, instructions et règlements concernant leur service, leur entretien; état de situation des troupes qui sont à la Martinique;
                ordonnances relatives aux milices de Saint-Domingue...,
                1761-1762.

A¹ 3628.   Ordonnances, mémoires, projets concernant la réforme de la
                Marine et l'administration des colonies, notamment la
                Guadeloupe, la Martinique, Saint-Domingue..., 1762-1763.

A¹ 3674.   États et pièces diverses concernant l'administration, les
                finances, les ressources, la défense de la Guadeloupe, de la
                Martinique, de Sainte-Lucie et Saint-Domingue, de la
                Guyane..., 1764-1766.

A¹ 3678.   Voyages du chevalier de Verdeur... à la Martinique, à la
                Guadeloupe, 1771...

A¹ 3704.   Affaires diverses, surtout administratives, relatives aux
                colonies et aux côtes. Mémoires sur les fortifications, le
                commerce et les finances de Saint-Domingue..., 1772-1777.

A¹ 3728.   Mémoire sur les colonies espagnoles d'Amérique et leur
                administration, 1783...

A¹ 3731.   Relations du combat et de la prise de la Grenade en juillet
                1779; mémoires et pièces diverses concernant les fortifications et les travaux de Saint-Domingue, mémoires de
                M. de Reynaud, commandant des troupes à Saint-Domingue,
                1778-1783; notice sur l'état du Mexique, 1782; projet de
                compagnie française pour la fourniture de noirs à la Trinité
                espagnole, 1783...

A¹ 3764.   Mémoires, rapports, plans, pièces diverses concernant l'administration, le commerce, les finances, l'agriculture, la police,
                les hôpitaux, les fortifications de la Guadeloupe, la Martinique, Saint-Domingue, la Guyane, 1784-1788.

Sous-série 2 A. Fonds de Suède

Cette sous-série, qui compte 84 volumes soustraits du Dépôt de la Guerre et réintégrés en 1861, est à rapprocher de la précédente. Elle contient quelques pièces intéressantes :

A² 83. Commerce avec les colonies espagnoles, contrebande anglaise et hollandaise en Amérique, exploitation des mines du Mexique, Saint-Domingue..., s.d.

Sous-série 3 A. Répertoire des minutes ministérielles

Cette sous-série comprend 123 volumes (xvᵉ s.-1790). Les mémoires 1 à 64 constituent le répertoire chronologique et analytique des minutes de la correspondance ministérielle (1719-1785).

Sous-série 4 A. Correspondance, supplément

Cette sous-série n'est pas reliée et comporte 88 cartons de suppléments. Les cotes actuelles correspondent à l'ancienne numérotation en chiffres romains. On verra notamment :

A⁴ 26. Intérieur du royaume et pays divers. Projet relatif à la Jamaïque..., 1758.

A⁴ 29. *Idem.* Guadeloupe, Martinique..., 1759.

A⁴ 38. Minutes des lettres ministérielles, Choiseul, 1764 (ancien A⁴ XXXVIII).

A⁴ 39. Intérieur du royaume et pays divers. États du personnel de la Marine, îles de Sainte-Lucie et de Saint-Domingue..., 1764.

A⁴ 40. *Idem.* Défense des côtes, notamment de Cayenne, Saint-Domingue..., 1755-1769.

A⁴ 49. Intérieur du royaume et pays divers. Tabago..., 1781.

A⁴ 49 *a.* *Idem.* Ile de Saint-Christophe..., 1782-1784.

A⁴ 53, 54. Marine et Colonies. Saint-Domingue..., 1785-1789.

A⁴ 66. Intérieur du royaume et frontières, colonies et pays divers. Nouvelles de Saint-Domingue, janvier 1791...

A⁴ 71. Envoi de troupes à Saint-Domingue...

Instrument de recherche :

• *Inventaire sommaire des Archives historiques du ministère de la Guerre : archives anciennes, correspondance,* Paris, 1898-1930, 7 vol.

SÉRIE B. DE LA RÉVOLUTION AU PREMIER EMPIRE

La série B réunit les documents concernant la période 1791-1803. Elle est elle-même divisée en 14 sous-séries. Des documents intéressant le sujet se trouvent dans B^7 et B^9.

Sous-série B^7. Expédition de Saint-Domingue

Cette sous-série, consacrée à l'expédition de Saint-Domingue, comprend 28 articles (1792-1812). Il s'agit de documents administratifs concernant l'armée de Saint-Domingue, de registres de correspondance militaire des officiers généraux ou des administrateurs civils (généraux Boudet, Barquier, Thouvenot, Desfourneaux, Leclerc, préfet colonial Daure), de cahiers d'ordres du jour de l'armée, etc. On y trouve aussi des renseignements sur les colonies espagnoles.

On verra spécialement les articles B^7 1, 2 et 12.

Sous-série B^9. Indes occidentales

Cette sous-série de deux cartons concerne les Indes occidentales de 1792 à 1829 :

B^9 1.   Correspondances et états de situation des troupes : Cayenne, Iles du Vent...

B^9 2.   *Idem* : Martinique, Guadeloupe.

Instruments de recherche :

. *Inventaire des archives conservées au Service historique de l'État-Major de l'Armée : archives modernes*, 2e éd. rev. et compl., Paris, 1954.

. Inventaire analytique manuscrit de l'expédition de Saint-Domingue.

SÉRIE C. PREMIER EMPIRE,
PREMIÈRE RESTAURATION, CENT-JOURS

La série C illustre l'effacement de la France de la mer des Antilles par suite de l'indépendance d'Haïti d'une part, de l'occupation anglaise à la Martinique et à la Guadeloupe de l'autre. On en trouve des traces dans C^{11} et C^{48}.

Sous-série C¹¹. Livrets de situation des divisions militaires

Les articles suivants concernent le sujet :

C¹¹ 137.	Troupes coloniales, 1791-1822.
C¹¹ 138.	Bataillon de la Guyane, 1816-1817.
C¹¹ 140.	Légion de la Martinique, 1816.
C¹¹ 141.	Légion de la Guadeloupe, 1816.

Sous-série C¹⁸. Justice militaire

Seront à consulter :

C¹⁸ 28.	Victor Hugues et la capitulation de la Guyane en 1809.
C¹⁸ 72.	Procès de l'amiral Linois, gouverneur général des Antilles en 1815.

Instrument de recherche :

. *Inventaire des archives conservées au Service historique de l'État-Major de l'Armée : archives modernes*, 2ᵉ éd. rev. et compl., Paris, 1954.

SÉRIE G. SECOND EMPIRE

La série G a une de ses sous-séries consacrée à l'Amérique latine.

Sous-série G⁷. Expédition du Mexique

Cette sous-série compte 236 articles relatifs à l'expédition du Mexique (1862-1867). Certains articles sont antérieurs et remontent à 1838.

Elle rassemble les documents concernant les transports de troupes, la correspondance des officiers, les registres d'ordre des unités, les journaux de marche, des documents topographiques, des documents relatifs à l'armée mexicaine, etc.

Instrument de recherche :

. *Inventaire des archives conservées au Service historique de l'État-Major de l'Armée : archives modernes*, 2ᵉ éd. rev. et compl., Paris, 1954.

SÉRIE K. MÉLANGES

Sous-série 1 K. Fonds privés

Cet ensemble est constitué de 274 fonds entrés par voies extraordinaires (succession, donation, achat). Quelques-uns intéressent l'Amérique latine et les Antilles :

1 K 10.   Papiers Billot (Jean-Baptiste, général). Documents relatifs au Mexique, 1862-1867 ; à Dreyfus à l'île du Diable, 1898 (microfilm 1 K mi. 6)...

1 K 12.   Papiers Picard (Amédée, général). Correspondance privée relative à l'expédition du Mexique, note sur les officiers mexicains détenus au Fort Brescou...

1 K 15.   Papiers Bonnefond (Pierre, général). Notes et copies de lettres sur la campagne du Mexique, 1864-1865...

1 K 18.   Papiers Bazaine (Georges). Lettres du maréchal Bazaine datées du Mexique...

1 K 39.   Papiers et microfilms Monge, Marey-Monge et Gassendi. Reddition du Fort-Desaix à la Martinique en 1809 (Microfilm 1 K mi. 5)...

1 K 48.   Papiers de la famille Piarron de Mondésir. Cahiers de souvenirs du Mexique par Georges Piarron de Mondésir (microfilm 1 K mi. 27)...

1 K 49.   Papiers Doucet. Instructions, ordonnances et arrêtés relatifs à la monnaie en Guyane française, 1817-1820...

1 K 93.   Papiers Fabry (Jean, colonel). Extraits de livres et de journaux relatifs à l'affaire de Panama, 1893-1906...

1 K 153.   Papiers Bourgeois (Joseph Émile Robert, général). Mission géodésique en Équateur, 1901-1902...

1 K 193.   Papiers Toutée (Georges, général). Défense du Brésil..., 1900-1910.

1 K 198.   Papiers Dupin (Charles, colonel). Historique de la contre-guérilla des terres chaudes du Mexique (février 1863-décembre 1866) par le colonel Dupin, 1869 ; « La contre-guérilla française sur les Hauts-Plateaux et dans l'État du Nuevo Leon sous les ordres du commandant Ney d'Elchingen (10 avril-3 novembre 1865) », par le capitaine F. de Golstein, 1867.

1 K 224.   Fonds Gamelin (Maurice, général). Situation de l'armée brésilienne en 1920, rapports sur l'action de la mission militaire du Brésil en 1924-1925... (Ce fonds n'est pas communicable actuellement).

K 269.   Papiers du général Le Breton (Casimir Eugène). Lettre du 18 janvier 1866 sur la situation du Mexique...

Instrument de recherche :

. Waksman (P.), Schillinger (Ph.) et Corvisier (M. A.), *État des fonds privés* (*dépôts, donations, successions, achats*), Vincennes, 1981.

SÉRIE M. MANUSCRITS OU MÉMOIRES ET RECONNAISSANCES

Cette série est divisée en trois sections :

— les Mémoires historiques qui ont généralement été extraits de la série A ;
— les Reconnaissances, descriptions de régions de la France ou de pays étrangers par des officiers ou autres ayant séjourné dans le pays ;
— les Mémoires relatifs à l'organisation, l'administration, l'art militaire.

Sous-série Mémoires

M 248.   « Mémoire sur l'affaire de Sainte-Lucie », par Micoud, 1778...

M 587.   « Précis du siège et de la prise de l'île de la Martinique par les Anglais en mars 1794 », xviiie s.

M 589.   « Quelques observations sur l'insurrection des noirs à Saint-Domingue, sur les causes et les agents secrets de cette conspiration », xviiie s.

M 590.   « Mémoire sur les moyens de rétablir l'ordre dans la colonie de Saint-Domingue », par Ch.-J. Demannancours, 1794.

M 591.   Souvenirs de Le Goff sur les événements du Cap-Français (1793), xviiie s.

M 592.   « Observations sur l'état actuel de Saint-Domingue » ; « Rapport sur le rétablissement de Saint-Domingue, an VI (1798) », par le lieutenant général Becker (copie de 1841).

M 593.   « Aperçu sur les troubles des Antilles françaises de l'Amérique ; précis de la guerre dans cette partie », par le général Rochambeau ; rapport au ministre sur ce mémoire, 1811.

M 594.   Insurrection des noirs à Saint-Domingue, XIXᵉ s.

M 595.   « Mémoires sur la dernière expédition de Saint-Domingue »,
                par le général de brigade Fressinet, XIXᵉ s.

M 596.   Mémoire justificatif du général de brigade Fressinet sur sa
                conduite à Saint-Domingue, XIXᵉ s.

M 597.   « Relations des événements du Cap-Français, depuis l'évacua-
                tion de l'armée commandée par le général Rochambeau
                jusqu'au 20 mai 1804 », par Frinquier, XIXᵉ s.

M 598.   « Mémoire succint sur la guerre de Saint-Domingue... »
                (1801-1804), XIXᵉ s.

M 599.   « Mémoires sur Saint-Domingue... », par l'évêque Mauviel,
                XIXᵉ s.

M 600.   Résumé des événements de Saint-Domingue (1791-1803),
                1829.

M 601.   « Déclaration que fait le sieur Beaumont..., officier de Santé,
                attaché à la direction d'Artillerie, qui était en garnison au
                Port-au-Prince », 1804.

M 602.   « Précis des opérations auxquelles l'adjudant commandant
                Urbain Devaux a concouru à l'armée de Saint-Domingue
                pendant les années X, XI, XII et jusqu'au 15 nivôse an XII
                [5 janvier 1805]... », XIXᵉ s.

M 818.   « Souvenirs militaires. Expédition du Mexique de 1838 »,
                par le général de division Mengin-Lecreulx, 1883.

M 850.   Journal et notes sur la campagne du Mexique, lithographies
                représentant des personnages ou généraux mexicains, XIXᵉ s.
                [Succession du général Carrey de Bellemare.]

M 851.   Journal de la campagne du Mexique, XIXᵉ s. [Succession du
                général Trochu.]

Sous-série Reconnaissances

M 969.   « L'île d'Antigue... »; « Ancienneté et légitimité de nos posses-
                sions à Saint-Domingue... »; « Mémoire sur la réunion de la
                partie espagnole à la partie française de Saint-Domingue »...,
                XVIIIᵉ s.

M 1102.   « Mémoire sur la défense terrestre de Saint-Domingue »,
                XVIIIᵉ s.

M 1105. « Réponse à diverses objections faites sur le traité de l'Asiento pour fournir des nègres aux Espagnols à Buenos-Aires », s. d.; « Procès-verbal du Conseil des fortifications, tenu à Sainte-Lucie le 22 mars 1764 »; « Extrait du procès-verbal d'un Conseil de fortifications, tenu dans la forteresse du Fort-Royal et de l'île de la Martinique... 4 avril 1764 »; « Connaissance des Iles au Diable, connues aujourd'hui sous le nom des îles du Salut, relativement à des vues politiques, de commerce, navigation et défense », 1768; « Mémoire concernant l'île de Cayenne et la Guyane française », 1769; « Mémoire sur la Guadeloupe, avec des observations sur les parties les plus propres à la défensive de cette île », par Labbé de Talsy, 1775; « Mémoire général sur les Iles françaises du Vent... », par Damas, 1784; « Réflexions générales sur la Guyane française », 1784; « Aperçu sommaire de la Guyane française », 1785; « Idées générales sur l'île de Tabago... », par Thouvenot, 1785; « Mémoire sur Cayenne », 1785; « Carte d'une partie de l'île de Sainte-Lucie... », par Peyre, 1785; projet d'expédition contre la Jamaïque, s. d.; mémoire de Fénelon sur les relations commerciales entre les Antilles françaises et anglaises, s. d....

M 1107. Saint-Domingue, 1713-1787 (37 pièces).

M 1108. Saint-Domingue, 1788-1790 et s. d.; Tabago, 1776-1784 (55 pièces).

M 1324. « Observations concernant l'expédition des vaisseaux et des troupes aux Antilles », 1792; « Mémoire sur la défense du Cap », par Devilaire, 1792; mémoires sur la reconquête de Saint-Domingue, par S. Mansuy, 1805; « Idée générale d'un plan de campagne à Saint-Domingue », par de Bordes, 1805; mémoire de Louis Lablinois sur les colons de Saint-Domingue, 1805; « Mémoire sur Saint-Domingue », par de Verneuil, 1806; « Mémoire sur la conquête de Saint-Domingue... », par Barré de Saint-Venant, 1806; « Ouvrages sur Saint-Domingue », par Th. Hautière, 1806 et 1807; « Précis sur l'état actuel de la colonie de Saint-Domingue et sur les moyens d'y rétablir l'autorité de la métropole », 1814; « Note sur l'état sanitaire de la garnison de la Guadeloupe », par Gerdy, 1826; « Note sur la Guyane française », par le maréchal de camp Baudrand, 1826 ; «Mémoire sur la Martinique », 1827...

M 1669. Colonies européennes des Antilles (Cuba, la Dominique, la Grenade, la Jamaïque, Porto Rico, Saint-Christophe, Saint-Domingue, Saint-Vincent, Guadeloupe, la Trinité), XVIIIe-XIXe s. (41 pièces).

M 1670.   « Mémoire sur Saint-Domingue, et en général sur nos colonies
                 d'Amérique », par Magnytot, 1806.

M 1682.   Rapport sur la prise du fort de Saint-Jean d'Ulloa, par le chef
                 de bataillon du Génie Mengin, 1838; rapport sur l'attaque
                 dirigée contre Vera Cruz, par le même, 1838; « Précis des
                 opérations des armées américaines contre le Mexique,
                 1846-1847 », s. d...

M 1683.   Amérique du Sud (Rio de Janeiro, Colombie, la Plata, Uru-
                 guay, Cartagena, Montevideo, Argentine, Venezuela...),
                 XVIIIᵉ-XIXᵉ s. (31 pièces).

Sous-série Mémoires techniques

M 1839.   « Rapport historique du 2ᵉ bataillon de la 79ᵉ demi-brigade
                 de Ligne, de sa campagne de Saint-Domingue », par le chef
                 de bataillon Tréboutte, s. d.

M 1842.   « Détail historique des événements survenus au 5ᵉ régiment
                 d'Infanterie légère avant et après son départ de l'île de Saint-
                 Domingue », 1804; historique de la 5ᵉ demi-brigade d'Infan-
                 terie légère pendant la campagne de Saint-Domingue en
                 l'an X, par le chef de brigade Lux, 1802...

M 1843.   « Historique du 3ᵉ bataillon de la 30ᵉ demi-brigade légère... »
                 (campagne de Saint-Domingue), par le chef de bataillon Faure,
                 1802...

M 1857.   « Essai sur un projet d'organisation de régiments coloniaux
                 et de gendarmerie à Saint-Domingue », par le chef de brigade
                 Naverre, 1803...

M 2132.   Principaux faits de l'histoire du Mexique, 1838-1860...

Instruments de recherche :

• TUETEY (L.), *Catalogue général des manuscrits des bibliothèques publiques
de France : archives de la Guerre*, Paris, 1912-1920, 3 vol.

• *Inventaire des archives conservées au Service historique de l'État-Major
de l'Armée : archives modernes*, 2ᵉ éd. rev. et compl., Paris, 1954.

SÉRIE N. TROISIÈME RÉPUBLIQUE (1871-1940)

Cette série est divisée en vingt-six sous-séries.

Sous-série 7 N. État-major de l'Armée

Les archives du 2e Bureau de l'État-major général de l'Armée de Terre qui comprennent, entre autres, la correspondance des attachés militaires et des missions militaires françaises à l'étranger entre 1876 et 1924, contiennent de nombreux documents intéressant les Antilles et les pays latino-américains.

Les attachés militaires étaient chargés de recueillir des informations sur les forces armées et les possibilités de défense des pays auprès desquels ils étaient accrédités. Ils envoyaient à leur ministre des rapports qui, outre les questions militaires, traitaient également de problèmes économiques, politiques et sociaux, susceptibles d'agir sur la défense nationale.

Un certain nombre de pièces concernent le sujet :

7 N 1196, 1198, 1199, 1205. Espagne.

> 7 N 1196. Envoi de troupes à Cuba, 1879...
>
> 7 N 1198. Organisation et administration des colonies espagnoles, 1891; mouvement séparatiste à Cuba, 1893...
>
> 7 N 1199. Insurrection à Cuba, 1896; l'autonomie de Cuba et de Porto Rico, 1897...
>
> 7 N 1205. Le conflit hispano-américain, 1898; les affaires de Cuba, 1895-1897...

7 N 1709-1718. États-Unis.

> 7 N 1709. Échauffourée au Mexique, 1886...
>
> 7 N 1710. La domination espagnole à Cuba, 1895; notes de voyage au Mexique, 1895; le canal de Nicaragua, 1896; les États-Unis et Cuba, éventualité d'une guerre avec l'Espagne, 1896; notes sur le Brésil et son armée, 1897-1898; renseignements sur Cuba, 1898...
>
> 7 N 1711. Bombardements de San Juan de Porto Rico et de Santiago de Cuba, 1900; relations avec Cuba, 1901...
>
> 7 N 1712. Situation politique et économique à Cuba, 1902...
>
> 7 N 1713. Les travaux de Panama, s. d...
>
> 7 N 1714. Intervention des États-Unis à Cuba, brigade expéditionnaire à la Havane, 1906; le canal de Panama, 1906; occupation de Cuba, réorganisation de son armée, 1907; fourniture de matériel de guerre au Mexique, 1907...
>
> 7 N 1715. Évacuation de Cuba par les troupes américaines, 1909; rapport sur un séjour au Mexique, 1910; fortifications de Panama, 1910-1911; relations avec le Mexique, concentration de troupes à la frontière, 1911; le canal de Panama, 1909...
>
> 7 N 1716. Situation au Mexique des fournisseurs français de matériel de guerre, 1912; situation au Mexique, 1914; expédition américaine au Mexique, 1916...
>
> 7 N 1717. Amérique du Sud, 1919...
>
> 7 N 1718. Nécessité d'un attaché militaire particulier à Mexico, 1910; répartition des troupes fédérales au Mexique, 1913; contrebande de guerre à la frontière du Mexique, 1913; rapports entre les États-Unis et le Mexique; la crise et la guerre hispano-américaine; rapport du lieutenant de Vial sur Cuba, 1896...

7 N 1727.   Mexique, 1853-1921. Situation du pays, relations avec les États-Unis.

7 N 1728, 1729. Amérique centrale, 1846-1923. Situation en Colombie, au Costa Rica, en Équateur, au Guatemala, Honduras, Nicaragua, en Nouvelle-Grenade, République Dominicaine, au Salvador; missions militaires françaises.

7 N 1730. Pérou, 1896-1914. Situation du pays, mouvement révolutionnaire du 29 mai.

7 N 1731. Chili. Situation du pays, révolution de 1891, mission militaire allemande de 1897...
Argentine, 1914-1923. Situation du pays, activités allemandes, influences étrangères...

7 N 1732, 1733. Brésil, 1873-1919. Situation du pays, relations franco-brésiliennes, activités allemandes...

7 N 3373. Mexique, 1914-1940. Situation du pays, persécution des catholiques, situation révolutionnaire, visées des États-Unis sur le Mexique et l'Amérique centrale...

7 N 3374, 3375. Amérique centrale et du Sud, 1917-1939. Renseignements divers, relations des États-Unis avec l'Amérique latine...

7 N 3376, 3377. Amérique centrale, 1918-1940. Situation à Cuba, au Costa Rica, Guatemala, Honduras, Nicaragua, à Panama, San Salvador; relations économiques de la France avec l'Amérique centrale et du Sud, politique américaine en Amérique centrale...

7 N 3378-3381. Mission du général Mangin en Amérique centrale et méridionale, aux Antilles et en Afrique occidentale française (mai-décembre 1921). Organisation de la mission, notes et rapports, documentation militaire, 1921-1923.

7 N 3382-3389. Argentine, 1913-1940. Situation du pays, émeutes en Argentine et Uruguay, mission aéronautique du commandant Précardin, mission du général Azan, correspondance diplomatique des représentants français à Rio de Janeiro...

7 N 3390. Bolivie, 1918-1939. Situation du pays, conflit du Chaco (1928-1934), renseignements sur le Chili et le Pérou, correspondance diplomatique des représentants français au Paraguay, en Argentine...

7 N 3391-3399. Brésil, 1918-1940. Situation du pays, immigration, correspondance diplomatique des représentants français en Amérique du Sud...

7 N 3400-3406. Chili, 1916-1940. Situation du pays, correspondance diplomatique des représentants français en Amérique latine...

7 N 3407. Colombie, 1920-1940. Situation du pays, prospection pétrolière et influence des sociétés américaines...

7 N 3408.   Équateur, 1921-1939. Situation du pays, mission française d'aviation (1921-1922)...

7 N 3409, 3410. Paraguay, 1920-1939. Situation du pays, correspondance de l'attaché militaire à Buenos Aires, propagation des idées françaises...

7 N 3411-3415. Pérou, 1918-1940. Situation du pays, missions Vassal, Pellegrin, Paris et Laurent, propagation des idées françaises...

7 N 3416, 3417. Uruguay, 1916-1940. Situation du pays, moyens de propagande française...

7 N 3418, 3419. Venezuela, 1918-1940. Situation du pays, correspondance diplomatique des représentants français à Bogota, Panama...

Instruments de recherche :

• *Inventaire sommaire des archives de la Guerre : Série N, 1872-1919*, Paris, 1967-1975, 6 vol.

• *Inventaire sommaire des archives de la Guerre : Série N, 1919-1940*, Paris, t. II à IV, 1981-1984, t. I sous presse.

SÉRIE X. ARCHIVES ADMINISTRATIVES DES CORPS DE TROUPE

Cette série conserve, classés par armes (Infanterie, Cavalerie, Artillerie, Régiments russes, Troupes coloniales), les revues d'inspection des régiments ou bataillons, les états de service des officiers, les appréciations des inspecteurs, les propositions d'avancement. Elle comprend de multiples divisions.

Sous-série X^b. Infanterie

X^b 28.   Matricule du régiment d'Agenais (en garnison aux Antilles au XVIIIe s.).

X^b 92.   Matricule du régiment de Foix (*idem*).

X^b 112.   Milices de Saint-Domingue, 1732-1773.

X^b 781, 782. Tirailleurs algériens du Mexique, 1862-1967.

Sous-série X^d. Artillerie

X^d 362 *bis*. Artillerie des colonies.

X^d 469-471. Corps expéditionnaire du Mexique..., 1862-1867.

15.

Sous-série Xᵉ. Génie

Xᵉ 215.   Bataillons de la Martinique, de la Guadeloupe..., 1820-1826.

Xᵉ 399.   Bâtiments. Saint-Domingue...

Sous-série X¹. Troupes maritimes et coloniales

On trouve dans cette très riche sous-série (103 articles, 1768-1830) la correspondance échangée entre les départements de la Marine et de la Guerre au sujet de la défense des colonies, des rapports, des états de situation. Outre des documents concernant la participation française à la Guerre d'Indépendance, on y trouvera de nombreuses pièces concernant les troupes envoyées de France, les troupes suisses, les troupes de formation locale (Légion de la Martinique, de la Guadeloupe, de Saint-Domingue), etc.

X¹ 1.   Régiment de la Guadeloupe : prise de la Grenade, 1779...

X¹ 2.   État des troupes qui ont participé à la prise de la Grenade...

X¹ 7.   Formation de la Légion de la Guadeloupe, 1816; troupes de la Martinique; expéditions de la Guadeloupe, de la Martinique, 1818...

X¹ 11.   106ᵉ de ligne, ci-devant régiment du Cap, an II-1806...

X¹ 13.   Demi-brigades ou régiments de ligne aux colonies, 1794; 1ᵉʳ Martinique; 4ᵉ Saint-Domingue; 7ᵉ Guadeloupe...

X¹ 14.   Chasseurs de la Guyane...

X¹ 16.   37ᵉ demi-brigade, Martinique, 1791-an XII.

X¹ 17.   59ᵉ, 60ᵉ, 61ᵉ de ligne, éléments à Saint-Domingue, an X-an XII.

X¹ 18, 19.   15ᵉ de ligne, Guadeloupe, an X-1814.

X¹ 20.   53ᵉ de ligne, Guyane, 1792-1803.

X¹ 21-25.   82ᵉ de ligne, Martinique, 1791-1809.

X¹ 26.   Réunion du bataillon auxiliaire des colonies et du bataillon de la Guyane; 110ᵉ et 111ᵉ de ligne, Saint-Domingue, an XII-1806.

X¹ 28.   Saint-Domingue..., an XI-1816.

X¹ 29.   Bataillons expéditionnaires de Toulon, Rochefort et Brest créés le 2 germinal an X [23 mars 1802] pour Saint-Domingue.

X¹ 47.   2ᵉ bataillon de la Martinique, 1823-1825.

X¹ 48.   Mélanges : Guyane...

X¹ 49.   Mélanges : légions de la Martinique, de la Guadeloupe, bataillon de Cayenne formés à l'île de Ré (1ᵉʳ avril 1816)...

X¹ 50.   1ᵉʳ et 2ᵉ bataillons de la Guadeloupe, 2ᵉ bataillon de la Martinique, bataillon de la Guyane..., 1823-1830.

X¹ 51.   2ᵉ bataillon de la Martinique, 1819-1823.

X¹ 53.   Mélanges : affaires d'Haïti, 1826-1828; bataillons de la Guadeloupe, de la Martinique...

X¹ 54.   Bataillons de la Martinique et de la Guadeloupe, 1816-1825.

X¹ 55, 56.   Bataillons de la Guadeloupe, 1819-1822.

X¹ 71-75.   Saint-Domingue, an III-1812.

X¹ 77.   Troupes ayant servi aux Iles sous le Vent, à Sainte-Lucie, à la Guadeloupe, bataillon des Antilles depuis 1783...

X¹ 78.   Légion du Midi à Saint-Domingue, an XIII-an XIV.

X¹ 80.   Compagnie administrative de la place du Cap, an XI-1808; compagnie de grenadiers formant la garde d'honneur de l'agent Hédouville à Saint-Domingue...

X¹ 82.   Légion polonaise, Saint-Domingue, an XI.

X¹ 83.   Chasseurs de la Guyane, 1818-1822.

X¹ 95.   Sapeurs de la Guadeloupe et de la Guyane.

X¹ 96.   Sapeurs de la Martinique.

X¹ 99.   Train des équipages de la Martinique.

X¹ 101.   Martinique, 1814-1826.

X¹ 102.   Guadeloupe, Guyane..., 1814-1826.

Sous-série Xᵏ. Troupes spéciales

Cette sous-série concerne les troupes spéciales de la Révolution à l'Empire.

Xᵏ 22.   Unités coloniales : troupes servant à la Guadeloupe, 1804-1809; réorganisation du 82ᵉ de ligne, Martinique, 1804; exposé du colonel Leclerc sur la Guyane, ventôse an XIII; légion de l'Égalité à Saint-Domingue, 1794; légion du Cap, régiment de la Guyane, 1804-1809...

Xᵏ 46.   Corps divers : bataillon des chasseurs de la Martinique, an III...

Sous-série X^p. Armées françaises entre 1790 et 1870

X^p 43.   Guyane et Saint-Domingue...

X^p 64.   Expédition du Mexique, 1862-1867.

Sous-série X^r. Non combattants

X^r 38.   Aumônerie du Mexique, 1864-1867.

Instrument de recherche :

. *Inventaire des archives conservées au Service historique de l'État-Major de l'Armée : archives modernes,* 2e éd. rev. et compl., Paris, 1954.

SÉRIE Y. ARCHIVES ADMINISTRATIVES DES PERSONNELS

Cette série comprend les contrôles réglementaires des officiers et des troupes, les dossiers administratifs et dossiers de pension des officiers, des sous-officiers ou hommes de troupe.

Instrument de recherche :

. *Inventaire des archives conservées au Service historique de l'État-Major de l'Armée : archives modernes,* 2e éd. rev. et compl., Paris, 1954.

CARTES ET PLANS

Le Service historique de l'Armée de Terre conserve également une très importante série de cartes et plans provenant du Dépôt de la Guerre. Celui-ci, en 1880, se subdivise en section historique et section géographique; cette dernière est l'ancêtre de l'Institut géographique national, tandis que les cartes de la section historique restent attachées au Service historique.

Cartes

Le fonds est réparti en grandes divisions, la 7e division étant consacrée à l'Amérique. Les cartes concernant l'Amérique latine et les Antilles seront cherchées dans les subdivisions B, D, E et F; elles datent du XVIIIe et du XIXe siècles et sont le plus souvent gravées. Parmi les cartes manuscrites, on citera :

7 B 136.   Carte de l'île de Tabago, avec légende des propriétés, par le général Sahuguet, vers 1802. Éch. 1/37 000. 3 ff. réunies.

7 B 209.   Plan de la rade de Kingston (Jamaïque), avec légende, par le capitaine de vaisseau de Brignon, commandant la frégate l'*Ariel*, 1789. Éch. 1/43 200.

7 D 69.   Plan de la rade, de l'enceinte, de la ville et du château de la Vera Cruz, avec légende, vers 1740. Éch. 1/15 800 (sur parchemin).

7 E 173.   Carte des environs du Cap donnant la topographie de la chaîne montagneuse qui domine la ville et toute la côte jusqu'à la pointe Lezardet, à l'ouest de l'Acul, vers 1780. Éch. 1/14 400. Plusieurs ff. réunies.

7 E 178.   Plan de Saint-Pierre de la Martinique et de ses environs, avec légende, par J. Orixon, officier d'infanterie de marine, vers 1825. Éch. 1/5 000.

7 F 38.   Carte topographique de la colonie de Demerari, sur la côte de la Guyane hollandaise, avec indication des cultures, par Péchon, 1784. Éch. 1/43 200.

7 F 276.   Cartes, avec légende séparée, des différents projets de percement des isthmes de Panama et de Darien, par Hiller, 1844-1845. Éch. 1/825 000, 1/500 000 et 1/11 764. 4 ff. réunies.

Atlas historique

Sous la cote L V de l'Atlas historique des campagnes de l'Armée française sont réunies les cartes relatives à la campagne du Mexique (1862-1867). Beaucoup sont manuscrites, comme :

L V 17.   Plan d'Altamira (État de Tamaulipas), lieu du combat du 18 août 1863, par d'Aurente, lieutenant au 2e infanterie de marine. Éch. 1/10 000.

L V 63.   Croquis du combat du 9 septembre 1865 près de l'hacienda d'El Chamal, par Delloye, commandant la 1re division.

L V 378.   Carte de l'isthme de Tehuantepec, par l'ingénieur Barnard, 1851. Éch. 1/250 000.

Instruments de recherche :

• Répertoire numérique manuscrit sur fiches.

• Répertoire numérique dactylographié des cartes manuscrites concernant l'Amérique latine et les Antilles.

INSPECTION DU GÉNIE

Archives du Génie (1)

Bâtiment 011, Château de Vincennes, 94300 Vincennes.
Tél. : (1) 374.11.55, poste 31.76.
Heures d'ouverture : du lundi au vendredi, de 9 h à 12 h et de 13 h 30 à 17 h.
Pas de fermeture annuelle.

Voir N. Lacrocq et N. Salat, *Guide des Archives du Génie*, Vincennes, 1981.

Les archives du Génie sont étroitement apparentées à celles conservées dans le Dépôt des Fortifications des Colonies, conservé par la Section outre-mer des Archives nationales (2), sans qu'il soit possible de déterminer le critère qui a présidé à leur affectation entre ces fonds. Les documents concernant l'Amérique latine et les Antilles sont contenus dans les articles 14 et 15. Les pièces de l'article 9, section 3 (Colonies françaises, Amérique), consacrées à la Guyane, à la Martinique, à la Guadeloupe et dépendances ont été versées en 1899 au ministère des Colonies; elles ont été jointes, abusivement peut-être, au Dépôt des fortifications des colonies conservé par la Section outre-mer des Archives nationales.

ARTICLE 14. PLACES ÉTRANGÈRES

L'article 14 réunit les travaux concernant les places étrangères exécutés par les ingénieurs du roi puis les officiers du génie. Les pièces sont classées par ordre alphabétique de villes ou de pays.

L'Amérique latine y est représentée à travers les documents établis lors de la campagne du Mexique de 1861-1866. Il s'agit essentiellement des mémoires et plans relatifs à l'organisation défensive des villes mexicaines par les officiers français du Génie; outre l'histoire militaire, ces plans intéressent également

---

(1) La bibliothèque du Génie, 39, rue de Bellechasse, 75007 Paris, conserve également quelques manuscrits et plans relatifs à l'Amérique latine et aux Antilles.
(2) Voir p. 301-307.

l'histoire de l'urbanisme. Les autres pays latino-américains faisant l'objet de mémoires ou de plans sont l'Argentine (Buenos Aires et la Plata), le Brésil (dont Rio de Janeiro), le Chili et l'île Chiloe, la Colombie (dont Carthagène), l'Équateur, Panama, le Pérou (Lima) et l'Uruguay (Montevideo).

La présence française aux Antilles est plus particulièrement illustrée par les nombreuses pièces sur Saint-Domingue (1720-1805) : mémoires concernant la défense de la partie française de l'île, textes sur l'organisation administrative de la colonie et les problèmes rencontrés. D'autres documents de cette série ont trait aux Petites Antilles (Saint-Christophe, la Dominique, Sainte-Lucie, Saint-Vincent, la Grenade, Tabago), à Porto-Rico, à Cuba et à la Jamaïque.

Exemples de documents :

Art. 14, Buenos Aires, p. 4. « Notice historique sur les différends survenus entre la France et la République Argentine de 1838 à 1840 », par Chauchard, 1841 ; plans de la ville de Buenos Aires, du fort de Buenos Aires, de l'île de Martin Garcia ; carte du Rio de la Plata.

Art. 14, Cordova, p. 4. Mémoire de Barillon et Berger relatif à l'organisation défensive de la place de Cordova (Mexique), 1862 ; 4 plans de la ville, du réduit et des bâtiments militaires.

Art. 14, (Saint-) Domingue, carton 1, p. 12ᵃ. Extrait d'un mémoire du comte d'Estaing sur la défense intérieure de Saint-Domingue, 1763 ; carte.

Art. 14, (Saint-) Vincent, p. 1. « Plan des défenses de l'île de Saint-Vincent et du mouvement des troupes qui a eu lieu contre les Anglais le 16 décembre 1780 à 11 h. du soir », 1780.

Instrument de recherche :

. Inventaire dactylographié.

ARTICLE 15. HISTOIRE MILITAIRE, CAMPAGNES ET SIÈGES

Section 1. Campagnes

Cette section conserve, au paragraphe 30, la relation de l'expédition du Mexique (1861-1864). Les opérations militaires peuvent être suivies grâce aux rapports sur les opérations militaires ou travaux de guerre exécutés par les troupes du génie et aux nombreux plans de villes, fortifications, haciendas, ouvrages d'art, etc. Cette série renferme en outre des itinéraires, descriptions détaillées des routes suivies par la troupe qui comportent, en plus des considérations militaires, des observations géographiques (climat, population, ressources vivrières...).

Exemples de documents :

Art. 15, section 1, § 30, carton 1, p. 27. Rapport sur les opérations militaires ou travaux de guerre exécutés par les troupes du génie du 13 au 29 juillet 1863, par le général Vialla, 1863.

Art. 15, section 1, § 30, carton 1, p. 42. Plan d'ensemble de la ville de Thehuacan et organisation de l'église de San Carmen en réduit pour la défense, par Lardy, 1863.

Art. 15, section 1, § 30, carton 2, p. 44. Itinéraire de Cordova à San Antonio Huatasco, par le capitaine Müntz, 1864.

Instrument de recherche :

. Inventaire dactylographié.

Section 3. Sièges de places étrangères

Les plans et récits de sièges concernant les places étrangères sont classés par ordre alphabétique des villes.

Au nombre des places antillaises figurent Tabago, Jacmel et Santo Domingo. En Amérique latine, ce sont Rio de Janeiro, les places colombiennes de Carthagène et Portobello. En ce qui concerne le Mexique, on trouve dans cette série la relation du siège de Saint-Jean d'Ulloa, principal épisode de la première expédition du Mexique (1838) et celle du siège de Puebla en 1863.

Exemples de documents :

Art. 15, section 3, Rio de Janeiro, p. 1. Plan de Rio de Janeiro et de ses forts conquis sur les Anglais par Duguay-Trouin le 21 septembre 1711, 1711 [indique les noms des navires].

Art. 15, section 3, Vera Cruz, p. 2. Rapport sur la prise du fort de Saint-Jean d'Ulloa, par le commandant Mengin, 1838; avec un plan.

Art. 15, section 3, Jacmel, p. 1. « Plan de la ville de Jacmel où l'on voit la position des troupes qui la bloquent et les batteries qui y ont été élevées », par Sorrel, 1800.

Instrument de recherche :

. Inventaire dactylographié.

SERVICE HISTORIQUE DES TROUPES DE MARINE

Caserne d'Artois, 9, rue Édouard-Lefebvre, 78013 Versailles.
Tél. : (1) 953.92.35, poste 708.
Heures d'ouverture : du lundi au vendredi, de 8 h 30 à 12 h et de 13 h 30 à 18 h.
Pas de fermeture annuelle.
Possibilité de photocopie.
Consultation soumise à l'autorisation du colonel directeur du service; les chercheurs étrangers doivent adresser leur demande d'autorisation au ministère des Relations extérieures (Direction des Archives et de la Documentation).

Le Service historique des Troupes de Marine, l'une des sections du Centre militaire d'Information et de Documentation sur l'outre-mer, a recueilli les archives et la documentation rassemblées par l'ancienne Section d'études et d'information des troupes coloniales : organisation des troupes, mémoires historiques et techniques dont plusieurs ont été publiés dans la *Revue des troupes coloniales*, rapports, journaux des marches et opérations, ces derniers obligatoires même en temps de paix depuis juin 1954. Un certain nombre de pièces anciennes des XVIIe et XVIIIe siècles ont été déposées au Musée des traditions des troupes de marine à Fréjus.

Les dossiers sont répartis entre plusieurs sections consacrées l'une à la guerre de 1939-1945, les autres à des aires géographiques déterminées dont la zone Antilles-Guyane et le Mexique.

Guerre de 1939-1945

Dans cette section, on consultera notamment :

GUE. 39-45-T. II-INT.-C. II-2575. La résistances aux Antilles (1941-1943), par le lieutenant-colonel Perrel.

Instrument de recherche :

. Répertoire numérique dactylographié sur fiches.

Antilles. Guyane

Cette section est essentiellement consacrée à la Guadeloupe et dépendances et à la Martinique. Dans leur majorité, les mémoires et plans concernent les opérations militaires, la défense des îles et le service du Génie du XVIIe au

15A.

XIXe siècle; la plupart de ces pièces figurent également dans les collections du Dépôt des fortifications des colonies (1). Quelques pièces traitent de sujets civils (population, économie, administration, etc.).

Exemples de documents :

AN. - GU. - INT. - C. III - 78. Inspection du général Coronnat aux Antilles et à la Guyane en 1896.

AN.-GU. - T. I - C. I - 115. L'économie de la Guadeloupe en 1930 et 1932.

AN.-GU. - T. I - C. III - 226. Itinéraire des routes que pourrait tenir un ennemi qui attaquerait la Basse-Terre par le côté du Baillif ou les Trois-Rivières, par Thouvenot, 1785.

AN.-GU. - T. I - C. IV - 406. Levé de la plaine des Pères Blancs à la Guadeloupe, par le lieutenant Bégin, 1861.

AN.-GU. - T. I - C. IV - 412. Plan de l'hôtel et de l'ancien office du gouvernement à Gustavia (Saint-Barthélemy), 1878.

AN.-GU. - T. I - C. IV - 425. Mémoire concernant la défense des Saintes, par le capitaine Courtois, 1815.

AN.-GU. - T. I - C. IV - 448. Rapport sur l'affectation des immigrants insoumis aux travaux du Fort Napoléon (Guadeloupe), par Lormel, 1862.

AN.-GU. - T. II - C. I - 515. Recensements à la Martinique : 1769, 1787, 1811 et 1819.

AN.-GU. - T. II - C. IV - 663. Plan de l'hôpital à faire au Fort-de-France, 1719.

AN.-GU. - T. II - C. IV - 740. Note sur le Gros-Morne, la Trinité et l'acclimatement des troupes, par Teissier, 1826.

Instrument de recherche :

. Répertoire numérique dactylographié sur fiches.

Mexique

Le dossier sur l'expédition du Mexique (1861-1864) porte la cote suivante :

Mexique 001.   Expédition du Mexique : journaux de marche, correspondances du colonel Hennique et propositions d'avancement, situations d'effectifs du 2e RIM, état nominatif des mutations et décès du 2e RIM..., 1861-1864.

Instrument de recherche :

. Répertoire numérique dactylographié sur fiches.

_____

(1) Voir p. 301-307.

SERVICE HISTORIQUE DE LA MARINE

1

Archives centrales

Pavillon de la Reine, Château de Vincennes, 94304 Vincennes Cedex.
Tél. : (1) 328.81.50.
Heures d'ouverture : du lundi au vendredi, de 9 h à 17 h.
Pas de fermeture annuelle.
Possibilité de microfilm.

Les documents conservés par le Service historique de la Marine sont la suite logique et chronologique des séries déposées aux Archives nationales (1), les documents antérieurs à 1870 devant se trouver au Palais Soubise, ceux postérieurs au Pavillon de la Reine. Mais des exceptions, que nous verrons en passant, existent dans les deux sens : la série CC⁷, par exemple, constituée de dossiers de l'ensemble des officiers ayant servi dans la Marine (officiers de vaisseau, commissaires, médecins, ingénieurs, etc.), est conservée dans son entier à Vincennes.

Avant d'aborder la description des principales séries, il faut rappeler le rôle important joué par la Marine française dans l'océan Atlantique et l'océan Pacifique durant le XIXᵉ siècle et les premières années du XXᵉ. La France entretient, en effet, dans ces zones d'importantes divisions navales ou des stations navales moins fournies ou des bâtiments isolés qui fréquentent les côtes du continent américain et observent la vie des États. Les officiers rendent compte à leurs supérieurs et au ministre des multiples facettes de celle-ci : vie politique, économique, organisation commerciale, exportations, relations diplomatiques, problèmes de défense...

SÉRIE BB. SERVICE GÉNÉRAL

Sous-série BB². Correspondance au départ

La correspondance conservée dans cette sous-série ne provient pas de l'ensemble des bureaux du ministère mais essentiellement du Bureau des Mouvements et, postérieurement à 1910, des 3ᵉ et 4ᵉ bureaux de l'état-major général.

---

(1) Voir p. 161-200.

On y trouve des lettres et instructions adressées par le ministre de la Marine aux préfets maritimes des ports, aux différents services du département (Marine marchande, Artillerie navale, Constructions navales, Travaux hydrauliques, Comptabilité, Contrôles, Invalides), au Service hydrographique, etc.; aux ambassadeurs et consuls dans les pays étrangers, aux gouverneurs des colonies; aux officiers commandant les forces maritimes à la mer, au président de la République ou aux différents ministres (Guerre, Finances, Colonies après 1896, Affaires étrangères, Commerce, Travaux publics, etc.), aux particuliers.

L'ensemble de ces documents est classé par ordre chronologique puis, à l'intérieur de chaque année, méthodiquement par catégories de correspondants. Il est donc nécessaire de connaître, fût-ce approximativement, la date des pièces recherchées ou leur destinataire. On trouvera des documents pouvant intéresser l'histoire des Antilles et de l'Amérique latine spécialement dans la correspondance avec les ambassadeurs et les consuls (Port-au-Prince, Cap Haïtien, les Cayes, Porto-Rico, la Havane, Panama, Saint-Domingue...). Celle-ci occupe les volumes :

BB² 482. 1870.	BB² 623. 1883.	BB² 744. 1897.
BB² 485. 1870.	BB² 628. 1884.	BB² 991. 1901.
BB² 493. 1871.	BB² 634. 1885.	BB² 865. 1903.
BB² 504. 1872.	BB² 645. 1886.	BB² 872. 1904.
BB² 517. 1873.	BB² 654. 1887.	BB² 881. 1905.
BB² 533. 1874.	BB² 666. 1888.	BB² 886. 1906.
BB² 543. 1875.	BB² 675. 1889.	BB² 899. 1908.
BB² 560. 1876.	BB² 685. 1890.	BB² 902. 1909.
BB² 570. 1877.	BB² 694. 1891.	BB² 935. 1910.
BB² 583. 1878.	BB² 702. 1892.	BB² 943. 1911.
BB² 594. 1879.	BB² 711. 1893.	BB² 954. 1912.
BB² 599. 1880.	BB² 720. 1894.	BB² 967. 1913.
BB² 602. 1881.	BB² 730. 1895.	
BB² 610. 1882.	BB² 986. 1896.	

On dépouillera aussi la correspondance avec les gouverneurs des îles voisines :

BB² 483. 1870.	BB² 616. 1883.	BB² 735. 1896.
BB² 493. 1871.	BB² 627. 1884.	BB² 745. 1897.
BB² 502. 1872.	BB² 634. 1885.	BB² 750. 1898.
BB² 516. 1873.	BB² 645. 1886.	BB² 757. 1899.
BB² 532. 1874.	BB² 654. 1887.	BB² 860. 1902.
BB² 541. 1875.	BB² 666. 1888.	BB² 865. 1903.
BB² 555. 1876.	BB² 675. 1889.	BB² 872. 1904.
BB² 564. 1877.	BB² 685. 1890.	BB² 881. 1905.
BB² 576. 1878.	BB² 694. 1891.	BB² 886. 1906.
BB² 588. 1879.	BB² 702. 1892.	BB² 899. 1908.
BB² 597. 1880.	BB² 710. 1893.	BB² 902. 1909.
BB² 602. 1881.	BB² 720. 1894.	BB² 935. 1910.
BB² 609. 1882.	BB² 730. 1895.	

On glanera également des renseignements dans la correspondance adressée aux préfets maritimes qui avaient la charge de préparer l'armement des bâtiments affectés aux stations lointaines, aux commandements des divisions navales opérant dans l'océan Atlantique et l'océan Pacifique.

Exemples de documents :

BB² 483. Pièces relatives à la Guyane, janvier-septembre 1870...

BB² 920. Pièces relatives à l'expédition du Mexique, aux bâtiments qui y ont pris part (1862-1867)...

Instrument de recherche :

. Répertoire numérique dactylographié.

Sous-série BB³. Correspondance à l'arrivée

Contrepartie de la précédente, cette sous-série contient la correspondance reçue par le ministre sous couvert du Bureau des Mouvements de la Flotte et, postérieurement à 1910, des 3e et 4e bureaux de l'état-major général. Les expéditeurs en sont les préfets maritimes des ports, les différents services du département (Marine marchande, Comptabilité, Contrôles, Invalides), le Service hydrographique; les ambassadeurs et consuls dans les pays étrangers, les gouverneurs des colonies, les officiers commandant les forces maritimes à la mer; le président de la République, les différents ministres (Guerre, Finances, Colonies après 1896, Affaires étrangères, Travaux publics), les particuliers.

L'ensemble de ces documents est classé chronologiquement puis, à l'intérieur de chaque année, méthodiquement par catégories de correspondants. Il est, là aussi, nécessaire de connaître, même approximativement, la date de la pièce recherchée ou son expéditeur.

On cherchera les documents pouvant intéresser l'histoire antillaise et latino-américaine notamment dans la correspondance du ministre des Affaires étrangères, regroupée dans les volumes suivants :

BB³	797-798.	1870.	BB³	890.	1880.	BB³	1015.	1890.
BB³	805.	1871.	BB³	897.	1881.	BB³	1025-1027.	1891.
BB³	812.	1872.	BB³	904-905.	1882.	BB³	1037-1038.	1892.
BB³	822.	1873.	BB³	913.	1883.	BB³	1049-1050.	1893.
BB³	827.	1874.	BB³	919.	1884.	BB³	1056-1058.	1894.
BB³	833.	1875.	BB³	928.	1885.	BB³	1068-1069.	1895.
BB³	855-856.	1876.	BB³	946-947.	1886.	BB³	1078.	1896.
BB³	864.	1877.	BB³	968-970.	1887.	BB³	1086-1087.	1897.
BB³	873.	1878.	BB³	990-991.	1888.	BB³	1096-1097.	1898.
BB³	880.	1879.	BB³	1004-1005.	1889.	BB³	1105-1107.	1899.

BB³ 1115. 1900.	BB³ 1243. 1904.	BB³ 1280. 1909.
BB³ 1120. 1901.	BB³ 1250. 1905.	BB³ 1319. 1910.
BB³ 1225. 1902.	BB³ 1258. 1906.	BB³ 1329. 1911.
BB³ 1226. 1902.	BB³ 1266. 1907.	BB³ 1341. 1912.
BB³ 1234. 1903.	BB³ 1272. 1908.	BB³ 1357. 1913.

On consultera également la correspondance avec les ambassadeurs et les consuls. Celle-ci est conservée sous les cotes suivantes :

BB³ 800. 1870.	BB³ 909. 1883.	BB³ 1111. 1899.
BB³ 801. 1870-1871,	BB³ 920. 1884.	BB³ 1117. 1900.
guerre de Prusse.	BB³ 931. 1885.	BB³ 1123. 1901.
BB³ 805. 1871.	BB³ 949. 1886.	BB³ 1227. 1902.
BB³ 813. 1872.	BB³ 974. 1887.	BB³ 1237. 1903.
BB³ 824. 1873.	BB³ 994. 1888.	BB³ 1245. 1904.
BB³ 828. 1874.	BB³ 998. 1889.	BB³ 1254. 1905.
BB³ 837. 1875.	BB³ 1011. 1890.	BB³ 1262. 1906.
BB³ 853. 1876.	BB³ 1040. 1892.	BB³ 1277. 1908.
BB³ 866. 1877.	BB³ 1052. 1893.	BB³ 1284. 1909.
BB³ 872. 1878.	BB³ 1060. 1894.	BB³ 1323. 1910.
BB³ 882. 1879.	BB³ 1071. 1895.	BB³ 1331. 1911.
BB³ 884. 1880.	BB³ 1080. 1896.	BB³ 1343. 1912.
BB³ 894. 1881.	BB³ 1089. 1897.	BB³ 1366. 1913.
BB³ 906. 1882.	BB³ 1102. 1898.	

On dépouillera aussi la correspondance des gouverneurs de la Martinique, de la Guadeloupe et de la Guyane qui figure sous les cotes suivantes :

BB³ 795. 1870.	BB³ 925-926. 1885.	BB³ 1114. 1900.
BB³ 810. 1872.	BB³ 938-940. 1886.	BB³ 1121. 1901.
BB³ 817. 1873.	BB³ 958-960. 1887.	BB³ 1227. 1902.
BB³ 829. 1874.	BB³ 984. 1888.	BB³ 1237. 1903.
BB³ 837. 1875.	BB³ 999. 1889.	BB³ 1245. 1904.
BB³ 852. 1876.	BB³ 1011. 1890.	BB³ 1254. 1905.
BB³ 861. 1877.	BB³ 1021. 1891.	BB³ 1262. 1906.
BB³ 870. 1878.	BB³ 1045. 1893.	BB³ 1277. 1908.
BB³ 877. 1879.	BB³ 1060. 1894.	BB³ 1284. 1909.
BB³ 888. 1880.	BB³ 1072. 1895.	BB³ 1323. 1910.
BB³ 892. 1881.	BB³ 1080. 1896.	BB³ 1331. 1911.
BB³ 907. 1882.	BB³ 1092. 1897.	BB³ 1366. 1913.
BB³ 910. 1883.	BB³ 1094. 1898.	
BB³ 916. 1884.	BB³ 1110. 1899.	

La correspondance des particuliers (chambres de commerce et compagnies de navigation) apportera des renseignements intéressants sur les relations commerciales avec les Antilles et les pays d'Amérique latine.

Exemples de documents :

BB³ 801, f⁰ 54. Consuls. Souscription à Cuba parmi la colonie française pour les soldats blessés et leurs familles, 1870-1871.

BB³ 811, f⁰ 129. Travaux hydrographiques du commandant Mouchez sur le Brésil et la Plata, 1872.

BB³ 829, f⁰ 31. Gouverneurs. Rapport du commandant de la subdivision de la Guyane sur l'ensemble de son service pendant l'année 1873, 1874.

BB³ 1026. Affaires étrangères. Situation troublée en République Argentine, événements du Chili (massacre à Santiago)..., 1891.

Instruments de recherche :

. Répertoire numérique dactylographié.

. Inventaire analytique dactylographié des articles BB³ 794, 796-837, 850-858, 860-866, 873, 880 et 913.

. Inventaire analytique manuscrit des articles BB³ 919, 928, 946, 1025 et 1026, 1037 et 1038, 1107, 1329, 1341 et 1357.

Sous-séries BB⁴. Campagnes

Cette sous-série est directement issue du travail du Bureau des Mouvements du ministère de la Marine supprimé en 1909. Celui-ci, un des plus importants du ministère, avait dans ses attributions l'ensemble de l'activité des forces navales françaises dans le monde, activité qui se traduisait sur des plans divers : armement et désarmement des navires, composition des forces navales, relations avec le ministère des Affaires étrangères, instructions aux commandants des forces navales à la mer et aux officiers en mission.

L'action de la Marine dans les océans passe par l'institution des divisions navales, groupes de bâtiments plus ou moins nombreux, affectés à un secteur géographique déterminé pour y assurer la défense des intérêts politiques et commerciaux français, la protection des nationaux, et pour y effectuer des missions scientifiques hydrographiques, etc. Dans la zone affectée à une division navale peuvent exister des subdivisions locales portant le nom de station. Les aires géographiques des stations navales ont beaucoup varié. Nous intéressent pour le sujet celles dont les activités s'étendaient aux côtes Ouest et Est de l'Amérique et aux Antilles et qui sont schématisées dans le tableau de la page suivante.

	Océan Atlantique			Océan Pacifique
1870	Division navale du Brésil et de La Plata	Division navale des Côtes occidentales d'Afrique	Division navale des Antilles, du golfe du Mexique et de l'Amérique du Nord	Division navale de l'Océan Pacifique
1871	Division navale de l'Atlantique Sud		Idem	Idem
1872	Idem		Division navale des Antilles et de Terre-Neuve	Idem
1873	Idem		Division navale des Antilles	Idem
1882		Division navale des Côtes occidentales d'Afrique	Division navale des Antilles et du Brésil	Idem
1883			Division navale des Antilles	Idem
1884	Division navale de l'Atlantique Sud	Division navale des Côtes occidentales d'Afrique	Division navale de l'Atlantique Nord	Idem
1888	Division navale de l'Atlantique Sud	Division navale de l'Atlantique	Division navale de l'Atlantique Nord	Idem
1890	Division navale de l'Atlantique Sud	Division navale de l'Atlantique	Division navale de l'Atlantique Nord	Idem
1892			Division navale de l'Atlantique Nord	Idem
1908			Division de l'Escadre du Nord	Idem
1909	Division de la IIe Escadre			Idem

La sous-série BB⁴ contient, d'une part, les minutes de correspondances adressées aux commandants des divisions et stations navales, d'autre part, les lettres reçues des officiers commandant ces formations, enfin la correspondance adressée au ministre de la Marine par les consuls français en poste à l'étranger et par les attachés navals.

On trouvera dans les minutes de correspondance les instructions du ministre, dans la correspondance à l'arrivée les comptes rendus, les rapports de mer des commandants de bâtiments ou de divisions accompagnés de leurs pièces jointes, les correspondances échangées avec les agents diplomatiques et consulaires, des échanges de correspondance avec des commandants de navires marchands, des coupures de presse, des rapports généraux, des états de moument des bâtiments, des statistiques manuscrites ou imprimées. Les méthodes de classement ont malheureusement varié.

La correspondance des divisions navales (1) de l'océan Atlantique est conservée sous les cotes suivantes :

Minutes.

BB⁴ 902, 903.	Divisions navales du Brésil et de la Plata; des Côtes occidentales d'Afrique; des Antilles et de l'Amérique du Nord, 1870.
BB⁴ 945.	*Idem*, 1871.
BB⁴ 957.	D.N. de l'Atlantique sud; des Antilles et de Terre-Neuve, 1872.
BB⁴ 968.	*Idem*, 1873.
BB⁴ 970.	D.N. des Côtes occidentales d'Afrique; des Antilles, 1874.
BB⁴ 981.	*Idem*, 1875.
BB⁴ 1054.	D.N. de l'Atlantique sud; des Antilles, 1876.
BB⁴ 1069.	*Idem*, 1877.
BB⁴ 1084.	*Idem*, 1878.
BB⁴ 1099.	*Idem*, 1879.
BB⁴ 1114.	*Idem*, 1880.
BB⁴ 1128.	*Idem*, 1881.
BB⁴ 1143.	*Idem*, 1882.
BB⁴ 1159.	*Idem*, 1883.
BB⁴ 1168.	*Idem*, 1884.
BB⁴ 1180.	D.N. de l'Atlantique sud; de l'Atlantique nord, 1885.
BB⁴ 1189.	D.N. de l'Atlantique nord, 1886.

---

(1) Dans les références données ci-dessous, division navale est abrégée en : D.N.

BB⁴ 1190.   D.N. de l'Atlantique sud, 1886.

BB⁴ 1199.   D.N. de l'Atlantique nord, 1887.

BB⁴ 1200.   D.N. de l'Atlantique sud, 1887.

BB⁴ 1212.   D.N. de l'Atlantique sud; de l'Atlantique nord, 1888.

BB⁴ 1224.   D.N. de l'Atlantique, 1889.

BB⁴ 1233.   D.N. de l'Atlantique sud; de l'Atlantique nord, 1890.

BB⁴ 1241.   *Idem*, 1891.

BB⁴ 1249.   D.N. de l'Atlantique, 1892.

BB⁴ 1258.   *Idem*, 1893.

BB⁴ 1269.   *Idem*, 1894.

BB⁴ 1278.   *Idem*, 1895.

BB⁴ 1285.   *Idem*, 1896.

BB⁴ 1292.   *Idem*, 1897.

BB⁴ 1303.   *Idem*, 1898.

BB⁴ 1315.   *Idem*, 1899.

BB⁴ 1326.   *Idem*, 1900.

BB⁴ 1334.   *Idem*, 1901.

BB⁴ 1650.   *Idem*, 1902.

BB⁴ 1652.   Station de la Guyane, 1902.

BB⁴ 1663.   D.N. de l'Atlantique; station de la Guyane, 1903.

BB⁴ 1674.   *Idem*, 1904.

BB⁴ 1685.   *Idem*, 1905.

BB⁴ 1696.   D.N. de l'Atlantique, 1906.

BB⁴ 1706.   D.N. de l'Atlantique; Fort-de-France, 1907.

BB⁴ 1716.   D.N. de l'Atlantique; station de la Guyane, 1908.

BB⁴ 1726.   Fort-de-France, 1909.

Lettres reçues.

BB⁴ 889.   Division navale des Côtes occidentales d'Afrique, 1868-1871.

BB⁴ 898.   D.N. des Antilles et de l'Amérique du Nord, 1869-1871.

BB⁴ 940.   D.N. du Brésil et de la Plata, 1870-1871.

BB⁴ 949.   D.N. des Côtes occidentales d'Afrique, 1871-1872.

BB⁴ 950.   D.N. de l'Atlantique sud, 1871-1872.

BB⁴ 954.   D.N. des Antilles et de Terre-Neuve, 1872-1873.

BB⁴ 961.   D.N. de l'Atlantique sud, 1872-1874.

BB⁴ 966.   D.N. des Antilles et de Terre-Neuve, 1873.

BB⁴ 973.   D.N. des Antilles, 1874.

BB⁴ 974.   D.N. des Côtes occidentales d'Afrique, 1874.

BB⁴ 984.   D.N. des Antilles, 1875.

BB⁴ 985.   D.N. des Côtes occidentales d'Afrique, 1875.

BB⁴ 1058.   D.N. des Antilles, 1876.

BB⁴ 1059, 1060. D.N. de l'Atlantique sud, 1876.

BB⁴ 1072.   D.N. des Antilles, 1877.

BB⁴ 1073, 1074. D.N. de l'Atlantique sud, 1877.

BB⁴ 1090.   D.N. des Antilles, 1878.

BB⁴ 1091, 1092. D.N. de l'Atlantique sud, 1878.

BB⁴ 1104.   D.N. des Antilles, 1879.

BB⁴ 1105.   D.N. de l'Atlantique sud, 1879.

BB⁴ 1119.   D.N. des Antilles, 1880.

BB⁴ 1120.   D.N. de l'Atlantique sud, 1880.

BB⁴ 1132.   *Idem,* 1881.

BB⁴ 1150.   D.N. des Antilles, 1881-1882.

BB⁴ 1151.   D.N. de l'Atlantique sud, 1882.

BB⁴ 1172.   D.N. des Antilles et du Brésil, 1883-1884.

BB⁴ 1173.   D.N. de l'Atlantique sud, 1883-1884.

BB⁴ 1184.   D.N. de l'Atlantique nord, 1885.

BB⁴ 1185.   D.N. de l'Atlantique sud, 1885.

BB⁴ 1193.   D.N. de l'Atlantique nord, 1886.

BB⁴ 1195, 1196. D.N. de l'Atlantique sud, 1886.

BB⁴ 1203.   D.N. de l'Atlantique nord, 1887.

BB⁴ 1206.   D.N. de l'Atlantique sud, 1887.

BB⁴ 1216, 1219. D.N. de l'Atlantique nord; de l'Atlantique sud, 1888.

BB⁴ 1227.   D.N. de l'Atlantique, 1889.

BB⁴ 1236.   D.N. de l'Atlantique nord; de l'Atlantique sud, 1890.

BB⁴ 1245.   *Idem*, 1891.

BB⁴ 1253.   D.N. de l'Atlantique, 1892.

BB⁴ 1263.   *Idem*, 1893.

BB⁴ 1275.   *Idem*, 1894.

BB⁴ 1282.   *Idem*, 1895.

BB⁴ 1289.   *Idem*, 1896.

BB⁴ 1300.   *Idem*, 1897.

BB⁴ 1308.   *Idem*, 1898.

BB⁴ 1319.   *Idem*, 1899.

BB⁴ 1329.   *Idem*, 1900.

BB⁴ 1337.   *Idem*, 1901.

BB⁴ 1655, 1656. *Idem*, 1902.

BB⁴ 1660.   Station de la Guyane, 1902.

BB⁴ 1667.   D.N. de l'Atlantique, 1903.

BB⁴ 1671.   Station de la Guyane, 1903.

BB⁴ 1679.   D.N. de l'Atlantique, 1904.

BB⁴ 1682.   Station de la Guyane, 1904.

BB⁴ 1692.   D.N. de l'Atlantique; station de la Guyane, 1905.

BB⁴ 1703.   *Idem*, 1906.

BB⁴ 1713.   *Idem*, 1907.

BB⁴ 1721.   D.N. de l'Atlantique; station de la Guyane; Fort-de-France, 1908.

BB⁴ 1731.   Fort-de-France, 1909.

La correspondance de l'Escadre du Nord puis IIᵉ Escadre présente un moindre intérêt, en raison de son caractère beaucoup plus technique. Elle se trouve dans les volumes suivants :

Minutes.

BB⁴ 1715.   1908.

BB⁴ 1725.   1909 (1).

_____

(1) A partir de 1910, les minutes sont conservées dans la sous-série BB² :
    BB² 929. 1910.
    BB² 944. 1911.
    BB² 955. 1912.
    BB² 959. 1913.

Lettres reçues.

BB⁴ 1718-1720. 1908.

BB⁴ 1729-1730. 1909 (1).

La correspondance de la division navale du Pacifique est conservée sous les cotes suivantes :

Minutes.

BB⁴ 902. 1870.	BB⁴ 1233. 1890.
BB⁴ 903. 1870,	BB⁴ 1241. 1891.
BB⁴ 945. Avril-décembre 1871 (2).	BB⁴ 1249. 1892.
BB⁴ 957. 1872.	BB⁴ 1259. 1893.
BB⁴ 968. 1873.	BB⁴ 1269. 1894.
BB⁴ 970. 1874.	BB⁴ 1278. 1895.
BB⁴ 981. 1875.	BB⁴ 1285. 1896.
BB⁴ 1055. 1876.	BB⁴ 1292. 1897.
BB⁴ 1068. 1877.	BB⁴ 1304. 1898.
BB⁴ 1084. 1878.	BB⁴ 1315. 1899.
BB⁴ 1100. 1879.	BB⁴ 1326. 1900.
BB⁴ 1115. 1880.	BB⁴ 1334. 1901.
BB⁴ 1129. 1881.	BB⁴ 1651. 1902.
BB⁴ 1144. 1882.	BB⁴ 1662. 1903.
BB⁴ 1160. 1883.	BB⁴ 1673. 1904.
BB⁴ 1181. 1884-1885.	BB⁴ 1684. 1905.
BB⁴ 1189. 1886.	BB⁴ 1695. 1906.
BB⁴ 1199. 1887.	BB⁴ 1705. 1907.
BB⁴ 1213. 1888.	BB⁴ 1716. 1908.
BB⁴ 1225. 1889.	BB⁴ 1726. 1909.

Lettres reçues.

BB⁴ 890. 1868-1871.	BB⁴ 1110. 1879.
BB⁴ 942. 1870-1872.	BB⁴ 1111. 1879.
BB⁴ 962. 1872-1874.	BB⁴ 1121. 1880.
BB⁴ 979. 1874-1875.	BB⁴ 1122. 1880.
BB⁴ 1075. 1876-1877.	BB⁴ 1134. 1181.
BB⁴ 1076. 1876-1877.	BB⁴ 1135. 1181.
BB⁴ 1093. 1878.	BB⁴ 1152. 1882.

---

(1) A partir de 1910, les lettres reçues sont conservées dans la sous-série BB³ :
    BB³ 1313 et 1314. 1910.
    BB³ 1332 et 1333. 1911.
    BB³ 1344. 1912.
    BB³ 1354 et 1365. 1913.
(2) On trouvera dans BB² 489 les minutes de février et mars 1871.

BB⁴ 1163. 1883.	BB⁴ 1299. 1897.
BB⁴ 1174. 1884.	BB⁴ 1311. 1898.
BB⁴ 1184. 1885.	BB⁴ 1319. 1899.
BB⁴ 1193. 1886.	BB⁴ 1331. 1900.
BB⁴ 1204. 1887.	BB⁴ 1338. 1901.
BB⁴ 1219. 1888.	BB⁴ 1659. 1902.
BB⁴ 1229. 1889.	BB⁴ 1668. 1903.
BB⁴ 1237. 1890.	BB⁴ 1679. 1904.
BB⁴ 1246. 1891.	BB⁴ 1690. 1905.
BB⁴ 1255. 1892.	BB⁴ 1701. 1906.
BB⁴ 1264. 1893.	BB⁴ 1711. 1907.
BB⁴ 1274. 1894.	BB⁴ 1723, 1908.
BB⁴ 1282. 1895.	BB⁴ 1724. 1908.
BB⁴ 1291. 1896.	BB⁴ 1733. 1909.

Outre la correspondance des divisions navales, le chercheur consultera avec profit les archives propres de ces divisions et des stations locales. Des renseignements complémentaires seront fournis par la correspondance des commandants à la mer et des attachés navals, des gouverneurs des colonies, des autres départements ministériels et des consuls, par les archives provenant de l'État-major général et par celles du Bureau des Mouvements, regroupés par dossiers de campagnes.

Exemples de documents :

BB⁴ 1172. Lettres de la Division navale des Antilles et du Brésil, 1883-1884 : rapport du contre-amiral Zédé, commandant la division, sur son séjour à la Trinidad avec la *Minerve,* sur la situation économique de l'île et la colonie française y établie, 30 janvier 1883; rapport du commandant du *Chasseur* sur son séjour à Port-au-Prince et sur la crise politique à Haïti, 9 septembre 1883; projet de loi sur le sauvetage maritime soumis à l'amiral Zédé par le gouvernement uruguayen, juin 1883...

BB⁴ 1343, 1451. État-major général. Dossier de l'expédition scientifique de l'aviso la *Romanche* au Cap Horn (1882-1883), 1881-1885.

BB⁴ 1364. *Idem.* Renseignements d'ordre politique et militaire sur les colonies de l'Atlantique : incendie de Cayenne, espionnage anglais à la Martinique, situation militaire de la Guadeloupe..., 1888-1893.

BB⁴ 1370. *Idem.* Renseignements d'ordre politique et militaire sur l'Amérique : massacre de soldats mexicains par les Indiens, travaux de défense aux Antilles anglaises, situation financière des Antilles espagnoles, révolte du général Hyppolite à Haïti, canal de Panama, coup d'État au Venezuela, situation militaire au Brésil, constitution des îles Falkland en colonies anglaises, révolution au Chili, pétrole chilien, canal de Nicaragua, guerre entre le Guatemala et San Salvador..., 1889-1893.

BB⁴ 1383. Lettres du ministère des Affaires étrangères. Renseignements sur les marines du Pérou, du Chili, du Brésil, du Venezuela..., 1876-1880.

BB⁴ 1399. Lettres des commandants à la mer. Renseignements sur les marines et les ports des Antilles, du Chili, de l'Uruguay, du Mexique, de l'Argentine, du Brésil; rapport sur la situation politique du Pérou et du Chili..., 1886-1887.

BB⁴ 1400. Lettres des gouverneurs des colonies. Martinique, Guyane, Guadeloupe..., 1877-1887.

BB⁴ 1405. Lettres des consuls de France à Bahia, Rio de Janeiro, Valparaiso, Saint-Thomas, Santiago de Cuba, la Havane, Porto Rico, 1886.

BB⁴ 1595. Archives de la division navale du Pacifique. Dossier de l'Équateur : rapports des commandants, dossiers des navires, correspondances consulaires..., 1853-1901.

Instruments de recherche :

. Répertoire numérique dactylographié.

. Inventaire analytique dactylographié des articles BB⁴ 1365-1367, 1379-1392, 1395-1411, 1416, 1419 et 1420, 1426-1429, 1434, 1447 et 1449-1451.

Sous-série BB⁵. Armements

Cette sous-série contient les états de mouvement des bâtiments de la flotte à partir de 1860, les états de situation mensuelle des navires, les listes des unités constituant les divisions navales, donc de celles ayant fréquenté les eaux américaines et la mer des Antilles.

Instrument de recherche :

. Répertoire numérique dactylographié.

Sous-série BB⁷. Marines étrangères

Il s'agit d'une sous-série composée artificiellement à l'aide de documents provenant des représentants diplomatiques puis des attachés navals (1), des bureaux de l'État-major, et par des pièces isolées. De nombreuses pièces sont antérieures à 1870.

Sur les navires de guerre et, souvent, les marines marchandes de l'Amérique latine et des Antilles, on verra :

BB⁷ 11.   Amérique centrale et méridionale. Pièces relatives au Mexique, aux républiques de Centre-Amérique, au Venezuela, au Pérou, à la Colombie, au Brésil, à Sainte-Lucie, papiers de Martin de La Bastide concernant notamment un projet de canal transocéanique par le lac de Nicaragua, 1770-1835.

---

(1) Certains rapports des attachés navals sont conservés dans la sous-série BB⁴.

474 ARCHIVES MINISTÉRIELLES

BB⁷ 28.	Correspondance de l'attaché naval à Washington : convention entre les États-Unis et la Colombie pour la construction du canal de Panama, 1903; correspondance du consulat de France à Porto Rico, 1902...
BB⁷ 34-36.	Guerre hispano-américaine, 1898-1900.
BB⁷ 45.	Îlot Clipperton, 1891-1912.
BB⁷ 47.	Renseignements sur la flotte et les ports du Chili, 1896-1914.
BB⁷ 51.	Marines et armées étrangères : Argentine, Bolivie, Venezuela, Honduras..., 1909-1911.
BB⁷ 85.	Antilles indépendantes, Venezuela, Colombie, Brésil, République Argentine, Paraguay, Uruguay, Chili, Équateur, Pérou, Bolivie, 1906-1908.
BB⁷ 95.	Angleterre. Bases navales à Port of Spain, aux Antilles anglaises..., 1904-1912.
BB⁷ 96.	Angleterre. Bases navales à Sainte-Lucie et à la Jamaïque..., 1908.
BB⁷ 99.	Angleterre. Organisation générale : Uruguay, service des renseignements; forces navales : visite d'une division navale au Brésil; bases navales : Port of Spain..., 1911.
BB⁷ 105.	États-Unis. Forces navales à Port of Spain, Rio de Janeiro, au Mexique, au Pérou..., 1908.
BB⁷ 107.	États-Unis. Croisière dans le golfe du Mexique..., 1910.
BB⁷ 108.	États-Unis. Séjour du *D'Estrées* à Port-au-Prince, cuirassés argentins..., 1911.
BB⁷ 109.	États-Unis. Vente de cuirassés américains au Pérou, explosion du *Maine* à la Havane..., 1911.
BB⁷ 136.	Marines secondaires. Amérique centrale, Amérique latine (Brésil, Pérou, Chili, Venezuela)..., 1913.
BB⁷ 155.	Marines étrangères. Accident survenu au polygone de Reslengo (Brésil), fermeture de ports vénézuéliens au commerce international, rapport du consul de France à Saint-Thomas sur l'activité commerciale de la Hamburg Amerika Linie aux Antilles..., 1903-1911.
BB⁷ 176.	Guides côtiers. Venezuela et Colombie, Amérique latine..., 1907-1938.
BB⁷ 180.	Photographies de marines étrangères. Amérique latine..., 1903.
BB⁷ 195.	Défense des côtes. Amérique latine, 1893-1903.

Instrument de recherche :

. Inventaire semi-analytique dactylographié.

Sous-série BB⁸. Cabinet du ministre, Conseils, Commissions

Cette sous-série réunit des papiers très divers provenant des cabinets des ministres, des archives du Secrétariat général, des procès-verbaux de divers conseils (Amirauté, Travaux, Inventions), des archives des Archives. Elle est sommairement classée.

On consultera dans les archives du Cabinet et dans celles du Conseil d'Amirauté des dossiers concernant indirectement l'abolition de l'esclavage. Les documents intéressant l'Amérique latine et les Antilles sont très dispersés :

BB⁸ 749.   Arrêtés et décisions. Transmission d'un mémoire du lieutenant de vaisseau Carpentier sur une exploration à faire dans le Maroni..., 1856-1870.

BB⁸ 750.   Escadres, divisions navales. Extrait d'un rapport de l'agent des postes embarqué sur le paquebot de la ligne du Brésil, mars 1874...

BB⁸ 751.   Martinique. Envoi d'une lettre du gérant du consulat de France à Panama annonçant des troubles politiques..., 1873.

BB⁸ 757.   Affaires étrangères. Guerre entre la Bolivie et le Chili, achat de navires par le Pérou..., 1879.

BB⁸ 758.   *Idem.* Combats qui ont amené la prise du *Huascar* et du *Pilcomayo* par les escadres chiliennes pendant la guerre du Pacifique, intervention du gouvernement français au sujet de l'emprunt péruvien..., 1880.

BB⁸ 786.   Cabinet du ministre. Passagers embarqués sur les lignes du Brésil et de la Plata (Messageries maritimes)..., 1887-1907.

BB⁸ 792.   *Idem.* Passagers embarqués sur les lignes des Antilles, de la Guyane, du Mexique (Compagnie générale transatlantique), 1887-1907.

BB⁸ 1788.   Affaires diverses. Expédition scientifique du Cap Horn..., 1882-1883.

BB⁸ 2413.   Articles de la presse brésilienne à l'occasion du passage du croiseur *Protet* à Rio de Janeiro, 1899...

BB⁸ 2413 *bis.* Documents sur l'expédition du Mexique, 1861-1865.

Instruments de recherche :

. Répertoire numérique dactylographié.

. Inventaire analytique dactylographié des articles BB⁸ 749-777, 1771 et 1772, 1774-1777.

. Inventaire analytique manuscrit des articles BB⁸ 778 et 779, 781-785, 1773, 1778 et 1779.

SÉRIE CC. PERSONNEL

Sous-série CC¹. Officiers militaires

Dans cette sous-série sont conservés, sans qu'une limite stricte soit observée entre les documents conservés aux Archives nationales (1) et ceux conservés au Service historique, les documents collectifs consacrés aux officiers militaires de la Marine : notes individuelles, journaux de service, listes de personnel, rapports d'opération, propositions de récompenses, états des pertes, etc. On y trouvera donc des renseignements sur les officiers de marine ayant servi aux Antilles et en Amérique latine.

On consultera notamment les articles suivants :

CC¹ 996.   Expédition du Mexique, 1862...

CC¹ 1154.   Campagnes de 1827 à 1841. Escadre du Mexique : fièvre jaune, rapports des commandants sur les affaires de Saint-Jean d'Ulloa et de la Vera Cruz, 1838; expédition de la Plata : affaires de Martin Garcia, de Sauce de Rosario, de l'Atalaya, rapports sur le blocus de Buenos Aires, 1841...

CC¹ 1155.   Campagnes de 1844 à 1853. Station du Brésil et de la Plata : combat d'Obligado, comptes rendus sur l'affaire des Barancas de San Lorenzo et sur celle de Viscaíno, 1845-1847...

CC¹ 1156.   Campagnes de 1854 à 1869. Affaire de Puebla, 1862...

Instrument de recherche :

. Répertoire numérique dactylographié.

Sous-série CC². Officiers civils, corps assimilés et agents

Homologue de la précédente, cette sous-série concerne les officiers civils de la Marine et les corps assimilés : commissaires, ingénieurs du Génie maritime, officiers d'administration, du corps de Santé, du corps du Contrôle, aumôniers, professeurs d'hydrographie (2)... La nature des documents est la même que dans CC¹.

Instrument de recherche :

. Répertoire numérique dactylographié.

---

(1) Voir p. 182.
(2) Pour la partie de la sous-série déposée aux Archives nationales, voir p. 183

Sous-série CC⁷. Dossiers individuels

Dans cette sous-série sont conservés les dossiers personnels des officiers de vaisseau, officiers mécaniciens, commissaires, médecins et ingénieurs ayant servi dans la Marine depuis 1789. Ils donnent des renseignements précis sur l'état civil des intéressés, leurs diplômes, leurs promotions, leurs embarquements, leurs notes, leurs appuis politiques ou autres. Il est possible d'y retrouver des récits de voyage, des manuscrits restés inédits qui complètent les renseignements trouvés dans les autres séries. Des compléments doivent êtres recherchés dans la série Colonie EE (1) pour les officiers ayant été chargés de fonctions administratives aux Antilles et en Guyane et dans la série Marine C⁷ (2) pour les officiers ayant commencé leur carrière sous l'Ancien Régime.

Les dossiers individuels ne sont communicables que cent vingt ans après la naissance des intéressés.

SÉRIE DD. MATÉRIEL NAVAL

Seule la sous-série DD² peut contenir des éléments intéressant le sujet.

Sous-série DD². Travaux maritimes

Cette sous-série est constituée par la correspondance de la Direction et de l'Inspection des travaux maritimes depuis 1790 et par des plans de ports et d'installations maritimes auxquels sont joints des mémoires explicatifs. Elle est conservée aux Archives nationales(3) à l'exception des plans regroupés en atlas ou en portefeuilles.

Un seul article intéresse les Antilles et la Guyane :

DD² 720. Atlas des colonies. Plans de villes et d'installations maritimes de la Guyane, de la Martinique, de la Guadeloupe, de Saint-Domingue..., 1800-1876.

Instrument de recherche :

. Inventaire dactylographié.

---

(1) Voir p. 157.
(2) Voir p. 223.
(3) Voir p. 188.

SÉRIE GG. DOCUMENTS DIVERS

Sous-série GG¹. Mémoires et projets

Parmi les documents de cette série composite (1), on notera :

GG¹ 44.   Proposition de Dumouchel tendant à établir des lignes de
               paquebots entre Bordeaux et Saint-Domingue, entre Nantes
               et les Iles du Vent, an X...

GG¹ 46.   Documents relatifs à l'immigration à la Jamaïque, à l'indé-
               pendance d'Haïti, aux forces militaires de la Guyane hol-
               landaise et à l'émigration de travailleurs libres dans cette
               colonie..., 1850-1863.

GG¹ 197.   Papiers du baron Joseph de Bonnefoux et du vice-amiral
               Paris. Rapports et mémoires sur la Guyane, 1821-1823...

Instrument de recherche :

. Répertoire numérique dactylographié.

Sous-série GG². Papiers provenant de successions, dons et acquisitions

On trouvera dans les papiers des officiers (1) des pièces intéressant l'Amérique latine et les Antilles :

GG² 38.   Papiers Roquemaurel. Documents relatifs à Haïti, 1847...

GG² 45.   Papiers du contre-amiral Maussion de Cande. Documents
               relatifs à l'expédition du Mexique...

GG² 65.   Ports coloniaux ou étrangers. Rapports sur l'amélioration du
               port de Cayenne, sur la construction du port de Callao,
               1913-1919...

GG² 80.   Papiers de l'amiral La Roncière Le Noury. Documents
               relatifs à l'expédition du Mexique, à Haïti, 1814-1867.

GG² 85.   Papiers de l'amiral Penaud. Documents relatifs à l'Amé-
               rique centrale et du Sud, correspondance de la station
               navale des Antilles, 1840-1859...

GG² 87.   Mémoires sur Caracas, Saint-Domingue, l'île de la Trinité,
               fin XVIIIᵉ-début XIXᵉ s...

GG² 97.   Archives du capitaine de vaisseau Jean Hector Alexandre
               d'Argiot de La Ferrière. Carte manuscrite de l'embouchure
               du Rio de la Plata, 1826...

GG² 99.   Fonds Jean-Bernard Jauréguiberry (vice-amiral). Journal de
               bord du *Sapho* (campagne dans les eaux de la Plata), 1839...

---

(1) Pour la partie de la sous-série conservée aux Archives nationales, voir p. 192.

GG² 102.　　Fonds Abel Aubert Du Petit-Thouars (vice-amiral). Navigation sur la côte occidentale d'Amérique du Sud, projet de colonisation de la Patagonie, constitution guatémaltèque, correspondances du consul général du Chili et du consul de Valparaiso, 1823-1844...

GG² 105.　　Fonds Théogène François Paye (vice-amiral). Affaires du Mexique, du rio de la Plata, copie du journal des opérations d'une division navale espagnole de la Havane en 1829, 1838-1846...

GG² 115.　　Fonds Armand Louis Charles Gustave Besnard (vice-amiral). Campagne en Amérique du Sud..., 1872-1873.

GG² 146.　　Fonds Abel Bergasse Du Petit Thouars (vice-amiral). Commandement dans les mers du Sud, conflit chilo-péruvien, rapports sur la Bolivie, le Chili, le Pérou..., 1879-1881.

Instruments de recherche :

. Répertoire numérique dactylographié.

. Inventaire dactylographié des articles GG² 97, 99, 102-117, 121-139 et 146.

SÉRIE SS. GUERRE DE 1914-1918

Les archives de la première guerre mondiale ont été classées méthodiquement. Celles provenant de l'État-major général contiennent quelques documents intéressant l'Amérique latine et les Antilles.

Sous-série Ea. État-major général, 1re section

Cette sous-série est consacrée aux renseignements, travaux historiques et aux marines étrangères. Les articles suivants seront à consulter :

Ea 6.　　Mexique, Cuba, Haïti, Saint-Domingue, Martinique, la Trinité, Curaçao, Porto Rico.

Ea 7.　　Guatemala, Honduras, San Salvador, Nicaragua, Costa Rica, Panama.

Ea 8.　　Venezuela, Colombie, Équateur, Bolivie, Pérou, Paraguay, Uruguay.

Ea 9.   Chili, République Argentine.

Ea 74.   Brésil.

Instrument de recherche :

. Répertoire numérique dactylographié.

Sous-série Eb. État-major général, 2e section

Les documents de cette sous-série concernent les bases et points d'appui, la mobilisation, les réquisitions, transports et ravitaillement. Sur le sujet, on verra :

Eb 36.   Points d'appui : Fort-de-France...

Eb 50.   Tonnage : Brésil, Chili, Haïti...

Eb 51.   Tonnage : Pérou, République argentine...

Instrument de recherche :

. Répertoire numérique dactylographié.

Sous-série Ed. État-major général, 4e section

On trouvera dans cette sous-série des pièces se rapportant aux forces navales et aux opérations. Pour l'Amérique latine et les Antilles, ce sont :

Ed 24.   Torpilleurs achetés en Argentine.

Ed 170.   Livraison des bâtiments de commerce ennemis réfugiés et internés : Pérou, Brésil, République argentine, Chili, Mexique...

Instrument de recherche :

. Répertoire numérique dactylographié.

ARCHIVES POSTÉRIEURES A 1920

Par suite de destructions systématiques effectuées en 1940, les archives se rapportant à la période postérieure à 1920 sont très incomplètes, malgré les efforts de reconstitution. Elles sont en cours de reclassement.

CARTES ET PLANS

Versement du Service hydrographique (1)

Parmi les recueils de cartes anciennes provenant du Service hydrographique, maintenant conservés au Service historique de la Marine, les articles suivants intéressent, en tout ou en partie, l'Amérique latine et les Antilles (2) :

60.   Collection de croquis des côtes, XVIIIe s.

        N°s 59-65. Golfe du Mexique, côtes du Brésil, du Rio de la Plata, de Valparaiso...

113.   « Navigation pratique et spéculative de ses contrées d'Europe, tant pour la ville de Buenos-Ayrez, dans la rivière de la Plate, que pour la mer du sud », par Ledemaine-Godalles, 1707 (concerne toute l'Amérique du Sud).

114.   « Atlas de la partie françoise de l'île de Saint-Domingue du costier de M. le comte d'Estaing », par Deherme (concerne également les petites îles voisines), XVIIIe s.

204.   Amérique. Cartes générales, XVIIIe s.

205.   Amérique septentrionale. Cartes anciennes, XVIIIe s.

        N° 12. Golfe du Mexique et Antilles..., par J.-B.-L. Franquelin, 1699.

206.   *Idem.* Cours d'eau, XVIIIe s.

        N° 6. Ile de Cuba..., 1718.
        N°s 30 et 31. Provinces de la vice-royauté du Rio de la Plata, s. d.

207.   « Recueil de cartes et plans de l'Amérique septentrionale », par N. Bellin, 1743.

211.   Amérique méridionale. Guyane française, XVIIIe s.

212.   Amérique septentrionale. Cartes générales et particulières, XVIIIe s.

213.   Cartes des chemins vicinaux de la Martinique, 1785.

350.   « Recueil de cartes géographiques de la Guyane en général et en particulier de la Françoise connue sous le nom de colonie de Cayenne », par Ph. Buache, 1764.

---

(1) Voir p. 193.
(2) La cote indiquée est celle du catalogue établi par Ch. de La Roncière. Elle n'est plus en usage mais une table de concordance avec les cotes actuelles est à la disposition des chercheurs au Service historique.

Exemples de documents :

113, nº 4. Carte du détroit de Magellan, par Ledemaine-Godalles, 1707.

212, nº 64. Plan de Mexico, XVIIIᵉ s.

212, nº 102 *bis.* « Plan de la mine de Guancavalica, à 70 lieues de la ville de Lima », avec légende sur cette mine de mercure, XVIIIᵉ s.

350, nº 8. « Carte du gouvernement de Cayenne avec le nombre des habitations, le lieu où elles sont situés et les noms des propriétaires... », juillet 1764.

350, nº 45. « Colonie de Surinam », XVIIIᵉ s.

Instruments de recherche :

. La Roncière (Ch. de), *Catalogue général des manuscrits des bibliothèques publiques de France : bibliothèques de la Marine*, Paris, 1907, p. 143-270.

. *Catalogue général des manuscrits des bibliothèques publiques de France : départements*, t. XLVI, *Bibliothèques de la Marine (Supplément)...*, Paris, 1924, p. 65-116.

Don Lewin

En décembre 1979, l'amiral Lewin, premier lord de l'Amirauté britannique, fit don au chef d'État-major de la Marine de documents concernant Saint-Domingue. Une cinquantaine de plans figurent parmi ces documents qui sont actuellement conservés au Service historique. On dénombre ainsi 30 plans de Fort-Dauphin (1729-1792), 2 plans du Cap (1773 et 1789) et 17 plans de Port-au-Prince (1773-1791).

2
Archives des arrondissements maritimes

Primitivement dotées par Albert Sorel d'un cadre de classement dérivé de celui du Dépôt central de la Marine, les archives des arrondissements maritimes furent pourvues par un règlement du 25 décembre 1920 d'un nouveau cadre de classement, plus conforme au principe du respect des fonds, qui a été généralement appliqué. Ce cadre a fait l'objet d'une *Notice sur l'organisation des dépôts d'archives des arrondissements maritimes et des sous-dépôts historiques*, Paris, 1921, par Ch. Braibant.

Les arrondissements maritimes ont, depuis cette date, subi diverses modifications. On distingue actuellement trois régions maritimes dont dépendent les dépôts d'archives suivants :

— 1re Région maritime : Archives de la Première Région maritime (Cherbourg);
— 2e Région maritime : Archives du Port de Brest;
   Archives du Port de Lorient;
   Archives du Port de Rochefort;
— 3e Région maritime : Archives de la Troisième Région maritime (Toulon).

Il est possible d'y trouver des documents intéressant l'histoire de l'Amérique latine et des Antilles mais la recherche, généralement effectuée à partir de répertoires numériques, est incertaine quant aux résultats et exige le dépouillement des séries A, E et P, notamment.

ARCHIVES DE LA PREMIÈRE RÉGION MARITIME

Archives du port de Cherbourg

57, rue de l'Abbaye, 50100 Cherbourg.
Tél. : (33) 52.61.45, poste 245.68.
Heures d'ouverture : du lundi au vendredi, de 8 h 45 à 11 h 45 et de 13 h 45 à 17 h 45.
Pas de fermeture annuelle.

Voir J.-P. AVISSEAU, « Répertoire des bibliothèques et archives de la Manche », *Revue du département de la Manche* 4 (16), oct. 1962, p. 12-18.

SÉRIE P. INSCRIPTION MARITIME, NAVIGATION COMMERCIALE

Les rôles de bord, d'armement et de désarmement des bâtiments de commerce conservés dans les archives des différents quartiers de l'inscription maritime pourront fournir quelques indications sur les relations avec les Antilles et l'Amérique latine.

2 P.   Quartier de Saint-Valéry-sur-Somme. Rôles, 1722-1816, 1855-1926.

4 P.   Quartier de Cherbourg. Rôles depuis 1738.

5 P.   Quartier de la Hougue. Rôles depuis 1773.

6 P.	Quartier du Havre (1).
7 P.	Quartier de Rouen (1).
8 P.	Quartier de Fécamp. Rôles depuis 1751.
9 P.	Quartier de Dieppe. Rôles depuis 1808.
10 P.	Quartier de Boulogne. Rôles, an XI et depuis 1807.
11 P.	Quartier de Calais. Rôles, 1782, 1792-an V et depuis 1809.
12 P.	Quartier de Granville (2).
13 P.	Quartier de Dunkerque. Rôles depuis 1879.

Instruments de recherche :

. Répertoires numériques dactylographiés.

. BUSSON (J.-P.), AVISSEAU (J.-P.) et GALLON (M.), *Sous-séries 4 P et 5 P : classes, navigation commerciale (quartiers de Cherbourg et de la Hougue),* Paris, 1966.

ARCHIVES DE LA DEUXIÈME RÉGION MARITIME

Archives du Port de Brest

Immeuble Surcouf, 40, rue du Commandant-Malbert, 29240 Brest-Naval.
Tél. : (98) 80.80.80, poste 24.226.
Heures d'ouverture : du lundi au vendredi, de 8 h 45 à 12 h et de 13 h 30 à 17 h 30.
Pas de fermeture annuelle.

Voir Ph. HENWOOD, « Les archives de la Marine au port de Brest », *Chronique d'histoire maritime* 5, 1er sem. 1982, p. 13-41.

---

(1) Les sous-séries 6 P et 7 P sont actuellement conservées aux Archives départementales de la Seine-Maritime, voir p. 000.
(2) La sous-série 12 P est actuellement conservée à la Bibliothèque municipale de Granville.

SÉRIE A. COMMANDEMENT DE LA MARINE

De nombreux documents, concernant essentiellement le XIXe siècle, ont été détruits pendant la guerre de 1939-1945. Les sous-séries suivantes devront être dépouillées :

1 A.   Commandant de la Marine, commandant des Armes, 1719-1800 et 1815-1827.

2 A.   Préfet maritime, 1800-1815 et 1827-1892.

         2 A². Lettres du préfet maritime au ministre.
         2 A³. Lettres du ministre.
         2 A⁴. Lettres du préfet maritime aux autorités maritimes et à divers.

3 A.   Conseil de Marine, Conseil d'Administration de la Marine, 1772-1893.

         3 A¹. Délibérations du Conseil.
         3 A². Pièces relatives au Conseil.

4 A¹.   Major de la Marine, major général de la Marine, adjudant général, chef militaire, 1741-1893.

Instruments de recherche :

- PRIGENT (R.), *Répertoire numérique des archives de l'Arrondissement maritime de Brest : Série A. Commandement de la Marine...*, Paris, 1925.
- Inventaire analytique dactylographié de la sous-série 3 A.

SÉRIE L. CONTRÔLE DE L'ADMINISTRATION DE LA MARINE

Un seul article intéresse le sujet :

1 L 81.   Enregistrement des commissions et brevets expédiés aux officiers de la Marine en service à Brest. État des fonctionnaires civils qui doivent être embarqués à Brest sur les bâtiments composant l'expédition destinée pour la Martinique et Tabago, an X...

Instrument de recherche :

- PRIGENT (R.), *Répertoire numérique des archives de l'Arrondissement maritime de Brest : série L. Contrôle de l'administration de la Marine*, Paris, 1925.

SÉRIE P. INSCRIPTION MARITIME, NAVIGATION COMMERCIALE

On consultera particulièrement les rôles des bâtiments de commerce :

PC⁴.   Quartier de Dinan. Rôles depuis 1892.

PC⁶.   Quartier de Saint-Malo. Rôles, 1691-1793 et 1810-1816.

2 P.   Quartier du Conquet. Rôles depuis 1725.

                Quartier de Brest. Rôles depuis 1724.

3 P.   Quartier de Morlaix. Rôles depuis 1836.

4 P.   Quartier de Saint-Brieuc. Rôles depuis 1768.

Instruments de recherche :

. Répertoires numériques dactylographiés.

SÉRIE Q. INVALIDES ET PRISES

Cette série très riche contient les dossiers des prises effectuées par des bâtiments français, des états annuels indiquant le nom et la nature de la prise, le nom du navire capteur. Il conviendra donc de la dépouiller en ce qui concerne la guerre de course dans les eaux antillaises et latino-américaines.

Instrument de recherche :

. Répertoire numérique dactylographié.

Archives du Port de Lorient

Enclos de la Marine, rue de la Cale-d'Ory, 56100 Lorient.
Tél. : (97) 21.14.01, poste 45.799.
Heures d'ouverture : du lundi au vendredi, de 8 h. 30 à 12 h. et de 13 h. 30 à 18 h.; le samedi, de 8 h. 30 à 12 h.
Pas de fermeture annuelle.

Voir G. Beauchesne, « Le Dépôt d'archives du port militaire de Lorient », *Enquêtes et documents* 3, 1975, p. 7-25.

La majeure partie des archives anciennes ayant été détruite lors des bombardements de 1943, les seuls fonds à consulter sont les séries E et P.

SÉRIE E. SERVICES ADMINISTRATIFS

De cette série, seuls subsistent les articles suivants, qu'il conviendra de dépouiller :

1 E⁴ 1-148. Service du principal administrateur du port. Lettres de la Cour puis dépêches ministérielles, 1672-an II.

Instrument de recherche :

. MAREC (F.), *Répertoire numérique des archives de l'Arrondissement maritime de Lorient : Série E, sous-série 1 E. Service du principal administrateur du port,* Paris, 1925.

SÉRIE P. INSCRIPTION MARITIME, NAVIGATION COMMERCIALE

Sous-série 1 P. Fonds de la Compagnie des Indes

Le fonds de la Compagnie des Indes est riche surtout en documents sur la comptabilité, les armements et relations de la compagnie avec les pays d'Afrique, d'Asie et d'Amérique du Nord.

On trouvera cependant des informations sur les Antilles et l'Amérique latine dans les pièces relatives aux bâtiments et au personnel et dans la correspondance :

1 P 74-76. Enregistrement des actes d'engagement des ouvriers et autres pour les colonies, comptes courants des ouvriers, 1734-1754.

1 P 277, dossiers 2 et 3. Répertoire du registre des engagements des ouvriers pour les colonies, 1726-1744.

1 P 285, dossier 126-131. Correspondance Lavigne-Buisson. État des propriétés mises en vente à Saint-Domingue..., 1766-1768.

1 P 304, dossier 67. Ordonnances, arrêts et décisions relatifs à la Compagnie des Indes de 1664 à 1770. Conditions auxquelles le roi frétera des vaisseaux à la Compagnie de l'Assiente, 15 septembre 1704; arrêt relatif à l'interdiction du commerce dans les mers du Sud, 1705...

1 P 306, dossier 71. Listes, relevés, inventaires concernant divers vaisseaux de la Compagnie de 1772 à 1785. Rôle d'équipage de l'*Achille* ouvert à l'île de France le 21 juillet 1756 pour la traversée de cette île au Cap-Français, où il a été condamné le 14 octobre 1757, l'équipage ayant ensuite pris passage sur l'escadre de Kersaint pour rentrer à Brest, 1756-1757...

1 P 308, dossier 79. Dossiers divers relatifs au personnel et aux vaisseaux
de 1750 à 1782. Actes de décès survenus à l'hôpital de Saint-
Jean-Baptiste au Cap-Français, 1750...

Instrument de recherche :

. LEGRAND (A.) et MAREC (F.), *Inventaire des archives de la Compagnie des
Indes (Sous-série 1P),* Paris, 1978.

Sous-séries 2 P à 9 P. Inscription maritime, navigation commerciale

Dans les archives des quartiers d'inscription maritime de la côte sud de
la Bretagne, on dépouillera les fonds suivants :

2 P 1-19.	Bureau des classes du département de Port-Louis puis de Lorient. Armements au long cours, 1721-1790.
2 P 20-53.	*Idem.* Désarmements au long cours, 1719-1788.
	2 P 48. Rôle de la Compagnie de la Guyane, 1779...
3 P².	Quartier de Belle-Ile. Rôles de bord, de bureau, d'armement et de désarmement, 1795-1929.
3 P³.	*Idem.* Documents concernant les navires, 1856-1927.
4 P⁶.	Quartier de Vannes. Matricules des bâtiments, 1818-1920.
4 P⁷.	*Idem.* Répertoires d'armement et de désarmement, 1828-1899.
4 P⁸.	*Idem.* Rôles de bord, 1818-1899.
4 P⁹.	*Idem.* Rôles de désarmement, 1835-1866.
5 P³.	Sous-quartier de Redon. Matricules des bâtiments, 1853-1903.
5 P⁴.	*Idem.* Répertoires d'armement et de désarmement, 1829-1906.
5 P⁵.	*Idem.* Rôles de bord, 1817-1903.

5 P⁵ 1. L'*Union* armée en 1816 pour Saint-Thomas (passage par Santo
Domingo); armée en 1817 pour la Martinique (passage par Saint-Thomas
et Santo Domingo)...
5 P⁵ 19. L'*Espoir* armé en 1865 pour la Martinique...
5 P⁵ 36. La *Renée-Adrienne* armée en 1883 pour Colon (passage par
Greytown, Carmen, Falmouth)...
5 P⁵ 39. Le *D'Artagnan* armé en 1894 pour Trinidad puis Rio de Janeiro...

5 P⁶.	*Idem.* Rôles de désarmement, 1817-1865.

5 P⁶ 2. L'*Alexandre* armé en 1823 pour Rio de Janeiro (passage par
Pernambouc)...
5 P⁶ 3. Le *Léonidas* armé en 1827 pour Cuba (passage par la Martinique)...
5 P⁶ 6. La *Jeune-Léonie* armée en 1840 pour la Martinique...
5 P⁶ 15. La *Pauline-et-Noémie* armée en 1860 pour la Martinique...
5 P⁶ 16. Le *Saint-Georges* armé en 1861 pour Buenos Aires et la Plata...

6 P⁴.   Quartier d'Auray. Rôles d'équipages, 1847-1919.

6 P⁵.   *Idem.* Répertoires d'armement et de désarmement, matricules et mouvements des bâtiments, an XII-1928; documents divers concernant les bateaux, 1867-1954.

6 P⁶.   *Idem.* Rôles d'équipages et matricules des bâtiments du préposat d'Étel, 1901-1944.

7 P¹.   Quartier de Concarneau. Rôles d'équipage, 1810-1910.

7 P².   *Idem.* Répertoires d'armement et de désarmement, matricules des bâtiments, 1811-1933.

7 P⁴.   *Idem.* Rôles et matricules du syndicat puis préposat de Doëlan, 1865-1920.

8 P¹.   Quartier de Groix. Rôles d'équipage, 1817-1834 et 1856-1939.

8 P².   *Idem.* Répertoires d'armement et de désarmement, matricules et mouvements des bâtiments, 1871-1922.

9 P¹.   Quartier de Lorient. Rôles d'équipage, 1871-1913.

9 P².   *Idem.* Répertoires d'armement et de désarmement, matricules des bâtiments, 1875-1947.

9 P⁴.   *Idem.* Rôles d'équipage du préposat de Port-Louis, matricules des bâtiments, 1900-1930.

Instrument de recherche :

. Beauchesne (G.) et Lacroix (J.-B.), *Répertoire numérique des sous-séries 2 P à 9 P : classes, inscription maritime, navigation commerciale (Quartiers de Lorient, Belle-Ile, Vannes, Redon, Auray, Concarneau, Groix)*, Paris, 1978.

Archives du Port de Rochefort

56, rue Toufaire, 17308 Rochefort.
Tél. : (46) 87.11.22, postes 221.26 et 222.72.
Heures d'ouverture : du lundi au samedi à partir de 13 h et sur rendez-vous.
Fermeture annuelle : deux à quatre semaines pendant les mois de juillet et août.

Voir M. Fardet, « Guide des Archives du Port de Rochefort », *Enquêtes et documents* 2, 1972, p. 1-36.   .

C'est de Rochefort que partaient les expéditions à destination de l'Atlantique ouest; les séries intéressant le sujet sont donc particulièrement riches.

SÉRIE A. COMMANDEMENT DE LA MARINE

Sous-série 1 A. Commandant de la Marine et Commandant des Armes
(1715-1800)

Dans cette sous-série, constituée essentiellement de correspondances, on verra :

1 A *11.   Dépêches de la Cour adressées au commandant de la Marine. Pièces relatives à la compagnie des Cadets des colonies, 1739-1747.

1 A *27.   *Idem.* Pièces relatives au procès des officiers de la Guadeloupe coupables de n'avoir pas défendu l'île, 1762.

1 A *96.   Lettres du ministre et de divers adressées au commandant des armes. Envoi à Cayenne des arbres à pain rapportés par d'Entrecasteaux, an VIII.

1 A *134.   Procès-verbaux du Conseil de Marine extraordinaire réuni pour interroger les officiers de l'escadre du comte de Grasse, 1782-1783.

Sous-série 2 A. Préfet maritime
et Commandant de l'arrondissement maritime

Cette sous-série est également constituée de correspondances.

2 A¹.   Ordres du préfet maritime, 1800-1939.

2 A².   Lettres du ministre, 1800-1939.
                2 A² *18. Pièces relatives à des militaires qui demandent à passer dans la gendarmerie coloniale, an X...
                2 A² *33. Dépêches sur la mission de la *Cybèle* et de la *Didon* qui doivent transporter à Cayenne 44 déportés politiques.

2 A³.   Lettres au ministre, 1800-1938.

2 A⁴.   Correspondance avec divers, 1800-1938.

Instrument de recherche :

. LEMOINE (D.), *Répertoire numérique des archives du 4ᵉ Arrondissement maritime : série A, Commandement de la Marine dans le port de Rochefort, Arrondissement maritime de Rochefort,* Paris, 1921.

SÉRIE C. FORCES MARITIMES

On consultera dans cette série les journaux de bord et de navigation des bâtiments armés pour les Antilles et l'Amérique latine.

Instrument de recherche :

. Inventaire dactylographié.

SÉRIE E. SERVICES ADMINISTRATIFS

Cette série se compose de huit sous-séries.

Sous-série 1 E. Intendant, Ordonnateur civil, Principal chef des bureaux, Agent maritime

Cette sous-série, où sont conservés correspondances et ordres, est particulièrement importante. Rochefort fut en effet, sous l'Ancien Régime, « pour les colonies d'Amérique, le grand et exclusif entrepôt, le point de départ et d'aboutissement » de toutes les communications avec la France. L'intendant prévoyait et assurait le ravitaillement en hommes, matériel et munitions des possessions d'Amérique; vers lui convergeaient également les colons et leur matériel dont il assurait le passage aux Iles. A Rochefort, enfin, revenaient des mêmes îles des bâtiments du roi ou des particuliers affectés aux transports et aux communications.

On consultera en particulier :

1 E *172-*174. Dépêches de la Cour adressées à l'intendant. Fondation de la colonie de la Guyane, 1763...

1 E *273. Lettres du ministre à l'intendant puis à l'ordonnateur civil. Envoi en France, par les révolutionnaires de Saint-Domingue, de toutes les autorités de l'île, y compris le gouverneur d'Esparbès, 1792...

1 E *300. Lettres de la Commission de la Marine puis du ministre à l'agent maritime puis à l'ordonnateur civil. Barrère sera conduit à Cayenne par un bâtiment commandé par le lieutenant de vaisseau Tourtelot, évasion de Barrère, an IV...

Sous-série 2 E. Chef d'administration, Intendant, Commissaire général

Cette sous-série peut compléter la sous-série 2 A. On y relève :

2 E¹ *70. Dépêches du ministre au préfet maritime (copies). Listes de passagers destinés aux colonies, 1814...

2 E¹ *83. Dépêches du ministre à l'intendant (originaux et copies). États de passagers pour les colonies, 1816...

Sous-série 3 E. Revues et armements

Cette sous-série renferme de nombreux registres de contrôles nominatifs : contrôles des officiers, officiers réformés, employés des directions et services (port, artillerie, fonderies, constructions navales, professeurs, aumôniers, médecins, etc.) à partir de 1789, contrôles d'employés des services administratifs.

Les articles suivants intéressent particulièrement les possessions d'Amérique :

3 E *34.   Officiers, commis, agents, employés divers et commis des colonies réformés, an IX-an X.

3 E *637-*640. Commis extraordinaires des colonies, an VII-an VIII...

3 E *1620, *1621. Compagnie des ouvriers de marine formée pour la Guyane française, 1822-1823.

3 E *1676-*1689. Délégation des officiers d'artillerie et d'infanterie aux colonies, 1848-1890.

3 E *1691-*1712. Contrôles des colonies, 1861-1890.

3 E *1739.   Matricule des membres de la famille Toussaint-Louverture, 1821...

Sous-série 4 E. Fonds

Deux articles de cette sous-série concernent les colonies :

4 E 9, 10.   Dépenses pour les colonies, 1714-1843.

Sous-série 5 E. Approvisionnements

Cette sous-série fournira quelques indications sur l'approvisionnement des colonies.

5 E² 1-5.   Pièces intéressant les matières possédées par les magasins, les matières y entrant ou en sortant (Marine et Colonies), 1709-1873.

5 E² 13-50.   Pièces intéressant les marchés, adjudications, fournitures diverses (Marine et Colonies), 1701-1875.

Instruments de recherche :

. LEMOINE (D.), *Répertoire numérique des archives de l'Arrondissement maritime de Rochefort : série E, Services administratifs*, Paris, 1925.

. Inventaire dactylographié de la sous-série 3 E.

SÉRIE G. CONSTRUCTIONS NAVALES

On consultera dans cette série les devis d'armement et de campagnes des bâtiments à destination de l'Amérique latine et des Antilles :

2 G².   Devis d'armement et de campagne, 1751-1907.

Instrument de recherche :

. LAIR (R.), *Port de Rochefort : catalogue des devis d'armement et de campagne (sous-série 2 G²),* [Paris], 1968.

SÉRIE H. ARTILLERIE

Outre l'armement des vaisseaux, Rochefort assurait les besoins des colonies d'Amérique en armes, canons et munitions. Cette série sera donc consultée avec profit.

Instrument de recherche :

. Inventaire dactylographié.

SÉRIE K. TRAVAUX MARITIMES ET BÂTIMENTS CIVILS

Un seul article de cette série concerne l'outre-mer :

1 K 75.   Achat de pierres pour Saint-Domingue, 1703.

Instrument de recherche :

. LEMOINE (D.), *Répertoire numérique des archives de l'Arrondissement maritime de Rochefort : série K, Travaux maritimes et bâtiments civils,* Paris, 1932.

SÉRIE L. CONTRÔLE DE L'ADMINISTRATION DE LA MARINE

Les contrôleurs jouèrent un grand rôle dans la marche des services des ports. En effet, il leur appartenait de viser toutes les pièces et de garder copie des plus importantes. Aussi trouve-t-on dans cette série, complémentaire des séries A et E, des documents intéressant le personnel, la navigation commerciale en temps de guerre, la course et les prises...

Les sous-séries à dépouiller sont les suivantes :

1 L¹.   Règlements, ordonnances, dépêches de la Cour ou du ministre,
                     1690-1912.

1 L².   Correspondance, 1710-1926.

1 L³.   Affaires et pièces diverses, 1671-1849 et 1859-1916.

Instrument de recherche :

. LEMOINE (D.), *Répertoire numérique des archives de l'Arrondissement
  maritime de Rochefort : série L, Contrôle de l'administration de la Marine...,*
  Paris, 1925.

SÉRIE O. INSTITUTIONS DE RÉPRESSION

Deux sous-séries sont à consulter.

Sous-série 2 O. Maisons d'arrêts, de justice, de correction

Les documents provenant de la prison maritime fournissent des indications
sur les prisonnières envoyées aux colonies sous l'Ancien Régime, sur les
prêtres destinés à la déportation sous la Révolution, sur les détenus condamnés à la déportation à la fin du XIXᵉ siècle.

2 O 124-132.   Pièces diverses provenant de la prison maritime, 1719-1903.

Instrument de recherche :

. LEMOINE (D.), *Répertoire numérique des archives de l'Arrondissement
  maritime de Rochefort : série O, Institutions de répression,* Paris, 1925.

Sous-série 3 O. Justice maritime

Quelques pièces, émanant des juridictions maritimes militaires ou commerciales, peuvent intéresser le sujet :

3 O 53-69.   Pertes de bâtiments, accidents de mer ou prises par l'ennemi,
                    1793-1857.

3 O 70-551.   Juridictions militaires de la Marine. Procédures et jugements,
                    1793-1926.

> 3 O 133. Conseil de guerre maritime. Procès de l'enseigne de vaisseau
> Allègre, commandant la *Trimeuse,* lequel, envoyé avec son bâtiment
> à Bayonne, est allé à la Guadeloupe, 1811...

3 O 552-660.   Tribunaux maritimes. Procédures et jugements, 1807-1925.

3 O 676.   Jugement du premier Conseil de guerre permanent de Fort-
                    Royal, notifications de jugements du Conseil de guerre de
                    la Guyane, 1817-1825.

Instrument de recherche :

. LEMOINE (D.), *Répertoire numérique des archives de l'Arrondissement
maritime de Rochefort : sous-série 3 O, Institutions de répression,* Paris,
1929.

SÉRIE P. INSCRIPTION MARITIME, NAVIGATION COMMERCIALE

On trouvera dans cette série les archives des différents quartiers de l'inscription maritime de l'Arrondissement de Rochefort et, par conséquent, des
renseignements sur le personnel, le matériel et les bâtiments envoyés aux
Antilles et en Amérique latine :

2 P.   Service des Classes, puis de l'Inscription maritime, 1676-
                    1841.
                    2 P 21. Armements par la Compagnie de l'Assiente..., 1711-1718.
                    2 P 40. États des navires venus des colonies, 1773...

3 P.   Quartier des Sables-d'Olonne, depuis 1713, syndicat de Saint-
                    Gilles-sur-Vie, 1785-1904.

4 P.   Quartier de Noirmoutier, depuis 1716.

5 P.   Quartier de l'île d'Yeu, depuis 1766.

6 P.   Quartier de la Rochelle, depuis 1711 (1).

7 P.   Quartier de l'île de Ré, 1720.

8 P.   Quartier de Rochefort, 1757.

9 P.   Quartier de Saintes, 1733.

10 P.   Quartiers de Marennes et de Royan, depuis 1725.

11 P.   Quartier de l'île d'Oléron, depuis 1736.

12 P.   Quartier de la Teste-de-Buch puis d'Arcachon, depuis 1725.

13 P.   Services de la Marine à Bayonne et quartier de Bayonne,
                    depuis 1723.

14 P.   Quartier de Dax, 1776.

---

(1) Cette sous-série est actuellement conservée aux Archives départementales de la Charente-
Maritime.

15 P.	Quartier de Saint-Jean-de-Luz, depuis 1697.
16 P.	Quartier de Pauillac (1).
17 P.	Quartier de Blaye (1).
18 P.	Quartier de Libourne (1).
19 P.	Quartier de Bordeaux (1).
20 P.	Quartier de Langon (1).

Instruments de recherche :

- FARDET (M.), *Répertoire numérique des sous-séries 13 P, 14 P, 15 P :
  Classes, inscription maritime, navigation commerciale (quartiers de
  Bayonne, Dax, Saint-Jean-de-Luz)*, Paris, 1978.

- Répertoires numériques dactylographiés des autres sous-séries.

SÉRIE R. COLONIES, PAYS ÉTRANGERS, CONSULATS

Les archives classées dans cette série proviennent du bureau qui, sous les
ordres de l'intendant, centralisait le service des colonies. Toutefois, les pièces
qui en émanent furent en partie envoyées à Versailles.

Cette série est intéressante pour le sujet car, dès la création de l'arsenal,
Rochefort centralisa tous les moyens de communication, de ravitaillement
et d'entretien des colonies d'Amérique. A l'île de Ré furent établis les centres
de recrutement, d'instruction et les dépôts des troupes des colonies; les
navires fournis par d'autres ports y étaient affrétés et armés. Restructuré en
1765 en un service autonome du détail des colonies, le service des colonies
sera transféré à Bordeaux en 1768 et reviendra à Rochefort en 1771.

Les articles suivants seront à consulter :

1 R 1.	Arrêts du Conseil d'État relatifs aux lettres de change de la Martinique, aux dettes des colonies..., 1764-1766.
1 R 2.	Ordonnances. Création pour Saint-Domingue de compagnies d'ouvriers et de canonniers-bombardiers..., 1768-1769.
1 R 3.	*Idem.* Création de compagnies de canonniers-bombardiers pour les Iles du Vent et les Iles sous le Vent..., 1774-1780.
1 R 16.	Troupes des colonies. Détachement du Fort-Dauphin envoyé hiverner à Rochefort, 1716...

---

(1) Cette sous-série est conservée en majeure partie aux Archives départementales de la
Gironde : voir p. 350.

1 R 25.	Renseignements sur les appointements et frais de table des gouverneurs des Iles, passagers sur les vaisseaux du Roi, 1716...
1 R 48.	Décès d'Ève Wagner, enfant allemande émigrée à la Guyane, 1767...
1 R 51.	Mineurs envoyés à la Guadeloupe et de la Martinique à l'Ile Royale, 1722-1725.
1 R 54.	Pièces intéressant les colonies, 1739-1798.
1 R 58.	Pièces intéressant les Iles de l'Amérique, 1720-1787.
1 R 61.	Pièces intéressant Cayenne, 1716 et an VII.

Instrument de recherche :

• LEMOINE (D.), *Répertoire numérique des archives de l'Arrondissement maritime de Rochefort : série R, Colonies, pays étrangers, consulats*, Paris, 1925.

ARCHIVES DE LA TROISIÈME RÉGION MARITIME

Archives du Port de Toulon

Place d'Armes, 83800 Toulon-Naval.
Tél. : (94) 02.00.32.
Heures d'ouverture : du lundi au vendredi, de 9 h à 11 h 45 et de 14 h à 17 h 45; le samedi, de 9 h à 11 h 45.
Pas de fermeture annuelle.

SÉRIE C. FORCES NAVALES

Les relations entre Toulon et les pays d'Amérique latine ne furent pas fréquentes. Cette série contient cependant quelques rôles d'équipage et journaux de bord de bâtiments ayant navigué dans les eaux antillaises et américaines :

1 C.	Rôles d'équipage, 1759-1903.
2 C.	Journaux de bord, depuis 1830.

Instruments de recherche :

• Répertoires numériques dactylographiés.

SÉRIE R. COLONIES, PAYS ÉTRANGERS, CONSULATS

Seule la sous-série 5 R, réduite à un seul article, intéresse le sujet :

5 R.   Colonies françaises. Mémoires relatifs aux colonies françaises,
                       s. d.; à la Guyane, 1768-1777; à Saint-Domingue, XVIIIᵉ s.
                       et s. d.; à Santiago de Cuba, 1806; carte de la Martinique, s. d.

Instrument de recherche :

. DURAND (B.), *Répertoire numérique des archives de la IIIᵉ Région maritime (Toulon) : série R, Pays étrangers, consulats*, Paris, 1961.

SERVICE HISTORIQUE DE L'ARMÉE DE L'AIR

Fort Neuf, casemate S, Château de Vincennes, 94304 Vincennes Cedex.
Tél. : (1) 374.11.55, poste 32.59.
Heures d'ouverture : du lundi au jeudi, de 8 h 30 à 12 h et de 13 h à 17 h; le vendredi, de 8 h 30 à 12 h et de 13 h à 15 h.
Pas de fermeture annuelle.
Possibilité de photocopie, photographie et microfilm.

Le Service historique de l'Armée de l'Air comprend, outre la direction : la division Archives (dont une section d'Histoire orale), la division Études et la division Traditions et Symbolique. A la division Archives sont rattachées une photothèque et une bibliothèque ouvertes au public.

Bien que l'Armée de l'Air n'existe que depuis 1934, les archives du Service historique de l'Armée de l'Air regroupent les fonds de l'Aéronautique militaire depuis son origine. Le plan de classement des archives est le suivant :

Série AA. Début de l'aviation militaire jusqu'en 1914.
Série A. Aéronautique militaire (1914-1918).
Série B. Archives de l'entre-deux guerres, états-majors et services.
Série C. Forces aériennes françaises d'outre-mer.
Série D. Forces aériennes (1939-1945).
Série E. Administration centrale depuis 1945.
Série F. Éléments territoriaux en France.
Série G. Unités volantes.
Série H. Grands commandements spécialisés et de régions aériennes.
Série I. Algérie.
Série P. Personnels de l'Armée de l'Air.
Série Z. Dons et fonds privés (1).
Série Mi. Microfilms.
Série Fi. Documents iconographiques.

Suite aux destructions de la Seconde Guerre mondiale, il reste fort peu de documents concernant l'Amérique latine et les Antilles :

SÉRIE A. AÉRONAUTIQUE MILITAIRE
(1914-1918)

Non coté. Personnel cubain et brésilien pendant la guerre de 1914-1918.

Instrument de recherche :

. Inventaire sommaire dactylographié.

---

(1) La communication des fonds privés et des interviews est soumise aux conditions fixées par les donateurs et les personnes interrogées.

SÉRIE B. ARCHIVES DE L'ENTRE-DEUX GUERRES
ÉTATS-MAJORS ET SERVICES

2 B 74.   Argentine et Uruguay : vente de matériel, ligne commerciale,
                 propagande, 1929-1930; Guatemala : mission française, s.d.;
                 Chili, ligne commerciale; Brésil : relations franco-brésiliennes,
                 1939-1940.

Instrument de recherche :

. Inventaire sommaire dactylographié.

SERVICE DE SANTÉ DES ARMÉES

Archives du musée du Val-de-grâce

277 *bis,* rue Saint-Jacques, 75005 Paris.
Tél. : (1) 329.12.31, poste 40.52.
Heures d'ouverture : du lundi au jeudi, de 10 h à 12 h et de 14 h à 17 h ; le vendredi, de 10 h à 12 h et de 14 h à 16 h.
Pas de fermeture annuelle.
Possibilité de photocopie.

La consultation des Archives est soumise à la présentation d'une autorisation écrite du Médecin général, Directeur de l'École d'application du service de santé pour l'Armée de Terre, à qui doit être adressée, dans ce but, une demande mentionnant les titres et la qualité du demandeur ainsi que la nature et le but des recherches entreprises.

La publication, même partielle, des documents ou leur reproduction photographique doit faire également l'objet d'une autorisation et l'auteur est tenu de déposer ensuite deux exemplaires de l'article ou de l'ouvrage reproduisant les documents communiqués et deux épreuves des photographies qu'il aura prises.

Les Archives constituent l'une des sections du musée du Val-de-Grâce. Deux éléments les composent qui permettent de retracer l'histoire du Service de santé militaire depuis la fin de l'Ancien Régime jusqu'en 1920 : les archives historiques du service et celles de la guerre de 1914-1918.

Le premier fonds provient du Comité technique de Santé des Armées; autrefois conservé au ministère de la Guerre, il fut transféré au musée en 1916. Il compte quelque 290 cartons et est riche en documents sur les guerres de la Révolution et de l'Empire et sur les campagnes outre-mer de la seconde moitié du xixe siècIe. Il contient également les dossiers de médecins, chirurgiens et pharmaciens militaires qui se sont distingués tant dans le domaine militaire que sur le plan scientifique. Les pièces postérieures à 1920 sont beaucoup moins nombreuses : depuis cette date, en effet, les documents à caractère historique sont envoyés au Service historique de l'Armée de Terre (château de Vincennes), les documents techniques médicaux au Centre d'archives et de statistiques médicales (Limoges), les documents administratifs et les archives des formations dissoutes au Bureau central d'archives administratives militaires (Pau).

Exemples de documents :

Carton 7, dossier 1. Officiers du corps de santé morts pour la France, 1800-1895. Expédition de Saint-Domingue, an XI...

Carton 36, dossier 1. Expéditions de la Guadeloupe et de Saint-Domingue, an X-an XII. Armée de la Guadeloupe : lettre de Gremillet, officier de santé en chef, relatant le succès de l'expédition...

Carton 53, dossier 2. Expédition du Mexique, 1861-1867. Renseignements médicaux sur le régiment égyptien envoyé au Mexique...

Carton 54, dossier 6. *Idem.* Journal de l'expédition, par Fuzier (observations, croquis...).

Carton 60, dossier 3. *Idem.* Plan manuscrit de Tlacotalpam à Alvaredo.

Carton 130, dossier 3. Papiers Larrey. Recherches sur la mouche anthropophagique du Mexique, par Weber.

Carton 200[3], dossier 4. Le Service de santé pendant les guerres de la Révolution. Notes sur la campagne de Saint-Domingue...

Le second fonds, qui compte environ 700 cartons, n'intéresse pas le sujet du guide.

Instrument de recherche :

. Inventaire analytique dactylographié avec table méthodique.

MINISTÈRE DE L'ÉCONOMIE ET DES FINANCES

SERVICE DES ARCHIVES
ÉCONOMIQUES ET FINANCIÈRES

Centre des Affaires du Louvre (bureau 6088), 151, rue Saint-Honoré, 75056 Paris RP.
Salle de lecture : pièce n° 6074.
Tél. : (1) 297.11.41.
Heures d'ouverture : du lundi au vendredi, de 9 h à 11 h 45 et de 14 h à 17 h 45.
Pas de fermeture annuelle.
Possibilité de photocopie.

SÉRIE B. SÉRIE GÉNÉRALE

Cette série est constituée par les documents émanant de l'administration centrale.

Sur l'Amérique latine et les Antilles, on consultera :

B 9213.   Guyane. Société civile des obligataires de la Compagnie électrique de la Guyane française.

B 9221.   Martinique. Éruptions volcaniques des 8 mai et 30 août 1902; titres de paiement, 1933-1940.

B 12654.   Argentine. Relations financières, 1917-1919; rapports sur les relations commerciales, 1933-1940; lois, 1919.

B 12659.   Brésil, Chili, Colombie. Affaires financières, 1930-1940; affaires commerciales, 1918-1919; notes, 1935-1936.

B 12665.   Mexique, Nicaragua. Liquidation de l'emprunt mexicain, 1864; emprunt 5 %, 1909.

B 12666.   Pérou. Rapports divers, 1940.

B 12669.   Uruguay. Rapports divers, 1932.

B 12671.   Venezuela. Rapports divers, 1935.

Instrument de recherche :

. *Archives économiques et financières : état des fonds, revu et mis à jour au 31 mars 1978*, Paris-Fontainebleau [1978].

MINISTÈRE DE L'INTÉRIEUR

PRÉFECTURE DE POLICE

Service des archives et du musée

1 *bis*, rue des Carmes, 75005 Paris.
Tél. : (1) 329.21.57, poste 336.
Heures d'ouverture : du lundi au vendredi, de 9 h à 17 h.
Pas de fermeture annuelle.

Aux termes de l'ordonnance royale du 2 décembre 1716, les lieutenants généraux de police conservaient leurs archives à la Bastille où elles ont été en partie détruites en 1789. Des vestiges en sont conservés à la bibliothèque de l'Arsenal (1).

La Préfecture de Police, créée en 1800, récupéra les papiers émanés des divers organismes chargés de maintenir l'ordre et la sécurité dans Paris, de 1789 à 1800. Une partie des archives concernant la capitale et, depuis 1853, tout le département de la Seine, a disparu lors d'un incendie sous la Commune. Les documents relatifs à l'Amérique latine et aux Antilles sont donc, pour l'essentiel, postérieurs à 1871; le délai d'ouverture à leur communication est de soixante ans.

On verra notamment :

Série A^A. Documents historiques antérieurs à 1871

A^A 7, p. 373. Documents relatifs aux prisonniers : Jean-Baptiste Camusat, ex-directeur des Domaines de la Guadeloupe (affaire des jeux de hasard), 1741.

Instrument de recherche :

. Inventaire sommaire dactylographié.

_____

(1) 1, rue de Sully, 75004 Paris.

Série B^A. Documents historiques postérieurs à 1871

B^A 188-194. Affaire de Panama. Compagnie du Canal de Panama, association des porteurs de titres, poursuites contre la compagnie, commission d'enquête, procès-verbaux des perquisitions et arrestations, rapports, procès, chansons, brochures, affiches..., 1879-1899.

B^A 469-470. Commune de Paris (1871). Rapatriement de condamnés.

B^A 487-489. Émigration, 1871-1894.

B^A 881. Dossier du commandeur Gabriel B. Moreno del Christo, envoyé extraordinaire de la République dominicaine, 1886-1894.

B^A 916. Dossier de Antonio de Taboada, général mexicain réfugié à Paris, 1864-1876.

B^A 937-940. Dossier Arson (affaire de Panama).

B^A 978. Dossier de Jean-Pierre Boyer, ancien président de la République d'Haïti, décédé à Paris en 1850, 1876.

B^A 1073. Dossier de Armand-Joseph Fava, évêque de Saint-Pierre de la Martinique, 1874-1899.

B^A 1094. Dossier de Gaston-Marie-Sidoine-Théonile Gerville-Réache, député de la Guadeloupe, 1876-1906.

B^A 1097. Dossier de François-Marc Godissart, député de la Martinique, 1874-1878.

B^A 1697. Dossier du général Porfirio Diaz, ancien président de la République du Mexique, 1910-1926.

Instrument de recherche :

. Inventaire sommaire manuscrit.

ARCHIVES DES ASSEMBLÉES

ASSEMBLÉE NATIONALE

SÉNAT

ARCHIVES DES ASSEMBLÉES

Il ne sera question ci-dessous que des archives des Assemblées conservées actuellement par les deux Chambres. Pour ce qui est des fonds déjà versés aux Archives nationales, l'on se reportera p. 41 aux notices consacrées aux séries C (Assemblées nationales) et CC (Sénat, Chambre et Cour des pairs).

ASSEMBLÉE NATIONALE

Service des archives

Palais Bourbon, 126, rue de l'Université, 75007 Paris.
Tél. : (1) 297.69.75.
Heures d'ouverture : du lundi au vendredi, de 10 h à 12 h et de 14 h à 18 h; le samedi, de 10 h à 12 h et de 14 h à 17 h.
Pas de fermeture annuelle.

Les archives de l'Assemblée nationale sont constituées en premier lieu par les procès-verbaux authentiques des séances des assemblées parlementaires depuis le 5 mai 1789 (États généraux), procès-verbaux dont la consultation est facilitée par les tables, nominatives et des matières, annuelles et par législature, établies par le Service des Archives.

Celui-ci conserve en outre les projets et propositions de loi, rapports, amendements et pièces annexes, ainsi que les procès-verbaux des séances des commissions, pour la période postérieure à 1919.

Enfin, depuis octobre 1974, le Service des Archives assure la conservation des enregistrements sonores des débats en séance publique et, depuis octobre 1982, celle des enregistrements audio-visuels.

La consultation des archives de l'Assemblée nationale s'effectue selon les règles suivantes édictées par le Bureau de l'Assemblée : sont seuls autorisés à consulter sur place les documents écrits les députés en exercice, les anciens députés, les membres et anciens membres du gouvernement ainsi que les personnes munies d'une autorisation spéciale et nominative délivrée par le Secrétaire général de la Présidence. Tous les documents écrits ayant plus de trente ans de date peuvent être librement consultés.

La reproduction des documents écrits est autorisée, moyennant le versement d'un droit.

En ce qui concerne les documents audio-visuels, les députés en exercice, les anciens députés, les membres et anciens membres du gouvernement peuvent obtenir librement la reproduction de leurs propres interventions. Toute autre demande nécessite, selon les cas, une autorisation préalable des intéressés ou du Bureau de l'Assemblée.

SÉNAT

Service de la bibliothèque des archives et de la documentation étrangère

Palais du Luxembourg, 15, rue de Vaugirard, 75291 Paris Cedex 06.
Tél. : (1) 234.20.00.
Heures d'ouverture : du mardi au vendredi, de 9 h 30 à 12 h et de 14 h 30 à 18 h.
Pas de fermeture annuelle.

La consultation des documents d'archives s'effectue selon les règles suisantes édictées par le Bureau du Sénat :

— les documents déposés aux Archives ayant plus de trente ans de date peuvent être consultés librement. Dans le cas de consultation nécessitant plusieurs séances de travail, une carte d'accès est délivrée au chercheur qui fournit deux photographies d'identité pour l'établissement de celle-ci;

— les documents ayant moins de trente ans de date peuvent être consultés par les sénateurs et anciens sénateurs, par les personnes dûment autorisées. Sur demande motivée, l'autorisation de consulter des pièces d'archives peut être accordée, à titre strictement personnel, par le Secrétaire général de la Présidence sous l'autorité du Président du Sénat; cependant, les procès-verbaux de commissions ne peuvent être consultés que s'ils sont précisément et individuellement désignés dans la demande de consultation. Les dossiers de pétitions ne peuvent être consultés.

Les archives du Sénat antérieures à 1848 ont été versées aux Archives nationales dans la série CC Sénat conservateur, Chambre et Cour des pairs (1). Pour la période postérieure à 1848, la Division des Archives du Sénat conserve des documents tels que : procès-verbaux d'élection des sénateurs, documents parlementaires (rapports, avis, etc.), procès-verbaux des séances publiques

---

(1) Voir p. 45.

(discussions budgétaires, discussions de politique étrangère, économique et financière ainsi que les interpellations et les textes des réponses aux questions orales avec ou sans débat). Les séances publiques du Sénat font l'objet d'une table annuelle, nominative et analytique, éditée par le Service des Archives.

Les procès-verbaux des séances des commissions constituent une source de renseignements précieuse pour l'histoire de l'Amérique latine et des Antilles. Ces commissions sont les suivantes, de 1876 à 1905 (1) :

19 juillet 1876. Commission relative à la convention de poste entre la France et le Pérou et à la convention entre la France et les Pays-Bas pour l'échange de mandats de poste.

9 mars 1877. Commission relative à la représentation des colonies de la Guyane et du Sénégal à la Chambre des députés.

1er avril 1879. Commission relative aux députés de la Guyane et du Sénégal.

16 décembre 1879. Commission relative au jury aux Antilles.

3 mars 1880. Commission sur les titres au porteur dans les colonies de la Martinique, de la Guadeloupe et de la Réunion.

8 février 1881. Commission sur le service obligatoire personnel dans la Martinique, la Guadeloupe, la Réunion et la Guyane.

5 juillet 1883. Commission sur une convention entre la France et le Chili.

5 avril 1886. Commission sur une convention entre la France et l'Uruguay.

14 janvier 1889. Commission sur la Guyane.

13 janvier 1899. Commission sur une convention signée entre la France et l'Équateur et la France et l'Uruguay.

18 novembre 1904. Commission sur la Martinique.

17 janvier 1905. Commission sur la Banque de la Martinique.

Pour les années postérieures, les problèmes concernant l'Amérique latine, la Guyane et les Antilles figurent dans les questions examinées par les commissions générales.

_____

(1) Ces documents ne sont pas cotés; il convient donc de les demander par leur intitulé et leur date.

ARCHIVES IMPRIMÉES

DOCUMENTS MÉTROPOLITAINS
DOCUMENTS LOCAUX

ARCHIVES IMPRIMÉES

La nécessité de diffuser à travers les divers départements de l'administration ou de porter à la connaissance d'une partie ou de la totalité de la population certains textes législatifs ou réglementaires, documents budgétaires, rapports, statistiques, comptes rendus d'assemblées, etc., a conduit à imprimer ceux-ci afin de pouvoir les mettre à la disposition de nombreux intéressés.

Produits de l'activité législative, réglementaire ou administrative, ces documents relèvent, dans leur essence, du domaine des archives, cependant que leurs caractéristiques externes les apparentent aux périodiques et même aux livres et aux brochures. Aussi sont-ils classés souvent dans les bibliothèques.

Le lecteur trouvera ici un répertoire de ce genre de publications (différent des collections de textes extraits des archives et éditées par les soins d'érudits, qui ne sont pas recensées dans le présent guide) auxquelles est donné en France le nom d'archives imprimées.

Elles ne sauraient être localisées dans un fonds particulier et il aurait suffi, à la rigueur, d'en établir une liste théorique. Il a paru utile, cependant, de signaler systématiquement au lecteur, pour chaque article, l'état de la collection et sa cote à la bibliothèque de la Section outre-mer des Archives nationales (1), en tant que bibliothèque spécialisée, et, si cette collection présente des lacunes, les mêmes renseignements pour la Bibliothèque nationale (2), en tant que bibliothèque centrale.

La Bibliothèque nationale possède également des collections importantes, mais lacunaires, de documents officiels provenant des pays latino-américains. La masse de ces textes se répartit comme suit, par ordre d'importance décroissante : Brésil, Mexique, Argentine, Uruguay (dont la collection presque complète du journal des débats au Parlement de 1874 à 1932), Chili, Venezuela, Colombie, Pérou, Haïti, Saint-Domingue, Cuba, Équateur, Bolivie,

---

(1) Bibliothèque de la Section outre-mer des Archives nationales : 27 rue Oudinot, 75007 Paris. Heures d'ouverture : du lundi au vendredi, de 9 h 30 à 12 h et de 14 h à 17 h 30. Les collections de la bibliothèque seront transférées à Aix-en-Provence lors de l'installation de la Section outre-mer dans leurs nouveaux locaux (voir. p. 239).
(2) Bibliothèque nationale, Département des Imprimés : 58 rue de Richelieu, 75002 Paris. Heures d'ouverture : du lundi au vendredi, de 9 h à 20 h; le samedi, de 9 h à 18 h.

Honduras, Paraguay (dont un exemplaire unique en Europe, et peut-être au monde, du *Repertorio nacional,* collection des lois et publications officielles du président Antonio Lopez pour 1842-1845), Guatemala, Panama, Costa Rica, Nicaragua, Salvador. Divers catalogues facilitent leur identification : tomes 3 et 4 du *Catalogue de l'histoire de l'Amérique* par G.-A. Barringer, 1907-1909 (voir les rubriques Périodiques, Histoire constitutionnelle, Histoire administrative, Histoire diplomatique, Histoire locale, Détails de l'histoire, Histoire militaire), supplément sur fiches au catalogue Barringer (jusqu'en 1937), catalogue auteurs-anonymes (1936-1959), fichiers des collectivités (1950-1959) et des périodiques; un inventaire aussi exhaustif que possible est actuellement en cours. Par ailleurs, le lecteur peut s'adresser au Département des Publications officielles pour obtenir une aide dans sa recherche.

Les archives imprimées ont été classées en deux parties : la première est consacrée aux archives imprimées émanées des administrations métropolitaines, la seconde aux archives imprimées locales concernant la Guadeloupe, la Guyane et la Martinique.

Dans cette seconde partie, les documents sont classés dans un ordre géographique par colonie ou territoire. A l'intérieur de chaque chapitre a été adopté un cadre de classement identique. Les publications officielles sont réparties en huit rubriques comme suit :

Annuaires.

Leur date initiale, leur composition, leur fréquence de parution varient d'une colonie à l'autre. On peut cependant y trouver globalement les renseignements suivants :

— une notice historique sur la colonie, accompagnée parfois d'une chronologie, et suivie de renseignements géographiques, économiques, climatiques, etc.;

— une liste chronologique (parfois sujette à révision) des gouverneurs, ordonnateurs, principaux chefs de services, députés, sénateurs, maires, préfets apostoliques, etc.;

— une partie administrative donnant l'état nominatif du personnel administratif classé par services, chaque service étant précédé d'un bref historique et du rappel des textes l'ayant constitué ou modifié;

— les principaux textes organiques concernant l'administration de la colonie, ainsi que les traités ou conventions avec les autorités locales ayant précédé ou défini l'installation française dans le territoire;

— un certain nombre de renseignements administratifs : tarifs des transports, tarifs postaux, chambres de commerce et d'agriculture, taxes, banques, le tout souvent précédé d'un bref historique;

— une dernière partie consacrée à des renseignements divers : sociétés, recensements, itinéraires, kilométrages, etc.

Journaux et bulletins officiels.

Les journaux officiels sont divisés en deux parties :
— une partie officielle donnant d'une part les textes des décrets (accompagnés ou non des arrêtés d'application des gouverneurs locaux), arrêtés, circulaires et tous actes du pouvoir concernant le territoire, ainsi que les arrêtés et décisions des autorités locales, d'autre part les nominations et mutations du personnel administratif;
— une partie non officielle comprenant des avis et annonces variant peu d'un territoire à l'autre : arrivées et départs de navires, statistiques d'importations et exportations, publications légales (ventes aux enchères, constitutions de sociétés), observations météorologiques, extraits des registres d'état civil, situation des caisses d'épargne et des caisses agricoles, etc. Cette dernière partie était plus développée primitivement : jusqu'au début du XXe siècle y figuraient des nouvelles de France et de l'étranger, des nouvelles locales, des faits divers, des annonces publicitaires et, parfois, un feuilleton documentaire ou romanesque.

Les bulletins officiels, de même que les journaux officiels, comportent, d'une part, les textes métropolitains ou locaux concernant le territoire, d'autre part, les extraits d'arrêtés ou décisions concernant le personnel administratif. Cette seconde partie est toutefois plus développée que dans les journaux officiels; sa consultation est grandement facilitée par les tables nominatives annuelles.

Budgets et comptes définitifs (1).

Les budgets des colonies françaises se répartissent en divers groupes :
— les budgets généraux représentent la personnalité financière d'un groupe de territoires ayant des intérêts communs et réunis administrativement en un gouvernement général. Ces budgets traitent de toutes dépenses d'intérêt commun. Arrêtés en Conseil supérieur, ils sont approuvés par décret ministériel;
— les budgets locaux concernant les recettes et dépenses de chaque territoire.

On trouve de plus :
— des budgets extraordinaires concernant les dépenses exceptionnelles réglées au moyen de ressources spéciales d'emprunt;
— des budgets annexes spécialisant les recettes et dépenses de diverses exploitations industrielles et commerciales administrées par l'État. Ils sont rattachés aux budgets généraux par voie d'une subvention globale.

---

(1) Pour l'historique de l'organisation administrative du budget des colonies et pour plus de détails sur leur exploitation, voir l'ouvrage de G. François, *Le budget local des colonies,* Paris, 1908 (3e éd. revue, augmentée et mise au courant).

Ces budgets passent par trois étapes :

— projets de budgets : le projet de budget général est établi par le gouverneur général en Conseil supérieur. Les projets de budgets locaux sont préparés par le gouverneur du territoire depuis la disparition du poste de directeur de l'Intérieur, le 21 mai 1898. Ils sont alors présentés aux assemblées compétentes locales qui les discutent et les votent par chapitre ;

— budgets : le projet de budget général est approuvé par décret ministériel. Les projets de budgets locaux sont rendus exécutoires par arrêté du gouverneur pris en Conseil avant l'ouverture de l'exercice et imprimés après approbation du ministre. On se trouve alors en présence de budgets ;

— comptes définitifs ou administratifs : toutes les opérations financières sont consignées sur un livre de comptes ouvert établi d'après les divisions du budget, ainsi que sur d'autres livres auxiliaires. Le relevé de ces différentes opérations forme les comptes définitifs. Pour le budget général, ils sont adressés au Parlement. Pour les budgets locaux, les comptes définitifs de l'exercice, imprimés, sont adressés au Conseil général ou au Conseil d'administration du territoire, puis soumis à l'approbation des Chambres.

Les rubriques des budgets se répartissent en :

— recettes ordinaires : taxes, contributions, droits de douane, revenus de propriétés coloniales, produits divers dévolus au Service colonial, subventions accordées par la métropole, etc. ;

— recettes extraordinaires : contributions extraordinaires, prélèvements sur la Caisse de réserve, produits d'emprunt, etc. ;

— dépenses ordinaires : dépenses des différents services administratifs, des services d'intérêt économique et social, dettes exigibles, créances, pensions, etc. ;

— dépenses extraordinaires : expositions, faits de guerre, etc.

En fin de budget, on trouve généralement la situation du fonds de réserve et le tarif des taxes locales.

Rapports (1).

Un rapport général sur la situation administrative, économique et sociale du territoire a été fourni pendant de longues années par les autorités locales. Les principaux services, ainsi que les organismes scientifiques, culturels, etc., donnent également un compte rendu annuel de leurs activités.

_____

(1) La plupart des rapports n'ont pas été imprimés et sont insérés dans les dossiers d'archives. C'est pourquoi la série *Rapports* de la bibliothèque de la Section outre-mer est incomplète, comme celle de la Bibliothèque nationale, d'ailleurs.

Statistiques.

Dès 1835, la publication de statistiques coloniales est assurée par le ministère de la Marine puis par le ministère des Colonies qui éditent également diverses publications statistiques non périodiques. A partir de 1899, cette tâche est dévolue à l'Office colonial du ministère des Colonies. Cet organisme, créé par décret du 14 mars 1899 et réorganisé par décret du 29 juin 1919 qui le constitue en Agence générale des Colonies, comprend, outre une section de commerce, un service de colonisation et une bibliothèque, un service de statistiques. Après la guerre de 1914-1918, les publications statistiques deviennent plus irrégulières. On trouve également des statistiques d'importations et d'exportations dans la partie non officielle des journaux officiels locaux. En 1937, la création du Service intercolonial d'Information et de Documentation, dépendant de la direction des Affaires économiques du ministère des Colonies, entraîne la fondation du *Bulletin mensuel de statistiques coloniales* à caractère purement économique. Ce service, devenu Service des Statistiques du ministère des Colonies en 1943, va collaborer étroitement avec l'Institut national de la Statistique et des Études économiques dès la fondation de celui-ci en 1946. Outre le *Bulletin mensuel de statistiques d'outre-mer*, sont édités divers annuaires et publications. De plus, des services de statistiques locaux apparaissent dans les possessions françaises d'outre-mer et font paraître des bulletins périodiques. De nombreuses publications statistiques continuent d'être publiées actuellement par les services de statistiques des départements et territoires d'outre-mer, cependant que le Département de la Coopération de l'Institut national de la Statistique et des Études économiques, successeur du ministère de la France d'outre-mer, complète leurs informations.

Assemblées et conseils.

En principe, ont existé dans chaque territoire deux sortes d'assemblées dont les noms ont varié suivant l'époque :

— un Conseil privé, organe consultatif composé des chefs d'administration et de membres civils nommés par décret. Il est chargé d'assister le gouverneur ou le résident dans sa gestion du territoire;

— une assemblée locale, dont le titre varie suivant le territoire et la date, délibérante et composée de membres élus. Dans certains territoires, elle comporte également des membres délégués choisis par le gouverneur ou le résident. Elle est destinée à donner son avis sur toutes les questions d'ordre administratif, économique ou financier.

Textes législatifs et réglementaires.

Il existe un certain nombre de recueils de textes législatifs et réglementaires concernant soit l'ensemble de la juridiction d'un territoire, soit un domaine particulier de cette juridiction. Certains de ces recueils ont été édités par ordre des autorités métropolitaines ou locales. Cependant, la plupart d'entre eux proviennent d'initiatives privées.

Chambres d'agriculture et de commerce.

Créées par arrêtés des gouverneurs, elles n'ont ni le même statut organique que les chambres métropolitaines, ni un statut uniforme, du fait de la diversité des conditions locales. Elles sont souvent mixtes. Ces chambres servent d'intermédiaire entre les gouvernements généraux ou locaux et les commerçants ou agriculteurs dont elles expriment les doléances et pour qui elles obtiennent divers avantages ou concessions. Elles ont d'une part un rôle consultatif en émettant des avis et des vœux et en donnant des conseils au gouvernement avant la création de certaines mesures, d'autre part un rôle actif en entreprenant des travaux, en envoyant des missions à l'extérieur, etc. Ces activités, relevant du domaine privé, obtiennent s'il y a lieu le concours de l'État. Outre leur rapport annuel, les chambres de commerce et d'agriculture font paraître un bulletin hebdomadaire, mensuel ou trimestriel.

DOCUMENTS MÉTROPOLITAINS

Pour chaque titre sont donnés ci-dessous l'état de la collection et la cote à la bibliothèque de la Section outre-mer (SOM) et, si la collection présente des lacunes, les mêmes renseignements pour la Bibliothèque nationale (BN).

LÉGISLATION

Lois et décrets

Réimpression de l'Ancien Moniteur.
   SOM : 1789-1799
         [Non coté (1)

Le Moniteur universel.
   SOM : 1802-1868
         [Non coté

   Devient :

Journal officiel de l'Empire français.
   SOM : 1869-4 septembre 1870
         [Non coté

---

(1) Pour demander un document non coté, indiquer sur la fiche le titre, tel qu'il figure dans le Guide, et l'année.

Devient :

Journal officiel de la République française. Lois et décrets.
SOM : 5 septembre 1870 à nos jours
[Non coté

Journal officiel de la France libre. Lois et décrets (paru à Londres).
SOM : janvier 1941-juillet 1942
[Non coté

Devient :

Journal officiel de la France combattante (paru à Londres).
SOM : août 1942-août 1943
[Non coté

Devient :

Journal officiel de la République française (paru à Alger).
SOM : juin 1943-mai 1944
[Non coté

Débats parlementaires : Chambre des Députés

Journal officiel de la République française. Débats parlementaires : Chambre des Députés.
SOM : 1881-mai 1940
[Non coté

Devient :

Journal officiel de la République française. Débats parlementaires : Assemblée consultative provisoire (paru à Alger de janv. à juil. 1944).
SOM : 1944-août 1945
[Non coté

Devient :

Journal officiel de la République française. Débats parlementaires : Assemblée nationale constituante.
SOM : novembre 1945-novembre 1946
[Non coté

Devient :

Journal officiel de la République française. Débats parlementaires : Assemblée nationale.
SOM : 1947 à nos jours
[Non coté

Débats parlementaires : Sénat

Journal officiel de la République française. Débats parlementaires : Sénat.
> SOM : 1881-mai 1940
> décembre 1958 à nos jours
> [Non coté

Journal officiel de la République française. Débats parlementaires : Conseil de la République.
> SOM : 1947-octobre 1958
> [Non coté

Débats parlementaires : Assemblée de l'Union française (1)

Assemblée de l'Union française. Débats.
> SOM : 1947-1958
> [Non coté

Assemblée de l'Union française. Documents.
> SOM : 1947-1958
> [Non coté

Assemblée de l'Union française. Avis, rapports, résolutions, impressions.
> BN : 1947-1958
> [4° Le^{104} 5

Assemblée de l'Union française. Avis, rapports, propositions et résolutions : adoptions.
> BN : 1947-1958
> [8° Le^{104} 6

Assemblée de l'Union française. Feuilleton.
> BN : 1947-1958
> [8° Le^{104} 7

Assemblée de l'Union française. Service des Commissions : bulletin des Commissions.
> BN : 1948-1958
> [8° Le^{104} 8

---

(1) La constitution du 27 octobre 1946 porta création de l'Union française, ensemble formé d'une part de la République française (France métropolitaine, Départements et Territoires d'outre-mer), d'autre part des Territoires et États associés. Les organes centraux de l'Union française étaient la Présidence, le Haut-Conseil (composé d'une délégation du Gouvernement français et de la représentation facultative de chacun des États associés) et l'Assemblée de l'Union française. Celle-ci était formée par moitié de membres représentant la France métropolitaine et par moitié de membres représentant les Départements et Territoires d'outre-mer et les États associés. La loi n° 46-2385 du 27 octobre 1946 fixa la composition et l'élection de cette assemblée. Certaines modifications y furent apportées par les lois des 27 août et 4 septembre 1947. L'Assemblée de l'Union française disparut à la suite de l'institution, par la Constitution du 4 octobre 1958, de la Communauté française.

Documents parlementaires. Conseil économique

Journal officiel de la République française. Avis et rapports du Conseil économique (devenu, en 1960, *Conseil économique et social*).

SOM : 1948 à nos jours
[Non coté

Documents administratifs

Journal officiel de la République française. Documents administratifs.

SOM : 1960 à nos jours
[Non coté

Textes législatifs et réglementaires

Assemblée de l'Union française. Documents administratifs.

SOM [A 4287

Assemblée de l'Union française. Année 1948 : résolutions adoptées le 29 janvier 1948, résolution portant règlement de l'Assemblée de l'Union française.

BN [8° Le^{104} 2

Règlement sur la comptabilité des recettes et des dépenses de l'Assemblée de l'Union française.

BN [8° Le^{104} 4

Annuaires

Almanach royal.

SOM : 1731
1751
1758-1759
1761-1765
1768-1770
1772-1782
1784-1785
1789-1792
[Non coté

17A.

Devient :

Almanach national.

SOM : an III [1793-1794]
       an XI-an XIII [1802-1805]
       [Non coté

Devient :

Almanach impérial.

SOM : 1806-1807
       1811
       1813
       [Non coté

Devient :

Almanach royal (et national à partir de 1830).

SOM : 1814-1847
       [Non coté

Devient :

Almanach national.

SOM : 1848-1852
       [Non coté

Devient :

Almanach impérial.

SOM : 1853-1870
       [Non coté

Devient :

Almanach national.

SOM : 1871-1872
       1874-1906
       1908-1919
       [Non coté

Assemblée de l'Union française. Liste... de Mesdames et Messieurs les Conseillers de l'Union française avec indication de leur adresse : groupes et commissions.

BN :   22 novembre 1947
        9 février 1948
        9 février 1949
        [16° Le^{104} 3

Annuaire de l'Assemblée de l'Union française.

SOM : 1950
       [An. 45
       1952
       [An. 62
       1954
       [An. 95

ADMINISTRATION CENTRALE DES COLONIES

Annuaires

État général de la Marine et des Colonies.
   BN :   1820-1851
          [8° Lc²⁵ 207

   Devient :

Annuaire de la Marine et des Colonies.
   BN :   1852-1858
          [8° Lc²⁵ 209

   Devient :

Annuaire de l'Algérie et des Colonies.
   SOM : 1859-1860
          [Non coté

   Devient :

Annuaire de la Marine et des Colonies.
   SOM : 1861-1889
          [Non coté

Annuaire colonial.
   SOM : 1887-1897
          [Non coté

   Devient :

Annuaire du ministère des Colonies.
   SOM : 1898-1942
          [Non coté

   Devient :

Annuaire du ministère de la France d'outre-mer.
   SOM : 1951
          1954
          [Non coté

Journaux et bulletins officiels

Journal officiel de la Communauté. Recueil des actes et informations.
   SOM : février 1959-décembre 1960
          [Non coté

Bulletin des lois relatives à la Marine et aux Colonies.

SOM : 1789-1806   BN : 1789-1808
[Non coté   [F 42685-42704

Recueil des actes organiques des Colonies.

BN :   1805-1881
[4º Lf²²⁴ 75

Annales maritimes et coloniales ou Recueil des lois, décrets, ordonnances, décisions et règlements rendus sur la Marine et les Colonies.

SOM : 1809-1847   BN : 1809-1848
[P 183   [V 23130 *sq.*

Bulletin officiel de la Marine.

SOM : 1848-1886
[Non coté

Bulletin officiel de la Marine et des Colonies. Édition refondue et annotée des Annales maritimes et coloniales et du Bulletin officiel.

SOM : 1681-1894
[Non coté

Bulletin officiel de l'Administration des Colonies.

SOM : 1887-1893
[Non coté

Devient :

Bulletin officiel du ministère des Colonies.

SOM : 1894-1945
[Non coté

Devient :

Bulletin officiel du ministère de la France d'outre-mer.

SOM : 1946-janvier 1959
[Non coté

Devient :

Bulletin officiel de l'Administration générale des services du ministère de la France d'outre-mer.

SOM : février 1959-juillet 1960
[Non coté

Devient :

Bulletin officiel de l'Administration provisoire des services du ministère de la France d'outre-mer.

SOM : août 1960-février 1963
[Non coté

Budgets et comptes définitifs

Ministère de la Marine et des Colonies. Budget (Service colonial).

SOM : 1820-1894
[Non coté

BN : 1820-1893
[4º Lf²²⁴ 9

Devient :

Ministère des Colonies. Budget.

SOM : 1895-1923
1925-1946
[Non coté

BN : 1895-1931
[4º Lf²²⁴ 169
1932-1939
[4º Lf²²⁴ 9

Devient :

Ministère de la France d'outre-mer. Budget.

SOM : 1947
1949-1961
[Non coté

Ministère de la Marine et des Colonies. Comptes définitifs (des dépenses du Service colonial).

SOM : 1814-1826
1828
1831
1834-1894
[Non coté

BN : 1814-1883
[4º Lf²²⁴ 4-7
1884-1894
[4º Lf²²⁴ 119

Devient :

Ministère des Colonies. Comptes définitifs des dépenses.

SOM : 1895-1914
1932-1933
1937
[Non coté

BN : 1914-1938
[4º Lf²²⁴ 119

Devient :

Ministère de la France d'outre-mer. Comptes définitifs des dépenses.

SOM : 1955
1957-1958
[Non coté

Ministère des Colonies. Compte général du mouvement du matériel appartenant au Service colonial (devenu, en 1894, Département des Colonies) effectué pendant l'année...

SOM : 1890-1896
1900-1911
[Non coté

Chambre des Députés. Rapport fait au nom de la Commission du Budget sur le budget des dépenses de l'exercice... (Ministère des Colonies).

SOM : 1877-1917
1919-1924
1926-1932
[Non coté

Sénat. Rapport fait au nom de la Commission des Finances chargée d'examiner le projet de loi accepté par la Chambre des Députés portant fixation du budget général de l'exercice... (Ministère des Colonies).

SOM : 1901-1918
1920-1923
1925-1926
1930-1932
[Non coté

Statistiques

Ministère de la Marine et des Colonies. *État de population, de culture et de commerce relatif aux colonies françaises pour l'année...*

SOM : 1835
1837-1838
[P 673

BN : 1834-1837
[8° Lk⁹ 7

Devient :

Tableaux et relevés de population, de culture, de commerce, de navigation, etc., formant pour l'année... la suite des tableaux et relevés insérés dans les Notices statistiques sur les colonies françaises.

SOM : 1839-1881
[P 673

Devient :

Statistiques coloniales pour l'année... (Population, culture, commerce et navigation).

SOM : 1882-1891
[P 673

Notices statistiques sur les colonies françaises, Paris, 1837-1840, 4 vol.

SOM   [C 5695

Ministère de la Marine et des Colonies. *Notices statistiques sur les colonies françaises.*

SOM : 1883
[P 683

Ministère des Colonies. *Résumé des statistiques coloniales pour les années...*

SOM : 1892-1895
[P 680

Ministère des Colonies, Office colonial. *Statistiques coloniales pour l'année...*
Commerce.

SOM : 1890-1914
1931
[P 674

Ministère des Colonies, Office colonial. *Statistiques coloniales pour l'année...*
Finances.

SOM : 1895-1913
[P 676

Ministère des Colonies. Office colonial. *Statistiques coloniales pour l'année...*
Industrie minière.

SOM : 1900-1904
1906-1917
[P 677

Ministère des Colonies, Office colonial. *Statistiques coloniales pour l'année...*
Navigation.

SOM : 1903-1916
1931
[P 675

Ministère des Colonies, Office colonial. *Statistiques de la population dans
les colonies françaises pendant l'année... suivies du relevé de la superficie
des colonies françaises.*

SOM : 1906
1911
[P 679

Devient :

Ministère des Colonies, Agence générale des Colonies. *Recensement de la
population dans les colonies françaises, année..., suivi du relevé de la superficie des colonies françaises.*

SOM : 1921
[P 679

Ministère des Colonies, Office colonial. *Situation économique des colonies
françaises pendant l'année... Commerce et navigation.*

SOM : 1904
1906
[P 682

Ministère des Colonies, Office colonial. *Statistiques décennales du commerce
des colonies françaises (1896-1905). Documents réunis par M. Chemin-
Dupontes,* Melun, 1908-1910, 3 vol.

SOM : [E 204

Ministère des Colonies, Office colonial (puis Agence générale des Colonies).
*Renseignements généraux sur le commerce des colonies françaises (et la
navigation) en...*

SOM : 1914-1928
[P 681

Ministère des Colonies, Service intercolonial d'Information et de Documentation (puis Service colonial des Statistiques). *Bulletin mensuel de statistiques coloniales.*

> SOM : 1937-1939
> 1943-février 1947
> [P 447

Devient :

Ministère de la France d'outre-mer, Service des Statistiques/Institut national de la Statistique et des Études économiques. *Bulletin mensuel de statistiques d'outre-mer.*

> SOM : mars 1947-1960
> [P 447

Devient :

Données statistiques.

> SOM : 1961
> [P 447

Secrétariat d'État aux Colonies, Direction des Affaires économiques. *Statistiques du commerce extérieur des possessions françaises en...*

> SOM : 1938-1940
> [P 685

Devient :

Ministère de la France d'outre-mer, Service des Statistiques. *Statistiques du commerce extérieur des Territoires d'outre-mer en...*

> SOM : 1945
> [P 685

Ministère des Colonies, Service colonial des Statistiques. *Annuaire statistique des possessions françaises,* éd. provisoire, 1944, 2 vol.

> SOM   [An. 4[1]

Ministère de la France d'outre-mer et chargé des relations avec les États associés, Service des Statistiques. *Annuaire statistique de l'Union française outre-mer,* 2e éd., 1939-1946, 12 fasc.

> SOM   [An. 4[2]

Ministère de la France d'outre-mer et chargé des relations avec les États associés, Service des Statistiques. *Annuaire statistique de l'Union française,* 3e éd., 1939-1949, 2 vol.

> SOM   [An. 4[3]

Ministère de la France d'outre-mer, Service des Statistiques. *Documents et statistiques.*

> SOM : 1949-1960
> [P 447 *bis*

Devient :

Institut national de la Statistique et des Études économiques, Service de Coopération. *Documents et statistiques.*

SOM : 1961 à nos jours
P 447 *bis*

Ministère de la France d'outre-mer, Service des Statistiques. *Bulletin de conjoncture des Territoires d'outre-mer.*

SOM : 1953-1958
[P 357

Devient :

Bulletin de conjoncture d'outre-mer.

SOM : 1959-1964
[P 357

Ministère de la Production industrielle, Direction des Mines. *Statistiques de l'industrie minérale en France, en Algérie et dans les Territoires de la France d'outre-mer.*

SOM : 1946, fasc. 1
1950
[P 686

CONSEIL SUPÉRIEUR DES COLONIES

C'est par décret du 19 octobre 1883 qu'est institué le Conseil supérieur des Colonies. Créé sur proposition de la Commission supérieure des Colonies chargée de procéder aux réformes nécessaires à l'administration des colonies et siégeant depuis décembre 1878, ce conseil est destiné à remplacer le Comité consultatif créé le 3 mai 1854 et tombé en sommeil depuis 1870. Assemblée consultative, il est chargé de donner son avis sur les projets de lois, décrets, etc., et, d'une façon générale, sur toutes les questions coloniales que lui soumet le ministre.

Ministère de la Marine et des Colonies. *Rapport présenté au ministre de la Marine par le Conseil supérieur des Colonies pour l'année 1884.*

BN [4º Lf 224 149

Ministère de la Marine et des Colonies, Conseil supérieur des Colonies. *Procès-verbaux : séances des 7 juin 1884-4 août 1885.*

BN [Fol. Lf 224 146

Le décret du 20 mai 1890 augmente le nombre des colonies admises à élire des délégués au conseil ainsi que le nombre des membres nommés par le ministre. Le conseil est divisé en quatre sections correspondant à quatre groupes de colonies, les Antilles et la Guyane appartenant au premier de ces groupes.

Ministère du Commerce, de l'Industrie et des Colonies, Conseil supérieur des Colonies. *Séances des 20, 25, 26, 28 et 30 mai, 1er et 6 juin 1891.*

    BN [8° Lf²²⁴ 247

Ministère du Commerce, de l'Industrie et des Colonies, Conseil supérieur des Colonies. *Rapport sur la question des compagnies de colonisation.*

    BN [4° Lf²⁶³ 218

Ministère du Commerce, de l'Industrie et des Colonies, Conseil supérieur des Colonies. *Projet de loi sur les compagnies de colonisation.*

    BN [Fol. Lf²⁶³ 195

Réorganisé complètement par le décret du 28 septembre 1920, le conseil est divisé en corps consultatifs se réunissant séparément : le Haut-Conseil, le Conseil économique et le Conseil de Législation. Le décret du 26 décembre 1935 le remanie à nouveau et lui attribue la dénomination de Conseil supérieur de la France d'outre-mer. Le conseil disparaîtra lors de la guerre de 1939-1945.

Ministère des Colonies, Conseil supérieur des Colonies. *Procès-verbaux.*

    SOM : 1925-1933
          [Non coté

Ministère des Colonies, Conseil supérieur des Colonies. *Rapports annuels.*

    SOM : 1926-1932
          [Non coté

Les rapports au ministère des Colonies sur les travaux du Conseil supérieur des Colonies ont été publiés dans les annexes du *Journal officiel de la République française* :

Rapport 1926-1927 *in Journal officiel...* (annexes), 1928, p. 899.

Rapport 1927-1928 *in Journal officiel...* (annexes), 1929, p. 345.

Rapport 1928-1929 *in Journal officiel...* (annexes), 1930, p. 449.

Rapport 1929-1930 *in Journal officiel...* (annexes), 1931, p. 351.

Rapport 1930-1931 *in Journal officiel...* (annexes), 1932, p. 331.

Rapport 1931-1932 *in Journal officiel...* (documents administratifs), 1933, p. 1.

Rapports 1932-1933, 1933-1934 *in Journal officiel...* (annexes), 1935, p. 165.

Rapport 1934-1935 *in Journal officiel...* (annexes), 1936, p. 1199.

Rapport 1935-1936 *in Journal officiel* (annexes), 1937, p. 101.

OFFICE COLONIAL PUIS AGENCE GÉNÉRALE DES COLONIES

L'Office colonial fut créé par décret du 14 mars 1899. Relevant du ministère des Colonies, il comportait un Centre de Renseignements et d'Émigration, une exposition permanente et une bibliothèque.

Le décret du 23 septembre 1919, en le réorganisant, le constitua en Agence générale des Colonies. Celle-ci fut supprimée par décret du 4 avril 1934.

Bulletin de l'Office colonial.
> SOM : 1908-septembre 1919
> [P 1

Devient :

Bulletin de l'Agence générale des Colonies.
> SOM : octobre 1919-1934
> [P 1

Ministère des Colonies, Agence générale des Colonies. *Rapport au Conseil d'Administration sur le fonctionnement des services pendant l'année...*
> BN : 1917
> 1923-1924
> 1929
> [8º Lf ^{223} 17

DOCUMENTS LOCAUX
LÉGISLATION ET ADMINISTRATION

GUADELOUPE

Annuaires

Almanach de la Guadeloupe et dépendances.

SOM : 1809	BN : 1829
1810	1832-1836
1819	1838-1841
1821	1843-1851
1824	[8º Lc^{32} 16 *bis*
1828	
1831-1835	
1837-1851	
[Non coté	

Devient :

Annuaire de la Guadeloupe et dépendances.

SOM : 1854	BN : 1858
1857-1867	1859
1870	[8° Lc³² 16 *bis*
1871	1859-1904
1873-1904	1906
1909	1909
1910	1910
1912	[8° Lc³² 16 *ter*
1915	
1920	
1923	
1931	
[Non coté	

Almanach général du commerce de la Guadeloupe pour...

BN : 1843
[8° Lc³² 16

Annuaire administratif.

SOM : 1965
1966
[4° Lc³⁰ 842

Annuaire provisoire des administrations et municipalités repliées en Grande-Terre.

BN : 1976
[4° Jo 31329

Annuaire agricole, commercial et industriel des colonies de la République française pour...

BN : 1885, fasc. 15
[8° Lc³² 55

Journaux et bulletins officiels

Gazette de la Guadeloupe.

SOM : 1er mars-15 août 1810	BN : 1788 (lacunes)
1814	[Fol. Lc¹² 13
[Non coté	

Devient :

Gazette officielle de la Guadeloupe.

SOM : 1815-1881
[Non coté

BN : 1841
1842
1845
1847-1851
1853-1881
[Fol. Lc^{12} 13

Devient :

Journal officiel de la Guadeloupe.

SOM : 1882-1944
1945 (lacunes)
1946-18 octobre 1947
[Non coté

BN : 1882-1892
1896-1947 (lacunes)
[Fol. Lc^{12} 354

Devient :

Recueil des actes administratifs et d'information de la préfecture de Guadeloupe.

SOM : 18 octobre 1947 à nos jours
[Non coté

BN : 1947-1977 (lacunes)
[Fol. Lc^{12} 354

Recueil des actes administratifs du gouvernement de la Guadeloupe (recueil factice).

SOM : 1801-1827
table 1814-1827
[Non coté

Devient :

Bulletin des actes administratifs de la Guadeloupe.

SOM : 1828-1833
[Non coté

Devient :

Bulletin officiel de la Guadeloupe et dépendances.

SOM : 1834-janvier 1909
table 1828-1840
table 1841-1850
table 1851-1860
table 1861-1870
table 1871-1890
[Non coté

Budgets et comptes définitifs

Exposé des motifs à l'appui du compte des recettes et des dépenses du service local pour l'exercice...

> BN : 1879
> > [Fol. Lk^{19} 176
> > 1885
> > [8° Lk^{19} 172

Exposé des motifs à l'appui du projet de budget des recettes et des dépenses du service local pour l'exercice...

> BN : 1880
> > 1886
> > [8° Lk^{19} 342
> > 1887
> > 1902
> > [8° Lk^{19} 212
> > 1908
> > [8° Lk^{19} 342

Exposé des motifs à l'appui du projet de budget de l'Instruction publique pour l'exercice...

> BN : 1887
> > [8° Lk^{19} 213

Projet de budget primitif.

> SOM : 1971
> > [Non coté

> BN : 1963-1969
> > 1971
> > 1972
> > 1974
> > 1975
> > > [Fol. Lk^{19} 170

Projet de budget portant modification au budget primitif des recettes et des dépenses départementales : exercice...

> BN : 1953
> > 1959
> > [Fol. Lk^{19} 170

Projet de budget local des recettes et dépenses.

SOM : 1859-1865	BN : 1881
1872	1886-1889
1875-1916	1891
1920-1926	1892
1930-1939	1897-1900
1941	1902
1944	1905
1946	1907
1947	1908
1949	1911
1950	1913
1971	1914
[Non coté	1916-1918
	1921-1926
	1928-1938
	1941-1943
	1945
	1946
	1949
	1950
	1957
	1958
	1961
	[Fol. Lk^{19} 170

Projet de décision modificative n° 2 des recettes et dépenses.

SOM : 1970
1972
[Non coté

Décision modificative des recettes et dépenses n° 2.

SOM : 1970	BN : 1970-1975
1972	[Fol. Lk^{19} 171
1974	
1975	
1977	
[Non coté	

Projet de budget supplémentaire.

SOM : 1944-1947	BN : 1922-1925
1971	1927-1941
1972	1944
1974-1977	1945
[Non coté	1963-1968
	1971-1976
	[Fol. Lk^{19} 170

Projet de budget annexe du port de Pointe-à-Pitre.

SOM : 1948	BN : 1945
1949	[Fol. Lk^{19} 170
[Non coté	1948
	1949
	[Fol. Lk^{19} 856

Projet de budget spécial des grands travaux et dépenses sanitaires sur fonds d'emprunt.

SOM : 1939
    1941
    1943
    [Non coté

BN : 1933-1942
    [Fol. Lk^{19} 170

Projet de budget supplémentaire. Hôpitaux départementaux.

SOM : 1971
    1973
    [Non coté

Budget local des recettes et dépenses.

SOM : 1858-1942
    1944-1948
    1950
    1951
    1956-1965
    1968
    1970 à nos jours
    [Non coté

BN : 1858
    1860
    1871-1901
    1903-1910
    1912-1917
    1919
    1921-1926
    1928-1931
    1934-1948
    1950
    1951
    1956-1960
    1964
    1966-1969
    1972-1974
    1976
    [Fol. Lk^{19} 171

Budget portant modification au budget primitif.

SOM : 1949
    1950
    1957
    1959-1962
    [Non coté

Emprunt de 4 100 000 F. Budget annexe au budget du service local : exercice...

BN : 1917
    1918
    1920
    1921
    [Fol. Lk^{19} 171

Budget supplémentaire des recettes et dépenses départementales.

SOM : 1971-1973
    1977
    [Non coté

Budget régional.

SOM : 1975-1977
    [Non coté

BN : 1975-1977
    1979 à nos jours
    [4° Lk^{20} 58

Budget des établissements hospitaliers.

BN : 1972
[4° Lk¹⁶ 2853

Budget supplémentaire des recettes et dépenses. Hôpitaux départementaux.

SOM : 1971-1973
[Non coté

Budget spécial des grands travaux et dépenses sanitaires sur fonds d'emprunt.

SOM : 1932-1945
[Non coté

Commune de Capesterre. Budget primitif des recettes et dépenses.

SOM : 1977
[Non coté

BN : 1976
1977
[Fol. Lk¹⁸ 4327

Comptes définitifs des recettes et dépenses du budget local (Budget local, budget annexe du port de Pointe-à-Pitre, à partir de 1924; budget spécial des grands travaux sur fonds d'emprunt, à partir de 1932).

SOM : 1856-1941
1950
1951
1954-1959
1961
1963
1966
1972
1975
1976
[Non coté

BN : 1859
1868-1887
1889
1890
1892
1895-1900
1902
1905-1941
1950
1951
1954-1959
1961
1963-1967
1970
1972-1974
[Fol. Lk¹⁹ 172
1975
[4° Lk¹⁶ 2853
1979
[Fol. Lk¹⁶ 2853

Compte administratif...

BN : 1979
1980
[4° Lk²⁰ 80

Comptes administratifs. Hôpitaux départementaux.

SOM : 1970
1971
[Non coté

Compte des recettes et dépenses de l'année... : immigration.

BN : 1876
     [Fol. Lk^{19} 172 (1876, II)
     1879
     1880
     1883
     1885
     [Fol. Lk^{19} 190

Rapports

Généralités.

Rapport général sur la situation de la colonie de la Guadeloupe pour l'année...

BN : 1898
     1899
     [8º Lk^{19} 1048

Administration.

Préfecture de la Guadeloupe. *Rapports d'activité des services et organismes administratifs du département de la Guadeloupe.*

SOM : 1969-1976   BN : 1963-1967
     [RAP. 105   [8º Lk^{19} 932
                               1969-1974
                               1976-1978
                               [4º Lk^{19} 932

Économie.

Banque de la Guadeloupe. *Assemblées générales des actionnaires. Comptes rendus des exercices présentés au nom du Conseil d'administration. Rapports des censeurs.*

SOM : 1900/1901-1927/1928   BN : 1907/1908
     [RAP. 103   1962
                                 [4º Wz 3298

Chambre de Commerce et d'Industrie de Pointe-à-Pitre. *Compte rendu d'activité.*

SOM : 1973
     [RAP. 186

Direction de la Promotion et de l'Équipement touristique et industriel (Guadeloupe). *Comptes rendus trimestriels.*

SOM : 3e et 4e trimestres 1971
     [RAP. 136

Devient :

Situation et perspective de développement du tourisme en Guadeloupe. Rapport trimestriel de conjoncture...

SOM : mars 1973
[RAP. 136

Direction de la Promotion industrielle (Guadeloupe). *Rapports d'activité.*

SOM : 1975-1977
[RAP. 187

BN : 1977
1978
[4° Lo⁹ 395

Direction départementale de l'Agriculture de la Guadeloupe, Service du génie rural des Eaux et Forêts. *Rapport d'activité.*

BN : 1976-1979
[4° Lo⁹ 820

Direction départementale de l'Équipement de la Guadeloupe. *Activités économiques, secteurs secondaire et tertiaire, Région de Basse-Terre : rapport d'enquête recensement localisation,* 1973, 4 fasc.

BN [4° Lo⁹ 504

Rapport de la station agronomique de la Guadeloupe.

BN : 1920/1921
[4° S 3191 (3)

Réunion départementale de l'Environnement (Guadeloupe). *Bilan de la politique de l'environnement.*

BN : 1979
1980
[4° Lo⁹ 896

Secrétariat d'État aux Départements et Territoires d'Outre-Mer, Secrétariat général pour l'Administration des D.O.M., Service des Affaires économiques et des Investissements. *L'économie des D.O.M. en...*

SOM : 1974-1976
1978
[RAP. 242

BN : 1973-1978
[4° Lo⁹ 539

Justice.

Compte général de l'administration de la justice tant civile et commerciale que criminelle, correctionnelle et de police dans les colonies françaises de la Martinique, la Guadeloupe, la Guyane et Bourbon pendant les années...

SOM : 1834-1839
[RAP. 3

BN : 1834-1839
1853-1867
[4° Lf²²⁴ 35

Population.

Institut national de la Statistique et des Études économiques. *Les causes de décès dans les départements d'outre-mer.*

SOM : 1959-1971   BN : 1956-1971
      [RAP. 236   [4º Lk⁹ 1404

Institut national de la Statistique et des Études économiques. *Situation démographique dans les départements de la Martinique, de la Guadeloupe et de la Réunion.*

SOM : 1957-1961
      [RAP. 253

Questions sociales.

Archives de l'Institut Pasteur de la Guadeloupe. Rapport technique.

SOM : 1951
      [RAP. 227

Direction de l'Action sanitaire et sociale (Guadeloupe). *Rapport annuel.*

SOM : 1973   BN : 1966
      [RAP. 202   1967
                                  [8º Lk¹⁹ 1016
                              1968-1970
                              1973
                              1976-1979
                              [4º Lk¹⁹ 1016

Institut national de la Statistique et des Études économiques. *Les conditions du logement dans le département de la Guadeloupe,* [1957].

BN   [4º Lk¹² 1904 (1957)

Institut national de la Statistique et des Études économiques. *Le logement dans le département de la Guadeloupe,* 1961.

BN   [4º Lk¹² 1904 (1961)

Rapport de l'administration sur l'état des recettes et des dépenses présumées du Service de l'Immigration pour...

BN :   1881
      [8º Lk¹⁹ 201

Statistiques

Généralités.

Institut national de la Statistique et des Études économiques. *Annuaire statistique de la Guadeloupe.*

SOM : 1949-1953
[An. 507
1953-1957
[An. 609
1957-1959
[An. 283
1959-1961
[An. 298
1963-1967
[An. 337
1967-1970
[An. 328

BN : 1949-1953
1953-1957
1957-1959
1959-1961
1962-1964
1963-1967
1967-1970
[4° Lc³² 170

Institut national de la Statistique et des Études économiques. *Bulletin de statistique. Départements d'Outre-Mer, Territoires d'Outre-Mer.*

SOM : 1966 (lacunes)
1967 (lacunes)
1968-1970
[P 912

BN : 1965-1970
[4° Lc¹⁷ 43

Devient :

Bulletin de statistique des Départements et Territoires d'Outre-Mer.

SOM : 1971-1976
[P 912

BN : 1971-1976
[4° Lc¹⁷ 43

Institut national de la Statistique et des Études économiques, Service départemental de la Guadeloupe. *Bulletin de statistique de la Guadeloupe.*

SOM : 4ᵉ trimestre 1969-1974
[P 873

BN : 1965-1971
1972 (lacunes)
1973
1974
[4° Lc¹² 531

Institut national de la Statistique et des Études économiques, Service départemental de la Guadeloupe. *Bulletin de statistiques. Sélection mensuelle.*

SOM : 1978 à nos jours
[P 1118

Institut national de la Statistique et des Études économiques, Service départemental de la Guadeloupe. *Les Cahiers de l'I.N.S.E.E., Antilles-Guyane.*

BN : 1975 à nos jours
[4° Fw 2452

Institut national de la Statistique et des Études économiques, Service départemental de la Guadeloupe. *Informations statistiques rapides.*

SOM : 1970-1972 (lacunes)   BN : 1971-mai 1974
      1973-mai 1974   [4° Lc¹⁰ 613
      [P 872

Devient :

Informations rapides.

SOM : 1975 (lacunes)   BN : 1975 (lacunes)
      1976 (lacunes)   1976
      1977   1977
      [P 872   [4° Lc¹⁰ 613

La région Guadeloupe en quelques chiffres...

BN :   1981
     [16° Lo⁷ 750

Démographie.

Institut national de la Statistique et des Études économiques. *Recensement démographique de la Guadeloupe et de la Réunion du 9 octobre 1961 : principaux résultats,* 1964.

BN   [4° Ll³⁵ 16

Institut national de la Statistique et des Études économiques. *Recensement démographique de la Guadeloupe du 16 octobre 1967 : résultats provisoires.*

BN   [4° Ll³⁵ 136

Institut national de la Statistique et des Études économiques. *Résultats statistiques du recensement général de la population des Départements d'Outre-Mer effectué le 1ᵉʳ juillet 1954...,* 1956.

SOM   [D 4532

Institut national de la Statistique et des Études économiques. *Résultats statistiques du recensement général de la population des Départements d'Outre-Mer effectué le 16 octobre 1967...,* s.d.

SOM   [D 3783

Institut national de la Statistique et des Études économiques. *Statistique du mouvement de la population dans les Départements d'Outre-Mer...*

SOM : 1951-1956
      [D 4388
      1957-1964
      [D 3460
      1965-1970
      [D 4009

Économie.

Direction départementale de l'Agriculture de la Guadeloupe, Service départemental de Statistique agricole. *Bulletin de conjoncture.*

SOM : 1970-1973 (lacunes)	BN : 1968-1971 (lacunes)
[P 870	[4° Lc¹² 532

Devient :

Statistiques agricoles.

SOM : 1973-1976 (lacunes)	BN : 1973-1980
1978 (1ᵉʳ trimestre)	[4° Lc¹⁰ 649
[P 983	

Institut national de la Statistique et des Études économiques, Service départemental de la Guadeloupe. *Données statistiques sur le tourisme en Guadeloupe...*, 1972.

SOM   [Br. 6653 C

Institut national de la Statistique et des Études économiques, Service départemental de la Guadeloupe. *Le tourisme en Guadeloupe : 1ᵉʳ trimestre 1968 et 1ᵉʳ trimestre 1969,* s. d.

SOM   [Br. 7580 D

Institut national de la Statistique et des Études économiques. *Statistiques du commerce extérieur des Départements d'Outre-Mer.*

SOM : 1958-1962
        [P 808

Devient :

Ministère des Finances et des Affaires économiques (ministère de l'Économie et des Finances, à partir de 1965), Direction générale des Douanes et Droits indirects. *Statistiques du commerce extérieur. Départements d'Outre-Mer.*

SOM : 1963-1970
        1975
        [P 808

Ministère de l'Agriculture, Direction générale de l'Administration et du Financement. *Situation agricole annuelle et valorisation de la production agricole finale.*

BN :   1973-1976
        [4° Lo⁹ 640 (21)
        1977
        [4° Lo⁹ 640 (27)
        1978
        [4° Lo⁹ 640 (30)

Service des Douanes (Guadeloupe). *État comparatif du mouvement commercial...*

SOM : 1935-1938 (lacunes)
        [P 710

Devient :

Tableaux statistiques du commerce et de la navigation.

    SOM : 1939
            1940 (lacunes)
              [P 710

Enseignement.

Académie de Bordeaux (Académie des Antilles et de la Guyane, à partir de 1973), vice-rectorat de la Guadeloupe. *Bulletin départemental de l'Éducation nationale.*

    SOM : 1970/1971-1975/1976 (lacunes)   BN : 1963/1964-1967/1968
            [P 868   [8º Jo. 14983
                                                            1968/1969-1974/1975 (lacunes)
                                                              [Fol. Jo. 16495

Académie des Antilles et de la Guyane, Service Statistique et Information. *Effectifs des redoublants... Situation à la rentrée 1978-1979,* s. d.

    SOM   [Br 9855 D

Justice.

Institut national de la Statistique et des Études économiques. *Statistique judiciaire des Départements d'Outre-Mer.*

    SOM : 1960   BN : 1958-1961
            1961   [4º Lk⁹ 1402
              [P 1161

Questions sociales.

DIMAN-ANTENOR (D.). *Données sociales Guadeloupe et Martinique,* s. d.

    SOM   [D 4649

Ministère de l'Aménagement du Territoire, de l'Équipement, du Logement et du Tourisme, Département de la Guadeloupe. *Éléments statistiques : logement, habitat, demande solvable (Guadeloupe),* 1973.

    SOM   [Br 6912 D

Assemblées et conseils

Extrait des registres des délibérations de l'Assemblée générale coloniale de l'île de la Guadeloupe, 1790.

    BN   [4º Lk¹² 123

Procès-verbal des délibérations de l'Assemblée coloniale de la Guadeloupe tenue au mois de janvier 1788 en vertu de l'ordonnance du roi du 17 juin 1787, 1788.

    BN   [Fol. Lk¹⁹ 25

Conseil colonial.

SOM : 1834-1843
    [CAR. 5

BN : 1834-1844
    [8° Lk^{19} 26

Conseil général : délibérations.

SOM : 1854-1869 (lacunes)
       1871-1940 (lacunes)
       1943-1964 (lacunes)
       1970 à nos jours
       [CAR. 6

Textes législatifs et réglementaires

Administration.

Ordonnances royales du 22 août 1833 sur le gouvernement des colonies, modificatives des ordonnances organiques des 21 août 1825, 9 février 1827 et 27 août 1828, 1833.

SOM   [R 523 d

PETIT. *Droit public ou gouvernement des colonies françaises, d'après les lois faites pour ces pays, 1771, 2 vol.*

SOM   [R 515 b

Statut général du personnel titulaire du département et statuts particuliers des cadres départementaux, 1969.

BN   [8° Fw 1342

Économie.

Direction départementale de l'Équipement. *Recueil des textes régissant les transports dans le département de la Guadeloupe, 1971.*

SOM   [D 3530

Justice.

Administration des successions et biens vacants à la Martinique, à la Guadeloupe, à la Réunion, à la Guyane et au Sénégal, 1864.

SOM   [D 3527 (1)

GARNIER (A.). *Code de procédure civile : Martinique, Guadeloupe et dépendances de 1829 à 1880, 1883.*

SOM   [D 235

Recueil des dispositions réglementaires relatives à la police des esclaves, 1838.

SOM   [Br. 9491 C

THERME (A.). *Codification des textes sur le régime hypothécaire à la Guade-loupe*, 1896.

    SOM   [Br. 6650 C

Questions sociales.

Direction de l'Action sanitaire et sociale (Guadeloupe). *Règlement sanitaire départemental : arrêtés préfectoraux 64-1842 et 64-1843, 67-1031*, 1967.

    BN   [8° Fw 1229

Chambres d'agriculture et de commerce

Chambres de Commerce et d'Industrie de Guadeloupe. Bulletin.

SOM : 1969-1974 (n° 49)	BN : 1963-1965
[P 871	1969-1974 (n° 49) (lacunes)
	[4° Jo. 24254

    Devient :

Guadeloupe économique. Bulletin de la Chambre de Commerce et d'Industrie de Pointe-à-Pitre.

SOM : 1974 (n° 50)-1976	BN : 1974 (n° 50)-1976
1978 à nos jours	[4° Jo. 24254
[P 871	

Comptes rendus des interventions de la Chambre de Commerce de Pointe-à-Pitre.

    SOM : 1935-1939 (lacunes)
        [P 722

Lien (Le) économique. Bulletin de la Chambre de Commerce et d'Industrie de Basse-Terre.

    SOM : 1976 à nos jours
        [P 1084

GUYANE
Annuaires

Almanach de Cayenne pour...

    BN :   1790
        [8° Lc³² 17

Almanach de la Guyane française.

    SOM : 1820-1827
        1829-1833
        1835-1860
        [Non coté

Devient :

Annuaire de la Guyane française.
SOM : 1861-1908
1910-1922
1936
[Non coté

Annuaire agricole, commercial et industriel des colonies de la République française pour...
BN : 1885, fasc. 4
[8° Lc^{32} 55

Journaux et bulletins officiels

Feuille de la Guyane française. Journal officiel.

SOM : 1828-1862	BN : 1854-1871
1864-1871	[Jo 3036
[Non coté	

Devient :

Moniteur (Le) de la Guyane française. Journal officiel de la colonie.

SOM : 1872-1899	BN : 1872
[Non coté	1873
	[Jo 3036
	1884-1899
	[Fol. Lc^{32} 344

Devient :

Journal officiel de la Guyane française.

SOM : 1900-août 1947	BN : 1900-1941
[Non coté	1947
	[Fol. Lc^{32} 344

Devient :

Bulletin des actes administratifs de la préfecture de Guyane.

SOM : septembre 1947-septembre 1951	BN : 1947 (lacunes)
1959-1961 (lacunes)	1948 (lacunes)
1965-1967 (lacunes)	[F 26992
[Non coté	1952-1975
	[Fol. Lc^{12} 344

Feuille de la Guyane française.
SOM : 1819-1827
table 1817-1827
[Non coté

Devient :

Bulletin des actes administratifs de la Guyane française.
SOM : 1828-1833
    table 1827-1836
    [Non coté

Devient :

Bulletin officiel de la Guyane française.
SOM : 1834-1927
    table 1827-1836
    table 1837-1846
    table 1847-1856
    table 1857-1866
    table 1901-1920
    [Non coté

Bulletin officiel de la transportation à la Guyane.
SOM : 1881-1890
    [Non coté

Devient :

Bulletin officiel de l'Administration pénitentiaire en Guyane.
SOM : 1891-1899
    1901-1936
    [Non coté

Notice sur la relégation aux colonies...
SOM : 1887-1900   BN : 1887-1911
    [Non coté   [Lf^{224} 125 *bis*

Notice sur la transportation à la Guyane et à la Nouvelle-Calédonie.
SOM : 1865-1912
    [Non coté

Budgets et comptes définitifs

Exposé des motifs présenté au Conseil général à l'appui du projet de budget...
BN :   1881
     1883
     [8° Lk^{19} 351
     1913
     [Fol. Lk^{19} 329 (1913)

Projet de budget local des recettes et dépenses.
SOM : 1891-1913   BN : 1893
    1915-1927   1896
    1951   1898-1904
    1952   1913
    [Non coté   1923
                       1925-1927
                       1940
                       1948
                       [Fol. Lk^{19} 351

Projet de budget supplémentaire des recettes et dépenses.
SOM : 1952
[Non coté

Budget local des recettes et dépenses.

SOM : 1856-1945 1953-1955 [Non coté	BN : 1856-1895 1897-1944 1947 1949 1950 1954 1956 [Fol. Lk^{19} 329

Recettes et dépenses des communes rurales (annexé au *Budget local des recettes et dépenses*).
SOM : 1891
[Non coté

Budget rectifié.
SOM : 1953
[Non coté

Budget supplémentaire des recettes et dépenses.
SOM : 1951
1954
[Non coté

Budget de l'immigration (annexé au *Budget local*).
SOM : 1874-1891
[Non coté

Budget spécial des grands travaux sur fonds d'emprunt.
SOM : 1932-1940
[Non coté

Commune de Cayenne. Budget des recettes et des dépenses, tarif des taxes.
BN :   1894
[4º Lk^{19} 1043

Territoire de l'Inini. Budget local des recettes et dépenses.

SOM : 1930 1932-1952 [Non coté	BN : 1930-1940 [Fol. Lk^{19} 867 1950 [Fol. Lk^{19} 869 (1950)

Comptes définitifs des recettes et dépenses du budget local.
SOM : 1867-1942
1950-1955
[Non coté

Comptes annuels du Service de l'Immigration.
SOM : 1887-1891
[Non coté

Comptes définitifs des recettes et dépenses du budget spécial des grands travaux sur fonds d'emprunt.

SOM : 1932-1939
[Non coté

Territoire de l'Inini. Comptes définitifs des recettes et dépenses du budget local.

SOM : 1930-1940
1942
1943
[Non coté

Rapports

Généralités.

Préfecture de la Guyane. *La Guyane française.*

BN :   1964-1967
[4º Lo⁹ 61

Préfecture de la Guyane. *Rapport annuel sur la situation du département et l'état des différents services publics départementaux.*

BN :   1955
1956
[Lk¹⁹ 144

Économie.

Banque de la Guyane. *Assemblées générales des actionnaires. Comptes rendus...*

SOM : 1865/1866-1869/1870   BN : 1868/1869
1888/1889   1933/1934-1936/1937
1895/1896   1962
1896/1897   [4º Wz 1456
1906/1907-1911/1912
1922/1923-1927/1928
[RAP. 75

Bureau de Recherches géologiques et minières, Direction des Recherches et du Développement minier, Direction de Cayenne. *Inventaire du département de la Guyane. Rapport annuel...*

SOM : 1977
[RAP. 263

Département de la Guyane. *Exposé sur la situation générale de la Guyane en...*

SOM : 1967
1968
1970
[RAP. 97

Département de la Guyane. *IVe plan quadriennal des D.O.M. (1962-1965)*
s. d.
    SOM :   [RAP. 174

Institut national de la Recherche agronomique. *Centre de recherches agronomiques des Antilles et de la Guyane. Compte rendu... Programme...*
    SOM : 1972/1973
        [RAP. 135

Société d'Aide technique et de Coopération, Agence de Guyane. *Compte rendu...*
    SOM : 1971
        1975
        [RAP. 172

Secrétariat d'État aux Départements et Territoires d'Outre-Mer, Secrétariat général pour l'Administration des D.O.M., Service des Affaires économiques et des Investissements. *L'économie des D.O.M. en...*
    SOM : 1974-1976   BN : 1973-1978
        1978   [4° Lo^9 539
        [RAP. 242

Études spatiales.

Centre national d'Études spatiales. *Rapport d'activité.*
    SOM : 1968   BN : 1962-1979
        1969   [4° Lf^{275} 18
        [RAP. 159

Justice.

Compte général de l'administration de la justice tant civile et commerciale que criminelle, correctionnelle et de police dans les colonies françaises de la Martinique, la Guadeloupe, la Guyane et Bourbon pendant les années...
    SOM : 1834-1839   BN : 1834-1839
        [RAP. 3   1853-1867
                          [4° Lf^{224} 35

Population.

Institut national de la Statistique et des Études économiques. *Les causes de décès dans les Départements d'Outre-mer.*
    SOM : 1959-1971   BN : 1956-1971
        [RAP. 236   [4° Lk^9 1404

Questions sociales.

Institut national de la Statistique et des Études économiques. *Le logement dans le département de la Guyane, 1961.*
    BN :   [4° Ll^{35} 3000

Rapport sur le fonctionnement technique de l'Institut Pasteur de la Guyane française et du Territoire de l'Inini.

SOM : 1944	BN : 1949
1950	[8° T 9666 (207)
[RAP. 225	1950
	[8° T 9666 (229)
	1952
	[8° T 9666 (262)
	1953
	[8° T 9666 (326)
	1954
	[8° T 9666 (366)
	1955
	[8° T 9666 (392)
	1956
	[8° T 9666 (428)
	1957
	[8° T 9666 (453)
	1958-1960
	[8° T 9666 (468-470)
	1961
	[8° T 9666 (480)
	1962
	[8° T 9666 (481)
	1963
	[8° T 9666 (486)
	1964
	[8° T 9666 (494)
	1969
	[8° T 9666 (527)

Statistiques

Généralités.

Institut national de la Statistique et des Études économiques. *Annuaire statistique de la Guyane.*

SOM : 1947-1952	BN : 1947-1952
[An. 300	1952-1956
1952-1956	1957-1959
[An. 426	1959-1961
1957-1959	1961-1970
[An. 427	1970-1977
1959-1961	[4° Lc^{32} 166
[An. 299	
1961-1970	
[An. 313	

Institut national de la Statistique et des Études économiques. *Bulletin de Statistique. Départements d'Outre-mer, Territoires d'Outre-mer.*

SOM : 1966 (lacunes)	BN : 1965-1970
1967 (lacunes)	[4° Lc^{17} 43
1968-1970	
[P 912	

Devient :

Bulletin de statistique des Départements et Territoires d'Outre-mer.
SOM : 1971-1976   BN : 1971-1976
      [P 912   [4° Lc¹⁷ 43

Institut national de la Statistique et des Études économiques, Service départemental de la Guyane. *Bulletin de statistique. Sélection mensuelle.*
SOM : 1978 à nos jours
      [P 1143

Institut national de la Statistique et des Études économiques, Service départemental de la Guyane. *Bulletin de statistiques.*
SOM : 1er trimestre 1976
      2e trimestre 1978 à nos jours
      [P 1090

ITIER (J.). *Notes statistiques sur la Guyane française,* 1844.
SOM   [C 110

Notice statistique sur la Guyane française, 1843.
BN   [8° Lk¹² 808 (2)

Démographie.

Institut national de la Statistique et des Études économiques. *Recensement de la population de la Guyane...*
BN :   9 octobre 1961
      16 octobre 1967
      [4° Lk¹² 1976

Institut national de la Statistique et des Études économiques. *Résultats statistiques du recensement général de la population des Départements d'Outre-mer effectué le 16 octobre 1967...,* s. d.
SOM   [D 3956

Institut national de la Statistique et des Études économiques. *Statistique du mouvement de la population dans les Départements d'Outre-mer...*
SOM : 1951-1956
      [D 4388
      1957-1964
      [D 3460
      1965-1970
      [D 4009

Économie.

Institut national de la Statistique et des Études économiques. *Bulletin de statistique et d'information économique.*
SOM : juin-décembre 1971
      [P 879

18A.

Institut national de la Statistique et des Études économiques. *Statistiques du commerce extérieur des Départements d'Outre-mer.*

    SOM : 1958-1962
          [P 808

  Devient :

Ministère des Finances et des Affaires économiques (Ministère de l'Économie et des Finances, à partir de 1965), Direction générale des Douanes et Droits indirects. *Statistiques du commerce extérieur. Départements d'Outre-mer.*

    SOM : 1963-1970
          1975
          [P 808

Ministère de l'Agriculture. Direction générale de l'Administration et du Financement. *Situation agricole annuelle et valorisation de la production agricole finale.*

    BN :   1973-1976
           [4° Lo⁹ 640 (21)
           1977
           [4° Lo⁹ 640 (27)
           1978
           [4° Lo⁹ 640 (30)

  Justice.

Institut national de la Statistique et des Études économiques. *Statistique judiciaire des Départements d'Outre-mer.*

    SOM : 1960   BN : 1958-1961
          1961   [4° Lk⁹ 1402
          [P 1161

Assemblées et conseils

Extrait du procès-verbal des différentes séances publiques de l'Assemblée nationale tenue à Cayenne le 7 janvier 1777, 19 mai et jours suivants [1777].

    BN :   [Fol. Lk¹⁹ 69

Conseil colonial : procès-verbaux des sessions.

    SOM : 1833-1845
          [CAR. 7

Délibération du Conseil colonial de la Guyane française sur la proposition de M. Passy et le rapport de M. de Rémusat relativement à l'abolition de l'esclavage dans les colonies françaises : session extraordinaire, 1838.

    BN   [8° Lk¹⁹ 70

Conseil général : délibérations.

SOM : 1879-1883	BN : 1880
1885	1883
1886	[8° Lk¹⁹ 144
1888	1883-1910
1890	1912
1892-1900	1913
1902 (lacunes)	1915-1920
1905-1907 (lacunes)	1925
1909-1915 (lacunes)	1936
1917-1924 (lacunes)	1938
1929 (lacunes)	1939
1932 (lacunes)	1949
1934-1939 (lacunes)	[4° Lk¹⁹ 144
1945 (lacunes)	1951
1961-1965 (lacunes)	1952
1970 (lacunes)	[8° Lk¹⁹ 144
1971 (lacunes)	
1974 (lacunes)	
[CAR. 8	

Textes législatifs et réglementaires

Administration.

Code de l'isle de Cayenne et de la Guyane française (manuscrit), s. d.
     SOM   [R 323 d

Ministère de l'Économie et des Finances/Ministère d'État chargé des Départements et Territoires d'Outre-mer. *Instruction sur le régime fiscal et douanier des Départements d'Outre-mer (Législation en vigueur au 31 décembre 1966),* [1967].
     SOM   [D 3795

Ordonnances royales du 22 août 1833 sur le gouvernement des colonies, modificatives des ordonnances organiques des 21 août 1825, 9 février 1827 et 27 août 1828, 1833.
     SOM   [R 523 d

PETIT. *Droit public ou gouvernement des colonies françaises, d'après les lois faites pour ces pays,* 1771.
     SOM   [R 515 b

Répertoire général alphabétique et chronologique (1901-1920) des lois, ordonnances, décrets, décisions et instructions ministérielles, arrêtés du gouverneur et tous autres textes réglementaires publiés dans les recueils officiels de la Guyane française [1922].
     SOM   [B 3761

Service des Postes, des Télégraphes et des Téléphones (Guyane). *Règlement sur le service des colis postaux*, 1927.

BN   [4° Pw 946

Justice.

Administration des successions et biens vacants à la Martinique, à la Guadeloupe, à la Réunion, à la Guyane et au Sénégal, 1864.

SOM   [D 3257 (1)

Chambres d'agriculture et de commerce

Bulletin de la Chambre de Commerce et d'Industrie de la Guyane.

SOM : 1968
        1969
        [P 890

Devient :

Bulletin d'information.

SOM : 1972
        [P 890

Devient :

I.N.F... C.C.I.G...

SOM : 1973-1975
        [P 984

Devient :

Avenir et conjoncture. Revue de la Chambre de Commerce et d'Industrie de la Guyane.

SOM : 1976-1978
        [P 1062

Bulletin des Chambres d'Agriculture et de Commerce de la Guyane.

SOM : 1936-1938 (lacunes)
        mars 1941
        [P 725

MARTINIQUE

Annuaires

Almanach de la Martinique.

SOM : 1825
    1828
    1829
    1832
    1833
    1837
    1838
    1840-1842
    1844-1847
    1849-1859
     [Non coté

BN : 1837
    1838
    1840-1842
    1844-1847
    1849-1856
     [8° Lc^{32} 29

Devient :

Annuaire de la Martinique.

SOM : 1860-1893
    1895-1903
    1905-1913
    1917
    1931
     [Non coté

BN : 1860-1866
     [8° Lc^{32} 29
    1867
    1868
     [8° Lc^{32} 29 *bis*
    1869
    1870
     [8° Lc^{32} 29
    1871-1873
     [8° Lc^{32} 29 *bis*
    1872-1879
     [8° Lc^{32} 29
    1880
     [8° Lc^{32} 29 *bis*
    1883
    1884
     [8° Lc^{32} 29
    1885-1891
    1893
    1895-1913
    1917
    1931
     [8° Lc^{32} 29 *bis*

Annuaire agricole, commercial et industriel des colonies de la République française pour...

BN :   1885, fasc. 2 et 11
     [8° Lc^{32} 55

Journaux et bulletins officiels

Journal de la Martinique, commercial, politique et littéraire.
  SOM : 1816-1822
        [Non coté

  Devient :

Journal officiel de la Martinique.
  SOM : 1823-1854
        [Non coté

  Devient :

Moniteur (Le) de la Martinique. Journal officiel de la colonie.
  SOM : 1855-1901
        [Non coté

  Devient :

Journal officiel de la Martinique.
  SOM : 1902-18 septembre 1947
        [Non coté

  Devient :

Recueil des actes administratifs de la préfecture de la Martinique.
  SOM : 25 septembre 1947 à nos jours
        [Non coté

Bulletin des actes administratifs de la Martinique.

SOM : 1828-1833	BN : 1828-1833
table 1828-1837	table 1828-1837
Non coté	[F 27014

  Devient :

Bulletin officiel de la Martinique.

SOM : 1834-1908	BN : 1834-1908
1913-1917 (lacunes)	1913-1920
1920-1925 (lacunes)	1922
1927-1939 (lacunes)	1923
table 1828-1837	1936-1939 (lacunes)
table 1838-1847	table 1828-1837
table 1908-1917	table 1838-1847
[Non coté	table 1848-1857
	table 1868-1877
	table 1878-1887
	table 1888-1897
	table 1908-1917
	[F 27014

Budgets et comptes définitifs

Exposé des motifs à l'appui du projet de budget de...
    BN :   1887
            [8º Lk¹⁹ 244 (1887)

Projet de budget local des recettes et dépenses.

SOM :	1864-1922	BN :	1870
	1924-1936		1876
	1938		1879
	1939		1880
	1944		1883
	1946		1884
	1947		1887-1892
	1971		1894
	[Non coté		1897-1899
			1901
			1902
			1905
			[Fol. Lk¹⁹ 460
			1907
			[4º Lk¹⁹ 323 (1907)
			1915
			1916
			1918-1920
			1922
			1924-1930
			1932-1940
			1945-1947
			1949
			1952-1955
			[Fol. Lk¹⁹ 460

Projet de budget rectificatif du service local : exercice..., exposé des motifs.
    BN :   1935
            [8º Lk¹⁹ 709 et 8º Lk¹⁹ 1001

Projet de budget rectificatif des recettes et dépenses.

SOM :	1922	BN :	1922
	1923		1925-1927
	1925-1927		1929
	1929		1934-1936
	1934-1936		1938
	1938		1939
	1939		1946
	1947		1947
	[Non coté		[Fol. Lk¹⁹ 323

Décision modificative nº 1 pour l'exercice...

SOM :	1970	BN :	1964-1971
	[Non coté		[Fol. Lk¹⁹ 323

Décision modificative n° 2 pour l'exercice...
>   BN :   1963
>   1964
>   1969
>   [Fol. Lk¹⁹ 323

Projet de budget supplémentaire des recettes et dépenses.

SOM : 1930-1932	BN : 1931
[Non coté	1932
	1953
	1954
	[Fol. Lk¹⁹ 323

Projet de budget spécial des grands travaux sur fonds d'emprunt.

SOM : 1932	BN : 1932
1934	1934
[Non coté	1935
	[Fol. Lk¹⁹ 323

Budget primitif des recettes et dépenses.
>   BN :   1952-1954
>   1959
>   1960
>   1962-1970
>   [Fol. Lk¹⁹ 323

Budget local des recettes et dépenses.

SOM : 1856-1947	BN : 1856
[Non coté	1857
	1869
	1870
	1872-1878
	1880
	1881
	1884-1895
	1897-1902
	1904-1906
	1908
	1909
	1911-1918
	1920-1940
	1944
	1946
	1947
	1950
	1951
	1955
	1958
	[Fol. Lk¹⁹ 323

Budget spécial annexe sur fonds d'emprunt (annexé au *Budget local des recettes et dépenses*).
>   SOM : 1912-1917
>   [Non coté

Budget rectificatif des recettes et dépenses.

SOM : 1922-1928   BN : 1921-1928
         1934-1937   1934-1939
         1939   1945-1947
         1945   [Fol. Lk^{19} 323
         1946
         [Non coté

Budget rectifié des recettes et dépenses.

SOM :   1889
           [Non coté

Budget supplémentaire des recettes et dépenses.

SOM : 1923   BN : 1929-1933
         1929   1951
         1930   1953
         1932   1955
         1933   1957
         [Non coté   1961
                                    [Fol. Lk^{19} 323

Budget supplémentaire pour l'exercice...

BN :   1977
          [4° Lk^{20} 48

Budget primitif du Fonds d'action sanitaire et sociale obligatoire.

SOM : 1971
          [Non coté

Budget spécial des grands travaux sur fonds d'emprunt.

SOM : 1932   BN : 1937
         1934   1939-1942
         1937   1944
         1939   [Fol. Lk^{19} 323
         [Non coté

Comptes administratifs des recettes et dépenses du budget local.

SOM : 1856-1935   BN : 1862
         1939   1864-1867
         1940   1872-1912
         1969   1914
         1970   1915
         1973   1917
         [Non coté   1918
                                    1920-1935
                                    1949
                                    1952-1954
                                    1960
                                    1963-1970
                                    [Fol. Lk^{19} 338

*Comptes généraux de la Martinique depuis le 9 décembre 1814 jusqu'au
31 décembre 1816..., 1817.*

BN   [4° Lk^{12} 142

Rapports

Généralités.

Rapport annuel : situation générale de la colonie pendant l'année...
> BN : 1909
>   1911
>   [Fol. Lk^{19} 435

Administration.

Préfecture de la Martinique. *Rapports et extraits de rapports des chefs de service.*
> SOM : 1969
>   [RAP. 151

Économie.

Banque de la Martinique. *Assemblées générales des actionnaires. Comptes rendus au nom du Conseil d'Administration. Rapports des censeurs.*
> SOM : 1900-1928   BN : 1962
>   [RAP. 102   1963
>   1966-1973
>   [4° Wz 3384

Institut de Recherches agronomiques tropicales et des cultures vivrières. *Rapport de synthèse des résultats...*
> SOM : 1977
>   [RAP. 248

Plan d'équipement économique et social. Programme 1954-1957.
> SOM : 1956
>   1957
>   [RAP. 175

Plan d'équipement économique et social. V^e plan (1966-1970).
> SOM : 1968-1970
>   [RAP. 163

Préfecture de la Martinique. *Compte rendu d'exécution du VIe plan de développement économique et social.*
> SOM : 1972
>   [RAP. 153

Secrétariat d'État aux Départements et Territoires d'outre-mer, Secrétariat général pour l'Administration des D.O.M., Service des Affaires économiques et des Investissements. *L'économie des D.O.M. en...*
> SOM : 1974-1976   BN : 1973-1978
>   1978   [4° Lo^9 539
>   [RAP. 242

Enseignement.

Rapport sur la situation de l'instruction publique à la Martinique...
    BN :   1885
            [8° Lk¹⁹ 304
            1887/1888
            [8° Lk¹⁹ 275

Justice.

Compte général de l'administration de la justice tant civile et commerciale que criminelle, correctionnelle et de police dans les colonies françaises de la Martinique, la Guadeloupe, la Guyane et Bourbon pendant les années...

    SOM : 1834-1839   BN :   1834-1839
          [RAP. 3   1853-1867
                                        [4° Lf²²⁴ 35

Population.

Institut national de la Statistique et des Études économiques. *Les causes de décès dans les Départements d'Outre-mer.*

    SOM : 1959-1971   BN :   1956-1971
          [RAP. 236   [4° Lk⁹ 1404

Institut national de la Statistique et des Études économiques. *Situation démographique dans les départements de la Martinique, de la Guadeloupe et de la Réunion.*
    SOM : 1957-1961
          [RAP. 253

Questions sociales.

Archives de l'Institut Pasteur de la Martinique.
    BN :   1948
            [8° T 9336

Direction départementale des Affaires sanitaires et sociales. *Rapport d'activité.*
    SOM : 1977
          [RAP. 243

Institut national de la Statistique et des Études économiques. *Les conditions du logement dans le département de la Martinique* [1957].
    BN   [4° Lk¹² 1910 (1957)

Institut national de la Statistique et des Études économiques. *Le logement dans le département de la Martinique,* 1961.
    BN   [4° Lk¹² 1910 (1961)

Rapport sur le fonctionnement technique de l'Institut Pasteur de la Martinique.
    SOM : 1939
          [RAP. 52

Statistiques

Généralités.

Institut national de la Statistique et des Études économiques. *Annuaire statistique de la Martinique.*

SOM :	1952-1956	BN :	1952-1956
	[An. 549		1956-1959
	1956-1959		1959-1960
	[An. 282		1961-1964
	1959-1960		1963-1966
	[An. 301		1966-1969
	1961-1964		1969-1972
	[An. 5		[4° Lc^{32} 173
	1963-1966		
	[An. 548		
	1966-1969		
	[An. 302		
	1973-1976		
	[An. 593		

Institut national de la Statistique et des Études économiques. *Bulletin de statistique. Départements d'outre-mer. Territoires d'outre-mer.*

SOM :	1966 (lacunes)	BN :	1965-1970
	1967 (lacunes)		[4° Lc^{17} 43
	1968-1970		
	[P 912		

Devient :

Bulletin de statistique des Départements et Territoires d'outre-mer.

SOM :	1971-1976	BN :	1971-1976
	[P 912		[4° Lc^{17} 43

Institut national de la Statistique et des Études économiques, Service départemental de la Martinique. *Bulletin de statistique.*

SOM :	1966-1978	BN :	1963-1978 (lacunes)
	[P 906		[4° Jo 31932

Institut national de la Statistique et des Études économiques, Service départemental de la Martinique. *Informations statistiques rapides.*

SOM :	1970-1976 (lacunes)	BN :	1970-1976 (lacunes)
	[P 907		[4° Lc^{10} 650

Devient :

Statistiques dernières. Sélection mensuelle de statistiques.

SOM :	février 1976	BN :	février-mars 1976
	[P 1078		[4° Lc^{10} 650

Devient :

Sélection mensuelle de statistiques.

SOM :	avril 1976-décembre 1977	BN :	mars 1976-novembre 1977
	[P 1078		[4° Lc^{10} 650

Devient :

Bulletin de statistiques. Sélection mensuelle.
SOM : janvier 1978 à nos jours
[P 1078

La Région Martinique en quelques chiffres.
BN : 1978
1979
[16° Lo⁷ 739

RENOUARD (F., marquis de Sainte-Croix). *Statistiques de la Martinique,
1822,* 2 vol.
SOM [B 126

Démographie.

Institut national de la Statistique et des Études économiques. *Recensement
démographique de la Martinique du 16 octobre 1967 : résultats provisoires.*
BN [4° Ll³⁵ 93

Institut national de la Statistique et des Études économiques. *Résultats sta-
tistiques du recensement général de la population des Départements d'Outre-
Mer effectué le 1er juillet 1954...,* 1956.
SOM [D 4532

Institut national de la Statistique et des Études économiques. *Résultats
statistiques du recensement général de la population des Départements
d'Outre-Mer effectué le 16 octobre 1967...,* s. d.
SOM [D 3784

Institut national de la Statistique et des Études économiques. *Statistique
du mouvement de la population dans les Départements d'Outre-Mer...*
SOM : 1951-1956
[D 4388
1957-1964
[D 3460
1965-1970
[D 4009

Ministère de la France d'Outre-mer, Service colonial des Statistiques. *Recensement de la population de la Martinique en 1946,* s. d.
SOM [Br. 10506 C

Économie.

Direction départementale de l'Agriculture de la Martinique. *Bulletin de
conjoncture.*
SOM : 1973-1976 (lacunes)
[P 1092

Institut national de la Statistique et des Études économiques. *Statistiques du commerce extérieur des Départements d'Outre-Mer.*

> SOM : 1958-1962
>   [P 808

Devient :

Ministère des Finances et des Affaires économiques (Ministère de l'Économie et des Finances, à partir de 1965), Direction générale des Douanes et Droits indirects. *Statistiques du commerce extérieur. Départements d'Outre-Mer.*

> SOM : 1963-1970
>   1975
>   [P 808

Ministère de l'Agriculture, Direction générale de l'Administration et du Financement. *Situation agricole annuelle et valorisation de la production agricole finale.*

> BN : 1973-1976
>   [4o Lo⁹ 640 (21)
>   1977
>   [4o Lo⁹ 640 (27)
>   1978
>   [4o Lo⁹ 640 (30)

Justice.

Institut national de la Statistique et des Études économiques. *Statistique judiciaire des Départements d'Outre-Mer.*

> SOM : 1960 | BN : 1958-1961
>   1961 | [4o Lk⁹ 1402
>   [P 1161

Questions sociales.

DIMAN-ANTENOR (D.). *Données sociales Guadeloupe et Martinique,* s. d.

> SOM   [D 4649

Assemblées et conseils

Annales du Conseil souverain de la Martinique..., 1786, t. 1.

> BN   [Fol. Lk¹⁹ 28

Procès-verbal de l'Assemblée coloniale de la Martinique créée par l'ordonnance de Sa Majesté du 17 juin 1787..., 1788.

> BN   [Fol. Lk¹⁹ 29

Extrait des délibérations de l'Assemblée générale de la Martinique, 1790.

> BN   [4o Lk¹² 111

Conseil colonial : procès-verbaux des séances.

SOM : 1835-1838
1840-1844
1846
[CAR. 1

BN : 1834-1837
[Fol. Lk^{19} 30
1838-1844
1846
[8° Lk^{19} 30
1847
[Fol. Lk^{19} 30

Conseil général : procès-verbaux des séances.

SOM : 1862-1898
1900
1901
1904-1910
1912-1940
1943
1944 (lacunes)
1946
1947
1970-1974
[CAR. 2

BN : 1871
1883-1912
1914-1916
1919-1923
1928
1933
[8° Lk^{19} 244
1934-1939
[4° Lk^{19} 244
1945-1956
[8° Lk^{19} 244
1956
1958
1960-1962
1971 (lacunes)
[4° Lk^{19} 244

Extrait des délibérations du Conseil général de la Martinique : séance du...

BN : 7 novembre 1879
[8° Lk^{19} 192
17 décembre 1884
[8° Lk^{19} 259 et 8° Lk^{19} 343

Conseil administratif : procès-verbaux.

SOM : décembre 1940-novembre 1941
[CAR. 4

Conseil local : recueil des délibérations.

SOM : décembre 1942-mai 1943
[CAR. 3

Textes législatifs et réglementaires

Administration.

Ordonnances royales du 22 août 1833 sur le gouvernement des colonies, modificatives des ordonnances organiques des 21 août 1825, 9 février 1827 et 27 août 1828, 1833.

SOM   [R 523 d

PETIT. *Droit public ou gouvernement des colonies françaises, d'après les lois faites pour ces pays*, 1771, 2 vol.
SOM   [R 515 b

PETIT DE VIÉVIGNE. *Code de la Martinique*, 1767.
BN   [F 4440

PETIT DE VIÉVIGNE. *Code de la Martinique. Supplément*, 1772.
BN   [F 4441

PETIT DE VIÉVIGNE. *Code de la Martinique. Supplément*, 1776.
BN   [F 4442

PETIT DE VIÉVIGNE. *Code de la Martinique*, nouv. éd., 1807-1814, 8 vol.
BN   [8° F 2994

Textes relatifs aux opérations électorales (Colonie de la Martinique, élections cantonales des 7 et 14 octobre 1934), 1934.
SOM   [Br. 4601 B

Justice.

Administration des successions et biens vacants à la Martinique, à la Guadeloupe, à la Réunion, à la Guyane et au Sénégal, 1864.
SOM   [D 3257 (1)

GARNIER (A.). *Code de procédure civile : Martinique, Guadeloupe et dépendances de 1829 à 1880*, 1883.
SOM   [D 235

Chambres d'agriculture et de commerce

Bulletin de la Chambre de Commerce de la Martinique.
SOM : 1934-1940 (lacunes)
[P 746

Chambre de Commerce et d'Industrie de la Martinique.
SOM : juillet 1963-décembre 1964
[P 1036

Devient :

Bulletin de la Chambre de Commerce et d'Industrie de la Martinique.
SOM : 1965-1970 (lacunes)   BN : 1972
[P 1036   [4° Jo 32669

Devient :

Promotion. Revue de la Chambre de Commerce et d'Industrie de la Martinique.

SOM : 1975-1980 (lacunes)   BN : 1975-1978 (lacunes)
    [P 1086   [4° Jo 32669

Informations flash. Chambre de Commerce et d'Industrie de la Martinique.

SOM : juin 1970-mars 1971 (lacunes)
    [P 1036 *bis*

SAINT-DOMINGUE

Annuaires

Étrennes américaines, chronologiques et historiques pour l'année...

SOM : 1769   BN : 1773
    1770   1777
    1772-1775   1778
    [R 324 a   [8° Lc^{32} 18

Devient :

Almanach historique et chronologique de Saint-Domingue pour l'année...

SOM : 1779   BN : 1779
    1780   1780
    1786   1782-1785
    [R 324 a   [8° Lc^{32} 19
                                         1788
                                         [8° Lc^{32} 18
                                         1789
                                         [8° Lc^{32} 19

Almanach général de Saint-Domingue pour l'année...

BN : 1791
    [8° Lc^{32} 20

Budgets et comptes définitifs

État des finances de Saint-Domingue contenant le résumé des recettes et dépenses de toutes les caisses publiques...

BN : 1785-1789
    [4° Lk^{12} 225 (1)

Compte général des revenus et des dépenses fixes au 1er mai 1789, 1789.

BN   [4° Lk^{12} 225 (3)

Assemblées et conseils

Procès-verbal de l'Assemblée des deux conseils supérieurs de la colonie tenue au Cap en 1764. Séances du 30 janvier au 12 mars, 1764.

BN   [4° Lk^{12} 216

Extrait des registres du Conseil supérieur de Saint-Domingue.

BN : 8 décembre 1777
           [4° Lk^{12} 1124
      9 juin 1788-11 avril 1791 (recueil factice)
           [4° Lk^{12} 1297
      29 décembre 1789
           [4° Lk^{12} 1123

Décret de l'Assemblée générale de la partie française de Saint-Domingue, rendu à l'unanimité dans sa séance du 28 mai 1790, 1790.

BN   [8° Lk^{12} 275

Développement du décret rendu le 28 mai 1790 par l'Assemblée générale de la partie française de Saint-Domingue..., 1790.

BN   [4° Lk^{12} 274

Décret de l'Assemblée ci-devant séante à Saint-Marc... [30 juillet 1790], 1790.

BN   [8° Lk^{12} 294

Extrait des registres de l'Assemblée générale de la partie française de Saint-Domingue.

BN : 25 mars-2 avril 1790
           [Lk^{19} 39
      28 mai 1790
           [8° Lk^{12} 272
      1er juin 1790
           [8° Lk^{12} 273
      1er, 15 et 18 juin 1790
           [Lk^{19} 126
      2 juillet 1790
           [8° Lk^{12} 276
      27 juillet 1790
           [8° Lk^{12} 289 et 293
      6 août 1792
           [Lk^{19} 127
      17, 19, 20 et 30 novembre 1792
           [8° Lk^{19} 60

Procès-verbaux de l'Assemblée générale de la partie française de Saint-Domingue.

BN : 1er août 1791-29 février 1792
           [Fol. Lk^{19} 38

Extrait des registres de la Commission intermédiaire de la partie française de Saint-Domingue.

BN : 6 novembre 1792
  [Lk^{19} 65
  15 novembre 1792
  [Lk^{19} 66
  18 novembre 1792
  [Lk^{19} 67
  26 décembre 1792
  [Lk^{19} 68

Arrêt de l'Assemblée provinciale de la partie du Nord de Saint-Domingue séant au Cap contre Barbé de Marbois... en date du 21 septembre 1789, 1789.

BN   [8° Lk^{12} 234

Extrait des registres des délibérations de l'Assemblée provinciale permanente du Nord.

BN : 14 octobre 1789-8 décembre 1790 (recueil factice)
  [4° Lk^{12} 1242
  12 avril, 22 juillet et 22 octobre 1790
  [Lk^{19} 128
  17 mai 1790
  [8° Lk^{19} 89
  21 juin 1790
  [Lk^{19} 45
  30 juin 1790
  [[8° Lk^{12} 285
  3 juillet 1790
  [Lk^{19} 44
  12 juillet 1790
  [Lk^{19} 47
  19-23 juillet 1790
  [4° Lk^{12} 1266
  22 juillet 1790
  [Lk^{19} 50
  30 juillet 1790
  [8° Lk^{12} 1309 et 2066
  13 août et 8 septembre 1790
  [Lk^{19} 51
  3 janvier 1791
  [Lk^{19} 55
  8 janvier 1791
  [Lk^{19} 56
  10 janvier 1791
  [Lk^{19} 57
  25 mai 1792
  [Lk^{19} 64

Extrait des registres des délibérations du Comité provincial de la partie Ouest.

BN : 28 octobre, 10 novembre et 23 décembre 1789
  [8° Lk^{12} 1245

*Extrait des registres des délibérations de l'Assemblée provinciale et provi-
soirement administrative de l'Ouest de la partie française de Saint-Domingue.*
 BN : 27 juillet 1791
  [4⁰ Lk¹⁹ 129

Extrait des registres des délibérations de l'Assemblée provinciale du Sud.
 BN : 1ᵉʳ mai 1790
  [8⁰ Lk¹⁹ 88

Textes législatifs et réglementaires

Règlement sur l'organisation judiciaire de Saint-Domingue, 1801.
 SOM   [R 557 c

SAINTE-LUCIE

Annuaires

Almanach historique, chronologique de commerce...
 BN : 1789
  [8⁰ Lc³² 21

ARCHIVES
DES
CHAMBRES DE COMMERCE
ET D'INDUSTRIE

ARCHIVES DES CHAMBRES
DE COMMERCE ET D'INDUSTRIE

La première chambre de commerce est née à l'extrême fin du xvie siècle à Marseille où une délibération du Conseil de Ville du 5 août 1599 créa une commission composée de quatre représentants du commerce « pour surveiller et prendre garde particulièrement aux affaires qui pourront concerner le négoce ».

Le pouvoir royal généralisa cette initiative privée et des chambres de commerce furent instituées à Dunkerque (1700), Lyon et Montpellier (1702), Rouen et Toulouse (1703), Bordeaux (1705), Lille (1714), la Rochelle (1719), Bayonne (1726) et Amiens (1761). Elles devaient tenir le Conseil de Commerce au courant de la situation et des besoins du commerce dans les provinces.

La Révolution supprima en 1791 les chambres de commerce. Aussi, certaines des archives consulaires d'Ancien Régime se trouvent-elles classées dans les fonds des Archives départementales. Le Consulat rétablit les chambres de commerce et en créa de nouvelles, notamment celles de Nantes (1802) et de Paris (1803); les créations se multiplièrent par la suite.

Seules sont indiquées dans ce chapitre les compagnies ayant eu des relations avec les Antilles et l'Amérique latine et dont les archives présentent un intérêt pour l'histoire économique de ces pays.

CHAMBRE DE COMMERCE ET D'INDUSTRIE DE BAYONNE

50-51, allées Marines, BP 115, 64102 Bayonne Cedex.
Tél. : (59) 25.75.75.
Heures d'ouverture : du lundi au vendredi, de 8 h à 12 h et de 13 h à 17 h.
Pas de fermeture annuelle.
Possibilité de photocopie.

Consultation sur demande écrite.

Voir l'inventaire sommaire manuscrit.

Du fait du riche passé commercial du port de Bayonne, les archives de la Chambre de Commerce et d'Industrie renferment de nombreux documents relatifs à l'Amérique latine et aux Antilles.

On consultera les séries suivantes :

Série B. Élections, délibérations, correspondance, mémoires, édits et parères, bibliothèque

B 4-21.	Délibérations, 1726-1872.
B 22-36.	Correspondance, 1726-1876.
B 37-43.	Mémoires, 1726-1755.
B 45.	Édits et arrêts, 1641-1748.
B 46-51.	Parères, 1710-1811.
B 60-65.	Correspondance, 1790-1840.

Exemples de documents :

B 4. Délibérations, 1726-1733 : sur un traité passé avec La Jonquière pour courir pendant quinze mois sur les côtes des Iles sur les forbans et les interlopes, 13 novembre 1726; sur le commerce des Provençaux en Amérique, 11 juin 1727; sur les prises faites par La Jonquière sur les interlopes, 17 septembre 1727; sur les plaintes de Feuquière au sujet du commerce de la Martinique, 29 octobre 1727; sur une lettre du comte de Maurepas pour engager les négociants à envoyer des vivres aux colonies, 17 décembre 1727; sur le rétablissement du commerce aux colonies, 17 mars 1728; sur les prérogatives des Anglais dans les Indes occidentales, 5 mai 1728; sur les tabacs de la Havane, 28 juillet 1728...

B 27. Correspondance, 1769-1789. Lettre aux juges et consuls de Nantes sur l'introduction libre, pendant trois ans, des noirs de traite à Saint-Domingue sollicitée par quelques négociants à cause du tremblement de terre, 25 septembre 1770; lettre au député de la Guadeloupe Deshayes sur l'ouragan arrivé en cette colonie, 7 décembre 1776...

B 39. Mémoires, 1752-1753 : sur le tabac des colonies françaises, 15 décembre 1751; sur le commerce des Iles françaises de l'Amérique...

B 47. Parères, 1740-1746 : sur le commerce du coton, la vente d'indigo, juin 1741; sur l'assurance d'un navire qui fait la traite des nègres, 22 juillet 1744; sur un armement pour l'Amérique, 11 juillet 1744...

Série C. Impôts et comptabilité, ambassades et consulats, magasins et entrepôts

C 18-30.	Fermes et douanes, 1745-1893.
C 31, 32.	Entrée et sortie de marchandises, 1746-1780.

C 33-35.   Droit fixe et droit de tonnage, 1809-1875.

C 38, 39.   Ambassades et consulats, an XIII-1873.

C 40-42.   Magasins et entrepôts, 1701-1873.

Exemples de documents :

C 30. Fermes et douanes, 1864-1893. Douanes du Mexique, août 1864; nouveau code des douanes de Colombie, 10 août 1864...

C 31. Entrée et sortie de marchandises, 1746-1764. Iles françaises de l'Amérique...

C 39. Ambassades et consulats, 1842-1873. Ports du Mexique ouverts au commerce, 19 juin 1866; consuls de la Nouvelle-Grenade, du Costa Rica, du Mexique, du Guatemala, du Nicaragua, 1848-1864...

C 40. Magasins et entrepôts, 1701-1826. Nouvel arrêt du Conseil d'État rétablissant l'entrepôt pour les sucres et cacaos, 16 novembre 1717; mémoire de la Chambre de Commerce de Bayonne relatif à une déclaration du roi du 27 septembre 1732 ordonnant que soient mis en entrepôts les cafés venant de la Martinique...

Série E. Marine militaire, marine de commerce, navigation, santé

E 1, 2.   Marine militaire et classes, 1726-1872.

E 4-8.   Armements en course, 1695-1824.

E 9-14.   Piraterie, 1721-1821.

E 15-17.   Pilotage, 1731-1873.

E 18-21.   Bris, naufrages, sauvetages, 1752-1873.

E 24.   Indult et convois d'escorte, 1728-1768.

E 25.   Blocus des ports, 1821-1871.

E 26-29.   Salubrité publique, quarantaine, 1770-1868.

Exemples de documents :

E 2. Marine militaire et classes, 1786-1872. Annonce d'une subdivision des forces navales à la Havane pour protéger le commerce français, 7 janvier 1825...

E 6. Armements en course, 1757-1764. Armement de deux navires pour les colonies d'Amérique, 14 février 1758; mémoire de Pierre Nouguez fils, négociant à Bayonne, contre le gouverneur de Cayenne qui l'a obligé à relâcher le navire anglais qu'il avait pris, 3 décembre 1760...

E 10. Piraterie, 1746-1747. Mémoire du propriétaire de la *Française* de Bayonne, capitaine Pierre Béhic, arrêtée par les Anglais par le travers de l'île de Cuba et conduite à la Martinique où elle a été déclarée de bonne prise, 15 juin 1742...

E 15. Pilotage, 1731-1830. Avis du gouvernement brésilien sur le choix d'un pavillon destiné à appeler les pilotes, 17 août 1826; avis de la cessation du pilotage à l'entrée de la Havane, 14 février 1829...

E 24. Indult et convois d'escorte, 1728-1768. Piastres chargées à la Vera Cruz provenant d'une vente de marchandises, 1737; convois pour les Iles françaises de l'Amérique, 1745; liste des navires arrivés à Bayonne et venant de l'Amérique et de Saint-Domingue, 1748...

E 25. Blocus des ports, 1821-1871. Blocus des ports du Pérou, 17 janvier 1821; blocus de Buenos Aires par les forces navales brésiliennes, 2 juin 1828...

E 27. Salubrité publique, 1821-1832. Patente de santé pour les navires allant en Colombie, 14 février 1829; mesures sanitaires pour le chargement de mulets pour les colonies, 23 février 1829...

Série F. Courtiers maritimes et de commerce, corporations

F 1-3.   Courtiers maritimes et de commerce, 1706-1873.

F 6.   Fabrication et jauge de futailles, 1728-1827.

Exemples de documents :

F 6. Futailles, 1728-1827. Juridictions des colonies où il est nécessaire d'envoyer des jauges et matrices : Saint-Domingue, Martinique, Marie-Galante, Guadeloupe, la Grenade, Cayenne...; avis de la chambre pour la fixation de la jauge des futailles destinées à l'Amérique, 18 novembre 1744...

Série G. Commerce, matières commerciales, compagnies de commerce

G 1-38.   Commerce, 1690-1873.

G 39-45.   Laines, étoffes, 1695-1871.

G 46, 47.   Vins et eaux-de-vie, 1713-1873.

G 48, 49.   Matières d'or et d'argent, 1721-1872.

G 50.   Épiceries, drogueries, draperies, 1660-1832.

G 51-53.   Sel, 1631-1872.

G 54-57.   Sucres, cafés, cacaos, 1700-1869.

G 58.   Brais, goudrons, résines, 1724-1787.

G 59-64.   Tabac, 1717-1873.

G 65-69.   Industrie, 1690-1873.

G 70.   Banqueroutes et faillites, 1673-1873.

G 84-86.   Situation commerciale de la place de Bayonne, 1804-1808.

G 91.   Compagnies commerciales, 1727-1791.

Exemples de documents :

G 7. Commerce, 1762-1767. État des clous de fer chargés pour les colonies françaises, 1er avril 1766...

G 19. *Idem,* 1808-1811. Lettre relative aux colons de Saint-Domingue, 3 septembre 1808; nouveau sursis accordé aux débiteurs de Saint-Domingue, 21 juillet 1808...

G 24. *Idem,* 1825-1828. Ouverture du port de Curaçao au commerce de toutes les nations, 9 mai 1827; explications sur le traité de commerce avec le Brésil, 1er mars 1828...

G 37. *Idem,* 1869-1870. Service de l'émigration, 6 juillet 1869...

G 43. Laines, étoffes, 1823-1833. Introduction de denrées en coton dans les ports du Mexique, 26 juillet 1830...

G 46. Vins et eaux-de-vie, 1713-1787. Mémoire pour le corps de ville de la Rochelle sur la fabrication et le commerce des tafias et guildives, 30 juillet 1752; entrepôt de tafias, 22 mars 1777.

G 52. Sel, 1809-1872. Insuffisance des approvisionnements de la Guadeloupe en sel et bœuf salé, 19 novembre 1828...

G 63. Tabac, 1754-1786. Difficultés rencontrées à Saint-Sébastien par les tabacs provenant des colonies françaises; tabac en feuilles venant du Cap Français, 12 avril 1786; supériorité du curcuma de Tabago sur celui de Surinam, 17 février 1786...

Série H. Commerce maritime, colonies, traite des nègres, Amirauté, assurances maritimes

H 1-24.	Commerce maritime, 1687-1873.
H 25-31.	Commerce avec les colonies de l'Amérique, 1711-1875.
H 32, 33.	Commerce avec Saint-Domingue, 1744-1816.
H 34.	Commerce avec les Antilles, 1728-1790.
H 35.	Commerce avec la Martinique, 1726-1791.
H 37.	Commerce avec l'Amérique, les côtes d'Afrique, l'Inde, 1727-1791.
H 38.	Traite des nègres, 1743-1790.
H 39-41.	Cartes marines, phares, fanaux, 1730-1873.
H 42.	Amirauté, 1728-1791.
H 43.	Assurances maritimes, 1730-1786.
H 44-54.	Armements faits par la chambre, 1808-1809.

Exemples de documents :

H 6. Commerce maritime, 1781-1787. Renseignements nautiques sur les principales baies de Tabago, 18 juin 1783...

H 12. *Idem,* 1820-1824. Introduction de farines espagnoles à l'île de Cuba, 6 janvier 1820; composition des navires destinés pour Saint-Domingue, 26 septembre 1821; décret du gouverneur du Yucatan relatif au droit de tonnage, 9 décembre 1830; marchandises pour la Guadeloupe saisies par les Espagnols, 21 juillet 1824...

H 29. Commerce avec les colonies de l'Amérique, 1816-1818. Commerce avec Rio de Janeiro, 1817...

H 46. Armements faits par la chambre, 1808-1809. Comptes d'armement du *Napoléon,* de la *Joséphine,* du *Joseph* et de la *Caroline;* prix des marchandises embarquées.

Série I. Pêche, postes et chemins de fer

I 1.   Pêche aux colonies, 1748-1869.

I 2-8.   Pêche à la morue, 1723-1871.

I 9.   Pêche à la baleine, 1699-1862.

I 11-17.   Postes et chemins de fer, 1738-1873.

Exemples de documents :

I 1. Pêche aux colonies, 1745-1869. Pêche au loup marin sur le littoral de l'Uruguay, 25 septembre 1833...

I 15. Postes et chemins de fer, 1864-1869. Ligne de la Méditerranée au Brésil et à la Plata, 23 avril 1867; service postal entre la France et le Brésil, 11 juin 1868; ligne de la Havane à la Nouvelle-Orléans, 21 avril 1869...

Série J. Correspondance des députés du commerce, affaires diverses

J 1-13.   Correspondance des députés du commerce, 1727-1792.

J 14-24.   Affaires diverses, 1769-1859.

Exemples de documents :

J 19. Affaires diverses, 1808-1873. Acajou du Honduras, 21 août 1857...

J 24. *Idem,* 1804-1859. Demande d'établissement d'un tribunal de commerce à la Martinique, 25 juillet 1814; établissement d'un tribunal de commerce à Carthagène de Colombie, 16 juin 1830...

Fonds de l'Amirauté

La Chambre de Commerce et d'Industrie conserve les registres de l'Amirauté de Bayonne pour les années 1701-1790.

Exemples de documents :

Registre 16. Arrêt du Conseil d'État relatif à la contrebande aux îles et colonies françaises de l'Amérique, 25 mai et 14 septembre 1728; lettres patentes du roi et règlement relatifs aux engagés et aux fusils qui doivent être portés par la marine marchande pour les colonies françaises, 15 novembre 1728; armement en guerre et marchandises de la *Galère* de Bayonne pour la Martinique, Saint-Domingue, l'Ile à Vaches, 24 octobre 1729; armement en guerre et marchandises du *Saint-Pierre* de Bayonne pour la Martinique et Saint-Domingue, 2 novembre 1729...

Registre 20. Armements pour les îles de l'Amérique et la traite des nègres 1741-1742...

Registre 28. Prise du *Roi-Salomon* de Bayonne par un corsaire hollandais de Curaçao, 24 mai 1748...

CHAMBRE DE COMMERCE ET D'INDUSTRIE DE BORDEAUX

12, place de la Bourse, 33076 Bordeaux Cedex.
Tél. : (56) 90.91.28, poste 390.
Heures d'ouverture : du lundi au vendredi, de 8 h 30 à 11 h 45 et de 13 h à 16 h 45.
Pas de fermeture annuelle.
Possibilité de photocopie.

Les archives d'Ancien Régime de la compagnie sont conservées aux Archives départementales de la Gironde, série C (1).

Les archives du xixe siècle et du début du xxe ont été détruites dans leur quasi-totalité lors des incendies du Palais de la Bourse en 1925 et 1940. La Chambre de Commerce et d'Industrie possède toutefois une collection, lacunaire, des procès-verbaux manuscrits de ses séances depuis 1805 et une autre, complète, des procès-verbaux depuis 1850.

CHAMBRE DE COMMERCE ET D'INDUSTRIE DU HAVRE

Palais de la Bourse, BP 1410, 76067 Le Havre Cedex.
Tél. : (35) 41.22.90.
Heures d'ouverture : du lundi au vendredi, de 9 h à 11 h 30 et de 14 h à 17 h 30.
Pas de fermeture annuelle.
Possibilité de photocopie.

_____

(1) Voir p. 345, cotes C 4250-4439.

La Chambre de Commerce et d'Industrie du Havre a perdu la presque totalité de ses archives anciennes dans un bombardement en 1944 et les séries importantes ne commencent qu'en 1924.

Il subsiste cependant quelques dossiers des xviiie et xixe siècles; l'un d'entre eux concerne Saint-Domingue et Haïti entre 1802 et 1825.

Sont également conservés les comptes rendus annuels des travaux de la compagnie consulaire depuis 1862 ainsi que des statistiques sommaires des exportations et importations du Havre par pavillons, pays et produits depuis 1886.

CHAMBRE DE COMMERCE ET D'INDUSTRIE DE MARSEILLE

Palais de la Bourse, BP 826 *bis*, 13222 Marseille Cedex 1.
Tél. : (91) 91.91.51, poste 409.
Heures d'ouverture : du lundi au vendredi, de 9 h à 12 h 30 et de 14 h à 17 h 15.
Pas de fermeture annuelle.
Possibilité de photocopie.

Voir le *Répertoire numérique des archives de la Chambre de Commerce et d'Industrie de Marseille*, Marseille, 1947-1965, 2 vol.

Malgré de lourdes pertes subies en 1944, la Chambre de Commerce et d'Industrie conserve des archives importantes.

Outre les registres de délibérations de l'assemblée et les registres de copies de lettres (de 1650 à nos jours), il y aura lieu de consulter les séries suivantes :

Série E. Affaires militaires,
marine de guerre et de commerce, navigation

Cette série contient de nombreux dossiers sur les armements escortés et les convois pour la protection du commerce du Ponant, sur les déclarations de pertes et les prises de navires assurés à Marseille (xviie et xviiie s.).

Série H. Commerce général, colonies, traite des nègres,
assurances maritimes, matières commerciales, arts et manufactures

H 13.   Colonies. Commerce en général, 1670-1791.

H 14-18.   *Idem.* Saint-Domingue, 1718-1791.

H 19.   *Idem.* Tableau des finances et du commerce de la partie française de Saint-Domingue, 1790-1794.

H 20, 21.	*Idem.* Martinique, 1726-1791.
H 22.	*Idem.* Guadeloupe, 1765-1792.
H 23.	*Idem.* Tabago et Saint-Eustache, 1784-1786.
H 24.	*Idem.* Ile de Cayenne et Guyane française, 1763-1787.
H 29.	*Idem.* Commerce de Marseille avec les colonies d'Amérique, 1671-1789.
H 30, 31.	*Idem.* Commerce avec les Iles de l'Amérique, états des bâtiments partis de Marseille, 1719-1780.
H 32, 33.	*Idem.* Corvette l'*Oiseau,* armement particulier pour l'Amérique, 1783-1784.
H 34-38.	Colonies d'Amérique. Commerce des étrangers, 1726-1790.
H 44.	Colonies. Traite des nègres, 1703-1792.
H 45.	*Idem.* Nègres, police des gens de couleur.
H 109-114.	Sucre et café.
H 138.	Cochenille.
H 139.	Indigo.

Série I. Statistiques, recueils de législation

Les documents conservés dans cette série sont tous antérieurs à 1801. On y consultera, notamment, les statistiques d'entrée et de sortie du port de Marseille avec l'Amérique latine et les Antilles.

Série L. Fonds annexes

L IX.	Fonds Roux frères, 1728-1843.
	On verra notamment la correspondance à l'arrivée :
	L IX 687. Guadeloupe, 1766-1786.
	L IX 688-700. Martinique, 1729-1809.
	L IX 701. Saint-Domingue, 1729-1790.
	L IX 810-856. Cadix, 1729-1815 (contient de nombreuses informations sur l'Empire espagnol).
L XV.	Fonds Raymond Bruny, 1705-1731 : expéditions pour l'Amérique espagnole.
L XVI.	Fonds Pierre-Honoré Devoulx, 1790-1802 : traite des nègres.
L XVII.	Fonds Georges Roux de Corse, 1764-1766 : traite des nègres, transport de familles allemandes en Guyane.
L XVIII.	Fonds Augustin Guillaumier, 1768-1776 : négociant établi au Cap Français.

Série M. Papiers des XIXe et XXe siècles

MP 3.   Équipement national. Production et commerce.

MQ 4.1.1.1.   Commerce international. Rapports avec les départements et territoires d'outre-mer, Amérique et Caraïbes : Martinique et Guadeloupe, 1802-1976.

MQ 4.1.1.2.   *Idem :* Guyane, 1814-1976.

MQ 5.3.   Commerce international. Rapports avec les pays américains : Amérique, généralités (Amérique du Nord, du Centre et du Sud), 1824-1947; Antilles néerlandaises, 1827-1828; Argentine, 1824-1947; Bolivie, 1831-1938; Brésil, 1814-1941; Chili, 1834-1940; Colombie, 1827-1939; Costa Rica, 1850-1936; Cuba, 1818-1937; Équateur, 1831-1939; Guatemala, 1832-1938; Haïti, 1825-1938; Honduras, 1855-1905; Iles Falkland, 1867; Iles Vierges, 1814-1819; Mexique, 1819-1938; Nicaragua, 1860-1938; Panama, 1907; Paraguay, 1854-1934; Pérou, 1821-1939; Porto Rico, 1815-1885; République Dominicaine, an XI-1936; Salvador, 1838-1938; Trinité, 1845-1939; Uruguay, 1828-1938; Venezuela, 1828-1940.

MR 4.   Voies et moyens de communication. Navigation maritime.

MR 5.   *Idem.* Ports maritimes.

CHAMBRE DE COMMERCE ET D'INDUSTRIE DE NANTES

Palais de la Bourse, 44040 Nantes Cedex.
Tél. : (40) 48.78.34.

Les archives antérieures à la Révolution et provenant des organismes qui ont précédé la fondation, en 1802, de la Chambre de Commerce et d'Industrie de Nantes sont conservées aux Archives départementales de la Loire-Atlantique, série C (1).

Les archives modernes de la compagnie ont été entièrement détruites lors de la Deuxième guerre mondiale.

_____

(1) Voir p. 367.

CHAMBRE DE COMMERCE ET D'INDUSTRIE DE PARIS

16, rue Chateaubriand, 75382 Paris Cedex 08.
Tél. : (1) 561.99.00.
Heures d'ouverture : le lundi, de 14 h à 18 h; du mardi au vendredi, de 9 h 30 à 18 h; le samedi, de 9 h 30 à 14 h 30.
Fermeture annuelle : de la mi-juillet à la mi-août.
Possibilité de photocopie.

La Chambre de Commerce et d'Industrie de Paris conserve un fonds très important du fait de sa mission représentative et consultative, de son activité dans le domaine de la coopération internationale, de son rôle documentaire et notamment des informations qu'elle publie ou réunit sur les pays étrangers.

Il conviendra de consulter les cartons de la série VI-6 sous la rubrique Relations internationales, la collection des procès-verbaux, les registres de correspondance, les travaux des membres.

Pour les recherches, on dispose d'un plan de classement et d'un fichier servant de catalogue matières et géographique.

ARCHIVES PRIVÉES

ARCHIVES MISSIONNAIRES

PAPIERS PRIVÉS

ARCHIVES PRIVÉES

On réunit, sous ce titre, les archives provenant d'institutions privées et les papiers laissés par des personnalités ayant joué un rôle important ou caractéristique dans les affaires publiques ou privées.

Ces archives sont normalement conservées par les institutions dont elles émanent et, dans le cas des particuliers, par leurs ayants droit. Toutefois, un certain nombre de ces fonds ont été versés ou déposés, en originaux ou en microfilms, dans des dépôts publics; ils ont été recensés dans le présent guide sous la rubrique de ces dépôts, conformément au principe général qui a présidé à sa rédaction, et ne figurent pas dans ce chapitre. Seuls les fonds actuellement détenus par des institutions ou des personnes privées seront donc analysés ici. Leur communication est parfois soumise à des conditions spéciales qui seront précisées.

Les archives privées concernant l'Amérique latine et les Antilles peuvent se diviser en deux grandes catégories : les archives missionnaires et les papiers privés.

ARCHIVES MISSIONNAIRES

MISSIONS CATHOLIQUES [1]

Congrégations et instituts religieux d'hommes

Assomptionnistes (Congrégation des Augustins de l'Assomption).

La Congrégation des Augustins de l'Assomption fut instituée à Nîmes, en 1845, par le Père Emmanuel d'Alzon. Elle avait pour vocation l'enseignement, les missions, la presse, l'organisation des pèlerinages.

---

(1) En règle générale, les archives ecclésiastiques d'Ancien Régime sont conservées aux Archives nationales, départementales, communales et hospitalières en vertu de la loi du 5 janvier 1790 qui les nationalisait. (En ce qui concerne les Archives nationales, voir l'inventaire dactylographié des documents concernant les missions catholiques, par A. Mirot, s. d.). Les archives postérieures à 1790, dont certaines ont été déposées dans des dépôts publics, sont des archives privées. Nous n'indiquons ici que les fonds conservés par les congrégations et instituts religieux, les autres fonds ayant été décrits dans les notices consacrées aux dépôts publics dans lesquels ils ont été versés ou déposés.

La Province assomptionniste de Bordeaux fonda sa première maison au Chili en 1892 (Santiago), en Argentine en 1911 (Santos Lugares) et au Brésil en 1936 (Rio de Janeiro). D'autres fondations suivirent dans chacun de ces pays.

Les archives de la congrégation (1) se trouvent à Rome à la maison généralice (via San Pio V, 55, 00165 Roma).

Capucins (*Ordre des Frères mineurs capucins*).

L'ordre des Capucins tire son origine de la réforme de l'ordre franciscain par Matteo Baschi, frère mineur observantin. Clément VII approuva cette réforme en 1528 et le nouvel ordre fit son apparition en France en 1573.

Les Capucins de la Province de Paris eurent peu de missions en Amérique latine, si ce n'est l'éphémère mission du Maranhão au Brésil (1611-1612). Les documents concernant leurs missions aux Antilles sont, pour la plupart, conservés dans les dépôts de l'État.

Les archives et la bibliothèque provinciales de Paris contiennent cependant quelques pièces relatives à l'Amérique latine. Toute demande de consultation doit être adressée au Père archiviste (32, rue Boissonnade, 75014 Paris).

Archives.

3 C 21, nos 4, 6, 8. Lettres des procureurs généraux de l'ordre. Correspondance relative à la mission du Brésil, 1889.

K 15. Conférence de Mgr Cyrille Zorahbian sur les missions arméniennes en Amérique du Sud, xxe s.

1 M 1. Projet de fondation d'une mission au Brésil, 1888.

36 R 1-3. Mission ouvrière du Chili. Documentation relative aux Capucins français résidant au Chili, 1968-1972.

Instruments de recherche :

• Répertoire numérique.

• Fichier des noms de personnes, lieux et matières.

---

(1) Voir : L. Pásztor, *Guida delle fonti per la storia dell'America latina negli archivi della Santa Sede e negli archivi ecclesiastici d'Italia*, Città del Vaticano, 1970, p. 379-380.

Manuscrits de la Bibliothèque.

18. État de la mission du Brésil dressé conformément aux prescriptions de la Congrégation de la Propagande sous Léon XIII, apostolat des Capucins au Paraguay, xixᵉ s.

68. « Relation succincte et sincère de la mission du P. Martin de Nantes dans le Brésil », 1706 (copie du xixᵉ s.).

365. Mélanges. Mémoires sur les missions du Brésil... (1614), relation par le P. Florentin de Bourges de son voyage en Amérique du Sud (1711), notes sur la mission du Maranhão (1611-1612)..., xixᵉ s.

393. Documentation sur la mission du Maranhão (1612), xixᵉ s.

551. Listes des membres de l'Association réparatrice envoyées par un prêtre du Chili, Eliodoro Villafuerte, xixᵉ s.

990. Lettres du P. Casalanz de Llevaneras sur les missions de l'Équateur et de la Nouvelle-Grenade, 1876; lettres du même au P. Stéphane de Sainte-Christine sur les missions du Venezuela, de Cuba, de l'Amérique centrale, 1878; le Tiers-Ordre franciscain en Équateur, xixᵉ s...

1742. Notes sur les missions du Brésil, du Maranhão et sur la fondation de missions aux Antilles (1612-1636), xixᵉ s. (copies).

1790. Lettres du P. Constantin, préfet apostolique à Saint-Domingue (1790), xixᵉ s.

1794. Notes sur les vicaires apostoliques et les missionnaires à Saint-Domingue (1768-1789), xixᵉ s. (copies).

1894. Article du *Magdalena*, journal de Colombie, sur le P. Fidèle de Montclar, préfet apostolique de Caqueta, 1911.

1970. Pernambouc et diverses pièces sur la mission du Brésil, xviiiᵉ-xxᵉ s.

2019. Lettre de Louis XIII au provincial des Capucins de Normandie sur les missions de l'Amérique (1635), xixᵉ s. (copie).

2073. Notes manuscrites sur les boucaniers et flibustiers des Antilles, notice sur Bertrand Ogeron de La Bouère, xviiᵉ-xviiiᵉ s.

2333. Saint-Domingue sous l'Ancien Régime, mémoires sur l'île, fiches de Capucins, de prêtres et de divers missionnaires dans l'île, xviiiᵉ-xxᵉ s.

Instruments de recherche :

• UBALD D'ALENÇON (Le P.). *Catalogue des manuscrits de la Bibliothèque provinciale*, Paris, 1902.
• Suppléments dactylographiés.

Les archives générales de l'Ordre (via Piemonte, 70, 00187 Roma) possèdent également des documents sur le sujet (1).

Dominicains (*Ordre des Frères prêcheurs*).

L'ordre des Frères prêcheurs, fondé à Toulouse en 1215 par saint Dominique, fut supprimé en 1792; Lacordaire le rétablit au milieu du XIXᵉ siècle. Les Dominicains tinrent une grande place dans l'histoire de l'Église comme prédicateurs, missionnaires et enseignants. Ceux de la Province de Toulouse s'illustrèrent aux Antilles ainsi qu'en Amérique latine où ils travaillent encore.

Les Archives de la Province de Toulouse ne gardent aucune trace des activités des Dominicains aux Antilles au XVIIIᵉ siècle, ces documents étant conservés dans les dépôts de l'État. En revanche, on y trouvera plusieurs dossiers de correspondances relatives à la mission au Brésil, depuis 1875 environ. Toute demande de consultation doit être adressée au Père archiviste (Couvent Saint-Thomas d'Aquin, 1, avenue Lacordaire, 31078 Toulouse Cedex).

Les archives générales de l'Ordre (piazza Pietro d'Illiria, 1, 00153 Roma) possèdent également de nombreux documents sur le sujet (2).

Eudistes (*Congrégation de Jésus et Marie*).

La Congrégation de Jésus et Marie fut fondée à Caen, en 1643, par l'oratorien saint Jean Eudes pour la formation des séminaristes et les missions paroissiales. Reconstituée au XIXᵉ siècle, elle étendit alors ses activités à l'Amérique, notamment aux Antilles, à la Colombie (depuis 1880), au Venezuela (depuis 1920-1925), au Mexique (de 1908 à 1918). Elle possède également des maisons au Chili et au Brésil.

Les documents concernant ces établissements sont conservés, jusqu'en 1953, à la maison provinciale de France. Toute demande de consultation doit être adressée au Père archiviste (1, rue Jean-Dolent, 75014 Paris).

Les documents postérieurs à 1953 se trouvent à Rome à la maison généralice (via dei Querceti, 15, 00184 Roma).

---

(1) Voir L. Pásztor, *op. cit.*, p. 441-445.
(2) Voir L. Pásztor, *op. cit.*, p. 446-453.

Fils de Marie-Immaculée (Société des), dits *Pères de Chavagnes.*

La Société des Fils de Marie-Immaculée fut fondée en 1800, aux Sables-d'Olonne, par l'abbé Louis-Marie Baudouin. Dissoute en 1818, l'œuvre fut restaurée à Chavagnes-en-Paillers en 1841.

Les Pères de Marie-Immaculée exercèrent leur apostolat missionnaire aux Antilles anglaises où ils s'établirent dès 1872 (la Dominique) et 1878 (Sainte-Lucie). Ils se sont également installés au Venezuela.

Les archives conservées à la maison-mère contiennent des correspondances et récits relatifs à ces fondations. Toute demande de consultation doit être adressée au Père archiviste (Sainte-Marie, B.P. 5, Chavagnes-en-Paillers, 85250 Saint-Fulgent).

Frères de l'Instruction chrétienne, dits *de La Mennais ou de Ploërmel.*

L'Institut des Frères de l'Instruction chrétienne est né de la fusion, en 1819, de deux œuvres fondées en 1817, l'une à Saint-Brieuc par l'abbé de La Mennais, l'autre à Auray par l'abbé Deshayes. Il fut transféré à Josselin en 1823 puis à Ploërmel en 1824.

Les Frères de Ploërmel, qui ont pour vocation l'éducation et l'instruction de la jeunesse, ont fondé des écoles en Guyane, à la Martinique et la Guadeloupe, à Haïti, en Argentine et en Uruguay.

Les archives, qui remontent à 1836 pour les Antilles et à 1935 pour l'Amérique du Sud, sont conservées à Rome à la maison généralice (via Divina Providenza, 44, 00166 Roma).

Frères de la Sainte-Famille de Belley.

L'Institut des Frères de la Sainte-Famille a été fondé en 1835, à Belley, par le Père Gabriel Taborin. Les premiers religieux de cette congrégation enseignante partirent par le Nouveau Monde en février 1889. Ils ouvrirent des écoles en Uruguay dès 1889 et en Argentine dès 1908; leur dernière implantation, à Montevideo, date de 1974.

Les archives générales de l'institut contiennent quelques pièces se rapportant à ces fondations. Toute demande de consultation doit être adressée au Frère archiviste (7, rue du Chapitre, 01300 Belley).

Frères de Saint-Gabriel.

Saint Louis-Marie Grignion de Montfort fonda, en 1705, la congrégation enseignante des Frères de la Communauté du Saint-Esprit. Après une interruption consécutive à la Révolution, la congrégation fut restaurée en 1820 par le Père Deshayes qui la rendit indépendante des Montfortains. En 1853, elle prit le nom de Congrégation de Saint-Gabriel.

Les archives des Frères de Saint-Gabriel conservent des documents relatifs à leur implantation en Amérique latine. Elles ont été transférées à Rome à la maison généralice (via Trionfale, 12840, 00135 Roma).

Frères des Écoles chrétiennes.

Fondé à Reims, en 1680, par saint Jean-Baptiste de La Salle, l'Institut des Frères des Écoles chrétiennes était spécialisé dans l'éducation des classes défavorisées de la société. Supprimé en 1791, il fut reconstitué en 1808 et essaima dans la seconde moitié du XIXe siècle en Amérique latine et aux Antilles : Équateur (1863), Chili (1867), Argentine (1889), Colombie (1890), Nicaragua (1903), Panama (1904), Cuba et Porto Rico (1905), Brésil (1907), Venezuela (1913), Bolivie (1920), Pérou (1921), République dominicaine (1933), Costa Rica (1935), Antilles hollandaises (1938), Honduras (1953), Guatemala (1959), Guadeloupe (1960), Paraguay (1968), Haïti (1974).

Les archives (1) sont conservées à Rome à la maison généralice (via Aurelia, 476, 00185 Roma).

Il existe au Centre historique lassalien (Hôtel de La Salle, 4 bis, rue de l'Arbalète, 51062 Reims) un fichier, dû au Frère Léon de Marie Aroz, concernant l'action des Frères des Écoles chrétiennes dans le monde. Ce fichier est consultable avec l'autorisation de l'auteur.

Jésuites (Compagnie ou Société de Jésus).

La Compagnie de Jésus fut fondée à Rome, en 1540, à l'initiative de saint Ignace de Loyola. L'activité des Jésuites français s'orienta dès 1635 vers les Antilles (Martinique et Saint-Domingue) et en 1666 vers la Guyane. Ils y demeurèrent jusqu'à leur expulsion de France (1764) et leur dissolution par le pape Clément XIV (1773). Restaurés par Pie VII en 1814, ils retournèrent fin 1873 en Guyane.

Les archives de la Province de Paris renferment des fonds importants sur les missions de Guyane, Martinique et Saint-Domingue. On y trouve également quelques pièces sur les missions du Mexique, d'Argentine, du Paraguay, du Chili et de l'Équateur qui étaient du ressort des Jésuites espagnols (2).

Toute demande de consultation doit être adressée au Père archiviste (Centre culturel « Les Fontaines », 60500 Chantilly), en y joignant obligatoirement timbre, enveloppe timbrée ou coupon-réponse international. Le demandeur s'engagera par écrit à accepter les conditions imposées par le règlement

---

(1) Voir L. Pásztor, op. cit., p. 530-532.
(2) Ces documents ont été décrits par le P. J. Dehergne dans son article sur « Les archives des Jésuites de Paris et l'histoire des missions aux XVIIe et XVIIIe siècles », Euntes docete 21, 1968, p. 191-213.

dont le texte lui sera adressé et qu'il renverra signé et daté. Il devra en outre remplir une fiche indiquant l'objet précis de sa recherche, la personne qui l'accrédite ou le recommande, les conditions de l'enquête, les autorisations concernant la publication.

Les archives générales de la Société (Borgo S. Spirito, 5, 00193 Roma) possèdent également de nombreux documents sur le sujet (1).

Lazaristes (Congrégation des Prêtres de la Mission).

La Congrégation des Prêtres de la Mission fut instituée en 1625 à Paris par saint Vincent de Paul et installée quelque temps au prieuré de Saint-Lazare.

C'est au xixe siècle que les Lazaristes s'implantèrent aux Antilles et en Amérique latine : Brésil (1820), Mexique (1846), Cuba (1847), Pérou (1858), Argentine (1859), Guatemala (1862), Colombie et Équateur (1870), Porto Rico (1873), Uruguay (1884), Costa Rica (1893), Salvador (1898), Chili (1901), Honduras (1912), Panama (1914), Venezuela (1932), Nicaragua (1935).

Les archives de la Congrégation relatives à ces missions se trouvent à Rome à la maison généralice [via Pompeo Magno, 21, 00192 Roma] (2).

Marianistes (Société de Marie de Paris ou Frères de Marie).

Fondée en 1817 à Bordeaux par le Père Guillaume Chaminade, la Société de Marie a pour vocation principale l'enseignement. C'est après 1870 qu'elle entreprit son activité missionnaire en Amérique latine.

Ses archives sont conservées à Rome à la maison généralice (via Latina, 22, 00179 Roma).

Maristes (Société de Marie de Lyon).

La Société de Marie de Lyon fut fondée en 1822 par le Père Jean-Claude Colin dans un but missionnaire et éducatif. Les Maristes créèrent en 1895 et 1897 deux collèges en Colombie dont ils furent expulsés en 1901; ils sont présents au Mexique depuis 1897.

Les archives de la Société sont conservées à Rome à la maison généralice [via Alessandro Poerio, 63, 00152 Roma] (3).

---

(1) Voir L. Pásztor, *op. cit.*, p. 394-422.
(2) *Idem*, p. 454-460.
(3) *Idem*, p. 461-465.

Missionnaires de Notre-Dame-de-la-Salette.

La congrégation des Missionnaires de Notre-Dame-de-la-Salette, fondée en 1852 par Mgr Philibert de Bruillard, évêque de Grenoble, est vouée au missions, aux œuvres sociales et aux pèlerinages. Elle s'est établie au Brésil à São Paulo en 1904 et à Rio de Janeiro en 1912.

Les archives sont conservées à Rome à la maison généralice [piazza Madonna della Salette, 3, 00152 Roma] (1).

Missionnaires de Saint-François-de-Sales d'Annecy.

La congrégation des Missionnaires de Saint-François-de-Sales fut fondée en 1838 à Annecy par le Père Pierre-Marie Mermier avec pour vocation l'enseignement et l'apostolat missionnaire. Une mission fut ouverte en 1926 au Brésil; c'est actuellement une Province avec deux centres, São Paulo et Caçador.

Les archives de la maison-mère conservent quelques correspondances sur cette mission. Toute demande de consultation doit être adressée au Père archiviste (chemin de Proupeine, 74000 Annecy).

Montfortains (Prêtres de la Compagnie de Marie).

La Compagnie de Marie est une société de religieux missionnaires fondée à Rome, en 1705, par saint Louis-Marie Grignion de Montfort. Elle a pour fin l'évangélisation.

L'activité missionnaire des Montfortains est marquée par l'échec de leur tentative d'implantation à Roseau (Petites Antilles) en 1863, par leur établissement en 1871 à Port-de-Paix (Haïti) et en 1904 en Colombie à Villavicencio et au Vichada.

Les archives de la Province de France conservent quelques correspondances relatives à Haïti et à la Colombie. Toute demande de consultation doit être adressée au Père archiviste (52, rue Beaunier, 75014 Paris).

Les archives générales de l'Ordre (viale dei Monfortani, 41, 00135 Roma) possèdent également des documents sur le sujet (2).

Oblats de Saint-François-de-Sales de Troyes.

La congrégation des Oblats de Saint-François-de-Sales fut fondée à Troyes, en 1871, par le Père Louis Brisson. Enseignement, ministère sacerdotal et paroissial, missions sont les multiples activités de l'ordre qui œuvre au Brésil depuis 1885 et en Uruguay depuis 1906. La mission en Équateur dura de 1887 à 1896.

---

(1) Voir L. Pásztor, *op. cit.*, p. 486-487.
(2) *Idem*, p. 493-495.

Les archives de la Province de France conservent des pièces, dont des photographies, relatives à l'Amérique du Sud. Toute demande doit être adressée au Père archiviste (12, rue des Terrasses, 10000 Troyes).

Les archives générales de l'Ordre (via Dandolo, 49, 00153 Roma), possèdent également des documents sur le sujet (1).

Picpuciens (Congrégation des Sacrés-Cœurs de Jésus et de Marie et de l'Adoration perpétuelle du Très Saint-Sacrement de l'Autel, dite de Picpus).

C'est à Poitiers, en 1797, que le Père Coudrin et la Mère Henriette Aymer de La Chevalerie fondèrent la Congrégation des Sacrés-Cœurs et de l'Adoration dont la maison-mère fut transférée à Paris, rue de Picpus, en 1805.

Les missions du Chili et du Pérou dépendent de la Province de France. Les Picpuciens s'y sont installés respectivement en 1827 et 1885. Ils tentèrent, sans succès, de s'implanter au Brésil entre 1842 et 1844.

Les archives de la congrégation (2) se trouvent à Rome à la maison généralice (via Rivarone, 85, 00166 Roma).

Rédemptoristes (Congrégation du Très Saint-Rédempteur).

La Congrégation du Très Saint-Rédempteur fut fondée par saint Alfonso Maria de Liguori à Scala, près de Naples, en 1732. La première maison française date de 1802.

L'activité missionnaire des Rédemptoristes français se situe en Équateur (depuis 1870), au Chili (depuis 1876), au Pérou et en Colombie (depuis 1884) et en Bolivie (depuis 1910). Les trois provinces françaises possèdent leurs propres archives sur ces missions. Toute demande de consultation doit être adressée au Père archiviste de la Province de Paris (170, boulevard du Montparnasse, 75014 Paris), de la Province de Lyon (20, rue J.-C. Bartet, B.P. 23, 69410 Champagne-au-Mont-d'Or) et de la Province de Strasbourg (15a, rue de Dorlisheim, 67200 Strasbourg).

Les archives générales de l'Ordre (via Merulana, 31, 00185 Roma) possèdent également des documents sur les missions françaises mais aussi sur celles des Rédemptoristes hollandais, belges, allemands, espagnols au Surinam, aux Iles Vierges, en Argentine, en Uruguay, au Brésil et au Mexique (3).

---

(1) Voir L. Pásztor, *op. cit.,* p. 496-497.
(2) *Idem,* p. 518-520.
(3) *Idem,* p. 514-517.

Sacré-Cœur de Jésus de Bétharram (Prêtres du).

La Société des Prêtres du Sacré-Cœur de Jésus a été fondée en 1835 à Bétharram (diocèse de Bayonne) par saint Michel Garicoïts. Depuis 1856, elle s'est établie en Argentine, au Paraguay, en Uruguay et au Brésil où elle se consacre surtout à l'enseignement.

Les archives de l'Ordre se trouvent à Rome à la maison généralice (via Brunetti, 27, 00186 Roma).

Saint-Esprit (Congrégation du).

La Congrégation du Saint-Esprit, essentiellement missionnaire, fut fondée à Paris, en 1703, par Claude Poullart Des Places. Les Missionnaires du Saint-Cœur de Marie, fondés en 1841 par François Libermann, se joignirent à la société en 1848.

En Amérique latine et aux Antilles, le champ d'action des Pères du Saint-Esprit s'étend des îles de la Martinique, de la Guadeloupe, de Haïti et de la Trinidad à la Guyane et au Brésil. La mission du Pérou fut abandonnée en 1910.

Les archives sont conservées à la maison provinciale. Toute demande de consultation doit être adressée au Père archiviste (12, rue du Père Mazurié, 94150 Chevilly-Larue).

On consultera :

Boîte 94.   La question des évêchés coloniaux.

Boîtes 97-99.   Guyane française. Préfets apostoliques, documents historiques, collèges, rapports, correspondance, 1731-1857.

Boîtes 138-141. Brésil. Historique de la mission de Teffé, rapports avec les autorités civiles et religieuses, institut agricole et industriel de Pericatuba, diocèse de Guyaba, œuvres proposées au Rio Negro et Rio Branco, projet de fondation à Rio de Janeiro, rapports à la Propagande, correspondance, études ethnographiques et linguistiques des PP. Parissier et Tastevin, préfecture apostolique de Teffé et du haut Jurua, 1897-1946.

Boîtes 142-143. Pérou, 1885-1914.

Boîtes 201-210. Martinique, Correspondance, évêques, histoire religieuse de l'île, œuvres spiritaines, éruption de la Montagne Pelée, 1807-1940.

Boîtes 211-219. Guadeloupe. Correspondance, évêques, histoire religieuse de l'île, œuvres spiritaines, 1820-1940.

Boîtes 221-230. Haïti. Mission Tisserant (1844), histoire religieuse de l'île, histoire du collège Saint-Martial, travaux des PP. Cabon, Navarre et Christ, correspondance, 1833-1879.

Boîtes 285-286. Guyane française. Préfets et vicaires apostoliques, rapports à la Propagande, religieuses de Saint-Joseph de Cluny, œuvres spiritaines, le bagne, presse, 1920-1945.

Boîtes 560-576. La Trinidad. Relations avec les archevêques de Port-d'Espagne, collège Sainte-Marie et autres œuvres spiritaines, presse, 1864-1964.

Sainte-Croix (Congrégation de).

La Congrégation de Sainte-Croix fut fondée au Mans, en 1837, par le Père Basile Moreau. Les Pères de Sainte-Croix exercèrent leur apostolat en Guadeloupe de 1848 à 1851. Les fondations au Brésil, au Chili et à Haïti sont postérieures à 1940 et sont dues aux provinces américaines.

Les archives relatives à la Guadeloupe (1) sont conservées à Rome à la maison généralice (via Framura, 85, 00168 Roma).

Saint-Sacrement (Congrégation du).

La Congrégation des Prêtres du Très Saint-Sacrement a été fondée à Paris, en 1856, par le bienheureux Pierre-Julien Eymard. Elle a essaimé en Argentine (Buenos Aires, 1903; San Martin, 1937), au Chili (Santiago, 1908), au Brésil (Rio de Janeiro, 1926; São Paulo, 1929; Belo Horizonte, 1937; Fortaleza, 1938), en Uruguay (Montevideo, 1927) et en Bolivie (la Paz, 1937).

Les archives de la Province de France conservent quelques documents sur les relations avec ces fondations sud-américaines. Toute demande de consultation doit être adressée au Père archiviste (23, avenue de Friedland, 75008 Paris).

Les archives générales de l'Ordre (via J. B. de Rossi, 46, 00161 Roma) possèdent également des documents sur le sujet.

Salésiens de Don Bosco.

La Société salésienne, fondée à Turin en 1859 par saint Jean Bosco, était originellement une congrégation enseignante; elle devint rapidement missionnaire. En 1875, les Salésiens de Don Bosco partaient pour l'Argentine, essaimant ensuite dans divers pays d'Amérique latine (Uruguay, Brésil, Pérou, Bolivie, Chili, Paraguay, Colombie, Mexique, Équateur, Salvador).

Les archives de la Province de Lyon conservent la correspondance et les papiers des missionnaires français œuvrant au Brésil depuis 1896. Toute demande de consultation doit être adressée au Père archiviste (14, rue Roger-Radison, 69322 Lyon Cedex 1).

_____

(1) Voir L. Pásztor, _op. cit._, p. 426-428.

Les archives centrales de l'Ordre (via Maria Ausiliatrice, 32, 10152 Torino) possèdent également de nombreux documents sur l'ensemble des pays de mission (1).

Tiers-Ordre régulier de Saint-François-d'Assise.

Les Tertiaires de Saint-François, héritiers des Cordeliers d'avant la Révolution, ont été restaurés à Albi, en 1864, par le Père François-Marie Clausade. Ils ouvrirent leur mission au Brésil en 1904.

La Procure des missions de la congrégation conserve des archives relatives à cette mission. Toute demande de consultation doit être adressée au Père archiviste (9, rue Max-Dormoy, 92260 Fontenay-aux-Roses).

Congrégations et instituts religieux de femmes

Assomption (Religieuses de l').

La Congrégation des Religieuses ou Dames de l'Assomption fut fondée à Paris, en 1839, par Anne-Eugénie Milleret de Brou, en religion Marie-Eugénie de Jésus. Les sœurs, hospitalières et enseignantes, s'établirent en 1839 en Amérique latine; leurs maisons sont situées au Mexique, au Guatemala, au Nicaragua, au Salvador et au Brésil.

Les archives de la congrégation, en cours de classement, ne sont pas actuellement communicables. Elles sont conservées à la maison-mère (17, rue de l'Assomption, 75016 Paris).

Doctrine chrétienne de Nancy (Sœurs de la).

L'abbé Jean-Baptiste Vatelot fonda les Sœurs de la Doctrine chrétienne près de Toul, vers 1717. Après la Révolution, la congrégation s'établit à Nancy. Les sœurs, enseignantes et hospitalières, ont une communauté au Chili, à Concepción, depuis 1966.

Les archives sont conservées à la maison-mère. Toute demande de consultation doit être adressée à la Sœur archiviste (149, rue Saint-Dizier, 54000 Nancy).

Dominicaines (Congrégation romaine de Saint-Dominique).

L'Union de Saint-Dominique est née de la fusion de cinq congrégations dominicaines enseignantes dont la plus ancienne, celle des Dominicaines de la Très Sainte-Trinité de Châlon-sur-Saône, a été fondée en 1611. Avec cette dernière se réunirent, en 1956, la Congrégation de Saint-Dominique (à laquelle

---

(1) Voir L. Pásztor, *op. cit.*, p. 521-524.

s'étaient jointes les Dominicaines de Langres et les Religieuses de Neufchâteau), la Congrégation Notre-Dame du Très Saint-Rosaire de Sèvres et la Congrégation du Sacré-Cœur de Hardinghen. La Congrégation du Très Saint-Rosaire et de Saint-Thomas-d'Aquin de Bar-le-Duc s'adjoignit à cette réunion en 1957. L'Union prit, en 1959, le nom de Congrégation romaine de Saint-Dominique.

Les religieuses se sont installées au Brésil en 1903 à Belo Horizonte puis à Rio de Janeiro, São Jeronimo et Poços de Caldas.

Les archives sont conservées à Rome à la maison généralice (via Cassia 1171, 00189 Roma).

Dominicaines de la Présentation de la Sainte-Vierge de Tours (Sœurs de Charité).

La Congrégation des Dominicaines de la Présentation fut fondée à Sainville, en 1696, par la vénérable Mère Marie Poussepin. En 1873, les Sœurs de la Charité se sont implantées en Colombie (à Bogota), puis au Venezuela, en Équateur, au Pérou, en Bolivie, au Chili, à Porto Rico et Panama, se consacrant aux œuvres hospitalières, enseignantes et missionnaires.

Les archives de la congrégation, en cours de classement, ne sont pas actuellement communicables. Elles sont conservées à la maison-mère (Grande-Bretêche, 15, quai Portillon, 37100 Tours).

Dominicaines de Sainte-Catherine-de-Sienne.

C'est en 1854 que Joséphine Gand fonda la Congrégation des Dominicaines de Sainte-Catherine-de-Sienne, à Bonnay. L'institut fut transféré à Etrépagny en 1870. Il possède des maisons à la Trinidad (depuis 1868) et en Guadeloupe (depuis 1950).

Les archives sont conservées à la maison générale. Toute demande de consultation doit être adressée à la Sœur archiviste (rue Maison Vatimesnil, 27150 Etrépagny).

Dominicaines missionnaires de Notre-Dame de la Délivrande.

La Congrégation des Sœurs de Notre-Dame de la Délivrande, appliquée aux œuvres de charité, fut fondée en 1868 au Morne-Rouge (Martinique) par Laure Sabès, en religion Mère Marie de la Providence. En 1941, les religieuses furent agrégées à l'ordre des Prêcheurs et prirent le nom de Dominicaines missionnaires de Notre-Dame de la Délivrande.

Les archives de la maison générale concernent les maisons fondées à la Martinique : le Morne-Rouge (1868), Saint-Pierre (1873), le François (1888) et la Redoute (1900). Toute demande de consultation doit être adressée à la Sœur archiviste (20, rue André-Chénier, B.P. 04, 38402 Saint Martin d'Hères Cedex).

Filles de la Charité de Saint-Vincent-de-Paul.

La Compagnie des Filles de la Charité de Saint-Vincent-de-Paul a été fondée en 1633 à Paris par saint Vincent-de-Paul et sainte Louise de Marillac pour le service des pauvres. Les sœurs françaises partirent en mission au XIXᵉ siècle; elles s'établirent au Mexique en 1844, au Brésil en 1849, au Chili en 1853, au Pérou en 1858, en Argentine en 1859, en Amérique centrale (Costa Rica, Guatemala, Nicaragua, Panama, Salvador) en 1862, en Équateur en 1870, en Colombie en 1882.

Les archives, en cours de classement, ne sont pas actuellement communicables. Elles sont conservées à la maison-mère (140, rue du Bac, 75007 Paris).

Filles de la Croix, dites *Sœurs de Saint André.*

Sainte Jeanne Bichier Des Ages et saint André Fournet fondèrent à Saint-Pierre-de-Maillé, en 1807, la Congrégation des Filles de la Croix. Celle-ci s'installa à la Puye en 1820. Les sœurs, hospitalières et enseignantes, sont présentes en Argentine depuis 1906, en Uruguay depuis 1944 et au Brésil depuis 1969.

Les archives sont conservées à la maison générale. Toute demande de consultation doit être adressée à la Sœur archiviste (la Puye, 86260 Saint Pierre de Maillé).

Filles de la Sagesse.

La congrégation, enseignante et hospitalière, des Filles de la Sagesse a pour fondateurs saint Louis-Marie Grignion de Montfort et Marie-Louise Trichet, en religion Sœur Marie-Louise de Jésus (1703). En 1720, les religieuses quittent Poitiers pour Saint-Laurent-sur-Sèvre; elles partent pour Haïti à la fin du XIXᵉ siècle et en Colombie au début du XXᵉ.

Les archives sont conservées à Rome à la maison généralice (via dei Casali di Torrevecchia, 16, 00168 Roma).

Immaculée-Conception (Sœurs de l'), dites *Sœurs Bleues.*

Mère Marie de Villeneuve fonda à Castres, en 1836, la congrégation des Sœurs de l'Immaculée-Conception. Missionnaires, hospitalières et enseignantes, les Sœurs Bleues ont des maisons en Amérique du Sud depuis 1905 (Brésil, Argentine, Paraguay et Uruguay).

Les archives sont conservées à Rome à la maison généralice (via V. Viara de Ricci, 24, 00168 Roma).

Missionnaires du Saint-Esprit (Sœurs).

La congrégation des Sœurs missionnaires du Saint-Esprit a été fondée en 1921 par Eugénie Caps avec l'appui de Mgr Alexandre Le Roy, supérieur général des Pères du Saint-Esprit. Elle participe, depuis 1925, aux œuvres des Spiritains à la Martinique et à la Guadeloupe. Elle s'est implantée récemment au Brésil.

Les archives sont conservées à la maison-mère. Toute demande de consultation doit être adressée à la Sœur archiviste (16, rue de Billancourt, 92100 Boulogne-Billancourt).

Notre-Dame de Charité du Bon-Pasteur d'Angers.

La congrégation de Notre-Dame de Charité du Bon-Pasteur a été fondée à Angers, en 1829, par Rose-Virginie Pelletier (sainte Marie-Euphrasie). Elle essaima en Amérique latine en 1855, d'abord au Chili, puis dans les pays suivants : Argentine, Uruguay, Paraguay, Brésil, Pérou, Équateur, Bolivie, Colombie, Venezuela, Costa Rica, Salvador, Nicaragua, Honduras, Guatemala, Panama.

La maison-mère conserve des archives sur ces fondations. Toute demande de consultation doit être adressée à la Supérieure provinciale (3, rue Brault, 49045 Angers Cedex).

Notre-Dame du Calvaire (Sœurs de).

La congrégation enseignante des Sœurs de Notre-Dame du Calvaire fut fondée en 1833 à Gramat par le chanoine Pierre Bonhomme. Ses premiers établissements au Brésil datent de 1906, en Argentine de 1907.

Des récits de fondations et correspondances sont conservés à la maison-mère. Toute demande de consultation doit être adressée à la Sœur archiviste (33, avenue Louis-Mazet, 46500 Gramat).

Oblates de l'Assomption.

Le Père d'Alzon et Marie Correnson fondèrent les Oblates de l'Assomption à Nîmes, en 1865. Les sœurs, enseignantes, hospitalières et missionnaires, sont installées au Brésil à Santa Fé do Sul depuis 1965 et à Cludradas depuis 1976.

Les archives, en cours de classement, ne sont pas actuellement communicables. Elles sont conservées à la maison générale (203, rue Lecourbe, 75015 Paris).

Petites Sœurs des Pauvres.

La congrégation des Petites Sœurs des Pauvres, vouée à l'assistance des vieillards pauvres, a été fondée en 1839, à Saint-Servan, par Jeanne Jugan. Elle est implantée au Chili depuis 1885, en Colombie depuis 1899 et en Argentine depuis 1907. Sa maison du Venezuela (Caracas), ouverte en 1974, a été fermée en 1980.

Des archives concernant ces missions sont conservées à la maison générale. Toute demande de consultation doit être adressée à la Sœur archiviste (la Tour Saint-Joseph, Saint-Pern, 35190 Tinteniac).

Sacrés-Cœurs de Jésus et de Marie et de l'Adoration perpétuelle du Très Saint-Sacrement de l'Autel (Congrégation des), dite de Picpus.

La congrégation féminine des Sacrés-Cœurs et de l'Adoration a été fondée en 1797, à Poitiers, par le Père Coudrin et la Mère Henriette Aymer de La Chevalerie. La maison-mère fut transférée en 1805 à Paris, rue de Picpus. Les sœurs sont parties en 1837 au Chili, puis au Pérou, en Bolivie, en Équateur, en Colombie, au Paraguay et au Brésil.

Les archives de la congrégation sont conservées à Rome à la maison générale (via Aurelia, 145, 00165 Roma).

Sainte-Famille de Bordeaux (Sœurs de la).

Les Sœurs de la Sainte-Famille ont été fondées à Bordeaux en 1820 par l'abbé P.B. Noailles. La congrégation, enseignante, hospitalière et missionnaire, a essaimé au Brésil en 1908 et, plus récemment, au Paraguay en 1969, en Argentine en 1971 et au Pérou en 1977.

Les archives de la congrégation sont conservées à Rome à la maison générale (via Aurelia, 145, 00165 Roma).

Sainte-Famille de Villefranche-de-Rouergue (Sœurs de la).

Sainte Emilie de Rodat fonda à Villefranche-de-Rouergue, en 1816, la congrégation à vocation enseignante de la Sainte-Famille. Les sœurs sont établies au Brésil depuis 1902 et en Bolivie depuis 1957.

Des documents relatifs à ces fondations sont conservés à la maison-mère. Toute demande de consultation doit être adressée à la Sœur archiviste (30, rue Bories, 12200 Villefranche de Rouergue).

Saint-Joseph de Chambéry (Sœurs de).

La congrégation des Sœurs de Saint-Joseph fut fondée à Chambéry, en 1812, par Mère Saint-Jean Marcoux. Elle s'établit en 1859 au Brésil, y créant hôpitaux, écoles et orphelinats.

La maison-mère conserve des archives concernant la province du Brésil et la Mère Théodore, première supérieure du Brésil, dont la cause de béatification a été introduite en 1964. Toute demande de consultation doit être adressée à la Sœur archiviste (14, place de la Tour-du-Pin, 73000 Chambéry).

Saint-Joseph de Cluny (Sœurs de).

Fondée en 1817 à Châlon-sur-Saône par la bienheureuse Anne-Marie Javouhey, la congrégation des Sœurs de Saint-Joseph fut transférée à Cluny en 1812, puis à Paris en 1849. Vouée à l'origine à l'éducation et aux soins des enfants abandonnés, elle s'orienta en 1817 vers l'apostolat missionnaire. Les sœurs s'installèrent en 1822 en Guyane et aux Antilles françaises, en 1836 aux Antilles anglaises, en 1864 à Haïti et en 1870 au Pérou. En Guyane, où elle vécut douze ans, Mère Javouhey prépara l'émancipation des esclaves et fonda la ville de Mana avec les libérés (1838).

Les archives de la congrégation, en cours de classement, ne sont pas actuellement communicables. Elles sont conservées à la maison-mère (21, rue Méchain, 75014 Paris).

Saint-Paul de Chartres (Sœurs de).

La communauté des Sœurs de Saint-Paul fut fondée en 1694 par l'abbé Louis Chauvet à Levesville-la-Chenard, en Beauce. En 1708, elle s'installa à Chartres. L'institut avait pour double fin l'instruction des enfants et le soin des malades; il y ajouta l'apostolat missionnaire lorsque les Filles de Saint-Paul de Chartres partirent pour Cayenne en 1727. Après l'interruption due à la Révolution, les sœurs reprirent en 1817 leurs fonctions en Guyane où elles se chargèrent des pénitenciers, de 1852 aux lois de sécularisation. Leurs fondations à la Martinique remontent à 1817, celles en Guadeloupe à 1819.

Les dépôts publics conservent des documents relatifs aux activités de la communauté. Celle-ci garde, à la maison-mère, des archives concernant ses œuvres missionnaires depuis 1727. Toute demande de consultation doit être adressée à la Sœur archiviste (5, rue Saint-Jacques, 28000 Chartres).

Salésiennes missionnaires de Marie-Immaculée.

Branche missionnaire de la Société de Saint-François-de-Sales, les Salésiennes missionnaires de Marie-Immaculée ont été fondées en 1889, à Paris, par l'abbé Chaumont et Mme Carré de Malberg. Leur établissement au Chili est récent : San Bernardo (1963), Cumpeo (1975) et Carampangue (1979).

Les archives de la société, en cours de classement, ne sont pas actuellement communicables. Elles sont conservées à la maison générale (22, rue de Varenne, 75007 Paris).

Servantes de Marie.

Les Servantes de Marie ont été fondées à Anglet, en 1842, par l'abbé Édouard Cestac et sa sœur Elise. Enseignantes et hospitalières, les sœurs sont parties pour l'Argentine en 1905 et pour l'Uruguay en 1949 où elles exercent encore leur ministère.

Les archives sont conservées à la maison-mère. Toute demande de consultation doit être adressée à la Sœur archiviste (Note-Dame du Refuge, 64600 Anglet).

Ursulines de l'Union romaine.

L'Union romaine de Sainte-Ursule résulte du regroupement à partir de 1900, de monastères européens, américains et asiatiques auparavant autonomes. La Compagnie de Sainte-Ursule fut fondée à Brescia, en 1535, par sainte Angela Merici et essaima en France à la fin du xvie siècle. En 1612, elle fut érigée en ordre monastique à Paris. Les moniales, essentiellement vouées à l'enseignement, fondèrent des maisons au Brésil à partir de 1735, à Cuba à partir de 1800 et au Mexique à partir de 1892.

Les archives (1) sont conservées à Rome à la maison généralice (via Nomentana, 236, 00162 Roma).

Visitation de Sainte-Marie (Religieuses de la).

L'ordre de la Visitation fut fondé en 1610 à Annecy par saint François de Sales et sainte Jeanne de Chantal. Depuis la seconde moitié du xixe siècle, les Visitandines, dont l'activité est essentiellement contemplative, ont des monastères au Mexique, au Guatemala, en République Dominicaine, en Colombie, au Pérou, au Chili, en Argentine, en Uruguay, au Brésil, en Équateur et à Panama.

Des archives concernant ces établissements sont conservées par les monastères d'Annecy, de Nancy et de Paris. Toute demande de consultation doit être adressée à la Sœur archiviste de la maison intéressée (11, avenue de la Visitation, 74000 Annecy; 64, rue Marquette, 54000 Nancy; 68, avenue Denfert-Rochereau, 75014 Paris).

Œuvres pontificales missionnaires

Œuvre de l'Enfance missionnaire.

Fondée en 1843 par l'évêque de Nancy, Mgr de Forbin-Janson, l'Œuvre de la Sainte-Enfance était originellement destinée au rachat des enfants chinois abandonnés et à la lutte contre l'infanticide en Extrême-Orient. L'œuvre exerça plus tard son action dans d'autres pays de missions et prit le nom d'Enfance missionnaire.

---

(1) Voir L. Pásztor, *op. cit.,* p. 498-500.

Les archives de l'œuvre, conservées au siège central, se composent principalement de correspondances de missionnaires. Les séries C (Conseil central) et E (Lettres des directeurs nationaux) sont riches en documents concernant l'Amérique latine et les Antilles depuis le milieu du xixe siècle. Toute demande de consultation doit être adressée au directeur général de l'Enfance missionnaire (54, rue de Varenne, 75007 Paris).

Œuvre de la Propagation de la Foi.

Sur l'initiative de Pauline Marie Jaricot, des laïcs fondèrent à Lyon, en 1822, l'Œuvre de la Propagation de la Foi pour venir en aide aux missions catholiques. Cette œuvre était dirigée par deux conseils centraux, à Lyon et à Paris. En 1922, le siège fut transféré de Lyon à Rome.

Les archives de la Propagation de la Foi correspondent à la période 1822-1922 et sont réparties entre les fonds de Lyon (1) et de Paris (2). Procès-verbaux des conseils, correspondances fournissent des renseignements sur l'œuvre et sur l'activité missionnaire, notamment en Amérique latine. Toute demande de consultation doit être adressée au Président des Œuvres pontificales missionnaires de Lyon (12, rue Sala, 69287 Lyon Cedex 1) et à celui de Paris (5, rue Monsieur, 75007 Paris).

MISSIONS PROTESTANTES

Le champ d'action des sociétés missionnaires protestantes françaises se limitait dans la pratique, jusqu'au milieu du xxe siècle à l'Afrique, l'Asie et l'Océanie tandis que l'Amérique latine et les Antilles étaient du ressort de missionnaires originaires d'Amérique du Nord et également de Grande-Bretagne, d'Allemagne, de Scandinavie, des Pays-Bas et de Suisse d'une part, de missionnaires des églises locales d'autre part.

Depuis cette époque ont été fondées, en particulier, l'Action missionnaire des Assemblées de Dieu en France, la Coopération évangélique mondiale, la Mission évangélique baptiste antillaise qui œuvrent aux Antilles et dans les pays latino-américains. Ces sociétés sont trop récentes pour posséder des archives communicables.

Nous rappellerons pour mémoire que les archives de l'Armée du Salut sont conservées à Londres au Quartier général international (The Salvation Army, 101, Queen Victoria Street, P.O. Box 249, London EC 4P 4EP). Un certain nombre de Salutistes français ont travaillé en Amérique du Sud, notamment en Guyane où ils secouraient les bagnards libérés, de 1932 à 1952.

---

(1) Voir J.-C. Baumont, « Une source de l'histoire du xixe et du début du xxe siècle : archives et publications de l'Œuvre de la Propagation de la Foi », *Association des Archivistes de l'Église de France* 9, janv.-mars 1978, p. 15-21.

(2) Voir G.-J., Dedeban, « Les archives de la Propagation de la Foi à Paris », *Association des Archivistes de l'Église de France* 6, été 1976, p. 31-33.

PAPIERS PRIVÉS

Les fonds d'archives privées déposés ou versés, en originaux ou en microfilms, dans des dépôts publics ont été précédemment analysés dans les notices consacrées à ces dépôts. Nous nous intéresserons ici aux seuls papiers demeurés entre les mains de particuliers ou d'institutions telles que sociétés savantes, entreprises..., dont l'accès est souvent difficile.

L'existence de certains fonds intéressant le sujet du guide peut être connue par l'intermédiaire du fichier d'enquête établi par le Service des archives personnelles et familiales, aux Archives nationales; la consultation de ce fichier est réservée. En ce qui concerne plus spécialement les Antilles, certains des fonds privés ont été recensés dans des bibliographies ou ont fait l'objet d'études dont on trouvera ci-dessous une liste non exhaustive :

Bourrachot (L.) et Debien (G.), « Une famille de l'Agenais à Saint-Domingue d'après sa correspondance : les Redon de Monplaisir (1740-1778) », *Revue de l'Agenais*, 1975, p. 2-32.

Châtillon (Dr M.), Debien (G.), Du Boisrouvray (X.) et Maupéou (G. de), « Papiers privés sur l'histoire des Antilles », *Revue française d'histoire d'outre-mer* 59 (216), 3e trim. 1972, p. 432-490.

Debien (G.), « Antillas de lengua francesa (1969-1970) », *Historiografía y bibliografía americanistas* 15 (2), juil. 1971, p. 283-291.

Debien (G.), « Antillas de lengua francesa (1970-1971) », *Historiografía y bibliografía americanistas* 16 (2), juil. 1972, p. 1-58.

Debien (G.), « Antilles de langue française : bibliographie », *Caribbean Studies* 7 (2), juil. 1967, p. 53-70.

Debien (G.), « Les Antilles françaises (1961 et 1962) », *Revue française d'histoire d'outre-mer* 50 (179), 2e trim. 1963, p. 227-267.

Debien (G.), « Les Antilles françaises (1963-1967) », *Revue française d'histoire d'outre-mer* 53 (192-193), 3e et 4e trim. 1966, p. 245-313.

Debien (G.), « Les Antilles françaises (1968 et 1969) », *Revue française d'histoire d'outre-mer* 57 (208), 3e trim. 1970, p. 299-354.

Debien (G.), « Les Antilles françaises (1970-1974) », *Revue française d'histoire d'outre-mer* 63 (231), 2e trim. 1976, p. 286-316 et 64 (234), 1er trim. 1977, p. 55-84.

Debien (G.), « Chronique bibliographique de l'histoire des Antilles françaises (1974-1977) », *Bulletin de la Société d'histoire de la Guadeloupe* 35, 1er trim. 1978, p. 11-46.

Debien (G.), « Chronique bibliographique de l'histoire des Antilles françaises (1977-1979) », *Bulletin de la Société d'histoire de la Guadeloupe* 45-46, 3e et 4e trim. 1980, p. 1-82.

Debien (G.), « Un colon niortais à Saint-Domingue : Jean Barré de Saint-Venant (1737-1810) », *Annales des Antilles* 19, 1977, p. 1-146.

Debien (G.), « Un marin de l'expédition de Saint-Domingue : J.-B. Drinot (juin 1801-novembre 1802) », *Revue de la Société haïtienne d'histoire* 113, 1968, p. 27-46.

DEBIEN (G.), « Une Nantaise à Saint-Domingue (1782-1786) », *Revue du Bas-Poitou et des provinces de l'Ouest* 6, nov.-déc. 1972, p. 413-436.

DEBIEN (G.), « Papiers de gouverneurs de la Martinique (1814-1836) », *Archivum,* cah. hors-série 2, 1980, p. 85-92.

DEBIEN (G.), « Les papiers de l'abbé Renard et l'histoire religieuse des Antilles françaises », *Caribbean Studies* 4 (4), janv. 1965, p. 62-73.

DEBIEN (G.), *Une plantation de Saint-Domingue : la sucrerie Galbaud du Fort* (1690-1802), Le Caire, 1941.

DEBIEN (G.), « Plantations à la Guadeloupe : la caféière et la sucrerie Bologne au Baillif (1787) », *Bulletin de la Société d'histoire de la Guadeloupe* 3-4, 1965, p. 11-21.

DEBIEN (G.), « Une source de l'histoire sociale de la Martinique : la correspondance de l'amiral Dupotet, gouverneur, avec le ministre de la Marine (1831-1834) », *Archives antillaises* 3, 1975, p. 11-16.

DEBIEN (G.), « Sources de l'histoire de l'esclavage aux Antilles », *Revue de la Société haïtienne d'histoire* 111, 1967, p. 12-48.

DEBIEN (G.), « Les travaux d'histoire sur Saint-Domingue : chronique bibliographique (1946-1950) », *Revue d'histoire des colonies* 36 (127-128), 3e et 4e trim. 1949, p. 282-330.

DEBIEN (G.), « Les travaux d'histoire sur Saint-Domingue : chronique bibliographique (1950-1952) », *Revue d'histoire des colonies* 40 (139), 2e trim. 1953, p. 313-357.

DEBIEN (G.), « Les travaux d'histoire sur Saint-Domingue et les Antilles françaises : chronique bibliographique (1952-1954) », *Revue d'histoire des colonies* 42 (146), 1er trim. 1955, p. 5-68.

DEBIEN (G.), « Les travaux d'histoire sur Saint-Domingue : chronique bibliographique (1954-1956) », *Revue d'histoire des colonies* 44 (155), 2e trim. 1957, p. 165-222.

DEBIEN (G.), « Les travaux d'histoire sur Saint-Domingue : chronique bibliographique (1957 et 1958) », *Revue française d'histoire d'outre-mer* 47 (166), 1er trim. 1960, p. 137-157 et 47 (167), 2e trim. 1960, p. 246-287.

DEBIEN (G.), « Les travaux d'histoire sur les Antilles françaises : chronique bibliographique (1959 et 1960) », *Revue française d'histoire d'outre-mer* 48 (171), 2e trim. 1961, p. 267-308.

DEBIEN (G.), « Les travaux d'histoire sur Saint-Domingue (1938-1946) : essai de mise au point », *Revue d'histoire des colonies* 34, 1947, p. 31-86.

DEBIEN (G.) et CHASSAGNE (S.), « Papiers des Antilles, II : Papiers Baudouin, témoignage d'un magistrat colonial au lendemain de la libération des esclaves (Guadeloupe et Guyane, 1850-1866) », *Cahiers des Amériques latines (série Sciences de l'Homme)* 4, juil.-déc. 1969, p. 136-144.

FROSTIN (C.), « Entre l'Anjou et Saint-Domingue : de l'ardoise au café (1750-1791) », *Bulletin de la Société d'histoire de la Guadeloupe* 13-14, 1970, p. 29-63.

FROSTIN (C.), GIROD (F.), NARDIN (J.-C.) et DEBIEN (G.), « Papiers des Antilles, III », *Cahiers des Amériques latines (série Sciences de l'Homme)* 2, juil.-déc. 1968, p. 181-209.

« Plantations d'Amérique et papiers de famille », *Annales des Antilles* 2, 1955, p. 1-16 et 3-4, 1955, p. 26-65.

Plantations d'Amérique et papiers de famille, II, Mâcon, 1960.

« Recherches collectives : chronique documentaire pour une nouvelle histoire coloniale (Les papiers privés et l'Amérique française) », *Revue d'histoire de l'Amérique française* 6 (4), mars 1953, p. 536-559, 7 (1), juin 1953, p. 88-109 et 7 (2), sept. 1953, p. 259-286.

RICHARD (R.), « Papiers des Antilles, I : Papiers Boutin, financiers et revenus coloniaux du XVIIIe siècle, un exemple », *Cahiers des Amériques latines (série Sciences de l'Homme)* 4, juill.-déc. 1969, p. 114-135.

Parmi les fonds concernant les îles de l'Amérique, nous signalerons :

Archives du château de Fresnay.

> Archives appartenant au comte de Maynard (château de Fresnay, le Bourgneuf-la-Forêt, 53410 Port-Brillet).
>
> Papiers du comte Pierre de Pardaillan, commandant en second la partie sud de Saint-Domingue (1777-1780) et de son épouse Madeleine-Laurence de Vézien, propriétaire à Saint-Domingue, 1734-XIXe s.
>
> > Une partie de ces papiers a été microfilmée par les soins des Archives départementales de la Mayenne (voir p. 378).

Archives du château de Lascours.

> Château de Lascours, Boisset-et-Gaujac, 30140 Anduze.
>
> Intérêts de la famille Fereyre, de Bordeaux, à la Guadeloupe, XVIIIe s.

Archives du château de Ravel.

> Archives appartenant à M. de Riberolles (château de Ravel, 63190 Lezoux).
>
> Papiers d'Estaing : Saint-Domingue avant l'arrivée du comte d'Estaing, gouvernement de Saint-Domingue par ce dernier, correspondance de l'amiral d'Estaing, 1761-1789.

Archives du château de Ribaute.

> Archives appartenant au comte Chamski-Mandajors (château de Ribaute, 30720 Ribaute-les-Tavernes).
>
> Intérêts de la famille Gandifri Saint Estève à Saint-Domingue, 1776-1812.

Archives du château de Saint-Vallier.

> Archives appartenant au comte Du Pouget de Nadaillac (château de Saint-Vallier, 26240 Saint-Vallier).
>
> Papiers de Balthazar Phelipeaux de La Vrillière, commandant des troupes du roi dans les îles et terres d'Amérique du Sud de 1709 à 1713.
>
> > En cours de microfilmage par les soins des Archives départementales de la Drôme.

Société archéologique de Bordeaux.

1, place Bardineau, 33000 Bordeaux.

Documents sur les relations de Bordeaux avec les Antilles, notamment des livres de bord du xviiie siècle (archives en cours de classement).

Outre les archives de banques telles que Sudameris, le Crédit lyonnais ou la Société générale, le chercheur s'intéressant à l'Amérique latine consultera notamment :

Archives du château de Ravel.

Archives appartenant à M. de Riberolles (château de Ravel, 63190 Lezoux). Papiers d'Estaing : expédition de 1762 au Brésil.

Association du souvenir de Ferdinand de Lesseps et du canal de Suez.

1, rue d'Astorg, 75008 Paris.

Documents sur le canal de Panama, provenant des archives de Pierre de Lesseps : rapports de mission, correspondance, plans, procès, Compagnie nouvelle du Canal de Panama, 1881-1975.

Ces archives complètent le fonds conservé aux Archives nationales sous la cote 7 AQ (voir p. 117).

Fonds Fornier de Clausonne.

Archives appartenant à Mme René Seydoux Fornier de Clausonne (Clausonne, 30840 Meynes).

Société de commerce Gilly-Fornier : expéditions vers l'Amérique latine, 1748-1749 (un registre coté 338). Le microfilm de ce registre, effectué par les soins des Archives départementales du Gard, est conservé par celles-ci !sous la cote 1 Mi 86 R 2.

Fonds Pellotier et Devars.

Archives appartenant à M. Patrice Gouy (69, rue Saint-Laurent, 38000 Grenoble).

Documents sur l'émigration des Barcelonnettes (1) au Mexique : correspondance, cahiers de comptes des mouvements d'argent entre le Mexique et la France, actes notariés de successions, 1830-1930.

---

(1) Des familles d'origine française établies au Mexique conservent des papiers relatifs à cette émigration, au xixe siècle, des Barcelonnettes et aussi des fouriéristes de Haute-Saône. Des précisions sur le sujet peuvent être actuellement demandées à Mme Anne Valleys et à M. Alain Dugrand (16, rue des Sources, 77400 Lagny).

ANNEXES

MINISTRES ET SECRÉTAIRES D'ÉTAT
(Marine, Colonies, France d'Outre-Mer)

DIRECTEURS DE L'ADMINISTRATION CENTRALE

GOUVERNEURS

REPRÉSENTANTS DE LA FRANCE A L'ÉTRANGER

*
* *

ORIENTATION BIBLIOGRAPHIQUE

MINISTRES ET SECRÉTAIRES D'ÉTAT
MARINE, COLONIES, FRANCE D'OUTRE-MER

Ancien Régime

L'administration des territoires d'outre-mer a fait partie intégrante du département de la Marine à partir du ministère d'Armand Du Plessis, cardinal duc de Richelieu, en 1626. La chronologie des ministres de la Marine ne peut être établie avec précision antérieurement à cette époque à compter de laquelle on voit la Marine divisée en deux groupes — Marine du Ponant et Marine du Levant — jusqu'en 1669, année où fut constitué en faveur de Jean-Baptiste Colbert, déjà contrôleur général des Finances, un département unique de la Marine.

Marine du Ponant	
11 mars 1626	POTIER (Nicolas), sieur d'Ocquerre.
29 sept. 1628	BOUTHILLIER (Claude), sieur de Pont.
18 mars 1632	BOUTHILLIER (Léon), comte de Chavigny
23 juin 1643	LOMÉNIE (Henri-Auguste), comte de Brienne.
20 avril 1663	LIONNE (Hugues de) :

Marine du Levant	
11 mars 1626	LE BEAUCLERC (Charles), sieur d'Achères.
11 déc. 1630	SERVIEN (Abel), marquis de Sablé.
16 déc. 1636	SUBLET DES NOYERS (François).
2 mai 1643	LE TELLIER (Michel), LOUVOIS (François-Michel Le Tellier, marquis de) adjoint depuis 1662.

7 mars 1669	COLBERT (Jean-Baptiste).
6 septembre 1683	SEIGNELAY (Jean-Baptiste Colbert, marquis de).
7 novembre 1690	PONTCHARTRAIN (Louis Phélypeaux, comte de).
6 septembre 1699	PONTCHARTRAIN (Jérôme Phélypeaux, comte de).
1er septembre 1715	TOULOUSE (Louis-Alexandre, comte de), président du Conseil de Marine.
4 septembre 1715	FLEURIAU (Joseph-Jean-Baptiste), sieur d'Armenonville.
9 avril 1722	MORVILLE (Charles-Jean-Baptiste Fleuriau d'Armenonville, comte de).
14 août 1723.	MAUREPAS (Jean-Frédéric Phélypeaux, comte de).
30 avril 1749	ROUILLÉ (Antoine-Louis), comte de Jouy.
31 juillet 1754	MACHAULT D'ARNOUVILLE (Jean-Baptiste de).
1er février 1757	PEIRENC DE MORAS (François-Marie) ; LE NORMAND DE MÉZY, adjoint.
1er juin 1758	MASSIAC (Claude-Louis, marquis de).
1er novembre 1758	BERRYER (Nicolas-René).
4 octobre 1761	CHOISEUL (Étienne-François de), duc de Stainville.
7 avril 1766	CHOISEUL (César-Gabriel de), duc de Praslin.
25 décembre 1770	TERRAY (Joseph-Marie), par intérim.
8 avril 1771	BOURGEOIS DE BOYNE (Pierre-Étienne).
20 juillet 1774	SARTINE (Antoine-Raymond de).
4 octobre 1780	CASTRIES (Charles-Eugène de La Croix, marquis de).
25 août 1787	MONTMORIN-SAINT-HÉREM (Armand Marc, comte de), par intérim.
26 décembre 1787	LA LUZERNE (César-Henri, comte de).

Révolution et Empire

11 juillet 1789	Laporte (Arnaud de), absent.
16 juillet 1789	La Luzerne (César-Henri, comte de).
24 octobre 1790	Fleurieu (Charles-Pierre Claret de).
6 mai 1791	Thévenard (Antoine-Jean-Marie).
18 septembre 1791	Bertrand (Antoine-François), comte de Moleville.
	Lessart (Claude Waldec de), ministre des Affaires étrangères, chargé de la Marine par intérim jusqu'au 1er octobre 1791.
15 mars 1792	La Coste (Jean de).
21 juillet 1792	Gratet (François-Joseph), vicomte Du Bouchage.
12 août 1792	Monge (Gaspard).
10 avril 1793	Dalbarade (Jean), capitaine de vaisseau, ministre, conservé sous le titre de commissaire depuis la loi du 12 germinal an II (1er avril 1794) qui remplace les ministres par des commissions exécutives.
	David (Jean-Marie-Théodore), adjoint jusqu'au 4 novembre.
2 juillet 1795	Redon de Beaupréau (Jean-Claude), commissaire.
4 novembre 1795	Truguet (Laurent-Jean-François), vice-amiral, ministre.
	Benezech (Pierre), ministre de l'Intérieur, chargé de la Marine par intérim du 13 décembre 1796 au 30 décembre 1796.
16 juillet 1797	Pléville Le Pelley (Georges-René), contre-amiral, puis vice-amiral.
28 avril 1798	Bruix (Eustache de), vice-amiral.
4 mars 1799	Lambrechts (Charles-Louis), ministre de la Justice, chargé de la Marine par intérim.
7 mars 1799	Talleyrand-Périgord (Charles-Maurice de), ministre des Relations extérieures, chargé de la Marine par intérim.
3 juillet 1799	Bourdon de Vatry (Marc-Antoine).
24 novembre 1799	Forfait (Pierre-Alexandre-Laurent).
1er octobre 1801	Decrès (Denis), contre-amiral, puis vice-amiral.
	Fleurieu (Charles-Pierre Claret de), ancien ministre de la Marine, chargé du portefeuille par intérim.
2 avril 1814	Malouet (Pierre-Victor, baron), avec le simple titre de commissaire jusqu'au 12 mai.
	Jurien (Charles-Marie), chargé du portefeuille par intérim jusqu'au 12 mai.
8 septembre 1814	Ferrand (Antoine-François-Claude, comte), directeur général des Postes, chargé de la Marine par intérim.
2 décembre 1814	Beugnot (Jacques-Claude, comte).

Restauration

20 mars 1815	Decrès (Denis, duc), vice-amiral, ministre pour la seconde fois.
8 juillet 1815	Jaucourt (François, comte de).
24 septembre 1815	Gratet (François-Joseph), vicomte Du Bouchage, ministre pour la seconde fois.
23 juin 1817	Gouvion-Saint-Cyr (Laurent, comte de).
12 septembre 1817	Molé de Champlâtreux (Mathieu-Louis, comte de).
29 décembre 1818	Portal d'Albarèdes (Pierre-Barthélémy, baron).
14 décembre 1821	Clermont-Tonnerre (Aimé-Marie-Gaspard, marquis de).
4 août 1824..	Chabrol de Crouzol (André-Jean, comte de).

8 mars 1828	HYDE DE NEUVILLE (Guillaume, baron de).
3 août 1829	POLIGNAC (Auguste-Jules-Armand-Marie, prince de), ministre des Affaires étrangères, chargé de la Marine par intérim.
8 août 1829	RIGNY (Henri Gauthier, comte de), vice-amiral; n'accepte pas.
23 août 1829.	HAUSSEZ (Charles Le Mercier de Longpré, baron d').
31 juillet 1830	RIGNY (Henri Gauthier, comte de), pour la seconde fois avec le titre de commissaire provisoire; absent.
	TUPINIER (Jean-Marguerite, baron), chargé de l'administration par intérim depuis le 31 juillet 1830.
11 août 1830	SÉBASTIANI DELLA PORTA (Horace, comte).
17 novembre 1830	ARGOUT (Antoine-Marie-Apollinaire, comte d').
13 mars 1831	RIGNY (Henri Gauthier, comte de), pour la troisième fois.
4 avril 1834	ROUSSIN (Albin-Reine, baron), vice-amiral; n'accepte pas.
	RIGNY (Comte de), ministre des Affaires étrangères, chargé de la Marine par intérim.
9 mai 1834	JACOB (Louis-Léon, comte), vice-amiral.
10 novembre 1834	DUPIN (Pierre-Charles-François, baron).
18 novembre 1834	RIGNY (Henri Gauthier, comte de), ministre des Affaires étrangères, chargé de la Marine par intérim pour la seconde fois.
22 novembre 1834	DUPERRÉ (Victor-Guy, baron), amiral.
6 septembre 1836	ROSAMEL (Claude-Charles-Marie Du Campe de), vice-amiral.
31 mars 1839	TUPINIER (Jean-Marguerite, baron).
12 mai 1839	DUPERRÉ (Baron), pour la seconde fois.
1er mars 1840	ROUSSIN (Baron), pour la seconde fois.
20 octobre 1840	DUPERRÉ (Baron), pour la troisième fois.
7 février 1843	ROUSSIN (Baron), pour la troisième fois.
24 juillet 1843	MACKAU (Ange-René-Armand, baron de), vice-amiral.
	JUBELIN (Louis-Jean-Guillaume), sous-secrétaire d'État du 10 août 1844 au 25 février 1848.
9 mai 1847	MONTEBELLO (Napoléon Lannes, duc de).
	GUIZOT (François), ministre des Affaires étrangères, chargé de la Marine par intérim jusqu'au 20 mai.

Seconde République et Second Empire

24 février 1848	ARAGO (Dominique-François), ministre provisoire jusqu'au 5 avril puis ministre de la Guerre, chargé de la Marine par intérim.
	SCHOELCHER (Victor), sous-secrétaire d'État, du 4 mars au 17 mai.
11 mai 1848	CASY (Joseph-Grégoire), vice-amiral.
	VERNINAC DE SAINT-MAUR (Raymond-Jean-Baptiste de), sous-secrétaire d'État, du 6 juin au 17 juillet.
28 juin 1848	LE BLANC (Louis-François-Jean), vice amiral; n'accepte pas.
29 juin 1848	BASTIDE (Jules).
17 juillet 1848	VERNINAC DE SAINT-MAUR (Raymond-Jean-Baptiste de), capitaine de vaisseau, puis contre-amiral.
10 décembre 1848	DESTUTT DE TRACY (Alexandre-César-Victor-Charles).
31 octobre 1849	DESFOSSÉS (Romain-Joseph), contre-amiral.
9 janvier 1851	DUCOS (Théodore), représentant au Corps législatif.
	DROUYN DE L'HUYS (Édouard), ministre des Affaires étrangères, chargé de la Marine par intérim jusqu'au 18 janvier.

18 janvier 1851	VAILLANT (Auguste-Nicolas), contre-amiral.
10 avril 1851	CHASSELOUP-LAUBAT (Prosper, comte de), représentant au Corps législatif.
26 octobre 1851	FORTOUL (Hippolyte), représentant au Corps législatif.
3 décembre 1851	DUCOS (Théodore), représentant au Corps législatif, puis sénateur, pour la seconde fois.
	ABBATUCCI (Jacques-Pierre-Charles), garde des Sceaux, ministre de la Justice chargé de la Marine et des Colonies par intérim depuis le 27 mars jusqu'au 19 avril 1855.
19 avril 1855	HAMELIN (Ferdinand-Alphonse), amiral.
	VAILLANT (Comte Jean-Baptiste-Philibert), maréchal de France, ministre de la Guerre, chargé de la Marine par intérim du 17 août au 16 septembre 1856 et du 14 août au 14 septembre 1857.
24 juin 1858	NAPOLÉON-JÉRÔME (Prince), ministre de l'Algérie et des Colonies.
24 novembre 1860	CHASSELOUP-LAUBAT (Prosper, comte de), ministre de la Marine et des Colonies.
20 janvier 1867	RIGAULT DE GENOUILLY (Charles), amiral.
4 septembre 1870.	FOURICHON (Martin), vice-amiral; parti le 15 septembre pour Tours et Bordeaux.

Troisième République

19 février 1871	POTHUAU (Louis-Pierre-Alexis), vice-amiral, ministre de la Marine et des Colonies.
25 mai 1873	HORNOY (Charles-Marius-Albert de Dompierre d'), vice-amiral, ministre de la Marine et des Colonies.
22 mai 1874	MONTAIGNAC DE CHAUVANCE (Louis-Raymond, marquis de), contre-amiral, ministre de la Marine et des Colonies.
9 mars 1876	FOURICHON (Martin), vice-amiral, sénateur.
	BERTHAUT (Jean-Auguste), général de division, ministre de la Guerre, chargé de la Marine et des Colonies par intérim du 17 au 22 mai 1877.
23 mai 1877	GICQUEL DES TOUCHES (Albert), vice-amiral, ministre de la Marine et des Colonies.
23 novembre 1877	ROUSSIN (Albert), vice-amiral, ministre de la Marine et des Colonies.
13 décembre 1877	POTHUAU (Louis-Pierre-Alexis), vice-amiral, sénateur, ministre de la Marine et des Colonies.
4 février 1879.	JAURÉGUIBERRY (Jean-Bernard), vice-amiral, sénateur, ministre de la Marine et des Colonies.
23 septembre 1880.	CLOUÉ (Georges-Charles), vice-amiral, ministre de la Marine et des Colonies.
14 novembre 1881	ROUVIER (Pierre-Maurice), député, ministre du Commerce et des Colonies.
30 janvier 1882.	BERLET (Albert-Ernest-Edmond), député, sous-secrétaire d'État.
22 septembre 1883	FAURE (Félix), député, sous-secrétaire d'État.
	Du 9 août 1882 au 21 septembre 1883, la direction des Colonies a été confiée à Paul DISLÈRE, conseiller d'État en service ordinaire.
28 avril 1885.	ROUSSEAU (Armand), député, sous-secrétaire d'État.
15 janvier 1886.	LA PORTE (Jean-Roger-Amédée de), député, sous-secrétaire d'État.
7 juin 1887.	ÉTIENNE (Eugène), député, sous-secrétaire d'État.
5 janvier 1888.	FAURE (Félix), député, sous-secrétaire d'État.
19 février 1888	LA PORTE (Jean-Roger-Amédée de), député sous-secrétaire d'État.

14 mars 1889	ÉTIENNE (Eugène), député sous-secrétaire d'État.
8 mars 1892	JAMAIS (Emile), député, sous-secrétaire d'État.
17 janvier 1893	DELCASSÉ (Théophile), député, sous-secrétaire d'État.
3 décembre 1893	LEBON (Maurice), député, sous-secrétaire d'État.
20 mars 1894	BOULANGER (Ernest-Théophile), sénateur, ministre des Colonies.
30 mai 1894	DELCASSÉ (Théophile), député, ministre des Colonies.
26 janvier 1895	CHAUTEMPS (Camille), député, ministre des Colonies.
4 novembre 1895	GUIEYSSE (Pierre-Paul), député, ministre des Colonies.
29 avril 1896	LEBON (André), député, ministre des Colonies.
29 juin 1898	TROUILLOT (Georges), député, ministre des Colonies.
1er novembre 1898	GUILLAIN (Antoine-Florent), député, ministre des Colonies.
22 juin 1899	DECRAIS (Albert-Pierre-Louis), député, ministre des Colonies.
7 juin 1902	DOUMERGUE (Gaston), député, ministre des Colonies.
24 janvier 1905	CLÉMENTEL (Étienne), député, ministre des Colonies.
14 mars 1906	LEYGUES (Georges), député, ministre des Colonies.
25 octobre 1906	MILLIÈS-LACROIX (Raphaël), sénateur, ministre des Colonies.
25 juillet 1909	TROUILLOT (Georges), député, ministre des Colonies.
3 novembre 1910	MOREL (Jean), député, ministre des Colonies.
2 mars 1911	MESSIMY (Adolphe-Marie), député, ministre des Colonies.
27 juin 1911	LEBRUN (Albert), député, ministre des Colonies.
12 janvier 1913	BESNARD (René-Henry), député, ministre des Colonies.
21 janvier 1913	MOREL (Jean), sénateur, ministre des Colonies.
9 décembre 1913	LEBRUN (Albert), député, ministre des Colonies.
9 juin 1914	MAUNOURY (Maurice), député, ministre des Colonies.
13 juin 1914	RAYNAUD (Etienne-Maurice), député, ministre des Colonies.
26 août 1914	DOUMERGUE (Gaston), sénateur, ministre des Colonies.
21 mars 1917	MAGINOT (André), député, ministre des Colonies.
13 septembre 1917	BESNARD (René-Henry), député, ministre des Colonies.
17 novembre 1917	SIMON(Henry), député, ministre des Colonies.
20 janvier 1920	SARRAUT (Albert), député, ministre des Colonies.
24 septembre 1920	SARRAUT (Albert), député, ministre des Colonies.
16 janvier 1921	SARRAUT (Albert), député, ministre des Colonies.
15 janvier 1922	SARRAUT (Albert), député, ministre des Colonies.
29 mars 1924	FABRY (Jean), député, ministre des Colonies.
9 juin 1924	FABRY (Jean), député, ministre des Colonies.
14 juin 1924	DALADIER (Édouard), député, ministre des Colonies.
17 avril 1925	HESSE (André), député, ministre des Colonies.
30 octobre 1925	PERRIER (Léon), sénateur, ministre des Colonies.
29 novembre 1925	PERRIER (Léon), sénateur, ministre des Colonies.
10 mars 1926	PERRIER (Léon), sénateur, ministre des Colonies.
24 juin 1926	PERRIER (Léon), sénateur, ministre des Colonies.
20 juillet 1926	DARIAC (Adrien), député, ministre des Colonies.
24 juillet 1926	PERRIER (Léon), sénateur, ministre des Colonies.
11 novembre 1928	MAGINOT (André), député, ministre des Colonies.
3 novembre 1929	PIÉTRI (François), député, ministre des Colonies.
	DELMONT (Alcide), député, sous-secrétaire d'État.

21 février 1930   LAMOUREUX (Lucien), député, ministre des Colonies.
                    ARCHIMBAUD (Léon), député, sous-secrétaire d'État.

2 mars 1930   PIÉTRI (François), député, ministre des Colonies.
                    DELMONT (Alcide), député, sous-secrétaire d'État.

13 décembre 1930 STEEG (Théodore), sénateur, président du Conseil, ministre des Colonies.
                    BRUNET (Auguste), député, sous-secrétaire d'État.

28 janvier 1931   REYNAUD (Paul), député, ministre des Colonies.
                    DIAGNE (Blaise), député, sous-secrétaire d'État.

20 février 1932   CHAPPEDELAINE (Louis de), député, ministre des Colonies.

3 juin 1932   SARRAUT (Albert), sénateur, ministre des Colonies.
                    CANDACE (Gratien), député, sous-secrétaire d'État.

31 janvier 1933   SARRAUT (Albert), sénateur, ministre des Colonies.

6 septembre 1933 DALIMIER (Albert), député, ministre des Colonies.

26 octobre 1933   PIÉTRI (François), député, ministre des Colonies.
                    BRUNET (Auguste), député, sous-secrétaire d'État.

26 novembre 1933 DALIMIER (Albert), député, ministre des Colonies.

9 janvier 1934   LAMOUREUX (Lucien), député, ministre des Colonies.

30 janvier 1934   JOUVENEL (Henri de), sénateur, ministre de la France d'outre-mer.
                    BIBIÉ (Maxence), député, sous-secrétaire d'État.

9 février 1934   LAVAL (Pierre), sénateur, ministre des Colonies.

13 octobre 1934   ROLLIN (Louis), député, ministre des Colonies.

9 novembre 1934   ROLLIN (Louis), député, ministre des Colonies.

1er juin 1935   ROLLIN (Louis), député, ministre des Colonies.

7 juin 1935   ROLLIN (Louis), député, ministre des Colonies.

24 janvier 1936   STEEG (Théodore), sénateur, ministre des Colonies.

4 juin 1936   MOUTET (Marius), député, ministre des Colonies.

22 juin 1937   MOUTET (Marius), député, ministre des Colonies.
                    MONNERVILLE (Gaston), député, sous-secrétaire d'État.

18 janvier 1938   STEEG (Théodore), sénateur, ministre des Colonies.
                    MONNERVILLE (Gaston), député, sous-secrétaire d'État.

13 mars 1938   MOUTET (Marius), député, ministre des Colonies.

10 avril 1938   MANDEL (Georges), député, ministre des Colonies.

18 mai 1940   ROLLIN (Louis), député, ministre des Colonies.

16 juin 1940   RIVIÈRE (Albert-Marcel), ministre des Colonies.

Gouvernement de Vichy

12 juillet 1940   LÉMERY (Henri), sénateur, ministre des Colonies.

6 septembre 1940 PLATON (René-Charles), contre-amiral puis vice-amiral, secrétaire d'État aux Colonies.

18 avril 1942   BRÉVIÉ (Jules), gouverneur général honoraire des Colonies, secrétaire d'État aux Colonies.

26 mars 1943   BLÉHAUT (Henri), contre-amiral, secrétaire d'État à la Marine et aux Colonies.

Comité national de la France libre et Comité français de la libération nationale
(Londres et Alger)

18 juin 1940   ANTOINE, lieutenant-colonel du Génie, ingénieur en chef des Ponts et Chaussées, chef des services coloniaux (dans le Conseil de défense de l'Empire français).

24 septembre 1941	PLEVEN (René), commissaire national à l'Économie, aux Finances et aux Colonies.
28 juillet 1942	PLEVEN (René), commissaire national à l'Économie, aux Colonies et à la Marine marchande.
7 octobre 1942	PLEVEN (René), commissaire national aux Affaires étrangères et aux Colonies.
5 février 1943	PLEVEN (René), commissaire national aux Colonies.

Gouvernement provisoire de la République française

10 septembre 1944	PLEVEN (René), ministre des Colonies.
15 novembre 1944	GIACCOBI (Paul), ministre des Colonies.
21 novembre 1946	SOUSTELLE (Jacques), ministre des Colonies.
26 janvier 1946	MOUTET (Marius), ministre de la France d'outre-mer.
24 juin 1946	MOUTET (Marius), ministre de la France d'outre-mer.

Quatrième République

16 décembre 1946	MOUTET (Marius), ministre de la France d'outre-mer.
	DEFFERRE (Gaston), sous-secrétaire d'État de la France d'outre-mer.
23 décembre 1946	LAURENT (Augustin), ministre d'État, ministre par intérim de la France d'outre-mer.
22 janvier 1947	MOUTET (Marius), ministre de la France d'outre-mer.
9 mai 1947	MOUTET (Marius), ministre de la France d'outre-mer.
23 octobre 1947	BÉCHARD (Paul), secrétaire d'État chargé des Affaires d'outre-mer à la Présidence du Conseil.
22 novembre 1947	COSTE-FLORET (Paul), ministre de la France d'outre-mer.
24 juillet 1948	COSTE-FLORET (Paul), ministre de la France d'outre-mer.
5 septembre 1948	COSTE-FLORET (Paul), ministre de la France d'outre-mer.
14 septembre 1948	COSTE-FLORET (Paul), ministre de la France d'outre-mer.
	RÉVILLON (Tony), secrétaire d'État à la France d'outre-mer.
28 octobre 1949	LETOURNEAU (Jean), ministre de la France d'outre-mer.
	AUJOULAT (Louis-Paul), sous-secrétaire d'État.
	GORSE (Georges), sous-secrétaire d'État; démissionnaire en février 1950.
	AUJOULAT (Louis-Paul), secrétaire d'État à la France d'outre-mer le 17 février 1950.
2 juillet 1950	COSTE-FLORET (Paul), ministre de la France d'outre-mer.
	AUJOULAT (Louis-Paul), secrétaire d'État.
12 juillet 1950	MITTERRAND (François), ministre de la France d'outre-mer.
	COFFIN (Lucien), secrétaire d'État.
	AUJOULAT (Louis-Paul), secrétaire d'État le 13 juillet 1950.
10 mars 1951	MITTERRAND (François), ministre de la France d'outre-mer.
	COFFIN (Lucien), secrétaire d'État.
	AUJOULAT (Louis-Paul), secrétaire d'État.
8 août 1951	JACQUINOT (Louis), ministre de la France d'outre-mer.
	AUJOULAT (Louis-Paul), secrétaire d'État.
20 janvier 1952	JACQUINOT (Louis), ministre de la France d'outre-mer.
	AUJOULAT (Louis-Paul), secrétaire d'État.
8 mars 1952	PFLIMLIN (Pierre), ministre de la France d'outre-mer.
	AUJOULAT (Louis-Paul), secrétaire d'État.

8 janvier 1953	JACQUINOT (Louis), ministre de la France d'outre-mer. CAILLAVET (Henri), secrétaire d'État.
28 juin 1953	JACQUINOT (Louis), député, ministre de la France d'outre-mer. SCHLEITER (François), député, secrétaire d'État.
19 juin 1954	BURON (Robert), ministre de la France d'outre-mer. DUVEAU (Roger), secrétaire d'État.
20 janvier 1955	JUGLAS (Jean-Jacques), ministre de la France d'outre-mer. DUVEAU (Roger), secrétaire d'État.
23 février 1955	TEITGEN (Pierre-Henri), ministre de la France d'outre-mer. BAYROU (Maurice), secrétaire d'État; démissionne le 6 octobre 1955.
1er février 1956	DEFFERRE (Gaston), ministre de la France d'outre-mer.
13 juin 1957	JACQUET (Gérard), ministre de la France d'outre-mer. KEITA (Modibo) et DICKO (Hammadoun), secrétaires d'État.
6 novembre 1957	JACQUET (Gérard), ministre de la France d'outre-mer.
14 mai 1958	COLIN (André), ministre de la France d'outre-mer.
3 juin 1958	CORNUT-GENTILLE (Bernard), ministre de la France d'outre-mer.

DIRECTEURS DE L'ADMINISTRATION CENTRALE

Directeurs des colonies
(1710-1894)

Le 1er janvier 1710 est créé le bureau des Colonies à la tête duquel est placé un Premier commis. Sont nommés successivement :

23 novembre 1710	FONTANIEU (Moïse Augustin de).
Février 1725	FORCADE (Pierre de).
Juin 1738	LA PORTE (Arnaud de).
27 janvier 1758	ACCARON (Jean-Augustin).
1764	DUBUC (Jean-Baptiste).

En 1770, le bureau des Colonies est scindé en deux parties : bureau des Colonies d'Amérique et d'Afrique avec à sa tête de LA COSTE; bureau pour l'Inde et les Mascareignes avec à sa tête, successivement, LA RIVIÈRE, MICHEL et BRETEL.

En 1783 est créée une intendance générale des Colonies.

17 août 1783   GUILLEMAIN DE VAIVRE est nommé intendant général des Colonies.

En 1793, le ministère de la Marine et des Colonies est réduit à cinq divisions. La division des Colonies reste quelque temps sans chef, GUILLEMAIN DE VAIVRE ayant démissionné en 1792; BOURDON, ex-adjoint maritime en Corse et membre de la Commission des échanges, et BONCOURT, commis (?), signent le courrier en place de « l'adjoint, chargé de la division des Colonies », non nommé.

Août 1798   LESCALLIER (Daniel) est nommé « chef du Bureau des Colonies », le
(24 thermidor an VI)   terme d'adjoint ayant disparu.

1799   GUILLEMAIN DE VAIVRE revient comme chef de la division des Colonies.

3 octobre 1807   PONCET (Édouard) devient chef de l'administration des Colonies.

Le 8 juin 1814 est créée une direction des Colonies.

8 juin 1814	BAILLARDEL DE LAREINTY, directeur des Colonies.
25 juillet 1815	PORTAL (Pierre-Barthélemy).
31 décembre 1818	MAUDUIT (Anne Edme Michel), en remplacement de PORTAL devenu ministre de la Marine.
18 septembre 1822	BROUSAINT, directeur par intérim, MAUDUIT étant mis à la retraite.
19 juillet 1823	CROUSEILHES (Baron Marie Jean Pierre Pie Dom Bidan).
11 août 1824	BAILLARDEL DE LAREINTY, pour la seconde fois.
16 février 1826	FILLEAU SAINT-HILAIRE (Edme Jean).

27 mars 1842   GALOS (Henri).

28 février 1848   MESTRO (H. J.).

1er mai 1858   ROUJOUX (Prudence Julien Napoléon, baron de).

Le 24 juin 1858 est créé le ministère de l'Algérie et des Colonies qui réunit la direction des Affaires algériennes (ministère de la Guerre) et la direction des Colonies (ministère de la Marine). Ce ministère ayant été supprimé le 24 novembre 1860, l'administration des Colonies, redevenue direction, fait retour au ministère de la Marine. ROUJOUX en reprend la tête.

26 avril 1862   ZOEPFFEL (Alphonse).

18 mai 1872   BENOIST D'AZY (Rose Ange Augustin, baron).

18 janvier 1877   MICHAUX (Hubert Ernest).

Le 14 novembre 1881 est créé le ministère du Commerce et des Colonies auquel est rattachée la direction des Colonies. Le 30 janvier 1882, la direction des Colonies fait retour au ministère de la Marine dont elle devient un sous-secrétariat d'État. MICHAUX conservera son titre de directeur jusqu'à sa retraite. Le 9 août 1882, le sous-secrétariat d'État est supprimé et la direction des Colonies rétablie.

9 août 1882   DISLÈRE (Paul).

Le 21 septembre 1883, la direction des Colonies redevient sous-secrétariat d'État rattaché tantôt au ministère de la Marine, tantôt au ministère du Commerce. Le 20 mars 1894 est créé le ministère des Colonies.

Directeurs des Affaires politiques
(1894-1958)

D'abord rattachées au Cabinet du Ministre lors de la création du ministère, les Affaires politiques furent érigées en direction par le décret du 28 juillet 1894.

28 juillet 1894   HAUSSMANN (Auguste Jacques), directeur des Affaires politiques et commerciales.

23 février 1895   LAGARDE (Antoine Marie Joseph Léonce), gouverneur de 1re classe, n'entre pas en fonctions.

9 mars 1895   ROUME (Ernest), maître des requêtes au Conseil d'État.

Le décret du 23 mai 1896 scinde la direction en deux : direction des Affaires d'Afrique et direction des Affaires d'Asie, Amérique et Océanie.

	Affaires d'Afrique	Affaires d'Asie, d'Amérique et d'Océanie
23 mai 1896.	LAGARDE (Antoine Marie Joseph Léonce), gouverneur de 1re classe.	ROUME (Ernest), directeur.
18 juin 1897.	BINGER (Louis Gustave), gouneur de 1re classe.	
31 janvier 1902.		VASSELLE (Robert), sous-directeur.

Le décret du 10 octobre 1907 les réunit en une seule direction qui prend le nom de direction des Affaires politiques et administratives.

19 octobre 1907   VASSELLE (Robert), directeur.

Le décret du 20 mai 1911 scinde à nouveau la direction, cette fois en quatre : service de l'Indochine, service de l'Océan Indien, service de l'Afrique occidentale (A.O.F.) et équatoriale (A.E.F.), service de l'Amérique et de l'Océanie.

	Indochine	Océan Indien	A.O.F.-A.E.F.	Amérique et Océanie
1er juin 1911.	VASSELLE (Robert), directeur.	SCHMIDT (Georges-Charles), sous-directeur.	YOU (Emmanuel-André), directeur.	TESSERON (Fernand-Alexandre), sous-directeur.
1er juillet 1914.	YOU (Emmanuel-André), directeur.		DUCHÊNE (Albert Paul André).	

Le décret du 29 juin 1919 regroupe ces directions en trois : direction de l'Indochine et de Madagascar, direction de l'Afrique occidentale (A.O.F.) et équatoriale (A.E.F.) et de la Côte française des Somalis (C.F.S.), direction des gouvernements autonomes.

	Indochine-Madagascar	A.O.F.-A.E.F. et C.F.S.	Gouvernements autonomes
29 juin 1919.	MARTINEAU (Alfred Albert), directeur.	DUCHÊNE (Albert Paul), directeur.	TESSERON (Fernand-Alexandre), sous-directeur.

La loi de finances du 31 juillet 1920 (art. 95) rétablit l'unité de la direction des Affaires politiques.

Sont nommés directeur :

26 octobre 1920   DUCHÊNE (Albert Paul), directeur au ministère des Colonies.

30 janvier 1929   JOSEPH (Gaston), directeur au ministère des Colonies.

20 juillet 1943   LAURENTIE (Henri Marie Joseph Augustin François), gouverneur de 2e classe.

25 mars 1947   DELAVIGNETTE (Robert), gouverneur général.

L'arrêté du 22 août 1949 porte réorganisation de la direction des Affaires politiques.

24 mai 1951   DELTEIL (Pierre Jean Marie), gouverneur de 2e classe, par intérim.

23 février 1953   DELTEIL (Pierre Jean Marie), gouverneur de 2e classe.

13 octobre 1954   PIGNON (Léon Marie Alphonse Pascal), gouverneur général.

GOUVERNEURS GÉNÉRAUX ET GOUVERNEURS

Les listes de gouverneurs des Antilles et de la Guyane françaises données ci-dessous ne sont pas aussi complètes que nous l'aurions souhaité. En effet, selon les époques, les prénoms et dates de nomination des fonctionnaires ne sont pas toujours connus avec précision.

Par ailleurs, les périodes couvertes par ces diverses listes correspondent à celles où les territoires intéressés étaient sous domination française; pour la Guadeloupe, la Martinique et la Guyane, elles s'arrêtent en 1946 lorsque la départementalisation remplaça les gouverneurs par des préfets.

Gouverneurs généraux des Iles de l'Amérique
puis des Iles du Vent

Jusqu'en 1674, les Antilles et la Guyane sont administrées par des particuliers et des compagnies (Compagnie des Iles de l'Amérique puis Compagnie des Indes occidentales) dont elles sont la propriété; en 1674, elles sont rattachées à la couronne. Le contrat signé le 12 février 1635 par Richelieu organisait la Compagnie des Iles de l'Amérique et prévoyait un gouverneur général investi par le roi : Belain d'Esnambuc, gouverneur de Saint-Christophe, exerça une autorité morale sur les îles mais ne fut jamais investi officiellement comme gouverneur général; il mourut à la fin de juillet 1637. De 1647 à 1663, il n'y eut pas de gouverneurs généraux.

L'édit du 1er janvier 1714 scinda le gouvernement général des îles de l'Amérique en un gouvernement général des Iles sous le Vent établi à Saint-Domingue et un gouvernement général des Iles du Vent incluant la Martinique, la Guadeloupe et dépendances et dont le siège était à la Martinique.

Lors de la guerre de Sept Ans, la Guadeloupe puis la Martinique tombèrent aux mains des Anglais (1759 et 1762). Le traité de Paris du 10 février 1763 les restitua à la France; le gouvernement général des Iles du Vent ne fut rétabli que de 1768 à 1775. Du 12 mars 1849 au 1er novembre 1851 exista un éphémère gouvernement général des Antilles françaises.

	BELAIN D'ESNAMBUC (Pierre).
15 février 1638	POINCY (Philippe Longvilliers de), capitaine général de Saint-Christophe (6 janvier 1638), lieutenant et gouverneur général de toutes les îles d'Amérique, entré en fonctions le 11 février 1639.
26 décembre 1644	THOISY (Noël de Patrocles, seigneur de), conseiller du roi, lieutenant général aux îles d'Amérique par commission royale (20 février 1645); repoussé par Poincy, il retourne en France où il arrive le 17 mai 1647.
9 novembre 1663	TRACY (Alexandre de Prouville de), lieutenant général aux îles et terre ferme d'Amérique par commission royale, entré en fonctions le 2 juin 1664.
25 février 1666	LA BARRE (Antoine Lefebvre, seigneur de), chargé d'une procuration de la Compagnie des Iles de l'Amérique, entré en fonctions le 1er octobre 1666.

1er février 1667	BAAS-CASTELMORE (Jean-Charles de), lieutenant général des Antilles par commission royale, entré en fonctions le 19 septembre 1668, décédé le 15 janvier 1677.
Janvier 1677	SAINTE-MARTHE DE LALANDE (Antoine-André de), gouverneur particulier de la Martinique, gouverneur général par intérim.
13 mars 1677	BLÉNAC (Charles de La Roche-Courbon, comte de), gouverneur et lieutenant général des îles d'Amérique, entré en fonctions en novembre 1677.
Mars 1683	SAINT-LAURENT (Claude de Roux de), commandant de Saint-Christophe, gouverneur général par intérim.
20 avril 1684	BLÉNAC (Charles de La Roche-Courbon, comte de) revient à son poste, démissionne le 29 janvier 1690.
1er mai 1690	ERAGNY (François d'Alesso, marquis d'), gouverneur général, entré en fonctions le 5 février 1691, décédé le 18 août 1691.
24 novembre 1691	BLÉNAC (Charles de La Roche-Courbon, comte de), gouverneur général, entré en fonctions le 5 février 1692, décédé le 8 juin 1696.
Mai 1696	GUITAUT (Charles de Pechpeyrou-Comminges, chevalier de), lieutenant gouverneur général par intérim.
19 septembre 1696	AMBLIMONT (Thomas-Claude Renart de Fuchsamberg, comte d'), gouverneur général, entré en fonctions le 14 mars 1697, décédé en 1700.
16 octobre 1700	GUITAUT (Charles de Pechpeyrou-Comminges, chevalier de), gouverneur général par intérim.
1701	ESNOTZ DE FORBONEST (Charles, comte d'), chef d'escadre des armées royales, entré en fonctions le 23 mai 1701, décédé le 15 octobre 1701.
6 octobre 1701	GUITAUT (Charles de Pechpeyrou-Comminges, chevalier de), gouverneur général par intérim.
1701	ROSMADEC (Marquis de), décédé à La Havane avant d'avoir rejoint son poste.
1702	GABARET (Nicolas de), gouverneur particulier de la Martinique, gouverneur général par intérim.
Juillet 1702	MACHAULT DE BELLEMONT (Charles-François de), gouverneur général, entré en fonctions le 24 mars 1703, décédé en 1709.
7 janvier 1709	GABARET (Nicolas de), gouverneur particulier de la Martinique, gouverneur général par intérim.
1710	PHÉLYPEAUX (Raymond-Balthazar), sieur du Verger, gouverneur général, entré en fonctions le 2 janvier 1711, décédé le 21 octobre 1713.
6 novembre 1713	LA MALMAISON (Hémon Coinard de), gouverneur particulier de la Guadeloupe, gouverneur général par intérim.
1er janvier 1714	DUQUESNE-GUITTON (Abraham de Bellebat), chef d'escadre, gouverneur général des îles du Vent, entré en fonctions le 10 janvier 1715.
1717	LA VARENNE (Antoine d'Arcy de), gouverneur général, entré en fonctions le 7 janvier 1717 ; arrêté par les Martiniquais révoltés, il est rembarqué pour la France le 23 mai 1717.
1717	PAS DE FEUQUIÈRES (François de), gouverneur de La Grenade, gouverneur général provisoire désigné par le Régent, entré en fonctions le 5 octobre 1717.
1728	CHAMPIGNY (Jacques-Charles Bochart, sieur de), gouverneur particulier de la Martinique, gouverneur général des îles du Vent, entré en fonctions le 3 février 1728.

1744	CAYLUS (Charles de Tubières, marquis de), capitaine de vaisseau, gouverneur général, entré en fonctions le 10 mai 1745, décédé le 12 mai 1750.
1750	BOMPAR (Maximin de), capitaine de vaisseau, gouverneur général, entré en fonctions le 5 novembre 1750.
1757	BEAUHARNAIS DE BEAUMONT (François de), gouverneur général, entré en fonctions le 31 mai 1757.
1761	LE VASSOR DE LA TOUCHE (Louis-Charles), gouverneur général, entré en fonctions le 7 février 1761.
12 mars 1849	BRUAT (Armand-Joseph), contre-amiral, gouverneur général.

Gouverneurs de la Grenade

La Grenade, la plus méridionale des Iles du Vent, fut découverte par Christophe Colomb en 1498. Les Anglais s'y établirent en 1609 mais l'abandonnèrent avant la fin de la même année. Elle fut finalement colonisée en 1649 par les Français à partir de la Martinique.

L'île appartint à des particuliers jusqu'en 1649, date à laquelle elle fut achetée par la Compagnie des Indes occidentales. En 1674, elle passa, comme les autres possessions françaises des Antilles, sous contrôle royal. La Grenade demeura soumise à l'autorité du gouverneur général des îles de l'Amérique puis de celui des Iles du Vent jusqu'en 1762 où elle fut conquise par les Anglais. Attribuée définitivement à l'Angleterre par le traité de Paris de 1763, elle fut réoccupée par la France de 1779 à 1784.

1649	LE COMTE (Jean).
1654	CACQUERAY DE VALMÉNIER (Louis de).
1658	DUBUC.
1658	FAUDOAS DE CÉRILLAC (Jean de).
1666	VINCENT.
1671	CANCHY (de).
1675	SAINTE-MARTHE DE LALANDE (Pierre de).
1679	CHAMBLY (Jacques de).
1680	GABARET (Nicolas de).
1690	GÉMOSAT (Louis Ancelin de).
1697	CARLES DE PRADINES (Jean-Léon Fournier de).
1700	BELLAIR (de).
1701	BOULOC (Joseph de).
1711	MAUPEOU (Guillaume-Emmanuel-Théodore de), comte de l'Estrange.
1716	PAS DE FEUQUIÈRES (François de).
1717	L'ÉPINAY DE LA LONGUEVILLE (Jean-Michel).
1721	DU HOUX (Jean-Balthazar).
1723	DU POYET (Robert Giraud).
1727	LARNAGE (Charles Brunier, marquis de).
1734	CARLES DE PRADINES (Jean-Louis Fournier de).
1748	POINCY (Longvilliers de).
1757	BONVOUST D'AULNAY DE PRULAY (Pierre-Claude).
1779	DURAT (Jean-François de).
1783	LA BORIE (Jean-Zénon-André de Véron de).

Gouverneurs de la Guadeloupe

La Guadeloupe, l'une des Petites Antilles, est la plus grande des possessions françaises dans la mer des Caraïbes. En juin 1635, L'Olive et Duplessis l'occupent au nom de la Compagnie des Iles de l'Amérique. En septembre 1649, la Guadeloupe, Marie-Galante, les Saintes et la Désirade sont vendues à Houël et à son beau-frère, Boisseret, qui les gouvernent jusqu'en 1664, date à laquelle ces îles deviennent propriété de la Compagnie des Indes occidentales. En décembre 1674, elles sont rattachées à la couronne. Les Anglais occupent la Guadeloupe et dépendances de 1759 à 1763, de 1810 à 1814 et de 1815 à 1816.

De 1668 à 1714, la Guadeloupe était sous l'autorité du gouverneur général des îles de l'Amérique; elle dépendit ensuite, de 1714 à 1759, du gouverneur général des Iles du Vent. Gouvernement général et gouvernements particuliers des Antilles ayant été supprimés en 1763, la Guadeloupe fut indépendante jusqu'en 1768 où elle fut de nouveau, et jusqu'en 1775, sous la tutelle du gouverneur général des Iles du Vent. A la Guadeloupe ont été rattachés administrativement Marie-Galante, la Désirade, les Saintes, Saint-Barthélémy et Saint-Martin. La loi du 19 mars 1946 érigea la Guadeloupe en département, remplaçant le gouverneur par un préfet.

28 juin 1635	L'Olive (Charles Liénard, sieur de) et Duplessis (Jean), sieur d'Ossonville, gouverneurs de la Guadeloupe au nom des seigneurs de la Compagnie des Îles d'Amérique.
4 novembre 1635	L'Olive (Charles Liénard, sieur de), seul gouverneur par suite du décès de Duplessis.
4 avril 1640	Aubert (Jean), gouverneur pour la Compagnie des Îles de l'Amérique.
1er avril 1643	Houël (Charles), sieur du Petit-Pré, capitaine général, entré en fontions le 5 septembre 1643.
1643	Marivet (Antoine), juge, lieutenant civil et criminel, gouverneur par intérim.
17 octobre 1644	Leumont (de), lieutenant général, gouverneur par intérim; arrivé le 3 novembre 1644, il quitte l'île le 3 décembre 1644.
Avril 1645	Houël (Charles) revient à son poste.
4 septembre 1649	Houël (Charles) et Boisseret (Jean de), gouverneurs.
Mars 1664	Du Lion (Claude-François), gouverneur, entré en fonctions le 23 juin 1664, décédé en juillet 1677.
Juillet 1677	Hincelin (Pierre), gouverneur, décédé le 15 juillet 1695.
Juillet 1695	Bois-Fermé (de), gouverneur par intérim.
21 août 1695	Auger (Charles), gouverneur de Marie-Galante, gouverneur de la Guadeloupe.
1704	La Malmaison (Hémon Coinard de), lieutenant de roi.
1717	Savigny (Michel-Savinien Laguarrigue de), gouverneur par intérim.
1718	Pas de Feuquières (François de), non entré en fonctions.
18 mars 1718	Moyencourt (Alexandre Vaultier, comte de), entré en fonctions en mai 1719.
21 octobre 1727	Du Poyet (Robert Giraud), gouverneur de La Grenade, gouverneur de la Guadeloupe.
27 juillet 1734	Larnage (Charles Brunier, marquis de), gouverneur de La Grenade. gouverneur de la Guadeloupe.
27 juin 1737	Clieu (Gabriel d'Erchigny de), entré en fonctions le 17 août 1737.

Octobre 1749   LAFOND (de), lieutenant de roi, gouverneur par intérim.

1750   CLIEU (Gabriel d'Erchigny de) revient à son poste.

15 août 1752   LAFOND (de), lieutenant de roi, gouverneur par intérim.

1753   MIRABEAU (Jean-Antoine-Joseph de), entré en fonctions le 27 décembre
                   1753.

15 janvier 1757   NADAU DU TREIL (Charles-François-Emmanuel), entré en fonctions en
                   mars 1757.

19 février 1763   BOURLAMAQUE (François-Charles de), décédé le 24 juin 1764.

1764   COPLEY (Édouard, baron de), commandant en second, gouverneur
                   par intérim.

1765   NOLIVOS (Pierre-Gédéon, comte de), entré en fonctions le 20 mars
                   1765.

29 novembre 1768   MALARTIC (Anne-Joseph-Hippolyte de Maurès, marquis de), colonel,
                   gouverneur par intérim.

1769   BOUILLÉ DU CHARIOL (Claude-François-Amour de), entré en fonctions
                   le 27 février 1769.

Août 1771   DION (Louis-François, chevalier de), gouverneur par intérim.

28 novembre 1771   DION (Louis-François, chevalier de), titularisé dans ses fonctions.

14 avril 1773   TILLY (Édouard-Hilaire-Louis, comte de).

1775   ARBAUD DE JOUQUES (Bache-Elzéar-Alexandre, comte d').

1782   DAMAS DE MARCILLAC (Claude-Charles, vicomte de), entré en fonctions
                   le 16 novembre 1782.

1783   BEAUMÉ DE LA SAULAIS (Marc-Antoine).

1784   CLUGNY DE THÉNISSEY (Charles-François, baron de), entré en fonctions
                   le 19 mai 1784, décédé le 25 juillet 1792.

1792   ARROT (René-Marie, vicomte d'), commandant en second, gouverneur
                   par intérim.

1793   LACROSSE (Jean-Baptiste-Raymond), commissaire de la République,
                   gouverneur provisoire, entré en fonctions le 5 janvier 1793.

1793   COLLOT (Georges-Henri-Victor), général, entré en fonctions le 28 mars
                   1793.

1794   HUGUES (Jean-Baptiste-Victor) et CHRÉTIEN (Pierre), commissaires
                   civils, entrés en fonctions le 2 juin 1794.

Janvier 1795   HUGUES (Jean-Baptiste-Victor), GOYRAND (Gaspard) et LEBAS (Alexandre),
                   commissaires civils.

15 février 1796   HUGUES (Jean-Baptiste-Victor) et LEBAS (Alexandre), agents parti-
                   culiers du Directoire.

5 juin 1798   BORNE-DESFOURNEAUX (Edme-Étienne), général de division, agent
                   particulier du Directoire; arrivé le 22 novembre 1798, il repart
                   pour la France le 3 octobre 1799.

6 octobre 1799   PARIS, général, agent particulier par intérim.

1799   JEANNET-OUDIN (Georges-Nicolas), BACO DE LA CHAPELLE (René-
                   Gaston) et LAVAUX (Étienne), agents particuliers du Directoire,
                   entrés en fonctions le 12 décembre 1799.

Mars 1800   JEANNET-OUDIN (Georges-Nicolas), BACO DE LA CHAPELLE (René-
                   Gaston) et BRESSEAU (Maurice-Henri), agents des Consuls.

20 novembre 1800   LACROSSE (Jean-Baptiste-Raymond), contre-amiral, capitaine général,
                   entré en fonctions le 29 mai 1801.

24 octobre 1801   PELAGE (Magloire), général, commandant en chef les troupes de la
                   Guadeloupe, capitaine général.

14 mai 1802	RICHEPANSE (Antoine), général, arrivé le 4 mai 1802, se proclame capitaine général.
4 août 1802	LACROSSE (Jean-Baptiste-Raymond), capitaine général.
8 mars 1803	ERNOUF (Manuel-Louis-Jean-Baptiste), général de division, capitaine général, entré en fonctions le 8 mai 1803.
7 décembre 1814	BOYER DE PEYRELEAU (Eugène-Édouard), adjudant général, gouverneur par intérim.
13 juin 1814	LINOIS (Charles-Alexandre-Léon Durand, comte de), contre-amiral, gouverneur, entré en fonctions le 12 décembre 1814.
2 avril 1823	JACOB (Louis-Léon), contre-amiral, entré en fonctions le 1er juillet 1823.
28 février 1826	DES ROTOURS (Jean-Julien Angot), contre-amiral, entré en fonctions le 1er juin 1826.
18 mai 1826	VATABLE (Louis-François, baron), général, gouverneur par intérim jusqu'à l'arrivée de Des Rotours.
31 janvier 1830	VATABLE (Louis-François, baron), général, entré en fonctions le 1er mai 1830.
1er mars 1831	ARNOUS-DESSAULSAYS (René), contre-amiral, entré en fonctions le 28 juillet 1831.
22 mars 1837	JUBELIN (Jean-Guillaume), commissaire général de la Marine, entré en fonctions le 4 juin 1837.
1841	GOURBEYRE (Jean-Baptiste-Marie-Augustin), capitaine de vaisseau, entré en fonctions le 15 juin 1841, décédé le 7 juin 1845.
7 juin 1845	VARLET (Joseph-Athanase), commandant militaire, gouverneur par intérim.
24 août 1845	LAYRLE (Marie-Jean-François), capitaine de vaisseau, entré en fonctions le 31 octobre 1845.
27 avril 1848	GATINE (Adolphe), commissaire général de la République, entré en fonctions le 5 juin 1848.
1er septembre 1848	FIÉRON (Jacques-Amédée-Philippe), colonel, gouverneur, entré en fonctions le 12 octobre 1848.
12 mars 1849	FABVRE (Jean-Jacques-Louis), capitaine de vaisseau, gouverneur provisoire.
9 novembre 1849	FIÉRON (Jacques-Amédée-Philippe), colonel, gouverneur, entré en fonctions le 11 décembre 1849.
15 septembre 1851	AUBRY-BAILLEUL (Tranquille), capitaine de vaisseau, entré en fonctions le 26 novembre 1851.
1er novembre 1851	CHAUMONT (Jean-Baptiste-Honoré), colonel, commandant militaire, gouverneur par intérim jusqu'à l'arrivée d'Aubry-Bailleul.
30 septembre 1853	BONFILS (Philibert-Augustin), capitaine de vaisseau, entré en fonctions le 13 janvier 1854.
14 décembre 1853	GUILLET (Louis-Laurent-Auguste), commissaire général de la Marine, ordonnateur, gouverneur par intérim jusqu'à l'arrivée de Bonfils.
29 mai 1856	TOUCHARD (Philippe-Victor), capitaine de vaisseau, entré en fonctions le 5 mars 1857.
12 mars 1859	BONTEMPS (Napoléon-Joseph-Louis), commissaire général de la Marine, ordonnateur, gouverneur par intérim à dater du 15 mars 1859.
14 septembre 1859	FRÉBAULT (Charles-Victor), colonel d'artillerie de la Marine, entré en fonctions le 5 janvier 1860.
11 janvier 1862	LORMEL (Louis-Hippolyte de), directeur de l'Intérieur, gouverneur par intérim.

3 juillet 1862	FRÉBAULT (Charles-Victor) revient à son poste.
22 février 1864	DESMAZES (Joseph-Gustave), commissaire de la Marine, ordonnateur, gouverneur par intérim à dater du 26 février 1864.
23 avril 1864	LORMEL (Louis-Hippolyte de), directeur de l'Intérieur, entré en fonctions le 19 mai 1864.
18 avril 1866	DESMAZES (Joseph-Gustave), commissaire de la Marine, ordonnateur, gouverneur par intérim à dater du 20 avril 1866.
13 décembre 1866	LORMEL (Louis-Hippolyte de) revient à son poste.
6 décembre 1869	DESMAZES (Joseph-Gustave), commissaire de la Marine, ordonnateur, gouverneur par intérim à dater du 7 décembre 1869.
19 février 1870	COUTURIER (Marie-Gabriel), directeur de l'Intérieur à la Martinique, entré en fonctions le 24 avril 1870.
22 mars 1873	GILBERT-PIERRE (Octave-Bernard), commissaire de la Marine, ordonnateur, gouverneur par intérim à dater du 23 mars 1873.
23 août 1873	COUTURIER (Marie-Gabriel) revient à son poste.
8 août 1879	MAZÉ (Hippolyte-Pierre), commissaire général de la Marine, ordonnateur, gouverneur par intérim à dater du 10 août 1879.
21 décembre 1879	COUTURIER (Marie-Gabriel) revient à son poste.
2 novembre 1880	LAUGIER (Léonce), gouverneur de 2e classe, entré en fonctions le 9 juillet 1881.
23 décembre 1880	MAZÉ (Hippolyte-Pierre), commissaire général de la Marine, ordonnateur, gouverneur par intérim jusqu'à l'arrivée de Laugier.
5 mai 1885	CORIDON (Villebrode), directeur de l'Intérieur, gouverneur par intérim.
21 décembre 1885	LAUGIER (Léonce), revient à son poste.
23 mars 1886	LE BOUCHER (Antoine-Frédéric-Henri), gouverneur, entré en fonctions le 22 septembre 1886.
4 avril 1886	SAINTE-LUCE (Louis-Joseph-Pierre), directeur de l'Intérieur, gouverneur par intérim à dater du 12 avril 1886 jusqu'à l'arrivée de Le Boucher.
31 janvier 1891	NOUËT (Louis-Hippolyte-Marie), gouverneur de 3e classe, entré en fonctions le 10 mars 1891.
31 janvier 1891	FEILLET (Paul-Théodore), directeur de l'Intérieur, gouverneur par intérim à dater du 22 février 1891 jusqu'à l'arrivée de Nouët.
21 avril 1894	PARDON (Noël), gouverneur de 3e classe, entré en fonctions le 9 juillet 1894.
28 mai 1895	MORACCHINI (Dauphin), gouverneur de 2e classe, entré en fonctions le 11 juin 1895.
7 juin 1895	COUZINET (Charles), directeur de l'Intérieur, gouverneur par intérim jusqu'à l'arrivée de Moracchini.
11 juillet 1895	COUZINET (Charles), directeur de l'Intérieur, gouverneur par intérim.
21 février 1896	MORACCHINI (Dauphin), revient à son poste.
31 mai 1900	FRANÇOIS (Joseph), secrétaire général, gouverneur par intérim à dater du 1er juin 1900.
16 juillet 1901	MERLIN (Martial-Henri), gouverneur de 3e classe, entré en fonctions le 11 décembre 1901.
5 juillet 1902	ROGNON (Charles), secrétaire général, gouverneur par intérim à dater du 12 juillet 1902.
15 octobre 1902	LA LOYÈRE (Paul-Marie-Armand de), gouverneur de 3e classe, entré en fonctions le 10 décembre 1902.
2 décembre 1904	RICHARD (Jules-Louis), secrétaire général, gouverneur par intérim.

14 mars 1905	BOULLOCHE (Léon-Jules-Pol), gouverneur de 1ʳᵉ classe, entré en fonctions le 8 avril 1905.
31 juillet 1906	FAWTIER (William), secrétaire général, gouverneur par intérim à dater du 20 août 1906.
1ᵉʳ août 1906	ARTAUD (Paul-Joseph-Cécile), procureur général, gouverneur par intérim jusqu'à l'arrivée de Fawtier.
1ᵉʳ mai 1907	BALLOT (Victor-Marie-Louis), gouverneur de 1ʳᵉ classe, entré en fonctions le 21 juillet 1907.
24 juin 1908	HENRY (Philippe-Marius), secrétaire général, gouverneur par intérim à dater du 30 juin 1908.
2 décembre 1908	COR (Henri-François-Charles), gouverneur de 3ᵉ classe, entré en fonctions le 21 février 1909.
8 septembre 1909	GAUTRET (Jean-Edme), gouverneur de 3ᵉ classe, gouverneur par intérim à dater du 11 octobre 1909.
24 octobre 1910	FAWTIER (William), secrétaire général, gouverneur par intérim à dater du 6 novembre 1910.
10 janvier 1911	PEUVERGNE (Jean-Jules-Émile), gouverneur de 2ᵉ classe, entré en fonctions le 6 avril 1911.
8 juillet 1912	FAWTIER (William), secrétaire général, gouverneur par intérim à dater du 14 juillet 1912.
20 février 1913	MERWART (Émile), gouverneur de 2ᵉ classe, entré en fonctions le 14 avril 1913.
12 juin 1914	LAURET (Jules-Gérard-Auguste), secrétaire général, gouverneur par intérim.
25 juillet 1914	MERWART (Émile) revient à son poste.
2 mai 1917	GOURBEIL (Jules-Maurice), gouverneur de 1ʳᵉ classe, entré en fonctions le 18 juin 1917.
5 juin 1917	JOYEUX (Émile), procureur général, gouverneur par intérim jusqu'à l'arrivée de Gourbeil.
22 janvier 1919	LA VAISSIÈRE (Raoul de), secrétaire général, gouverneur par intérim.
17 avril 1920	DUPRAT (Pierre-Louis-Alfred), gouverneur de 1ʳᵉ classe, entré en fonctions le 12 juin 1920.
16 septembre 1921	ROBERT (Jocelyn), gouverneur de 3ᵉ classe, gouverneur par intérim à dater du 10 octobre 1921.
26 décembre 1922	BERTHIER (Hugues-Jean), gouverneur de 1ʳᵉ classe; n'entre pas en fonctions.
25 juillet 1924	ROBERT (Jocelyn), titularisé dans ses fonctions.
16 octobre 1924	BEURNIER (Maurice), secrétaire général, gouverneur par intérim à dater du 19 octobre 1924.
30 décembre 1924	BEURNIER (Maurice), titularisé dans ses fonctions.
13 mai 1926	MAGNIEN (Édouard-Victor), secrétaire général, gouverneur par intérim à dater du 14 mai 1926.
7 juin 1926	GERBINIS (Louis-Martial-Innocent), gouverneur de 2ᵉ classe, entré en fonctions le 23 juin 1926.
31 mars 1927	MAGNIEN (Édouard-Victor), secrétaire général, gouverneur par intérim à dater du 2 avril 1927.
17 avril 1927	TELLIER (Théophile-Antoine-Pascal), administrateur en chef, gouverneur par intérim à dater du 9 mai 1927.
4 décembre 1927	LEFEBVRE (Louis-Charles), secrétaire général, gouverneur par intérim.
13 janvier 1928	TELLIER (Théophile-Antoine-Pascal), titularisé dans ses fonctions, revient à son poste le 28 mars 1928.

30 octobre 1930	CHOTEAU (Alphonse-Paul-Albert), gouverneur de 3ᵉ classe, entré en fonctions le 24 août 1931.
26 janvier 1933	BOUGE (Louis-Joseph), gouverneur de 3ᵉ classe, gouverneur par intérim à dater du 9 mai 1933.
24 juillet 1933	LEFEBVRE (Louis-Charles), secrétaire général, gouverneur par intérim.
5 mars 1934	BOUGE (Louis-Joseph), titularisé, entré en fonctions le 20 mai 1934.
29 septembre 1936	ÉBOUÉ (Adolphe-Félix-Sylvestre), administrateur en chef, gouverneur par intérim à dater du 27 octobre 1936.
4 décembre 1936	ÉBOUÉ (Adolphe-Félix-Sylvestre), gouverneur de 3ᵉ classe, titularisé dans ses fonctions.
23 juillet 1938	ALLYS (Léopold), secrétaire général, gouverneur par intérim à dater du 26 juillet 1938.
29 novembre 1938	PIERRE-ALYPE (Marie-François-Julien), gouverneur de 1ʳᵉ classe, entré en fonctions le 7 janvier 1939.
24 novembre 1939	GIACOBBI (Antoine-Félix), préfet; n'entre pas en fonctions.
5 mars 1940	SORIN (Constant-Louis-Sylvain), inspecteur des Colonies de 3ᵉ classe, entré en fonctions le 30 avril 1940.
8 juin 1943	ROBERT (Georges-Joseph), amiral, haut-commissaire aux Antilles et à la Guyane française, chargé de pouvoirs exceptionnels par le Gouvernement de Vichy.
3 juillet 1943	HOPPENOT (Henri), ministre plénipotentiaire, délégué extraordinaire du Comité de libération française aux Antilles.
15 juillet 1943	POIRIER (Georges), secrétaire général, chargé des fonctions de gouverneur par intérim.
26 août 1943	BERTAUT (Maurice-Pierre-Eugène), gouverneur de 3ᵉ classe, entré en fonctions le 21 septembre 1943.
6 novembre 1944	PIERRE (André), secrétaire général, gouverneur par intérim.
22 juin 1945	BERTAUT (Maurice-Pierre-Eugène) revient à son poste.
8 septembre 1945	PIERRE (André), secrétaire général, gouverneur par intérim à dater du 4 octobre 1945.
30 avril 1946	NATTES (Ernest de), entré en fonctions le 19 juin 1946.

Gouverneurs de la Guyane française

Une tentative d'installation française en Guyane a eu lieu en avril-mai 1604 sous la direction du sieur de La Ravardière, seigneur de La Touche, mais c'est en 1644 qu'est fondé par la compagnie rouennaise dite du Cap Nord le premier établissement. En 1653, les Hollandais occupent les lieux évacués par les Français à la suite des attaques des Indiens; ils les restituent en mai 1664 à la Compagnie de la France équinoxiale. En juillet de la même année, l'île de Cayenne et la terre ferme entre Orénoque et Amazone deviennent la propriété de la Compagnie des Indes occidentales. Cette dernière est supprimée en 1674 et ses biens sont rattachés au domaine royal.

La colonie sera prise successivement par les Anglais (1667), par les Hollandais (1676), par les Portugais (1809-1817). Le territoire de l'Inini devient autonome administrativement et financièrement en 1930 et le gouverneur prend le titre de gouverneur de la Guyane française et du Territoire de l'Inini. En 1946, celui-ci est remplacé par un préfet par suite de la départementalisation de la Guyane.

1643	BRÉTIGNY (Charles Poncet, seigneur de), gouverneur, lieutenant général pour le roi; arrivé le 25 novembre 1643, il est tué par les Indiens le 14 juin 1645.
1652	NAVARRE (sieur de) s'établit au cap Cépérou le 21 mars 1652 au nom de la Compagnie du Cap Nord.
1652	BRAGELONNE (de), arrivé le 30 septembre 1652 avec l'expédition de la Compagnie de la Terre ferme d'Amérique ou de la France équinoxiale, reçoit l'établissement des mains de Navarre.
Octobre 1663	LA BARRE (Antoine Lefebvre, seigneur de), conseiller du roi, lieutenant du roi au gouvernement général des Iles et Terre ferme d'Amérique, fondé de la procuration générale de la Compagnie de la France équinoxiale.
25 mai 1664	LA BARRE (Antoine Lefebvre, seigneur de), gouverneur de Cayenne.
11 juillet 1664	LA BARRE (Antoine Lefebvre, seigneur de), gouverneur de Cayenne et lieutenant général de la Compagnie des Indes occidentales.
1665	NOËL DE LA TROMPE D'OR (Antoine de), gouverneur par intérim à dater de septembre 1665.
1665	LÉZY (Cyprien Lefebvre, chevalier de), gouverneur par intérim à dater de novembre 1665.
1668	LA BARRE (Antoine Lefebvre, seigneur de) revient à son poste.
1670	LÉZY (Cyprien Lefebvre, chevalier de), commandant pour le roi.
1674	LÉZY (Cyprien Lefebvre, chevalier de), titularisé dans ses fonctions, gouverneur de la Guyane.
Mars 1679	FERROLLES (Pierre-Éléonore, marquis, seigneur de La Ville de), lieutenant de roi, commandant pour le roi.
Décembre 1680	LÉZY (Cyprien Lefebvre, chevalier de) revient à son poste.
Mars 1681	FERROLLES (Pierre-Éléonore, marquis, seigneur de La Ville de), gouverneur.
1684	SAINTE-MARTHE DE LALANDE (Pierre, chevalier de), gouverneur, entré en fonctions en octobre 1684.
1687	FERROLLES (Pierre-Éléonore, marquis, seigneur de La Ville de), gouverneur par intérim.
1687	LA BARRE (François Lefebvre, seigneur de), gouverneur, entré en fonctions en octobre 1687, décédé en janvier 1691.
1691	FERROLLES (Pierre-Éléonore, marquis, seigneur de La Ville de), gouverneur, entré en fonctions le 10 février 1691.
1700	ORVILLIERS (Rémi Guillouet, seigneur d'), lieutenant de roi, gouverneur par intérim à dater de janvier 1700.
1701	FERROLLES (Pierre-Éléonore, marquis, seigneur de La Ville de), revenu à son poste fin 1701, décédé le 5 août 1705.
1705	RIONVILLE (Antoine de Querci, seigneur de), major, commandant pour le roi à dater du 5 août 1705.
1706	ORVILLIERS (Rémi Guillouet, seigneur d'), gouverneur, entré en fonction le 13 septembre 1706, décédé en août 1713.
1713	GRANDVAL (Pierre de Morlhon, seigneur de Laumière de), lieutenant de roi, commandant à dater de juillet 1713.
1715	BÉTHUNE (Chevalier de), gouverneur; n'entre pas en fonctions.
1716	ORVILLIERS (Claude Guillouet, seigneur d'), capitaine de frégate, gouverneur, entré en fonctions en septembre 1716.
1720	LA MOTTE-AIGRON (François, seigneur de), lieutenant de roi, gouverneur par intérim à dater de décembre 1720.

1722	ORVILLIERS (Claude Guillouet, seigneur d') revient à son poste.
1729	CHARANVILLE (Michel Marschalk, seigneur de), commandant pour le roi, entré en fonctions en septembre 1729, décédé en juillet 1730.
1730	ORVILLIERS (Gilbert Guillouet, seigneur d'), major, commandant pour le roi par intérim à dater de juin 1730.
1730	LAMIRANDE (Henri Dussault, seigneur de), capitaine de frégate, gouverneur, entré en fonctions en août 1730, décédé le 30 août 1736.
1736	CRESNAY (Henri de Poilvilain, baron de), commandant pour le roi, décédé en décembre 1736.
1736	ORVILLIERS (Gilbert Guillouet, seigneur d'), commandant pour le roi par intérim à dater de décembre 1736.
Juin 1737	CHÂTEAUGUÉ (Antoine Lemoyne, seigneur de), gouverneur, entré en fonctions en juillet 1738.
1743	ORVILLIERS (Gilbert Guillouet, seigneur d'), gouverneur par intérim à dater de juin 1743.
27 novembre 1749	ORVILLIERS (Gilbert Guillouet, seigneur d'), titularisé dans ses fonctions.
1751	DUNEZAT (Jean-Baptiste-Hyacinthe de Saint-Michel), gouverneur par intérim à dater de juin 1751.
Mai 1752	ORVILLIERS (Gilbert Guillouet, seigneur d') revient à son poste.
1753	DUNEZAT (Jean-Baptiste-Hyacinthe de Saint-Michel), gouverneur par intérim à dater de juillet 1753.
Avril 1757	ORVILLIERS (Gilbert Guillouet, seigneur d') revient à son poste.
1763	TURGOT (Étienne-François de), brigadier des Armées du Roi, entré en fonctions le 22 décembre 1764.
1763	BÉHAGUE (Jean-Baptiste-Antoine de), commandant en second, commandant en chef par intérim à dater de mai 1763.
1764	FIEDMOND (Louis-Thomas Jacau de), lieutenant-colonel d'Infanterie, commandant en chef par intérim à dater du 2 janvier 1764.
1765	BÉHAGUE (Jean-Baptiste-Antoine de), commandant en chef par intérim à dater du 4 avril 1765.
1765	FIEDMOND (Louis-Thomas Jacau de), gouverneur, entré en fonctions le 28 janvier 1766.
1781	BESSNER (Alexandre-Ferdinand, baron de), gouverneur, entré en fonctions le 15 décembre 1781, décédé le 13 juillet 1785.
1785	LAVALLIÈRE (Louis de), colonel d'Infanterie, commandant par intérim à dater du 13 juillet 1785.
1785	FITZ-MAURICE (Thomas de), lieutenant de roi, commandant par intérim à dater d'août 1785.
1787	VILLEBOIS (Pierre-François de Mareuil, comte de), maréchal des Camps et Armées du Roi, gouverneur, entré en fonctions en mai 1787, décédé le 22 octobre 1788.
1788	ALAIS (Charles-Guillaume Vial, chevalier d'), major, commandant en second, gouverneur par intérim à dater d'octobre 1788.
1789	BOURGON (Jacques-Martin de), commandant en second de la Martinique, gouverneur, entré en fonctions en juin 1789.
1791	BENOIST (Henri), commandant en chef par intérim à dater de janvier 1791.
1792	GUILLOT (Frédéric), commissaire civil délégué par l'Assemblée nationale, entré en fonctions en septembre 1792.

1792	ALAIS (Charles-Guillaume Vial, chevalier d'), gouverneur, arrivé en même temps que Guillot; relevé de ses fonctions en avril 1793, il part pour la France le 13 mai 1793.
1793	JEANNET-OUDIN (Nicolas-Georges), commissaire civil délégué par la Convention nationale, entré en fonctions le 11 avril 1793.
1796	COINTET (François-Maurice), gouverneur par intérim, entré en fonctions en avril 1796.
1796	JEANNET-OUDIN (Nicolas-Georges), agent particulier du Directoire, entré en fonctions en avril 1796; destitué, il est rappelé en France en novembre 1798.
1798	BURNEL (Étienne-Laurent-Pierre), agent du Directoire, entré en fonctions le 5 novembre 1798; mis à pied, il part pour la France en novembre 1799.
1799	FRANCONIE (Étienne), agent provisoire.
31 août 1799	HUGUES (Jean-Baptiste-Victor), agent des Consuls, entré en fonctions le 6 janvier 1800.
1804	HUGUES (Jean-Baptiste-Victor), commissaire de l'Empereur.
1817	CARRA SAINT-CYR (Jean-François), lieutenant général des Armées du Roi, commandant et administrateur pour le Roi, entré en fonctions le 8 novembre 1817.
1819	LAUSSAT (Pierre-Clément, baron de), commandant et administrateur pour le Roi, entré en fonctions le 25 juillet 1819.
1823	MILIUS (Pierre-Bernard, baron de), maître des requêtes, capitaine de vaisseau de 1re classe, commandant et administrateur pour le Roi.
1825	MUYSSARD (Charles-Emmanuel de), commissaire de la Marine, commandant et administrateur pour le Roi par intérim.
1826	BURGUES DE MISSIESSY (Joseph de), capitaine de frégate, gouverneur par intérim.
1827	FREYCINET (Louis-Henri Desaulses, baron de), contre-amiral, gouverneur.
21 janvier 1829	JUBELIN (Jean-Guillaume), commissaire général de la Marine, entré en fonction le 30 mai 1829.
24 avril 1834	PARISET (André-Aimé), commissaire général de la Marine, gouverneur par intérim.
5 mai 1835	JUBELIN (Jean-Guillaume) revient à son poste.
7 février 1836	LAURENS DE CHOISY (François-Dominique), capitaine de vaisseau, entré en fonctions le 11 avril 1836.
30 juillet 1837	NOURQUER DU CAMPER (Paul de), capitaine de vaisseau, gouverneur provisoire, entré en fonctions le 28 octobre 1837.
18 juin 1839	GOURBEYRE (Jean-Baptiste-Marie-Augustin), capitaine de vaisseau, entré en fonctions le 16 novembre 1839.
9 février 1841	CHARMASSON DU PUY-LAVAL (Pons-Guillaume-Basile), capitaine de vaisseau, entré en fonctions le 6 juin 1841.
16 octobre 1842	LAYRLE (Marie-Jean-François), capitaine de vaisseau, entré en fonctions le 11 mars 1843.
19 septembre 1845	PARISET (André-Aimé), contrôleur en chef de la Marine, entré en fonctions le 17 février 1846.
1845	CADÉOT (Jean-Baptiste-Armand-Bertrand), commissaire de la Marine, ordonnateur, gouverneur par intérim à dater du 20 octobre 1845 jusqu'à l'arrivée de Pariset.

31 janvier 1850	MAISSIN (Louis-Eugène), capitaine de vaisseau, gouverneur par intérim, entré en fonctions le 16 mai 1850, décédé le 6 janvier 1851.
6 janvier 1851	VIDAL DE LINGENDES (Jean-François-Marie-Félix-Stanislas), procureur général, gouverneur par intérim.
1er mars 1851	CHABANNES-CURTON (Octave-Pierre-Antoine-Henri de), capitaine de vaisseau, entré en fonctions le 29 juin 1851.
10 mars 1852	SARDA-GARRIGA (Joseph-Napoléon), commissaire général de la Marine, entré en fonction le 12 mai 1852.
15 janvier 1853	FOURICHON (Martin), contre-amiral, entré en fonctions le 25 février 1853.
17 décembre 1853	BONARD (Louis-Adolphe), capitaine de vaisseau, entré en fonctions le 31 janvier 1854.
30 octobre 1855	MASSET (Antoine-Alphonse), lieutenant-colonel, gouverneur par intérim.
19 novembre 1855	BAUDIN (Auguste-Laurent-François), contre-amiral, entré en fonctions le 16 février 1856.
19 février 1859	TARDY DE MONTRAVEL (Louis-Marie-François), contre-amiral, entré en fonctions le 15 mai 1859.
25 avril 1864	FAVRE (Antoine), colonel, commandant militaire, gouverneur par intérim à dater du 1er mai 1864.
20 octobre 1864	HENNIQUE (Privat-Antoine-Agathon), général de brigade d'Infanterie de Marine, entré en fonctions le 10 janvier 1865, décédé le 6 avril 1870.
6 avril 1870	NOYER (Jean-Antoine-Alexandre), commissaire de la Marine, ordonnateur, gouverneur par intérim.
30 avril 1870	LOUBÈRE (Jean-Louis), colonel d'Infanterie de Marine, commandant militaire, gouverneur par intérim.
14 mars 1871	LOUBÈRE (Jean-Louis), titularisé dans ses fonctions.
2 mai 1875	RUILLIER (Jacques-Eugène-Barnabé), colonel d'Infanterie de Marine, commandant militaire, gouverneur par intérim à dater du 3 mai 1875.
30 décembre 1875	LOUBÈRE (Jean-Louis) revient à son poste.
15 juillet 1877	BOUET (Alexandre-Eugène), colonel d'Infanterie de Marine, commandant militaire, gouverneur par intérim.
27 juillet 1877	HUART (Marie-Alfred-Armand), capitaine de vaisseau, entré en fonctions le 29 septembre 1877.
2 août 1879	BOUET (Alexandre-Eugène), gouverneur par intérim à dater du 3 août 1879.
31 décembre 1879	HUART (Marie-Alfred-Armand) revient à son poste.
14 septembre 1880	LACOUTURE (Charles-Alexandre), commissaire de la Marine, entré en fonctions le 14 décembre 1880.
3 décembre 1880	TRÈVE (Paul-Adolphe), colonel d'Infanterie de Marine, commandant militaire, gouverneur par intérim jusqu'à l'arrivée de Lacouture.
28 mai 1881	TRÈVE (Paul-Adolphe), gouverneur par intérim à dater du 3 juin 1881.
28 février 1882	LACOUTURE (Charles-Alexandre) revient à son poste.
9 décembre 1882	CHESSÉ (Henri-Isidore), gouverneur de 2e classe, entré en fonctions le 28 février 1883.
17 juillet 1884	LOUGNON (Jean-Baptiste-Antoine), directeur de l'Intérieur, gouverneur par intérim à dater du 18 juillet 1884.
23 août 1885	LE CARDINAL (Léonce), inspecteur en chef des services administratifs et financiers de la Marine, gouverneur par intérim, entré en fonctions le 15 novembre 1885.

16 juin 1886	LE CARDINAL (Léonce), titularisé dans ses fonctions.
12 août 1887	GERVILLE-RÉACHE (Anne-Léodor-Philothée-Metellus), directeur de l'Intérieur, entré en fonctions le 12 avril 1888.
20 octobre 1887	FRIBERG (Ferdinand Block de), directeur de l'Intérieur, gouverneur par intérim à dater du 23 octobre 1887 jusqu'à l'arrivée de Gerville-Réache.
3 avril 1890	DACLIN-SIBOUR (Paul-Émile), directeur de l'Intérieur, gouverneur par intérim.
29 juillet 1890	GERVILLE-RÉACHE (Anne-Léodor-Philothée-Metellus) revient à son poste.
28 mars 1891	GRODET (Louis-Albert), gouverneur de 1re classe, chargé des fonctions de gouverneur, entré en fonctions le 28 avril 1891.
25 avril 1893	CHARVEIN (Camille), gouverneur de 1re classe, entré en fonctions le 6 juillet 1893.
3 juillet 1893	FAWTIER (Paul), directeur de l'Intérieur, gouverneur par intérim jusqu'à l'arrivée de Charvein.
6 juillet 1895	LAMOTHE (Henri-Félix de), gouverneur de 1re classe, entré en fonctions le 30 août 1895.
3 août 1895	LAMADON (Georges-Émile), directeur de l'Intérieur, gouverneur par intérim à dater du 4 août 1895 jusqu'à l'arrivée de Lamothe.
2 mai 1896	LAMADON (Georges-Émile), gouverneur par intérim à dater du 3 mai 1896.
14 mai 1896	DANEL (Henri), gouverneur de 1re classe, entré en fonctions le 27 juillet 1896.
2 août 1896	ROBERDEAU (Henri-Charles-Victor-Amédée), secrétaire général, gouverneur par intérim à dater du 3 août 1898.
11 septembre 1898	MOUTTET (Louis), gouverneur de 3e classe, entré en fonctions le 28 janvier 1899.
7 avril 1901	MERWART (Émile), secrétaire général, gouverneur par intérim.
16 juillet 1901	FRANÇOIS (Joseph-Pascal), gouverneur de 3e classe, entré en fonctions le 30 décembre 1901.
1er septembre 1902	MERWART (Émile), secrétaire général, gouverneur par intérim.
19 août 1903	GRODET (Albert), gouverneur de 1re classe, entré en fonctions le 29 septembre 1903.
2 janvier 1905	MARCHAL (Charles), secrétaire général, gouverneur par intérim à dater du 3 janvier 1905.
19 avril 1905	REY (Victor-François-Ferdinand), gouverneur de 3e classe, entré en fonctions le 30 juin 1905.
15 janvier 1906	DUBARRY (Albert), secrétaire général, gouverneur par intérim à dater du 16 janvier 1906.
1906	BONHOURE (Louis-Alphonse), gouverneur de la Martinique, gouverneur en mission, entré en fonctions le 3 mars 1906.
20 janvier 1906	PICANON (Édouard), gouverneur de 1re classe, entré en fonctions le 30 mai 1906.
29 juin 1907	RODIER (François-Pierre), gouverneur de 1re classe, entré en fonctions le 30 septembre 1907.
1er juillet 1907	DUBARRY (Albert), secrétaire général, gouverneur par intérim à dater du 5 juillet 1907 jusqu'à l'arrivée de Rodier.
1er juin 1909	FAWTIER (William), secrétaire général, gouverneur par intérim à dater du 17 juin 1909.
9 novembre 1909	THÉROND (Fernand-Ernest), gouverneur de 2e classe, gouverneur par intérim à dater du 29 janvier 1910.

16 juillet 1910   SAMARY (Paul), gouverneur de 1re classe, entré en fonctions le 28 juillet 1910, décédé le 31 mai 1911.

31 mai 1911   GOUJON (Denis-Joseph), secrétaire général, gouverneur par intérim.

1er juin 1911   LEVECQUE (Fernand-Ernest), gouverneur de 1re classe, entré en fonctions le 28 août 1911.

31 août 1913   DIDELOT (Pierre-Jean-Henri), secrétaire général, gouverneur par intérim.

1er juin 1914   LEVECQUE (Fernand-Ernest) revient à son poste.

30 juin 1916   DIDELOT (Pierre-Jean-Henri), secrétaire général, gouverneur par intérim à dater du 1er juillet 1916.

17 novembre 1916   LAURET (Jules-Gérard-Auguste), secrétaire général, gouverneur par intérim, entré en fonctions le 26 janvier 1917.

25 novembre 1916   LÉVY (Georges), procureur général, chargé de l'expédition des affaires courantes jusqu'à l'arrivée de Lauret.

17 juillet 1917   LEJEUNE (Henri-Alphonse-Joseph), gouverneur de 3e classe, entré en fonctions le 7 février 1918.

22 septembre 1917   BARRE (Antoine-Joseph-Xavier), directeur de l'Administration pénitentiaire, gouverneur par intérim à dater du 25 septembre 1917 jusqu'à l'arrivée de Lejeune.

18 mai 1920   SERGENT-ALLEAUME (Charles-Marie-René-Joseph), procureur général, gouverneur par intérim.

24 février 1921   LEJEUNE (Henri-Alphonse-Joseph) revient à son poste.

20 mars 1923   CANTAU (Julien-Edgard), secrétaire général, gouverneur par intérim.

12 août 1923   CHANEL (Marc-Émile-Charles-Jean), administrateur en chef de 1re classe, gouverneur par intérim à dater du 27 novembre 1923.

28 mai 1924   CHANEL (Marc-Émile-Charles-Jean), gouverneur de 3e classe, titularisé dans ses fonctions.

12 février 1926   THALY (Gabriel-Henri-Joseph), secrétaire général, gouverneur par intérim à dater du 13 février 1926.

6 juillet 1926   JUVANON (François-Adrien), gouverneur de 3e classe, entré en fonctions le 9 février 1927.

21 octobre 1927   BUHOT-LAUNAY (Émile), secrétaire général, gouverneur par intérim à dater du 22 octobre 1927.

13 janvier 1928   MAILLET (Camille-Théodore-Raoul), gouverneur de 3e classe, entré en fonctions le 8 février 1928.

18 décembre 1928   SIADOUS (Bernard-Jacques-Victorin), gouverneur par intérim, chargé de mission, entré en fonctions le 29 décembre 1930.

3 mars 1931   BOUGE (Louis-Joseph), gouverneur par intérim, chargé de mission, entré en fonctions le 27 mai 1931.

24 mars 1931   LAUBE (Raymond-Charles-Jean), secrétaire général, gouverneur par intérim à dater du 3 avril 1931 jusqu'à l'arrivée de Bouge.

20 janvier 1933   LAMY (Julien-Georges), gouverneur de 3e classe, entré en fonctions le 26 avril 1933.

13 avril 1935   MASSON DE SAINT-FÉLIX (Charles-Max), gouverneur par intérim, chargé de mission, entré en fonctions le 2 juin 1935.

7 mars 1936   VEBER (René), administrateur en chef, gouverneur par intérim à dater du 2 avril 1936.

24 octobre 1936   TAP (Pierre), gouverneur de 3e classe; n'entre pas en fonctions.

18 novembre 1936   VEBER (René), gouverneur de 3e classe, titularisé dans ses fonctions.

21 octobre 1938   CHOT-PLASSOT (Robert), sous-chef de bureau faisant fonctions de chef de bureau, gouverneur par intérim à dater du 30 novembre 1938.

30 décembre 1939	CHOT-PLASSOT (Robert), gouverneur de 3ᵉ classe à titre temporaire, titularisé dans ses fonctions.
24 février 1942	VEBER (René), gouverneur de 2ᵉ classe, gouverneur par intérim, entré en fonctions le 18 avril 1942.
19 mars 1943	LE BEL (Albert J.B.), lieutenant-colonel, chef d'état-major de la mission française aux États-Unis, chargé des intérêts français en Guyane par le général Béthouart, entré en fonctions le 22 mars 1943.
20 mars 1943	RAPENNE (Jean), gouverneur de 2ᵉ classe nommé par le Gouvernement d'Alger, entré en fonctions le 26 mars 1943.
11 décembre 1944	SURLEMONT (Jules), administrateur en chef, gouverneur par intérim.
26 décembre 1945	PESET (Jean), gouverneur de 3ᵉ classe, entré en fonctions le 16 mars 1946.

Gouverneurs de la Martinique

C'est en 1635 que la Compagnie des Iles de l'Amérique colonise la Martinique qu'elle gouverne jusqu'en 1650. En septembre 1650, la Martinique, Sainte-Lucie, la Grenade et la Grenadine sont vendues au sieur Du Parquet. La Compagnie des Indes occidentales prend possession de ces îles en 1664 jusqu'à sa dissolution en décembre 1674; la Martinique et dépendances sont alors rattachées à la couronne.

De 1664 à 1714 la Martinique fut le siège du gouvernement général des îles d'Amérique, lequel avait autorité, théoriquement tout au moins, sur toutes les colonies françaises de la zone des Caraïbes, y compris la Guyane. En 1714, un second gouvernement général, dit des Iles sous le Vent, fut créé, siégeant à Saint-Domingue. Le gouverneur général demeuré au Fort-Royal de la Martinique n'exerça plus alors son autorité que sur la Martinique, la Guadeloupe et ses dépendances et la Grenade, c'est-à-dire sur les îles dites du Vent. Après la reprise de possession consécutive au traité de Paris de 1763, la Martinique et Sainte-Lucie, d'une part, la Guadeloupe et ses dépendances, d'autre part, constituèrent deux gouvernements distincts jusqu'à ce que fût recréé le gouvernement général des Iles du Vent. Une nouvelle séparation fut décidée en 1775. De 1762 à 1763, de 1794 à 1802, de 1809 à 1814 et pendant les Cent-Jours en 1815, la Martinique fut sous l'autorité de l'Angleterre. En 1946, elle deviendra, comme la Guadeloupe et la Guyane, un département et le gouverneur sera remplacé par un préfet.

15 septembre 1635	BELAIN D'ESNAMBUC (Pierre), capitaine gouverneur de Saint-Christophe, prend possession de la Martinique; décédé fin juin 1637.
17 décembre 1635	DU PONT (Jacques), lieutenant de la compagnie colonelle de Saint-Christophe, commandant de la Martinique.
20 janvier 1637	DU PARQUET (Jacques Dyel), gouverneur sénéchal de la Martinique.
2 décembre 1637	DU PARQUET (Jacques Dyel), entériné dans ses fonctions, lieutenant général.
6 février 1646	LA PIERRIÈRE (Jérôme du Sarrat, sieur de), gouverneur par intérim.
Janvier 1647	DU PARQUET (Jacques Dyel) revient à son poste.
21 septembre 1650	DU PARQUET (Jacques Dyel), propriétaire de la Martinique et dépendances.
16 mars 1651	MAUPAS DE SAINT-AUBIN (Jacques), commandant par intérim.
13 septembre 1651	DU PARQUET (Jacques Dyel) revient à son poste.
22 novembre 1652	GOURSOLAS (Médéric Roolle, sieur de), gouverneur par intérim.
1653	DU PARQUET (Jacques Dyel) revient à son poste; décédé le 3 janvier 1658.

4 janvier 1658	DU PARQUET (Mme Dyel), désignée comme gouvernante par un conseil des notabilités de l'île; arrêtée sur ordre du Conseil souverain le 6 août 1658, elle renonce au gouvernement; de nouveau gouvernante le 21 octobre 1658, elle s'embarque pour la France en août 1659.
15 septembre 1658	VAUDROQUES (Adrien Dyel de), gouverneur jusqu'à la majorité de Jacques Dyel d'Esnambuc, fils de Du Parquet, nommé gouverneur et lieutenant général; décédé le 24 octobre 1662.
1663	CLERMONT (Adrien-Jacques Dyel de), gouverneur jusqu'à la majorité de Jacques Dyel d'Esnambuc, entré en fonctions en juin 1663.
11 octobre 1664	CLODORÉ (Robert Le Frichot des Friches, seigneur de), gouverneur particulier, entré en fonctions le 17 mars 1665.
8 décembre 1667	LOUBIÈRE (François Roolle de), gouverneur par intérim.
1669	LOUBIÈRE (François Roolle de), titularisé dans ses fonctions.
16 mai 1672	SAINTE-MARTHE DE LALANDE (Antoine-André de), gouverneur, entré en fonctions le 28 décembre 1672, décédé en septembre 1679.
1680	CHAMBLY (Jacques de).
1689	SAINT-LAURENT (Claude de Roux de).
1689	GABARET (Nicolas de).
1717	HURAULT (de).
1721	CHAMPIGNY (Jean-Charles Bochart de).
1728	BRACH (Jean-François-Louis de).
1742	POINTESABLE (Martin de).
1752	ROCOURT (Rouillé de).
1763	SALIGNAC (François-Louis de).
1765	ENNERY (Victor-Thérèse Charpentier, comte d'), entré en fonctions le 20 mars 1765.
1771	VALLIÈRE (Louis-Florent de), entré en fonctions le 2 janvier 1771.
1772	NOZIÈRES (Vital-Auguste de Grégoire, comte de), maréchal de camp, entré en fonctions le 9 mars 1772.
1776	ARGOUT (Robert d'), entré en fonctions le 15 mars 1776.
1777	BOUILLÉ DU CHARIOL (Claude-François-Amour de), maréchal de camp, entré en fonctions le 13 mai 1777.
1783	DAMAS DE MARCILLAC (Claude-Charles, vicomte de), maréchal de camp.
1789	VIOMÉNIL (Charles-Joseph-Hyacinthe du Houx, comte de), gouverneur par intérim, entré en fonctions le 12 mars 1789.
1790	DAMAS DE MARCILLAC (Claude-Charles, vicomte de) revient à son poste.
1791	BÉHAGUE (Jean-Pierre-Antoine de), entré en fonctions le 12 mars 1791.
1802	VILLARET DE JOYEUSE (Louis-Thomas), amiral, capitaine général, entré en fonctions le 14 septembre 1802.
13 juin 1814	VAUGIRAUD (Pierre-René-Marie, comte de), vice-amiral, entré en fonctions le 10 décembre 1814.
1818	DONZELOT (François-Xavier, comte de).
18 décembre 1825	BOUILLÉ (François-Marie-Michel, comte de), maréchal de camp, entré en fonctions le 27 mai 1826.
20 juin 1828	BARRÉ (Jean-Étienne), maréchal de camp, commandant militaire, gouverneur par intérim à dater du 22 juin 1828.
26 décembre 1828	FREYCINET (Louis-Henri Desaulses, baron de), contre-amiral, entré en fonctions le 19 juin 1829.
1er février 1830	GÉRODIAS, colonel, gouverneur par intérim.

16 août 1830	DUPOTET (Jean-Henri-Joseph), contre-amiral, entré en fonctions le 1er novembre 1830.
7 janvier 1834	HALGAN (Emmanuel), vice-amiral, entré en fonctions le 25 mars 1834.
28 novembre 1835	MACKAU (Ange-René-Armand, baron de), contre-amiral, entré en fonctions le 6 mars 1836.
10 janvier 1838	ROSTOLAND, colonel, commandant militaire, gouverneur par intérim à dater du 11 janvier 1838.
1838	MOGES (Alphonse-Louis-Théodore de), contre-amiral, entré en fonctions le 5 juillet 1838.
1840	DU VALDAILLY (Étienne-Henri Mengin), contre-amiral, entré en fonctions le 22 août 1840.
1844	MATHIEU (Pierre-Louis-Aimé), capitaine de vaisseau, entré en fonctions le 22 décembre 1844.
27 mars 1848	ROSTOLAND, général de brigade, commandant militaire, gouverneur à titre provisoire.
27 avril 1848	PERRINON (François-Auguste), chef de bataillon d'infanterie de Marine, commissaire général de la République à la Martinique, entré en fonctions le 3 juin 1848.
28 septembre 1848	BRUAT (Armand-Joseph), contre-amiral, gouverneur, entré en fonctions le 5 novembre 1848.
11 avril 1851	VAILLANT (Auguste-Napoléon), contre-amiral, gouverneur général des Antilles, commandant en chef des forces navales des Antilles, du golfe du Mexique et d'Haïti, entré en fonctions le 12 juin 1851.
15 juin 1853	GUEYDON (Louis-Henri, comte de), capitaine de vaisseau, gouverneur, entré en fonctions le 23 septembre 1853.
12 juillet 1853	BRUNOT (Jacques), commandant militaire, gouverneur par intérim à dater du 16 juillet 1853 jusqu'à l'arrivée de Gueydon.
10 juin 1856	LAGRANGE (Louis-André), commissaire de la Marine, ordonnateur, gouverneur par intérim à dater du 17 juillet 1856.
16 août 1856	FITTE DE SOUCY (Armand-Louis-Joseph-Denis, comte de), général de division, entré en fonctions le 15 décembre 1856.
14 janvier 1859	LAGRANGE (Louis-André), commissaire de la Marine, ordonnateur, gouverneur par intérim.
23 avril 1859	MAUSSION DE CANDÉ (Antoine-Marie-Ferdinand de), capitaine de vaisseau, entré en fonctions le 2 juin 1859.
27 janvier 1863	VÉRAND (André-César), commissaire de la Marine, ordonnateur, gouverneur par intérim.
1er octobre 1863	MAUSSION DE CANDÉ (Antoine-Marie-Ferdinand de) revient à son poste.
30 avril 1864	LAPELIN (François-Théodore de), capitaine de vaisseau, entré en fonctions le 15 juillet 1864.
31 octobre 1866	BERTIER (Louis-Auguste), maître des requêtes au Conseil d'État, entré en fonctions le 22 février 1867.
8 janvier 1867	VÉRAND (André-César), commissaire général de la Marine, ordonnateur, gouverneur par intérim jusqu'à l'arrivée de Bertier.
8 avril 1869	COUTURIER (Marie-Gabriel), directeur de l'Intérieur, gouverneur par intérim à dater du 9 avril 1869.
19 février 1870	MENCHE DE LOISNE (Charles-Louis-Constant), préfet, entré en fonctions le 23 avril 1870.
26 avril 1871	GILBERT-PIERRE (Octave-Bernard), commissaire de la Marine, ordonnateur, gouverneur par intérim.

2 août 1871	CLOUÉ (Georges-Charles), contre-amiral.
11 mars 1874	MICHAUX (François-Charles), commissaire de la Marine, ordonnateur, gouverneur par intérim.
5 février 1875	KERGRIST (Thomas-Louis-Kirkland Le Normant de), contre-amiral, entré en fonctions le 21 avril 1875.
4 juillet 1877	GRASSET (Marie-Bruno-Ferdinand), contre-amiral, entré en fonctions le 5 août 1877.
1er août 1877	LACOUTURE (Charles-Alexandre), commissaire de la Marine, ordonnateur, gouverneur par intérim jusqu'à l'arrivée de Grasset.
10 juillet 1879	LACOUTURE (Charles-Alexandre), gouverneur par intérim.
20 novembre 1879	AUBE (Hyacinthe-Laurent-Théophile), capitaine de vaisseau, entré en fonctions le 22 décembre 1879.
10 juin 1881	MOREAU (Marie-Nicolas-François-Auguste), commissaire de la Marine, ordonnateur, gouverneur par intérim à dater du 11 juin 1881.
20 juillet 1881	ALLÈGRE (Vincent-Gaëtan), ancien député, entré en fonctions le 20 août 1881.
9 octobre 1884	SAINTE-LUCE (Louis-Joseph-Pierre), directeur de l'Intérieur, gouverneur par intérim à dater du 10 octobre 1884.
21 mai 1885	ALLÈGRE (Vincent-Gaëtan) revient à son poste.
15 avril 1887	GRODET (Louis-Albert), sous-directeur honoraire de l'administration centrale des Colonies, entré en fonctions le 9 juillet 1887.
1er juillet 1887	CORIDON (Villebrode), directeur de l'Intérieur, gouverneur par intérim jusqu'à l'arrivée de Grodet.
26 juillet 1888	MOREAU (Marie-Nicolas-François-Auguste), commissaire général de la Marine, gouverneur par intérim.
3 décembre 1888	MERLIN (Martial-Henri), ancien préfet, entré en fonctions le 23 janvier 1889.
11 juillet 1889	CORIDON (Villebrode), directeur de l'Intérieur, gouverneur par intérim.
17 octobre 1889	CASSE (Germain), ancien député, entré en fonctions le 23 novembre 1889.
23 août 1890	MORACCHINI (Dauphin), directeur de l'Intérieur, gouverneur par intérim à dater du 1er septembre 1890.
31 janvier 1891	MORACCHINI (Dauphin), titularisé dans ses fonctions.
2 juillet 1892	MATHIVET (Antoine-Léandre-Liberté), directeur de l'Intérieur, gouverneur par intérim.
23 février 1893	MORACCHINI (Dauphin) revient à son poste.
28 mai 1895	PARDON (Noël), gouverneur de 2e classe, entré en fonctions le 9 juin 1895.
28 août 1896	CAPEST (Pierre-Paul-Marie), directeur de l'Intérieur, gouverneur par intérim à dater du 30 août 1896.
2 janvier 1898	GABRIÉ (Gustave), gouverneur de 3e classe, entré en fonctions le 12 juillet 1898.
10 juin 1898	DUBLANCQ-LABORDE (Raoul), chef du Service administratif, gouverneur par intérim jusqu'à l'arrivée de Gabrié.
27 juin 1900	MERLIN (Martial-Henri), secrétaire général, gouverneur par intérim à dater du 1er juillet 1900.
16 juillet 1901	MOUTTET (Louis), gouverneur de 2e classe, entré en fonctions le 9 décembre 1901, décédé le 8 mai 1902 dans la catastrophe de Saint-Pierre.
10 mai 1902	LHUERRE (Joseph-Étienne-Gabriel), secrétaire général, gouverneur par intérim.

29 juillet 1902	LEMAIRE (Jean-Baptiste-Philémon), gouverneur de 2ᵉ classe, entré en fonctions le 21 août 1902.
3 octobre 1903	RICHARD (Jules), secrétaire général, gouverneur par intérim.
27 mai 1904	BONHOURE (Louis-Alphonse), gouverneur de 2ᵉ classe, entré en fonctions le 8 septembre 1904.
21 février 1906	GAUDART (Edmond-Marie), secrétaire général, gouverneur par intérim à dater du 22 février 1906.
9 juin 1906	BONHOURE (Louis-Alphonse) revient à son poste.
6 octobre 1906	GAUDART (Edmond-Marie), secrétaire général, gouverneur par intérim à dater du 11 octobre 1906.
9 mars 1907	LEPREUX (Charles-Louis-Jules), gouverneur de 1ʳᵉ classe, entré en fonctions le 21 mai 1907.
2 juillet 1908	FOUREAU (Fernand), gouverneur de 1ʳᵉ classe, gouverneur par intérim à dater du 29 juillet 1908.
21 novembre 1908	FOUREAU (Fernand), titularisé dans ses fonctions.
8 septembre 1909	SAMARY (Paul), gouverneur de 1ʳᵉ classe, gouverneur par intérim à dater du 26 octobre 1909.
21 juillet 1910	BRUN (Pierre), secrétaire général, gouverneur par intérim à dater du 22 juillet 1910.
6 août 1910	FOUREAU (Fernand) revient à son poste.
10 janvier 1913	GOUJON (Joseph-Denys), secrétaire général, gouverneur par intérim.
29 juillet 1913	LEVECQUE (Fernand-Ernest), gouverneur de 3ᵉ classe, gouverneur par intérim à dater du 6 septembre 1913.
12 décembre 1913	GOUJON (Joseph-Denys), gouverneur par intérim.
20 janvier 1914	POULET (Georges), gouverneur de 3ᵉ classe, entré en fonctions le 2 février 1914.
1ᵉʳ septembre 1915	GUY (Camille-Lucien-Xavier), gouverneur de 1ʳᵉ classe, entré en fonctions le 19 septembre 1915.
1ᵉʳ mars 1919	MARCHAND (Paul), administrateur en chef, gouverneur par intérim à dater du 7 mai 1919.
17 avril 1920	GOURBEIL (Maurice), gouverneur de 1ʳᵉ classe, entré en fonctions le 13 juillet 1920.
26 avril 1920	BRABAN (Marie-Ernest), secrétaire général, gouverneur par intérim à dater du 27 avril 1920 jusqu'à l'arrivée de Gourbeil.
24 juillet 1921	LEVECQUE (Fernand-Ernest), gouverneur de 1ʳᵉ classe, entré en fonctions le 7 septembre 1921.
15 juin 1922	SERGENT-ALLEAUME (Charles-Marie-René-Joseph), procureur général, chef des Services judiciaires, gouverneur par intérim à dater du 19 juin 1922.
4 mars 1923	RICHARD (Henri-Marius), gouverneur de 3ᵉ classe, entré en fonctions le 21 avril 1923.
31 juillet 1925	GUISE (Robert-Paul-Marie de), gouverneur de 2ᵉ classe, gouverneur par intérim à dater du 21 août 1925.
20 octobre 1925	GUISE (Robert-Paul-Marie de), titularisé dans ses fonctions.
26 octobre 1927	CANTAU (Julien-Edgard), secrétaire général, gouverneur par intérim à dater du 29 octobre 1927.
13 janvier 1928	GERBINIS (Louis-Martial-Innocent), gouverneur de 1ʳᵉ classe, entré en fonctions le 24 février 1928.

19 juin 1929	CANTAU (Julien-Edgard), secrétaire général, gouverneur par intérim à dater du 22 juin 1929.
11 mars 1930	GERBINIS (Louis-Martial-Innocent) revient à son poste.
24 mars 1931	BOURRET (Georges), administrateur en chef, gouverneur par intérim à dater du 25 avril 1931.
11 janvier 1932	GERBINIS (Louis-Martial-Innocent) revient à son poste.
4 juillet 1933	EBOUÉ (Adolphe-Félix-Sylvestre), administrateur en chef, gouverneur par intérim à dater du 23 juillet 1933.
7 janvier 1934	GERBINIS (Louis-Martial-Innocent) revient à son poste.
5 juillet 1934	ALFASSA (Mattéo-Mathieu-Maurice), gouverneur de 1re classe, entré en fonctions le 21 septembre 1934.
15 août 1934	VEBER (René), administrateur en chef, chargé de l'expédition des affaires courantes depuis le 19 mai 1934, gouverneur par intérim jusqu'à l'arrivée d'Alfassa.
21 mai 1935	FOUSSET (Louis-Jacques-Eugène), gouverneur de 3e classe, entré en fonctions le 23 juin 1935.
21 mai 1935	VEBER (René), administrateur en chef, gouverneur par intérim à dater du 25 mai 1935 jusqu'à l'arrivée de Fousset.
20 mai 1936	PELICIER (Marie-Marc-Georges), administrateur en chef, gouverneur par intérim à dater du 11 juin 1936.
23 mai 1936	ALBERTI (Jean-Baptiste), gouverneur de 3e classe, entré en fonctions le 22 octobre 1936, décédé le 7 janvier 1938.
8 janvier 1938	ALLYS (Léopold-Arthur-André), secrétaire général de la Guadeloupe, gouverneur par intérim à dater du 13 janvier 1938.
12 janvier 1938	DECHARTRE (Maurice-Xavier-Joseph), gouverneur de 3e classe, entré en fonctions le 5 avril 1938.
2 décembre 1938	SPITZ (Georges-Aimé), gouverneur de 3e classe, entré en fonctions le 27 janvier 1939.
30 décembre 1939	LÉAL (Lucien-Louis-Léon), gouverneur de 2e classe; n'entre pas en fonctions.
5 mars 1940	BRESSOLLES (Louis-Henri-François-Denis), gouverneur de 3e classe, entré en fonctions le 27 avril 1940.
10 mars 1940	DEPROGE (Joseph), secrétaire général du Gouvernement, chargé de l'expédition des affaires courantes.
11 décembre 1940	NICOL (Yves), gouverneur de 3e classe, entré en fonctions le 27 janvier 1941.
8 juin 1943	ROBERT (Georges-Joseph), amiral, haut-commissaire aux Antilles et à la Guyane française, chargé de pouvoirs exceptionnels par le Gouvernement de Vichy.
3 juillet 1943	HOPPENOT (Henri), ministre plénipotentiaire, délégué extraordinaire du Comité de libération française aux Antilles.
14 juillet 1943	PONTON (Louis), administrateur de 1re classe, gouverneur par intérim.
14 septembre 1943	PONTON (Louis) est titularisé dans ses fonctions.
20 octobre 1944	ANGELINI (Antoine-Marie), secrétaire général, chargé de l'expédition des affaires courantes depuis le 14 septembre 1944, gouverneur par intérim.
5 décembre 1944	PARISOT (Georges-Hubert), gouverneur de 1re classe, entré en fonctions le 14 janvier 1945.
30 avril 1946	ORSELLI (Georges-Louis-Joseph), gouverneur de 2e classe, entré en fonctions le 5 juin 1946.

Gouverneurs de Saint-Christophe

Saint-Christophe est le premier en date des établissements français aux Indes occidentales. Cependant, dans une première période, l'île fut partagée avec les Anglais à l'exception des années 1666-1671 où les Français en furent les seuls maîtres.

Jusqu'à son rattachement au domaine royal en 1674, la partie française appartint à des particuliers : d'abord la Compagnie de Saint-Christophe (constituée en 1626, réformée en 1635 et devenue la Compagnie des Iles de l'Amérique), ensuite les Chevaliers de Malte entre 1651 et 1665, puis la Compagnie des Indes occidentales.

Les Français seront chassés de l'île par les Anglais de 1690 à 1698 et en 1702. Saint-Christophe sera définitivement attribuée à l'Angleterre par le traité d'Utrecht de 1713.

1628	BELAIN D'ESNAMBUC (Pierre).
1636	DU HALDE (Pierre).
1638	FOURMENTEAU (René de Béthoulat, sieur de La Grange).
1639	POINCY (Philippe Longvilliers de).
1644	POINCY (Robert Longvilliers de).
1646	POINCY (Philippe Longvilliers de).
1660	SALES (Charles de).
1666	SAINT-LAURENT (Claude de Roux de).
1689	GUITAUT (Charles de Peychpeyrou-Comminges, chevalier de).
1698	GENNES (Jean-Baptiste de).

Gouverneurs de Saint-Domingue
puis gouverneurs généraux des Iles sous le Vent

Découverte en 1492 par Christophe Colomb, l'île d'Hispaniola, l'une des Grandes Antilles, était déjà colonisée par les Espagnols dans sa partie orientale lorsque les Français s'installèrent au début du XVIIe siècle dans sa partie occidentale et dans l'île de la Tortue. Le traité de Ryswick (1697) entérina cette occupation de fait.

En raison du développement pris par cette colonie, Saint-Domingue fut détachée en 1714 du gouvernement général des îles d'Amérique et érigée en gouvernement général des Iles sous le Vent.

Occupée dans le sud par les Anglais de 1793 à 1798, la partie ouest de Saint-Domingue restera française jusqu'en 1803 ; Dessalines proclamera l'indépendance d'Haïti le 1er janvier 1804. Le traité de Bâle (1795) attribuera la partie espagnole de l'île à la France. Les troupes françaises en seront chassées en 1808.

1641	LE VASSEUR.
1652	FONTENAY (Chevalier de).
1656	DU RAUSSET (Jérémie Deschamps, chevalier du Moussac et).
1665	OGERON DE LA BOUÈRE (Bertrand d').
1676	POUANÇAY (Jacques Nepveu, sieur de).
1684	CUSSY (Pierre-Paul Tarin de).
1691	DUCASSE (Jean-Baptiste).

1700	GALIFFET (Joseph d'Honon de).
1703	AUGER (Charles).
1705	CHARRITTE (Jean-Pierre de Casamajor de).
1707	CHOISEUL-BEAUPRÉ (Jean-François, comte de).
1710	VALERNOD (Laurent).
1711	GABARET (Nicolas de).
1712	ARQUIAN (Paul-François de La Grange, comte d').
1713	BLÉNAC (Louis de Courbon, comte de).
1716	CHÂTEAUMORAND (Charles Joubert de La Bastide, marquis de).
1719	SOREL (Léon, marquis de).
1723	LA ROCHALAR (Gaspard-Charles de Goussé, chevalier de).
1731	VIENNE DE BUSSERROLLES (Antoine-Gabriel, marquis de).
1732	CHASTENOYE (Étienne Cochard de).
1732	FAYET DE PEYCHAUD (Pierre de).
1737	LARNAGE (Charles Brunier, marquis de).
1746	CHASTENOYE (Étienne Cochard de).
1748	CONFLANS (Hubert de Brienne, comte de).
1751	DUBOIS DE LA MOTTE (Emmanuel-Auguste de Cahideux, comte).
1753	VAUDREUIL (Joseph-Hyacinthe Rigaud, marquis de).
1757	BART (Philippe-François).
1762	BORY (Gabriel de).
1763	BELSUNCE (Armand, vicomte de).
1763	MONTREUIL (Pierre-André de Gohin, chevalier de).
1764	ESTAING (Charles-Henri d').
1766	ROHAN (Louis-Armand-Constantin de), prince de Montbazon.
1769	NOLIVOS (Pierre-Gédéon, comte de).
1772	VALLIÈRE (Louis-Florent de).
1775	ENNERY (Victor-Thérèse Charpentier, comte d').
1776	LILANCOUR (Jean-Baptiste de Tastes de).
1777	ARGOUT (Robert d').
1780	REYNAUD DE VILLEVERD (Jean-François de).
1781	LILANCOUR (Jean-Baptiste de Tastes de).
1782	BELLECOMBE (Guillaume-Léonard de).
1785	COUSTARD (Guy-Pierre de).
1786	LA LUZERNE (César-Henri, comte de).
1787	VINCENT DE MAZADE (Alexandre de).
1788	DU CHILLEAU D'AIRVAULT (Marie-Charles, marquis).
1789	PEYNIER (Louis-Antoine de Thomassin, comte de).
1790	BLANCHELANDE (Philibert-François Rouxel de).
1792	GALBAUD (François-Thomas).
1793	LAVEAUX (Étienne Maynard de).
1796	SONTHONAX (Léger-Félicité).
1797	TOUSSAINT LOUVERTURE (Pierre-Dominique).
1802	LECLERC (Charles-Victor-Emmanuel).
1802	ROCHAMBEAU (Donatien-Marie-Joseph de Vimeur, comte de).

Gouverneurs de Saint-Eustache

Saint-Eustache, à l'extrême nord des Petites Antilles, fut colonisée par la Compagnie néerlandaise des Indes occidentales à partir de 1636. Plusieurs fois conquise puis reconquise par les Anglais, les Français et les Hollandais, l'île appartient à ceux-ci depuis 1818.

Les Français s'y établirent quelque temps en 1629, de 1666 à 1667, de 1689 à 1690, en 1709 (pendant 15 jours), en 1713 (pendant 3 jours), de 1781 à 1784 et de 1795 à 1801.

1666	ROSE, major.
1689	GALLIFET (Joseph d'Honon de).
1781	CHABERT (Charles).
1784	FITZ-MAURICE (Thomas de).
1795	RODA (Daniel).

Gouverneurs de Sainte-Lucie

Sainte-Lucie, la plus grande des Iles du Vent, fut découverte par les Espagnols au début du XVIᵉ siècle puis occupée tour à tour par les Français et les Anglais entre 1638 et 1763.

En possession juridique de l'île aux termes du traité de Paris de 1763, les Français en rattachèrent l'administration à celle de la Martinique en 1764 et la gouvernèrent jusqu'en 1803. A cette date, Sainte-Lucie passa définitivement sous l'autorité des Anglais qui en avaient déjà eu la maîtrise de 1779 à 1784 et de 1794 à 1802.

1763	JUMILHAC (Pierre-Lucien de La Chapelle de).
1764	MICOUD (Claude-Anne de).
1771	MICOUD (Claude-Anne-Guy de).
1773	KEARNEY (Frédéric-Laure de).
1775	COURCY (Alexandre Potier de).
1776	JOUBERT (Marc-Étienne de).
1778	MICOUD (Claude-Anne-Guy de).
1784	LA BORIE (Jean-Zénon-André de Véron de).
1789	GIMAT (Jean-Joseph Soubader de).
1793	RICARD (Nicolas-Xavier de).
1795	GOYRAND (Gaspard).
1802	NOGUÈS (Jean-François-Xavier).

Gouverneurs de Tabago

Voisine de Trinidad, la petite île de Tabago fut l'enjeu de luttes entre Anglais, Espagnols, Hollandais et Français du XVIᵉ au XVIIIᵉ siècle. Le traité de Paris de 1763 en reconnut la possession à l'Angleterre. Les Français conquirent l'île en 1781 et le traité de Versailles (1783) les confirma dans leur possession. Reprise par les Anglais en 1793, Tabago sera rendue à la France par la paix d'Amiens (1802) avant d'être reconquise définitivement par les Anglais en 1803.

1781	BLANCHELANDE (Philibert-François Rouxel de).
1782	ARROT (René-Marie, vicomte d').
1783	BLANCHELANDE (Philibert-François Rouxel de).
1784	JOBAL (Antoine, chevalier de).
1784	ARROT (René-Marie, vicomte d').
1786	DILLON (Arthur, comte).
1789	JOBAL (Antoine. chevalier de).
1792	MARGUENAT (Philippe-Marie de).
1793	LAROQUE-MONTEL.
1802	AMARZIT DE SAHUGUET (Jean-Joseph-François-Léonard d').
1802	BERTHIER (Louis-César-Gabriel).

REPRÉSENTANTS DE LA FRANCE
EN AMÉRIQUE LATINE ET AUX ANTILLES
(liste arrêtée en 1953)

La France n'a pas eu d'agents diplomatiques régulièrement accrédités en Amérique latine avant le milieu du XIXᵉ siècle; parfois même, il faut attendre le milieu du XXᵉ siècle pour que s'établissent des relations diplomatiques. Ainsi, ce n'est qu'en 1905 qu'un ministre résident est nommé en Bolivie. Antérieurement à l'installation de diplomates accrédités, les rapports politiques étaient donc adressés au Gouvernement par les agents consulaires, vice-consuls, chargés des affaires.

Nous avons donc tenté, dans la mesure du possible, de présenter pour chaque État la liste exhaustive des agents ayant successivement entretenu une correspondance avec le ministre des Affaires étrangères. Cette liste a été dressée à partir des volumes de la série Correspondance politique, des dossiers du personnel et des annuaires diplomatiques.

En règle générale, les dates mentionnées pour chaque agent sont celles du décret de leur nomination; lorsqu'il s'agit d'agents consulaires ou de chargés d'affaires par intérim, la date indiquée est celle correspondant à la première dépêche qu'ils ont rédigée.

Argentine

1818	Le Moyne (Hilaire), colonel, chargé de mission près la République des Provinces-Unies du Rio de La Plata.
1818	Leloir, agent du commerce français à Buenos Aires.
1825	Mendeville (Jean-Baptiste-Washington de), agent du commerce à Buenos Aires.
8 avril 1827	Mendeville (Jean-Baptiste-Washington de), consul général.
15 mai 1833	Vins de Peysac (Charles-Marie-Joseph, marquis de), consul général, chargé d'affaires.
1833	Roger (Aimé), consul, gérant par intérim du consulat général à Buenos Aires.
4 septembre 1836	Buchet-Martigny, consul général à Buenos Aires, chargé d'affaires.
Juillet 1840	Mackau (Ange-René-Armand, baron de), vice-amiral, chargé de mission extraordinaire dans le Rio de La Plata.
Novembre 1840	Lefebvre de Bécourt (Charles), secrétaire de légation, chargé d'affaires et gérant du consulat général.
7 décembre 1841	Lurde (Alexandre-Louis, comte de), ministre plénipotentiaire.
Mai 1844	Bourboulon (Alphonse), secrétaire de légation, chargé d'affaires.
10 juin 1844	Mareuil (Joseph, chevalier de), premier secrétaire de légation, chargé d'affaires.
20 mars 1845	Deffaudis (Antoine-Louis, baron), ministre plénipotentiaire.
28 février 1847	Walewski (Alexandre-Florian-Joseph, comte Colonna), envoyé extraordinaire et ministre plénipotentiaire.

Décembre 1847 — GROS (Jean-Baptiste-Louis, baron), ministre plénipotentiaire, chargé de mission à la Plata.

Octobre 1848 — LE PRÉDOUR (J.), contre-amiral, ministre plénipotentiaire, chargé de mission près la République Argentine.

15 avril 1852 — SAINT-GEORGES (Léonce, chevalier de), envoyé extraordinaire, ministre plénipotentiaire à la Plata.

30 juin 1852 — LE MOYNE (Armand-Hilaire-Auguste, chevalier), ministre plénipotentiaire, chargé d'une mission extraordinaire à la Plata.

1er janvier 1855 — LE MOYNE (Armand-Hilaire-Auguste, chevalier), ministre plénipotentiaire près la Confédération Argentine.

2 février 1856 — LEFEBVRE DE BÉCOURT (Charles), envoyé extraordinaire et ministre plénipotentiaire.

28 novembre 1866 — NOËL (Alexis-Léon), ministre plénipotentiaire.

28 octobre 1877 — DUCROS-AUBERT (Jules), ministre plénipotentiaire.

3 mai 1878 — AMELOT DE CHAILLOU (Léon-Édouard, comte), chargé d'affaires.

18 décembre 1878 — AMELOT DE CHAILLOU (Léon-Édouard, comte), ministre plénipotentiaire.

9 juin 1880-1er mars 1881. ROUVIER (Urbain-Jules-Joseph-Charles), chargé d'affaires.

2 mars 1882 — VIENNE (Charles-Jean-Joseph Couturier de), ministre plénipotentiaire.

1er juillet 1882-3 avril 1883. ROUVIER (Urbain-Jules-Joseph-Charles), chargé d'affaires.

8 janvier 1893 — MARCHAND (Hippolyte), envoyé extraordinaire et ministre plénipotentiaire.

14 octobre 1897 — SALA (Maurice, comte), envoyé extraordinaire et ministre plénipotentiaire.

31 décembre 1904 — LARROUY (Paul-Augustin-Jean), envoyé extraordinaire et ministre plénipotentiaire.

18 août 1906 — THIÉBAUT (Napoléon-Eugène-Émile), envoyé extraordinaire et ministre plénipotentiaire.

1er août 1910 — FOUQUES-DUPARC (Charles-Augustin-Albert), envoyé extraordinaire et ministre plénipotentiaire.

31 décembre 1912 — JULLEMIER (Henry), envoyé extraordinaire et ministre plénipotentiaire.

12 mars 1918 — GAUSSEN (Fernand-Édouard-Auguste), envoyé extraordinaire et ministre plénipotentiaire.

2 juillet 1920 — CLAUSSE (Jean-Roger), chargé des fonctions d'envoyé extraordinaire et ministre plénipotentiaire.

24 octobre 1924 — GEORGES-PICOT (François-Marie-Denis), envoyé extraordinaire et ministre plénipotentiaire.

1er juillet 1927 — GEORGES-PICOT (François-Marie-Denis), ambassadeur.

14 avril 1928 — CLINCHANT (Georges), ambassadeur.

27 avril 1935 — JESSÉ-CURÉLY (Gaston), ambassadeur.

25 septembre 1936 — PEYROUTON (Marcel), ambassadeur.

Il n'y a pas d'agent diplomatique du Comité national français de Londres, de juin 1940 à mai 1942.

1er juin 1942 — LEDOUX (Albert), délégué du Comité national français.

28 octobre 1942 — LANCIAL (Emmanuel), délégué du Comité national français.

15 mai 1945 — LEFÈVRE D'ORMESSON (Wladimir), ambassadeur.

16 novembre 1948 — GEORGES-PICOT (Guillaume), ambassadeur et ministre plénipotentiaire.

19 décembre 1951 — GIRARD DE CHARBONNIÈRE (Guy de), ambassadeur.

Bolivie

12 mai 1831	Buchet de Martigny, consul général, chargé d'affaires.
Septembre 1836	Villamus (André-Léon-Baptiste), attaché au consulat général de Chuquisaca, chargé de la légation.
25 août 1840	Perrin (Louis-Émile), consul à Cobija, chargé de la légation.
20 janvier 1843	Marcescheau (Armand-Jean-Baptiste-Louis), chargé d'affaires.
9 novembre 1846	Angrand (Léonce-Marie-François), consul général, chargé d'affaires.
27 août 1849	Favre-Clavairoz (Pierre-Léon), consul général, chargé d'affaires.
9 mai 1852	Ratti-Menton (Benoît-Ulysse-Laurent-François de Paule, comte de), consul général, chargé d'affaires.
19 mars 1853	Darasse (Paul-Joseph-Jules), consul à Cobija, chargé d'affaires.

Il n'y a pas d'agent diplomatique de 1852 à 1888.

1er décembre 1886	Le Brun (Marie-Félix-Raphaël Petit), consul général, chargé d'affaires.
12 mars 1890	Lagrené (Edmond-Théodore-Melchior de), consul général, chargé d'affaires.
1er décembre 1891	Wiener (Charles), consul, chargé d'affaires.
22 avril 1895	Coutouly (Charles de), consul, chargé d'affaires.
28 avril 1898	Coutouly (Charles de), consul général, chargé d'affaires.
3 novembre 1900	Belin (Joseph-Louis-Eudes), consul, chargé d'affaires.
3 décembre 1905	Rousseau (Georges-Ferdinand), ministre résident.
16 juillet 1907	Jore (Émile), ministre résident.
12 janvier 1909	Levesque d'Avril (Louis-Jean-Clément), ministre résident.
20 septembre 1913	Girard (Pierre), ministre résident.
1er décembre 1915	Francastel (Henry), chargé des fonctions de ministre résident.
26 août 1916	Boudet (Léonce-Jean-Albert), chargé des fonctions de ministre résident.
19 mai 1920	Tinayre (Jean-Gaston-André), chargé des fonctions de ministre résident.
23 avril 1925	Langlais (Louis-Eugène), consul, chargé d'affaires.
31 décembre 1925	Le Mallier (André), consul chargé des fonctions de ministre résident.
1er septembre 1931	Mongendre (Maxime), consul général, chargé des fonctions de ministre résident.
21 février 1934	Guy (Arthur), consul général, chargé des fonctions de ministre résident.
26 août 1937	Goubin (René), consul, accrédité en qualité d'envoyé extraordinaire et ministre plénipotentiaire.

Il n'y a pas d'agent diplomatique du Comité national français de Londres, de juin 1940 à mai 1942.

1er juin 1942	Raux (Étienne), délégué du Comité national français.
20 avril 1944	Lescuyer (René), délégué du Gouvernement provisoire.
30 octobre 1945	Sieyès (Jacques de), envoyé extraordinaire et ministre plénipotentiaire.
4 novembre 1948	Morand (Léon), envoyé extraordinaire et ministre plénipotentiaire
24 janvier 1950	Fain (Guy), ambassadeur.
20 août 1952	Teissier (Marcel), ambassadeur.

Brésil

17 décembre 1814	MALER, colonel, consul général.
25 octobre 1822	GESTAS DE LESPÉROUX (Aymard, comte de), consul général.
13 août 1826	GABRIAC (Alphonse-Paul-Joseph-Marie-Ernest, marquis de), ministre.
1er septembre 1833	LA ROSIÈRE (Thuriot de), envoyé en mission au Brésil.
15 juillet 1834	LA ROSIÈRE (Thuriot de), deuxième secrétaire à Rio de Janeiro.
11 septembre 1835	PONTOIS (Charles-Édouard, comte de), ministre plénipotentiaire.
31 janvier 1837	LA ROSIÈRE (Thuriot de), chargé d'affaires.
Septembre 1837	ROUEN (Achille, baron), ministre.
Novembre 1841	LANGSDORFF (Émile, baron de), envoyé extraordinaire et ministre plénipotentiaire.
1er mai-30 novembre 1842 11 mai 1843-8 février 1844	SAINT-GEORGES (Léonce, chevalier de), chargé d'affaires.
Février 1844-12 avril	NEY (Eugène, comte), chargé d'affaires.
11 avril 1845-20 août 1847.	SAINT-GEORGES (Léonce, chevalier de), chargé d'affaires.
Mars 1847	BUTENVAL (Charles-Adrien, comte His de), envoyé extraordinaire et ministre plénipotentiaire.
Janvier 1848	GUILLEMOT (Philippe-Eugène), chargé d'affaires.
19 avril 1849-24 mai 1851.	SAINT-GEORGES (Léonce, chevalier de), chargé d'affaires.
8 avril 1851	LISLE DE SIRY (Joseph-Charles-Édouard, marquis de), envoyé extraordinaire et ministre plénipotentiaire.
19 avril 1852	SAINT-GEORGES (Léonce, chevalier de), envoyé extraordinaire et ministre plénipotentiaire, chargé de mission dans les pays de la Plata.
30 juin 1852	SAINT-GEORGES (Léonce, chevalier de), envoyé extraordinaire et ministre plénipotentiaire à Rio de Janeiro.
13 septembre 1852	GRELING (Jean-Marie-Ferdinand de), chargé d'affaires.
13 juin 1854	SAINT-GEORGES (Léonce, chevalier de), ministre plénipotentiaire.
22 mars 1867	ROQUETTE (Georges-Émile-Guillaume de), chargé d'affaires.
24 juin 1868	GOBINEAU (Joseph-Arthur, comte de), envoyé extraordinaire et ministre plénipotentiaire.
20 juin 1872	NOËL (Alexis-Léon), ministre plénipotentiaire.
2 mars 1882	AMELOT DE CHAILLOU (Léon-Édouard, comte), envoyé extraordinaire et ministre plénipotentiaire.
29 septembre 1890	GÉRARD (Auguste), envoyé extraordinaire et ministre plénipotentiaire.
4 janvier 1894	IMBERT (Antoine-Joseph-Dominique-Amédée), envoyé extraordinaire et ministre plénipotentiaire.
23 décembre 1895	PICHON (Stéphen), envoyé extraordinaire et ministre plénipotentiaire.
29 décembre 1897	LAVAUR DE SAINTE-FORTUNADE (Henri-Frédéric-Marie, vicomte de), envoyé extraordinaire et ministre plénipotentiaire.
15 juillet 1901	DECRAIS (Julien), envoyé extraordinaire et ministre plénipotentiaire.
29 janvier 1907	ANTHOUARD (Albert-François-Ildefonse d'), envoyé extraordinaire et ministre plénipotentiaire.
31 janvier 1910	KLECZKOWSKI (Alfred), envoyé extraordinaire et ministre plénipotentiaire.
22 février 1911	LAURENCE DE LALANDE (Alexandre), envoyé extraordinaire et ministre plénipotentiaire.

4 novembre 1913	LANEL (Etienne-Marie-Louis), envoyé extraordinaire et ministre plénipotentiaire.
2 janvier 1917	CLAUDEL (Paul), envoyé extraordinaire et ministre plénipotentiaire
28 juin 1919	CONTY (Alexandre-Robert), ambassadeur.
20 janvier 1928	DEJEAN (François-Marie-Robert), ambassadeur.
11 juin 1931	KAMMERER (Albert), ambassadeur.
29 juillet 1933	HERMITE (Louis), ambassadeur.
30 mai 1936	LEFÈVRE D'ORMESSON (André), ambassadeur.
24 avril 1939	HENRY (Jules), ambassadeur.

Il n'y a pas d'agent diplomatique du Comité national français de Londres, de juin 1940 à mai 1942.

1er juin 1942	LEDOUX (Albert), délégué du Comité national français.
17 août 1943	BLONDEL (Jules), délégué du Comité national français, avec rang d'ambassadeur.
21 novembre 1944	ASTIER DE LA VIGERIE (François d'), général, ambassadeur.
18 juin 1946	GUÉRIN (Hubert), ambassadeur.
5 octobre 1949	ARVENGAS (Gilbert), ambassadeur.
17 décembre 1953	HARDION (Bernard), ambassadeur.

Centre-Amérique

Le Centre-Amérique comprend les républiques de Costa Rica, Guatemala, Honduras, Nicaragua et Salvador. Après 1950, voir chacun de ces pays.

7 janvier 1863	TALLIEN DE CABARRUS (Julien-Dominique-Marie-Edmond), chargé d'affaires.
4 février 1878	DABRY DE THIERSANT (Claude-Philibert), chargé d'affaires.
14 mai 1883	LE BRUN (Jacques-Philippe-Auguste Petit), consul général chargé d'affaires.
1er décembre 1886	REYNAUD (Paul-Louis), consul général, chargé d'affaires.
22 mai 1893	CHARPENTIER (Alfred), ministre plénipotentiaire, chargé d'affaires.
3 octobre 1893	CHARPENTIER (Alfred), envoyé extraordinaire et ministre plénipotentiaire.
15 octobre 1894	CHALLET (Casimir-Paul), envoyé extraordinaire et ministre plénipotentiaire.
16 mai 1897	PELLET (Eugène-Antoine-Marcellin), envoyé extraordinaire et ministre plénipotentiaire.
23 novembre 1899	POURTALÈS-GORGIER (Arthur, comte de), ministre plénipotentiaire, chargé d'affaires.
18 avril 1901	POURTALÈS-GORGIER (Arthur, comte de), envoyé extraordinaire et ministre plénipotentiaire.
8 novembre 1903	GUIOT (Gaston-Marie-Joseph), ministre plénipotentiaire, chargé d'affaires.
10 octobre 1904	GUIOT (Gaston-Marie-Joseph), envoyé extraordinaire et ministre plénipotentiaire.
1er janvier 1906	ARLOT DE SAINT-SAUD (André-Marie-Jacques, comte d'), chargé d'affaires.
30 juillet 1909	AUZÉPY (Pierre-Jean-Baptiste-Ernest,) envoyé extraordinaire et ministre plénipotentiaire.

27 novembre 1910	DELAVAUD (Louis-Charles-Marie), envoyé extraordinaire et ministre plénipotentiaire (non installé).
11 août 1911	FABRE (Auguste-Jean-Marc), envoyé extraordinaire et ministre plénipotentiaire.
14 février 1913	LÉVESQUE D'AVRIL (Louis-Jean-Clément), envoyé extraordinaire et ministre plénipotentiaire.
28 avril 1913	CHAYET (Camille-Joseph-Alexandre), chargé de la légation.
2 avril 1921	RÉVELLI (Alfred-Antoine), envoyé extraordinaire et ministre plénipotentiaire.
24 octobre 1924	AYMÉ-MARTIN (Henri-Eugène), consul général, chargé de la légation.
20 novembre 1925	AYMÉ-MARTIN (Henri-Eugène), envoyé extraordinaire et ministre plénipotentiaire.
1er mai 1929	LECOMTE (Georges), consul général, chargé de la légation.
16 décembre 1929	LECOMTE (Georges), envoyé extraordinaire et ministre plénipotentiaire.
5 septembre 1932	MERCIER (Louis), consul général, chargé de la légation.
26 avril 1933	MERCIER (Louis), envoyé extraordinaire et ministre plénipotentiaire.
8 août 1935	LAVONDÈS (Raymond), envoyé extraordinaire et ministre plénipotentiaire.
17 mars 1939	BRADIER (Gaston), envoyé extraordinaire et ministre plénipotentiaire.

Il n'y a pas d'agent diplomatique du Comité national français de Londres, de juin 1940 à mai 1942.

1er juin 1942	SOUSTELLE (Jacques), délégué du Comité national français.
10 octobre 1944	MÉDIONI (Gilbert), délégué du Gouvernement provisoire.
5 avril 1945	MÉDIONI (Gilbert), envoyé extraordinaire et ministre plénipotentiaire.
13 août 1947	MILON DE PEILLON (Marc), envoyé extraordinaire et ministre plénipotentiaire.
24 juin 1950	COIFFARD (Jacques), envoyé extraordinaire et ministre plénipotentiaire.

Chili

31 décembre 1825	LA FOREST (Charles-Adel Lacathon de), inspecteur du commerce, consul général.
13 mai 1831	RAGUENEAU DE LA CHAINAYE (A.L.), consul général, chargé d'affaires
22 octobre 1835	DANNERY (Jean-Baptiste-Thomas), consul général, chargé d'affaires.
8 juillet 1839-février	1863. CAZOTTE (Henry-Nicolas-Scévole), consul général, chargé d'affaires.
4 octobre 1845	LEVRAUD (Léonce-Benjamin), gérant du consulat général.
4 février 1857	LIMPÉRANI (Mathieu), consul général, chargé d'affaires.
5 octobre 1862	FLORY (Edmond), consul général, chargé d'affaires.
19 octobre 1868	TREILHARD (Jules-Joseph-Étienne, vicomte), envoyé extraordinaire et ministre plénipotentiaire.
28 octobre 1872	BRENIER DE MONTMORAND (Antoine-Maxime-Edmond, vicomte), ministre plénipotentiaire.
27 janvier 1877	AVRIL (Louis-Jean-Clément Lévesque, baron d'), envoyé extraordinaire et ministre plénipotentiaire.
11 novembre 1882	DUPRAT (Pascal), envoyé extraordinaire et ministre plénipotentiaire.

23 septembre 1882	LANEN (Louis-Charles-Arthur), envoyé extraordinaire et ministre plénipotentiaire.
29 septembre 1887	FOURIER DE BÂCOURT (Pierre-Henri), envoyé extraordinaire et ministre plénipotentiaire.
11 décembre 1893	BALNY D'AVRICOURT (Léopold-Fernand), envoyé extraordinaire et ministre plénipotentiaire.
29 décembre 1897	DUBAIL (Pierre-René-Georges), envoyé extraordinaire et ministre plénipotentiaire (non installé).
26 avril 1898	GIRARD DE RIALLE (Julien), envoyé extraordinaire et ministre plénipotentiaire.
17 mai 1904	DESPREZ (Paul), envoyé extraordinaire et ministre plénipotentiaire.
22 février 1911	VEILLET-DUFRÈCHE (Paul-Mathurin), envoyé extraordinaire et ministre plénipotentiaire.
2 mars 1914	DELVINCOURT (Pierre-Paul), envoyé extraordinaire et ministre plénipotentiaire.
4 juin 1918	GILBERT (André), envoyé extraordinaire et ministre plénipotentiaire.
13 octobre 1919	LEFEUVRE-MÉAULLE (Hyacinthe-Aristote), envoyé extraordinaire et ministre plénipotentiaire.
25 janvier 1924	LOISELEUR DES LONGCHAMPS-DEVILLE (Jean-Louis-Aimable), envoyé extraordinaire et ministre plénipotentiaire.
26 avril 1933	SARTIGES (Louis de), envoyé extraordinaire et ministre plénipotentiaire.

Il n'y a pas d'agent diplomatique du Comité national français de Londres, de juin 1940 à mai 1942.

1er juin 1942	LEDOUX (Albert), délégué du Comité national français.
28 octobre 1942	LANCIAL (Emmanuel), délégué au Comité national français.
1er juin 1943	ARVENGAS (Gilbert), délégué du Comité national français.
7 décembre 1945	DAMPIERRE (Richard de), ambassadeur.
17 mars 1949	GRANDIN DE L'ÉPREVIER (Hervé), ambassadeur.
18 février 1952	BAEYENS (Jacques), ambassadeur.
19 octobre 1953	COIFFARD (Jacques), ambassadeur.

Colombie

22 août 1821	CHASSÉRIAU (Benoît), chargé de mission.
30 novembre 1825	BUCHET DE MARTIGNY, agent supérieur du commerce, gérant du consulat général à Bogota.
8 mai 1828	BRESSON (Charles), chargé de mission dans les colonies espagnoles de l'Amérique.
12 mai 1831	BUCHET DE MARTIGNY, consul général, chargé d'affaires.
13 mai 1831	ESTOURMEL (Alexandre, comte d'), ministre plénipotentiaire.
Janvier 1834	LEMOYNE (Arnaud-Hilaire-Auguste), secrétaire de légation, chargé d'affaires.
16 février 1838	GROS (Jean-Baptiste-Louis, baron), chargé d'affaires.
8 octobre 1842	LISLE DE SIRY (Joseph-Charles-Édouard, marquis de), chargé d'affaires.
1850	BLANQUI (Arthur-Anatole), chargé d'affaires.
8 avril 1851-1866	GOURY DU ROSLAN (Louis-Anne-Marie, baron), ministre à la Nouvelle-Grenade.
Juillet-août 1857	GEOFFROY (François-Marie-Louis), chargé d'affaires.
3 février 1869	GOEPP (Théodore-Charles-Frédéric), consul général, chargé d'affaires.

14 juin 1873	Desnoyers (Germain-Marie-Maxime), consul général, chargé d'affaires.
1er avril 1875	Troplong (Jean), consul général, chargé d'affaires.
18 septembre 1880	Forest (Antoine), consul général, chargé d'affaires.
2 mars 1882	Lanen (Louis-Charles-Arthur), consul général, chargé d'affaires.
19 mai 1885	Daloz (Eugène), consul général, chargé d'affaires.
19 mai 1885	Daloz (Eugène), consul général, chargé d'affaires.
26 mars 1889	Mancini (Alexandre-Napoléon), consul général, chargé d'affaires.
15 février 1893	Bourgarel (Ernest-René-Joseph-Adrien), consul général, chargé d'affaires.
9 mars 1893	Bourgarel (Ernest-René-Joseph-Adrien), consul général, ministre résident.
23 décembre 1895	Frandin (Joseph-Hippolyte), consul, chargé d'affaires.
6 avril 1897	Bourgarel (Ernest-René-Joseph-Adrien), envoyé extraordinaire et ministre plénipotentiaire.
27 octobre 1900	Boulard-Pouqueville (Hugues), envoyé extraordinaire et ministre plénipotentiaire.
6 février 1905	Souhart (Fernand), envoyé extraordinaire et ministre plénipotentiaire.
29 octobre 1909	Ratard (Arthur), envoyé extraordinaire et ministre plénipotentiaire.
19 mai 1911	Frandin (Joseph-Hippolyte), envoyé extraordinaire et ministre plénipotentiaire.
24 juillet 1912	Fontenay (Louis-Gabriel-Antoine-Joseph de), envoyé extraordinaire et ministre plénipotentiaire.
7 août 1914	Crozier (François-Gaspard), envoyé extraordinaire et ministre plénipotentiaire.
6 mars 1915	Le Brun (Marie-Félix-Raphaël Petit), envoyé extraordinaire et ministre plénipotentiaire.
6 juillet 1918	Aymé-Martin (Henri-Eugène), consul général, chargé d'affaires.
12 octobre 1920	Langlais (Louis-Eugène), consul, chargé d'affaires.
25 janvier 1924	Filipi (Ange-Jean-Charles-Félix), envoyé extraordinaire et ministre plénipotentiaire.
31 décembre 1925	Clavery (Joseph-Louis-Édouard), envoyé extraordinaire et ministre plénipotentiaire.
15 janvier 1928	Neton (Albéric), envoyé extraordinaire et ministre plénipotentiaire.
1er juillet 1930	Blanche (Alfred), consul général, chargé des fonctions de ministre résident.
5 septembre 1932	Blanche (Alfred), envoyé extraordinaire et ministre plénipotentiaire.
26 août 1937	Aumale (Jacques d'), envoyé extraordinaire et ministre plénipotentiaire.
17 mai 1940	Hélouis (Georges), envoyé extraordinaire et ministre plénipotentiaire.

Il n'y a pas d'agent diplomatique du Comité national français de Londres, de juin 1940 à mai 1942.

1er juin 1942	Vasse (Lionel), délégué du Comité national français.
17 août 1943	Lechenet (Georges), délégué du Comité national français.
25 juillet 1945	Dussol (Hubert), envoyé extraordinaire et ministre plénipotentiaire.
4 février 1946	Lecompte-Boinet (Jacques), envoyé extraordinaire et ministre plénipotentiaire.
19 août 1946	Lecompte-Boinet (Jacques), ambassadeur.
24 juin 1950	Verdier (Abel), ambassadeur.

Costa Rica

Avant octobre 1951, voir Centre Amérique.

1er octobre 1951   LEROY-BEAULIEU (Michel), envoyé extraordinaire et ministre plénipotentiaire

Cuba

4 juin 1902   BRUWAERT (François-Edmond), ministre plénipotentiaire, ministre résident.

6 février 1905   LEFAIVRE (Paul), ministre plénipotentiaire, ministre résident.

29 octobre 1909   SOUHART (Fernand-Arthur), envoyé extraordinaire et ministre plénipotentiaire.

21 octobre 1911   CLERCQ (Jules de), envoyé extraordinaire et ministre plénipotentiaire.

4 juin 1918   ROUSSIN (Ernest-Adolphe), envoyé extraordinaire et ministre plénipotentiaire.

9 février 1920   MARINACCE-CAVALLACE (Jean), envoyé extraordinaire et ministre plénipotentiaire.

7 novembre 1921   AYMÉ-MARTIN (Henri-Eugène), consul général, chargé de la légation.

24 octobre 1924   LIÉBERT (Gaston-Ernest), envoyé extraordinaire et ministre plénipotentiaire.

15 décembre 1927   RAIS (Louis), envoyé extraordinaire et ministre plénipotentiaire.

10 mai 1933   CARTERON (Edmond), envoyé extraordinaire et ministre plénipotentiaire.

30 mai 1936   MORAWIECKI-MOREAU (Gaston), envoyé extraordinaire et ministre plénipotentiaire.

17 mai 1940   BAROIS (Armand), envoyé extraordinaire et ministre plénipotentiaire.

Il n'y a pas d'agent diplomatique du Comité national français de Londres, de juin 1940 à mai 1942.

1er juin 1942   GROUSSET (Philippe), délégué du Comité national français.

7 août 1943   GROUSSET (Philippe), envoyé extraordinaire et ministre plénipotentiaire.

2 octobre 1948   LAMARLE (Albert), envoyé extraordinaire et ministre plénipotentiaire.

12 avril 1950   PETIT DE BEAUVERGER (Edmond), envoyé extraordinaire et ministre plénipotentiaire.

10 février 1951   PETIT DE BEAUVERGER (Edmond), ambassadeur.

8 novembre 1952   GROUSSET (Philippe), ambassadeur.

Dominicaine (République)

25 juin 1843   JUCHEREAU DE SAINT-DENIS (Eustache), consul à Saint-Domingue.

18 mars 1847   PLACE (Thomas-Victor), gérant du consulat.

27 août 1849   LAMIEUSSENS (Eugène-Louis), consul.

26 janvier 1852   LAGORCE (Jean-Baptiste-Paulin), consul.

6 mars 1854   DARASSE (Paul-Joseph-Jules), consul.

3 mai 1856   DURANT SAINT-ANDRÉ (Eugène-Adrien-Maurice), consul.

11 février 1860	ZELTNER (Arthur-Marie-Joseph de), consul.
Janvier 1866	MARION-LANDAIS (Charles-Louis), gérant du consulat.
1869	CASTAGNÉ (Camille), vice-consul, gérant du consulat.
14 juin 1875	DALOZ (Eugène), agent vice-consul, gérant du consulat.
27 septembre 1876	HUTTINOT (Victor), consul.
Mai 1877	AUBIN DESFOURGERAIS (Agénor), agent vice-consul.
19 avril 1879	GARRUS (Alphonse), vice-consul.
28 juillet 1884	HUTTINOT (Victor), consul.
23 juillet 1889	JALOUZET (Camille-Adrien), consul et chargé d'affaires.
3 novembre 1900	DEJOUX (Marie-Paul-Véran), consul et chargé d'affaires.
21 novembre 1904	FRANDIN (Charles-Nicolas), consul général et chargé d'affaires.
12 janvier 1909	JORE (Émile), ministre résident.
1er décembre 1910	ARLOT DE SAINT-SAUD (André-Marie-Jacques d'), ministre résident.
4 octobre 1916	PERROUD (Édouard-Joseph-Louis), consul, chargé d'affaires.
26 août 1919	BARRÉ-PONSIGNON (Henri-Arthur-Marie), consul, chargé d'affaires.
15 juillet 1925	BÉRARD (Albert), consul, chargé d'affaires.
1er décembre 1927	MATHISS (Marius), consul, chargé d'affaires.
1er mars 1931	PERROT (Georges), chancelier, chargé du consulat et chargé d'affaires.
8 décembre 1933	BOURGUIN (Marcel), consul, chargé d'affaires.
16 novembre 1935	CHIARASINI (François), consul, chargé d'affaires.
12 juin 1936	MALIVOIRE FILHOL DE CAMAS (Jean), consul accrédité en qualité de ministre résident.
25 juin 1938	CHAYET (Maurice), secrétaire d'ambassade, accrédité en qualité d'envoyé extraordinaire et ministre plénipotentiaire.

Il n'y a pas d'agent diplomatique du Comité national français de Londres, de juin 1940 à mai 1942.

1er juin 1942	GROUSSET (Philippe), délégué du Comité national français.
17 août 1943	MÉRIC DE BELLEFON (Yves), délégué du Comité national français.
21 février 1945	MARICOURT (Jacques de), envoyé extraordinaire et ministre plénipotentiaire.
19 juillet 1948	DESPLACES DE CHARMASSE (Christian), envoyé extraordinaire et ministre plénipotentiaire.
1er mai 1950	DESPLACES DE CHARMASSE (Christian), ambassadeur.
27 avril 1951	KELLER (Louis), ambassadeur.

Équateur

Mai 1837	MENDEVILLE (Jean-Baptiste-Washington de), consul à Quito.
14 août 1840	MENDEVILLE (Jean-Baptiste-Washington de), consul général.
11 mai 1850	MONTHOLON (Charles-François-Frédéric, marquis de), consul général à Quito.
24 mai 1854	VILLAMUS (A.), consul général et chargé d'affaires.
Juillet 1859	TRINITÉ (Emmanuel), gérant du consulat général à Quito.
9 janvier 1861	FABRE (Antoine-Odilon-Amédée), consul général, chargé d'affaires.
Février 1864	MOREUIL (Auguste de), chancelier-gérant du consulat général.
Mars 1865	SAINT-ROBERT (chevalier de), consul général et chargé d'affaires.

17 octobre 1868	DULÇAT (Sébastien de), consul général et chargé d'affaires.
30 novembre 1872	DU ROSCOAT (Amédée), consul général et chargé d'affaires.
1er octobre 1873	BOULARD (Hugues), consul général et chargé d'affaires.
13 mars 1877	DUCHESNE DE BELLECOURT (Paulin), consul général et chargé d'affaires.
12 avril 1881	HÉRITTE (Ernest), consul et chargé d'affaires.
4 mars 1882	PIERRET (Maximilien-Henri), consul et chargé d'affaires.
14 mai 1887	VAUX (Georges de), consul et chargé d'affaires.
28 février 1894	PERSAN (Boson-Charles-Hippolyte-Timoléon Doublet, marquis de), consul général et chargé d'affaires.
6 avril 1897	FRANDIN (Charles-Nicolas), consul général et chargé d'affaires.
19 septembre 1902	MERCIER (Frédéric), ministre plénipotentiaire, chargé d'affaires.
21 novembre 1904	BOBOT-DESCOUTURES (Albert-Édouard-Marie-Louis), consul général, chargé d'affaires.
24 octobre 1910	BAUDIN (Jean-Albert-Louis), ministre résident.
9 septembre 1912	FRANCASTEL (Henri), ministre résident.
27 juillet 1915	BEUFVÉ (Robert), ministre résident.
24 novembre 1919	FRANCQUEVILLE (Marie-Charles-Ludovic de), consul, chargé du consulat général.
12 décembre 1920	CLAVERY (Joseph-Louis-Edmond), consul, puis consul général, chargé des fonctions de ministre résident.
15 mars 1927	WIET (Ferdinand), consul général, chargé des fonctions de ministre résident.
14 avril 1928	PALLU DE LA BARRIÈRE (Marie-Alexandre), consul général, chargé des fonctions de ministre résident.
1er septembre 1931	LE MALLIER (André), consul général, chargé des fonctions de ministre résident.
26 décembre 1931	LE MALLIER (André), ministre plénipotentiaire, chargé des fonctions de ministre résident.
10 mai 1933	TERVER (Georges), consul, chargé des fonctions de ministre résident.
16 novembre 1935	TERVER (Georges), consul général, accrédité en qualité d'envoyé extraordinaire et ministre plénipotentiaire.
26 août 1937	DOBLER (Jean), secrétaire d'ambassade, accrédité en qualité d'envoyé extraordinaire et ministre plénipotentiaire.

Il n'y a pas d'agent diplomatique du Comité national français de Londres, de juin 1940 à mai 1942.

1er juin 1942	RAUX (Étienne), délégué du Comité national français.
14 juillet 1944	DENIS (Pierre), chargé d'affaires.
5 juillet 1946	DENIS (Pierre), envoyé extraordinaire et ministre plénipotentiaire.
19 novembre 1947	HENRIOT (Armand), envoyé extraordinaire et ministre plénipotentiaire.
11 avril 1951	DENIS (Pierre), envoyé extraordinaire et ministre plénipotentiaire.

Guatemala

Avant juin 1950, voir Centre Amérique.

24 juin 1950	COIFFARD (Jacques), envoyé extraordinaire et ministre plénipotentiaire.
17 novembre 1953	ROBERT DU GARDIER (Roger), envoyé extraordinaire et ministre plénipotentiaire.

Haïti (République d')

24 août 1825	MALER, colonel, commissaire, puis consul général à Port-au-Prince.
12 mai 1831	MOLLIEN (Gaspard-Théodore), consul général.
29 août 1831	CERFBEER (Frédéric-Théodore), consul au Cap-Haïtien (12 mai 1831), gérant du consulat.
8 mars 1832	BARBOT (Jules-Laurent), chancelier à Port-au-Prince (10 août 1829), gérant du consulat.
Mars 1836	BALARDELLE (Jean-Baptiste), gérant du consulat.
Février 1837 - février 1838.	LAS CASES (Pons-Dieudonné, baron de), député, et BAUDIN (Charles), commissaires en mission.
Février 1838 - 4 novembre 1838.	CERFBEER (Frédéric-Théodore), gérant du consulat.
4 novembre 1838	LEVASSEUR (Henri-Auguste), consul général.
1846 - avril 1852	RAYBAUD (Maxime), gérant, puis consul général.
Avril 1852	WIET (Émile), chancelier à Port-au-Prince (14 février 1852), gérant du consulat.
1er mars 1856	DILLON (William-Patrick), consul général, chargé d'affaires.
28 octobre 1857	MELLINET (Alexandre), consul général, chargé d'affaires.
7 avril 1860	LEVRAUD (Léonce-Benjamin), consul général, chargé d'affaires.
29 mai 1861	FORBIN-JANSON (Palamède-Henri-Victurin-Marie, marquis de), consul général.
14 janvier 1865	MÉJAN (Eugène-Auguste, comte), consul général, chargé d'affaires.
5 juin 1865	DOAZAN (Paulin-Jules), consul général, chargé d'affaires.
7 octobre 1874	LÉMONT (Emmanuel, comte de), ministre plénipotentiaire.
15 octobre 1875	DOMET DE VORGES (Edmond), ministre plénipotentiaire.
16 novembre 1877	ROCHECHOUART (comte de), ministre plénipotentiaire.
17 juin 1879	MILON DE LA VERTEVILLE (Charles), ministre plénipotentiaire.
21 février 1880	VIENNE (Charles-Jean-Joseph Couturier de), chargé d'affaires.
27 août 1881	VIENNE (Charles-Jean-Joseph Couturier de), ministre plénipotentiaire.
2 mars 1882	BURDEL (Simon), consul général, chargé de la légation.
25 octobre 1884	BURDEL (Simon), envoyé extraordinaire et ministre plénipotentiaire.
8 décembre 1885	FOURIER DE BÂCOURT (Pierre-Henri), envoyé extraordinaire et ministre plénipotentiaire.
24 septembre 1887	SESMAISONS (Hervé, comte de), envoyé extraordinaire et ministre plénipotentiaire.
8 juillet 1890	FLESCH (Marie-Ernest), envoyé extraordinaire et ministre plénipotentiaire.
11 octobre 1892	LAUGIER-VILLARS (Henri-Marie-Charles, comte de), envoyé extraordinaire et ministre plénipotentiaire.
22 mai 1894	PICHON (Stéphen), envoyé extraordinaire et ministre plénipotentiaire.
23 décembre 1895	BOURGAREL (Ernest), envoyé extraordinaire et ministre plénipotentiaire.
6 avril 1897	MEYER (Théodore), envoyé extraordinaire et ministre plénipotentiaire.
25 mars 1899	WIENER (Charles), envoyé extraordinaire et ministre plénipotentiaire.
26 octobre 1901	DESPREZ (Paul), envoyé extraordinaire et ministre plénipotentiaire.
17 mai 1904	DESCOS (Léon Coullard), envoyé extraordinaire et ministre plénipotentiaire.
8 novembre 1905	NABONNE (Ludger), envoyé extraordinaire et ministre plénipotentiaire.

21 janvier 1906	BEZAURE (Georges-Gaston Servan de), envoyé extraordinaire et ministre plénipotentiaire.
29 janvier 1907	CARTERON (Pierre), envoyé extraordinaire et ministre plénipotentiaire.
1er décembre 1909	MAUROUARD (Lucien), envoyé extraordinaire et ministre plénipotentiaire.
21 juin 1912	CILLIÈRE (Alphonse), envoyé extraordinaire et ministre plénipotentiaire.
22 octobre 1914	GIRARD (Pierre), envoyé extraordinaire et ministre plénipotentiaire.
26 février 1916	DEJEAN DE LA BÂTIE (Marie), envoyé extraordinaire et ministre plénipotentiaire.
25 juillet 1919	AGEL (Lucède-Pierre-Alexandre-Justin), envoyé extraordinaire et ministre plénipotentiaire.
13 juin 1923	VELTEN (Gaston), envoyé extraordinaire et ministre plénipotentiaire.
31 décembre 1926	NETON (Élie-Albéric), chargé des fonctions d'envoyé extraordinaire et ministre plénipotentiaire.
5 décembre 1928	WIET (Ferdinand), consul général chargé de la légation.
25 octobre 1930	WIET (Ferdinand), envoyé extraordinaire et ministre plénipotentiaire.
26 avril 1933	JAROUSSE DE SILLAC (Maximilien), envoyé extraordinaire et ministre plénipotentiaire.
12 mai 1934	MORAWIECKI-MOREAU (Gaston), envoyé extraordinaire et ministre plénipotentiaire.
30 mai 1936	LENS (Adrien de), envoyé extraordinaire et ministre plénipotentiaire·

Il n'y a pas d'agent diplomatique du Comité national français de Londres, de juin 1940 à mai 1942.

1er juin 1942	GROUSSET (Philippe), délégué du Comité national français.
17 août 1943	MILON DE PEILLON (Marc), délégué du Comité national français.
25 juillet 1945	CHAYET (Claude), envoyé extraordinaire et ministre plénipotentiaire.
7 mai 1950	CHANCEL (Ludovic), ambassadeur.
17 octobre 1952	BERCEGOL DE LILE (Roger de), ambassadeur.

Honduras

Avant mai 1952, voir Centre Amérique.

16 mai 1952	COLONNA-CÉSARI (Charles), envoyé extraordinaire et ministre plénipotentiaire.

Mexique

1er juin 1822	SCHMALTZ (Julien-Désiré), colonel, chargé de mission dans la Nouvelle-Espagne et d'inspection temporaire en Colombie.
30 décembre 1825	MARTIN (Alexandre-Victor), inspecteur du commerce à Mexico.
27 avril 1829	COCHELET (Adrien-Louis), chargé de la gestion du consulat général à Mexico.
18 mai 1831	COCHELET (Adrien-Louis), consul général de l'Amérique centrale.
Février 1832	GROS (Jean-Baptiste-Louis, baron), premier secrétaire de légation (13 mai 1831), chargé d'affaires de la légation.

Février 1833	DEFFAUDIS (Antoine-Louis, baron), ministre plénipotentiaire.
Janvier 1838	LISLE DE SIRY (Joseph-Charles-Édouard, marquis de), secrétaire à Mexico (mai 1831), chargé d'affaires.
Août 1838	BAUDIN (Charles), amiral, ministre plénipotentiaire.
11 juillet 1839	ALLEY DE CIPREY (Isidore-Élisabeth-Jean-Baptiste), ministre plénipotentiaire.
8 août 1839	CHAMPEAUX (François-Jean-Baptiste), chancelier, chargé d'affaires.
2 mars 1842	GOURY DU ROSLAN (Célian-Louis-Anne-Marie, baron), secrétaire à Mexico par intérim.
28 juin 1848	LEVASSEUR (André-Nicolas), envoyé extraordinaire et ministre plénipotentiaire.
1er juillet 1853-14 décembre 1854	DANO (Alphonse), secrétaire à Mexico (1851), chargé d'affaires.
17 juin 1854	GABRIAC (Jean-Alexis, vicomte de), envoyé extraordinaire et ministre plénipotentiaire.
Mars-décembre 1860	LA LONDE (Auguste-Paul Le Cordier de Bigars, comte de), deuxième secrétaire à Mexico (13 septembre 1856), chargé d'affaires.
15 mars 1860-12 août 1863	DUBOIS DE SALIGNY (Jean-Pierre-Elizidore-Alphonse), chargé par intérim de la légation.
Juillet 1863	MONTHOLON (Charles-François-Frédéric, marquis de), ministre plénipotentiaire.
28 février 1865	DANO (Alphonse), ministre plénipotentiaire.

Il n'y a pas d'agent diplomatique à Mexico, de 1868 à 1880.

5 octobre 1880	BOISSY D'ANGLAS (François, baron), député, envoyé extraordinaire et ministre plénipotentiaire en mission temporaire.
15 octobre 1881	COUTOULY (Gustave de), envoyé extraordinaire et ministre plénipotentiaire.
8 décembre 1885	PARTIOT (Gaëtan), envoyé extraordinaire et ministre plénipotentiaire.
4 mai 1889	SAINT-FOIX (Olivier Poullain, comte de), envoyé extraordinaire et ministre plénipotentiaire.
2 juin 1891	BLANCHARD DE FARGES (Maurice-Henri), envoyé extraordinaire et ministre plénipotentiaire.
4 janvier 1894	PETITEVILLE (Charles Gouhier, comte de), envoyé extraordinaire et ministre plénipotentiaire.
4 janvier 1896	BENOIT (Georges), envoyé extraordinaire et ministre plénipotentiaire.
30 novembre 1900	BLONDEL (Camille), envoyé extraordinaire et ministre plénipotentiaire.
7 mai 1907	CHILHAUD-DUMAINE (Alfred), envoyé extraordinaire et ministre plénipotentiaire.
20 décembre 1908	LEFAIVRE (Paul), envoyé extraordinaire et ministre plénipotentiaire.
8 février 1916	COUGET (Joseph), envoyé extraordinaire et ministre plénipotentiaire.
9 juin 1918	DEJEAN (François), conseiller d'ambassade, chargé d'affaires.
1er février 1920	AYGUEPARSE (Pierre), secrétaire d'ambassade, chargé d'affaires.
8 janvier 1921	CLINCHANT (Louis), envoyé extraordinaire et ministre plénipotentiaire (non installé).
26 juillet 1921	BLONDEL (Jules), secrétaire d'ambassade, chargé d'affaires.
4 septembre 1923	PÉRIER (Jean), envoyé extraordinaire et ministre plénipotentiaire.
26 décembre 1931	LABONNE (Eirik), envoyé extraordinaire et ministre plénipotentiaire.
27 avril 1933	GOIRAN (Henri), envoyé extraordinaire et ministre plénipotentiaire.
30 août 1939	BODARD (Albert), envoyé extraordinaire et ministre plénipotentiaire.

Il n'y a pas d'agent diplomatique du Comité national français de Londres, de juin 1940 à mai 1942.

1er juin 1942	SOUSTELLE (Jacques), délégué du Comité national français.
17 août 1943	GARREAU-DOMBASLE (Marie-Adrien), envoyé extraordinaire et ministre plénipotentiaire.
20 mars 1946	LESCUYER (Jean), ambassadeur.
6 décembre 1948	BONNEAU (Gabriel), ambassadeur.

Nicaragua

Avant octobre 1951, voir Centre Amérique.

1er octobre 1951	KOLB-BERNARD (René), envoyé extraordinaire et ministre plénipotentiaire.
8 octobre 1953	PONS (Raymond), envoyé extraordinaire et ministre plénipotentiaire.

Panama

19 novembre 1903	MOET (Henri), chargé du consulat, chargé d'affaires.
28 décembre 1907	BARRÉ-PONSIGNON (Henri), chancelier, chargé du consulat, puis consul, chargé d'affaires.
31 mars 1913	BIZEL (Paul-Ernest-Joseph), consul.
19 avril 1917	SIMONIN (Ernest-Maurice de), vice-consul, chargé de la gérance du consulat.
14 février 1920	TELLIER (Félix), vice-consul, gérant du consulat.
19 mai 1920	SIMONIN (Ernest-Maurice de), vice-consul, chargé du consulat.
19 mars 1923	DELAGE (Jean-Marie-Pierre), consul, chargé d'affaires.
31 janvier 1926	LANGLAIS (Louis-Eugène), consul, chargé d'affaires.
28 novembre 1938	HENRY DE LA BLANCHETAI (Pierre), secrétaire d'ambassade, chargé d'affaires.

Il n'y a pas d'agent diplomatique du Comité national français de Londres ou du Gouvernement provisoire, de juin 1940 à juin 1945.

11 juillet 1945	MAGNAN DE BELLEVUE (André), chargé d'affaires.
12 mars 1946	MAGNAN DE BELLEVUE (André), ministre plénipotentiaire et envoyé extraordinaire.
11 octobre 1946	COLIN (Lucien), envoyé extraordinaire et ministre plénipotentiaire.
30 avril 1949	MENANT (Guy), envoyé extraordinaire et ministre plénipotentiaire.
21 juin 1952	VASSE (Lionel), envoyé extraordinaire et ministre plénipotentiaire.
20 août 1952	VASSE (Lionel), ambassadeur.

Paraguay

27 mars 1854	BRAYER (Alfred, vicomte de), consul à Asunción.
Janvier 1858	BROSSARD (Alfred, comte de), consul.
Décembre 1861	ISARIÉ (Paul-Gustave), gérant du consulat.
Août 1863	COCHELET (Laurent), consul.
3 juillet 1867	EUBERVILLE (Paul de), gérant à Asunción.
4 septembre 1871	ABZAC (Paul, vicomte d'), consul.
16 septembre 1876	DUCROS-AUBERT (Jules), ministre plénipotentiaire.
18 décembre 1878	AMELOT DE CHAILLOU (Léon-Édouard, comte), envoyé extraordinaire et ministre plénipotentiaire.
2 mars 1878	VIENNE (Charles-Jean-Joseph Couturier de), envoyé extraordinaire et ministre plénipotentiaire.
26 août 1882	ROUVIER (Urbain), chargé d'affaires.
4 novembre 1883	ROUVIER (Urbain), envoyé extraordinaire et ministre plénipotentiaire.
8 janvier 1893	MARCHAND (Hippolyte), envoyé extraordinaire et ministre plénipotentiaire.
18 juillet 1898	SALA (Maurice, comte), envoyé extraordinaire et ministre plénipotentiaire.
28 février 1901	LIVIO (Auguste de), consul général, chargé d'affaires.
23 novembre 1904	LACAU (Louis-Alexandre-Marie), ministre résident.
7 décembre 1905	BOUSQUET (Antoine), ministre résident.
16 juillet 1907	MAGNY (Maurice Soufflot de), ministre résident.
5 janvier 1908	FABRE (Auguste), ministre résident.
22 octobre 1910	BELIN (Joseph), ministre résident.
27 juillet 1916	LOISELEUR DES LONGCHAMPS-DEVILLE (Jean-Louis-Aimable), ministre résident.
1er octobre 1919	FOUCHET (Maurice), ministre résident.
19 mai 1920	BOUDET (Léonce), ministre résident.
23 septembre 1921	CLAUSSE (Jean-Roger), envoyé extraordinaire et ministre plénipotentiaire.
24 octobre 1924	PICOT (Georges), envoyé extraordinaire et ministre plénipotentiaire.
14 avril 1928	CLINCHANT (Louis-Georges-Raoul), ambassadeur en Argentine, accrédité au Paraguay.
27 avril 1935	JESSÉ-CURÉLY (Gaston), ambassadeur en Argentine, accrédité au Paraguay.
26 août 1937	PIERROTET (Maurice-Charles), envoyé extraordinaire et ministre plénipotentiaire.

Il n'y a pas d'agent diplomatique du Comité national français de Londres, de juin 1940 à mai 1942.

1er juin 1942	LEDOUX (Albert), délégué du Comité national français.
28 octobre 1942	LANCIAL (Emmanuel), délégué du Comité national français.
4 février 1946	TEISSIER (Marcel), envoyé extraordinaire et ministre plénipotentiaire.
20 août 1952	MILON DE PEILLON (Marc), ambassadeur.
30 novembre 1953	CHAYET (Maurice), ambassadeur.

Pérou

1823	RATTIER DE SAVIGNAN, chargé de mission.
22 août 1826	CHAUMETTES DES FOSSÉS (Jean-Baptiste-Gabriel-Amédée), inspecteur général du commerce français.
31 août 1831	BARRÈRE (Bernard-Marie), consul général, chargé d'affaires.
11 mai 1833	ANGRAND (Léonce-Marie-François), vice-consul, gérant.
28 janvier 1839	SAILLARD (Martin-François-Arnaud), vice-consul, gérant.
14 août 1840	LE MOYNE (Arnaud-Hilaire-Auguste), consul général, chargé d'affaires.
1849-1850	LEVRAUD (Léonce-Benjamin), consul général, chargé d'affaires.
3 mars 1849	RATTI-MENTON (Benoît-Ulysse-Laurent-François de Paule, comte de), consul général, chargé d'affaires.
6 décembre 1854	HUET (Albert), consul général, chargé d'affaires.
20 juillet 1859-19 mai 1868	LESSEPS (Edmond-Prosper de), consul général, chargé d'affaires.
Juillet 1860-1865	VION (Antoine-Émile), chancelier à Lima (8 octobre 1850), gérant du consulat.
11 août 1868	CHEVREY-RAMEAU (Paul-Dominique), consul général, chargé d'affaires.
19 octobre 1868	GAULDRÉE-BOILLEAU (Charles-Henri-Philippe, baron), envoyé extraordinaire et ministre plénipotentiaire.
28 octobre 1872	BELLONET (Claude de), ministre plénipotentiaire.
2 juin 1875	VERNOUILLET (Augustin-Maurice de), ministre plénipotentiaire.
9 décembre 1877	DOMET DE VORGES (Edmond-Charles-Eugène), ministre plénipotentiaire.
28 février 1882	TALLENAY (Henry de), consul général, chargé de la légation.
30 octobre 1882	TALLENAY (Henry de), envoyé extraordinaire et ministre plénipotentiaire.
31 décembre 1884	PINA DE SAINT-DIDIER (Arthus de), envoyé extraordinaire et ministre plénipotentiaire.
29 novembre 1890	IMBERT (Antoine), envoyé extraordinaire et ministre plénipotentiaire.
8 janvier 1893	WAGNER (Raoul), envoyé extraordinaire et ministre plénipotentiaire.
14 août 1896	LARROUY (Paul-Augustin-Jean), envoyé extraordinaire et ministre plénipotentiaire.
1er octobre 1903	KLOBUKOWSKI (Antony), envoyé extraordinaire et ministre plénipotentiaire.
12 octobre 1906	MERLOU (Pierre), envoyé extraordinaire et ministre plénipotentiaire.
27 novembre 1909	GUILLEMIN (Jean), envoyé extraordinaire et ministre plénipotentiaire.
21 octobre 1911	LOYNES (Marie-Joseph de), envoyé extraordinaire et ministre plénipotentiaire.
13 juillet 1912	DES PORTES DE LA FOSSE (Henry-Jacques-André), envoyé extraordinaire et ministre plénipotentiaire.
12 mars 1918	RIBOT (André-Paul-Adrien), envoyé extraordinaire et ministre plénipotentiaire.
1er janvier 1923	DEJEAN DE LA BÂTIE (Marie-Joseph-Maurice), envoyé extraordinaire et ministre plénipotentiaire.
25 mars 1924	PINGAUD (Albert), envoyé extraordinaire et ministre plénipotentiaire.
20 novembre 1925	BOUDET (Léonce), envoyé extraordinaire et ministre plénipotentiaire.
1er mai 1929	JAROUSSE DE SILLAC (Joseph), envoyé extraordinaire et ministre plénipotentiaire.

1er décembre 1930	COSME (Henri), conseiller d'ambassade, chargé des fonctions de ministre résident.
9 février 1932	NETTEMENT (Louis), consul général, chargé des fonctions de ministre résident.
27 avril 1933	LE SAULNIER DE SAINT-JOUAN (Roger), consul général, chargé de la légation.
7 janvier 1934	LE SAULNIER DE SAINT-JOUAN (Roger), envoyé extraordinaire et ministre plénipotentiaire.
10 mars 1939	LAVONDÈS (Raymond), envoyé extraordinaire et ministre plénipotentiaire.

Il n'y a pas d'agent diplomatique du Comité national français de Londres, de juin 1940 à mai 1942.

1er juin 1942	RAUX (Étienne), délégué du Comité national français.
17 août 1943	DAYET (Maurice), délégué du Comité national français.
22 septembre 1945	LEDOUX (Albert), ambassadeur.
25 mars 1949	GILBERT (Pierre-Eugène), ambassadeur.
3 décembre 1952	BINOCHE (Jean), ambassadeur.

Salvador

Avant octobre 1951, voir Centre Amérique.

1er octobre 1951	JOUBERT (André), envoyé extraordinaire et ministre plénipotentiaire.

Uruguay

18 mars 1825	CAVAILLON, vice-consul honoraire à Montevideo.
12 mai 1831	BARADÈRE (Jean-Marie-Raymond), consul, puis consul général.
1841	ISABELLE (Arsène), chancelier (25 septembre 1839), chargé d'affaires.
18 avril 1841	PICHON (André-Théodore, baron), consul général.
5 juin 1845	DENOIX (Martial-Marcellin), chancelier (28 avril 1843), chargé d'affaires par intérim.
1845-1846	DEFFAUDIS (Antoine-Louis, baron), commissaire extraordinaire dans la Plata.
1er octobre-4 décembre 1846.	DEVOIZE (André), consul général, puis chargé d'affaires.
7 août 1852	MARTIN-MAILLEFER (Daniel-Pierre), consul général, chargé d'affaires.
22 août 1870	DOAZAN (Paulin-Jules), consul général, chargé d'affaires.
3 août 1873	LAURENT-COCHELET (Adrien), consul général, chargé d'affaires.
29 juin 1882	RIPERT-MONCLAR (Joseph-Anne-Amédée-François, marquis de), consul, chargé d'affaires.
19 juillet 1883	RIPERT-MONCLAR (Joseph-Anne-Amédée-François, marquis de), consul général, chargé d'affaires.
31 décembre 1884	WAGNER (Raoul), consul général, chargé d'affaires.
8 décembre 1885	SAINT-FOIX (Olivier Poullain comte de), envoyé extraordinaire et ministre plénipotentiaire.
4 mai 1889	BOURCIER SAINT-CHAFFRAY (Alfred-Gabriel-Léon), envoyé extraordinaire et ministre plénipotentiaire.

14 avril 1897	PONSIGNON (Marie-Alexis-Arthur), envoyé extraordinaire et ministre plénipotentiaire.
20 avril 1898	DUBAIL (Pierre-René-Georges), envoyé extraordinaire et ministre plénipotentiaire.
5 juillet 1902	DU CHAYLARD (Jean-Marie-Georges), envoyé extraordinaire et ministre plénipotentiaire.
28 décembre 1904	BRUWAERT (François-Edmond), envoyé extraordinaire et ministre plénipotentiaire.
15 octobre 1906	KLECZKOWSKI (Alfred), envoyé extraordinaire et ministre plénipotentiaire.
31 janvier 1910	CARTERON (Pierre), envoyé extraordinaire et ministre plénipotentiaire.
21 octobre 1911	LEFAIVRE (Jules), envoyé extraordinaire et ministre plénipotentiaire.
12 mars 1918	AUZOUY (Théodore), envoyé extraordinaire et ministre plénipotentiaire.
25 août 1923	GILBERT (André), envoyé extraordinaire et ministre plénipotentiaire.
14 juin 1926	TINAYRE (André), envoyé extraordinaire et ministre plénipotentiaire.
14 avril 1928	VELTEN (Gaston), envoyé extraordinaire et ministre plénipotentiaire.
27 avril 1933	GENTIL (François), envoyé extraordinaire et ministre plénipotentiaire.

Il n'y a pas d'agent diplomatique du Comité national français de Londres, de juin 1940 à mai 1942.

1er juin 1942	LEDOUX (Albert), délégué du Comité national français.
28 octobre 1942	LANCIAL (Emmanuel), délégué du Comité national français.
10 septembre 1943	LANCIAL (Emmanuel), envoyé extraordinaire et ministre plénipotentiaire.
13 décembre 1944	GRANDIN DE L'ÉPREVIER (Hervé), envoyé extraordinaire et ministre plénipotentiaire.
19 août 1946	GRANDIN DE L'ÉPREVIER (Hervé), ambassadeur.
30 mars 1949	LEDOUX (Albert), ambassadeur.
24 novembre 1952	GUYON (Édouard), ambassadeur.

Venezuela

14 avril 1835	LA PALUN (Portalier de), consul à Caracas.
18 avril 1841	DAVID (Étienne-Céleste), consul général, chargé d'affaires.
29 janvier 1842	HAUTERIVE (Maurice-Bruno Blanc de Lanaulte d'), consul général.
1849-1853	WEIMARS (François de), consul général, chargé d'affaires.
3 septembre 1854	LEVRAUD (Léonce-Benjamin), consul général, chargé d'affaires.
1854-1855 et 1860-1861	TOURREIL (Joseph-Adolphe), chancelier à Caracas (16 octobre 1835), gérant de consulat.
7 avril 1860	MELLINET (Alexandre), consul général, chargé d'affaires.
1865-1866	PETIT DE MEURVILLE (Georges), chancelier à Caracas (11 mai 1861), gérant de consulat.
1er février-1er décembre 1868	FOREST (Antoine), gérant de consulat.
1er mai 1868	SAINT-ROBERT (chevalier de), consul général, chargé d'affaires.
1er juillet 1872	GOEPP (Théodore-Charles-Frédéric), consul général, chargé d'affaires.
1er avril 1875	DESNOYERS (Germain-Marie-Maxime), consul général, chargé d'affaires.
1er mai 1878	TALLENAY (Henry de), consul général, chargé d'affaires.

Il n'y a pas d'agent diplomatique à Caracas, du 7 avril 1881 au 20 avril 1886.

20 avril 1886	THIESSÉ (J.), envoyé extraordinaire.
20 avril 1887	BOURCIER SAINT-CHAFFRAY (Léon), envoyé extraordinaire et ministre plénipotentiaire.
4 mai 1889	BLANCHARD DE FARGES (Maurice-Henri), envoyé extraordinaire et ministre plénipotentiaire.
2 juin 1891	RIPERT-MONTCLAR (Joseph, marquis de), envoyé extraordinaire et ministre plénipotentiaire.

Il n'y a pas d'agent diplomatique à Caracas, du 26 mars 1895 au 4 décembre 1902.

4 décembre 1902	WIENER (Charles), envoyé extraordinaire et ministre plénipotentiaire.

Il n'y a pas d'agent diplomatique à Caracas, du 11 janvier 1906 au 14 février 1913.

14 février 1913	FABRE (Auguste-Jean-Marc), envoyé extraordinaire et ministre plénipotentiaire.
1er août 1919	CLAUSSE (Jean-Roger), envoyé extraordinaire et ministre plénipotentiaire.
24 janvier 1921	CHAYET (Camille), envoyé extraordinaire et ministre plénipotentiaire.
4 novembre 1923	BOUDET (Léonce-Jean-Albert), consul général, chargé d'affaires.
2 novembre 1924	JAROUSSE DE SILLAC (Joseph), envoyé extraordinaire et ministre plénipotentiaire.
16 novembre 1926	BARRET (Charles), envoyé extraordinaire et ministre plénipotentiaire.
31 juillet 1933	DUBAIL (Maxime), conseiller d'ambassade, chargé de la légation.
12 septembre 1934	BAROIS (Armand), envoyé extraordinaire et ministre plénipotentiaire.

Il n'y a pas d'agent diplomatique du Comité national français de Londres, de juin 1940 à août 1943.

17 août 1943	CASTÉRAN (Pierre), délégué du Comité national français.
29 août 1945	CASTÉRAN (Pierre), envoyé extraordinaire et ministre plénipotentiaire.
4 février 1946	GAUCHERON (Roger), envoyé extraordinaire et ministre plénipotentiaire.
19 mai 1946	MÉDIONI (Gilbert), chargé d'affaires.
25 juillet 1946	GEORGES-PICOT (Guillaume), ambassadeur.
21 avril 1949	BOURDEILLETTE (Jean), ambassadeur.
3 mars 1952	ARNAL (Pierre), ambassadeur.

ORIENTATION BIBLIOGRAPHIQUE

Cette orientation bibliographique parmi les périodiques français et étrangers s'est donné pour but d'indiquer au chercheur l'existence de collections conservées en d'autres lieux que la Bibliothèque nationale dont la richesse en ce domaine est connue de tous.

Les archives imprimées ayant fait l'objet d'un précédent chapitre, l'enquête a porté sur les publications consultables à la bibliothèque de la section outre-mer des Archives nationales (1) et dans celles de deux grands ports, Bordeaux et Marseille, qui ont entretenu des relations régulières avec l'Amérique latine et les Antilles (bibliothèques municipales, bibliothèques des chambres de commerce et d'industrie) (2).

Les périodiques recensés ont été groupés en trois catégories : les périodiques français concernant les sciences humaines, les périodiques régionaux (revues et journaux) publiés à Bordeaux et à Marseille, les périodiques étrangers conservés dans ces deux villes. Nous donnons, pour chacun des titres, l'état de la collection dans chacune des bibliothèques envisagées.

Les abréviations utilisées sont les suivantes :

SOM   Section outre-mer des Archives nationales;
BM Bordeaux   Bibliothèque municipale de Bordeaux;
CCI Bordeaux   Chambre de Commerce et d'Industrie de Bordeaux;
BM Marseille   Bibliothèque municipale de Marseille;
CCI Marseille Chambre de Commerce et d'Industrie de Marseille.

---

(1) Bibliothèque de la Section outre-mer des Archives nationales : 27, rue Oudinot, 75007 Paris. Heures d'ouverture : du lundi au vendredi, de 9 h. 30 à 12 h. et de 14 h. à 17 h. 30. Fermeture annuelle : les après-midi du mois d'août. Voir p. 239, note 1.

(2) Bibliothèque municipale de Bordeaux : 3, rue Mably, 33075 Bordeaux Cedex. Heures d'ouverture : le lundi, de 14 à 19 h.; du mardi au samedi, de 9 h. à 12 h. et de 14 h. à 19 h. Fermeture annuelle : du Jeudi Saint au Mardi de Pâques.
Bibliothèque de la Chambre de Commerce et d'Industrie de Bordeaux : 12, place de la Bourse, 33076 Bordeaux Cedex. Heures d'ouverture : du lundi au vendredi, de 8 h. 30 à 11 h. 45 et de 13 h. à 16 h. 45. Pas de fermeture annuelle.
Bibliothèque municipale de Marseille : 38, rue du 141e R.I.A., 13331 Marseille Cedex 3. Heures d'ouverture : du mardi au samedi, de 10 h. à 18 h. Fermeture annuelle : mois d'août.
Bibliothèque de la Chambre de Commerce et d'Industrie de Marseille : Palais de la Bourse, B.P. 826 bis, 13222 Marseille Cedex 1. Heures d'ouverture : du lundi au vendredi, de 9 h. à 12 h. 30 et de 14 h. à 17 h. 15. Pas de fermeture annuelle.

PÉRIODIQUES FRANÇAIS
CONCERNANT LES SCIENCES HUMAINES

Académie des Sciences coloniales. Annales (Paris).
> SOM : 1925-1938
> CCI Marseille : 1925-1938

Académie des Sciences coloniales. Comptes rendus des séances (Paris).
> SOM : 1922-1957
> BM Marseille : 1922-1923
> CCI Marseille : 1922-1937

Devient :

Académie des Sciences d'outre-mer. Comptes rendus des séances.
> SOM : 1958-1977

Devient :

Mondes et cultures. Comptes rendus trimestriels des séances de l'Académie des Sciences d'outre-mer.
> SOM : 1978 à nos jours

Agriculture (L') pratique des pays chauds. Bulletin du Jardin colonial (Paris).
> SOM : 1901-1914, 1930-1932
> CCI Marseille : 1901-1912

Annales (Les) coloniales (Paris).
> SOM : 1908-1949
> CCI Marseille : 1929-1931

Annales d'histoire économique et sociale (Paris).
> SOM : 1929-1938

Devient :

Annales d'histoire sociale.
> SOM : 1939-1941

Devient :

Mélanges d'histoire sociale.
> SOM : 1942-1944

Devient :

Annales. Économies, sociétés, civilisations.
> SOM : 1946-1977

Annales des Antilles. Bulletin de la Société d'histoire de la Martinique (Fort-de-France).
> SOM : 1955 à nos jours

Annales des voyages, de la géographie et de l'histoire (Paris).
CCI Marseille : 1808-1814

Annales du commerce extérieur (Paris).
CCI Bordeaux : 1843-1917
CCI Marseille : 1854-1858

Annales du Midi. Revue archéologique, historique et philologique de la France méridionale (Toulouse).
BM Bordeaux : 1889 à nos jours

Annales maritimes et coloniales (Paris).
SOM : 1815-1847
CCI Marseille : 1816-1847

Devient :

Nouvelles annales de la Marine et des Colonies.
SOM : 1849-1856

Annuaire des deux mondes (Paris).
CCI Marseille : 1850-1867

Annuaire des entreprises coloniales. Commerce, industrie, commerce (Paris).
SOM : 1920-1956 (lacunes)

Devient :

Annuaire des entreprises et organismes d'outre-mer.
SOM : 1958-1979 (lacunes)
CCI Marseille : 1973, 1975 à nos jours

Annuaire des syndicats professionnels, industriels, commerciaux et agricoles... en France et aux colonies (Paris).
CCI Marseille : 1888-1912 (lacunes)

Banque française et italienne pour l'Amérique du Sud (Paris).
CCI Marseille : 1912 à nos jours

Bulletin de l'Association des chimistes de sucrerie et de distillerie de France et des colonies (Paris).
CCI Marseille : 1922-1945 (lacunes)

Bulletin de l'Institut d'histoire des pays d'outre-mer (Aix-en-Provence).
SOM : 1967 à nos jours
CCI Marseille : 1967 à nos jours

Bulletin de l'Union coloniale française (Paris).
SOM : 1894-1896

Devient :

Quinzaine (La) coloniale.
SOM : 1897-1914

Devient :

Bulletin de l'Union coloniale française.
SOM : 1923-1927

Devient :

Quinzaine (La) coloniale.
SOM : 1928-1937

Devient :

Revue française d'outre-mer.
SOM : 1938-1939

Devient :

Bulletin du Comité de l'Empire français.
SOM : 1945-1948
CCI Marseille : 1945-1947

Devient :

Bulletin de la France d'outre-mer.
SOM : 1949-1950

Devient :

Nouvelle (La) revue française d'outre-mer.
SOM : 1950-1958

Devient :

Communautés et continents.
SOM : 1959-1975

Bulletin de la Bibliothèque américaine, puis *Bulletin de l'Amérique latine* (Paris).
CCI Marseille : 1916-1925

Bulletin de la Société d'histoire de la Guadeloupe (Basse-Terre).
SOM : 1964 à nos jours

Bulletin de la Société des études coloniales et maritimes (Paris).
SOM : 1876-1910
CCI Marseille : 1885-1900

Devient :

Revue des questions coloniales et maritimes.
SOM : 1910-1940

Cahiers de l'O.R.S.T.O.M. (Paris).
SOM : 1963 à nos jours
CCI Marseille : 1966-1970

Cahiers des Amériques latines (Paris).
SOM : 1968-1979

Chambre de commerce France-Amérique latine. Revue (Paris).
CCI Marseille : 1946-1958

Coton et cultures cotonnières (Paris).
SOM : 1926-1938 (lacunes)
CCI Marseille : 1926-1932

Coton et fibres tropicales (Paris).
SOM : 1946-1970 (lacunes)
CCI Marseille : 1946-1962

Dépêche (La) coloniale (Paris).
SOM : 1896-1915

Devient :

Dépêche (La) coloniale et maritime.
SOM : 1916-1937 (lacunes)
BM Marseille : 1920-1927

Devient :

France outre-mer.
SOM : 1937-1938

Encyclopédie coloniale et maritime (Paris).
SOM : 1950
CCI Marseille : 1936-1950 (lacunes)

Devient :

Encyclopédie mensuelle d'outre-mer.
SOM : 1951-1957
CCI Marseille : 1951-1956 (lacunes)

Enquêtes et documents (Nantes).
SOM : 1971 à nos jours

Équipements et activités outre-mer (Paris).
SOM : 1954-1967 (lacunes)
CCI Marseille : 1953-1967

Études (Les) américaines (Paris).
CCI Marseille : 1948-1961 (lacunes)

Expansion (L') coloniale (Paris).
SOM : 1891-1893
CCI Marseille : 1884-1888 (lacunes)

France (La) coloniale (Paris).
CCI Marseille : 1895-1911 (lacunes)

Journal de la Société des Américanistes (Paris).
SOM : 1896 à nos jours

Journal des chambres de commerce et d'industrie (Paris).
  CCI Bordeaux : 1882-1890

Marchés coloniaux du monde (Paris).
  SOM : 1945-1955
  CCI Marseille : 1945-1955

  Devient :

Marchés tropicaux du monde.
  SOM : 1956-1957
  CCI Marseille : 1956-1957

  Devient :

Marchés tropicaux et méditerranéens.
  SOM : 1958 à nos jours
  CCI Marseille : 1958 à nos jours

Matières grasses, pétrole et ses dérivés (Paris).
  CCI Marseille : 1911-1939

Mois (Le) colonial et maritime (Paris).
  SOM : 1905-1931 (lacunes)
  CCI Marseille : 1903-1930 (lacunes)

Monde (Le) colonial illustré (Paris).
  SOM : 1923-1940
  CCI Marseille : 1923-1940

  Devient :

France outre-mer.
  SOM : 1946-1958

  Devient :

Europe France outre-mer.
  SOM : 1958 à nos jours

Monde (Le) latin et le monde slave (Paris).
  CCI Marseille : 1893

Oléagineux (Paris).
  CCI Marseille : 1917-1959

Outillage (L') colonial (Paris).
  SOM : 1923-1928
  CCI Marseille : 1923-1928

Outre-mer (Paris).
  SOM : 1929-1937
  CCI Marseille : 1932-1937

Problèmes d'outre-mer (Neuilly).

SOM : 1969-1970 (lacunes)
CCI Marseille : 1958-1971

Tribune (La) des colonies et des protectorats (Paris).

SOM : 1891-1899
CCI Marseille : 1892-1899

Devient :

Recueil général de jurisprudence, de doctrine et de législation coloniales et maritimes.

SOM : 1900-1933

Devient :

Recueil Penant de jurisprudence, de doctrine et de législation coloniales et maritimes

SOM : 1934-1957
CCI Marseille : 1934-1957

Devient :

Recueil Penant.

SOM : 1958 à nos jours
CCI Marseille : 1958-1960

Revue coloniale (Paris).

SOM : 1843-1858 (lacunes)
BM Marseille : 1843-1858
CCI Marseille : 1843-1858

Devient :

Revue algérienne et coloniale.

SOM : 1859-1860
BM Marseille : 1859-1860

Devient :

Revue maritime et coloniale.

SOM : 1861-1896
BM Marseille : 1861-1896
CCI Marseille : 1861-1896

Devient :

Revue maritime.

SOM : 1896-1971 (lacunes), 1974 à nos jours
BM Marseille : 1896-1905, 1924-1966
CCI Marseille : 1896-1911

Revue coloniale (Paris).

SOM : 1895-1911
BM Marseille : 1895-1901 (lacunes)
CCI Marseille : 1895-1911

Revue coloniale de médecine et de chirurgie (Paris).

SOM : 1946-1955 (lacunes)
CCI Marseille : 1950-1955

Devient :

Revue de médecine et d'hygiène d'outre-mer.

SOM : 1956-1965
CCI Marseille : 1956-1965

Revue d'histoire des colonies (Paris).

SOM : 1913-1958
BM Marseille : 1916-1935
CCI Marseille : 1913-1958

Devient :

Revue française d'histoire d'outre-mer.

SOM : 1959 à nos jours

Revue d'histoire des missions (Paris).

SOM : 1924-1939 (lacunes)
CCI Marseille : 1924-1939

Revue d'histoire diplomatique (Paris).

SOM : 1946 à nos jours

Revue d'histoire moderne (Paris).

SOM : 1926-1940

Devient :

Revue d'histoire moderne et contemporaine.

SOM : 1954-1973

Revue de botanique appliquée et d'agriculture tropicale (Paris).

SOM : 1936-1941 (lacunes)
CCI Marseille : 1922-1945 (lacunes)

Devient :

Revue internationale de botanique appliquée et d'agriculture tropicale.

SOM : 1948-1951 (lacunes)
CCI Marseille : 1946-1953

Revue de la savonnerie et de l'industrie des matières grasses (Paris).

CCI Marseille : 1933-1938

Revue des colonies et des pays de protectorat (Paris).

SOM : 1896-1898
CCI Marseille : 1895-1898

Revue des cultures coloniales (Paris).

SOM : 1897-1904
CCI Marseille : 1899-1904

Revue du monde colonial (Paris).
SOM : 1861-1865
CCI Marseille : 1861-1865

Revue du monde latin (Paris).
CCI Marseille : 1883-1889

Devient :

Revue mensuelle du monde latin.
CCI Marseille : 1890-1892

Revue française de l'étranger et des colonies et exploration (Paris).
SOM : 1885-1913 (lacunes)
CCI Marseille : 1887-1914

Revue générale du caoutchouc (Paris).
SOM : 1933-1963 (lacunes)
CCI Marseille : 1925-1963

Devient :

Revue générale du caoutchouc et des plastiques.
SOM : 1963-1964

Revue historique (Paris).
SOM : 1933 à nos jours

Revue internationale des produits coloniaux (Paris).
SOM : 1926-1937 (lacunes)
CCI Marseille : 1926-1937 (lacunes)

Devient :

Revue internationale des produits coloniaux et du matériel colonial.
SOM : 1937-1954 (lacunes)
CCI Marseille : 1937-1958 (lacunes)

Devient :

Revue internationale des produits tropicaux et du matériel tropical.
CCI Marseille : 1959-1967

Revue pratique du commerce et de l'industrie dans les deux mondes (Paris).
CCI Marseille : 1876-1879

Revue technique de l'exposition universelle de 1889 (Paris).
CCI Marseille : 1889

Sucrerie (La) indigène et coloniale (Paris).
CCI Marseille : 1880-1914

Tiers-Monde (Paris).
SOM : 1960 à nos jours
CCI Marseille : 1960 à nos jours

Union syndicale de l'huilerie française. Les marchés de matières grasses en ... (Paris).
    CCI Marseille : 1922-1937

Vie (La) [Paris].
    SOM : 1935-1946 (lacunes)
    CCI Marseille : 1943-1946

    Devient :

Encyclopédie de la France et d'outre-mer.
    SOM : 1946-1951 (lacunes)
    CCI Marseille : 1946-1948

PÉRIODIQUES RÉGIONAUX PUBLIÉS À BORDEAUX ET À MARSEILLE

Bordeaux

Actes de l'Académie des sciences, belles-lettres et arts de Bordeaux.
    BM Bordeaux : 1819 à nos jours

Almanach civil, militaire, commercial et maritime de la sénatorie de Bordeaux.
    BM Bordeaux : 1805-1806

    Devient :

Almanach général, civil, militaire, commercial et maritime de la sénatorie de Bordeaux.
    BM Bordeaux : 1807-1811 (lacunes)

    Devient :

Almanach général du commerce de Bordeaux et du département de la Gironde.
    BM Bordeaux : 1815-1831 (lacunes)

Almanach de commerce, d'arts et métiers pour la ville de Bordeaux et de la province, pour l'année commune...
    BM Bordeaux : 1779-1792 (lacunes)

Almanach du département de la Gironde pour l'an...
    BM Bordeaux : 1819-1825 (lacunes)

Almanach général de la préfecture de la Gironde pour l'année...
    BM Bordeaux : 1801-1825 (lacunes)

    Devient :

Almanach général et commercial du département de la Gironde.
    BM Bordeaux : 1826-1839

Devient :

Almanach commercial et administratif du département de la Gironde.
BM Bordeaux : 1840-1842

Devient :

Almanach général, judiciaire, administratif et commercial de la ville de Bordeaux et du département de la Gironde.
BM Bordeaux : 1843-1863

Almanach historique de la province de Guienne pour l'année...
BM Bordeaux : 1760-1790

Devient :

Almanach historique du département de la Gironde.
BM Bordeaux : 1791-1793

Annales de l'Institut colonial de Bordeaux.
SOM : 1904-1936 (lacunes)
BM Bordeaux : 1916-1933 (lacunes)
CCI Marseille : 1918-1934 (lacunes)

Annonces, affiches et avis divers pour la ville de Bordeaux.
BM Bordeaux : 1758-1781 (lacunes)

Annuaire commercial, industriel, maritime et statistique de Bordeaux.
BM Bordeaux : 1891

Annuaire économique de Bordeaux et de la Gironde.
BM Bordeaux : 1885-1887

Archives historiques du département de la Gironde.
BM Bordeaux : 1859-1932

Bordeaux. Derniers télégrammes politiques, maritimes et commerciaux.
BM Bordeaux : 1887-1889

Devient :

Bordeaux-Journal.
BM Bordeaux : 1889-1906

Bordelais (Le).
BM Bordeaux : 1868-1870

Bulletin de la Société de géographie commerciale de Bordeaux.
SOM : 1897-1911
BM Bordeaux : 1874-1911

Devient :

Revue de géographie commerciale de Bordeaux.
  SOM : 1912-1918 (lacunes)
  BM Bordeaux : 1912-1940

Cahiers (Les) d'outre-mer.
  SOM : 1948 à nos jours (lacunes)
  BM Marseille : 1948 à nos jours
  CCI Marseille : 1948 à nos jours

Chambre de Commerce de Bordeaux. Rapport sur les travaux de la Chambre.
  BM Bordeaux : 1930-1931

Courrier (Le) de Bordeaux.
  BM Bordeaux : 1837-1841 (lacunes)

Devient :

Courrier (Le) de la Gironde.
  BM Bordeaux : 1841-1887 (lacunes)

Défenseur (Le) de la monarchie et de la charte. Journal politique, littéraire et commercial.
  BM Bordeaux : 1829-1830

Écho (L') du commerce de Bordeaux. Journal maritime, politique, littéraire, petites affiches.
  BM Bordeaux : 1801-1811
  CCI Bordeaux : 1803-1810

Écho (L') du Palais. Jurisprudence criminelle, civile, commerciale, administrative et militaire.
  BM Bordeaux : 1891-1912

Étrennes bordeloises ou le Calendrier raisonné du Palais pour l'année...
  BM Bordeaux : 1764-1790 (lacunes)

Devient :

Étrennes bordeloises ou Calendrier des corps administratifs et judiciaires du département de la Gironde.
  BM Bordeaux : 1791-1792

Devient :

Calendrier républicain de l'ère des Français pour...
  BM Bordeaux : 1793-1794

Devient :

Calendrier des corps administratifs et judiciaires du département de la Gironde.
  BM Bordeaux : 1795-1803 (lacunes)

Extraits des procès-verbaux, lettres et mémoires de la Chambre de Commerce de Bordeaux.
BM Bordeaux : 1850-1938

Foire de Bordeaux. Catalogue officiel.
BM Bordeaux : 1917-1939 (lacunes)

France (La). Bordeaux et Sud-Ouest, puis *France (La) de Bordeaux et du Sud-Ouest.*
BM Bordeaux : 1887-1940

Gironde (La).
BM Bordeaux : 1853-1929 (lacunes)

Guienne (La).
BM Bordeaux : 1831-1887 (lacunes)

Indicateur (L'). Journal du département de la Gironde.
BM Bordeaux : 1805-1861

Journal de Bordeaux commercial, maritime, agricole et industriel.
BM Bordeaux : 1859-1887 (lacunes)

Journal de Guienne.
BM Bordeaux : 1784-1790

Devient :

Journal patriotique et de commerce.
BM Bordeaux : 1791

Devient :

Journal de commerce, de politique et de littérature.
BM Bordeaux : 1792-1793

Journal des arrêts de la Cour d'appel de Bordeaux, en matière civile et commerciale.
BM Bordeaux : 1826-1940

Journal officiel de l'exposition de Bordeaux.
BM Bordeaux : 1894-1895

Journal officiel illustré de l'exposition de Bordeaux.
BM Bordeaux : 1882

Liberté (La) du Sud-Ouest.
BM Bordeaux : 1909-1940

Mémorial (Le) bordelais. Feuille politique, littéraire et maritime.
BM Bordeaux : 1814-1862

Mémorial de jurisprudence commercial et maritime.
BM Bordeaux : 1852-1892

Nouvelliste (Le) de Bordeaux, puis *Nouvelliste (Le) de Bordeaux et du Sud-Ouest.*
BM Bordeaux : 1882-1920

Petite (La) Gironde.
BM Bordeaux : 1872-1940 (lacunes)

Petites affiches générales de Bordeaux. Journal maritime, commercial et prix courant des marchandises.
BM Bordeaux : 1802-1807

Devient :

Feuille d'affiches, annonces et avis divers de la ville de Bordeaux.
BM Bordeaux : 1811

Devient :

Affiches, annonces et avis divers de la ville de Bordeaux.
BM Bordeaux : 1811-1821

Port autonome de Bordeaux, Conseil d'administration. Rapport annuel.
BM Bordeaux : exercice 1925-1926 à nos jours

Prix courant général des marchandises sur la place de Bordeaux.
CCI Bordeaux : 1808-1854

Progrès (Le), puis *Progrès (Le) de Bordeaux et du Sud-Ouest.*
BM Bordeaux : 1927-1931

Province (La).
BM Bordeaux : 1870-1878

Revue commerciale, maritime ou Annales du commerce.
BM Bordeaux : 1828-1829 (lacunes)

Revue d'économie politique de Bordeaux.
BM Bordeaux : 1888-1931 (lacunes)

Revue économique de Bordeaux.
BM Bordeaux : 1888-1934 (lacunes)
CCI Bordeaux : 1888-1889

Revue « France-Brésil ».
CCI Marseille : 1904-1910

Revue historique de Bordeaux et du département de la Gironde.
BM Bordeaux : 1908 à nos jours

Revue philomatique de Bordeaux et du Sud-Ouest.
BM Bordeaux : 1856-1939 (lacunes)

Ruche (La) d'Aquitaine.
BM Bordeaux : 1817-1822

Sud-Ouest (Le) économique.
SOM : 1942 (lacunes)
BM Bordeaux : 1921-1940

Tableau de Bordeaux. Journal du commerce, politique, littéraire et petites affiches.
BM Bordeaux : 1801-1802

Tribune (La) de la Gironde.
BM Bordeaux : 1819-1820

Tribune (La) de la Gironde, puis *Tribune (La) de Bordeaux.*
BM Bordeaux : 1848-1851, 1871-1874 (lacunes)

Victoire (La) de la démocratie.
BM Bordeaux : 1872-1892

Marseille

Actualités d'outre-mer.
CCI Marseille : 1960-1965

Annales commerciales de Marseille.
BM Marseille : 1845

Annales de l'Institut colonial de Marseille.
SOM : 1893-1906
BM Marseille : 1893-1906
CCI Marseille : 1893-1906 (lacunes)

Devient :

Annales du Musée colonial de Marseille.
SOM : 1907-1921
BM Marseille : 1907-1954 (lacunes)
CCI Marseille : 1907-1954

Annuaire maritime, commercial et industriel de la place de Marseille.
BM Marseille : 1869

Archives de médecine générale et coloniale.
BM Marseille : 1932-1939 (lacunes)
CCI Marseille : 1935-1939

Bulletin de la Société de géographie et d'études coloniales de Marseille.
SOM : 1876-1938 (lacunes)
CCI Marseille : 1903-1957

Bulletin du Brésil.
CCI Marseille : 1972-1977

Cahiers coloniaux.
SOM : 1918-1951
CCI Marseille : 1918-1951

Devient :
Études d'outre-mer.
SOM : 1952-1960
CCI Marseille : 1952-1960

Colonies et empires.
BM Marseille : 1947-1948

Expansion (L') coloniale.
SOM : 1913-1914
BM Marseille : 1907-1923 (lacunes)
CCI Marseille : 1907-1917

Feuille de commerce.
BM Marseille : an VIII-1806, 1830

Feuille maritime de Marseille.
BM Marseille : an IX et an XI (lacunes)

France (La) coloniale de Marseille.
BM Marseille : 1892

France (La) colonisatrice.
BM Marseille : 1902-1910 (lacunes)

Indépendant (L') colonial.
BM Marseille : 1897 (lacunes)

Journal des colonies.
CCI Marseille : 1913-1937

Journal des colonies et de la marine, puis *Journal officiel de l'exposition coloniale.*
BM Marseille : 1903-1913, 1925

Journal maritime des opérations commerciales et générales du port et de la place de Marseille.
BM Marseille : an VIII

Marseille et colonies.
BM Marseille : 1904

Devient :

France et colonies.
BM Marseille : 1907-1908

Médecine tropicale.
SOM : 1941-1959
BM Marseille : 1946-1962
CCI Marseille : 1941-1968 (lacunes)

Produits coloniaux et matériel colonial.
SOM : 1927-1947
CCI Marseille : 1927-1938

Revue commerciale et maritime de la place de Marseille.
BM Marseille : 1862 (lacunes)

Sémaphore (Le).
BM Marseille : 1827-1869
CCI Marseille : 1827-1944

Statistique du port de Marseille.
BM Marseille : 1872-1917

PÉRIODIQUES ÉTRANGERS
CONSERVÉS À BORDEAUX ET À MARSEILLE

Amérique latine

Périodiques généraux, information et documentation.

Boletín de información para España y América del Sur (Madrid).
BM Bordeaux : 1914-1916

Mundo latino. Revista ibero-americana (Madrid).
BM Bordeaux : 1915-1916

Argentine

Pédagogie, enseignement.

Anales de la Universidad de Buenos Aires (Buenos Aires).
BM Bordeaux : 1890-1902 (lacunes)

Sciences mathématiques, physiques, naturelles.

Actas de la Academia nacional de ciencias de la República Argentina en Córdoba (Buenos Aires, puis Córdoba).
BM Bordeaux : 1884-1937 (lacunes)

Anuario. Publicaciones de la Facultad de ciencias fisico-matemáticas. Universidad nacional de La Plata (La Plata).
BM Bordeaux : 1930-1940

Bibliografía de la geología, mineralogía y paleontología de la República Argentina (Córdoba).
BM Bordeaux : 1920-1932 (lacunes)

Boletín de la Academia nacional de ciencias en Córdoba (Buenos Aires).
BM Bordeaux : 1884-1940 (lacunes)

Publicaciones de la Facultad de ciencias fisico-matemáticas. Universidad de La Plata (La Plata).
BM Bordeaux : 1925-1939 (lacunes)

Sciences historiques et géographiques.

Boletín del Instituto geográfico argentino (Buenos Aires).
BM Bordeaux : 1888-1890

Brésil

Périodiques généraux, information et documentation.

Archivos do Museu nacional do Rio de Janeiro (Rio de Janeiro).
BM Bordeaux : 1876-1935 (lacunes)

Boletim do Museu nacional do Rio de Janeiro (Rio de Janeiro).
BM Bordeaux : 1925-1935

Museu (O) nacional durante o anno... (Rio de Janeiro).
BM Bordeaux : 1920-1921

Publicações do Archivo publico nacional (Rio de Janeiro).
BM Bordeaux : 1902-1903

Revista do Museu nacional do Rio de Janeiro (Rio de Janeiro).
BM Bordeaux : 1896

Sciences mathématiques, physiques, naturelles.

Annales da Academia brazileira de sciencias (Rio de Janeiro).
BM Bordeaux : 1929-1938 (lacunes)

Annales de l'Observatoire impérial de Rio de Janeiro (Rio de Janeiro).
BM Bordeaux : 1882, 1889

Annuario publicado pelo Imperial Observatorio do Rio de Janeiro, puis *Annuario publicado pelo Observatorio astronomico do Rio de Janeiro*, puis *Annuario publicado pelo Observatorio nacional do Rio de Janeiro* (Rio de Janeiro).
BM Bordeaux : 1888-1921 (lacunes)

Boletim mensal do Observatorio do Rio de Janeiro (Rio de Janeiro).
BM Bordeaux : 1900-1909

Bulletin astronomique et météorologique de l'Observatoire de Rio de Janeiro (Rio de Janeiro).
BM Bordeaux : 1881-1883

Revista de sciencias. Orgão da Sociedade brazileira de sciencias (Rio de Janeiro).
BM Bordeaux : 1920

Revista do Observatorio. Publicação mensal do Observatorio do Rio de Janeiro (Rio de Janeiro).
BM Bordeaux : 1886-1891

Sciences historiques et géographiques.

Archivo districto federal. Revista de documentos para a historia da cidade do Rio de Janeiro (Rio de Janeiro).
BM Bordeaux : 1894-1897

Revista da Sociedade de geographia do Rio de Janeiro (Rio de Janeiro).
BM Bordeaux : 1885-1900 (lacunes)

Revista do Instituto historico e geographico brazileiro (Rio de Janeiro).
BM Bordeaux : 1908-1935 (lacunes)
BM Marseille : dates non précisées.

Revista maritima brazileira (Rio de Janeiro).
BM Marseille : 21e année

Revista trimensal do Instituto historico, geographico et ethnographico do Brazil (Rio de Janeiro).
BM Bordeaux : 1881-1896

Chili

Périodiques généraux, information et documentation.

Anuario de la prensa chilena, publicado por la Biblioteca nacional (Santiago de Chile).
BM Bordeaux : 1894

22B.

Pensamiento (El) latino. Revista internacional latino-americano-europea (Santiago de Chile).
BM Bordeaux : 1900-1905 (lacunes)

Pédagogie, enseignement.

Anales de la Universidad. República de Chile (Santiago de Chile).
BM Bordeaux : 1893-1906 (lacunes)

Sciences mathématiques, physiques, naturelles.

Actes de la Société scientifique du Chili (Santiago de Chile).
BM Bordeaux : 1891-1895 (lacunes)

Costa Rica

Périodiques généraux, information et documentation.

Anales del Museo nacional. República de Costa Rica (San José de Costa Rica).
BM Bordeaux : 1888

Informe del Museo nacional de Costa Rica (San José de Costa Rica).
BM Bordeaux : 1897-1900

Honduras

Périodiques généraux, information et documentation.

Revista del Archivo y de la Biblioteca nacional de Honduras (Tegucipalpa).
BM Bordeaux : 1904-1909

Mexique

Périodiques généraux, information et documentation.

Anales del Museo nacional de México (México).
BM Bordeaux : 1904-1905

Boletín del Museo nacional de México (México).
BM Bordeaux : 1903-1904

Sciences mathématiques, physiques, naturelles.

Anuario del Observatorio astronómico de Chapultepec, puis *Anuario del Observatorio astronómico nacional de Tacubaya* (México).
BM Bordeaux : 1884-1889

Boletín del Instituto geologico de México (México).
BM Bordeaux : 1898-1901

Boletín del Observatorio astronómico nacional de Tacubaya (México).
BM Bordeaux : 1890-1900

Boletín mensual del Observatorio meteorológico magnético central de México (México, puis Tacubaya).
BM Bordeaux : 1888-1908 (lacunes)

Memorias y revista de la Sociedad científica « Antonio Alzate » (México).
BM Bordeaux : 1887-1938 (lacunes)

Meteorológico del Observatorio central del Palacio nacional de México (México).
BM Bordeaux : 1877

Sciences médicales.

Anales de la Escuela nacional de ciencias biológicas (México).
BM Bordeaux : 1939-1940

Sciences historiques et géographiques.

Boletín de la Sociedad de geografía y estadística de la República Mexicana (México).
BM Bordeaux : 1878-1899

Ethnos. Revista dedicada al estudio y mejoría de la población indígena de México (México).
BM Bordeaux : 1922-1923

Uruguay

Sciences mathématiques, physiques et naturelles.

Anales del Museo nacional de Montevideo, puis *Anales del Museo de historia natural de Montevideo* (Montevideo).
BM Bordeaux : 1901

Agriculture, élevage.

Revista de la Asociación rural del Uruguay (Montevideo).
BM Marseille : 1910

Sciences historiques et géographiques.

Anales del Museo nacional de Montevideo. Sección histórico-filosófica (Montevideo).
BM Bordeaux : 1904-1905

TABLE DES ILLUSTRATIONS

TABLE DES MATIÈRES

Lorsque les fonds indiqués ci-dessous ne concernent que partiellement l'aire géographique couverte par le Guide, les indications nécessaires sur les pays ou régions intéressés ont été portées entre crochets carrés chaque fois que le contenu des notices correspondantes a permis de le faire.

Section moderne : 1789-1940

Fonds divers

Fonds ministériels
(Marine. Affaires étrangères, Colonies)

Marine : séries anciennes

Marine : séries modernes

Affaires étrangères

Colonies : archives centrales anciennes

Section outre-mer
Colonies : archives centrales modernes

Dépôt des archives d'outre-mer

ARCHIVES DE FRANCE : ARCHIVES DÉPARTEMENALES ET COMMUNALES

MINISTÈRE DES RELATIONS EXTÉRIEURES

MINISTÈRE DE LA DÉFENSE

Service historique de l'Armée de Terre

2. Archives des arrondissements maritimes

Service historique de l'Armée de l'Air

Service de santé des Armées

MINISTÈRE DE L'ÉCONOMIE ET DES FINANCES

Service des archives économiques et financières

MINISTÈRE DE L'INTÉRIEUR

Préfecture de Police

ARCHIVES DES ASSEMBLÉES

ARCHIVES IMPRIMÉES

CHAMBRES DE COMMERCE ET D'INDUSTRIE

ARCHIVES PRIVÉES

Archives missionnaires

Papiers privés

ANNEXES

*
* *

390,00 Fr

C